《徽州文化史》编委会

主　　任　杜　诚

副 主 任　刘　苹　　马康盛　　洪永平

学术顾问　王世华　　叶显恩　　栾成显

总 策 划　金久余　　潘振球

国家出版基金项目
NATIONAL PUBLICATION FOUNDATION

徽州文化史【明清卷】

周晓光 主编

全国百佳图书出版单位
时代出版传媒股份有限公司
安徽人民出版社

图书在版编目(ＣＩＰ)数据

徽州文化史·明清卷 / 周晓光主编.
—合肥：安徽人民出版社，2014

ISBN 978－7－212－07589－7

Ⅰ.①徽…　Ⅱ.①周…　Ⅲ.①文化史—徽州地区—近代
Ⅳ.①K295.42

中国版本图书馆 CIP 数据核字(2014)第 226560 号

徽州文化史·明清卷

周晓光　主编

出 版 人：胡正义　　选题策划：胡正义　丁怀超　白　明
特邀编辑：唐　伽　　责任编辑：蒋越林　肖　琴
装帧设计：宋文岚

出版发行：时代出版传媒股份有限公司 http://www.press-mart.com
　　　　　安徽人民出版社 http://www.ahpeople.com
　　　　　合肥市政务文化新区翡翠路 1118 号出版传媒广场八楼
　　　　　邮编：230071
　　　　　营销部电话：0551－63533258　0551－63533292(传真)
制　　版：合肥市中旭制版有限责任公司
印　　制：安徽新华印刷股份有限公司

开本：710×1010　　1/16　　印张：36.25　　字数：500 千
版次：2015 年 1 月第 1 版　2015 年 1 月第 1 次印刷

标准书号：ISBN 978－7－212－07589－7　　定价：168.00 元

朱熹像

歙县斗山街私塾

明代木雕

唐模同胞翰林坊

徽剧《贵妃醉酒》剧照

程大位故居纪念馆

金榜故里岩寺文峰塔

徽剧《贵妃醉酒》剧照

祁门坑口会源堂古戏台

程大位故居纪念馆

金榜故里岩寺文峰塔

徽商古道昱岭关

歙县渔梁坝

歙县雄村竹山书院

戴震故居外景

徽商古道昱岭关

歙县渔梁坝

歙县雄村竹山书院

新安医书

浙江《秋景山水图》

黄士陵印

序

栾成显

　　徽州位于皖南山区,黄山雄奇甲天下,白岳旖旎称神州。这里山清水秀,人杰地灵。思想伟人,学术巨子,灿若群星;新安文化,徽州艺术,万紫千红。勤劳的徽州人民在这里创造了璀璨夺目的历史文化,引领风骚千余年。提到徽州文化,人们总以博大精深相称。所谓博大,指其取得的辉煌成就,几乎涵盖了中华传统文化的各个方面,在思想哲学、道德伦理、语言文字、文学艺术、文化典籍、科技工艺等各个领域都有上乘表现,且自成体系;所谓精深,乃言徽州文化的水平并不是一般性的,其所展现的高深的思想造诣、精湛的艺术水准与丰厚的文化内涵,既显示了地域特色,同时也是那个时代最高水平的一个代表。它集中地体现了当时文化发展主流的诸多方面,异彩纷呈,贡献巨大。那么,如此博大精深的徽州文化是如何形成的呢? 它的历史发展轨迹又是怎样的呢?

　　徽州文化是在独特的地理和人文环境中生成的。

　　地理环境是徽州文化形成的一个重要因素。徽州地处万山之中,川谷崎岖,峰峦掩映。虽然山川秀丽,风景绝佳,但"其地险狭而不夷,其土骍刚而不化"①。特别是其中能够开垦的土地所占比例很小,俗称"七山一水一分田,一分道路和庄园"。人们不得不在石头缝里种庄稼,所垦梯田拾级而上,指十数级不能为一亩。这与平原地区得天独厚的耕作条件形成了鲜明对比。在

---

　　① 罗愿:《新安志》卷二《叙贡赋》,文渊阁《四库全书》本。

农耕时代,这样的生存环境与其说是很差的,毋宁说是恶劣的。然而,徽州人并没有向恶劣的自然条件屈服,世世代代勤于山伐,能寒暑,恶衣食,不畏险阻,艰苦劳作。在与峭山激水的反复搏斗中,徽州人愈发坚忍不拔,培养了气质,缔造了精神。徽州山水的灵性,化为徽州人的品格。南宋休宁知县祝禹圭说,徽州"山峭厉而水清激,故禀其气、食其土以有生者,其情性习尚不能不过刚而喜斗,然而君子则务以其刚为高行奇节,而尤以不义为羞"①。南宋著名学者罗愿说:"其山挺拔廉厉,水悍洁,其人多为御史谏官者。"②清代朴学大师戴震亦说:"生民得山之气质,重矜气节。"③地理环境对徽人性格的影响是多方面的,其中最为突出者,即是赋予了徽州人一种刚性气质。或负豪使气,争为长雄;或刚而喜斗,难以力服,而易以理胜。其为官者,刚正不阿,多为御史谏官;其为学者,空所依傍,独立思考,多有创见。正是山区这种特殊的地理环境,造就了徽州人的骨骼,成就了徽州人的性格。

文化融合是铸就徽州文化的核心因素。秦汉以前,生活在徽州这片土地上的主要是山越人。山越人以伐山为业,刀耕火种,勇悍尚武,是为山地游耕文化。从大的方面来说,则属于中华文明源头之一的南方越文化。另一方面,徽州区域自秦置黟、歙二县,中原汉文化开始渗入。至东汉初年,即有中原大族迁徙徽州。中国历史上每逢朝代更替,常常发生动乱。当大动乱发生之际,不仅平民百姓,就是世家大族也会受到沉重打击,而被迫举家迁徙。如历史上有名的西晋末年永嘉之乱、唐末黄巢之乱以及宋金战争等,这些大动乱都引起了北方士民大举迁入徽州。迁徽后的世家大族仍聚族而居,重视教育,崇尚儒雅,带来了中原文明。随着人口繁衍与族群扩大,迁徽士民反客为主,而成为徽州的主要居民。在此期间,一些担任郡守的文人名宦,如南梁之任昉、徐摛,唐朝之薛邕、洪经纶等,都大力推行礼仪,实施教化,创办讲习,倡导文学等,影响至为深远。"追任昉之幽奇,踵薛邕之文雅"④,成为徽州的社会风尚。于是,中原文化渐渐占据了主导地位。然而并不能说,中原汉文化

---

① 朱熹:《休宁县新安道院记》,《新安文献志》卷一二《记》,弘治一〇年刻本。
② 罗愿:《新安志》卷一《风俗》,文渊阁《四库全书》本。
③ 戴震:《东原文集》卷一二《戴节妇家传》,《戴震全书》(六),黄山书社1994年版,第440页。
④ 王象之:《舆地纪胜》卷二〇,《续修四库全书》第五百八十四册《史部》,上海古籍出版社2002年版。

就取代了当地山越文化。唐人吕温说：歙州"地杂瓯骆，号为难理"①。瓯骆，即指越人；难理，指徽人争强好胜、健讼喜斗而言。徽州难治是出了名的，直到明清仍有此类记载。这说明山越文化的影响一直是存在的。在两种不同文化的交汇之中，免不了碰撞和冲突，但更多的是交融与汇合。这种融合是双向的。中原文化强有力地影响了山越文化，促其益向文雅；而山越文化也深深地渗透到中原文化之中，使之趋于刚健。在徽州文化的基本精神之中，诸如重视教育的儒家传统，崇尚儒雅的社会风气，维系族群的宗族观念，等等，都明显具有中原文化的特质；而其刚健有为的积极进取意识、吃苦耐劳的徽骆驼精神、向外拓展的开放风气等，则无疑皆反映出山越文化的元素。徽州文化既体现了中原文化的儒雅风范，又渗透着山越文化的刚强气质。中原文化与山越文化二者相辅相成，从秦汉至隋唐五代，经过长期的交汇融合，结果演绎成具有特色的徽州文化。徽州文化并非中原文化单纯的传承，而是具有了新的特色。例如，中原的农耕文明，本是一种定居文化，一般都安土重迁，而徽州文化则有所不同，无论科举出仕，还是外出经商，都大规模地走了出去，其中固然有地理条件这个因素，但也是由于徽州人具有向外拓展的开放精神所致。

总之，大规模移民活动促成的文化融合，以及独特的山区地理环境，孕育了具有特色的徽州文化。其基本精神，诸如崇文重教的儒家传统、刚健有为的积极进取意识、向外拓展的开放风气、吃苦耐劳的徽骆驼精神等，构成了徽州文化的主体，形成了徽州文化的核心。这些文化因素对徽州发展的影响巨大而深远，使其后的徽州能在一个高起点上异军突起。

在中国历史发展演变的伟大长河中，宋代以后进入了一个新的阶段。宋代以前中国的经济文化重心一直在黄河流域，在北方；而宋代以后中国的经济文化重心则移至长江流域，移到了江南。这一转移始于六朝唐代，至宋代最后完成。宋代土地私有制进一步发展，商品经济十分繁荣，海外贸易颇为兴盛。与经济重心南移的同时，徽州的地位随之大幅提升。徽州虽不处于江南三角洲的核心地带，但距离杭州并不遥远，"其地接于杭睦宣饶，四出无不

---

① 吕温：《唐吕和叔文集》卷五《表状·故博陵崔公行状》，《四部丛刊初编·集部》。

通",宋南迁后,"中兴实为辅郡,四朝涵育,生齿日繁,地利日辟,人力日至"①。辅郡,即畿辅之郡。徽州无疑属于当时江南最为发达的经济文化圈之内。其后,随着经济文化的进一步发展,徽州在全国经济文化发展坐标中的地位愈益突出,更加重要。

徽州文化的形成与发展并不局限于徽州本土。正如胡适所言,对徽人来说,有所谓的小徽州与大徽州。小徽州即指徽州本土,大徽州则指徽州以外的华夏大地乃至海外的广大空间。徽州文化既发达于徽州本土,又活跃在华夏大地。徽州本土的狭小促成了徽人的向外扩展。最初当是一种不得已的行为,而后则成了一种社会风尚。徽人通过经商、科举、出仕、游学、移居等种种途径,与外界建立了广泛的联系和交流。宋代之后,这种交流一直未有中断,明清时更为频繁,形成高潮。这种交流是双向的、互动的,相互影响,相得益彰。在这种交流中,徽州于经济上聚天下之财富,文化上得五方之风气,与此同时,徽商置业四方,称雄宇内,徽人出仕、游学,遍及各地。富有特色、独领风骚的徽州文化也随之传播四海,在各地开花结果。徽州成为那个时代经济文化发展的一个交汇之地与辐射中心。徽州文化的形成、发展与繁荣,乃是充分地利用了大徽州这个广阔的舞台,有赖于此者至大矣。

自隋唐兴起的科举制度,至宋代也进入了全面发展的阶段。宋统治者大力开科取士,使之成为选拔官员的主要手段。徽州人以其文化优势及时地抓住了这个历史机遇,科举出仕者大增。最新研究成果表明,两宋时期徽人登科总人数为861人,而在唐五代时期徽人登科者仅10人。宋代徽人担任过四品以上官职者达30余人②,所谓"宋兴,则名臣辈出"③是也。徽州人首先在政治上实现了崛起。

宋代理学的兴盛,把儒家思想推向了新的阶段,在中国思想文化发展史上具有里程碑之意义。理学起于北宋周敦颐、程颢、程颐等人,至南宋朱熹为其集大成者。此后盛行于世,元明清统治者独尊理学,成为中国封建社会后期官方的意识形态。朱熹理学甚至影响东亚,远播欧洲。以徽州为故里的朱

---

① 罗似臣:《徽州新城记》,《新安文献志》卷一三《记》,弘治十年刻本。
② 参见傅璇琮主编,龚延明、祖慧编撰:《宋登科记考》,江苏教育出版社2009年版;于静:《宋代徽州科举研究》附录《宋代徽州地区登科情况一览表》,见中国知网硕士论文。
③ 罗愿:《新安志》卷一《风俗》,文渊阁《四库全书》本。

熹及其理学,对徽州本土影响至深至大。经过元代的发展,形成了新安理学学派。"朱子之学虽行天下,而讲之熟、说之详、守之固,则惟新安之士为然。"①徽州人成为践行理学的典范。而徽州本是"程朱桑梓之邦","婺源之有朱子,犹邹之有孟子、继曲阜之有孔子也"②。自南宋"咸淳五年(1269)诏赐文公阙里于婺源"③之后,向有"程朱阙里""东南邹鲁"之称,即徽州乃为中国封建社会后期儒家代表人物的发祥之地,其所处地位不言而喻。

宋代以后,徽州迎来的另一个历史发展机遇,则是商品经济的兴盛繁荣。宋元以降,特别是明中叶以后,商品经济显著发展。这是中国古代商品经济发展的一个新的高峰。其显著特点是:主要民生用品商品化程度增大;长距离贩运贸易发展;商路增辟和新兴商业城镇增加;大商业资本兴起,等等。总括起来即是全国性市场形成。明清时代商品经济的发展与全国性市场的形成,为徽商的崛起提供了广阔的舞台。不过,商品经济的发展只是一个客观条件,它对当时的人们来说,机会大致是相同的。那么,历史为什么选择了徽州人,最后是徽商称雄四海呢?这与徽州文化有密切关系。在以农为本、安土重迁的时代,外出经商首先要克服死守故里的观念。徽州人能够做到"十三十四,往外一丢",勇于外出经商,并且成为一种风尚,是很不简单的。这种向外拓展的开放精神,正显示了徽州文化的特色。当然,徽州人外出经商有地理条件这个因素,由于山多田少而不得不外出谋生。但明代各地因饥荒、徭役而外出逃生者极为众多,这些人沿街乞讨者有之,为人帮工者有之,充当奴仆者有之,更多的人则是四处流浪,难以控制,史称"流民"。终明之世,流民一直是无法解决的一大社会问题。而徽州人外出则主要是从事商业活动,并且取得了巨大的成功。这是因为,徽州文化崇文重教,教育十分发达,"十户之村,不废诵读",莫不有学有师。正是教育的普及为经商准备了必要的条件。无需赘言,目不识丁是难以外出经商的,即使中小商人,也必须具备一定的文化知识。至于那些在全国性市场环境下从事商贸活动、进行大商业资本运作的富商巨贾,更需要较高的文化素养。徽商许多人本来就是儒者,他们以儒家理念来指导其商业活动,贾而好儒,而被称为儒商。正如戴震所言,徽

---

① 赵汸:《东山存稿》卷四《商山书院学田记》,文渊阁《四库全书》本。
② 赵宏恩:《重修文公祠记》,道光《婺源县志》卷三四《艺文志·纪述三》,道光六年刻本。
③ 道光《婺源县志》卷一四《人物志·朱子世家》,道光六年刻本。

人"虽为贾者,咸近士风"①。富有特色的徽州文化在徽商崛起的过程中起了重要作用,毋庸置疑。而徽州宗族也有开放的一面,对徽商的经营活动提供了强有力的支持。他们筹集资金,为徽商创业提供资本;输送人力,以建立徽商对行业的垄断;利用宗法,来强化徽商的商业组织,等等。徽州宗族成为徽人外出经商的可靠保障和坚强后盾。

关于徽商取得的巨大成就,当时颇有记载。明人谢肇淛说:"富室之称雄者,江南则推新安,江北则推山右。新安大贾,鱼盐为业,藏镪有至百万者,其他二三十万则中贾耳。"②活跃于明清时代的徽商,足迹几遍宇内,从偏远的沙漠到神秘的海岛,乃至于海外;其资本雄厚,积累了巨万财富,藏镪百万、千万;他们掌握着某些行业的垄断性经营,如盐业、典当业等;他们拥有各个商帮之首的地位;他们从明中叶兴起,至嘉靖、万历时达到繁盛,在清代又有一个大的发展,称雄于全国商界数百年之久。徽商活动的意义远远超出商业本身,对当时的经济、文化等都发挥着重要的作用与影响,促进了社会的变迁。明中叶以后商品经济的发展,不仅是中国古代商品经济发展的又一个高峰,而且出现了一些新的因素,如全国性市场的形成、新的生产关系萌芽,等等,显露出从传统走向近代的曙光,具有时代转型之意义。在这一时代转型的潮流中,徽商所扮演的角色不只是受益者,也是推动者;不只是参与者,更是开拓者。即明清商品生产的发展和全国性市场的形成及商人集团的兴起,二者也是一个互动过程,并非是商品生产发展了,全国性市场形成了,然后才有商人集团的兴起。当时,徽商经营的范围甚大,地域极广,影响至深。"其货无所不居,其地无所不至,其时无所不骛,其算无所不精,其利无所不专,其权无所不握。"③商业的繁荣也促进了商品生产的发展和全国性市场的形成,在这一方面徽商等商人集团与有力焉,贡献尤大。徽商乃为这一商品经济发展大潮的领军者,而处于时代发展之前列。

徽商是在具有特色的徽州文化背景下发展起来的,而徽商在经济上的成功反过来又在各方面影响着徽州的文化发展,从而造就了明清时代徽州文化的昌盛。经济与文化互动,在徽州历史上被演绎得淋漓尽致。徽商取得的财

---

① 戴震:《东原文集》卷一二《戴节妇家传》,《戴震全书》(六),黄山书社 1994 年版,第 440 页。
② 谢肇淛:《五杂俎》卷四《地部二》,上海书店出版社 2001 年版。
③ 万历《歙志》志二〇,《传》卷一〇《货殖》,万历三十七年刻本。

富成为徽州文化昌盛的物质基础。徽商对教育科举、文化艺术、建筑园林、公益事业等投入了大量财富；还以其雄厚的经济实力为徽州培养造就了大批人才，包括一批出类拔萃的文化人才，从而铸就了徽州文化的辉煌。明清时代的徽州文化光辉灿烂、万紫千红。如徽州教育、新安理学、徽派朴学、新安画派、徽派篆刻、徽州版画、徽州刻书、徽州三雕、徽派建筑、徽州园林、新安医学，以及自然科学、数学、徽剧、徽菜等，几乎在各个文化领域都取得了辉煌成就，有的领域臻于极致，后世难以企及。其水平之高、贡献之大，世所公认。它们既有地方文化之特色，同时也是当时主流文化的一个代表，或在中国文化史上占有一席之地，而成为灿烂的中华文化之一瑰宝，具有典型性与普遍性的特点。

随着商品经济的繁荣与徽商的成功，人们的思想观念也发生了深刻的变化。明后期文坛领袖、徽人汪道昆说："大江以南，新都以文物著。其俗不儒则贾，相代若践更。要之，良贾何负闳儒！则其躬行彰彰矣。"[1]又说：商农"各得其所，商何负于农？"[2]清代徽州学者俞正燮亦说："商贾，民之正业。"[3]他们不仅发出了"商何负于农"的质疑，而且正面肯定了商贾本是民之正业，商与农是平等的，从根本上批驳了商不如农的传统观念。这种文化自觉，显然是对历来重农抑商政策的否定，是对当时仍在流行的商为四民之末观念的批判，是对几千年来根深蒂固传统的挑战。其意义已不限于地域文化范畴，而是发出了时代的先声。

逮至近代，由于徽州传统文化的厚重，不免给其转型带来了负面影响。徽商在近代失去了领袖群伦的地位，而徽州社会的转型亦步履蹒跚。尽管如此，徽州文化在向近代转型的进程中仍不乏亮点，值得关注。徽派朴学大师戴震，作为18世纪中国唯物主义哲学家，其思想显露出的近代气息，具有早期启蒙之意义，已众所周知。鸦片战争前，俞正燮秉承徽人的刚毅气质和求实精神，发表了许多离经叛道之论，勇于向传统观念宣战，被称为中国思想界

---

① 汪道昆：《太函集》卷五五《诰赠奉直大夫户部员外郎程公暨赠宜人闵氏合葬墓志铭》，《四库全书存目丛书》本第一百一十七册《集部》，齐鲁书社1997年版。

② 汪道昆：《太函集》卷六五《虞部陈使君榷政碑》，《四库全书存目丛书》本第一百一十八册《集部》，齐鲁书社1997年版。

③ 俞正燮：《癸巳类稿》卷三《征商论》，《续修四库全书》第一千一百五十九册《子部》，上海古籍出版社2002年版。

三贤之一，特别是其维护妇女权益、主张男女平等的诸多阐发，更展现了朴素的人权观念和平等思想。咸同兵燹后，寄居徽州的学者汪士铎，对早婚等诸多陋习痛加批判，阐述了早期的人口思想；又对儒家仁政、德政进行批驳，而主张学习西方的科学技术。同一时期，徽籍大臣王茂荫所提出的货币理论与财政政策，切中时弊，见解卓越，阐发深刻，在中国近代经济思想史上占有重要地位，成为马克思在《资本论》中提到的唯一中国人。黄宾虹作为近代新安画派的代表人物，在总结前人的基础上，多有创变，独树一帜，成为继渐江之后的又一个高峰。徽班进京，被公认为京剧发展的源头之一。在自然科学方面，徽州数学家汪莱成就斐然，他提出的 P 进位制的理论，实为现代计算机原理之先河。至于徽人胡适，作为五四时期新文化旗手的地位与作用，无需赘言。其主张固然是对传统文化的一种反驳和扬弃，然而，从其批判精神来说，却是与朱熹、戴震这些徽州先贤们一脉相承的。而以上这些在徽州文化转型中闪光的人物，也无一离不开深厚的徽州文化沃土的孕育。

回顾徽州历史文化的发展进程，交织着人与自然的磨合，不同文化的融合，以及经济与文化的互动。历经千锤百炼的磨砺，造就了具有较高素质的徽州人。徽州文化是时代发展的产物，宋代以后经济文化重心南移和商品经济的发展，为徽州的崛起提供了前所未有的机遇。徽州文化又是利用大徽州即本土以外的广阔舞台而发展起来的。归根结底，徽州文化是具有较高素质的徽州人所创造的，是高素质的徽州人及时地抓住了时代发展的机遇，充分利用大徽州的广阔舞台，而创造的光辉灿烂的徽州文化。

博大精深的徽州文化构成了徽学研究的深厚根底。而对徽州文化史的探索，无疑是徽学研究的一个重大课题。继大型学术丛书《徽州文化全书》出版之后，多卷本的《徽州文化史》又付梓问世，不啻为徽学研究之一盛事。受安徽省徽学学会之嘱，不揣浅陋，写此粗略文字，以为该书之引。

2014 年 8 月于北京

目　录

第四章　清中叶徽州文化的博大与精致 / 409

引　论

　　徽州文化是中国传统社会后期文化的典型样本,这一观点在学界已是基本共识。我们认为,从表现形式看,徽州文化具有鲜明的地域特色,各种文化现象注注被冠以"徽"或者"新安"字样,如徽派朴学、徽派建筑、徽派版画、徽派盆景、徽商、新安理学、新安画派、新安医学,等等。[①] 但就其影响与地位而言,徽州文化其实是以地域文化的身份,担当起了中国传统社会后期"主流"文化的角色。其登峰造极之时,正当明、清二代。就总体而言,徽州文化在明清时期臻于极盛,成为徽州文化发展史上的里程碑;而具体来看,期间它有着显著的阶段性发展。依据各种文化形态在不同时期所表现出的不同主旨和特色,我们把这种阶段性发展分为四个时期:明前期、明中后期、清前期、清中叶。

---

　　① 徽州旧称新安。晋武帝太康元年(280),灭吴,原新都郡更名新安郡。后徽人多以"新安某氏"自称。参见周晓光:《徽州传统学术文化地理研究》第一章,安徽人民出版社2006年版,第38页。1987年,撤销徽州地区,设立地级黄山市。历史上长期辖歙、休宁、婺源(今属江西)、黟、祁门、绩溪(今属安徽宣城)六县。

一　明前期徽州文化求变与创新的时代主题

明前期从明初洪武年间开始，大致在嘉靖、万历年间告一段落。期间徽州文化整体风貌彰显的一个鲜明的主题是求变与创新。

（一）新安理学的求变与新貌

崛起于南宋的朱子学重要流派"新安理学"①，在有元一代学术思想和学术风格渐趋墨守成规，学派内部死抱旧说，创新乏力。詹烜在《赵东山行状》中记载："新安自朱子后，儒学之盛，四方称之为东南邹鲁。然其末流，或以辨析文义、纂辑群言，即为朱子之学。"②描述了元代新安理学墨守成说、创见缺乏的普遍现象。对此，当时著名新安理学家赵汸也提到，徽州先贤"皆留心著述，所以羽翼程朱之教者，具有成书"③，但是其书"虽有考索之富而扩充变化之无术，虽有辨析之精而持守坚定之未能"④。这里，赵氏所说的"扩充变化之无术"，就是指南宋朱熹之后的元代新安理学家缺乏学术的创新。元末明初，有鉴于元代新安理学家的学术之弊，以朱升、郑玉和赵汸为代表的新安理学家提出了求"实理"的新的治

---

① 新安理学是朱子学的重要流派之一，主要崛起和流传于徽州一带。该流派奉祖籍徽州婺源的朱熹为开山宗师，在其近六百年的传承中，有鲜明的学派宗旨和一脉相传的学者群体，并对 12 世纪以后中国哲学史的演变以及明清徽州社会的发展，产生了深远的影响。参见周晓光：《新安理学》，安徽人民出版社 2005 年版。

② 程瞳：《新安学系录》卷一五《詹烜：赵东山行状》。

③ 程瞳：《新安学系录》卷一五《詹烜：赵东山行状》。

④ 赵汸：《东山存稿》卷三《答上虞学士书》。

经主张。这一主张的核心是反对元代先儒盲目迷信、循途守辙的治学之术，主张明源察始，通过自身的思考，探求理学真谛。以此为指导思想，以朱升、郑玉和赵汸为代表的元末明初新安理学家本着求真实之理的心态，思维渐趋大胆、活跃，从多种途径探索朱子之学的真谛。如朱升发明了"旁注诸经"的治经方法，郑玉和赵汸则以"和会朱陆"张大新安理学学派宗旨，明初的新安理学可谓气象一新。该时期也是新安理学发展史上求变求新思潮最活跃的时期。

（二）徽州教育和科举的新变化

徽州的教育和科举，在明前期也有新的变化。这种变化主要表现在三个方面：一是地方教育机构类型进一步清晰，官学、书院、社学三大系统互为补充，构成了徽州教育机构的网络体系。徽州官学包括府学和六县县学，其中府学始于唐代，六县县学中，始于唐代的有歙县县学和祁门县学，其余如休宁县学、黟县县学、婺源县学和绩溪县学皆始建于宋代。① 其后，虽有连续性，但时有兴废，元末战乱更一度使徽州官学遭遇重创。明朝立国后，朱元璋崇奉"治国以教化为先，教化以学校为本"的理念，推行了一系列兴学政策，被史家称为"学校之盛，唐、宋以来所不及也"②。在此背景下，明前期的徽州府县学得到全面重建或扩建。③ 徽州最早的书院是绩溪龙井之桂枝书院，始建于北宋景德丁未（四年，1007）。其后，经宋元发展，明前期的徽州书院无论规模和数量，均远超前代。据乾隆《江南通志》、道光《徽州府志》、光绪《重修安徽通志》等志书不完全统计，明代徽州新建或重建、扩建的书院有 49 所，其中明确记载为前期的书院有 38 所，比例高达 77.6%。说明了徽

---

① 参见道光《徽州府志》卷三《学校》。
② 张廷玉等：《明史》卷六九《选举志一》。
③ 参见道光《徽州府志》卷三《学校》、民国《歙县志》卷二《营建志》、道光《休宁县志》卷三《学校》、嘉庆《黟县志》卷一〇《学校》、同治《祁门县志》卷一七《学校志》、民国《重修婺源县志》卷六《学校》、嘉庆《绩溪县志》卷五《学宫》。

州书院在明前期已形成规模化的系统。社学之制,始于元世祖至元二十三年(1286),为朝廷诏令在乡村设立的"教童蒙始学"的学校。明承元制,于洪武八年(1375)开始在城乡推行社学,"延师儒以教民间子弟"①。据弘治《徽州府志》记载,同年徽州六县凡"邑之坊都,居民辏集之处"均设立社学,数量达到 462 所。其中休宁、婺源最多,皆为 140 所,其他各县依次为歙县 112 所、绩溪 30 所、祁门 27 所、黟县 13 所。②明前期徽州的社学已经遍及城乡,奠定了童蒙教育的基础。官学、书院、社学针对不同人群,各成系统,表明徽州地方教育机构的类型在明前期进一步清晰,已经构成了徽州教育机构的网络体系。二是徽州教育的功能进一步凸显。洪武十五年(1382),明廷全面恢复科举取士,并规定参加科举者必须是各级学校的生员,逐步形成了"科举必由学校"的定制。③ 因此,徽州府、县学等"官学"发挥着培养科举人才的功能。书院为"尊儒重道、栖徒讲学之地"④,明前期徽州书院的功能重在聚徒讲学。如徽州最大的书院紫阳书院,在"元末明初,名儒迭兴,又立紫阳书院山长以主之,度其揖让周旋,升阶侍立,相与析疑辩难,必多发明"⑤。清人施璜撰有《紫阳书院志》和《还古书院志》,其中《会纪》等篇对徽州书院讲学情形记载甚详。社学则收八至十五岁孩童入学,"设教读以训童蒙"。三类教育机构功能各有侧重,一时徽州文风丕振,科举及第者人数之众,几近今安徽全省的三分之一。⑥ 三是办学主体进一步扩大,除官府投入外,民间集资和官绅资助份额越来越大。尤其是随着弘治之后徽州商人群体崛起、徽州商帮形成,徽商在徽州教育方面的贡献度越来越高。这些都表明了明前期的徽州教育与科举走上了鼎新之路。

---

① 王圻:《续文献通考》卷六〇《学校考·社学》。
② 参见弘治《徽州府志》卷五《学校》。
③ 参见张廷玉等:《明史》卷六九《选举志一》。
④ 施璜:《紫阳书院志》卷一八《唐皋:紫阳书院记》。
⑤ 施璜:《紫阳书院志》卷一六《会纪》。
⑥ 参见《明清进士题名碑录》,上海古籍出版社 1980 年版。

（三）徽州商业文化初步形成

作为徽州文化核心内容之一的徽州商业文化,也在明前期初步形成。虽然作为个体的徽州商人,其经商可以追溯到很早的年代,但徽商作为地域商帮的出现,则在明前期。此期徽州商人从业人数剧增,资本规模扩大,经营行业拓展,营商手段多样,宗族联系密切,最终约在成化、弘治年间开始形成徽州商帮。学界认为,其标志一是徽人形成从商风习,二是徽人结伙经商现象普遍,三是"徽""商"二字已经相连成词,四是作为徽商骨干力量的徽州盐商已在两淮盐业中取得优势地位。[①] 随着商帮的形成,徽商出现了"贾而好儒"、"以义为利"、结伙经商、广交官府、热心公益等商业文化。[②] 商帮的形成以及商业文化的出现,这是此前徽州文化中未见之新气象。

（四）徽州文学时代特色鲜明

关于徽州文学,尽管学界对此阶段的文学成就评价不高,但其理学化的时代特色却异常鲜明。韩结根先生在其《明代徽州文学研究》一书中提出,此时期有代表性的诗文作家,多为新安理学名家或饱读理学经典之士;其作品亦多以理学为主导价值取向,或直接阐扬理学思想,或讴歌"圣朝之至治"[③]。这是明前期徽州文坛劲吹的"新风"。

（五）徽州版画出现兴盛局面

从徽州版画来看,此期它承唐宋而进一步创新,最终在嘉靖、万历

---

① 参见张海鹏、王廷元:《徽商研究》第一章,安徽人民出版社 1995 年版,第 5—8 页。
② 参见周晓光、李琳琦:《徽商与经营文化》,世界图书出版公司 1998 年版。
③ 参见韩结根:《明代徽州文学研究》,复旦大学出版社 2006 年版。

年间达到鼎盛。张国标先生《徽派版画》一书胪列了万历年间徽派版画的重要作品 80 余件,展示了徽派版画的卓著成就。① 此期特别值得关注的是著名的歙县黄氏家族刻工,该家族刻工群体自天顺年间崛起后,经过数代人的传承与创新,到万历时期创造出一套独特的雕图刀法,其木刻画一改原先粗壮雄健之风,形成线条秀劲、版面简雅、形象细腻的徽派版画风格。清道光《虬川黄氏宗谱》"文翰"部分,记载了明前期诸多黄氏刻工的姓名和事迹,从中可见其强大的阵容。②

总之,明前期徽州文化的种种现象,反映了其求变与创新的整体风貌。

二 明中后期徽州文化丰富多彩的特色

明中后期大致从万历中期开始,到明末结束,经历五十余年的时间。该时期徽州文化在传承与深化中,呈现出了丰富多彩的特色。

万历中期以后,明朝进入了一个由极盛而逐渐转衰的历史时期。一方面,经过两百多年的积累和发展,明朝的制度建设日臻成熟,经济运行相对平稳,特别是张居正的"一条鞭法"改革,稳定了朝廷的赋税收入。在部分商品经济相对发达的区域,甚至还出现了资本主义生产方式的萌芽。尽管北方草原上的少数民族不时南下侵扰明境,东南沿海一带"倭患"未靖,但零星战事尚不足动摇明朝的统治根基。皇位传承虽在前期有过"靖难之役"和"夺门之变"两次较大变故,但对政局的稳定尚未造成长期的影响。到万历中期,明王朝呈现的是一幅"盛世"图景。而另一方面,"物极必反"的规律在万历中期之后则更趋明显。其制度体系中的各种弊端渐渐显露,如选官用人重人际关系、重科举出身而忽视真才实学,推行的赋税制度改革在"加派"政策下名存实

---

① 参见张国标:《徽派版画》第一章,安徽人民出版社 2005 年版,第 32—37 页。
② 参见刘尚恒:《虬川黄氏宗谱与虬村黄氏刻工》,《江淮论坛》1999 年第 5 期。

亡,内阁制度下的"首辅"一职,成为官员争权夺利的最高追求,等等。朝廷中,各派势力"党争"不断,宦官擅权现象愈演愈烈,百姓负担日益繁重,各种矛盾愈积愈深。东北满族兴起,更给明朝的数百年江山根基带来巨大的冲击。因此,明朝在其后期已经步入盛极而衰的历史时期。于是,在这种历史背景下的中国文化发展,呈现了两面性:一是四海升平的环境,成就了中国文化的繁荣;二是危机加重的征兆,引发了各种思潮的涌动。在此背景下,徽州文化在传承与深化中,呈现出了丰富多彩的特色。

(一)徽州学术思想诸说纷呈

明中后期曾经一统徽州学界的朱子之学,受到湛(若水)、王(阳明)"心学"的强烈冲击,徽州学者开始出现分化,其学术思想更显丰富。明前期的徽州学术思想,传承了南宋以来朱子之学独尊的传统,一如明初赵汸所说,朱子之学虽行天下,而"讲之熟、说之详、守之固,则惟推新安之士为然"[①]。但明中后期,湛、王"心学"先后传入徽州,在讲学等方面占据了上风。徽州文献中多有"文成之教盛行,讲会者大多不诣紫阳"[②]、"新安多王氏之学,有非复朱子之旧者"[③]等记载。于是,徽州学者分化为两个阵营:一是由朱子之学传承者所组成的阵营。这一阵营的主要代表人物有休宁人程敏政、范涞、吴汝遴、汪璲、汪学圣、金声,婺源人游震得、汪应蛟、余懋衡、江旭奇,歙县人洪德常、江恒等。他们是明代中后期代表徽州学术文化的主要群体。二是由湛若水、王阳明心学的崇拜者所组成的阵营。这一阵营的骨干成员有湛若水门徒婺源人洪垣、方瓘,祁门人谢显、谢芊和王学弟子汪道昆,休宁人程默,歙县人程大宾,婺源人潘士藻等。[④]两个阵营的学者分别阐扬

---

①　赵汸:《东山存稿》卷四《商山书院学田记》。
②　施璜:《紫阳书院志》卷一二《汪县尹》。
③　施璜:《紫阳书院志》卷一六《会纪》。
④　参见周晓光:《徽州传统学术文化地理研究》第二章,安徽人民出版社 2006 年版,第 114 页。

朱熹理学和湛、王"心学",致徽州学术思想诸说纷呈。同时,以黄生(1622—?,字扶孟,歙县人)为代表的徽州经学此期也得到复兴。近人支伟成在《清代朴学大师列传》中评价黄氏:"僻处于岩阿村曲之中,非清初诸大师之广涉博览,切磋交通。乃不假师承,无烦友质,上下古今,钩深致远,声音回转,训诂周流,反胜诸人之犹有所滞焉。综厥学业之绩,品谊之醇,确乎坚贞。"①徽州的学术思想在传承与深化中,进一步显现了丰富多彩的特色。

(二)徽州文化各种现象趋于成熟

明前期发展并未成熟的徽州文化现象,在此期得到迅速发展,大大丰富了徽州文化的内容。比如徽州史学,在明前期因缺乏重要的史家和有影响的史著,在徽州文化中的地位并不突出。中期以后,徽州学者开始对传统史学表现出浓厚的兴趣,编撰了一批重要史著。著录于《四库全书总目》史部类的明代徽州学者著作共有 22 部,其中大部分为中后期的作品。② 从传统史学著述的体裁来看,徽州学者在史评和史钞两类用力最勤,同时杂史类的著作也不在少数。这些学者一方面重视史料的考辨,另一方面也注重史学功能的阐释和对传统史学的创新,取得了较高的史学成就。此期徽州家谱的修撰也进入了一个高潮,不仅参与人员广泛,出现了戴廷明和程尚宽的《新安名族志》、汪道昆的《汪氏十六族谱》、程一枝的《程典》、吴元孝的《临溪吴氏族谱》等一批徽州家谱精品,而且在家谱体例创新等方面也取得了重要突破。此外,徽州方志的编撰在嘉万年间以及其后出现兴盛景象,府邑共修志书 16 种,③该时期成为明代徽州志书修撰最活跃的时期。徽州学者在传统史学研究和家谱修撰、方志编修等方面取得的斐然成绩,表明

---

① 支伟成:《清代朴学大师列传》卷一《清代朴学先导大师列传》,岳麓书社 1986 年版。
② 参见《四库全书总目》卷四五至九〇,中华书局 1965 年版。
③ 参见刘道胜:《徽州方志研究》上编,黄山书社 2010 年版,第 10—13 页。

徽州史学发展出现了历史上的第一个高峰。它丰富了徽州文化的内容，也彰显了徽州文化在明代中后期多彩的特色。

与徽州史学现象类似的还有徽州绘画。学界认为，明代前期，绘画在徽州虽被视为一种高雅艺术，但未能成普遍风气，可称画家者，惟明初朱同（休宁人）一人而已。但嘉万以降，徽州画坛名家辈出，朱邦（休宁人）、汪肇（休宁人）、詹景凤（休宁人）、杨明时（歙县人）、丁云鹏（休宁人）、吴羽（歙县人）、郑重（歙县人）、李流芳（歙县人）、程嘉燧（歙县人）、黄柱（歙县人）、黄生（歙县人）、李永昌（休宁人）等皆一时画坛名流，影响广泛。[①] 尤其是丁云鹏和程嘉燧，前者被黄宾虹誉为"山水花鸟，靡不精妙"，其人物画和道释画，"唐吴道子、贯休，不多让也"；[②]后者画风宗倪云林与黄公望，开创了名重一时的"天都画派"，并居"天都十子"之首。此期徽州绘画的成就，为徽州文化注入了斑斓的元素。

除徽州史学、徽州绘画等文化呈现繁荣现象外，明前期并不见昌盛的徽州工艺，在明代嘉万以后也是大放异彩。尤其是最具代表性的文房四宝和徽州三雕，工艺水平日臻成熟，蜚声海内外。

（三）具有徽州地域特色的流派逐步形成

这一时期，多种文化现象逐步形成具有地域特色的流派。以徽派建筑为例，学界认为，徽派建筑的工艺特征和造型风格主要体现在祠堂、民居、牌坊和园林等建筑上。而这些标志徽州建筑工艺特征和造型风格成熟与基本定型的建筑，大规模出现在明代中后期。有学者对现存 40 座徽州祠堂调查统计，结论是明嘉靖十五年（1536）以前所建的有 8 座，其后所建的有 30 座，另有 2 座修建年代不详。[③] 另有学者根据弘治《徽州府志》和嘉靖《徽州府志》的相关记载，分别统计了弘治和嘉靖年间徽州

---

① 参见郭因、俞宏理、胡迟：《新安画派》第二、三章，安徽人民出版社 2005 年版。

② 黄宾虹：《黄宾虹文集·书画编》上《黄山画苑论略》，上海书画出版社 1999 年版。

③ 参见赵华富：《明代中期徽州宗族统治的强化》，载《'98 国际徽学学术讨论会论文集》，安徽大学出版社 2000 年版。

祠堂的数量及其分布,发现弘治《徽州府志》记载的祠堂共有15座,而嘉靖《徽州府志》记载的祠堂多达213座。① 这些统计情况表明,在明代中叶,徽州祠堂之建有一个突飞猛进的高潮。作为徽州建筑核心构造元素的马头墙、门楼、槅扇、飞来椅和天井等,也在明代中后期悉数出现在徽州民居上,形成了典型的民居风格。而被视为"徽州文化物化象征"的牌坊,在明代中后期因形制的成熟和多样化,以及牌坊雕刻的鼎盛,步入到一个全盛时期。这些类别的建筑,工艺特征鲜明,造型风格成熟,地域特色明显,因而被视为徽派建筑。该建筑流派不仅在徽州本土造就了徽文化的建筑人文特征,且对长江中下游流域及其以南地区产生了重大影响。陈从周先生认为,"明代中叶以后,扬州的商人以徽商居多⋯⋯随着徽商的到来,又来了徽州的匠师,使徽州的建筑手法融于扬州的建筑艺术中",故"扬州园林受徽州派影响大"。②

徽州文化现象中,新安医学也在明代中后期形成了具有地域特色的流派。徽州医籍最早见诸记载的有南朝宋羊欣的《羊中散方》20卷、初唐杨玄操《黄帝八十一难经注》。宋元时期新安医学有了长足发展,出现了张扩、吴源、黄孝通、张杲等一批名医。而明代则进入了鼎盛时期,尤其是在中后期,新安医学名医辈出,著述宏富,在中医学理论、药物学、方剂学、临床医学、传染病学等方面都取得了令人注目的成就,形成了风格独特、声名显赫的新安医学派。③

徽派篆刻之崛起及其地位的确立,亦在此期。有学者将徽派篆刻的兴起与发展分为三个阶段,其中第一阶段为明万历至崇祯时期,乃徽派篆刻的确立阶段。④ 当时以何震、苏宣、朱简、汪关为首的徽州一府六县50余位印人,不仅在印学理论和篆刻实践上取得巨大成就,且遥相呼应,一统明末印坛天下。

---

① 参见常建华:《明代宗族祠庙祭祖的发展》,载《中国社会历史评论》第二卷,天津古籍出版社2000年版。
② 陈从周:《园林谈丛》,上海文化出版社1985年版。
③ 参见张玉才:《新安医学》第二章,安徽人民出版社2005年版。
④ 参见翟屯建:《徽派篆刻》第二章,安徽人民出版社2005年版。

还有徽州商帮在成化、弘治年间形成后,在明前期发展的基础上,资本更为雄厚,活动范围更广,联系纽带更紧,经营文化凸显,形成了与晋商并称的两大商帮之一。徽州多种文化现象形成了别具一格的流派,表明徽州文化在此期的进一步丰富和深化。

总体来看,明代中后期的徽州文化传承中有发展,发展中显深化,呈现出了丰富多彩的特色。

三　清前期徽州文化从顿挫中的复苏

清前期大致从明季开始,至清康熙、乾隆之交告一段落。这一时期的徽州文化经历了一段顿挫与复苏的历程。

明朝末年,积累已久的社会矛盾和民族矛盾激烈爆发。在天灾人祸交逼下,明末农民战争在陕北始发,战火很快蔓延至中原腹地和大江南北。李自成、张献忠等农民军与明廷经过十余年的拉锯战,先后分别建立“大顺”和“大西”政权,并攻占北京,逼迫崇祯皇帝自缢。其后,清朝入关,先是击溃农民军,后又与南明政权进行了近二十年的交战。明末农民战争以及随之而来的明清之际战乱,致当时社会经济文化遭到重创。各地留下了大量的“满目榛荒,人丁稀少”[①]、“人民多遭惨杀,土田尽成丘墟”[②]、“燹于兵火,锦坊尽焚”[③]的记载。徽州当时是皖南抗清斗争的始发地,有文献记载:“盖徽、宁、池之祸,始于徽州……”[④]当时包括徽州在内的皖南地区,经历了惨烈的战乱冲击。徽州文化的发展在明末清初持续近四十年的战乱中,遭遇挫折。以徽商

---

① 《皇清奏议》卷四《李人龙:垦荒宜宽民力疏》。
② 《明清史料》丙编,第 783 页。
③ 民国《华阳县志》卷三四《物产》。
④ 中国人民大学历史系、中国第一历史档案馆合编:《清代农民战争史料资料选编安徽部分》第一册,中国人民大学出版社 1984 年版,第 262 页。

为例,李自成大顺农民军进入北京后,将徽商视为"追赃比饷"的重要对象,"谓徽人多挟重赀,掠之尤酷,死者千人"①。《明季北略》记载,时有徽商汪箕,"居京师,家赀数十万",典铺数十处,被追赃十万,因不堪重刑拷打而身亡。②更有一批徽商,在乱世中无心营商,散尽家财以求避祸。嘉庆《黟县志》记载的徽商叶万生就非常具有代表性:"叶万生,字道一,南屏人。少守礼义,有智略。家故有质库,值明季山贼土寇连年不靖,因言于父世卿曰:'寇将至矣,无多藏以贾祸也。'乃与乡人约,合券者不取钱还其质,数日而尽。"③类似情况,在家谱等地方文献中也多有记载。清初赵吉士说:"明末徽最富厚,遭兵火之余,渐遂萧条,今乃不及前之十一矣!"④徽州商帮在此期遭受了重大打击。此外,在明代中后期盛极一时的徽州教育,于明清战乱之际,亦无所作为。府、县学以及为数众多的书院,其教学活动几近停滞,教育场所荒废。顺治时,休宁县学"文昌阁、魁星楼俱废"⑤。婺源紫阳书院多处建筑"鼎革已来……毁于兵燹"⑥。

到清前期,徽州文化开始从顿挫中复苏。

(一)朱子学复兴

在学术思想方面,晚明渐趋式微的朱子学得到复兴,《寄园寄所寄》卷一一《泛叶寄·故老杂记》:"文公为徽学正传,至今讲学,遂成风尚。书院所在都有,而郡之紫阳书院、古城岩之还古书院,每年正八九月,衣冠毕集,自当事以暨齐民,群然听讲,犹有紫阳风焉。其他天泉书院,为湛甘泉讲学处,迥不逮也。"同时,江永等人继承了顾炎武、黄

① 彭孙贻:《平寇志》卷一〇。
② 参见计六奇:《明季北略》卷二三,中华书局1984年版。
③ 嘉庆《黟县志》卷六《人物》。
④ 康熙《徽州府志》卷二。
⑤ 道光《徽州府志》卷三《学校》。
⑥ 参见道光《徽州府志》卷三《学校》。

宗羲所开创的求实精神，倡导经世致用，力矫宋明学术之弊，治学以"求是"为宗旨，侧重于文字音韵、天文地理、名物典章制度的考证，由此开"皖派经学"风气之先。

（二）徽州教育由沉寂而再兴

一是官学教育重新得到了发展，原先塌废的教育设施屡有修缮。据《徽州府志》记载，徽州府学在康熙三年（1664）、九年（1670）、十二年（1673）、五十四年（1715）和雍正三年（1725）、十年（1732）先后修复了圣殿、明伦堂、仪门、尊经阁、崇圣祠、乡贤祠等建筑。[①] 徽州府试院亦于此期得到重建。郑江《重建徽州府试院记》叙其经过："歙故有巡方，治所在郡治东。国朝康熙二十八年，易为督学使者公所。轺轩既临，合六邑之士校艺其中。历稔淹纪，浸以圮垝，扉枢朽落，栋瘤悬危，外观弗耀，子衿永慨。……郡人汪君激昂高义，喟然而兴，不贷众赀，奂然启宇，缭以周垣，蔽以崇闳。中为厅事，后为燕居之堂，堂后有楼，庖湢廊舍，左右咸秩。经始于雍正十一年十二月，讫工于乾隆元年六月。"[②] 得到汪君（涛）资助重建后的徽州府试院，规模空前。此期官学教育设施的重修，还包括六县的县学。如休宁县学在清初"岁有增饰"[③]，康熙元年（1662）修复了启圣祠、尊经阁、石栏、明伦堂、礼乐器房、泮池、程朱祠等建筑。歙县学"顺治十年癸巳两庑坏、明伦堂圮，知县宋希肃新之；十三年丙申庙圮，教谕王昕修。康熙四年乙巳同知聂炜建；十一年壬子大淫雨，殿圮，知府曹鼎望建；三十六年丁丑知县郑元绶重建"[④]。官学教育不仅设施得到修缮，且功能与保障也有恢复。如徽州府学在原有 160 亩学田的基础上，又得到 20 户捐助的学产，保障了教授、训导的"薪水之费"以及府学"岁修之用"；康熙十四年，监生程子谦为休宁

① 道光《徽州府志》卷三《学校》。
② 郑江：《重建徽州府试院记》。
③ 道光《休宁县志》卷三《学校》。
④ 道光《徽州府志》卷三《学校》。

县学"捐银一千两置学田,取租为诸生科举费"①,等等。二是书院讲会之风盛行,且以传播朱子之学为宗旨。清前期的徽州书院讲会,制定有《紫阳讲堂会约》等条规,从形式到内容都有规范化的要求。据《紫阳书院志》《还古书院志》等书不完全统计,除了各书院每月的定期讲会外,每年紫阳书院和还古书院的大会在顺治、康熙、雍正三朝总数达到了 150 次。② 其规模有时甚至是"在会之士及观者千余人"③,盛极一时。三是义学、塾学发展迅速。此期由官方或民间集资创办的"聚集孤寒,延师教读"④的义学,遍及徽州城乡。据康熙《徽州府志》记载,当时徽州的义学总数达到了 460 所,其中最多的休宁和婺源两县分别设立了 140 所。⑤ 与义学相辅的是此期徽州还有大量的塾学存在,特别是徽州的宗族,大多设有族塾、家塾,专为族内贫寒子弟提供受启蒙教育的机会。康熙十二年,歙县人施璜等还制定了《塾讲规约》,建立了一整套的塾师培训制度。这些都表明了徽州教育在经历了明清之交的相对沉寂后,开始出现兴盛的迹象。

(三)新安画派悄然崛起

徽州文化中别具一格的新安画派,也在此期悄然崛起。明中后期画坛上,由歙县人程嘉燧开创的具有广泛影响的天都画派,因主要代表人物及其传人在明清易代之际选择了不同的人生途径,而渐趋式微。歙县人渐江,休宁人查士标、孙逸、汪之瑞在清初画坛先后崛起,因都主张师法自然,且画风相似,以枯淡、萧疏、幽冷为旨趣,被称作"新安四大家"。学界认为,以新安四大家为主要代表,其中渐江为首席代表,以程邃、戴本孝、郑旼等为主要骨干,以一大批新安画家为成

---

① 道光《徽州府志》卷三《学校》。
② 参见周晓光:《徽州传统学术文化地理研究》附录一,安徽人民出版社 2006 年版,第 250 页。
③ 施璜:《紫阳书院志》卷一八《施润章·寄曹冠五太守书》。
④ 托津等:《钦定大清会典事例》卷三九六《礼部·学校》。
⑤ 参见康熙《徽州府志》卷七《学校》。

员,最终形成了新安画派。^① 该画派在中国画史上占有重要的地位,不仅名重一时,且对后世中国画发展产生巨大影响。

（四）徽州刻书业艰难发展

明清之际的战乱以及清初迭兴的"文字狱",予当时刻书业以重创。刻书范围缩小,数量锐减,市场萎缩,这是其时全国范围内的普遍现象,而徽州刻书业概莫能外。不过,根据相关文献记载,在"文字狱"的阴影下,徽州的刻书业仍在艰难发展。首先是以府学、县学及书院为主体的徽州官刻,此期陆续刊刻了《紫阳书院志》《程朱阙里志》等专志和《歙志》《歙县志》《黟县志》等 8 部方志;其次是徽州家刻在此期并未停顿,有学者统计清代徽州家刻有 32 姓,所刻图书 300 余种,其中有一部分诗文集和医案属于清前期所刻;^②再次是此期徽州坊刻在本土以歙县、休宁为主,刊刻了部分经史图书和个人文集,在外埠杭州、扬州等地,刊刻了《昭代丛书》《檀几丛书》等丛书。这些状况,表明了清前期徽州刻书业的复苏。

（五）徽州文学等在曲折中发展

此期,徽州文学在曲折中亦有所发展,出现了张潮(歙县人,1650—1709)、汪森(休宁人,1653—1726)、孙默(歙县人,1613—1678)、赵吉士(休宁人,1628—1706)、闵麟嗣(歙县人,1628—1704)、程梦星(歙县人,1678—1747)等一批文学家和诗词作家,他们在清初文坛上均占有重要的一席位置。徽州版画在此期虽未恢复到明中后期的万千气象,但仍出现了一批艺术珍品,如顺治五年(1648)刊刻的《太平山水图》(萧云从画)、顺治八年(1651)刊刻的《博古叶子》木板画集(陈洪绶画)、康熙四十

---

① 参见郭因等:《新安画派》第一章,安徽人民出版社 2005 年版,第 22 页。
② 参见刘尚恒:《徽州刻书与藏书》,广陵书社 2003 年版。

年(1701)刊刻的《秦楼月传奇》等。而新安医学在清初则出现了以汪昂（休宁人，1615—1698）、郑重光（歙县人，1638—1716）、程衍道（歙县人，1593—1662）等为代表的一批名医，他们一方面重视医学理论的研究，编著了大量的医案验方等实用医学著作，另一方面也关注临床医学实践活动，推动了新安医学的快速发展。唯徽商因在明末受挫严重，振兴稍慢。总体来看，徽州文化在经历明末的顿挫后，于清前期得到逐步复苏，部分文化现象已然出现了兴盛的状况。

四　清中叶徽州文化博大与精致的气象

清中叶大致从康乾之交开始，至道光年间告一段落。此期徽州文化体现的特征是博大与精致。

由于战争的影响，清廷定鼎中原后，百废待兴。经历康熙、雍正、乾隆三朝的休养生息，清朝进入了一个全盛的时期。经济发展、社会稳定、文化繁荣，史家把这一时期视为中国历史上难得的"盛世"之一。徽州文化在清初复兴的基础上，得到全面发展。其具体表现如下：

（一）徽派朴学发展兴盛

这一时期，徽派朴学名家辈出，学术影响深远，进入全盛的发展时期。明末清初歙县人黄生著《字诂义府》等字书 4 部，"于六书多所阐发，每字皆见新义，而根据博奥，与穿凿者有殊"[1]，被推为"清代朴学先导大师"[2]，首开徽州朴学风气之先。其后婺源人江永（1681—1762）著《礼书纲目》《律吕阐微》等书，在训诂学上的贡献自汉经师郑玄后"罕

---

① 《四库全书总目》卷四〇《经部·小学类一》。
② 支伟成：《清代朴学大师列传》卷一《清代朴学先导大师列传》，岳麓书社 1986 年版。

其俦匹";①休宁人戴震(1724—1777)著《孟子字义疏证》等书,"由字以通其词,由词以通其道"②,成为徽派朴学最重要的奠基人。近人支伟成称"皖派经学,实自江、戴开宗",而其"人才之盛,诚远迈他派"。③乾隆以降,徽州朴学名家大量涌现,其中代表人物包括程瑶田(1725—1814,歙县人。著有《通艺录》等书)、郑牧(1714—1792,休宁人)、汪肇龙(1721—1780,歙县人。著有《石鼓文考》等文)、汪梧凤(1725—1773,歙县人。著有《诗学女为》《松溪文集》等书)、方矩(1729—1789,歙县人)、金榜(1735—1801,歙县人。著有《礼笺》《周易考古》等书)、汪龙(1741—1823,歙县人。著有《毛传异义》《毛诗申成》等书)、洪榜(1745—1780,歙县人。著有《四声韵和表》《书经释典》等书)、凌廷堪(1757—1809,歙县人。著有《礼经释例》等书)、江有诰(1773—1851,歙县人。著有《江氏韵学十书》等书)、程恩泽(1785—1837,歙县人。著有《国策地名考》《程侍郎遗集》等书)等人,他们或以江永为宗,或以戴震为师,著书立说,构成了徽派朴学强大的阵容,并推动其发展到全盛期。在乾嘉考据学派中,以徽州籍学者为核心组成的徽派朴学,是最为重要的一支力量。

（二）史学获得了前所未有的发展

从传统史学的著述与研究来看,此期徽州地区的史学著述数量众多,且其门类丰富。据道光《徽州府志》等书记载,正史类著述有章平的《史记校异》、程嗣章的《明史略》、汪士铎的《南北史补志》等;史评类有吴恒的《读史论断》、程尚志的《史镜》、胡匡宪的《读史随笔》等;史钞类有汤球的《十六国春秋辑补》《十六国春秋纂录校本》《晋纪辑本》,李秀会的《史学节要类编》等;史地类有洪亮吉的《乾隆府厅州县图志》、

---

① 戴震:《戴震文集》卷一二《江慎修先生事略状》。
② 戴震:《戴震文集》卷九《与是仲明论学书》。
③ 支伟成:《清代朴学大师列传》卷五、卷六《皖派经学家列传》,岳麓书社 1986 年版。

章遇鸿的《三国志舆地考》、张匡学的《水经注释》等。① 这些著述在相关研究领域中,受到高度重视和评价。如于宗林在《乾隆府厅州县图志》"跋"中称:"先生此书,则今昔之要害,中外之巨防,何尝不随地附见而不涉议论,不事附会,则所见不又出于《方舆纪要》等上乎!"②吴翊寅评价汤球的《十六国春秋纂录校本》"补正脱误,使成完书,纠谬拾遗,厥功甚伟"③。此期徽州史学的另一个突出成就是地方志书的大量编撰和刊刻。有研究者据《中国地方志联合目录》等书统计,清代徽州府县乡镇志总数在 50 种左右,而雍正、乾隆、嘉庆、道光四朝达到了 23 部,接近总数的一半。④ 这些方志一方面具有连续性和继承性,另一方面乡镇志的编撰成为新的亮点。此外,各类专志编撰在此期也有不俗成就,如记山水有乾隆三十五年(1770)徐山康、张佩芳删定的《黄山志》2 卷,乾隆四十二年(1777)成书的《歙县舆地志略》,歙县人洪榜的《新安大好纪丽》4 卷等;记书院的有董桂敷《增订汉口紫阳书院志》8 卷等。作为史学成就重要内容之一的家谱修撰,在此期也呈现出数量剧增、种类繁多、体例完备、特色鲜明的盛况。⑤

(三) 徽州教育进入发展的鼎盛时期

首先是官学教育的规模不断扩大,体制更为完备。府学与六县县学经过清初的复苏,此期教育设施得到全面恢复。以府学为例,乾隆三十四年(1769)、嘉庆十二年(1807)、嘉庆十六年(1811)府学迭经修缮、扩建,成为一座宏伟的建筑群。其中仅嘉庆十二年之修,即"用白金一万四千两有奇"。后徽州著名盐商鲍氏又"捐赀重建尊经阁及教

---

① 参见道光《徽州府志》卷一五《艺文志》。
② 洪亮吉:《乾隆府厅州县图志》之《于宗林跋》,《续修四库全书》本,上海古籍出版社 2002 年版。
③ 汤球:《十六国春秋纂录校本》校勘记《吴翊寅跋》,《丛书集成新编》本,台湾新文丰出版公司 1985 年版。
④ 参见刘道胜:《徽州方志研究》上编,黄山书社 2010 年版,第 13—16 页。
⑤ 参见徐彬:《徽州谱学的理论与方法》,安徽师范大学 2007 年博士论文。

授、训导两衙署"。① 府学设教授 1 人、训导 1 人,廪膳生员 40 名、增广生员 40 名。府学设有学田,"教授、训导收租以为薪水之资"。徽州府六县的县学,基本情形亦同府学。同时,府、县学还实施了一套严格的春秋祭祀仪式,收藏有基本的书籍。② 徽州的官学教育在清中期已经形成了成熟的运转机制。其次,徽州书院经数百年的发展,至清中叶其功能更为全面。一方面,为适应学子科考的需要,书院强化了课艺训练,歙县古紫阳书院、祁门东山书院、黟县碧阳书院等徽州著名书院,每月都有大课、小课等"会艺"教学活动。③ 另一方面,徽州书院始终保持了其讲学的基本功能。如当时徽派朴学名家凌廷堪、汪龙先后在紫阳书院等处传播考据学说,还古书院也多年坚守传统的讲会制度。④ 再次,以童蒙教育为主的义学、塾学等遍及徽州城乡,商人、宗族等多捐资或集资置办田地,以其岁租保障运行。因此,塾师之"束脩"来源稳定,且足以保障其基本生活所需,⑤而适龄学童无论其家庭或贫或富,亦均可受到启蒙教育。与徽州教育发达共生的是此期徽州科举成就之辉煌。有研究者统计,清代徽州文进士为 648 人,占到安徽文进士总数 1634 人的 41.86%,其中大部分为清中期中试者。尤其是清代徽州本籍和寄籍状元共 19 人,其中 16 人是清中叶的状元。⑥ 教育与科举的繁盛,展示了此期徽州文化的博大以及底蕴之深。

（四）徽州戏曲得到全面传承和展示

清中叶一批徽州籍剧作家脱颖而出,主要代表人物包括吴城(1701—1772)、曹鼎(1725—？)、吴恒宣(1727—？)、曹榜(1753—？)、汪

① 道光《徽州府志》卷三《学校》。
② 参见道光《徽州府志》卷三《学校》。
③ 参见《东山书院志略·新立条规》(江苏教育出版社 1995 年影印本)、道光《徽州府志》卷三《学校》、嘉庆《黟县志》卷一〇《政事志》等。
④ 参见《还古书院志》卷一二《会纪》。
⑤ 参见许登瀛:《重修古歙东门许氏宗谱》卷八。
⑥ 据安徽师范大学梁仁志博士统计数字。

应培(1756—1818)等,他们创作了大量的传奇作品,经刊刻而留存至今。① 徽州的戏曲演出活动虽由来已久,而在清中叶则更为普遍。每逢传统节日或祭日,民间戏曲演出活动在城乡处处可见。如上元日,绩溪县城"各处土坛神庙张灯演剧"②;五月十三关帝圣诞,歙县丰南"至祭演戏"③。一遇演出,常是"人如潮涌而至"④。清中叶,徽州戏曲史上最重大的事件是"四大徽班进京"。乾隆五十五年(1790)为庆贺乾隆八十大寿,四大徽班中的三庆班率先由扬州进京献演,其后春台班、四喜班、和春班等徽班先后入京,在京城各大戏园演出,风靡一时。《梦华琐簿》称:"戏庄演剧必徽班。戏园之大者如广德楼、广和楼、三庆园、庆乐园,亦必以徽班为主。"徽班进京后,与秦腔、汉调逐渐合流,最终催生了传统文化中的"国粹"——京剧。

(五) 徽州籍文学家群体阵容庞大

此期出现了程晋芳(1718—1784)、程瑶田、鲍倚云(1707—1777)、王友亮(1742—1797)、吴定(1744—1809)、汪中(1745—1794)、凌廷堪、鲍桂星(1764—1825)、程恩泽等一批著名作家和文论家。他们或以诗词见长,或以文章著称,或以剧作名世,创作了大量文学作品。这些作品为中国文学发展史留下了浓墨重彩的一笔。

(六) 徽州科技取得具有海内外影响的成就

此期多位徽州籍学者在数学、农学、天文学、物理学等领域成为当时一流学者。如歙县人汪莱(1768—1813)著有《衡斋算学》7 册、《衡斋遗

---

① 参见朱万曙:《徽州戏曲》第二章,安徽人民出版社 2005 年版,第 33—38 页。
② 嘉庆《绩溪县志》卷一《风俗》。
③ 民国《丰南志》卷一。
④ 沈复:《浮生六记》卷四《浪游快记》。

书》9 卷等，其数学研究涉及方程论、球面三角、三角函数表造法以及《九章算术》校勘等，科技史研究者称汪氏是"清代杰出的数学家，也是中国历史上最具创见的数学家之一"[①]。婺源人齐彦槐（1774—1841）融通中西算学，"发乡先辈梅氏、江氏未尽之蕴"，著有《天球浅说》《中星仪说》等天文学著作，先后研制了斜晷、中星仪、天球仪等天文仪器，影响极大。他仿制的龙尾车技惊四座，被誉为"是中国近代农具技术革新的一次成功尝试，是西学为我所用的一个范例"[②]。歙县人郑复光（1780—约1862）著有《镜镜詅痴》《费隐与知录》《笔算说略》等著述，自制了望远镜等光学仪器，是清中叶著名科学家。尤其是《镜镜詅痴》一书，系统研究了光的直线传播原理、光的反射和折射定律、反射镜和透镜成像原理等，为 19 世纪前期中国光学的集大成之作。歙县人罗士琳（1789—1853）著有《四元玉鉴细草》和《续畴人传》，前者对宋元时期著名数学家朱士杰的数学名著《四元玉鉴》详加校订、注疏，当时学界"言四元者，皆以罗氏为宗"[③]；后者增补阮元《畴人传》，记述 19 世纪及其以前中国数学家之生平事迹，成为研究古代天文历法算学史的重要文献之一。此期徽州学者在科技领域的成就，多为全国一流，部分成就在世界上享有盛誉。

（七）徽州绘画在新安画派基本格调的基础上进一步发展

此期，不仅涌现了一批画坛名家，如程士镳、方士庶（1692—1751）、程鸣（1676—1745）、黄柳溪、吴子野等，他们的绘画风格也进一步创新，善于将诸多不同的绘画元素融于一体，形成了"新安变派"。这一变派既有自身的创作理念，也有不同凡响的创作实践与作品，其影响力一直延续到近代国画大师黄宾虹（歙县人，1865—1955）、汪采白（歙县人，1887—1940）等人。

---

① 张秉伦、胡化凯：《徽州科技》第三章，安徽人民出版社 2005 年版，第 66 页。
② 张秉伦、胡化凯：《徽州科技》第六章，安徽人民出版社 2005 年版，第 197 页。
③ 华衡芳：《学算笔谈》卷七。

（八）徽商发展至鼎盛

从康熙中叶到嘉庆、道光之际的百余年间，徽商发展到了鼎盛阶段。此期徽商不但实力得到了恢复，且在诸多方面超过明代：徽人从商风习更为普遍；徽州盐商势力发展至登峰造极，"两淮八总商，邑（歙）人恒占其四"；徽商在长江一线商业活动扩大；徽州会馆普遍建立；与封建政治势力的关系更为密切。[①] 徽商在此期可谓盛极一时。徽商既是徽州文化得以兴盛的"酵母"，[②]同时徽商文化现象也是徽州文化的重要组成部分。

此外，徽州版画在此期亦全面复苏，徽州建筑的风格更为显著，徽州工艺思想与艺术风格体现出时代风貌。从总体来看，清中叶的徽州文化整体呈现出博大与精致的特征，该特征也是徽州文化发展到鼎盛状态的重要标志。道光之后，近代新学术、新文化渐次兴起，明清时期徽州传统文化各种现象或逐步消退，或重新转型，作为中国传统社会后期文化典型代表的徽州文化，进入了另一个发展时期。明清徽州传统文化的阶段性发展遂告一段落。

我们认为，徽州文化在明清时期出现的阶段性发展，与历史环境的变迁有着密切的关系。比如，明前期之所以出现求变与创新的现象，基于明朝在蒙元历史发展阶段之后，着力建章立制，重构汉文化谱系的背景。明季出现的顿挫，与动乱、战争历史环境相关，而清中叶的鼎盛，则得益于"盛世"环境。同时，文化发展的阶段性，与其自身内在的发展逻辑密切相关。徽州文化自南宋之后，逐渐形成既有地域性，又具普遍意义的区域文化。明清时期徽州文化每一阶段的发展，总是基于其前期的积累；各种文化现象的出现、发展、演变，也总是贯穿了其一贯的学脉，从未有突兀而兴、蓦然而衰的现象。因此，在考察徽州文化的阶段性发展时，关注历史环境的变迁和其自身逻辑的发展，至关重要。

---

① 参见张海鹏、王廷元：《徽商研究》第一章，安徽人民出版社 1995 年版，第 12—14 页。
② 参见张海鹏：《徽学漫议》，《光明日报》2000 年 3 月 24 日史学版。

第 一 章
明前期徽州文化的求变与创新

宋元时期,徽州文化已蔚为大观,各种文化现象勃发,基本特色初步显现。洪武元年(1368),朱元璋底定中原,开创大明王朝,建章立制,更新万象,历史由蒙元时期进入了一个全新的时代。明代前期的徽州文化,在宋元奠定大局的基础上,进入了一个求变与创新的发展时期。传统学术文化因新安理学"三大家"——朱升、郑玉和赵汸提出求"实理"的新的治经主张而气象一新;在朱元璋"治国以教化为先,教化以学校为本"的教育理念和"科举必由学校"政策的影响下,徽州教育与科举踏上了革故鼎新之途;文学创作价值取向以政教为中心,追求诗歌的议论化、散文化,显现了鲜明的理学时代特色;徽州版画承唐宋而进一步创新,至万历年间达到鼎盛,尤其是著名黄氏家族刻工崭露头角;官刻、家刻和坊刻并举,徽州成为当时刻书业的中心之一,一扫元末的颓势;商业应用数学飞速发展,出现了著名珠算大师程大位及其"在中国数学史上罕有的"开创性著作《算法统宗》;徽州商人从业人数剧增,资本规模扩大,经营行业拓展,营商手段多样,宗族联系密切,开始形成徽州商帮。凡此种种,反映了明前期徽州文化求变与创新的整体风貌。

一 传统学术文化新貌①

明前期，以新安理学为主要内容的徽州传统学术文化进入了一个创新求变的时代。当时新安理学"三大家"——朱升、郑玉和赵汸提出了求"本领"、求"真知"、求"实理"的新的治经主张。该主张的提出，有诸多原因。其中，元代朱子学发展中存在的流弊，尤其是当时新安理学家中严重存在的盲目迷信风气，是促使三大家深刻思考并进而提出新的治经主张的重要因素。

众所周知，朱子之学几经坎坷，终于在元代居于"显学"的地位。自仁宗皇庆二年(1313)，朝廷定科举取士法，第一、二场考题限用朱熹的《四书集注》，同时规定考生答题时，必须以程朱学说为指导思想后，一时"设科取士，非朱子之说者不用"②。不过，在朱子学的盛名之下，元代学者中出现了盲目迷信的风气。它在学术上有两个显著表现：一是学者们对朱熹学说"无敢疑贰"，死抱一字一义的说教，以注疏集注为学问之大端，而其中真正学有心得者，寥寥无几。二是大力口诛笔伐所谓的"异端邪说"，凡有悖于朱熹学说的言论，不遗余力予以排斥，容不得半点争鸣与不同理解。元代学者之弊，在同时代的新安理学家身上，表现尤为突出。这与新安理学号为朱熹嫡传，朱熹之后的新安理学家一直以朱子学的卫道者自居有关。试举二例为证：据赵汸撰《倪道川墓志》称，名噪一时的元代新安理学名儒倪士毅(仲弘)教授于

---

① 参见周晓光：《新安理学》，安徽人民出版社 2005 年版。
② 《上饶县志》卷一五《儒林一》。

黟二十余年,"非仁义道德之说尝论定于郡先师子朱子者,不以教人"。又有婺源人吴师道(字正传),一生穷研经旨,"务在发挥义理,而以辟异端为先务"。^① 倪氏等人的学风,在当时新安理学家中,属于普遍现象。这种唯"朱"是归的治经指导思想和学风,对于以固守朱子学为学派宗旨的新安理学家来说,并非一无是处,因为它确实达到了维护朱子学纯洁性的目的。但盲目迷信的风气以及与之紧密相关的唯"朱"是归的治经指导思想,也带来了三个严重后果:第一,不仅"知其然"且"知其所以然"的学者愈来愈少,多数人只是鹦鹉学舌之辈。第二,容易导致学者墨守成说而难以创新,从长远来看,不利于朱子学的发扬光大。第三,也容易造成部分士人的逆反心理,滑向"旁门左道"。针对元代学者之弊以及唯"朱"是归治经指导思想所带来的严重后果,元末明初新安理学三大家——朱升、郑玉和赵汸起而呼吁矫正元代学者学风之弊,特别是抨击元代新安理学家偏激、峻厉的学术风格,提出了新的治经指导思想。

　　针对元代学者研习朱子学积弊,元明之交的新安理学名儒朱升率先提出求"真知"之说。朱氏曰:"濂、洛既兴,考亭(朱熹)继作,而道学大明于世。然后学者往往循途守辙,不复致思其已明者,既不求其真知,而未明者遂谓卒不可知。"^②这就是说,周敦颐、二程倡明理学之后,朱熹集其大成,圣人之道因而得以大明于世。但后代学者却循着朱子学的成说,不再探究如何会有此"成说"。如此知其然而不知其所以然,并不是"真知",亦即并没有真正领悟朱子学的真谛。由此,对朱子学中"未明"的道理,也无从可知。其结果是"圣学名明而实晦"^③。这里,朱升提出的求"真知"主张,显然与元代学者"未有发明,先立成说"的观点不同。他希望能明源察始,表达了摆脱盲从的愿望,具有比较清醒的意识。郑玉对当时"未知本领所在,先立异同"的学术界状况,

---

　　① 程瞳:《新安学系录》卷一四《倪道川墓志》。
　　② 程瞳:《新安学系录》卷一四《朱同:朱学士传》,又见《新安文献志》卷七六。
　　③ 程瞳:《新安学系录》卷一四《朱同:朱学士传》,又见《新安文献志》卷七六。

也是大为不满。他说："宗朱则毁陆,党陆则非朱,此等皆是学术风俗之坏。"在尚未真正领悟理学"本领"之先,却宗朱宗陆,立门户之见,"殊非好气象也"。① 郑氏反对"先立异同",实质就是反对盲从,希望通过独立思考,探求理学真谛。这与朱升的"真知"主张,辞异而意同。赵汸也提出了读书必须"一切以实理求之,反而验之于己,非有以信其必然不已"②。所谓实理,包含了两层意思:一是指读书求理应求真实之理、本来之理,而非仅止于推究文义中的"理"。二是指对于所得之理,不仅要"知其然",而且应"知其所以然",即"非有以信其必然不已"。这是赵汸求"实理"治经主张的核心内容。他认为,仅仅"辨析文义,纂辑群言,即为朱子之学",不过是学术末流而已。③ 赵氏

朱升雕像

之见,即要求摆脱盲目迷信之学术指导思想,跳出"推究文义"的末流功夫,代之以探求"实理",从而达到知其所以然的目的。

朱升"真知"之说、郑玉"本领"主张以及赵汸"实理"之见的提出,表明新安理学的为学指导思想已发生变化。它同元代新安理学家一味在低层次上解析文义相比,无疑要高出一筹,对学派以后的发展,起着极其重要的作用。在新的治经思想指导下,元末明初三大家的学术实践活动分别循着两条途径进行。

(一)朱升"旁注诸经"之路

朱升字允升,号枫林,休宁人。曾受学于新安理学大师陈栎,先后

---

① 黄宗羲、全祖望:《宋元学案》卷九四《师山学案》。
② 程曈:《新安学系录》卷一五《赵东山行状》。
③ 参见程曈:《新安学系录》卷一五。

二十余年,"谊莫厚焉"①,深得陈氏器重。至正三年(1343),朱升与赵汸联袂西行,在资中黄楚望门下游学一年。第二年春回乡后,即讲学于郡城紫阳祠,并逐渐丰富自己的学术思想,形成三大学术特色。

其一,在经注方法上改革先儒积弊,开创了以"旁注诸经"为主、"栏上表注"为辅的经注新法。朱升在《易经旁注前图序》中说:"愚自中年,以经书授徒教子,每于本文之旁,着字以明其义,其有不相连属者,则益之于两旁之间。苟有不明不尽者,又益之于本行之外。学者讲本义而览旁注,不见其意义不足也。"②这种旁注诸经的方法,既保存传注,又未断裂经文,避免了经文"血脉不通,首尾不应"③和后世学者混诵经、传的弊端。它使经与解"可离可合,有纲有则","离而观之,则逐字为训,合而诵之,则文义成章",④因而使学者"但读本文而览其旁注,一过则了然无繁复之劳也"⑤。在旁注"小四书"时,朱升又创了"栏上表注"之法。因为"小四书"的特点是"语约而事多",大多是四字一句,语言极为精练,但包含的事典异常丰富,所以"旁注"往往不能容纳,须以"栏上表注"补其不足,"使教者有所据依,而学者易于记忆"。

其二,在求"真知"的旗帜下,朱升的经注内容融会了诸家之说。譬如他的《大学》《中庸》旁注,大多"取诸先儒经解"⑥,《论语》《孟子》旁注也是融合了先儒的看法。⑦ 因此,明初名儒陶安(主敬)对朱升学术有"网罗百家,驰骋千古"的评语。⑧ 不过,朱氏于先儒之说,非一味承袭,而有自己独到的看法。他的《大学》《中庸》旁注,"辞语"并不纯用先儒原文,"意义"亦屡有不能苟同者。⑨ 旁注《论语》《孟子》时,凡遇到

---

① 朱升:《朱枫林集》卷六《勤有堂记》。
② 朱升:《朱枫林集》卷三《易经旁注前图序》。
③ 朱升:《朱枫林集》卷三《大学中庸旁注序》。
④ 程曈:《新安学系录》卷一四《朱学士传》。
⑤ 朱升:《朱枫林集》卷四《小四书序》。
⑥ 朱升:《朱枫林集》卷三《大学中庸旁注序》。
⑦ 参见朱升:《朱枫林集》卷三《论语孟子旁注序》。
⑧ 参见陶安:《翰林院侍讲学士朱升诰》,《朱枫林集》卷一。
⑨ 参见朱升:《朱枫林集》卷三《大学中庸旁注序》。

"不类、不妥者,则必再三玩索体认,以求真是之归"①。朱升的经注内容有不少"一得之愚闻见",是朱氏自家体会出来的。如关于智、仁、勇之用,至诚不二不息之分,尊德性、道学问之说等,其内容与诸家之说已相去甚远,形成了一家之见。② 当然,从总的倾向来看,朱升的学术观点仍然属于朱子学一路。用朱同的话来说,是"议论折衷,一归于正"③。朱升十分重视读书,于"六经"尤其看重,认为"圣人之道载于'六经','六经'之旨明于传注",因而欲求"圣人之道",离不开读经。这纯是朱门的为学功夫,与"陆(象山)学"一味反观自悟的体道方法大相径庭。由于朱升学术不杂"异说",深得朱子之学精髓,因此,后人将朱升视为明初朱子之学的嫡传。吴鼎在《赠归新安诗》中有"紫阳道统接河南,又得枫林继述完。一脉真传今即古,千年秘学易而难"句,将朱升抬上了朱熹之后"道统"传人的地位。④

其三,注重教学。朱升提出了"归趣乎孔孟之教""究极乎濂洛之说"的教学宗旨,⑤认为教学内容有主次、本末之分。所谓"主"与"本",即是"六经"之学,"次"与"末"则是笔札与诗文之类。教学首先应顾及本,然后"休日则事笔札而考苍雅;余力则记名数而诵诗文"⑥。朱氏主张教学过程应循序渐进,曾经明确提出:"作文之本在读书,读书之法在循序。"⑦他还强调,要重视史学知识的传授。此外,朱升亦讲究教学方法。为便于学者读经,朱升在教学过程中发明了"旁注诸经"的方法,且在注经时尽可能采用通俗的语言。因此,朱氏之书"辞约义精"⑧,并且"庶几文字简洁,而学童诵习,不惮其繁"⑨。他以此方法教

---

① 朱升:《朱枫林集》卷三《论语孟子旁注序》。
② 参见朱升:《朱枫林集》卷三《跋中庸旁注后》。
③ 朱同:《覆瓿集》卷七《生日祭先考文》。
④ 参见朱升:《朱枫林集》卷一〇《赠归新安诗》。
⑤ 朱升:《朱枫林集》卷四《小四书序》。
⑥ 朱升:《朱枫林集》卷四《小四书序》。
⑦ 朱升:《朱枫林集》卷四《送程仲本之龙川侍亲序》。
⑧ 张廷玉等:《明史》卷一三六《朱升传》。
⑨ 朱升:《朱枫林集》卷三《书传补正序》。

授生徒,"使后生小子一读则了然而无疑",对后学者启发很大。朱升的教学思想贯彻到他的教学与学术活动之中,在他的门下,新一代新安理学家脱颖而出,因此有新安理学"历元明而其传弥广"的薪传不绝的气象。

（二）郑玉、赵汸"和会朱陆"之路

郑玉字子美,号师山,歙县人。早年沉潜"六经",尤精《春秋》,学者从之如云。曾筑师山书院,集诸朋游,讨论《春秋》笔削之旨,并为之注释,著有《春秋经传阙疑》一书。至正十四年(1354),元政府授郑玉翰林待制、奉议大夫,郑玉称疾坚辞不起,居家日以著述为事。至正十八年(1358),朱元璋大军下徽州,郑玉因不事二姓,自缢而死。

《郑师山先生文集》

郑玉之学,为慈湖四传,象山五传,融堂三传,吴暾、夏溥之弟子。其学术成就,在当时已为世人所称道,被誉为"卓然能自为一家之言"[①]。郑玉的学术思想主要体现在四个方面:其一,系统地阐述了"和会朱陆"的观点。郑玉认为,朱陆二人因气质不同而导致其学问功夫有明显的差异。不过,二人学说"同是尧舜,同非桀纣,同尊周孔,同排佛老,同以天理为公,同以人欲为私,大本达道,无有不同者乎"!郑玉还指出朱、陆两家学说"各不能无弊"。陆学之弊在谈空说妙而无致知功夫,朱学之弊在支离泛滥而不能收"力行之效"。所以郑玉主张两家唯有摒弃门户之见,才可以避免各自的不足。他受陆学"心本论"的影响,欣赏"理以心觉"的观点,即用心去体验、获取"天理"。[②] 在他思想的许多方面,深得陆学之遗风。同时,郑玉也接受了朱学笃实致知的功夫,主张读书尊经,将"六

---

① 郑玉:《师山集》卷首《婺源程文以原序》。
② 参见郑玉:《师山集》卷七《洪本一先生墓志铭》。

经"视作载道之具,而不同意陆象山的"六经注我"之说。就郑氏的学说来看,他是一位典型的"和会朱陆"的学者。其二,明确地提出了"右朱"的学术宗旨。从郑玉的师承来看,当属陆学。① 但郑氏治经,以求"本领"为指导思想,"潜心圣贤之书,进退俯仰,一随其节",②没有墨守师教。相反,在"和会朱陆"中明确地提出了"学者自当学朱子之学"的"右朱"学术宗旨。③ 他在《洪本一先生墓志铭》中,标榜自己读的是朱子之书,求的是朱子之道。郑玉治《易》,所本的是"程朱传义";④治《礼》,所宗的是"朱子师友《仪礼通解》"。⑤ 他特别推崇朱熹"尽取群贤之书,析其异同,归之至当,言无不契,道无不合,号集大成,功与孟子同科矣"⑥。因此,清代著名学者全祖望说:"继草庐(吴澄)而和会朱陆者,郑师山也。草庐多右陆,而师山则右朱。"⑦指明了郑玉学说倾向朱熹的特征。其三,以"伦理纲常"学说为学术思想的核心。郑玉伦理纲常学说的出发点是"明正道,扶世教",也就是要确立封建的道德标准,以之规范社会上不同阶层的人们。郑氏所谓的道德标准就是"三纲五常"。他认为,"纲常"是"国家之本",⑧只有确立了"三纲五常"的道德标准,才能"维持世教,扶植人心",达到王朝长治久安的目的。对于人们如何自觉遵守"三纲五常"的道德要求,郑玉特别强调两点:一是"诚"。他根据《中庸》中"诚者,天之道也;诚之者,人之道也"的观点,认为人类"四端万象,莫非诚有"。也就是说,人若有"诚",那么,"恻隐、羞恶、辞让之心,孝弟忠信之行",都将"发而不可遏也"。⑨ 二是身轻而忠孝之道为重。他说:"凡人处君亲之间,当大变之际,既不能两全其道,则当各尽其道而已。"其四,以发明《春秋》为学术

---

① 参见郑玉:《宋元学案》卷九四《师山学案》。
② 参见郑玉:《师山遗文》卷三《与汪真卿书》。
③ 参见郑玉:《师山遗文》卷三《与汪真卿书》。
④ 参见郑玉:《师山集》卷三《周易大传附注序》。
⑤ 参见郑玉:《师山遗文》附录《汪克宽:师山先生郑公行状》。
⑥ 郑玉:《师山遗文》卷三《与汪真卿书》。
⑦ 黄宗羲、全祖望:《宋元学案》卷九四《师山学案》。
⑧ 参见郑玉:《师山遗文》卷三《为丞相乞立文天祥庙表》。
⑨ 郑玉:《师山遗文》卷二《李进诚字说》。

研究的突破点。郑玉认为《春秋》"体天地之道而无疑,具帝王之法而有征",是百王"不刊之典"。它的功效,"足以遏人欲于横流,存天理于既灭"。① 换句话说,《春秋》乃是体道治世的大典。这就是郑玉尤其看重《春秋》的原因。他曾将《六经》作过比较,认为"《易》《诗》《书》言其理,《春秋》载其事,有《易》《诗》《书》而无《春秋》,则皆空言而已矣"②。指出了《春秋》在六经中的特殊地位。缘于此故,郑玉将《春秋》作为其学术研究的突破点。他的《春秋经传阙疑》一书在明清理学界,被公认是郑氏学术的代表作。郑玉发明《春秋》有两大特征:一是经、传并重;二是博采诸儒之说,形成一家之言。总之,郑玉的"和会朱陆"思想是元末明初理学界"和会朱陆"思潮的组成部分。他"右朱"的学术倾向,既发扬光大了新安理学宗旨,且于学派振兴贡献极大。

元末明初新安理学中,郑玉"和会朱陆"并不是茕茕独立者。与他同道的,还有另一位大家赵汸。赵汸,字子常,学者称"东山先生",休宁龙源人。赵氏"和会朱陆"的主张,集中反映在其《对问江右六君子策》中。该策系赵汸初游虞集之门时,对虞氏等人"朱陆二氏立教所以异同"问题的回答,后收入《东山存稿》中。③ 策问还涉及了太极无极之辨、简易支离之说等理学史上的重大争辩问题。赵汸在策问中提出了两个基本观点:一是朱子之学与陆学的"入德之门"确实存在差异。他说:"若夫陆先生之学与子朱子不同,则有非愚生之所能尽知者。然朱子之学实出周程,而周子则学乎颜子之学也。程子亦曰:孟子才高,学之无可依据,学者当以颜子为师。至朱子之告张敬夫也,则又以伯子浑然天成,恐阔大难依而有取于叔子,以成其德焉。其自知也明矣。陆先生以高明之资,当其妙年,则超然有得于孟氏立心之要而独能以孟子为师。且谓幼闻伊川之言,若伤我者。观其尚论古人者,不同如是,则其入德之门固不能无异矣。"就是说,朱熹与陆九渊因"气禀"不

---

① 郑玉:《师山遗文》卷三《与族孙忠》。
② 郑玉:《师山遗文》卷三《春秋经传阙疑序》。
③ 参见赵汸:《东山存稿》卷二。

同,所宗之师也不同:朱熹之学出于周(敦颐)程(颐),而周、程之学又出于颜子之学;陆九渊则以孟子为师,得孟子立心之要。颜子与孟子在为学与入德上的差异,导致了朱子之学与陆九渊学说"入德之门"的不同。二是朱熹与陆九渊"始异而终同"。在承认朱熹与陆九渊"入德之门"存在差异的基础上,赵汸进一步辨析朱、陆二人晚年对各自为学之弊,均有察觉,并尝试修正。他认为,朱熹与陆九渊二人后来已"合并于暮岁"。基于此,赵汸一生都在致力于"和会朱陆"的工作。虞集就此评论说:"子常生朱子之乡,而得陆氏之说,于二家所以成己教人,反复究竟明白,盖索用力于斯事者,非缀缉传会之比也。"①这就是说,赵汸在"和会朱陆"中,对两家学说,并非是随便地比附、折中、拼合,而是将它们的精髓糅合在一起了。赵汸主张"澄心默坐,涵养本源,已为致思之地",而后"凡所得于师之指及文字奥义有未通者,必用向上功夫以求之",②深受陆学遗风的影响。但在"和会朱陆"中,赵汸与郑玉一样,也是属于"右朱"一派。朱熹曾说过:"穷理之要,必在于读书。"赵汸接受了朱学笃实致知的功夫,也主张尊经读书。他认为:"古之圣人亦必由学而至。学者之功,必可至于圣人。"③而"澄心默坐",只不过是贯通"文字奥义"的辅助功夫,全不受陆学鄙视读书风气的影响。凡有疑问,"质诸师而不得者,卒求之程朱遗言而有见焉"④。由此可知,赵汸仍然是以程朱之教为归,只不过避免了朱子之学中支离的短处,而吸收陆学精于"默思"的长处。当时,黄文正公高足袁诚夫在乃师卒后,辑师说为《四书日录》,"旨意与朱子多殊"⑤。赵汸为之商订,"别是非数万言",袁氏心服。这也足以说明赵汸"右朱"的学术倾向。

　　受新安理学重视《春秋》研究传统的影响、资中学者黄泽的引导以及对《春秋》重要性及其研究价值的认识,赵汸一生学术研究的重心在

---

① 程瞳:《新安学系录》卷一五《赵东山行状》。
② 程瞳:《新安学系录》卷一五。
③ 程瞳:《新安学系录》卷一五。
④ 程敏政:《新安文献志》卷七二。
⑤ 程瞳:《新安学系录》卷一五。

于致力于对《春秋》的探讨,并做出了巨大成绩。其一,赵汸对历史上研究《春秋》诸家有比较中肯的分析。在《春秋集传序》中,他指出:"左氏有见于史,其所发皆史例也,故常主史以释经,是不知笔削之有义也。公羊、穀梁有见于经,其所传者犹有经之佚义焉,故常据经以生义,是不知其文之则史也。"这里,赵氏指出了"《春秋》三传"的得失:左氏知"史法"而不知笔削之义,公羊、穀梁知"书法"而不知其文则史也。所以,"《春秋》三传"各有其长处,但仍不免偏执一端。赵汸还指出了后世学者在研究《春秋》方法上的不足。他说:近代学者"说经大旨不出二途:曰褒贬,曰实录而已。然尚褒贬者,文苟例密,出入无准,既非所以论圣人,其以为实录者,仅史氏之事,亦岂所以言《春秋》哉!是以为说虽多而家异人殊,其失视三传滋甚"①。在赵汸看来,尽管"《春秋》三传"各有其弊,但是后世研究《春秋》者的弊病更甚。其二,在评析先儒关于《春秋》研究的优劣、长短基础上,赵汸提出了求索《春秋》"笔削之旨"的根本方法是"属辞比事法"。即通过排比《春秋》中褒贬之史事,发掘其中的"义例",进而探究《春秋》笔削之旨。其三,赵汸认为研究《春秋》的具体途径应是先考鲁史之法,再求圣人之法。其四,在具体研究过程中,赵汸注意吸收先儒研究《春秋》的成果,并在此基础上提出自己的观点。比如赵氏《春秋属辞》一书,尽管是以杜预、陈傅良之说为本编纂而成,然而赵汸在其间能够"集杜、陈二氏之所长而弃其所短,有未及者辩而补之",因而较以往学者更清晰地指出了"何者为史策旧文,何者是圣人之笔削"②。这就是赵汸的创见。《春秋集传》一书也是赵汸在博采先儒之见的基础上,"附以己意,畅而通之"著成。宋濂评论赵汸的《春秋》研究说,其书"义精例密,咸有所据,多发前贤之所未发。譬犹张乐广厦,五音繁会,若不可以遽定。细而听之,则清浊之伦、重轻之度,皆有条而不紊"③。这里,"咸有所据"表明赵氏并不

---

① 赵汸:《春秋左氏传补注·序》。
② 赵汸:《春秋属辞》卷首《宋濂序》。
③ 赵汸:《春秋属辞》卷首《宋濂序》。

作凭空之论,而"多发前贤之所未发"则说明了赵汸研究的创造性。

朱升、郑玉和赵汸同居一府,私谊甚笃。尽管三人的学术特征有所区别:朱升思想比较纯粹,坚守朱学阵营;郑玉、赵汸思想相对斑斓,兼容陆学功夫。但是,他们治经指导思想一致,学术成就难分伯仲,因而同在新安理学发展史上确立了不可动摇的"名儒"地位。该阶段也是徽州传统学术发展过程中学术思想最为丰富多彩的时期之一。

二 教育与科举的鼎新

明前期,在朱元璋"治国以教化为先,教化以学校为本"教育政策的指导下,徽州地方政府及民间力量均加强了对地方官学、书院及蒙学等的建设和支持力度,有力地推动了徽州地方教育的发展。而"科举必由学校"政策的实施则进一步密切了科举与学校教育之间的关系,两者互相作用,大大促进了徽州地方教育与科举的革故鼎新。

(一)官学的重建和扩建

明王朝的建立者朱元璋虽出身贫寒,没读过多少书,但对文化教育却十分重视。早在称帝立国之前他就留意文教,重用文士,关心人才的选拔和培养。据《明史·太祖本纪》载,元至正十五年(1355),朱元璋率军从采石渡江,破太平(治所在今安徽当涂),召陶安参幕府事;十六年(1356)克集庆(今江苏南京),在入城时就公开宣布,"贤士吾礼用之";十九年(1359)春正月,又告诫诸将说,"克城以武,戡乱以仁",并命令宁越知府王宗显设立郡学。明王朝正式建立以后,朱元璋对人才的培养更加重视,措施也更为得力。他在洪武二年(1369)谕中书省臣:"朕惟治国以教化为先,教化以学校为本。京师虽有太学,而天下学校未兴。宜令郡县皆立学校。延师儒,授生徒,讲论圣道,使人日渐月化,以复先生之旧。"①根据朱元璋的旨意,全国开始"大建学校,府设教授,州设学正,县设教谕……俱设训导",政府还明确规定了各级学校的生员之数,"府学四十人,州、县以次减十",并给予学校师生优厚的待遇:"师生月廪食米,人六斗,有司给以鱼肉。学官月俸有差。"②这些措施的推行使得明前期"无地而不设之学,无人而不纳之教。庠声序音,重规叠矩,无间于下邑荒徼,山陬海涯"。以致《明史》的作者感慨道:"此明代学校之盛,唐、宋以来所不及也!"③

在中央政府政策的推动及地方官员和民间力量的共同努力下,因元末战乱被毁的徽州地方官学在明前期陆续得到重建或扩建。如徽州府学,早在吴元年(1367)即开始"起棂星门并门屋,绕以周垣",并"增创讲堂四间,以为斋舍";洪武三年(1370)又"设教授一员,训导四员,生徒四十员。后辟射圃习弓矢。一遵颁降成式";洪武八年则"新筑殿前乐台,重创学门及泮池桥",第二年又"重新两庑四斋";至此,府学的道路墙垣"靡不完固"。到了成化年间,府学的仓廪又被"创建一新",并"复创明伦堂"和"复新大成殿"。④ 再如歙县县学,"明初……知县张齐因故址后更构紫阳书院,乃连建学于书院之东";洪武三年又"增创,一遵颁降成式";正统年间,知府孙遇知、知县高年及继任裴从善、教谕皮岳等继续修复和翻新仓库及堂斋等。婺源县学由明初知州白谦重建;洪武四年(1371),知县陈继姜继续重建,并建射圃亭,在西门湾创建仓廪;正统三年(1438),提学御史彭勖复又命知县陈斌将仓廪"撤而新之";天顺五年(1461),知县张瑄改建明伦堂;成化三年(1467),知县韩俨"继创大成殿五间,棂星门及东西两斋师生廨宇、米仓,又移创射圃亭于学东";成化十年(1474),知县陈金"重葺";成化十四年(1478),教谕陈简塑十哲像,砌露台、丹墀,凿泮池,在射圃亭前建

---

① 张廷玉等:《明史》卷六九《选举志一》。
② 张廷玉等:《明史》卷六九《选举志一》。
③ 张廷玉等:《明史》卷六九《选举志一》。
④ 道光《徽州府志》卷三《营建志·学校》。

号房二十多间，"缭以砖垣"；弘治二年（1489），知县蓝章又"葺修廨学，决冲山活水通渠自射圃亭北迤逦东来，入注泮池，作石栏以环绕之"。① 其他各县县学也是如此。

（二）社学的崛起

伴随着社会经济、政治、教育和科举的发展以及人口的增长，加上强化封建专制统治的需要，朱元璋在大力办好各级各类官学的同时，对乡村子弟的蒙养教育也给予了前所未有的关注。这不仅促使明代徽州的蒙学教育取得了长足发展，还使其逐步由家庭行为向政府行为转化，并在与官学系统接轨的过程中，最终成为国家教育体系的有机组成部分。

洪武八年，明廷开始在全国城乡推行元朝开创的社学之制，"延师儒以教民间子弟"②。同年，徽州六县"于邑之坊都，居民辏集之处"共设立社学 462 所，其中歙县 112 所、休宁 140 所、婺源 140 所、祁门 27 所、黟县 13 所、绩溪 30 所。③ 然而，明前期徽州社学的设置可谓一波三折。社学之设其目的本是方便"乡社之民"就学，以"导民善俗"，乃朝廷之德政，然而在推行的过程中，各级地方官吏则阳奉阴违，甚至"以为营生"，借机对人民进行敲诈勒索，反而造成民怨沸腾，成了害民之政。④ 因此，朱元璋不得不于洪武十三年（1380）一度下令废止社学。徽州府亦遵从朝廷之命，在此年将社学"革罢"⑤，此后徽州"乡民有乐教者"，即"各自延师训诲子弟"。⑥ 但仅仅三年之后，朱元璋又诏令地方郡县"复设社学"。嘉靖五年（1526）四月，歙县知县孟镇等根据提督

---

① 康熙《徽州府志》卷七《营建志上·学校》。
② 王圻纂辑：《续文献通考》卷六〇《学校考·社学》。
③ 参见弘治《徽州府志》卷五《学校》。
④ 参见毛礼锐、沈灌群：《中国教育通史》第三卷，山东教育出版社 1987 年版，第 443 页。
⑤ 参见弘治《徽州府志》卷五《学校》。
⑥ 弘治《徽州府志》卷五《学校》。

学校御史的指令在江村勒石申明："遵照洪武礼制,每里建立里社坛场一所,就查本处淫祠寺观改为之,不必劳民伤财,仍行令各乡图遵行。"并指出："乡社既定,然后立社学,设教读以训童蒙,建社仓积谷以备凶荒,而古人教养之良法美意率于此平寓焉。"[①]同年二月,黟县知县林文炳亦在际村立下了同样的碑文。[②] 明人王世贞也曾记载说,嘉靖间,四岁的休宁人程策,因年龄太小,"欲从兄入里社学,父禁之[③]"。说明"复设社学"诏之后徽州各地社学又重新建立起来了。

（三）书院的持续发展

古紫阳书院前的石牌坊

明前期是徽州书院发展中承上启下的重要过渡时期。通过仔细检阅《大明一统志》、《古今图书集成·职方典》、乾隆《江南通志》、光绪《重修安徽通志》、民国《安徽通志稿·教育考》等各种古籍史料和安徽部分府、州县明代方志,以及一些碑刻、笔记等,系统搜集明代安徽书院的资料,而后进行统计,我们发现明代安徽地区共建有书院139所,其中徽州多达49所,占到了全省总数的35.25%,遥遥领先于安徽其他各地。其具体情况参见表1-1:

① 江登云:《橙阳散志》卷一〇《艺文志上·建立社坛示碑》。
② 参见《际村忠孝社碑》,载民国《黟县四志》卷一四《杂志》。
③ 王世贞:《弇州续稿》卷一一八《明中顺大夫辰州府知府石峰程公墓志铭》。

表 1-1　明代徽州书院建置一览表

县名	书院名称	创办及重修时间
歙县 （11 所）	紫阳书院	正德间改建,嘉靖四十三年、万历间均重修
	北园书院	明初建
	白云书院	明初建
	凤池书院	明初建
	枫林书院	元末明初建
	斗山书院	嘉靖十年建
	崇正书院	嘉靖间建
	南山书院	嘉靖间建
	崇文书院	万历间建
	天都书院	崇祯十六年建
	道存书院	不详
休宁 （16 所）	心远楼	明初建
	柳溪书院	成化间建
	率溪书院	成化五年建
	新溪书院	明初建
	天泉书院	嘉靖间建
	还古书院	万历二十年建,崇祯元年重修
	明善书院	万历间建
	海阳书院	崇祯八年建
	东野书院	明初建
	窦山书院	明初建
	李源书院	弘治间建
	东山书院	正德末建,嘉靖九年重建
	少潭书院	嘉靖间建
	神交精舍	嘉靖三十一年建

续表

县名	书院名称	创办及重修时间
休宁 （16所）	石龙精舍	嘉靖间建
	曙戒山房	不详
黟县 （4所）	碧阳书院	嘉靖四十二年建,崇祯时修复
	中天书院	不详
	淋沥书院	不详,天启间毁
	集成书院	明末清初建
绩溪 （6所）	羼阳书院	弘治初建
	龙峰书院	洪武九年建
	颍滨书院	嘉靖间建
	谦如书院	崇祯间建
	石丈斋	万历间建
	鹿苹书馆	万历四年建
婺源 （12所）	东湖精舍	嘉靖间建
	霞源书院	明中叶建
	福山书院	嘉靖间建,万历三十六年重造
	虹东精舍	嘉靖四十二年建
	中心精舍	嘉靖间建
	富教堂	明末建
	紫阳书院	嘉靖九年建,万历四十三年复建
	世贤书院	嘉靖间建
	尊罗书院	嘉靖间建
	明德书院	明末建
	山雾书院	明中叶建
	正经堂	明末建

据表 1-1 我们可以将有明一代徽州书院的发展归纳为"沉寂—勃

兴—禁毁"三个阶段,嘉靖、万历两朝则是其发展的两个高峰。那么出现这种状况的原因何在呢?明政权建立之初,为了收揽人心,朱元璋曾下令修复曲阜的尼山、洙泗书院。受此影响,徽州也重修了个别前代书院,如歙县的紫阳书院,并新建了绩溪的龙峰书院、歙县的枫林书院。但这只是明廷开国时尊崇儒学的一种姿态,且尼山、洙泗这两所书院只具有祭祀功能,并非一般意义上的书院,因此不能表明明政府真正重视书院的教育功能。待政权稍稍稳定之后,明廷便大力发展官学教育,同时禁绝各地书院,下令"改天下山长为训导,弟子员归于邑学",使"书院因以不治,而祀亦废"。① 这样,从洪武朝一直到天顺朝的近一个世纪的时间里,和全国一样,徽州书院废而不举,沉寂无闻。但成化朝以后情况开始发生了变化,由于官学的规模渐渐无法满足广大士子求学的需求,如正德间,祁门县"邑儒学子员凡二百,而学舍仅百之十,无从卒业久矣"②。加之官学的科举化倾向日益严重,学校日益沦为考试之所,教学功能不断弱化。为了补偏救弊,书院重新引起了徽州的学者和一些地方官员的重视,于是从正德末年开始,徽属各县纷纷新建或重修书院。嘉靖、万历年间,徽州新建书院的数量更是呈迅速增长的态势。

需要说明的是,嘉靖、万历两朝是明代打击、禁毁书院最厉害的时期,如嘉靖十六年(1537)、十七年(1538)和万历七年(1579),政府先后三次大规模禁毁全国书院,为何徽州书院的发展高峰期恰在此时出现呢?如果我们仔细考察这三次禁毁书院的背景即可知道,这三次禁毁书院不是与政治斗争有关就是与当权者的好恶有关。随着政治斗争的复杂化和当权者的变更,书院又不断得以恢复。嘉靖十六年和十七年的两次禁毁书院,《明史》为了掩盖真相,未予记载。我们在《续文献通考·学校考》和《皇明大政记》③中可以找到有关这两次禁毁书院的

① 张廷玉等:《明史》卷六九《选举志一》。
② 汪韵珊等:同治《祁门县志》卷一八《学校志》。
③ 朱国祯辑:《皇明大政记》卷二九《皇明史概》。

记载。当时在朝执政的人，有许多反对王阳明、湛甘泉之学，他们对于王、湛的广建书院，聚徒讲学，妄加罪名，实际上是为了在政治上和学术上压制对方。先是以"倡其邪学，广收无赖"的罪名毁闭王、湛私立的书院，随后又以"废坏不修，别立书院"，"动费万金，供亿科扰"为借口，禁毁所有书院。① 但是书院在当时的影响很大，声望甚高，禁是禁不住的。正如《万历野获编》中所说："虽世宗力禁，而终不能止。"不仅如此，官方越禁，民间越办，所以明代的书院反以嘉靖时期最多。"王学"在安徽又是很有影响，并且王守仁的弟子耿定向和罗汝芳即在安徽为官，他们在两次禁毁书院后都积极创建新书院。且宣城的志学书院还是耿、罗二人在嘉靖三十五年（1556）合作创办。明代第三次禁毁书院是万历七年张居正执政时，他虽为徐阶的弟子，却最厌恶书院聚徒讲学。《万历野获编》卷八载："张居正最憎讲学，言之切齿。"他的禁毁书院比嘉靖间禁毁的规模更大，措施也更加严厉。然而，当时国学衰微，地方官学名存实亡，但书院讲学制度已深入士人之心，社会影响较大，加之张居正于万历十年（1582）去世，其推行的禁毁书院的措施也就烟消云散了。但由于嘉靖、万历时期书院的作用已由教育士子、学术传递渗透到政治斗争中去，因此书院的兴衰不可避免地受政治斗争的影响，这也为以后书院的悲剧性命运埋下伏笔。天启年间，魏忠贤当道，东林党人大肆对其恶行进行抨击。东林书院是反魏的中心，同时也就成了政治斗争的牺牲品。为了排除异己，魏忠贤矫旨禁毁天下书院。因尚书婺源人余懋衡是不附魏忠贤的东林党人，徽州书院在此次政治大清洗中颇受影响。据徐开任《明名臣言行录》载："初，公（余懋衡）于新安之紫阳书院创兴理学；及令永新，善邹元标，建明新书院。……熹朝初年，邹为总宪，公与冯同为中丞，复开首善书院于都门。谗者业有烦言，至是魏珰驱除正学，御史张讷请毁首善，且言海内书院最盛者四：东林、江右、关中、紫阳。南北主盟，互相雄长。余懋

---

① 王圻纂辑：《续文献通考》卷六一《学校考·书院义学》。

衡、冯从吾、邹元标、孙慎行为四大头目,并宜处分。遂俱削夺一切。书院皆毁,贾以助殿工。"[①]终天启年间,安徽仅有"龙兴之地"凤阳府建有一所书院,徽州不仅再无新书院的落成,反而是大量已有书院遭到焚毁。

(四)徽人的科第与仕宦

明前期是科举制度发展的成熟期,明廷明确规定"科举必由学校"[②],且"中外文臣皆由科举而进,非科举毋得为官"[③]。因此,科举与学校、仕宦与科举的关系在明代尤为密切,官学教育开始完全围绕应举入仕而展开了。既然科举及第以进入仕途是绝大多数知识分子的人生目标,那么地方士子的及第人数尤其是进士人数的多寡就成为衡量一个地区教育发展水平和文化水准高低的重要标准。有很多学者认为,进士的地理分布是科举人才分布乃至历史人文地理研究的"最佳资料"。鉴于此,我们分别根据朱保炯、谢沛霖编著《明清进士题名碑录索引》[④]和光绪《重修安徽通志》[⑤]对明代徽州各县进士数进行了统计。参见表1-2:

表1-2 明代徽州各县进士数一览表

县 名	歙县	休宁	婺源	祁门	黟县	绩溪	合计
《明清进士题名碑录索引》所载进士数	163	59	90	47	11	18	388
光绪《重修安徽通志》所载进士数	181	61	92	47	13	17	411

如表1-2所示,两种文献所载徽州进士数分别为388人、411人,而与此同时两书所载明代安徽进士总数则分别为1307人、1361

---

① 徐开任:《明名臣言行录》卷八三《尚书余公懋衡》。
② 张廷玉等:《明史》卷六九《选举志一》。
③ 张廷玉等:《明史》卷七〇《选举志二》。
④ 朱保炯、谢沛霖:《明清进士题名碑录索引》,上海古籍出版社1980年版。
⑤ 参见清光绪四年刻本。

人。无论哪种统计,徽州进士数都占到了全省的三成,其数量之多、比例之高,是相当惊人的。徽州科第之盛又直接造就了有明一代为数众多的徽州籍官员队伍,而且身居高爵显位者众多。据《明史》列传所载,安徽籍仕宦共240人,这些仕宦的地理分布及比例情况参见表1-3:

表 1-3　《明史》列传所载安徽籍仕宦地理分布情况一览表

地区名	仕宦人数(人)	所占比例(%)	名次
凤阳府	86	35.8	1
徽州府	45	18.8	2
庐州府	32	13.3	3
安庆府	18	7.5	4
滁州	17	7.2	5
宁国府	14	5.8	6
太平府	8	3.3	7
池州府	8	3.3	7
徐州	5	2.1	9
和州	5	2.1	9
广德	2	0.8	11
合计	240	100	

通过表1-3可知,《明史》列传中所载徽州籍仕宦人数多达45人,占有明一代安徽籍仕宦人物总数的18.8%,仅次于凤阳。我们知道,朱元璋出身凤阳,在其打天下、建立明帝国的过程中,其基本的依靠力量便是以凤阳及其周边地区的老乡为核心的淮西武人集团,这个集团既是朱元璋夺取天下的基干力量,也是征战沙场的元勋。朱元璋登基伊始即大封功臣,满朝公侯、盈廷权贵多是以凤阳府人为主的淮人,淮人威势在明初显赫一时,正如贝琼诗曰:"马上短衣多楚客,城中高髻半淮人。"也因此,凤阳府的仕宦几乎皆以军功起家。如

徐达，"初为镇抚，后为淮兴翼统军元帅、左相国。洪武元年，封为右丞相，兼太子少傅"①；汤和为管军总管②；耿炳文"积功为管军总管。后改永兴翼元帅府为永兴卫亲军指挥使司，进大都督府佥事"，其子耿璇也为"前军都督佥事，璇弟瓛，后军都督佥事"③；李善长为"帅府都事，兼领府司马，进行省参知政事。太祖为吴王时，拜为右相国、左相国。洪武七年，擢其弟李存义为太仆丞，存义子伸、佑为群牧所官"④，等等。由于江北各府州与凤阳府的情况相似，其仕宦以军功出身者颇不乏人，因此，凤阳仕宦之多当属情理之中。徽州则不同，徽州府的 45 名仕宦中有 30 名为进士出身。如果再从时间上看，则情况就发生了变化。由于凤阳府等江北皖籍仕宦多以军功起家，在朱元璋建立明帝国的过程中居功至伟，在明朝立国后恃功自傲的现象屡有出现，这显然与朱元璋力图巩固自身统治的初衷相违背，加上朱元璋生性多疑，因此在其地位日益巩固后，便展开了对以淮西武人集团为主的功臣集团的大肆清算和杀戮。如明初中央机构设中书省置丞相，总管天下政事，就以凤阳府定远县人李善长为相，善长"外宽和，内多忮刻"，且恃功恣肆，专权树党，屡遭斥责，洪武四年"以疾致仕"。⑤ 继任丞相者同为定远人胡惟庸，朱元璋告诫中书省曰："胡元之世政专中书，凡事必先关报然后奏闻，其君又多昏蔽，是致民情不通，寻致大乱，深可为戒。"⑥胡惟庸初相时，"帝以惟庸为才宠任之，惟庸亦自励，尝以曲谨当上意，宠遇日盛"。然而不久胡惟庸就开始依仗淮西官僚的扶持羽翼，"独相数岁，生杀黜陟，或不奏径行。内外诸司上封事，必先取阅，害己者，辄匿不以闻。四方躁进之徒及功臣武夫失职者，争走其门，馈遗金帛、名马、玩好，不可胜数"⑦。洪武十三

---

① 张廷玉等：《明史》卷一二五《徐达列传》。
② 张廷玉等：《明史》卷一二六《汤和列传》。
③ 张廷玉等：《明史》卷一二六《耿炳文列传》。
④ 张廷玉等：《明史》卷一二六《李善长列传》。
⑤ 张廷玉等：《明史》卷一二六《李善长列传》。
⑥ 《明太祖实录》卷一一七，洪武十一年春正月甲戌条。
⑦ 张廷玉等：《明史》卷三〇八《胡惟庸列传》。

年,朱元璋终于忍无可忍,以擅权枉法罪状杀胡惟庸及其同党。洪武二十六年(1393),朱元璋又借口定远人凉国公蓝玉谋反,株连杀戮功臣宿将。通过胡惟庸案和蓝玉案,朱元璋几乎将明初的开国功臣诛杀殆尽,受株连被杀者有45000余人。凤阳府的仕宦们在明初风光无限后,至此一蹶不振。明中后期以后,活跃在政坛上的安徽籍仕宦中,凤阳府人已不多见,科第繁盛的徽州府则开始一枝独秀。如徽州府的45名仕宦中仅有朱升一人在洪武年间任职翰林学士,其余44名几乎皆为宣德以后才入仕于朝。这也反映了科举制度在明朝的人才选拔途径中地位日益重要,而这对于以科第取胜的徽州来说显然是颇为有利的。

三　理学色彩浓厚的文学

明代文学的发展通常被划分为三个阶段:自明初至成化末(1368—1487)为前期,弘治至隆庆(1488—1573)的近百年时间为中期,万历元年至明末(1573—1644)则属晚期。① 这里,对明代文学的划分也大致参照这一标准,分别从明前期与明代中后期这两个层面来阐述。

元末明初时期,新安理学在徽州地区获得空前发展。"文公阙里""东南邹鲁"的文化氛围,自然也影响到徽州的文学创作。理学的兴盛一方面制约着作家群的主体素质,另一方面也决定了作品的价值取向。

就作家群体而言,明前期的徽州作家主要分为三大类:一类作家如汪克宽、赵汸、朱升等人,他们既是造诣颇深的理学家,留下了大量

---

① 参见章培恒、骆玉明:《中国文学史》第七编《明代文学》,复旦大学出版社1996年版。

的注经解经之作,同时又加盟文坛,有着数量可观的诗文作品传世。另一类作家如詹同、朱同、程通等人,他们虽不以理学知名,但因理学造诣颇深而且在统治集团内部有着较高的政治地位,所以他们的诗文创作也受到理学的影响,具有很强的政治色彩,乃至以诗文为工具,直接为当朝的封建集权统治服务。

此外还有一类作家,他们既不像汪克宽等人那样长于理学的理论研究,也不像詹同等人那样在统治集团内部获得过较高的政治地位,但他们都曾担任过书院山长、教授、学正或教谕之类的学官。特有的身份地位使得他们既不像前一类作家那样把诗歌当作论学辩理的工具,也不像后一类作家那样一味强调文学要为现实的政治服务、用文学作品来歌功颂德。与前两类作家相比,理学对他们创作的影响主要表现在道德层面上,他们的文学思想与文学创作虽也深受传统的束缚,关注道德内容,但在某种程度上也重视文学作品的艺术形式,因而所取得的文学成就比前两种类型作家的成就要大一些。比较典型的如唐桂芳,他曾写有不少歌咏自然、表现闲适生活情趣的诗歌。这些诗歌虽然有的也渗透着某种哲理,表现作者瞬间悟道的感受,但也不乏情理交融、清新自然的艺术特色。

总之,就作家群体而言,"在当时徽州地区的文坛上,几乎没有一位真正意义上的文学家,散文家往往都是理学家的兼职,诗人也只是理学家的附庸,属于理学家或理学传播者范畴之内"[①]。源于这样的作家主体素质,明前期的徽州文学作品中便随处可以找到理学的影子。理学使得这一时期的徽州文学作品呈现以下三大特征:

(一) 以政教为中心的价值取向

明前期的徽州作家不仅在理论上继承了"文以载道"的传统文学

---

① 韩结根:《明代徽州文学研究》,复旦大学出版社 2006 年版。

主张,否定文学自身的价值,强调文学的政治教化作用,而且在创作上也写下大量宣扬封建伦理道德、维护封建统治的作品,借此实践自己的文学主张。具体表现在他们的作品中,便有以下几类情形:

(1)不遗余力地歌颂忠君思想。有时候是托物言志以表达忠君思想,如"丹心朝对日,病骨夜惊秋"①"自是良宵浑不寐,寸丹还对紫微垣"②。有时则是直抒胸臆要求报效国君,如"但得寰区归上国,便当万死报明君"③。即使在一些与政治、忠君思想毫无关联的诗歌情境中,诗人也要极力以表白自己对最高统治者的感戴之心。譬如郑潜的《除夕述怀》,虽然写的是作者在窘迫境况下候夜守岁,但他却丝毫不觉得凄凉或伤感,反而由窗外淅淅沥沥的雨声,联想到那是圣天子的恩泽在滋润着荒野。丰富的想象力,完全服务于忠君爱国的主题。

(2)对节烈妇女的歌颂与赞扬。元末明初,受新安理学影响,所以徽州地区对妇女守节的要求也特别严格和普遍。表现在文学作品中,歌颂和赞美节妇烈女的传记、序文与诗篇随处可见。有的传记作品描述了"承祀以诚,理家以俭,相夫以顺",夫死守节,"全贞保孤"的节妇形象;有的传记作品记载了动乱岁月中因不知夫之所终即沉水而殉的烈妇事迹;有的传记作品记叙了女子抱着牌位成亲,甘愿为她从未见一面的亡故未婚夫守节的"壮举";有的传记作品则记载了年轻女子逃难途中与乱兵遭遇,以"儒家女义不受辱"而"乞死"的故事;还有的作品歌颂的是因父亲生病不能饮食,便"刲左股肉和糜以进"的孝女。④此外如程通的《奉节堂序》和唐文凤的《节妇吕嘉贞》,也是对女子的守节行为极力讴歌、倡导。

(3)对道学先生形象的塑造。如赵汸的《黄楚望先生行状》,作者着力表现元代著名理学家黄泽的"高明卓绝之见""坚苦特立之操"。他不仅"不为一日降志以谋温饱",而且终生以明"圣人之心"、弘扬儒

① 朱同:《覆瓿集》卷二《感怀》其二。
② 程通:《贞北遗稿》卷五《和项公韵》。
③ 朱同:《覆瓿集》卷二《慈亲花甲之日是夜梦中称寿觉后有感》。
④ 韩结根:《明代徽州文学研究》,复旦大学出版社 2006 年版,第 41 页。

家之道为己任。在钻研和传播儒家经学的过程中,他时时不忘"圣人德容之盛"。为了"悟圣经隐赜之义"、明"六经"失传之旨,他昼夜思之,屡以成疾,甚至因此而多次"梦见夫子",最后竟然"梦夫子亲授所校'六经',字画如新"。① 作品所记情节虽不乏荒唐之处,但却借此非常鲜明地表达了作者颂扬理学的思想倾向。

总之,明前期的徽州作家凡有所创作都要极力表达他们以政教为中心的价值取向,即使在一些与道德教化关联不大的山水游记中,也充满着道德说教的意味。譬如唐桂芳的《稼友轩记》。此外,当时的作家还常常借为已有定论的古代作品写翻案文章来宣扬他们的道德主张。譬如宋玉的《高唐赋》《神女赋》中所写的楚襄王与巫山神女相会的故事,也曾被后世文人、画师所反复征引,但唐桂芳的《题巫山图》却强说宋玉作赋的本意并不违背传统的伦理道德,世人往往借巫山神女的故事为自己的放荡行为找借口,却不知道此赋不过是竭力称道神女的美丽而已。诸如此类的诡辩之辞,实为作者的道德目标服务。

(二)歌功颂德的盛世之音

理学对明前期徽州文学的影响还表现在诗歌中有不少宣扬王化、歌颂盛世、粉饰太平之作,这方面以朱同、程通等人的作品最具代表性。

朱同不仅在理论上认为诗人应"悟政通之道,而佐圣朝之至治,以鸣国家之盛"②,而且创作了不少宣扬王化的作品来实践自己的主张。譬如他的"洪音浩荡无远迩,播扬万里资皇风"(《烟寺晚钟》)、"衔芦不烦避缯缴,解网今已同商汤"(《平沙落雁》)、"饭饱不知身外事,欸乃一曲歌淳风"(《渔村夕照》)、"皇风万里被海隅,渔樵乐土无处无"(《山市

---

① 赵汸:《东山存稿》卷七。
② 朱同:《覆瓿集》卷二《送副使丁士温赴召诗序》。

晴岚》)^①等句,本为吟咏自然景物的题画诗,但都要用"卒章显志"的手法来歌颂王朝的统治。类似情形也反映在朱同的那些表现农村风物的诗歌中。

作为与朱同有着类似人生经历的作家,程通的诗作中歌功颂德的创作倾向也非常明显。在他收录于《贞白遗稿》中的《春日即景》《和朱训导韵》《元日》《元宵》等作品中,我们看到的是这样一幅幅景象:杨柳依依,万井炊烟,钟声悦耳,音乐和鸣,牛马繁衍生息,田家喜得生理,天下太平无事,百姓安居乐业,处处歌舞升平。至于每逢佳节,更是琼林赐宴,彻夜狂欢,人歌人醉,万方攸同,甚至都"不知身世在人间"。作者还将当朝最高统治者比作尧舜再世,称颂朝廷在用人方面能做到野无遗贤,林泉隐逸都得到征聘,嘲笑像巢父、许由那样的傲世隐居者不为朝廷所用。并预见在不远的将来,全国也会像"贞观之治"时期那样,仓廪中的陈谷将因多年节余而腐烂不可食。^② 这样的溢美之词,显然与当时的真实情况相去甚远。

诸如此类的歌功颂德之作,在那些曾经供职于封建统治集团的徽州作家作品中,可谓俯拾即是。由此,也使得这些作品大都呈现出雍容舒缓、典丽雅致的艺术风格。仅以程通的《老人星》《投壶》《兰亭怀古》等诗为例,既不会发现什么热烈喧腾的场景或张扬不羁的个性,也无法从中领略到作者内心情感的奔腾激荡和对个体生命的关注,一切都是那么四平八稳"中正和平",完全符合儒家"温柔敦厚"的诗教所要求的效果。而这,或多或少也是当时全国文风的反映:"在上者莫不歌咏帝载,以鸣国家之盛;其居山林间者,亦皆讴吟王化,有忧深思远之风。"^③

---

① 所引诗句均出自朱同《覆瓿集》卷二。
② 参见韩结根:《明代徽州文学研究》,复旦大学出版社 2006 年版,第 60—61 页。
③ 王祎:《王忠文公集》卷五《张仲简诗序》。

（三）诗歌的议论化、散文化倾向

作为一种形象的语言艺术，以往诗歌多借助凝练而有节奏的语言、充沛的情感以及丰富的想象，来营造空灵的意境，最终达到"状难写之景如在目前，含不尽之意见于言外"的艺术效果。但在明前期的徽州作家那里，诗歌的形象与空灵多被忽视，他们常将诗歌当作论学辩理的工具，或借诗歌形式表达对学术的见解，或在诗歌中阐发哲学思想，结果使诗歌变得越来越质实，越来越散文化。

譬如赵汸的《送汪子翼赴采石书院山长》，虽为送别友人而作，但全篇重点却是围绕朱熹与陆九渊思想的异同大发议论，以往送别诗中所习见的意境之美与形象之美，在此化身为枯涩拗口的名词与隐晦曲折的大道理，完全丧失了诗歌所应有的特性。

至于一些题识性的作品，更成为这些作家阐发理学观念的最佳题材。如朱升的《题静庵》，作者由诗题中的"静"字生发开去，话题从尧、舜、禹的道统传授开始，论及儒家经典中"尊德性"与"尚纲"之说、孟子的中庸哲学、道家的养生论和佛家的修养之法，直到朱熹对佛、道两教的批判继承，诗中几乎处处说理、句句言理，且一路堆砌典故，更使得含义晦涩难懂，文学的美感也丧失殆尽。

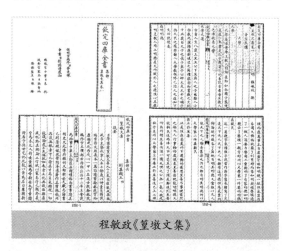

程敏政《篁墩文集》

而朱升的《理斋铭》则从"理"字的本义、"理"的形声关系发端，说到"理"字在《易经》中的出现以及孔子解《易》时将"理"与"性""命"联结从而使其"和顺于道德"的意旨，乃至二程与朱熹在孔子所作解释之基础上做出的进一步发挥，全诗完全是一篇宣传理学思想的韵文,或者说是理学思想的诗化形态。这篇作品虽以诗为名,但它的对仗、平仄却极不严格,部分诗句甚至完全是一种散体形态。明前期徽州作家习惯于借四言诗来说理的喜好,也由此可见一斑。

除了上述种种打上理学印记的文学作品之外,明前期徽州文学中也不乏意象生动、情景交融的自然清新之作。譬如唐桂芳的《幽居》《晓行》《送邹山长》以及詹同的《早春山中》《秋夜书怀简李希古》等诗,诗人常能不显雕饰地由自然界的景物描写引发出闲适恬淡的生活情趣与从容自得的生活态度,较之纯粹的说理论道之作能给人更深的印象和更多的回味。惜乎这类作品为数甚少,不能代表当时徽州文学创作的主流。

明前期徽州文学中最后要提到的人物则是程敏政。程敏政(1445—1499),字克勤,号篁墩,徽州休宁人。主要著作有《篁墩文集》《篁墩诗存》《皇明文衡》《新安文献志》《休宁县志》《宋遗民录》《宋纪受终考》《道一编》《心经附注》等。他对思想史的贡献主要在于反对当时独尊朱学的文化专制氛围,倡导思想的多元化,从而给思想界带来一些新鲜空气。而从文学史的角度看,其创作倾向体现在以下几个层面:

首先,他有保留地肯定传统的"文以载道"思想,认为"道"的标准应比较宽松,而文学的艺术性与审美功能也不可或缺。主张诗歌创作应以自然为宗,在美妙的自然景物面前,诗人心为所感、神与物游,这时浑然天成、得自然之趣的美妙诗句便脱口而出,这样的诗作才是具有"高情远韵,翛然出尘"的作品。

其次,他的一些诗歌作品基本上摆脱了政教文学观的束缚,不像众多徽州作家作品那样热衷于歌功颂德、粉饰太平,而是重在表现自我内心深沉真挚的感情。无论是《侯门怨》《六月五日雨后早朝偶然作》的隐晦委婉,还是《送赵良辅南游》《渡江次采石》等作品的明显直白,均迥异于那些一味宣扬封建伦理道德之作。

再次,其作品体现了对传统的忠孝观念和君臣关系的重新阐释以及对人的欲望的肯定。前者主要体现在《咏史十四首》中,后者则以《明妃曲》为代表,该曲吟唱的虽是中国历史上著名的昭君和番的故事,但作者却一脱前人窠臼,将主人公描绘成一个追求欲望并最终得到爱情与幸福的人。此举其实是借历史题材歌颂了人的青春意识与自然生命的觉醒,表现人性的真实面目,由此也对传统价值观念形成挑战。

最后,程敏政还有一些作品记载了日常生活中所经历的故事。在这些作品中,作者或用清新自然的笔触描绘自然界美丽的景色,或在叙述中善于制造悬念与波澜,或于描写时注重场景的展示与人物心理的刻画,而不涉及政治与伦理道德的内容,具有纯文学性散文的特征,如《夜度两关记》《游齐云岩记》以及《松萝山游诗序》等。①

总体来说,程敏政的文学思想与文学创作存在着两面性:一方面他认为"道"的标准较为宽泛,并不完全局限于封建的伦理道德,另一方面他也认同"扶世立教";一方面他的作品固然呈现出许多新的特质,另一方面他也写了一些歌颂当朝统治者的应制之作,还写了为数不少的表彰孝子或节妇的传记或诗文。这些矛盾现象一方面显示出传统力量的顽固和强大,另一方面也为中后期徽州文学出现崭新面貌埋下了伏笔。

四 徽州版画的发展

(一)版画的发展

版画伴随雕版印刷而产生,迄今所知有确切年代可考的最早的一

---

① 参见韩结根:《明代徽州文学研究》,复旦大学出版社 2006 年版,第 122—123 页。

幅版画,便是唐懿宗咸通九年(868)刻印的《金刚般若经》卷首的扉画。唐、五代流传下来的其他版画作品,也都是与佛教相关的宗教宣传品。宋代以后,版画的应用范围扩大到其他领域,诸如《新定三礼图》《宣和博古图》《梅花喜神谱》《经史证类备急本草》等经学、考古、美术、医学著作都附有大量的木刻插图。这时的版画只是文字的补充,即所谓"纂图互注"。宋熙宁五年(1072),神宗令画工摹拓吴道子钟馗像镌板,遂使版画脱离书籍单独成为新的艺术品种。今存的金代平阳木刻《义通武安王位》和《四美人图》(或称《随朝窈窕呈倾国之芳容》),显示出版画这一艺术形式趋向成熟。

徽州的雕版印刷始于唐代,到了宋代开始兴盛起来。明代,徽州雕版印刷盛极一时,万历年间达到鼎盛。官刻、书院刻、家刻和坊刻齐头并进,刻铺比比皆是。徽州成为当时全国最具影响的雕版印刷中心,所刻图书,世称"徽版"。徽派版画的产生同徽州雕版印刷的兴盛同步。

早期徽州雕版印刷中的"图经"一类著作,有"图"有"文",属于最早的版画作品。唐代徽州有《新安图经》《新安图》《歙州图经》《黟县邑图》,宋代《黄山图经》曾四刻,元代和明代早期的《黄山图经》也有三四个版本。可惜的是,这些早期徽派版画作品都已亡佚。现在最早的《黄山图经》是明天顺六年(1462)曾全宁的辑刻本,图目作36峰,使我们可以从中得见唐宋徽州版画的一些影子。

现存最早的徽州版画是《□武威石氏源流世家朝代忠良报功图》,图宽188厘米,长267厘米,款署宋太平兴国元年(976)四月,现藏安徽博物院。图中主要描绘宋初大将石守信及其祖上英勇作战建立功勋的故事。全画人物多至千人以上,以连环组合形式,在

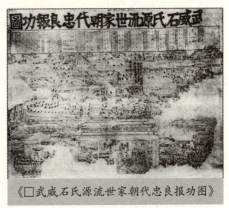

《□武威石氏源流世家朝代忠良报功图》

同一个画面上描写石氏祖先各个时代的战功,在同一个空间里表达并处理各个不同时间所发生的各种事迹。该画原存放在徽州绩溪县旺川石家村石氏宗祠里,每年冬至祭祖和大年三十,挂在祠堂大厅上方中央,供族人公祭朝拜,延课子孙。从绘画、雕刻的风格上看,与歙县虹村名刻工黄铤、黄钫刻《新编目连救母劝善戏文》的插图极为类似,不论人物造型,还是刀刻的风格,都具有纯正徽派的早期特征。从刻线锋棱看来,似受墨模雕刻的影响较深。该画是我国历史上乃至世界上最大的古版画之一。仔细观察,全图是由分刻成许多小块图像的活版连续捺印而成的,场面气势磅礴。①

此类《报功图》目前已发现至少有 4 幅,除上述外,江西婺源县博物馆藏有 1 幅,上海博物馆藏有 2 幅。其中最大的一幅,《新安明经胡氏授赐田宅于绩之胡里镇八景中历代报功图》,长 355 厘米,宽 287 厘米,也是在安徽绩溪县发现。其格式与上海博物馆收藏的《胡延政报功图》相同。图中标名宋刻、元刻,但都是出自晚明徽州刻工之手。明清徽州刻工善刻宗谱、圣迹图、战功图之类。徽州民间雕刻作坊雕刻时有一定格式,根据买主需要来定制,这在徽州黄氏、汪氏刻工作品中传世较多。

早期的徽派版画作品还有明弘治十二年(1499)《休宁流塘詹氏宗谱》中的詹氏历代祖宗肖像。明正德元年(1506)的《余氏会通谱》中有村景图、茔域图 30 余幅,尤以一幅《余岸龙溪八景图》最为精美,雕刻典雅,是研究早期徽派版画的难得资料。该图山石树木多用涩刀,给人以苍劲古拙的感觉;茅屋、人物、行云用轻巧的切刀,给人以明快的印象。从曳杖行走的人物身上,我们甚至能看到《芥子园画谱》中的人物造型。整幅画别有一番雄浑、稚拙之美。嘉靖三十年(1551)《欣赏编续》中的文房四宝和古玉图,嘉靖四十一年(1562)《筹海图编》中的骑射图等,构图简略,线条也显得较为粗壮。但细细品

----

① 参见张国标:《徽派版画》,安徽人民出版社 2005 年版,第 254 页。

赏,也别有滋味。

（二）歙县黄氏刻工与版画

中国传统版画是画家、刻工和印工通力合作的产物。明万历以前,版画的绘、刻、印基本上是由工匠完成,其中刻工的作用最为重要,徽派版画的发展与歙县黄氏刻工的成长同步。

歙县黄氏刻工兴起约始于明天顺年间,一直以善雕书版而著名。前面提到明初《□武威石氏源流世家朝代忠良报功图》、天顺《黄山图经》、弘治《休宁流塘詹氏宗谱》、正德《余氏会通谱》、嘉靖《欣赏编续》和《筹海图编》,后四部书均标明为黄氏刻工所雕。此四书之图,前两图构图呆板,刀法迟钝,远不如后两图运刀娴熟、圆润,后两图差的就是绘图不精。经过几代人的努力,到了万历时期,虬村黄氏刻工终于创造出一套秘不示人的雕图刀法。他们在版画雕刻上所具有的造诣和技艺,为其他地区刻工所不及。对于这种世代赖以谋生的雕刻技艺,他们视为专利,秘不传人。于是苏州、杭州、金陵等地的出版商,为了保证插图质量,不得不高价聘请他们。因此徽州不少刻工因在外地刻有精美的插图而享有盛名。

有学者考证,明虬村黄氏刻工精于版画雕刻,有世系字号可考者31人,刻书47种。[①] 实际明代黄氏精于版画雕刻和所刻图籍远不止此数,前述正德元年黄永早等刻《余氏会通谱》,其中有村景图、茔域图30余幅,尤以一幅《余岸龙溪八景图》最为精美,雕刻典雅,是研究早期徽派版画的难得资料。又如嘉靖三十年黄钟、黄珽等刻《欣赏编续》,嘉靖四十一年黄銮、黄钱、黄锐、黄铉、黄铰、黄铄、黄铭、黄用刻《筹海图编》,均有精美刻图。周芜先生估计,"黄氏一族所刻书目约二百余部,刻工约三百人,见于作版画插图的约百余人,称得起为木刻家的有三

---

① 参见张秀明:《明代徽派版画黄姓刻工考略》,《图书馆》1964 年第 1 期。

十人"①。但详情还有待于进一步查考发掘。

歙县黄氏所刻徽州木刻画一扫粗壮雄健之风,具有工整、秀丽、缜密而妩媚的情调。线条秀劲流畅,形象逼真活脱,版面清雅简洁,刀法精细入微,形成了徽派版画的独特风格。黄氏刻工有如此高超的刻图技艺,是因为他们具有较高的文化水平,或者本身便是画家。如正德、嘉靖时潭渡人黄柱,"善音律,工梓刻。于丹青尤精,翎毛、轩冕、花卉、鲜新及人物物象皆入妙品"②。大概黄柱最初也是刻工兼绘图工,后以画名世,才得以在族谱传记中列一席之地,并载入县志。只有具有一定文化程度和懂得绘画的刻工,才能领会画笔纵横所描绘的意境,并根据不同的内容、风格、画面来确定刀法的运用。

歙县黄氏刻工是古代印本书籍的直接生产者,是一群创造光辉灿烂的徽州刻书和徽派版画业绩的无名英雄,对于传播知识、交流文化,有着不可磨灭的功劳。但在传统社会中,他们无地位,只是普通的"匠氏",为精英阶层所不齿,在史书中很难发现他们的姓名和事迹。根据清道光《虬川黄氏宗谱》的记载,明前期有事迹记载的刻工有如下几位:黄文敬,号拙庵,生于明正统四年(1439),卒于正德二年(1507),歙县虬村黄氏二十二世。天顺四年(1460)与文善、文斌同刻《新安文粹》,是黄氏最早刻书者之一。又曾刻《草字千字文》(成化初)、《程氏贻范集》(成化十八年,1482)、《雪峰胡先生文集》(弘治二年)、《新安文献志》(弘治十二年)诸书。懂医道,工书法。郡守彭公以礼重之。黄鏦,字子玉,号明川,又称"处士明川黄先生",生于明嘉靖二十年(1541),卒年不详,虬村黄氏二十五世。身材魁梧,少有大志。急公好义,凡修祠、砌路、浚井、办学均慷慨输资。晚年将财产托付诸侄,自己游历山水之间。刻有《徽州府志》(嘉靖四十五年,1566)、《徽郡诗》(嘉靖本)、《休宁率口程氏续编宗谱》(隆庆本)诸书。黄钺,字子威,号少昆,生于明嘉靖二十一年(1542),卒于万历十三年(1585),虬村黄氏二

① 周芜:《徽派版画史论集》。
② 雍正《潭渡孝里黄氏族谱》卷七《艺事》。

十五世。善书法,尤精草、篆,通六义、八体。文人墨客多愿与其交往。曾刻《筹海图编》(嘉靖四十一年)、《徽州府志》(嘉靖四十五年)、《春秋左传节文》诸书。万历十二年(1584)与同邑著名文学家汪道昆同游黄山,饮毕独寝,虎哮惊而昏迷,逾年卒。黄瑾,字延润,生于明弘治十二年,卒于隆庆六年(1572),虬村黄氏二十四世。为人忠厚诚直,素为乡里推重,被举为寿官,给予冠带。刻有《后汉书》(嘉靖南监本)、《汪氏医学七书》(嘉靖本)、《环谷杏山先生诗稿》(嘉靖本)、《世忠程氏泰塘宗谱》(嘉靖二十四年,1545)、《六臣注文选》(嘉靖三十年)、《光武帝记》(嘉靖八年,1529)诸书。

五　刻书业新起

经元末战争的破坏,国内图书市场一片颓废,但明初统治者非常重视图书事业。洪武元年八月,朱元璋下诏免除天下书籍税,包括图书生产用的笔、墨类和流通运输类的税款。明成祖秉承洪武图书政策,他说:"士庶家稍有余资,尚欲积书,况朝廷乎?""凡人积金玉欲遗子孙,朕积书亦欲遗子孙。金玉之利有限,书籍之利岂有穷也。"①在统治者的鼓励和推动下,明代逐渐形成了以藏书刻书为荣,以贩书售书谋利的风气。同时,随着印刷技术的进步,图书生产的数量与时俱增,质量也不断得到提高,装帧更加美观实用。因此,明初在宋元刻书的基础上,取得了远超前代的辉煌成果,从中央到地方,从学人到书坊,其刻书机构之多、地域之广、门类和数量之多,都是前代无法比拟的。

明太祖因皖南诸地为其"龙兴之地",对他夺取天下贡献很大,因而对这些地方经济和文教的发展尤为重视。徽州屡次享受免征田赋

① 张廷玉等:《明史》卷九六《艺文志序》。

的待遇,所以经济上很快得以恢复和发展。农业经济的发展带动了手工业的生产。徽州与图书生产相关联的制墨业、造纸业等发展迅速。自宋以来,徽州刻工的技艺累世相传,明初歙县仇姓、黄姓等刻工便已初露头角,这为徽州刻书业的发展提供了人员和技术条件。

明代初期,秉承宋元余绪,徽州刻书业以官刻和家刻为主,坊刻则较为稀少。明初,汪文汇手校其父汪克宽《经义补》9 卷,并摹克宽三像于篇首。成化年间,程敏政撰《程氏贻范集》30 卷,由婺源汪道全、休宁汪克正缮写,歙县仇村黄、仇两姓刻工刊刻。天顺年间,休宁苏大刊其姑丈金德玹所集《新安文粹》15 卷。嘉靖年间,陈嘉谟撰《本草蒙筌》12卷,并自刻刊印。据周弘祖《古今书刊》统计,明万历以前,徽州刻本达31 种之多,占安徽地区刻书的三分之一强。①

(一) 明前期徽州官刻书

徽州官刻,指徽州官方组织或投资的图书生产活动。其生产情形主要有,一是官方设立常规机构,组织有关人员从事一些文化活动,如徽州府学、六县县学、官立书院等,往往组织生员进行刻书活动。二是官修某种图书,因工程浩大,往往在民间募人募资进行生产。从明清徽州官刻发展历程来看,民间集资从事图书生产的比重非常大。明代徽州府官刻机构有徽州府署和所辖六县县署及府学(儒学,又称"新安郡斋")、紫阳书院、县学(儒学)。尤其是府治歙县一直是安徽地区官刻中心。徽州官刻种类繁多,内容有三大类:解经著述、新安理学家的著述、府县志书。

明前期徽州府署刻书,可考的主要有洪武二年(1369)府署刻宋罗愿《鄂州小集》6 卷、《附录》3 卷。

明前期徽州官刻地方志,有洪武十年(1377)知府张孟善修、朱同

---

① 本章部分内容参考了刘尚恒《徽州刻书与藏书》(广陵书社 2003 年版)、徐学林《徽州刻书》(安徽人民出版社 2005 年版)、张国标《徽州版画》(安徽人民出版社 2005 年版)等研究成果,特致谢意。

纂《重修新安志》10卷,景泰年间知府孙遇纂《新安府志增编》。

（二）明前期徽州家刻书

徽州家刻,指徽州私人组织或投资从事图书生产活动,其生产目的不是为谋利,而是在于图书收藏和文化传承。徽州家刻的类型,按刻主身份不同,可分为官员家刻、士绅家刻、商人家刻、私家教育机构刻书、家族刻书等;按刻书地区不同,可分为徽州本土家刻、外埠徽州家刻。家刻书往往以先人、乡贤、本人及师友著述为主,这与以市场为主要导向的坊刻书具有明显的不同。明前期徽州家刻秉承宋元家刻,并呈超越之势。家刻名称很多,有学者列举了私家书院、精舍、书堂、书屋、堂、馆、斋、山房、草堂、书林、铺、书舍、药室、书室、室、亭、楼、别墅、寓舍、阁、书斋、轩等23种。[①]

徽州家刻起源较早,几乎与国内其他发达地区同步,唐末即出现家刻图书。两宋是徽州家刻发展的一个高潮期,据徐学林先生不完全统计,两宋时期,徽州刻书约百起,近百种,有确切记载或存世实物可考的有76起70种以上,其中家刻21起21种,标有卷数的19种,总卷数为681卷。元代徽州家刻有所萎缩,元代徽州路刻印书58起57种,其中家刻44起43种。[②]明初徽州家刻即开始复兴。

秉承宋元家刻风气余绪,同时在明初重文教政策的推动下,徽州本土地区家刻风气逐渐得以复兴。在徽州府本土,家刻分布遍布徽州六县,尤以文风极盛的歙县、休宁为最,兹列“明前期徽州地区家刻代表一览表”(表1-4),以窥一斑。

---

① 参见叶德辉:《书林清话》卷五,紫石点校,北京燕山出版社1999年版。
② 参见徐学林:《徽州刻书》,安徽人民出版社2005年版。

表1-4 明前期徽州地区家刻代表一览表

地区	代表刻家	刻书年代	代表刻本
歙县	罗宣明	洪熙元年	《罗鄂州小集》8 卷
	鲍宁	天顺五年	《天原发微》8 卷
	程孟	天顺八年	《黄山图经》3 卷
休宁	汪德茂	洪武初年	《赵东山文稿》
	金德玹	天顺四年	《新安文粹》15 卷
	程充	成化十八年	《丹溪心法》3 卷
黟县	王静	宣德三年	《效颦集》3 卷
		宣德七年	《历朝通略》4 卷、《枫林小四书》4 种 5 卷
祁门	汪衍	正德元年	《祁闻杂咏》2 卷
	汪机	正德六年	《本草集要》8 卷

注：①本表所列刻家不含家族、私家书院、文会等集体刻书；②本表未列入谱牒刻本；③佚名刻本未列入。

资料来源：本表根据明、清、民国时期文献、书目提要、题跋等并参考刘尚恒《徽州刻书与藏书》、徐学林《徽州刻书》、张国标《徽州版画》等书整理、补充而成。

（三）明前期徽州刻工与坊刻

明前期徽州刻工大都为了谋生而从事刻书行业，他们或受雇于官刻、家刻，或开设小书铺，成为小书坊主，自刻自销。明初徽州坊刻基本上是刻工经营的，起初因资金少，规模也就不大，编辑、审稿、校勘能力有限。其时徽州坊刻可考者，以歙县仇以才、仇以忠兄弟开设的刻字馆在弘治七年（1494）刻印的《赤壁赋》1 卷为最早，其后仇氏兄弟又于弘治年间刻印了《篁墩文集》93 卷、《新安文粹》25 卷，正德十三年（1518）刻印了《汪氏渊源录》10 卷。稍后则有歙县黄氏、汪氏等坊刻，代表性的有黄正慈的集义书堂于弘治十七年（1504）刻印的《大广益会玉篇》32 卷、正德九年（1514）刻印《左氏博议句解》8 卷等。总体来看，明前期坊刻还处于零星发展阶段,刻印的图书无论数量还是质量,均不足以称道,而且大都是由刻工经营起来的。这种状况直至嘉靖、万历以后才发生翻天覆地的变化。

六　商业应用数学的发展和程大位的《算法统宗》

中国传统数学大致经历魏晋南北朝、宋元和明清等几个重要的发展阶段。明清时期,我国古代的纯粹数学发展虽然停滞不前,但随着徽州文化圈内的经济繁荣,应用数学有了很大的进展,民间出现了许多实用数学著作,促进了商业应用数学的普及与发展。

(一)明代商业应用数学的发展和珠算的普及

商品经济的繁荣,促进了商业应用数学的发展。我国明代的商品经济比以前任何一个朝代都发达。明清时期,徽商活跃在大江南北、运河沿线,他们对数学重视程度,在历史上是罕见的。明代歙县人汪道昆在《太函集》中指出:"休、歙右贾左儒,直以《九章》当六籍"[①],"命之贾,则贾先筹算"[②]。

当时,安徽的数学著作中出现了许多与商业有关的应用数学问题,珠算方法的推广与应用是其重要特点之一。

珠算是我国古代的一项重要发明,长期受到人们的青睐,历经数百年,家喻户晓。珠算是从古代的筹算演变而来的,具体的发明人和确切的发明时间已经很难有一个肯定的说法。根据现在已有的研究资料来看,珠算方法约在宋元时期已经成熟,推广和普及出现在明清

---

① 汪道昆:《太函集》卷七七。
② 汪道昆:《太函集》卷三七。

时期。算盘的雏形出现在《数术记遗》中,珠算口诀出现在宋元时期,这为后来珠算的普及和广泛使用做好了必要的准备。可以说,明清时期珠算的普及是商业和贸易发展的必然结果。一般来说,商业计算需要的是快捷准确的四则运算,可以大量重复运用,并不关注其中高深的数学原理,珠算方法正好满足了商贸经济时代的这一需要。

到明代时,中国传统数学著作大都失传,但在安徽民间流传的重要的数学著作有佚名《铜陵算法》2卷、宛陵杨溥的《算林拔萃》、新安朱元浚的《庸章算法》、休宁程大位的《直指算法统宗》(简称《算法统宗》)17卷及《算法纂要》4卷等。此外还有青阳卢氏的《算法解》若干卷、朱载堉的《算学新说》2卷等。其中的《铜陵算法》是明代中叶流传于铜陵一带民间的实用算学书,作者和成书年代均不详,16世纪流传到日本,国内早已失传,现在日本东北大学藏有该书的明刊本。《铜陵算法》主要内容是珠算法,包括珠算图式、算法口诀九归歌、乘除、截两成斤等。此书对程大位的《算法统宗》产生了重要的影响。

(二)程大位与《算法统宗》

1. 珠算大师程大位

明清时期的珠算名家辈出,其中影响最大者当推程大位,他对中国珠算的发展做出了杰出的贡献。

程大位,字汝思,号宾渠,安徽休宁县率口(今属黄山市屯溪区)人,生于明嘉靖十二年(1533),卒于明万历三十四年(1606)。他自幼聪明好学,尤其喜爱数学,经几十年潜心研究,终成一代珠算大师,名扬海内外。

程大位画像

程大位家乡位于古代徽州府的中心,是徽商的发源地。程大位幼年擅长书法，喜爱数学，"不惜重资，以购求遗书"①，"遇方田、粟米、差分、少广、商功、均输、盈不足、方程、勾股诸书，厚资购得之"②。常持筹握算，一丝不苟，从小养成了刻苦、认真、严谨的治学精神。成年后，他踏着前辈的足迹，"周游吴楚"，在长江中下游一带经商，成了徽商中的一员。

徽商自古就有"亦商亦儒"的特点，既重视经商，又重视文化教育，注重提高自身的文化素质，程大位就是其中一位"儒商"的典型代表。他在周游吴楚的过程中，遍访名师，广泛收集散落在民间的古算书籍，"绎其文义，审其成法"，并结合自身经商的实际经验，不断总结学习心得，长期坚持研究珠算的各种算法。

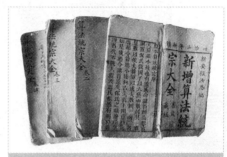

陈列于程大位故居纪念馆中的《算法统宗》

程大位约在四十岁的时候回到故乡，"覃思于率水之上"③，对所收集的各种算书及总结的学习心得进行系统的整理研究，历经二十年，"参会诸家之法，附以一得之愚"，编纂成《算法统宗》17 卷，于明万历壬辰（1592）刊行于世。

程大位及其《算法统宗》在数学史和科学技术史上都具有很高的历史地位，得到了国内外学者的公认。中国著名数学史家钱宝琮称"《算法统宗》流传的广泛和长久，在中国数学史上是罕有的"，"清代末年各地书坊出版的珠算术书，不是《算法统宗》的翻刻本，就是它的改编本，流通量之大是无与伦比的"④。英国著名科学技术史学家李约瑟说，"在明代数学家当中，最引人注目的是程大位"；"在程大位的《算法统宗》以前，没有任何关于近代式珠算算盘的完整叙述"⑤。

① 　程大位：《直指算法统宗·重刻直指算法统宗序》，安徽教育出版社 1990 年版，第 3 页。
② 　程大位：《直指算法统宗·算法统宗序》，安徽教育出版社 1990 年版，第 15 页。
③ 　程大位：《直指算法统宗·书直指算法统宗后》，安徽教育出版社 1990 年版，第 1012 页。
④ 　钱宝琮：《中国数学史》，科学出版社 1981 年版，第 141 页。
⑤ 　李约瑟：《中国科学技术史》卷三，科学出版社 1985 年版。

程大位故居纪念馆　　　　程大位故居纪念馆陈列的各种珠算盘

为了纪念程大位对珠算所做出的杰出贡献，1986 年，在程大位的故乡——黄山市屯溪区，由中国珠算协会、安徽省珠算协会和屯溪市政府联合举行"纪念我国明代著名珠算家程大位逝世 380 周年学术会议"，并将明代程大位的故居修建为"程大位故居纪念馆"，对外开放。

程大位故居纪念馆的"覃思堂"里收集并陈列有历代各种算盘，其中有不少是海内外算盘之珍品。每年都有许多来自全国各地以及日本等国的海内外专家、学者和普通观众来这里参观游览，缅怀一代珠算大师的历史功绩。

2.《算法统宗》的主要内容

《算法统宗》是一部以珠算盘为计算工具的数学书。该书于明万历壬辰（1592）五月由宾渠旅舍出版。程大位在《算法纂要》识语中说明："万历壬辰，余编《算法统宗》金、木、水、火、土五本，后改为元、亨、利、贞四本。有乘除，分九章，每章后附难题，详解详备。明年癸巳（1593），书坊射利，将版翻刻。图像字义均讹，致误后学。买者须从本铺原版，方不差谬。"①

《算法统宗》全书共 17 卷，大致可以分为以下六个部分。

第一部分为"首篇"，包括总说，列举河图、洛书、八卦、黄钟等，阐

---

① 程大位：《算法纂要·识语》，载李培业校释《算法纂要校释》，安徽教育出版社 1986 年版，第 246 页。

述"数有原本"之理。

第二部分为卷一、卷二，主要是介绍数学名词、度量衡单位以及珠算盘式图、珠算算法口诀等，并附有实例说明用法。

第三部分为卷三至卷十二，按照"九章"的顺序列举各种应用题及其解法，在"方田"章介绍了程大位自己研制的"丈量步车"。

第四部分为卷一三至卷一六，为"难题"汇编。所谓难题，其内容都是与卷三至卷一二10类算法相对应的算题，解法并不是都非常复杂，只不过这些算题都是用诗歌形式呈现的，颇有意趣。例如：

西江月：净拣棉花弹细，相和共雇王嬷。九斤十二是张昌。李德五斤四两。纺讫织成布匹，一百八尺曾量。两家分布要明彰，莫得些儿偏向。答曰：张昌七丈零二寸，李德三丈七尺八寸。（选自《增删算法统宗》卷一〇《难题三衰分》）

西江月：群羊一百四十，剪毛不惮勤劳。群中有母有羊羔，先剪二羊比较：大羊剪毛斤二，一十二羔毛。百五十斤是根苗，子母各该多少？答曰：大羊一百二十只，小羊二十只。（选自《直指算法统宗》卷一四《难题衰分三》）

西江月：今有圆田一段，中间有个方池。丈量田地待耕犁，恰好三分在记。池面至周有数，霉变三步无疑。内方圆径若能知，堪作算家第一。答曰：圆径一十二步，内方池六步。（选自《直指算法统宗》卷一五《难题少广四》）

浪淘沙：昨日独看瓜，因事来家。牧童盗去眼昏花，信步庙东墙外听，听得争差。十三俱分咱，十五增加。每人十六少十八，借问人瓜各几个？谁会先答。答曰：一十一人，瓜一百五十八个。（选自《直指算法统宗》卷一六《难题盈朒七》）

西江月：今有方池一所，每边丈二无疑。中心蒲长一根肥，出水过于二尺。斜引蒲稍至岸，适然与岸方齐。请君明算更能推，蒲长水深各几？答曰：蒲长一丈，水深八尺。（选自《增删算法统

宗》卷一六《难题勾股九》)

第五部分为卷一七,汇集了不能归入前面各类中的"杂法"包括写算、纵横图、律吕相生等。

第六部分为最后的附录"算经源流"一篇,著录了北宋元丰七年(1084)以后的51种数学书目。其中21种现仍有传本,余均失传。[①]

(三)《算法统宗》对中国传统数学发展的贡献及其影响

《算法统宗》的科学价值是在于它对数学的普及所做出的重要贡献,主要表现在以下三个方面。

1. 促进了珠算的发展

程大位在继承和总结前人成果的基础上,将珠算的加、减、乘、除、开方运算的口诀系统化、完整化,使之简便易行。当时,珠算已经成为一种完全成熟的计算方法,在计算速度、准确性和方便携带等方面,远远胜于筹算。在此之前,如果说筹算还能和珠算平行存在的话,那么在《算法统宗》问世后不久,珠算便大大普及,筹算这种在中国使用了两千年的古老计算工具和方法,在民间实际上几乎完全被珠算所替代。《算法统宗》所做出的创造性贡献表现在以下两个方面:

第一,把定位法广泛应用于珠算中。据程大位在《刻直指算法统宗序》中说,当时"或有九章而无乘除,或有乘除而无定位"[②]。此前,筹算的定位法虽然已经发明,但是在当时流行的珠算书中都没有提及。因此,可以认为是程大位首先将定位法引入到珠算中。

《算法统宗》卷一中记载:"数家定位法为奇,因乘俱向下位推。加减只需认本位,归与归除上位施。法多原实逆上数,法前得零顺下宜。

---

① 参见李迪:《中国数学史大系》第六卷,北京师范大学出版社1996年版。
② 程大位:《直指算法统宗·刻直指算法统宗序》,安徽教育出版社1990年版,第22页。

法少原实降下数,法前得零逆上知。"①在实际应用时,珠算定位法主要用来解决乘法和除法运算问题,加法和减法无需定位,都是在同位上相加或相减。至于开方运算,则是在考虑商数时已经确定好位数了。因此又进一步给出了简化的"十二字诀",曰:"乘从每下得术,归从法前得令[零]",并对"定位秘诀"予以解释,指出:"凡定位俱从实上原位数起,止遇法首位则止。"②珠算定位法既可以保证运算结果正确无误,又可以提高计算效率。

第二,在《算法统宗》卷六和卷七中,详细介绍了用珠算开平方和开立方的方法。虽然出版于 1584 年的朱载堉的《算学新说》中已经有关于珠算开平方和开立方的确切记载,但是程大位对前人的口诀和方法加以改进,使之更便于应用。其中珠算归除开立方、珠算开带从平方和开带从立方则是程大位所创造。③

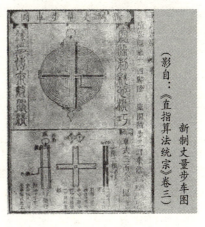

（影自：《直指算法统宗》卷三）

新制丈量步车图

2. 发明数学测量工具

为了满足测量土地的需要,程大位发明了一种测量工具,名曰"丈量步车"。它是用篾制成的,其结构、使用方法在《算法统宗》卷三中都有详细说明,大致如下:

把两根两头开槽四寸、口阔三分、长为一尺三寸的竹片交叉成正十字样,中心凿有一边长为四分的方眼,四头各开一小口。"置锁其篾,择嫩竹,竹节平直者。接头处用铜丝扎住。篾上逐寸写字,每寸为二厘。二寸为四,三寸为六,四寸为八,不必为厘。五寸为一分,自一分至九分,俱用分字。五尺为一步,依次而增,至三十步以上或四十步

---

① 程大位:《直指算法统宗》卷一,安徽教育出版社 1990 年版。
② 程大位:《直指算法统宗》卷一,安徽教育出版社 1990 年版。
③ 参见张秉伦、胡化凯:《徽州科技》,安徽人民出版社 2005 年版,第 52 页。

程大位的"丈量步车"（上方是现代的卷尺）

以下可止。篾上用明油油之，虽污泥可洗。"这个装置安装在"外套似无盖底墨匣"中，"十字中心如墨斗搅转之心。作曲尺样三折装在十字中心，内者方而不动，外者俱圆活动，以便收放。即似纺车之形，套匣上头。横木之下凿一眼，其十字四头各开一口。但遇一头凑着匣眼用拴拴之"，转动自如。①

"丈量步车"实际上是中国最早的"卷尺"，在野外测量非常方便。这是程大位的一个创造，在今黄山市屯溪区程大位故居纪念馆中陈列有实物。

3. 使数学从书斋走向社会

《算法统宗》是一部优秀的教科书和科普读物，它的内容源于生活，联系实际，选材得当，文理交融；编排顺序由浅入深，重点突出。因此，在该书中作者不仅使珠算口诀规范化、口语化，易懂易记，便于流传，而且还大量运用诗、词、歌谣的形式编写数学问题。例如，把《孙子算经》中的"孙子问题"②算法口诀编成了一首通俗诗歌："三人同行七十稀，五树梅花廿一枝；七子团圆正月半，除百零五便得知。"③随着这首诗歌的传诵，"孙子问题"等便家喻户晓，使得中国古代数学得以薪火传承。

在《算法统宗》卷一三至卷一六中所列的108个难题，都是以诗歌形式写成的。如"哑巴买肉歌"曰："哑子来买肉，难言钱数目，一斤少

---

① 程大位：《直指算法统宗》卷三，安徽教育出版社1990年版。

② 孙子问题，即我国古代重要的算学典籍《孙子算经》中的一个问题："今有物，不知其数。三、三数之剩二；五、五数之剩三；七、七数之剩二。问物几何？""答曰：二十三。术曰：三、三数之剩二，置一百四十；五、五数之剩三，则置六十三；七、七数之剩二，置三十。并之，得二百三十三。以二百一十减之，即得。凡三、三数之剩一，则置七十；五、五数之剩一，则置二十一；七、七数之剩一，则置十五。一百六以上，以一百五减之，即得。"

③ 程大位：《直指算法统宗》卷五，安徽教育出版社1990年版。

四十,九两多十六,试问能算者,合与多少肉?"①读来脍炙人口,引人入胜,使得数学这门深奥学问,生动有趣,通俗易懂,从学者的书斋中走向了社会大众。

《算法统宗》问世后,"用布海内,一时纸价腾贵,坊间市利,竞相翻刻"②,轰动一时。康熙丙申年(1716),《算法统宗》仍在重印,"风行宇内",历经一百多年,经久不衰,"海内握算持筹之士,莫不家藏一编,若业制举者之于四子书、五经义,翕然奉以为宗"③,"名公巨卿辈,亦各争相购致以为重"④。可见,《算法统宗》对数学的推广和普及起到了重要的作用。

实际上,明代以后的数学典籍中凡涉及珠算的内容大都是以《算法统宗》为蓝本。李之藻《同文算指》中的部分内容取自《算法统宗》,方中通《数度衍》中的珠算内容也基本上是辑录自《周髀算经》和《算法统宗》。《古今图书集成·历法典》中把《算法统宗》全部收录,改为13卷。清初安徽数学家梅珏成对《算法统宗》作了增删,编成《增删算法统宗》一书。

此外,《算法统宗》在明代就传入朝鲜、日本。在日本"被作为研究珠算的范本"⑤,对推动日本珠算的发展起到了重要的促进作用。

(四)《算法统宗》与明朝社会经济

《算法统宗》记载或介绍了度量衡、亩法、钱钞与银、赋役、物质的密度、物价和诸物比率表等,从中可管窥明朝社会经济状况之一斑。

在度量衡方面,《算法统宗·首篇》给出了"黄钟万事根本图",秉

---

① 程大位:《直指算法统宗》卷一三,安徽教育出版社1990年版。
② 范时春:《跋算法纂要后》,载李培业校释《算法纂要校释》,安徽教育出版社1986年版,第246页。
③ 程大位:《直指算法统宗·重刻直指算法统宗序》,安徽教育出版社1990年版。
④ 程大位:《直指算法统宗·重刻直指算法统宗序》,安徽教育出版社1990年版。
⑤ 李俨:《中国算学史》,商务印书馆1955年版,第361页。

承了中国古代传统的"黄钟生度"①"黄钟生量"②"黄钟生衡"③"黄钟生律"④的惯例。卷一中所给"度"的单位是丈、尺、寸、分、厘、毫、丝、忽，均为十进制，记载有"四丈为一匹""五丈为一端"。卷一中所给"量"的单位是石、斗、升、合、勺，也都为十进制，记载有"十抄为勺""十撮为一抄""十圭为一撮""六粟为一圭"。卷一给出了"衡"的单位及其互换关系：一斤合十六两，一两合二十四铢，一铢合十絫，一絫合十黍，一秤合二十（或三十）斤，一钧合二秤，一石合四钧，一引合二百斤。"两"下还有钱、分、厘、毫、丝、忽。"引"又有"大引"和"小引"之分，一大引合四百斤，一小引即为二百斤。

程大位在《算法统宗》中所介绍的度量衡即为明代之制。实际上，明代的度量衡多沿用了唐宋旧制，但在实施中也不完全一致。《明史·食货志》记载有"步尺参差不一，人得意赢缩"。出现这种情况是因历代增益不同所致。王国维指出："自唐迄今，尺度所增甚微，宋后犹微，求其原因，实由魏晋以降，以绢布为调，官吏惧其短耗，又欲多取于民，故尺度代有增益。"⑤

关于"亩法"，程大位称其为"所以分别田地阔狭远近之法也"。《算法统宗》卷一中记载了两个换算体系。一是"亩分厘法"：顷、亩、角、分、厘、毫、丝、忽，另一是"步分厘法"：里、步、分、厘、毫、丝、忽。在这两个不同的单位体系里，"分"以下都是十进制。不同的是，前者"分"为十分之一亩，后者"分"为十分之一步。亩法二百四十步自秦至清代一直未改，唐代把步法改为尺后，遂成定制，沿用至清。据《明史》记载，明神宗万历六年（1578），明廷下令全国丈量土地，"天下田亩通行丈量，限三载竣事"⑥。《算法统宗》卷三记载有"休宁县科则"等，曰：

---

① 《汉书·律历志》："度者……本起于黄钟之长。"
② 《汉书·律历志》："量者本起于黄钟之龠。"
③ 衡为称量之义，权为秤锤，故衡与权之单位常相同。《汉书·律历志》："权与物钧而生衡。""权者……本起于黄钟之重。"
④ 《汉书·律历志》："五声之本，生于黄钟之律，九寸为宫。"
⑤ 吴承洛：《中国度量衡史》，上海书店 1984 年版，第 219—220 页。
⑥ 张廷玉等：《明史》卷七八《食货一》。

"本县于万历九年清丈有粮里编号二百一十一里,带管无粮里三十四里……"①今人研究,这与《明史》中的记载基本相符,推断"程大位可能参加过此次丈量工作,其丈量步车可能即完成于该时"②。

《算法统宗》卷一中记载有"钱钞名数",曰:"钱钞之法谓之文。一文之上有十文,十十文为百文,十百文为千文,千文为一贯,五贯为一锭。一文之下亦有分、厘、毫、丝、忽之数。"③这里给出的是钱钞的单位及其换算关系。明初,主要货币有纸币和铜钱两种。明太祖执政后,曾设立宝钞提举司,发行"大明宝钞"。虽然一再禁止用金银交易,但实际上并没有严格执行。起初,一贯宝钞相当于铜钱一千文,或银一两,或金四分之一两。后来宝钞的比价逐渐变低,14世纪末,一两银折合三十五贯,15世纪初折合八十贯,15世纪中叶则超过了一千贯,16世纪以后,宝钞则不再流通了。《算法统宗》中所列算题的物价交易大都用银,卷四中有2道算题:"今有纱一十二匹二丈六尺,每匹四丈二尺卖钞二百六十五贯。问每尺该钞若干?""今有银二十六两五钱,买纱每匹长四丈二尺,价银五钱。问该买纱若干?"④从中可以换算出一两银合钞五十三贯。这就从一个侧面反映出了当时的情况。

市面上流通的银往往成色各异。《算法统宗》卷二"倾煎论色"条目下收录了6道算题,其中最后2道是:"假如今有足色纹银三十五两二钱,欲倾八八色银。问用铜若干? 答曰:铜四两八钱。""假如有铜七钱五分,今煎作八八色银。问用银若干? 答曰:纹银五两五钱。"⑤从中既可以了解到当时流通银的成色情况,也可以大致了解铸造某一成色银的常用方法等。

《算法统宗》对明朝的赋役制度也有所反映。卷三记录有:"田地起科等则:每斗加耗七合,地、山同。田(每一亩)古科:米共五升三合

①　程大位:《直指算法统宗》卷三,安徽教育出版社1990年版。
②　李迪:《中国数学史大系》第六卷,北京师范大学出版社1996年版。
③　程大位:《直指算法统宗》卷一,安徽教育出版社1990年版。
④　程大位:《直指算法统宗》卷四,安徽教育出版社1990年版。
⑤　程大位:《直指算法统宗》卷一,安徽教育出版社1990年版。

五勺,带耗;麦共二升一合四勺,带耗。地(每一亩)古科:米共三升二合一勺,带耗;麦共二升一合四勺,带耗。新训:米共三升八合七勺一抄三,带耗;麦共一升九合八勺七抄,带耗。"①卷二有算题:"假如秋粮米两万三千四百五十七石九斗,每石科银七钱。问共该银若干? 答曰:一万六千四百二十两零五钱三分。"②"假如今有田二千三百四十五亩,每亩科粮一斗八升七合。问该粮米若干? 答曰:四百三十八石五斗一升五合。"③卷五中记录有:"今有官田一顷三十八亩,每亩科正米二斗。今要七分本色米,三分折纳细丝,每米一石折丝一斤。问各纳若干? 答曰:米一十九石三斗二升,丝八斤四两四钱八分。"④此外,关于田赋的科征基准、"一条鞭法"⑤以银代役、以银代粮等,在《算法统宗》中也有反映,此不赘述。

《算法统宗》卷一记录有"诸物轻重数",曰:"谓长、阔、高每方各一寸也。金重十六两,银重十四两,玉重十二两,铅重九两五钱,铜重七两五钱,铁重六两,青石重三两。"⑥这实际上就给出了部分常见物质的密度,与《孙子算经》中的记载基本一致。虽然与实测值都存在着较大的误差,但却是明代以前关于物质密度较全面的记载。

《算法统宗》卷四"诸数率数"条下记有:"粟率五十,稻率六十,粝率三十,粝饭七十五,粺米二十七,御米二十一,御饭四十二,粺饭、大面各五十四,小面十三半,繫米二十四,豉六十三,麻、麦、菽各四十五。"⑦这些与《九章算术》中的记载基本相同。今人研究,《算法统宗》记载了不同物之间的对换(表1-5)、不同物质的价格(表1-6)和部分事或物

---

① 程大位:《直指算法统宗》卷三,安徽教育出版社1990年版。
② 程大位:《直指算法统宗》卷二,安徽教育出版社1990年版。
③ 程大位:《直指算法统宗》卷二,安徽教育出版社1990年版。
④ 程大位:《直指算法统宗》卷五,安徽教育出版社1990年版。
⑤ 《明史·食货一》:"一条鞭法者,总括一州县之赋役,量地记丁,丁粮必输于官。一岁之役,官为金募。力差,则计其工食之费,量为增减;银差,则计其交纳之费,加以增耗。凡额办、派办、京库岁需与留存、供亿诸费,以及土贡方物,悉并为一条,皆计亩征银,折办于官,故谓之一条鞭。立法颇为简便。嘉靖间,数行数止,至万历九年乃尽行之。"
⑥ 程大位:《直指算法统宗》卷一,安徽教育出版社1990年版。
⑦ 程大位:《直指算法统宗》卷四,安徽教育出版社1990年版。

的比率(表1-7)。①

表1-5　不同物之间的对换表

菜籽250斤换油88斤	芝麻1斗换麻油7斤
枣子1斤换栗2.4斤	米1石折丝
棉花8斤12两换布1匹	绫7尺换罗9尺
生漆1斤晒熟漆0.4斤	银5两换金1两

表1-6　不同物质的价格表

物质名称	价格(银)	物质名称	价格(银)
绢	13.5～54钱/匹	罗	12.75～30钱/匹
缎	46.67钱/匹	绫	27.4～36钱/匹
纱	5钱/匹	布	2.4～5.65钱/匹
苧麻	0.25钱/斤	麦	4.5～8.5钱/石
猪肉	0.21～0.25钱/斤	豆	2.33～4.5钱/石
米	3～9.2钱/石	大绿	7.65钱/斤
胡椒	1.42钱/斤	杏仁	5.2钱/斤
大青	20钱/斤	心红	3.8钱/斤
墨	3.12钱/斤	木香	3.6钱/斤
铜丝	2.4钱/斤	白铜	2.3～2.8钱/斤
黄蜡	0.089钱/两	水银	0.185钱/两

表1-7　部分事或物的比率表

比率名称	率值	比率名称	率值
谷出米率	5斗/石	麦出面粉率	71.4～74.5斤/石
糙米出白米率	8斗/石	芝麻出油率	45斤/石
食盐重率	40斤/立方米	丝出绢率	4丈/斤
织布速率	8.25尺/日	人日工程量	200～400立方尺/日
马日行率	120里/日	船日行率	70里/日

---

① 李迪:《中国数学史大系》第六卷,北京师范大学出版社1996年版。

七 活跃的徽州商人[①]

（一）明前期徽州商人活动的背景

在重农抑商观念浓厚的传统社会里，人们能够鼓足勇气走出家门，走南闯北从事商贾行业，一般都受迫于困窘的生存条件，实属无奈。尤其是在明前期，一方面，重农抑商的社会观念成为商业经济发展的阻力；另一方面，受创后的农业、手工业处于恢复阶段，社会产品不够丰富，商品流通的条件不足。明前期徽州商人在上述环境下游走天下，可知其生存的艰难。

1. 逐渐恢复的社会经济

宋元时代逐步兴起的商业经济，在明初受到了一些挫折。朱元璋为了恢复农业生产，稳定社会经济，采取了传统的"重农抑商"政策，在一定程度上打击了工商势力，影响了城市的繁荣，连"素号繁华"的苏州，一时间也变得"邑里萧然，生计鲜薄"[②]。然而，明初的经济整顿在为农业复苏铺平道路的同时，实际上也在为工商业的顺利发展创造着条件。通过元末农民战争的冲击，大部分奴婢恢复了人身自由，农民和手工业者的人身依附关系有所削弱，对明初社会生产的恢复和发展起了积极作用。明太祖大力推行屯田政策，多次组织农民大规模兴修水利，鼓励农民种植经济作物。在政府的推动下，明初农业经济逐渐得到恢复并获得初步发展。手工业也逐步得到发展，棉纺织业、制瓷

---

① 参见王裕明：《明代前期的徽州商人》，载《安徽史学》2007年第4期。
② 王锜撰、张德信点校：《寓圃杂记》卷五，中华书局1997年版。

业、矿冶业和造船业等发展最为迅速。随着农业和手工业的恢复和发展，城镇商业也相应有了起色。

明代的法定货币开始是铜钱，然后是钱钞，而白银亦在禁例之中。明初为了推行纸币制度，曾经禁止民间使用金银交易，但未能完全阻止白银的流通。政府禁用金银的命令，并未能贯彻，而且政府的某些税收就折收银两，"浙江温州知府何文渊言……近虽禁使银，而商税鱼税仍征银"①。正如马克思所言："随着商品交换日益突破地方的限制，从而商品价值日益发展成为一般人类劳动的化身，货币形式也就日益转到那些天然适于担任一般等价交换物这种社会职能的商品身上，即转到贵金属身上。"②而这一贵金属，在明代商品交换及货币经济发展的水平下，则是白银。对此，明朝当时就有人从现实生活感受中指出："凡贸易金太贵而不便小用，且耗日多而产日少；米与钱贱而不便大用，钱近实而易伪易杂，米不能久，钞太虚亦复有泡烂；是以白金（银）之为币长也。"③白银的货币化，使明朝的商业资本渐趋活跃。

明初，徽州地区亦属龙兴之地，明初政府给予诸多眷顾政策："明兴，高皇帝御极之三年、十五年，爱悯元元，两捐（蠲）赋税与徽之民，德至渥矣。而当时经界之吏，司计之臣，踵昔尚多。"④在优惠政策的推动下，徽州地区农业经济逐渐恢复和发展。

2. 徽州人地矛盾渐显

徽州地处皖南山地丘陵区，素有"七山半水半分田，两分道路和庄园"之称。"东有大鄣山之固，西有浙岭之塞，南有江滩之险，北有黄山之隘"，"山限壤隔，民不染他俗，勤于山伐"，"田少山多，居人之日用饮食取给于田者不敌取给于山"。⑤"新都故为瘠土，岩谷数倍土田，无陂

① 《宣宗实录》卷八〇，宣德六年六月甲辰，台北中央研究院历史语言研究所 1962 年校印本。
② 马克思：《资本论》第一卷，人民出版社 1963 年版。
③ 王世贞：《弇州史料后集》卷三七《钞法》，明万历四十二年刊本。
④ 汪尚宁等：嘉靖《徽州府志·食货》，明嘉靖四十五年刊本。
⑤ 罗愿：淳熙《新安志》卷一《风俗》，清光绪十四年黟县李宗煝刻本。

歙县三阳村俯瞰

池泽薮之饶"①。屏障堡垒式的地理环境,造成徽州与世隔绝,成为逃避战乱的理想场所。在王莽篡乱、西晋"永嘉之乱"、唐"安史之乱"及黄巢起义、两宋之际"靖康之难"四个时期,中原士族徙入徽州共有 47 族,其中徽州八大名门望族是程、汪、胡、吴、黄、王、李、方

姓。"中原衣冠"徙入徽州,带来了先进的中原文明,儒家正统观念开始取代落后的古山越文化。同时中原地区先进的农业生产技术和劳作方式也传入徽州,致使该区开发速度大大加快。在中原士族徙入之前,徽州地广人稀,东西长约 210 公里,南北宽约 141 公里,晋时人口只有 5000 户,②按户均 5 口计,人口数不过区区 25000 人。徽州可耕田地虽然较少但养育数量较少的古山越居民不成问题。但入徽避难的中原士族在生育观上受儒家思想影响至深,"不孝有三,无后为大"。中原士族承继家族"香火"的神圣使命,加快了本土居民的人口繁衍速度,同时入徽士族带来的先进的医学知识降低了人口死亡率,使徽州人口走向了快速增长的坦途。一方面,持续开发终究有限,另一方面,人口增长并未停顿,于是"人增地减",人地矛盾日趋尖锐。据统计,南宋时期徽州五口之家尚有 74.5 亩耕地;至元代,耕地数则仅为 20 亩;到了明初,由于徽州人口数已近 6 万,人均耕地拥有量更趋萎缩。地少人多使徽州地区的粮食供给严重不足,即使丰年望岁,也要从江西、湖北或宣州、池州等地调进大批粮食。另外,遇上天灾人祸以及沉重的赋役,更增添了徽民的生存困难。明弘治《徽州府志》载:"本府万山中,不可舟车,田地少,户口多,土产微,贡赋薄,以取足于目前日用观之则富郡,一遇小灾及大役则大窘,故自唐以前,贡赋率轻。下至唐末

---

① 汪道昆撰,胡益民、余国庆点校:《太函集》卷七《新都太守济南高公奏最序》,黄山书社 2004 年版。
② 参见《晋书》卷一五。

吴杨氏及南唐偏据一隅，征敛无节，甚至取砚亦有专务。宋兴未能尽革。南渡后，仰给江南诸郡，至于酒醋之榷，亦有专官专库。元赋虽不增，而额外又有金铁诸课，民不聊生。"①

人地危机的爆发，使徽州人走出徽州谋生成为必然。新安江畔的片片白帆，承载着徽州的货物、徽州的资本和徽州子民的沉重希望，向山外的世界徐徐驶去，"天下之民寄命于农，徽民寄命于商"，徽州人自此与商旅结下了难解之缘，正是基于客观现实的逼迫。关于人地矛盾，近人吴日法在《徽商便览》中也予以论及："吾徽居万山环绕中，川谷崎岖，峰峦掩映，山多而地少。遇山川平衍处，人民即聚族居之。以人口孳乳故，徽地所产之食科，不足供徽地所居之人口，于是经商之事业以起。"②

3. 徽人从商历史悠久

徽州地区物产丰富，不仅木、竹漫山遍野，还盛产茶叶。早在唐代就有很多徽人种茶，尤其是祁门县，山山皆种茶，十分之七八的农民以种茶为生。婺源、祁门的陶土是景德镇瓷器生产的重要原料。桑麻、香菇、木耳等产品也很丰富。徽州的手工业品颇具特色，尤以"文房四宝"著称。其纸，唐宋时期就享有盛名。黟县、歙县产的良纸，一幅长50尺，"自首至尾，匀薄如一"。徽州的澄心堂纸，在南唐为贡品，并远销川蜀各地。徽墨"坚如玉，其文如犀"，在唐末迁居徽州的河北易水墨工奚超、奚廷珪父子所制的墨，名噪天下。徽州每年都要向朝廷进贡大龙凤墨千斤。徽州的毛笔也很有名，在宋代就有一批制笔名匠。婺源龙山出产的龙尾石，是制砚的良材，自唐代以来，以龙尾石制成的歙砚，与端砚齐名，享誉全国。由于印刷业发达，明代徽州的刻书，见称于世。漆器，徽州各县都有，且工艺精良。

但徽州地处山区，少稻麦，食粮必须由境外供给，这就促使徽人利用土产物资与邻近产粮地区进行交换。山路崎岖，陆行虽不便利，但水路交通很便捷。新安江是徽州境内最大的水系，沿江东下可达杭州。新安

---

① 彭泽等：弘治《徽州府志》卷二《食货一》，明弘治间刻本。
② 吴日法：《徽商便览·缘起》，民国八年铅印本。

江上游的练江、浙江、丰乐水,皆可通舟楫。由绩溪境内的徽溪、乳溪顺流而下,可到长江。祁门一带由阊江可入鄱阳湖。这些为徽人经商提供了便利条件。实际上,徽人经商的历史较早,《晋书》载,徽州人好“离别”,常出外经商。齐梁时,休宁人曹老常往来于江湖间,从事贾贩。隋唐时,徽州的土产竹、木、漆、茶、纸、墨、笔、砚等已成为商品,运销海内。如休宁县,“山出美材”,唐宋以来,休宁人“岁联为桴,下浙江,往者多取富”。而祁门县,新安江水直通鄱阳湖,“民以茗、漆、纸、木行江西,仰其米自给”。[①] 这样,徽州人就可不断地输出土特产和手工艺品以换回粮食。这种经常性的交换,使徽州人积累了丰富的从商经验。

明代前期的徽州商人,承继宋元尤其元末的商业传统,以元明鼎革为契机,充分发挥徽州本土的资源优势,积极顺应政府政策的变化,不失时机,走出徽州,置身商海。在其经营过程中,徽州商人拓宽了市场,熟悉了行情,开阔了视野,赢得了利润,积累了资本,从而改变了本土徽人的商业观念,带动了本土徽人的经商热情。

（二）明前期徽州商人的活动

明前期近百年的时间里,徽人外出经商从不间断。这些外出的徽州商人主要以歙县和休宁两县为主,尤多集中于歙县西部和休宁东南一带。如元末明初,休宁东干汪显荣“贾居弋阳,家日益裕”[②]。生于永乐十一年(1413)、卒于成化六年(1470)的歙县泽富王荫,“少谙练世故,好货殖,江湖间名公多相爱重,置产构室,克光于前”[③]。王荫生于永乐年间,其经商时间应在宣德或正统年间。又有生于宣德二年(1427)的歙县虹梁程福恩,“奋志经商,成家创业,卓然拔萃者也”[④]。

---

① 罗愿:淳熙《新安志》卷一《风俗》,清光绪十四年黟县李宗煜刻本。
② 曹嗣轩:《休宁名族志》卷二,转引自藤井宏:《新安商人的研究》,刘森辑译:《徽州社会经济史研究译文集》。
③ 成化《泽富王氏宗谱》卷二,明成化六年刻本。
④ 成化《虹梁程氏族谱》卷四。

程福恩生于宣德初年(1426)，其经商时间应不迟于天顺年间。明代洪武至天顺年间，徽人外出经商从不间断。

1. 活动区域[①]

明前期外出经商的徽人，近游浙赣、南直隶，中走两湖、中州，远贾滇蜀和秦冀，活动范围已经相当广泛，具体而言，以南直隶、浙闽、两湖、河南和陕西诸省为主。

南直隶。如生于洪武五年(1372)、卒于正统十一年(1446)的歙县棠樾鲍佛童，"尝挟货游三山，累获财利，稍增家业"[②]。生于宣德年间的歙县泽富王友森，"早挟赀贸迁于江海，善心计，岁久而致富。……家居日少，在客日多，病卒于姑苏旅邸"[③]。生于永乐年间的歙县泽富王道茂，"商游云间"[④]。又天顺八年(1464)进士休宁汪杲，"弱冠，用父命贾于松江"[⑤]。在常州府，明初徽州李姓兄弟二人贩木泊于青山门外。[⑥] 在淮安府，生于洪武十三年、殁于成化五年(1469)的歙县虹梁程寿安，"商游淮楚，赈济军储中资官盐，富归创业"[⑦]。在庐州府，生于宣德年间的歙县泽富王友松，"从商六安，岁久置田畴屋舍"[⑧]。又生于正统年间的王友楷"客庐江"，还有生于天顺年间的王友榄"商于庐"。在太平府，生于元至正二十三年(1363)、卒于明永乐九年(1411)的程希道，"早丧父，特达志气，好交朋友，善殖货财。尝往邻邑太平之弦歌乡，置买山场，做造牌筏，得利无算"[⑨]。程希道生于元末，其经商时间应在洪武年间。生于正统元年(1436)、卒于正德七年(1512)的歙县棠樾鲍泰护，"客繁邑，橐赀甚微，而货殖屡中，始寄于繁之姚邓村"[⑩]。还有生于正统年间的王友挑"商游

---

① 参见王裕明：《明代前期的徽州商人》，载《安徽史学》2007年第4期。
② 鲍光纯：乾隆《重编棠樾鲍氏三族宗谱》卷二三，清乾隆二十五年线装本。
③ 成化《泽富王氏宗谱》卷四，明成化六年木刻本。
④ 成化《泽富王氏宗谱》卷二，明成化六年木刻本。
⑤ 彭泽等：弘治《徽州府志》卷八《人物二》，明弘治间刻本。
⑥ 参见屠景甫：民国《毗陵屠氏支谱》卷四，民国二十年木活字本。
⑦ 成化《虹梁程氏族谱》卷四。
⑧ 成化《泽富王氏宗谱》卷四，明成化六年木刻本。
⑨ 程孟：《新安程氏诸谱会通》第三册，明景泰二年抄本。
⑩ 鲍光纯：乾隆《重编棠樾鲍氏三族宗谱》卷二三，清乾隆二十五年线装本。

桐城"，生于景泰年间的王友柳"贾于芜湖"。

浙闽。生于元至正十五年，卒于明宣德六年（1441）的休宁金川程则奴，"尝商北冀海盐浙东江西，虽寒暑风波，不惮艰险"①。又洪武、景泰间歙县泽富王福奴，"善生殖，商游吴浙，士大夫深加敬爱"②。生于宣德年间的歙县泽富王友标，"出游衢闽两浙间，久而囊橐充满"③。还有明初休宁月潭朱昇，"美风仪，志勤殖，店家以孝友闻，业商两浙，名士多内交焉"④。永乐年间休宁戴叔明经商于浙江湖州德清县，其叔父戴周甫洪武十五年经商福建。⑤ 生于永乐五年（1407）、卒于弘治七年的休宁西乡鹏源汪思文，"年十七，即编筏游杭、嘉贸易，生息以养母，资家余二十年"⑥。生于永乐十七年（1419）、卒于弘治十七年的休宁朱紫坊叶强宗，"尝鬻轻货，随乡里商游闽中，乡人类富族，多任侠，侈货利，饮博喧呼，习骄阕靡，旁若无人，处士独渊默谦抑，退敛踪迹，如不胜。闽长者异之，邀至其家，相其贸易，因得原殖归，复游鄱、浙间，生息十数年，所获既阜，自后不复出"⑦。

两湖。生于元至正二十七年（1367）、卒于明正统六年（1441）的歙县棠樾鲍斗荫，"尝挟赀游金陵及襄阳，举倍称息"⑧。明初新安人黄宾（字仲荣，以一斋自号），"乃挟赀南走荆湘……不数年得缠十万贯矣"⑨。明代初年休宁月潭朱真一生"商游，侨居于楚"⑩。生于洪武元年、卒于明正统十三年（1448）的歙县方禅师，"天性孝慈，施与有则。商游荆襄，人咸德之，有义士之称"⑪。生于永乐十三年（1415）、卒于正统十四年（1449）

---

① 程有亮：嘉靖《程氏庆源家乘》卷一六，明嘉靖三十一年刻本。
② 成化《泽富王氏宗谱》卷一，明成化六年木刻本。
③ 成化《泽富王氏宗谱》卷四，明成化六年木刻本。
④ 朱国兰：康熙《新安月潭朱氏族谱》卷三，清康熙四十六年木刻本。
⑤ 参见戴清标：乾隆《休宁隆阜戴氏荆墩门家谱》卷一，抄本。
⑥ 汪循：《汪仁峰先生文集》卷一九《先祖寿官府君行状》，齐鲁书社1997年版。
⑦ 汪循：《汪仁峰先生文集》卷一九《叶处士行状》，齐鲁书社1997年版。
⑧ 鲍光纯：乾隆《重编棠樾鲍氏三族宗谱》卷六一，清乾隆二十五年线装本。
⑨ 黄禄、程天相：《新安黄氏会通谱·黄处士仲荣公墓志铭》，弘治十四年刻本。
⑩ 朱国兰：康熙《新安月潭朱氏族谱》卷三，清康熙四十六年刻本。
⑪ 方善祖等：乾隆《歙淳方氏会宗统谱》卷一〇，乾隆十八年刊本。

的歙县方念宁，"从父商游荆楚，为名家巨族相推敬。卒葬谷城县倒流堰"①。还有宣德年间歙县泽富人王社发，"商于湖广，遂不归"②。正统年间的王友棣"挟赀本西上荆襄，货殖得趣，置产以裕后"。

河南。明洪武、成化年间的歙县方原生，"直谅方刚，处事果断。商游汴梁，王公巨卿器重，而能敬以持身，恕以接物，誉播郡邑，惠遍乡间"③。永乐年间的歙县泽富王原真，"苦志勤力以植其家，荐历河洛淮泗，贸迁得遂"④。又生于宣德三年（1428）、卒于成化十三年（1477）的歙县岩镇佘长生，"既长，肆力于经史，中有所得，而外如愚，纯斋之号，以此郡侯与当道公，欲以贤良荐，处士力辞不就，乃挟巨资，追族之昆季，客于汴，惟以诗酒为乐"，"讣闻无间，王公商贾，不胜哀悼"⑤。可见，在开封经商的，不独为佘长生一人，同时还有其族人。又生于正统、弘治年间的歙县棠樾鲍金惠，"弱冠偕伯兄及外弟郑奇大宗贤，商于江浙，继往来河洛间三十余年"⑥。

陕西。生于元至正二十一年（1361）、卒于明正统三年的歙县虹梁程道，"壮游秦楚，商旅江湖，遂振家声"⑦。

山西、甘肃。如生于正统年间的王周广，"晚岁折节遨游大同、甘肃，输边为巨商，聚金累万"⑧。

2. 经营行业

明代前期徽州商人主要活跃于淮扬、吴越、皖赣、两湖、中州及福闽等地。其中，两淮和两浙为明代前期重要的盐业产地，其盐行销南直隶、浙赣、两湖等广大区域。吴越为明代前期丝织业和棉布业的重要产地，其布绸销往全国。两湖和皖赣是明代前期重要的粮食产地，

① 方善祖等：乾隆《歙淳方氏会宗统谱》卷一〇，乾隆十八年刊本。
② 成化《泽富王氏宗谱》卷四，明成化六年木刻本。
③ 方善祖：乾隆《歙淳方氏会宗统谱》卷一四，乾隆十八年刊本。
④ 成化《泽富王氏宗谱》卷四，明成化六年木刻本。
⑤ 张旭：《梅岩小稿》卷二八《钝斋处士佘公墓表》，齐鲁书社1997年版。
⑥ 鲍光纯：乾隆《重编棠樾鲍氏三族宗谱》卷一七，清乾隆二十五年线装本。
⑦ 成化《虹梁程氏族谱》卷四。
⑧ 成化《泽富王氏宗谱》卷四，明成化六年木刻本。

时有"湖广熟、天下足"之谚。中州乃是明代前期重要的棉花产地，其棉花多销往吴越地区。而徽州本土盛产木、茶。故而，盐、布、粮、木、茶便成为明代前期徽州商人经营的主要行业。

盐业。明代初年，徽州商人开始涉及盐业。洪武四年，两浙盐运司曾发盐引 5000 道至徽州府招商，洪武五年又发至盐引 10000 道，两年共发盐引 15000 道。除缴回运司 2237 道外，其余 12263 道引盐即被徽州商人买去。其后，两浙盐运司改变盐销制度，"听从客商"自己中买盐引。[①] 徽州商人不失时机，鱼盐两浙。歙县潜口上市胡善应，"尚义好善，商鹾两浙，往来于陆，建路亭二所以止息"[②]。胡善应为胡氏第十八世，其十七世胡再绪"国初选为千夫长"。胡善应"商鹾两浙"也应在明代前期。此外，明初休宁西门邵莹，"品行清卓，深敦友谊，承父鹾业经营起家"[③]。又明初婺源人许忠善，"业商于江淮，时天下草创，盐课未盈，公率诸商宣力以资国榷。后赀饶，业甲于乡"[④]。又休宁北村程懂，"为盐商，犯盐法，罪死不赦"[⑤]。程懂父为仲仁，仲仁有弟仲芳。洪武、洪熙年间，仲芳曾被金掌埒首和粮长。由此看来，程懂经营盐业当在明代前期。又嘉庆《两淮盐法志·科第表》记载洪武至成化年间徽州籍举人进士 20 余人，如：洪武二十四年（1391）进士歙县郑道同、永乐四年（1406）进士歙县汪善、永乐十二年（1414）举人歙县郑安和祁门马锡、宣德四年（1429）进士歙县吴宁、正统元年进士歙县方贵文、正统十年（1445）进士歙县许仕达、景泰元年（1450）举人歙县吴绅和洪宽、天顺元年（1457）进士歙县吴真、天顺六年举人祁门马嘉和歙县詹熙、成化七年举人歙县程仪和曹观、成化十年举人歙县江昌及程宽和郑庄、成化十六年（1480）举人歙县徐相、成化十七年（1481）进士歙县黄华、成化十九年（1483）举人歙县郑时和汪亨、成化二十年（1484）进士

① 参见彭泽等：弘治《徽州府志》卷三《食货二·盐课》，明弘治间刻本。
② 程尚宽：《新安名族志》前卷《胡》，民国钞本。
③ 卜则巍、田玉希：《地理碎事》，不分卷，故宫珍本丛刊。
④ 许璞、许汉：嘉靖《许氏统宗世谱》，明嘉靖十八年刻本。
⑤ 程尚宽：《新安名族志》前卷《程》，民国钞本。

歙县曹祥和程玠、成化二十二年(1486)年举人歙县汪濂、成化二十三年(1487)进士歙县汪侃。显然，这 20 多人的先人曾业盐两淮，并且业盐时间皆在明代成化以前。

布业。有关明代前期徽州商人经营布业的具体事例尚未发现，但明代前期徽州商人开始经营布业应无疑问。这在明代前期徽州土地交易契约中有迹可循。在明代前期徽州土地交易中，常常以布作价。如洪武八年祁门十三都康际可和康海可卖给十五都汪祥卿山地两号，"时值价货大绵布卅五匹，其货并契当日为相交付"①。又永乐二十年(1422)二月祁门十五都郑诜卖给郑安信名下祖基地一号，"面议时价交官大绵布四匹半，其布并契当日两相交付"②。又宣德八年(1433)汪异才等卖给汪仕□火佃基地三号，"面议时价计纳官绵布一百二十匹，其价当日收足"③。明代前期徽州土地交易中用布作价的原因，大概在于交纳赋税。明代前期，明王朝因徽州府"不通水道，税粮输纳甚艰"，而"令以金银钱布代输"④。所以，这些作价棉布多冠以"官""交官"和"纳官"等字样。徽州田赋的折布，固然减轻了税粮运输的困难，无疑也加重徽人的布税负担，直接增加了徽人对棉布的需求。然而，徽州本土甚少种植棉花⑤，本地生产的布匹难以满足纳税的需要。"直隶徽州府夏税折收苎布，缘非产有，递年负欠"⑥，不足部分需从外地贩入。其时棉布主要产地在松江。明代前期徽州土地交易的作价棉布，即为松江棉布。永乐二十年休宁十二都吴文斌卖给同里汪希美田地两号，"面议时值价松江棉布三匹，细苎布一匹。其布共该时值价谷四十秤，

① 《徽州千年契约文书》(宋元明编)卷一《洪武八年康际可等卖山赤契》，花山文艺出版社 1991 年版。
② 《明清徽州社会经济资料丛编》第二辑《永乐二十年郑铣卖基地白契》，中国社会科学出版社 1990 年版。
③ 《明清徽州社会经济资料丛编》第二辑《宣德八年汪异才等卖火佃基地白契》，中国社会科学出版社 1990 年版。
④ 《明太祖实录》卷八八"洪武七年四月甲辰"，台北中央研究院历史语言研究所 1962 年校印本。
⑤ 参见彭泽等:弘治《徽州府志》卷二《食货一》，明弘治间刻本。
⑥ 《明英宗实录》卷六五"正统五年三月癸亥"，台北中央研究院历史语言研究所 1962 年校印本。

其价当日收足"①。虽然该契没有明言用布还是用谷作价,但其时土地交易用松江棉布作价应是不争的事实。在土地交易中频繁用松江棉布作价,说明松江棉布已大量贩至徽州。松江棉布大量贩至徽州则表明,明代前期徽州商人已经营布业。

粮食业。明建文、天顺年间的休宁汉口范余庆,继承父业,经商粮业,并成为巨商。② 生于永乐元年(1403)的歙县棠樾鲍莹,"积粟贷乡里,每轻其息"③。虽然有关明代前期徽州商人经营粮业的事例所载不多,不过有关明代前期徽人输粟助边的事例不少。如休宁东山方"伯善、伯怡、伯林、伯荣,俱读书尚礼,好仁乐施,永乐间输粟助边,荣旌'尚义'"④。又休宁剡川胡善庆,"诚笃孝友,有司延位正宾,永乐中输粟助边,恩授七品散官"⑤。"阳湖庆远、彦真,景泰间各输粟六百石赈边,恩旌'尚义'"⑥。这些输粟助边的徽人,虽没有明确记载为商人,但从明代开中法情况来看,应属于盐商,而这些盐商又多是盐粮并举。

木业。前引的明代初年徽州商人李姓兄弟二人贩木常州,永乐年间休宁戴叔明业木于浙江湖州府德清县。生于元至正二十二年(1362)、卒于明永乐十一年的休宁林塘范声远,与其两弟范天远、范文远经营木业。其后,声远之子范善弃木业盐。⑦ 生活在洪武、弘治年间的程实,"少客江湖间,尝以木易粟至姑苏贷人,值岁侵,悉弃不取而归。归更事畎亩不复出,力勤孔时,所入恒倍。家居率晨起,呼子弟督佃佣各职其职,无佟以肆"⑧。

茶业。如生活在洪武、宣德年间的歙县棠樾鲍通,"弱冠挟茶货贸

---

① 《明清徽州社会经济资料丛编》第一辑《明永乐二十年休宁吴文斌卖田契》,中国社会科学出版社1988年版。

② 参见范涞:万历《休宁范氏宗谱》卷八,明万历二十一年家刻本。

③ 鲍光纯:乾隆《重编棠樾鲍氏三族宗谱》卷一三八,清乾隆二十五年线装本。

④ 程尚宽:《新安名族志》前卷《方》,民国钞本。

⑤ 程尚宽:《新安名族志》前卷《胡》,民国钞本。

⑥ 程尚宽:《新安名族志》前卷《孙》,民国钞本。

⑦ 参见范涞:万历《休宁范氏宗谱》卷八,明万历二十一年刻本。

⑧ 程敏政辑撰,何庆善、于石点校:《新安文献志》卷九〇《百岁程君实墓表》,黄山书社2004年版。

易江湖,增置产业"。生于宣德八年、卒于正德六年(1511)的歙县棠樾鲍邦珍,"贾于汴,有地名南小沟,公尝其地市茶。值一老妪山行,颠仆折臂,其子佣于外,贫于药食,为延医给食,以全活之"①。

(三) 明前期徽州商人的特点

明前期是徽州商帮形成前的重要累积阶段,此时期徽州商人表现出了集团化前原始累积的一些特点。

第一,明代前期徽州商人以休歙商人为主,其他四县从商者较为稀少。盖因歙县、休宁二县自唐宋以来就有经商传统。如南宋淳熙《新安志》云:"自唐末赋不属天子,骤增之民,则益贫,然力作重迁,犹愈于他郡,比年多徙舒、池、无为界中。……休宁俗呕多学者,山出美材,岁联为桴,下浙江,往者多取富。"②表明休宁在南宋时期即以山中所产木材与江浙贸易。虽未具体说明歙县商贾情形,但其"市井列屋,犹稍哆其门,以俟吉向",风水之说在商贾市肆中的重要性,反映了歙县的商贾之风。又南宋端平《新安续志》云:"六县山壤限隔,俗或不同。歙附郭其俗与休宁近,读书力田,间事商贾。"③歙县商人自宋元以来,代不乏人。如宋元之间的歙县岩镇鲍昌孙(1258—1335),"迁居岩镇,货肆经营"④。又元代歙县棠樾鲍叶(1297—1359),"尝挟赀游江汉,继于所居开市,理财有法"⑤。还有元代歙县澄塘吴尚老,"远商,积富巨万"⑥。元代休宁断石村韩庆七,"世为巨商"⑦。元明之间的歙县棠樾鲍观奴(1337—1407),其父鲍饶"尝客游杭州,交结贤达,以米商起家并立产业,年五十余,卒于杭州"。鲍饶经商时间当在元代。其他

---

① 鲍光纯:乾隆《重编棠樾鲍氏三族宗谱》卷一三八,清乾隆二十五年线装本。
② 罗愿:淳熙《新安志》卷一《风俗》,清光绪十四年刻本。
③ 彭泽等:弘治《徽州府志》卷一《风俗》,明弘治间刻本。
④ 鲍光纯:乾隆《重编棠樾鲍氏三族宗谱》卷一六四,清乾隆二十五年线装本。
⑤ 鲍光纯:乾隆《重编棠樾鲍氏三族宗谱》卷一二七,清乾隆二十五年线装本。
⑥ 程尚宽:《新安名族志》前卷《吴》,民国钞本。
⑦ 程尚宽:《新安名族志》前卷《韩》,民国钞本。

如岩镇汪德兴"治醝于淮,好结多士"①;汪德兴祖父汪千三元初迁居岩镇,德兴业盐应在元末,等等。

而其他四县,端平《续新安志》云:"绩溪之俗有二,徽岭以南壤瘠而民贫;岭北壤沃而民饶。黟则民朴而俭,不事商贾。祁门则土隘,俗尚勤俭,男耕女织,以供衣食。婺源乃文公桑梓之乡,素习诗礼,不尚浮华。"②"绩邑于徽称最小,而特当入徽之冲。绩邑与歙为接壤,而独受多山之累,且南辕北辙,惟绩鲜挟资之游人"③,从南宋到明中叶,四县鲜有商贾之事。

第二,以农耕为业,兼事商贾,且以土产为主要商品。休歙二县虽自唐宋已有商贾,但多是在农耕之暇,兼事商贾,此种情形一直延续至明中叶。万历《歙志》云:"长老称说,成弘以前,民间椎朴少文、甘恬退、重土著、勤稼事、敦愿让、崇节俭。而今则家弦户诵,贪缘进取,流寓五方,轻本重末,舞文珥笔,乘坚策肥。世变江河,莫测底止。"④表明在明成化、弘治之前,歙人还是"重土著、勤稼事",之后才出现"流寓五方,轻本重末"的现象。且早期商业活动,主要限于把徽州的土特产品运载出山,换取邻近地区的粮食,以供给徽人食用之不足。如歙县商人多以文房四宝等为商品,而休宁人则多以山中所产杉木为商品。

第三,以散商为主,宗族纽带作用不明显。虽然自唐宋至明中叶,徽人经商代不乏人,有的甚至子孙相继、世代经商(数量其实也很少),但他们一般都是独立经营,彼此之间缺乏联系,尤其是在商业经营活动中罕有相互帮扶、互相提携的现象。宗族网络纽带作用在商业经营上没有显现。这表明,明前期徽州商人依然是传统意义上的散商,不具有明中叶之后的集团性质。

---

① 程尚宽:《新安名族志》前卷《汪》,民国钞本。
② 彭泽等:弘治《徽州府志》卷一《风俗》,明弘治间刻本。
③ 陈锡等修,章瑞钟等纂:乾隆《绩溪县志》卷一《风俗》,清乾隆二十一年刊本。
④ 张涛等:万历《歙志》序五,明万历三十七年刻本。

第 二 章

明中后期徽州文化的传承与深化

经历了百余年的发展和积累,明朝进入了一个由极盛而逐渐转衰的历史时期。四海升平的环境,成就了中国文化的繁荣;危机潜伏的征兆,引发了各种思潮的涌动。在此背景下,徽州文化在传承与深化中,呈现出了丰富多彩的特色。曾经一统徽州学界的朱子之学,受到湛(若水)、王(阳明)"心学"的冲击,由此而致徽州学者出现分化,徽州学术思想更显丰富;一些学者开始对传统史学表现出浓厚的兴趣,特别是在史评、史钞方面著述丰硕,同时在家谱编纂以及方志编纂方面取得斐然成绩,徽州史学发展出现了历史上的第一个高峰;官学教育在前期架构的基础上继续发展,并出现了较强的科举化倾向,而书院与文会在传承中规模不断扩大、功能日益增强,私人创办的义学、塾学等也逐渐成为蒙学教育新的主导力量;张扬个性与欲望的诗歌创作渐成潮流,小说创作成就蔚为大观,作家群体开始市民化,徽州文学出现了空前繁荣的景象;徽州戏曲活动频繁,创作兴盛,在吸纳其他地方戏因子的基础上,徽州戏曲作为系统完整的大剧种基本定型;新安画坛名家辈出,徽派版画独树一帜,以文房四宝和徽州三雕为代表的徽州工艺蜚声海内外,反映了徽州文化传承中的创新性;徽派建筑的地域风格逐步形成;新安医学名医辈出,著述宏富,在中医学理论、药物学、方剂学、临床医学、传染病学等方面都取得了令人瞩目的成就,形成了风格独特、声名显赫的新安医学派;徽州商人在明前期发展的基础上,资本更为雄厚,活动范围更广,联系纽带更紧,经营文化凸显,形成了与晋商并称的两大商帮之一。总体来看,明代中后期的徽州文化传承中有发展,发展中显深化。

一　丰富多彩的徽州学术

明代中后期的徽州学术,总体呈现出丰富多彩的特色。此种特色在新安理学衍变与徽州经学复兴两个方面得到了充分体现。

(一)明代中后期新安理学的衍变

明初理学,尊崇程朱学派。明代中后期,理学界出现了一个重要现象,这就是"王(阳明)学"的崛起及其传播。《明史·儒林传》说:明代"学术之分,则自陈献章、王守仁始。宗献章者曰江门之学,孤行独诣,其传不远。宗守仁者曰姚江之学,别立宗旨,显与朱子背驰,门徒遍天下,流传逾百年,其教大行,其弊滋甚。嘉、隆而后,笃信程、朱,不迁异说者,无复几人矣"。就是说,明代学术由早期的朱学独尊,发展到后来的"异说"突起,关键人物有两个,即陈献章与王守仁。陈氏字公甫,号石斋,晚年更号石翁,广东新会白沙里人。明英宗正统十二年(1447)举乡试,但后来参加会试屡落第。师从崇仁吴与弼(康斋),为学主张心理为一,理在心中,是明代心学的始倡者。万历初从祀孔庙,追谥文恭。所传之学被称为"江门之学",后因门徒相对较少,故"其传不远"。《明儒学案》中有《白沙学案》记其学术。王守仁字伯安,世称阳明先生,浙江余姚人。二十一岁中乡试,二十八岁中进士,后官至南京兵部尚书,受封为新建伯。王守仁的理学思想,继承并发扬了南宋陆九渊的"心学"观点,在诸多重大问题上与程朱学说发生分歧。比如在宇宙观上，朱熹以"理"为世界本原，将心与理析为二；王守仁则接受了陆九渊的"心即理"说，以"心"为世界本原，提出"心外无物""心外无理"的命题。在体验天理的方法上，朱熹提出"即物而穷其理"，注重对外界一事一物的考察；而王守仁则主张"致良知"，强调内心反省。一系列的分歧表明，王守仁的"心学"体系已经是"别立宗旨，显与朱子背驰"了。与朱子之学背道而驰的王守仁的"姚江之学"在正德、嘉靖年间出现和流传后，发展很快且影响深远，使得天下笃信程、朱学说者"无复几人"，朱子之学的发展已面临严重的危机。

在此学术背景下，新安理学中的学者出现了分化：一部分人仍然固守新安理学的宗旨，拼力抗拒王学的传播和影响；另一部分人则滑入王学阵营，背离了原先学派的宗旨。前者的主要代表人物有程曈、程敏政等人，后者的代表人物是洪垣、程文德、潘士藻等人。

程曈，字启曈，号练江，又号葴山，休宁富溪人。生于成化十六年，卒于嘉靖三十九年（1560）。关于程曈一生的行迹，史籍所载甚简。从《休宁县志》《紫阳书院志》《还古书院志》《江南通志》等地方文献中的简短记载来看，程曈早年失怙，弱冠即弃举子业，一生不举不仕，非常平凡。但他在平凡的一生中，始终潜心于"涵养致知之学"，以"求真是之归"，并抱守新安理学的宗旨朱子之学，因而成为此期新安理学的重要代表人物。程曈抱定朱门注重读书的传统，认为"道"来源于"天命之性"，体现在君

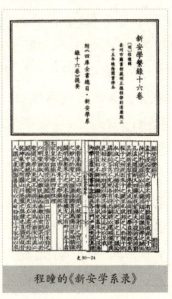

程曈的《新安学系录》

臣、父子、兄弟、夫妇、朋友之间，而存在于《易》《诗》《书》《礼》《乐》《春秋》等典籍中。因此，若要探究其中的"精微曲折"，必须从典籍入手。这一看法，实际上是针对"饱食安坐，无所猷为，忽然知之，兀然得之"的陆（九渊）、王（守仁）功夫而发，表明了程曈力排陆王学说的基本立

场。同时，程曈还批判了尽管"求乎书"，但"过之者"的现象。这一现象之弊在于"绝学捐书而相与驰骛乎荒虚浮诞之域"，学者多作凭空臆想。程曈这一说法也是有针对性的，其矛头所指，主要是陈献章及其门徒。因为陈氏特别反对记诵辞章之学，力倡读书应在自得，主张为学不但要求之"书"，更在求之"吾心"。其后学者往往存在着程曈所说的"驰骛乎荒虚浮诞之域"的弊病。程曈主张的为学之道，具有鲜明的反"心学"性质。《休宁县志》说："其于六经性理之要，莫不研精覃思，以求真是之归。当正、嘉之际，禅陆盛行，曈独立狂澜，舐排攘斥，崇正道，辟邪说。"这里"崇正道，辟邪说"，就是指程曈的学术排斥陆王学说，维护朱子之学。对程曈来说，"崇正道"是目的，而"辟邪说"则是达到目的的重要手段。他的《新安学系录》一书，通过为新安理学家立传立言，以达到全力维护朱子之学的目的。根据这一主题思想，程曈在《新安学系录》中处处表现出维护朱子之学的痕迹。首先，在人物的选择方面，凡非朱门的新安学者，一概不收；所录之人，凡有背朱子之学言论处，概不提及。《江南通志》称程氏此书"与朱子合者存，背者去"，确是实情。而究其原因，与程曈编撰《新安学系录》的立意密切相关。其次，大力表彰对朱子学作出重大贡献的新安学者。如所著书"补先儒未补之缺"、号为"朱子世适"的陈定宇，"有功朱子"的胡云峰，以及专门纠正他人在发明朱子学时谬误的吴师道、程复心等人，在《新安学系录》中，程曈有专门的篇幅重点介绍。第三，在资料的选取方面，特别注意引用有关程朱的言论、新安学者对朱子学阐释的内容以及新安学者辩驳"异说"的看法，由此通过对资料的编排而达到宣扬和维护朱子学的目的。在明中叶"王（阳明）学"风靡于世的背景下，这部维护朱子学的力作的出现，在学术史上有其特殊的意义。他还曾专门收集了《朱子年谱》和朱熹文集中辨正"异学"的有关语录，著成《闲辟录》一书，以此攘斥风行一时的陆王之说。《四库全书》馆臣颇带感情色彩地评论说，此书"门户之见太深，词气之间，激烈已甚"。于此可见程曈的"斗士"风格。据说，当时另一位著名的激烈反对陆王之学的学者、《学蔀通辨》的作者陈建(字廷肇,号清澜)一见程瞳之书,即喟然叹曰:"斯世也,而有斯人耶? 斯世而有众醉独醒、无偏无党之士如莪山者? 何处得来耶? 其主意正矣,用心勤矣,卫道严矣,有功朱子矣!"将程瞳引为难得的"同道"。

程敏政,字克勤,休宁人。生于明英宗正统十年,卒于弘治十二年。成化二年(1466)进士,历官至礼部右侍郎。编著有《宋遗民录》15 卷、《宋纪受终考》3 卷、《心经附注》4卷、《道一编》6 卷、《篁墩集》93卷、《新安文献志》100 卷、《明

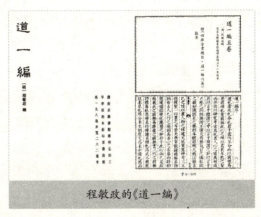

程敏政的《道一编》

文衡》98 卷、《唐氏三先生集》28 卷附录 3 卷等书。程敏政学术思想的核心,是关于朱熹与陆九渊之学"始异而终同"的阐释。而这一阐释的基础,则是他的"道一"学说。何为"道一"? 从程敏政的有关著述来看,程氏的"道一"包含两层意思:一是指宇宙之"道",也就是朱熹与陆九渊两家所求的"道",乃是同一的,并无二样;二是指朱、陆两家之说及其为学之道,最终归于一致。他将朱熹与陆九渊之学"早异而晚同"分为"始焉如冰炭之相反""中焉则疑信之相半""终焉若辅车之相倚"三个阶段。从总体来看,程敏政的学术虽然不同于程瞳大刀阔斧力排异见的风格,但还是倾向于新安理学的宗旨朱子之学。尽管他因著《道一编》,宣扬朱熹与陆九渊"早异晚同"之说,招致当时以及后来学者的"非议",认为他"抑朱扶陆""辱朱荣陆",但此书之编,并不能说明程氏的基本学术倾向是"抑朱扶陆"。程敏政在《复司马通伯宪副书》《答汪佥宪书》等信中,曾反复数千言,为自己编著《道一编》辩解,表白自己编撰《道一编》的目的,并不是"抑朱扶陆",而是因为有感于"近世学者"在学朱子之学时"未探朱子之心",所以为阐发朱子之学而编此书。他指出,《道一编》所编辑的内容,皆据"朱子成说书之",自己在中

间"不过提掇数语,使人知朱子之为学,泛观约取,知行并进,故能集大成而宪来世如此。使后之褊心自用者,愧汗交下以求入德之门;随声附影者,不敢专一于口耳,以求放心为之本。则此学朱子,庶几不坠"。程敏政的这番表白和辩解,确实反映了他的本意。他在许多场合都有"求孔子之道,必自程朱"的呼吁,为明孝宗讲解《四书》《五经》时,基本观点也站在朱子之学的立场上。因此,程敏政仍然称得上是坚守新安理学宗旨的学者。

程曈、程敏政之外,明代中后期新安理学阵营中笃信程朱之教的学者还有休宁人范涞、吴汝遴、汪璲、汪学圣、金声,婺源人游震得、汪应蛟、余懋衡、江旭奇,歙县人洪德常、江恒等人。他们是明代中后期新安理学中最为重要的代表人物,也是当时该学派的主要学术群体。他们具有的一个共同学术特征是维护朱子之学,固守学派宗旨。比如范涞"学宗程朱,期以实践",主张王守仁"不当从祀",并著《休宁理学先贤传》《朱子语录纂述》等书阐述朱熹学说;汪康谣治学"原本朱子之意",从政则一以朱熹为先范,以致漳州士民将其奉祀朱文公祠,合称"新安两夫子";江恒著《王学类禅臆断》,辨别王阳明《传习录》所论之非132条,表明了自己坚定的抵排王学、维护朱子之学的立场;吴汝遴"不惜以一身捍卫"程朱之教,凡是见人谈及佛、道二氏,立即"忧形于色",见有谈陆王者,"亦必争之、强辨之,力不悉不休,必反于正而后已";汪璲的著述"尤严于阳儒阴释之辨",实际上将矛头对准了"王学"。有些学者,尽管其早期学术兼杂他学,但最终还是能够"一归于正",回到朱子之学的阵营。如游震得、汪学圣等即是。上述情况表明了明代中后期徽州学术的基本特征。

明代中后期新安理学中另一个阵营由湛若水、王阳明心学的崇拜者所组成。这一阵营的骨干成员有湛若水门徒婺源人洪垣、方瓘,祁门人谢显、谢芊和王学弟子汪道昆,休宁人程默,歙县人程大宾,婺源人程文德、潘士藻等。湛门弟子洪垣,字竣之,号觉山,嘉靖十一年(1532)进士。曾以永康知县入为御史,因疏请"罢巡幸,选宫寮,革余盐,清选法,黜贪污",结果"一疏而御史、曹郎以下得罪者二十余人",被挤出朝廷。后居家四十六年,年近九十而卒。他是湛若水的四大弟子之一,著有《理学闻言》《论学书》等文,对乃师的学说有所发展。方瓘字时素,号明谷,初从湛若水学于南京,若水即"令其为诸生向导",对他十分信任。后若水北上及归家,方瓘"皆从之而往"。在湛氏门人中,方瓘是最受器重者之一。此外,从学于湛氏的徽州著名学者还有谢显等人。显字惟仁,祁门人。少时家贫,但沉慧好学。有人曾劝他经商养家,谢显曰:"治生孰若治心。"表示了坚定的向学之志。后从湛若水学,颇得其精髓,曾有感而叹曰:"此学如过独木桥,绝无倚靠立脚处。"督学耿定山将谢显祀于乡贤祠,并有"迹其所至,已在善信之间;充其所志,不底圣人不已"的评语。此期新安理学中,"王(阳明)学"弟子也不在少数。如汪道昆"于学则远推象山,近推东越",休宁人程默"负笈千里,从学阳明",歙县程大宾受教于王学传人钱德洪等。特别是嘉靖时人程文德(字舜敷,号松溪,婺源人),著有《论学书》,主张"以真心为学之要";万历年间潘士藻(字去华,号雪松,婺源人),著《闇然堂日录》,讲究"默识二字,终身味之不尽"。他们分别师从王守仁高足王畿和王艮,深得乃师学说要旨,成为此期新安学派中主张心学的重要代表人物。

从总的来看,明代中后期因心学在徽州的传播和影响,徽州自南宋以来朱子学一统天下的局面被打破,新安理学学派中出现了两大"别立宗旨"的阵营。这种状况,一方面反映了明代中后期心学兴起以后,朱子学在全国范围内影响力的削弱;另一方面也体现了徽州学术思想的丰富性和复杂性。值得一提的是,就讲学而言,心学在徽州占据了上风;而从有代表性的学术人物及其影响力度看,则朱子之学强于心学。此期徽州具有全国性影响的学术代表人物,大多倾向于朱学;徽州人的人伦规范、日常行为、宗族活动等,一如既往以朱子之学为准则和指南。因此,在明代中后期徽州丰富多彩的学术文化中,朱子之学仍可谓是基本色调。

（二）明代中后期徽州经学的复兴

明代中后期,鉴于王学的泛滥,不少学者提倡回归经典,复兴古学,如杨慎、焦竑、黄生、方以智、姚际恒等,他们提倡尊经求古,回归先秦古文和汉唐注疏,目的是为了挽救理学家特别是心学家"束书不观、游谈无根"的学风,欲借助古朴笃实之学来经世致用。于是,注重文字训诂、名物度数的学者大量涌现,逐渐成为明代后期学术研究中的一股中坚力量。他们具有怀疑与批判精神,反对理学末流的空疏和穿凿附会,不迷信前人成说,主张求证归纳,无征不信,并且不满足于一字一词、一典一事的研究,而是总结出一系列带有规律性的学术命题和具有指导意义的研究方法,对其后的清代学术产生了深远的影响。其中,黄生是明代考据学风的领军人物,也是徽州朴学发展在这一时期的重要人物。

黄生,字扶孟,别号冷翁,又自以为钟灵秀于黄山白岳,故号白山,歙县潭渡人。一生冥然独处于山林溪舍之中,汲汲致力于文字声义的研究,成为清代朴学复兴的先导。黄生早年工诗文,善书画,淹贯群籍,博学多识,著述宏富。据《一木堂诗稿·自序》知其治学曾经历三个阶段,即"少学时文,壮学古文辞及诗,中年而学道"。尤其是在厌倦尘世、归里隐居之后,黄生"破千金之产买经史子集不下数千卷,足不下台者三十余年",终日闭户苦读,一意著述。黄生的创作兴趣除早年的时文之外,还主要集中在两个方面:一是"专治朴学,惩明儒之空疏无用"。其读书以通大义为先,惟求经世之务,为矫正时代学术之弊,用力于朴学,倡导经世致用。二是他"因痛宗社之变,则好研究古今事迹成败,地理山川厄塞,以为匡复之图",试图从历史的兴衰成败、地理的发展变化中寻绎规律,以有裨于政治、文化的复兴,有遗民之志。

黄扶孟在学术上的突出成就是开创了以声音通训诂的方法,在训诂实践中自觉运用因声求义方法考释字词本义、辨明假借、推衍词义关系、贯通联绵词,对声韵通转的认识已经达到了较高的水准。尤为可贵的是,黄生还开创了俗语研究的先河。其族孙黄承吉说:"前乎公,虽汉之巨儒未观其深,后乎公,即本朝诸儒尤者之一二虽复见及,亦尚未能由此探究古人制字之本。原公书,虽卷册无多,其于声音之道,为汉、晋以来诸家所无通贯之造境,不独当明代束书不观时,公独为其铮铮佼佼者而已也。"①近人章炳麟称黄生"研精小学,与专求篆隶、审正形体者不同,盖文字之原,主声不主形,故古书中凡声近之字,多可通假,而生书所言,有初义之音,有次义之音,或字本无义,以声取之,或借音专行,本音遂废。要眇之论,已发其端"②。譬如,其《字诂》一书为札记体训诂专著,取经史群书语词 122 条,辨音义,正讹误,于文字形音义的辨识,莫不探赜索隐,豁然冰释。《义府》一书侧重于名物典制的考证,上、下两卷共考释词语 314 条。上卷论经,下卷论诸史、子、集,及宋代赵明诚《金石录》、洪适《隶释》、北魏郦道元《水经注》所载古碑的词语。其中许多考证,钩深致远,发前人所未发,大都超侠前贤,裨益后学。例如,其论古文《尚书》非原书,则在阎百诗(若璩)之前;解《孟子》"气次焉"为次舍,在毛西河(奇龄)之前;解"呭呭""沓沓"为多言,在朱竹君(筠)之前;以"追蠡"之"追"即《考工记·凫氏》之"隧",在江慎修(永)之前;以"毕郢"为"毕程",在刘端临(台拱)之前;以《尔雅》"豹文鼮鼠",谓《说文》二字属上,在邵二云(晋涵)之前;以《书》"涂炭"为染污,在王西庄(鸣盛)之前;以《凫氏》之衡为即甬上平处,在程易畴(瑶田)之前;以《易·艮》之"黂"当从肉而通"肿",在段若膺(玉裁)之前;以坤字作"《《"为借用,在王伯申(引之)之前。③ 凡如此等,皆辨形迹于一文,而会神明之全体,为清代考据学家奉为楷模。

黄生的《字诂》《义府》采用札记体裁,分条列目,文字简洁,眉目清楚,书中考辨形体、探究语音、阐述字义,皆有精思卓识。《四库全书总目提要》评价《字诂》,对于经文多所发明,每字皆有新义,根据奥博,与

---

① 《字诂义府合按·后序》,中华书局 1984 年版,第 266—267 页。
② 民国《歙县志》卷七,民国二十六年刊本。
③ 参见《字诂义府合按·后序》,中华书局 1984 年版,第 270 页。

空谈穿凿者有别。黄生致力复古汉学,而于六书训诂,尤为专长。又评价《义府》一书说,黄生于古音古训,皆考究淹通,引据精确,不为无稽臆度之谈。《四库全书总目提要》代表了清代官方的学术观点,皆中允之论,而屡屡将黄生之学与明代凿空之说相对比,以纠正明代学术之弊,足以显现黄生在转变明代空疏学风上所起的重要作用。

黄生在学术造诣上具备深邃与超前的特点,所提出的注重因声求义、辨析古今音变、阐明音转原理、考证字词语源等观点,在以后的戴、段、二王著作中也常常接触到,我们从中可以分析出它的渊源所在。他所开创的以声音通训诂的观点与方法,对徽州朴学体系产生了积极和深远的影响,也使之成为乾嘉朴学的先驱者之一。章太炎称,其言精确,或出近世诸师之上,唯小学,亦自黄氏发之。虽篇帙无多,其可取者,不在方以智《通雅》之下,[①]可谓中肯之语。黄生的著述主要有:《字诂》1卷、《义府》2卷、《叶书》1卷、《杜诗说》12卷、《一木堂诗稿》12卷、《文稿》18卷、《内稿》25卷、《外稿》30卷、《古文正始》、《经世名文》、《文筏》30卷、《诗筏》20卷,又有《三礼会龠》《三传会龠》等。道光年间,其族孙黄承吉刊《字诂义府合按》,此书总结了黄生的朴学造诣及其在语言研究方面令人瞩目的成就,有助于阐发黄生的学术思想观点。

由黄生及其著述来看,我们会发现理学与朴学,特别是新安理学与皖派朴学之间有着深层的内在联系。这是因为理学家和朴学家所面对的是同样的经典,都有追求经典真实意蕴的目的;新安理学直接滋养了皖派朴学;清代的有些新安理学家同时就是朴学家,有些朴学家又有着浓厚的理学情结。如果追溯其源,我们可以看到:朱熹反对"学者但守注疏",但也反对空谈义理;他承认汉魏诸儒正音读、通训诂、考制度、辨名物之功,甚至主张进行训诂时,不放过一个字的音义,要求人们从注疏入手,先明经义,而后发明圣人之意。朱熹对名物训诂的重视,为其后的新安理学家发扬光大。如朱升欲"旁注"六经四

书,于"本文之旁,着字以明其义",从而"考六经之源,究制作之始,以得名言之义,味词助之旨,以畅旨趣之归",这些都与朴学家运用考据手法考核文本原意、典章制度的解经方法和主张非常相似,这是一条由训诂达到经义的思维路径。徽州学人认为理义不是悬空之言,乃存于典章制度之中,唯有以训诂为基础方可真正探明义理;训诂本身不是解经的全部目的,但它是达到理义的途径和手段。像这样通过字词的训释和经义的阐发来求索经文意趣的徽州学者还有很多。如金瑶,字德温,号栗斋,休宁人。明嘉靖十年选贡生,在乡教授三十年。著有《周礼述注》《六爻原意》《十七史摘奇》等。葛文献,字粹之,绩溪扬溪人。明嘉靖间贡生,廷试第一。任训导,后居乡。著有《书经大旨》《四书纂义》。吴子玉,字瑞谷,休宁人。万历十六年(1588)贡生。幼时家贫好学,十七岁即主师席,以诗古文词推重于世。著《文宗韵学大成》《硕辅宝鉴》等书,修纂《白岳志》、《金陵人物志》、《茗洲吴氏家谱》100卷。方时化,字伯雨,歙县人。万历二十二年(1594)举人,官叙州同知。著有《中庸点缀》、《易引》9卷、《易疑》4卷、《易指要绎》3卷、《周易颂》2卷、《学易述谈》4卷等。葛懋学,字伯思,绩溪城西人。万历年间监生,仁和县丞。著有《切韵之书》《梅邱晤言》等。程汝继,字志初,婺源溪头人。幼时力学苦读,万历二十九年(1601)进士,授余杭县令,有政声。后官南京刑部主事、袁州知府。著有《周易宗义》《易经疏义课士略》等。洪应绍,字彦卿,号海州,歙县人。万历四十年(1612)举人,官昆山教谕。著有《四书解》、《易解》、《道德经测》2卷。汪大业,字简宣,婺源人。崇祯十五年(1642)副贡。著有《易经析义》《四书要旨》《四书觉路》《学庸表注》等。汪佑,字启我,休宁人。笃好小学。著有《诗传阐要》《礼记问答》《大乐嘉成》《四书阐要》《明儒通考》等。汪铨,字元衡,婺源人。不事科举。著有《原学》《大学论正》《性学辨微》《桂山撼稿》等。吴成志,字儒达,婺源人。著有《尚书制意》《四书制意》《周易补过悟语》等。江旭奇,字舜升,婺源人。诸生。幼孤,母教之以学。著有《小学疏义》《书经传义》《孝经翼》《孝经疏义》《汉魏春秋》等。

江懋奇,字正叔,婺源人。拔贡,不就官。著《尚书约旨》《五经丽文》《史鉴捷衡》等。凌立,字尔三,歙县人。经史百家,靡不通究。著述丰富,有《六经流别》《国朝典故》《孝经大义》《疑同集》《剖疑录》《异字镜》《自怡别录》《华影集》《卧游录》《梦觉编》《煮字斋集》等。汪士达,字道鸣,绩溪城南人。明代岁贡生。著有《切韵谱》等。金德玹,字仁本,休宁人。家贫好学,四书五经诸子百家、山经地志医卜星相,无不悉心研究。抄校倪氏《重订四书辑释》《朱氏九经旁注》《赵氏春秋集传》等30余种,有功于保存和整理乡邦文献,著有《新安文粹》《道统源流》《朱氏录小四书音释》等。

明代的徽州朴学家仍属于经学家,他们虽然受到朱熹“道问学”的影响,但在经学研究的深度上还不同于徽州清代的考据学家,这与时代学风是有紧密联系的。因为明代的学术思想界仍为理学所主宰,不仅有朱熹义理与考据并重的影响存在,也还有王守仁向壁虚造、师心穿凿的影响,所以此一时期的考据学只是承袭宋代而有继续发展的趋势,出现了与空疏之学逐渐形成对立的学术风气。如梅鷟、胡应麟等的辨伪成果,杨慎、焦竑、陈第、方以智的考据成果,都是比较扎实的,对其后清代的考据学产生了直接的影响。明代徽州朴学的发端,与当时中国整个学界的发展状况相适应,但在地域学术特色上,新安理学孕育了徽州文化中深厚的理性主义传统,显得较为笃实。进而有一批学者循着“道问学”一路者,主张学问要有史实依据,解经由文字入手,以训诂通义理,形成了义理、辞章、考据相统一的学术方向,在社会科学和自然科学上都超越前人,为清代徽州朴学的大兴奠定了坚实的基础。

二 成就斐然的史学

作为文献之邦,明代徽州地区的文化取得了较多成就,其中史学方面的成就也十分突出。主要在三个方面表现较明显:一是徽州学者对传统史学表现出了浓厚的兴趣,特别是在史评、史钞方面著述颇丰;二是在家谱编纂方面成绩突出,明代徽州地区出现了一大批家谱精品;三是在方志编纂方面成绩显著。

(一)传统史学方面的成就

明代学者在传统史学各领域都有涉猎,且都有著作问世。在大量的史学著作中,徽州学者在史书体例创新、史学功能阐释及史料考辨方面都有较多论述。

1. 关注传统史学的学者多,涉及的史学门类全

明代徽州学者对传统史学的关注表现在涌现了一批学者和著作。正史方面有程一枝的《史诠》和《汉诠》。编年史方面有程元初的《历代二十一传》、程质的《宪宗实录》、詹同的《日历》、江旭奇的《皇明通纪集要》。别史方面有谢陛的《季汉书》、王泰徵的《五代史叹》、吴士奇的《皇明副书》《征信录》《考信录》、詹同的《皇明宝训》、江旭奇的《汉魏春秋》和汪循的《帝祖万年金鉴录》。

史评和史钞两类最为发达,出现了大量著作。史评方面有吴成德的《读史管见》、程至善的《史砭》、程敏政的《宋纪受终考》、汪文锡的《丹石斋史论》、汪璪的《史评》、汪思敬的《学史管见》、洪垣的《觉山史说》、毕翰的《历鉴知新》和余懋学的《读史随笔》等10余部著作。史钞方面有张聘夫的《唐史管豹》《三史解颐》《史测》、吴士奇的《史裁》、程端楷的《读史备记》、詹惟修的《汉书哀赡》《史记拔奇》、江彦明的《诸史汇钞》、江懋奇的《史鉴提衡》、汪国楠的《读史纂要》、查应光的《蕲史》、金瑶的《十七史摘奇》等。

此外,杂史类有张信的《南征录》、程济的《从亡随笔》、汪道昆的《北虏纪略》。传记类有邵正奎的《续列女传》、程瞳的《新安文献补》、程敏政的《宋遗民录》、潘滋的《古今名臣贤臣传》、戴昭的《新安名族

志》等。这些都显示了明代徽州学者对传统史学的关注及用力之勤。

2. 注重对传统史学的创新

如谢陛的《季汉书》:"以嫡统予昭烈,以支庶分魏吴。作孝献昭烈后主三帝纪,以明一尊,而以诸臣之翊戴汉室者为内传以附之。作魏吴世家,以明僭窃,而各以其臣之推波助澜者为外传以附之。又作袁吕诸雄载记以存一时崛起之迹,而亦各以其臣之追非孰恶者为杂传以附之……其思苦,其力深,其文错综离合于陈氏旧史并裴旧注,故简质而不俚,其事贯穿上下,于范晔、习凿齿以及张敬夫、朱考亭之纪述,故详赡而有体,不特可以纠陈寿之谬,亦以正涑水之失;不特可以正涑水之失,亦可以竟刘知几、范祖禹、谢翱诸君子未竟之业。斯不亦称艺林之鸿宝,史家之正鹄也哉……尝拟西走蜀,南走滇,历览遗踪,并及金石残文,或故老口实,庶几采掇二二旧事以补成书阙略。"①从中可见谢陛的《季汉书》不仅在体例上对《三国志》进行了大的变革,体现了蜀汉的正统性,在史料的收集上也有新的发现,表现了对《三国志》的创新和突破。

又如《史裁》一书,陈邦瞻称:"史裁者,友人吴士奇氏读史所著为书,凡二十六卷,其体主于纪事,其事多主遇变而能权,而其权又主依经而合道。盖古今得失之林而事词之会,诸史之权衡也。"②吴勉学说:"是编论事也,非论理也。故有名言丽丽而泛陈义理如天人三策亦不载,取夫事之中权而有济于用者也。故有忠义凛如而一死无补,如荀息事亦不载;又权变而不拂于正者也,故有狙诈乱经不可为训,如曹沫聂政事亦不载。大略于编年之中仿纪传之体,使一人一事自为本末,庶观者一览可得而不必于旁搜,其所论史,大都出前人无奇,间以己意发之,然必切中事情者,非是不录矣。"③从中可见《史裁》在体例上的创新和在取材上的用心。

---

① 谢陛:《季汉书·季汉书叙》,《四库全书存目丛书·史部》第三十册,齐鲁书社 1996 年版。
② 吴士奇:《史裁·序》,《四库全书存目丛书·史部》第一百四十四册,齐鲁书社 1996 年版。
③ 吴士奇:《史裁·自叙》,《四库全书存目丛书·史部》第一百四十四册,齐鲁书社 1996 年版。

3. 重视对史学功能的阐释

明代徽州学者在大量撰写史学著作、重视史学创新的同时，还留意对史学功能的阐释。如江旭奇在《皇明通纪集要·序》中说："臣自叨转以来，需次闲居，感圣恩难报，因将国朝通纪诸书潜心参阅，谨采其有资治道者集成一编。"①表明了史学的"资治"功能。

汪循在《帝祖万年金鉴录》自序中也说："虽然道固不变，而法则行久不能无弊。于是世长民其厌，常喜新凿智，自私者往往摘其弊以祖宗之法不善，妄肆更张于其间。然后去道日远，心日离，国因以毙者前后相望，可胜叹哉。臣愚不自量，历考前古帝王暨我祖宗全盛之时，谨采其所以为治之大要萃为一编，名曰金鉴录。"②全书虽只有上、中、下3卷，却涉及了圣德、命官、纳谏、赏罚等11个方面与帝王治理国家有关的问题。全书从编写主旨、编写内容方面都体现了明显的鉴戒意识。

吴仁度序洪垣《觉山史说》称："公之史说，所以救敝而阐幽。"③汪世德序更说："说史莫辨乎《春秋》，讵不然哉！然则先生之说史，其能如《春秋》乎？未敢知也。然而先生之心即固孔子之心，而先生之说即固孔子之说也。余尝得先生之说矣，三五而上，约其荒诞者以归于实，三五而下，酌其得失者以归于当。深之不欲索人于未然，显之不欲加人以文致，随事折衷，因人品评，援彼证此，此之非而因得彼之是，即终见始，始之发而因见终之成，贤否判于析尘，去取辨于观火，盱衡往事，得意疾书。"④对洪垣的究心史学、重视史学的治乱得失功能深致其意。

4. 重视对史料的考辨

程敏政《宋纪受终考》自序称："传疑史法，所以示慎重于方来而不敢苟焉者也。然亦有本无可疑之隙，不深考者，遽生异论，好事者从而和之，不据其所可据而疑其所不当疑。"⑤通过考辨认为宋太祖受终之

---

①　陈建：《皇明通纪集要·江旭奇序》，《四库禁毁书丛刊·史部》第三十四册，北京出版社1997年版。
②　汪循：《帝祖万年金鉴录·自序》，《续修四库全书》第九百三十七册，上海古籍出版社2002年版。
③　洪垣：《觉山史说·吴仁度序》，《四库全书存目丛书·史部》第二百八十三册，齐鲁书社1996年版。
④　洪垣：《觉山史说·汪世德序》，《四库全书存目丛书·史部》第二百八十三册，齐鲁书社1996年版。
⑤　程敏政：《宋纪受终考·自序》，《四库全书存目丛书·史部》第二百八十二册，齐鲁书社1996年版。

际所谓太宗篡弑是"不深考者"的妄言,并不可信。《四库提要》称:"篁墩集中有宋太祖太宗授受辨一篇,专辨僧文莹《湘山野录》诬太宗烛影斧声之事,末自注云犹恐考核未精,故别成是书。然观文莹所言,实无确指,徒以李焘《长编》误解文莹之言,遂成疑案。宋濂、黄溍始首辨其诬,敏政是书又博采诸书异同一一辨证,然仍宋、黄二家之绪论也。"①对程敏政"博采诸书异同一一辨证"之功还是充分肯定的。

(二)明代徽州家谱成就

1. 参与修谱人数众,家谱精品多

明代徽州家谱以数量多和精品多而称于世,在现存的明代徽州家谱中,依然可见当时较有影响的人物参与了家谱的编修。如程敏政直接参与编修了《新安程氏统宗世谱》,汪道昆编写了《汪氏十六族谱》,程一枝编写了《程典》和吴元孝编修了《临溪吴氏族谱》。此外,张琏的《新安张氏续修族谱》、吴应期的《璜源吴氏族谱》、程景富的《歙东牌镇程氏族谱》、程时用的《休宁率口程氏续编本宗谱》、程岩护的《新安休宁长垄程氏宗谱》、詹贵的《休宁流塘詹氏宗谱录》、汪士宽的《汪氏统宗世谱》、汪灿的《休宁西门汪氏族谱》、戴详的《绩溪戴氏族谱》、戴尧夫的《休宁戴氏族谱》、苏大的《新安苏氏族谱》、黄文明的《古林黄氏重修族谱》、黄玄豹的《潭渡孝里黄氏族谱》、金弁的《新安休宁汪溪金氏族谱》等也是流传下来较有影响的明代家谱。

2. 重视家谱体例的创新

如程敏政的家谱体例创新意识。程敏政是一名在徽州地区有较大影响的学者,他在家谱编修方面的主要成就是具有强烈的体例创新意识。这体现在他编修统宗谱时提出了 10 条凡例,其中 3 条颇具开创意义。具体是:

①　程敏政:《宋纪受终考》附《四库全书总目·宋纪受终考》提要,《四库全书存目丛书·史部》第二百八十一册,齐鲁书社 1996 年版。

（1）旧谱六世为图，失小宗之义；小传各系本宗图后，失统宗之义。今图五世，准欧谱例。下注事实，准史记年表、唐书世系表例。旁注世次，明传代也；朱注迁居及派名，谨其自出也。

（2）各派订误其所从出，其所取证，别为谱辨，置编首，以备参考。

（3）各派所得制命公移及赠颂、哀挽、史传、金石、诗文，别为《贻范集》，辅谱以传。[①]

程敏政在三个方面对家谱体例进行了创新。首先，他对欧阳修谱图有继承也有创新。从新安程氏统宗世谱来看，其五世一图是"准欧谱例"，这是继承。在五世一图中加入"下注事实"则将史纪年表、唐书世系表例加入其中，这是对欧谱的创新。他的这一举措在徽州地区产生了认同，在许氏世谱序中说："古今修谱之例有三变，始如道统图体者；中如欧、苏谱体者；至程篁墩谓欧、苏谱体，一图一传，不见统宗之义，乃变为《汉书》年表、《唐书》相表体。"[②]这段话说明在徽州地区程敏政对宗谱体例的创新得到认同，也可以说程敏政之后徽州宗谱的表现形式，特别是世系图表部分受到他的影响是十分确定的。其次，将谱辨置于编首，既是程敏政的一大创新，也是他重视家谱资料考辨的体现。最后，是将程氏家族的文献资料编排为《贻范集》，辅谱以传，丰富了记载家族资料的新形式。

再如吴元孝的家谱体例认识论。家谱体例是编修家谱的纲领，指导着家谱的编撰工作，对体例认识越清楚、越深刻，则对家谱的理解也越深入。许多徽州谱学家都认识到这一问题，但在认识上最系统、最全面的无疑是吴元孝在《临溪吴氏家谱》中的论述。临溪吴氏谱有专门的《临溪吴氏族谱编略》，其中收入的《谱则略》和《谱例略》，对家谱的体例提出了较深入的探讨。

吴元孝立论的出发点是"谱虽一家之书，实以补国史之所不逮"，以及"家谱所以彰先代之实录，而足为后人之文献者"。如何才能使家

---

① 参见程敏政：《新安程氏统宗世谱·凡例》，明成化十八年刻本。
② 许象先：《新安许氏世谱·序》，明万历年间刻本。

谱有补于国史并成为后人之文献,在他看来就是要从家谱义例入手,就是他所说的:"其义例体裁盖不可以不谨焉。"他认为家谱义例的功能最终要达到"支派各分而统绪相接,惟散而能收,详而不乱,斯一展卷而昭然"。如何才能做到这一点,他着重从两方面对家谱体例作了论述。他所说的"谱则略"实指家谱结构,即家谱由哪几部分组成,从作者的记述来看,全谱共有 8 个部分组成,分别是系牒、系传、行业、贞淑、仕进、文儒、祠墓和哀文。吴元孝的贡献在于对各部分的不同作用与功能作了较为宏观的说明,如"牒具矣,举其人之行事以实之,及于生卒婚葬备书,故足术也",是对系传功能的阐述。另外他说的"谱例略"指的是家谱各部分在时间上的具体断限,并且针对不同的情况对每一部分断限的理由进行了说明。他论述了每一部分断限的不同理由,系牒是"源流可溯"、系传是"实迹可考"、行业是"闻见可逮"、贞淑是"令甲可信"、仕进是"纪载可据"、文儒是"学校可按"、祠墓是"世守可凭",最后哀文是"掌故可稽"。尽管各部分表达的意思大致是相同的,即要真实可信,确凿可考,但在表达上却不重复,反映了他对这一问题认识的深入,也表明他对家谱中一些基本问题理解得丰富多彩,同时也说明当时谱学家们对家谱本身反省达到了较自觉的程度。吴元孝对家谱体例的认识,特别是对断限问题的重视与研究,在当时是不多见的。

此外,汪道昆提出了家谱体例评价论。汪道昆在家谱体例方面的成就主要是提出了家谱体例评价的相关标准,这主要体现在《溪南江氏族谱序》中对家谱各部分进行的系统评价。在该序中,他以答客问的形式对如何进行家谱评价做出了示范,他说:"于是与之观谱例,叹曰:'善哉!简而核,婉而廉,疏而有则,法之良也。'与之观世系,叹曰:'遐哉!林林乎历世二十有五,历年七百,存殁无虑八百有奇。若字、若官、若昭穆、若婚姻、若丘墓、若妇、若不妇、若为人后、若后人,指诸掌矣。'与之观撰述,曰:'万全之烈,巨卿之勋,国士也。民茔而在山林,其有兴乎!君子以是知江氏之多材也。'与之观制,曰:'王章也,其有家之华与！'与之观训,掩卷而叹曰:'洋洋乎大哉！有道者之言,宗之庇也。力是数者,可以亢宗矣。'"①这段话中,汪道昆对家谱中的谱例、世系、撰述、制、训等方面都进行了评论,特别是对谱例的评价不仅具有较强的理论色彩,还提出了"简而核,婉而廉,疏而有则"的评价标准,也表明了汪道昆家谱评论的自觉性。

在具体的家谱编修中,汪道昆也对家谱体例十分重视。在他编写的《汪氏十六族谱》中,共有周本纪、鲁世家略、越国世家、分支世表、小传、列传、丘墓志、典籍志等10种体例。从中可以看出:第一,汪道昆编修的《汪氏十六族谱》继承了《史记》的体例。第二,区分了小传与列传的不同,"著字爵生殁婚嫁丘墓之概,不及誉言,是为小传",而"其有德善功烈勋劳文章质行较著者,则各立传,表而出之"是为列传。第三,提出了典籍收录的标准。"诰命敕谕则国家之典籍也,内之表疏论著,外之赞述传志,择其雅驯者录之,则宗祐之典籍也。非核实者不预,溢美不预,芜不预,将以传信而示之法也",明确了家族文献收录的要求。

(三) 明代徽州方志成就

明代徽州府县志的编修进入兴盛时期,据统计,徽州府及其所属六邑今存方志及亡佚可考的志书达31种,其编纂情况以成化、弘治为界可以分成前后两个阶段。

成化、弘治以前,徽州方志的编纂承元代修志低潮之余绪而处于修志复苏时期,这一时期徽州府邑共成志书3种。康熙《徽州府志》在修志源流中载,"洪武九年(1376)春,有旨令各府州县纂辑图志",时任徽州知府的张孟善当即"期集宿儒,摭采庶务",着手重修府志。翌年,由礼部侍郎休宁朱同等纂成《重编新安志》10卷(今佚),此志曾进之于朝。永乐八年(1410),在祁门耆贤的倡议下,时任祁邑教谕的蒋俊合

① 汪道昆:《太函集》卷二一《溪南江氏族谱序》,黄山书社2004年版。

本邑贡士黄汝济等"相与搜摭遗稿,编辑散亡,以为《祁阊图志》10卷",于次年付梓。景泰间,知徽州府事二十余载的孙遇主纂《新安府志增编》(今佚)。这三部志书中值得一提的是永乐的《祁阊图志》,该志乃安徽省现存最早的一部明代方志,今仅存抄本于安徽省图书馆。从明初的修志情况看,洪武三年预修《大明志书》时,州县仍无专志。永乐间两次颁布修志凡例,并诏天下郡县卫所修志,"邑之有志,实始于此"。可见永乐的《祁阊图志》亦当属明代府邑成书较早者。

成化、弘治以后,徽州府邑修志日益兴盛,共成志书28种。成化间,徽州知府周正等纂《新安府志续编》(今佚),张旭等纂《休宁县志》(今佚)。弘治间共成志书5部。弘治四年(1491),程敏政主纂《休宁县志》38卷,该志早在成化末年已草创,搁至弘治初才完成付梓,是休宁县今存最早的一部方志。弘治十五年(1502),彭泽修、汪舜民等纂《徽州府志》12卷,此志是第一部以"徽州"命名的府志,傅振伦先生誉之为明代志书佳作之一。另外,弘治间尚有程傅修、戴骝主纂《绩溪县志》(今佚)。绩溪县早在成化末年已倡修县志,后因故中辍,戴氏加以搜集,手录2册,至弘治间,程傅在戴氏手稿的基础上增修成书。程质纂《星源志》12卷,程氏曾参修《宪宗实录》,又佐程敏政纂《文献志》,尤邃史笔,惜此志今佚。弘治间,祁门程复私纂《善和乡志》,此乃徽州府邑迄今所知最早的一部乡镇志,后于清康熙和光绪间两次续修。正德间,徽州府邑亦成书5部。洪晢修、谢春等纂《祁阊志》10卷(今佚)。程昌(字和溪)私撰《祁阊志略》。陈约修、张翱等纂《绩溪县志》3卷(今佚),该志以弘治县志为蓝本,取府志凡例,"参互考订,以类修纂"而成。陈九畴修、叶相等纂《黟县志》(今佚)。刘司直修、傅鼎等纂《婺源县志》6卷(今佚)。

嘉靖间是徽州府邑成书最多者,共成志书9部。程瞳纂《徽州府通志》和《休宁县后志》(今佚)。程一枝私撰《郭大事记》以及《休宁县志补》(今佚)。程汝玉私纂《汉口志》(今佚)。嘉靖间徽州府邑今存志书4种。嘉靖十九年(1540),冯炫修纂《婺源县志》6卷(今仅存3卷)。嘉靖二十七年（1548），宋国华修、吴宗尧等纂《休宁县志》8卷。嘉靖四十一年，方信私纂《新安志补》8卷，该志考订精审，旨在补正罗愿《新安志》及弘治府志之遗漏。嘉靖四十五年，何东序修、汪尚宁等纂《徽州府志》22卷。万历间，徽州府邑共修志书5部，其中今存志书4种。万历九年（1581），陈嘉策修《绩溪县志》12卷。万历二十八年

 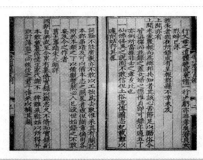

弘治《徽州府志》

（1600），余士奇修、谢存仁等纂《祁门县志》4卷，该志多宗郡志及程昌的《祁阊志略》而成。万历三十五年（1607），李乔岱纂修《休宁县志》8卷。万历三十七年（1609），知县张涛修、歙人谢陛等纂《歙志》3卷。另外，黟县知县王家光修《黟县图说》（今佚），此志以正德县志为本，增修县治图而续纂成编。天启间，歙县知县戴东旻修纂《歙志》36卷（今残存28卷），卢化鳌、汪登翁等纂《婺源县志》（今佚）。

综观明代徽州府邑志的编纂可以看出，成化、弘治以后，徽州志书修纂十分活跃。从时间上看，主要集中于弘治、正德、嘉靖、万历四朝，尤以嘉靖朝数量为最。从府邑成书看，徽州府修有志书8种，休宁县7种，祁门县5种，婺源县4种，余者均在两修以上，其中乡镇小志有2种。其府邑各自修志次数在明代属较多者。究其原因，首先是官府的重视。弘治十一年（1498）与正德十五年（1520），朝廷两次下诏征收天下郡邑图志，促进了当时全国方志的发展，徽州也不例外。加上府邑地方长官为了洞悉地方原委，达到教化民风、统治地方的目的，大都视修志为政治要务。其次，明成化、弘治以后，徽州地方经济文化更加发达，商人成帮，人才隆兴。无论是仕宦英贤、商贾儒林，抑或潜修亮节之士，为了范乡间而光竹帛，或出资以助其成，或直接参与其事，致使徽州府邑志书修、补、正、续不断，官修私撰并驱。朱同、程敏政、程曈、

程一枝、汪舜民等修志名家的涌现，不但促进了徽州方志的发展，同时也大大提高了其志书的编纂质量和品位。综合来看，明代徽州方志在以下方面特色较为明显。

1. 详论方志的文献意义

程复用言："自国都以至郡邑，皆不可无志也，而乡独可无志乎？殊不知国之志则采于郡，郡之志则采于邑，邑之志则采于乡。使乡无志则邑莫能究其根，邑无志则郡莫能考其详。使乡里郡邑无志，则国又何以周知天下事而书之耶？是志也者，实关于政治之得失，人材之盛衰，风俗之美恶。自乡至国虽有崇卑广狭之差，而不可无志又岂有二乎！"还说："有其志虽百世而可知，无其志虽没身而不见。"较明确地阐明了不同志书之间的关系，也言明志对保存文献的重要意义。①

程敏政在《休宁志》中说："序曰：古者地理有图有志，盖周官职方氏与小史、外史所掌而道以诏王者，非徒以饰吏事广人之见闻而已。计田赋而知公敛之厚薄，因物产而知民生之丰俭，察宦绩而知吏治之得失，按人物而知士习之浮雅、俗尚之浇淳，其于政乎系焉，若此其大且要也。"②论述了方志对地方治理的重要性。

2. 重考信

胡松有言："郡邑志即古列国史也，所以纂言纪事用垂来宪，理道之所资，贵于考信焉耳矣。徽故有志，屡续以修，纪载渐详，厥亦可睹，然而不无遗议，难于考信，而况续后时事晦而弗彰，阙而未葺，文献何征焉！"以此标准评价嘉靖《徽州府志》："收罗放失，刊落芜秽，体严而事核，辞约而义精，述作大备，卓然成一家之言，可以踅迹信远，彰往昭来，诚一郡之信史，为百代之明征矣。"③

汪尚宁也说："故志之为道，切于民生，益于治理，以佐家国之安，可不重乎？乃若为志者，或轻重失伦，详略无纪，叙山川无关于险夷潴

---

① 程文翰：《善和乡志·原序》，《中国乡镇志》第二十七辑，江苏古籍出版社 1992 年版。
② 程敏政：《休宁志·自序》，北京图书馆《古籍珍本丛刊》第二十九册，书目文献出版社 2000 年版。
③ 汪尚宁：《徽州府志·胡松序》，北京图书馆《古籍珍本丛刊》第二十九册，书目文献出版社 2000 年版。

泄之用,载风俗无与于观民省方之实,瑕瑜错品,是非谬置,后将何观焉?然董狐南史在国史则然,若恂恂乡居必有所托以直其志。"强调了方志当有志于"佐国家之安",还强调了要以"董狐南史"的精神为修志的依托。①

3. 重体例继承与创新

宋元时期,徽州地区相继出现了罗愿《新安志》、李以申《新安续志》、洪焱祖《新安后续志》,到了明洪武时朱同又在此基础上修《重编新安志》。四志体例因革,相仍不替。李以申称:"今纲目大体多循其旧,凡无所增损废置者,前志既已备矣,今皆不书。"②洪焱祖《后续志》则"其间凡例悉依前志",但"于贡赋之重轻,户口之息耗,以至州土吏治风俗人才间亦丁宁寓微旨",反映了对前志的继承及创新之处。朱同进而说,"三志之续,作者非一,是以体制大纲虽祖述罗愿,而纪录之法重复驳杂……今又续之则成四书,首尾一事而翻阅检讨已不胜其烦,盖必变而通之,提纲举目,错综比事,芟繁摭逸,旁搜总括,合为一编然后可以为不刊之典,成一代之言"③,表现了较强的创新意识。

到修弘治《徽州府志》时,"今之纂修虽祖旧志而易新安之名为徽州府,遵时制也。其事目亦遵《大明一统志》立例,但一统志乃天下之事,不得不简,本志特一郡之事,不得不详。故于其已载而未备者增之,未载而可采者补之,事无可考者阙之,事有当纪者续之,旧志舛讹者兼考史传以正之"④,列明了弘治志对前志的因承关系,也说明了《大明一统志》对新志的重大影响。

嘉靖《徽州府志》在体例创新方面有了进一步的发展。如"朱子集诸儒大成,道统攸属,仿孔子作世家",在府志中创立"世家"一目。"各叙论事系风献政要者,缀之数百言,否则略之,如罗鄂州之序,可采者

---

① 汪尚宁:《徽州府志·汪尚宁序》,北京图书馆《古籍珍本丛刊》第二十九册,书目文献出版社 2000 年版。

② 汪舜民:《徽州府志》卷一一《新安续志总序》,上海古籍出版社 1982 年版。

③ 汪舜民:《徽州府志》卷一一《重编新安志序》,上海古籍出版社 1982 年版。

④ 汪舜民:《徽州府志·凡例》,上海古籍出版社 1982 年版。

即取置各类后,仿《史记》论引言之例",立引言、论之例。即使是相同事目,嘉靖志也注重体例的变革,如封建目改以往按年代顺序叙事方法,改为"小引、王、公、侯、伯、子、男、公主、戚畹、论"10个部分,体现了编者对方志体例创新的重视。

正是由于徽州学者对方志体例继承与创新的重视,最终促成了明代徽州方志的发达。

三 发达的徽州教育

明中后期,徽州的官学继续发展,同时出现了较强的科举化倾向,书院与文会等其他教育或民间组织也开始围绕科举展开活动。心学在徽州的流布所激起的讲会之风,不仅推动了徽州书院的继续发展,还阻碍了其向官学化和科举化的进一步沉沦,确保了书院应有的学术风气。由于政府作用的日渐式微和以徽商为代表的民间力量的崛起,政府主导的社学逐渐衰败,私人创办的义学、塾学等逐渐成为蒙学教育新的主导力量。

(一)官学的继续发展

经过前期的不断重修和扩建,到了明中后期,徽州的官学机构虽间有"势见堕落"的,但大部分都已呈现出了"美奂美轮、壮伟闳丽"之态。即便如此,徽属各县县学重修、扩建的步伐仍旧没有停止。如歙县县学于嘉靖四十四年(1565)重修了先师及四配十哲像,天启年间重修了两庑,崇祯四年(1631)修缮了圣庙;[1]休宁县学在明初重建以后,

---

① 参见康熙《徽州府志》卷七《营建志上·学校》。

到了万历年间，又继续"辟地九之一，宫室拓三之一，巨丽甲于他邑"[①]；嘉靖九年（1530），婺源知县曾忭"念（县学）旧址湫隘，乃以荷恩废寺地易居民程骥、董芳祥、张珊地，恢拓之。前开官路，外立照墙，自东抵西长一十二丈六尺有奇。左右建腾蛟起凤坊"[②]；万历六年，祁门知县姚三让以俸银重建明伦堂，天启六年（1626），知县朱大雅、教谕邱禾嘉又重修文庙。[③] 然而，明朝建立伊始，朝廷便明确规定"科举必由学校"，"中外文臣皆由科举而进，非科举毋得与官"，[④]从而形成了"学校以教育之，科目以登进之……铨选以布列之，天下人才尽于是矣"[⑤]的局面。官学不仅成为"储才以应科目"之地，而且官学的招生考试——童试，也成了科举考试阶梯中的最初一级。官学遂成为科举的附庸，使官学教育遂完全围绕应举入仕而展开，失去了其应有的教育功能。这时的徽州官学也不可避免地走上了科举化的道路。

（二）心学流布与书院讲会之风

在官学继续发展的同时，明中后期的徽州书院得益于心学流布所激起的讲会之风的推动，不仅未像当时全国其他地区的书院一样陷入官学化和科举化的泥淖不可自拔，反而呈现出了一派欣欣向荣之景，学术风气活跃。

元末明初，在朱升、郑玉、赵汸等人的倡导和努力下，徽州学术仍以程朱为尊，然而中期以后，随着心学在徽州的逐渐传播，这种局面渐渐被打破，徽州后学表现出了强烈的"求新"欲望。明中叶以后，王阳明远承陆学余绪，与陈献章、湛若水师徒相唱和，以"致良知"之学取朱

---

① 道光《休宁县志》卷三《学校》。
② 康熙《徽州府志》卷七《营建志上·学校》。
③ 参见同治《祁门县志》卷一七《学校志·学宫》。
④ 张廷玉：《明史》卷七〇《选举志二》。
⑤ 张廷玉：《明史》卷七一《选举志三》。

熹"格物穷理"之学而代之,"学其学者遍天下"①,徽州学者亦立即翕然响应。如歙县人洪启蒙,"潜心阳明之学。……讲业紫阳书院,学者称源泉先生";毕珊,"正德间,闻王阳明讲学南都,徒步往受业。久之,有得,告归"②;郑烛,"游邹东廓、湛甘泉之门";谢显,"尝从湛若水讲学南都……归构神交馆,与从叔芊、婺源方瓛等阐明性理"③;黟县人李希士,"与邹守益、湛若水创兴中天书院讲学。……晚年创书院于桃源,以馆四方学者"④。嘉靖间,湛若水更亲临徽州,先后在斗山、天泉、中天等书院讲学,并为其弟子祁门谢氏所建神交馆作铭作记;⑤王门高第王艮、钱德洪、王畿、邹守益、刘邦采、罗汝芳等也先后来到徽州,主讲盟会。一边是徽州的王、湛门人自觉传播,一边是王、湛二家的主动出击,心学迅速在徽州流布开来,新安后学遂纷纷转向"致良知"一途,"崇尚《传习录》,群目朱子为支离"⑥。因而,"自龙溪、甘泉来主讲席",徽州学者"阳儒阴释之风日炽"。⑦

而无论徽州的王、湛门人,还是王、湛二家,都是通过占据徽州书院讲坛而逐渐影响徽州学术思想的。清初休宁学者施璜说:"其时人人口说紫阳而足迹不践紫阳之堂,往往于歙则斗山(书院)、汪村、崇文(书院)、向杲寺、等觉寺、福田寺,于休则天泉(书院)、建初、汶溪、落石、山斗、还古(书院)、白岳,于婺则福山(书院)、虹东(书院)、雪源、普济寺、天仙观、三贤寺、黄连山房,于黟则中天(书院)、延庆,于祁则东山(书院)、十王山、洞元观、谢氏方氏马氏诸宗祠,于绩则太平山房、许氏家祠,自嘉靖以讫于明末,皆是也。地非紫阳之地,学背紫阳之

① 黄宗羲:《南雷文定五集》卷一《答恽仲升论子刘子节要书》。
② 以上见民国《歙县志》卷一〇《人物志·士林》。
③ 以上见同治《祁门县志》卷二三《人物志·儒林》。
④ 康熙《徽州府志》卷一五《人物志四·绩学传》。
⑤ 参见同治《祁门县志》卷一一《舆地志·古迹》。
⑥ 施璜等:《紫阳书院志》卷一六,赵所生、薛正兴:《中国历代书院志》,江苏教育出版社 1995 年影印。
⑦ 康熙《休宁县志》卷六《人物·儒硕》。

学。"①这无形中大大推动了明中后期徽州书院讲会体系与讲会制度的建立和完备。如明中后期宣传阳明心学最用力的休宁还古书院"立还古会规、会仪,斟酌商订,一本紫阳会规遗意,使登还古之堂者知所持循"②。据《还古书院志》载:明万历二十五年(1597)十月大会,"听讲数百人";万历三十一年(1603)十月大会,"听讲几千人";万历四十三年(1615)九月大会,"诸友各邑共百五十余人,外府外省共三十余人,司事程熙明、程又新共二十七人";天启元年(1621)大会,听讲者外郡共27人、本郡共178人。③ 可见当时徽州书院讲会的盛况。作为一种教育组织形式,讲会的内容虽主要是学术讨论,但同时却没有忽视对会员德行的要求;讲会的气氛虽庄严肃穆,但同时亦不乏轻松活泼;讲会的参加者,虽以会员为基本,但又不只限于会员,具有开放性。讲会的这些特点,对弥补官学教育的呆板与僵化,对活跃学术空气,甚至对化民成俗都产生了非常重要的作用。正是由于心学流布的推动,明中后期徽州书院获得了较大的发展。当时的书院情况大体如下:

天都书院,在歙县府西门外柳堤上,崇祯十六年(1643)知府唐良懿兴书院,贡生吴经邦倡建。

还古书院,在休宁万安山,万历二十年(1592)知县祝世禄、邑人邵庶倡建为讲学之所。崇祯元年(1628)重修。

明善书院,在休宁商山,万历间里人吴继良"构义屋数百楹,买义田百亩建"。

海阳书院,在休宁县前街西南,"明崇祯八年(1635)知县王佐即县前街西南之良安驿旧址为之,十六年改称'瞻云书院'"。

富教堂,在婺源十八都清华,"明冢宰余懋衡讲学处"。

---

① 施璜等:《紫阳书院志》卷一六,赵所生、薛正兴:《中国历代书院志》,江苏教育出版社1995年影印。

② 施璜等:《还古书院志》卷一〇,赵所生、薛正兴:《中国历代书院志》,江苏教育出版社1995年影印。

③ 施璜等:《还古书院志》卷一一《新安大会讲学还古会纪》,赵所生、薛正兴:《中国历代书院志》,江苏教育出版社1995年影印。

婺源紫阳书院，原为"晦庵书院"，在婺源文庙侧，元初建，后毁。嘉靖九年，知县曾忭毁县治后保安山之保安寺为书院，"易晦庵之名曰紫阳"。张居正柄政，书院毁，万历四十三年知县冯时来复建。天启六年，魏忠贤用事，书院"变价助大工"，"但称三贤祠"。

明德书院，婺源，明末"尚书余懋衡建"。

山雾书院，婺源，明中叶"正学方瓘请建"。

东山书院（环谷书院），在祁门县治东眉山，明正德末郡守留志淑与知县洪晰建，嘉靖九年知县陈光华重建，更名曰"环谷书院"。

中天书院，在黟县七都鱼亭，"宋明光儒讲学处，因魏忠贤拆毁"。

淋沥书院，在黟县五都淋沥山（旧称林历山），明诸生讲书处，天启间为魏忠贤所毁。

石丈斋，在绩溪"儒学右，明教谕葛应秋讲书处"。

鹿苹书馆，在绩溪"旧县丞廨，明万历四年（1576）知县陈嘉策建，每月三试诸生，捐俸供给。"①

（三）社学衰败与义学兴起

明前期，在政府的强力推动下，尽管中间一波三折，但总体而言，徽州的社学仍获得了空前发展。但由于社学在明代并非是免费的教育机构，且官吏借兴办社学之名对人民进行敲诈勒索的情况不可能杜绝，嘉靖以后徽州的社学便开始逐步走向衰败了。据康熙《徽州府志》载：明初徽州"社学各隅都分设，每学设教读一人，免其差役，分教乡里之子弟，年一考较，取勤效"。经洪武十三年（1380）革罢，天顺七年（1463）以后，"臣僚建言兴复，往往属提学带管，其后渐渐废"②。再如休宁县洪武八年建有社学140所；弘治初年，"社学在县治西，各乡俱有

---

① 以上参见康熙《徽州府志》卷七《营建志上·学校》、康熙《休宁县志》卷六《人物·笃行》、嘉庆《黟县志》卷一〇《政事志》、道光《徽州府志》卷二《舆地志下·古迹》、道光《徽州府志》卷三《营建志上·学校》、民国《歙县志》卷二《营建志·学校》、民国《重修婺源县志》卷六《建置三·学校》。

② 康熙《徽州府志》卷七《营建志上·学校》。

之";而到万历时,社学则仅存 6 所了。① 祁门县洪武八年有社学 27 所,
到万历时也仅存 2 所了。②

　　与此同时,随着徽商财力的扩大,明中后期徽州出现了大量民间
自行创办的义学和塾学机构。于是义学和塾学取代社学也就成了历
史的必然。义学,又称义塾、义馆,是为孤寒子弟而设立的教育机构,
不仅不收束修,而且还提供膏火之费。明中后期,徽州私人创办义学
蔚然成风。如明歙县呈坎人罗元孙,"尝构屋数十楹,买田百亩,以设
义塾、以惠贫宗";明休宁商山人吴继良,"尝构义屋数百楹、买义田百
亩,建明善书院、设义塾"③。再如明歙县人汪光晃就"设义馆以教无力
延师者"④。塾学,又称私塾、塾馆、书塾等。早在洪武十三年朱元璋一
度下诏停办社学之后,徽州"乡民有乐教者",便开始"各自延师训诲子
弟"⑤,创设塾学了。后来,虽然朝廷又颁布了复设社学之令,社学系统
在某种程度上得以恢复,但徽州民间设塾立教之风却并未停止,而是
愈来愈兴盛。在大约明万历十四年(1586)刊行的歙县人方承训所撰
的《复初集》(现藏北京图书馆善本书室)中就记载有大量关于徽州塾
师的材料,表明当时义学和私塾对塾师的需要量是非常大的。

(四) 文会的出现及其科举化

　　明中叶时,徽州还出现了一种具有一定教育功能的新型民间组
织——文会。文会,又称文社,其名来源于《论语·颜渊》中的"君子以
文会友"一语。中国的文人聚会历史悠久,如《南史·顾越传》说:顾越
"以世路未平,无心仕进,因归乡,栖隐于武丘山,与吴兴沈炯、同郡张
种、会稽孔奂等,每为文会"。但文会作为一种制度化的特殊的教育组

---

① 道光《休宁县志》卷三《学校·社学》。
② 参见同治《祁门县志》卷一一《舆地志·古迹》。
③ 康熙《徽州府志》卷一五《人物志四·尚义传》。
④ 道光《安徽通志》卷一九六《义行》。
⑤ 弘治《徽州府志》卷五《学校》。

织形式,并在城乡各地广为设立,则始于明中后期。正德、嘉靖年间,歙县已经有了斗山、呆山、玉泉、南山等文会的设立,而且"均开讲席,立讲师,彬雅之宗,自成坛坫矣"①。民国《歙县志》的作者认为,这是歙县后来文会兴盛之"滥觞"。歙县为徽州府首邑,总是开风气之先的,因而亦可以说明中叶歙县所立之文会是整个徽州后来文会兴盛之滥觞。此后徽州的文会一直保持着持续发展的态势。

从文会的功能来看,明中后期徽州文会的教育功能主要是集一乡、一族之士"偕攻制义",通过"同类相求、同朋相照、同美相成"②,共同提高,以增强在科举考试中的竞争力,这与当时官学、书院出现的科举化倾向可谓一脉相承。崇祯八年,歙县江村人江道振在《聚星会馆告成序》中对此讲得非常清楚:"明兴,沿赵宋贡举法,以文取士。生斯世,匪藉制义为羔雁,即欲颉颃青云,道无由也。吾乡先哲应运而起者,代不乏人,文章经济彪炳宇内,至今犹可考见。然学多独证。嘉(靖)隆(庆)以上,萃一乡之彦而课制艺者未之前闻,聚星文社肇自万历癸未年(十一年,1583),则程中宪、江大中丞二公共创之,以兴起斯文者也。"③聚星文社建成后,以"金、宗二老为斯文主,二老慨然以造就来学为己任,命题秉笔,寒燠靡倦",学子们"欣欣乐就正焉"。④ 文会是为应付科举而设,无怪乎徽州人将科举成果之多少归因于文会之兴废。如明天启元年歙人江学海说,江村聚星文社创设后,"一时人心鼓舞,争自淬磨,(万历)乙酉(1585)之役,社中荐贤书者两人,廪学宫者若而人、入胶庠者若而人,文社之益彰彰矣。频年来,士之获俊者稍不及昔,则以文社玩愒,徒修故事也";江道振也认为,江村近些年来"甲第无闻,求其所以,缘会馆未建而会事萃涣无常也"⑤。可见,明中后期徽州文会的出现和科举功能的不断强化,对当时徽州科第的繁盛也起

---

① 民国《歙县志》卷一六《杂志·拾遗》。
② 江登云:《橙阳散志》卷一一《艺文志下》。
③ 江登云:《橙阳散志》卷一一《艺文志下》。
④ 江登云:《橙阳散志》卷一一《艺文志下》。
⑤ 江登云:《橙阳散志》卷一一《艺文志下》。

到了一定的推动作用。

四　空前繁荣的徽州文学

明代中后期,徽州地区商业经济获得了前所未有的飞速发展,商业资本实力之雄厚,全国罕有能匹。而商业的发达也带动了社会风气与思想观念的系列变革:由质朴节俭、知足常乐转向奢靡、贪婪与竞争;由重利轻名转向名利兼重;曾经盛极一时的新安理学则日渐式微。以上变革对文学的影响主要体现在四个方面:

首先,作家主体日益市民化。商业的发达逐渐消解了传统中判然有别的士商界限,转而有越来越多的商人参与文学活动。他们加盟文坛主要有四种形式,第一类如汪道昆、许国等人,虽出身商贾之家却借助科举考试跻身统治集团,此后他们或因政治需要,或因个人兴趣而吟诗作文,此为“先贾后儒”;第二类如郑作、程浩、方于鲁等人,在科举不中之后又继承父兄的事业,一边经商一边从事文学创作,此为“先儒后贾”;第三类如潘之恒、王寅等人,在科举失败之后并未从事商贾或其他事业,而是以家庭的巨额财富为后盾,把更多的精力投入文学创作之中;第四类则是汪廷讷等人,通过明代中后期的捐官制度进入国子监学习,并由此结交大批文坛名流,从商人转变为名士、作家。显然,以上几类人群的加入使得传统作家群体的成分结构发生了很大变化,而与此同时,那些非市民身份的士大夫文人也改变了过去那种不屑与商贾为伍的清高态度,转而与他们相交日厚。而这些人的人生态度、价值观念和审美趣味也逐渐受到市民意识的浸染,并最终影响他们的创作倾向。总之,作家群体和商人之间的复杂联系,将给文学的世俗化带来深远影响。

其次,徽州作家努力融入全国的文学潮流。明代中后期的徽州作家不再像早期作家那样封闭一隅,而是积极主动地与当时文坛的领袖人物及各地的名家交往。譬如郑作、程诰、王寅、佘育等人都曾向"前七子"的领袖人物李梦阳学习文学创作的技巧,汪道昆与"后七子"等文坛名流交往甚密,休宁人吴兆也与当时著名文人频繁举行社集,这些举措都促进了徽州文学与全国文学的整体融合。

再次,图书出版业的繁荣为文学的世俗化、市民化推波助澜。隆庆、万历以后,徽州成为全国著名的刻书之地,且刻书之精遐迩闻名。为了迎合广大市民阶层的需求,一大批经济实力雄厚、文化素养较高的商人、学者、官僚纷纷斥资开设书坊刻印书籍,所刻图书中戏曲、小说、时文、笔记乃至实用广告这类通俗文学和通俗读物占有相当大的比例,某些水平高的坊主或其家庭成员还能撰写有分量的序文,介绍所刻图书的作者、版本,评析其内容与艺术价值。

最后,商业经济的繁荣促进了戏曲表演的勃兴。明代中后期,观戏听曲成了许多徽州商人的重要生活内容。这一方面固然是为了满足他们的文化娱乐需要,另一方面也是以此为手段结交名流、广通声气,从而扩大自己的社会影响。为此,明代中后期的一些徽州商人常常会不惜耗费巨资,组织大规模的演出活动。譬如金陵是明代留都,达官贵人、社会名流云集,徽州商人为结交他们,便多次在此组织大规模的演出活功。这些举动也从客观上对戏曲的繁荣发展起到积极的推动作用,并进而促进戏剧文学的创作。

以上所说种种变化尚且属于文学发展的外围环境,而就具体的文学部类而言,明代中后期的文学样式呈现以下风貌:

(一)张扬个性与欲望的诗歌创作

明代中后期的诗歌中,出现了不少以游侠生活、隐士生活为题材的作品,譬如吴琼的《结客少年场行》、程诰的《少年行》以及余绍祉的《市隐》等。相对于文学史上的这两类形象,他们更多了点世俗气:游侠们在崇尚一己之意气、漠视理性与秩序的同时,又刻意追求无节制的享乐生活,追求金钱和财富;隐士也不是远离尘俗逍遥于山林泉石之间,而是和那些普普通通、奔波劳碌的人们生活在一起,并且还要在集市上贩卖药材。不过总体来看,诗人其实是借这些豪纵不羁的形象来抒发自己纵逸不拘的胸襟。而类似的情感更多的时候是以直接咏怀感事的方式来表达的,譬如汪应娄的《咏怀》以及程诰的《初冬言怀》等。可以说,要求自我不受羁绊和桎梏、向往个性的自由发展,甚至成为明代中后期徽州诗人创作上的共同倾向。这种要求是如此的强烈,以致当它们得不到满足时会引发诗人深沉的痛苦与强烈的孤独感,譬如郑作的《闻雁》。和对个性自由的向往相伴随的,则是诗人们极力抓住有限的生命去尽情享受。有些人以宴居为乐,如方扬的《吴生行》;有的则要日饮美酒畅游名山,如方宏静的《赠五溪子》;有的是聚友开宴纵情行乐,如黄生的《凤巢群女引》。总的来说,明代中后期的"徽州诗人因人生短暂而感发创作的追求现世享乐的作品,很少考虑道德与政治的因素,而是执着于对个体生命价值的把握,并且绝大部分诗歌都呈现出诗人为实现自我生命价值而积极求进的一种高亢众畅的情致,从而使人感到现实世界的美好,人生的宝贵,而不像《古诗十九首》之类的诗歌那样,使人觉得生命始终笼罩在巨大的阴影之中,即往往有感于人生无常而采取一种消极纵乐、以乐消悲的态度"[①]。

因商业经济的发达而引发的明代中后期徽州作家对人性觉醒的思考以及对封建伦理道德的批判,除了表现在上述张扬诗人自我生命价值的作品中,还体现在他们所写的一些以男女恋情以及女子生活为题材的艳诗、艳词当中。艳诗起自南朝,但因有悖于"风天下而正夫妇"的诗教传统,所以到宋代就已衰落,它所表现的内容也被词取代。明代中后期徽州诗人所写的艳诗虽也不出男女恋情和女子生活这两方面内容,但在题材和艺术表现方面均对传统有所突破。譬如,吴兆

---

① 韩结根:《明代徽州文学研究》,复旦大学出版社 2006 年版,第 193 页。

的《西湖子夜歌八首》通过刻画女子在幽会前焦灼不安的心理,表现了女子对爱的强烈向往;期莲生的《秦淮别怨诗》则通过人与物、情与景的紧密结合,将离别的哀伤表现得十分缠绵;此外如程诰的《秋夜长》《浦口曲》等表现的也是男女离别后的相思牵挂之情。

相对于传统的艳诗、艳词而言,黄生的《寡妇节变歌》以及《浣溪沙·夜情》《无题》,无论是题材还是内容均有很大突破。诗歌不仅表现了女子守寡(作未亡人)时受情欲煎熬的种种痛苦,还热情地讴歌了她重新获得爱情后的欢乐和幸福;后两首词则分别从不同的角度大胆描写了男女床上销魂的情景,极富感官的刺激性。这些都是对既往文学传统和道德观念的大胆反叛。

而那些咏唱女子生活的艳诗,有的歌咏女子的游戏,有的着眼于女子的日常琐事。这类诗歌多讲究形式和技巧,体现了作家们追求艺术美的倾向。譬如,唐汝龙的《赋得美人斗百草》,辞藻艳丽、手法细腻,洋溢着新鲜活泼的气息;而吴兆的《秦淮斗草篇》则被李维桢予以极高评价:"往余见吴非熊《斗草篇》,藻艳豪宕类卢照邻《古意》、骆宾王《帝京》,而姿态绰约、意致委婉又类张若虚《春江花月夜》、刘希夷《代悲白头翁》。"①诸如此类的作品均与以往传统有所差异,对文学的发展有所贡献。

商业经济对明代中后期诗歌创作的第三个影响,则是出现了许多反映城市面貌和市民生活的作品。无论是吴兆的《西湖春游词》还是程嘉燧的《扬州津桥春夜寓目怀古十二韵》,均以浓重而细腻的笔调描绘出城市生活的热闹与繁华。与之相应,城市中的各类人物形象也出现在诗人的笔端,既有程长公那样率性而行、恣意享乐的"良医",也有"细咏艳诗行绿蚁,高催花烛话青蛾"的诗人,亦有"嗜酒谈谐无检押,大言吾笔是神物"的制笔者,"开口据上坐,大声论兴亡"的白衣谈客,"蹀躞白玉骢,垂鞭踏落花;歌钟日暮起,嘶入五侯家"的贵公子,还有

---

① 李维桢:《大泌山房集》卷二四《吴非熊诗序》。

白天"夹道看驰马，围场下斗鸡"，心里却想着"倡楼今夜醉，月出管弦齐"的春游者。[①] 这些形形色色的人物，都从某个侧面折射出明代中后期市民阶层追求欢乐适意的生活风气。

（二）为商人和风尘女子树碑立传的传记文学

明代中后期，传统的重农抑商观念已经发生很大改变，李梦阳、王守仁等人曾为商人作过传记、序文来赞扬他们，徽州地区的作家更是大量地为他们树碑立传。譬如在汪道昆的《太函集》中，半数以上的传记文竟是为商人及其家庭成员而作。此外还有 33 篇为商人或其父母所写的寿序和赠序，中间也涉及商人的生平事迹。

在徽州作家为商人所写的传记作品中，他们表现出强烈的要求四民平等的思想，极力为商人争取应有的社会地位。有些还对商人经商的艰辛和所付出的勤勉劳动作了如实描绘，甚至出现类似《兖山汪长公六十序》

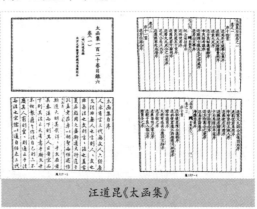

汪道昆《太函集》

《寿草市程次公六十序》以及《朱介夫传》[②]这样正面表现商人的职业道德、褒奖他们的人品之作。与重商观念以及四民平等思想相联系的，便是这些作品中还直接肯定商人的功利行为及其经济目的，承认商人牟利的合法性。这既体现在《赠方处士序》这样的论说性文字中，也体现在《明故处士溪阳吴长公墓志铭》[③]这样正面刻画商人形象的作品中。后者不仅描绘了种种精妙的经商致富之道，还赞扬了商人求利过

---

① 韩结根：《明代徽州文学研究》，复旦大学出版社 2006 年版，第 214 页。
② 分别见于汪道昆：《太函集》卷一六、一七、二八。
③ 分别见于汪道昆：《太函集》卷一四、五四。

程中的精明和胆识。部分作品还超越传统的道德规范,以饱含感情的笔墨刻画了一些豪纵不羁的商人形象,有时还大胆肯定某些商人鄙视世俗毁誉的精神。① 此外,在大量描写商人追欢逐乐之场景的背后,也流露出作家们赞赏欣羡的意味。总的说来,在徽州作家有关商人的传记中所表现出的观念,有众多迥异于传统的地方。譬如程可中的《舒古塘传》对造假者不仅不谴责,反而盛赞其技艺之高超;吴子玉的《金士节传》中的主人公居然说出"先天下而后家,此非人情也"这类惊世骇俗的话语。

类似于商人传记中的反传统观念,同样也表现在徽州作家为风尘女子所写的传记中。比较典型的是潘之恒,他曾亲手为一百多位同时代的风尘女子写过传记。在这些作品中作者或赞扬她们对真挚爱情的向往与追求,或反映她们不幸的命运,或记叙她们的才艺与良好的品质,笔端充满着人道主义的真诚,且不带任何封建伦理道德的评价与判断,② 这在他的《亘史》与《鸾啸小品》中可以找到很多例子。《王小奕传》《葛余芳小传》以及《纪玉主》《王琐传》表现的是风尘女子对真情的追求和向往;《范月卿传》和《陆三因果》则对男子的负情行为予以批判和谴责,对遭遇不幸的薄命女深表同情;而像《朱无暇传》《凤姝》《金凤翔》等作品则赞美她们的多才多艺;《王卿持传》和《王月传》则极力讴歌她们保持独立个性与人格尊严的举动。

总之,在明代中后期的传记文学作品中,在艺术上既继承发扬了我国传记文学的优秀传统,又在某些方面有所突破。就形象塑造和人物刻画而言,徽州作家塑造了不少性格鲜明栩栩如生的人物形象。无论是《许本善传》和《徕松郑处士传》中放荡不羁的男子,还是前面已经提及的几位风尘女性,作者往往都能抓住最能体现人物性格的行为或语言进行刻画,使传主形象跃然纸上。有时,作家还通过一系列典型化事件的描

---

① 参见汪道昆:《太函集》卷四〇《许本善传》;方扬:《方初庵先生集》卷一〇《徕松郑处士传》;汪道昆:《太函集》卷三七《吴伯举传》。

② 参见韩结根:《明代徽州文学研究》,复旦大学出版社 2006 年版,第 236 页。

述,并辅以高度凝练的个性化语言来表现人物的性格特征,塑造人物形象。如《查十八传》,它记述了传记主人公受人嘲弄羞辱后发愤学习琵琶,事事务求超越别人,"以匹夫而距王公",不愿收大贾为弟子,以及不肯仿效时人为有后代而置妾等几件比较典型事例。通过这些典型事例的描述,成功地塑造了一个负气好胜、傲岸不群、我行我素、不为权势金钱舆论所左右、有着强烈自我意识的人物形象。① 而在各类人物形象身上,我们不难感受到作家丰沛的情感,他们或将自己基于人性的强烈感情融入笔下的人物形象之中,使得人物的感情充沛丰满,形象鲜明生动,其命运能紧扣读者的心弦;或在环境描写中抒发自己的感情,使读者受到深深的感染(如《陆三因果》中写朱太复与陆三两人"挥涕恨别,西陵松柏皆为摇阴凋翠矣");或在传记当中及末后加入各种形式充满感情的评价判断,表明自己的爱憎,使读者产生强烈的共鸣。而缘于作者风格差异和所写的人物对象之不同,表现感情的方式也有所区别。有的是用浓墨重彩——或是通过典型的事件的描述,或是用高度概括性的语言——来表现感情;有的则是纯用白描手法,只选择日常生活中的一些琐碎小事娓娓道来,却也有一股真挚亲切的感情流溢其中,使人很受感动,譬如许国的《母孺人事实》。②

在传统的传记作品中,心理描写常常是它们的薄弱环节,但徽州作家却在这些方面有所超越。譬如《徕松郑处士传》中的主人公在面对继续经商还是停止经商这一两难选择时的矛盾心理,《舒古塘传》中月华砚的主人在面对赝品时的复杂心态,均描摹精细,从而立体地刻画出人物的丰满个性。除此之外,徽州作家的传记作品在情节的生动性方面也有诸多精彩之处。如汪道昆的《庖人传》虽仅 380 字,却能写尽冰河之险状、生死关头属下之惊慌、县令处境之岌岌可危以及舍人和船家救人的情景,场面之惊险、刻画之生动让人有身临其境之感。而徽州传记作品的语言运用也有颇多可圈可点之处,作家或能赋予人

---

① 参见韩结根:《明代徽州文学研究》,复旦大学出版社 2006 年版,第 251—252 页。
② 参见韩结根:《明代徽州文学研究》,复旦大学出版社 2006 年版,第 253 页。

物以个性化的语言,或能以生动简洁的语言进行叙述,有的还能用抒情性较强的语言描写环境,或者用形象性较强的语言与幽默的话语来刻画人物,譬如余绍祉的《凝庵道人别传》等。

(三)蔚为大观的小说创作

明中叶以前,徽州地区尚无任何小说作品问世;明中叶以后则涌现出大批文言小说。小说家们或将历代传奇小说改编汇纂成书,或根据本朝时事进行创作,有的既编辑他人之作,又根据街谈巷议、口耳相传的故事自己撰写。小说的题材从婚姻爱情、神仙鬼怪、里巷新闻、科举轶事,到人生奇遇、珍宝的传说,以及侠客的故事、公案故事等无所不有,内容十分丰富。① 其中比较知名的有吴大震的《广艳异编》、程时用的《风世类编》、潘士藻的《闇然堂类纂》和汪云程的《逸史搜奇》,潘之恒《亘史》中的部分作品也在此列。

以上作品中以吴大震的《广艳异编》影响最大、所收内容最广。全书共 35 卷,收载中国历代传说与书志中的故事以及本朝社会传闻 596篇。其内容大致分为以下几类:(1)婚姻与爱情故事。故事中的主人公遍布各个阶层,结局有悲有喜,譬如《太曼生传》和《双鸳冢志》表现的是爱情悲剧,《彩舟记》则带有浓郁的喜剧色彩。这些故事有的是根据本朝时事而创作的,有的则来源于前代或元末明初的小说,如《宝环记》《投桃录》《秋千会记》和《翠翠传》等,《姚月华小传》与《并蒂莲花记》也属此类。这些作品中有的故事梗概虽来源于前人作品,但经作者的加工改造后已使故事情节更加丰满、描写更加细腻,而且改变了原作的思想倾向、主人公的形象和故事的结局,使一些原先并非表现爱情的作品反而突出了爱情的主题。② (2)神仙鬼怪的世界。《广艳异编》中有 7 卷是讲述神仙或与神仙有关的内容,有 6 卷是叙写鬼或与鬼

---

① 参见韩结根:《明代徽州文学研究》,复旦大学出版社 2006 年版,第 261 页。
② 参见韩结根:《明代徽州文学研究》,复旦大学出版社 2006 年版,第 273 页。

有关的故事,而有关妖异精灵的作品则有 11 卷之多。书中所写的神仙大多具有一种平民化、世俗化的特征,《雍氏女》中北阴天王之子的言行举止颇似人间的纨绔子弟,《沧州神女》《蓬莱宫娥》以及《巫娥志》中的各路女神仙在和人世间普通男子交往时竟会主动进攻甚至举止极其放纵。《广艳异编》里的鬼故事有不少是表现男女情缘的,譬如《鬼小娘》《七五姐》和《睢右卿》写的是夫妻情缘,《游会稽山记》和《褚必明》表现的是普通男女之间的短暂情缘。而《田达诚》《王秋英》和《张生》《李俊》等篇,则是借鬼故事来反映现实生活中的人类各种复杂情感。《广艳异编》中关于妖怪的作品大多表现动物、植物乃至器具等有生命或无生命物体的精魅与人之间的感情纠葛,这在"草木部""器具部""禽部""兽部"中有许多例证,此处不作展开。(3)《广艳异编》中还有不少作品描写了人生奇遇与珍宝的传说。如《奇宝》《聚宝竹》《宝母》《宜春郡民》《龙枕石》等,主人公的身份以商人居多。

潘之恒的《亘史》虽为类书,但当中也有不少珍贵罕见的小说资料。既有可资谈谑的里巷新闻,也刻画了一些侠客形象。《两滴珠》写的是因为容貌非常相像而惹上稀奇惊险的官司的故事,而《虞山妇》的情节却越发离奇,《南滁妇传》中也充满机巧诡诈与曲折巧合。诸如此类的里巷新闻小说,因为多有当时社会的真人真事作素材,故不仅反映了那一时代生活的方方面面,同时又不乏传奇性与趣味性。它们虽有不少粗糙和不成熟的地方,但在中国小说发展史上却有重要意义。它不仅标志着作者已把关注事物的目光从古代移向自己所生活的时代,从亲身经历的现实生活中汲取创作素材,从而使小说的发展充满活力,同时也表明作者并不重视小说必得有教化作用的传统观念,而是将普通百姓、市民阶层的审美趣味作为小说作品的首要考虑因素,这也反映出明中叶以后小说创作中某些新的动向。① 至于描写侠客的作品,在《亘史》中竟有 7 卷 42 篇之多,作品大多突出侠者那威武豪雄、

---

① 参见韩结根:《明代徽州文学研究》,复旦大学出版社 2006 年版,第 322—323 页。

桀骜不驯的英雄气概和倜傥张扬的人格特征,譬如《刘东山遇侠事》《苏麻子传》等。值得注意的是,在《亘史》所写的侠者故事中,作者评判人们行为的道德标准已悄然发生变化,他既对侠者日益增强的金钱财富意识表示出理解和宽容,也能对侠者不符合社会主流意识形态的言行予以容忍和同情,譬如《罗龙文传》。此外,《亘史》还辑录了不少有关女剑客与女游侠的故事。作者将唐代以来著名的描写女剑客的作品《红线》《聂隐娘》《香丸志》《崔慎思妾》《侠妪》《贾人妻》《解洵娶妇》《三鬟女子》《车中女子》与本朝胡汝嘉创作的《韦十一娘传》汇辑起来,组成一组非常亮丽的女侠形象。这些作品虽非潘之恒原创,但经作者的修饰加工,同样能反映他的思想倾向与审美取向。在这些作品里,女侠们不仅与历史上的男性侠客有着类似的侠者情怀,而且还拥有大多数男性侠者所不具有的非凡的武功与剑术,而这些关于武功和剑术的描写或许成为后来武侠小说相关描写的滥觞。①

明中叶以后的徽州小说虽然表现出不少新的倾向,但程时用的《风世类编》和潘士藻的《闇然堂类纂》仍深受传统观念的影响,此二人均希图借小说来劝勉世人,起到教育感化、改变世风的作用。文中所写的商人故事、科举轶事,乃至一些公案故事和其他重大社会事件,均为作者的道德教化目的而服务。相对于同时代的其他小说而言,显然在思想上要保守很多。不过,因为作者所记多为当代发生的故事,这对读者了解当时的社会生活具有较高的认识价值。

倘若从中国小说史的大背景来分析明代徽州小说的地位,有两点不可忽视:

(1)前朝故事在徽州小说中进一步发展演变。这既有作品主题与思想倾向的嬗替,如《投桃录》的主题由原来的因果报应变为男女爱情,《宝环记》在原来的普通公案故事基础上凸显爱情的主题,也表现在情节更为丰富、故事更为跌宕、叙述更加完整以及人物塑造更为丰

---

① 参见韩结根:《明代徽州文学研究》,复旦大学出版社 2006 年版,第 336—338 页。

满等各个方面,譬如《玉虚洞记》相对于前朝作品所呈现的故事情节、人物对话以及场景描写上的诸多变化。

(2)明代徽州小说对明末拟话本小说以及文言小说的编辑和创作产生了重要影响。从前一个层面说,他们的作品有不少为明末白话小说家所借鉴、演绎或改编,成为"两拍"等拟话本小说的直接来源。[①] 从后一个层面说,明代徽州小说为明末文言小说的编辑提供了新的起点与平台。有的无名选家直接从徽州作家的小说集里选录作品加以批点然后冠以他名另行刊刻,有的著名小说作者编辑创作小说时也大量借用他们的作品,稍加删改后纂入自己书中。譬如《广艳异编》对《续艳异编》的影响、冯梦龙的《情史类略》与《广艳异编》以及《亘史》之间的复杂联系等。[②]

(四)戏剧创作和戏剧批评

明中叶以后,徽州地区的剧作家们创作了不少剧本,将表现的重心放在人的丰富感情与自我意识之上。汪道昆的《大雅堂杂剧》4 种(《高唐梦》《五湖游》《远山戏》《洛水悲》),分别以楚襄王、越大夫范蠡、汉京兆尹张敞、曹植等人为主角,重新搬演了中国历史上著名的爱情故事,在写情方面被潘之恒视为戏剧史上的承前启后之作。其中《五湖游》借春秋时越大臣范蠡携西施避居五湖之事,彰显了作者自己的个性与自我意识。汪廷讷的《投桃记》跳出了传统爱情题材"富贵易妻""才子负心"以及"佳人守节"等窠臼,始终体现出男女两情相悦的真情;他的《彩舟记》则以赞赏的态度描写了男女主人公对"欲"的大胆追求,并为他们安排了美满的结局。以上这些思想倾向,与当时人性解放的思潮之影响是分不开的。

---

① 参见韩结根:《〈亘史〉与"两拍"——"两拍"蓝本考之一》,《复旦大学学报(社会科学版)》2004 年第 1 期;韩结根:《〈广艳异编〉与"两拍"——"两拍"蓝本考之二》,《复旦大学学报(社会科学版)》2005 年第 5 期。

② 参见韩结根:《明代徽州文学研究》,复旦大学出版社 2006 年版,第 378—391 页。

与彰显自我意识相对应,徽州戏剧家的不少作品非常注重大众的生活情趣与审美取向,为戏剧艺术走向平民化做出了贡献。其中特别值得一提的是郑之珍的《目连救母劝善戏文》,虽然总的思想倾向是宣扬封建孝道与宗教的因果轮回,但却吸收了许多民间故事和传说,如《哑子背疯》《尼姑下山》《和尚下山》《拐子相邀》以及《行路施金》等,使得全剧颇能反映大众的生活情趣与审美风尚。不光剧中所写的和尚与尼姑打情骂俏的情节颇富人情味,就是说白与唱词也都能从内容出发,带有诙谐幽默的色彩,切合大众的欣赏口味。而剧中对母子亲情的描写、对当时伦理观念和价值观念的反映,也颇能获得观者的强烈共鸣。此外,目连戏中的不少武打场面以及所保存的古代杂戏、表演、音乐、民俗等遗产,都是此剧非常适合大众欣赏口味的典型例证。至于汪廷讷的《狮吼记》和《天书记》,也表现出迎合大众审美情趣的努力。

明中叶以后的徽州剧作家还着力在戏剧的形式上有所创新,汪道昆的《大雅堂杂剧》是最早的南戏化的杂剧。在汪廷讷的杂剧中,《中山救狼》《青梅佳句》均为"南北六折",《广陵月》为"南北七折",《诡男为客》为"南六折",《捐衾嫁婢》为"南八折",《太平乐事》为"北一折",形式多样,主唱亦不限一人,这些都是有益的尝试。而郑之珍的《目连救母劝善戏文》则在戏剧结构上采用了"珠线型"的结构方式,这在以前的戏剧创作中也属少见。①

最后,明中叶以后徽州地区剧作家的戏剧创作与通俗小说之间的互动也值得引人注意。一方面剧作家们向小说取材,另一方面他们的剧作又反过来对小说的广泛流传和进一步加工提高产生了有益的影响。戏剧与小说之间的交互作用,共同促进了通俗文学的繁荣。

与戏剧创作的兴盛景象相对比,明中叶以后的徽州戏剧批评成就并不是那么突出。程巨源对《西厢记》作者的考证、对作品主题和艺术

---

① 参见韩结根:《明代徽州文学研究》,复旦大学出版社 2006 年版,第 416 页。

形式的褒扬,均不乏新的见解。潘之恒对《牡丹亭》的评论不光从剧本的角度出发,同时也十分注意演员与导演的二度创作,这在明代戏剧批评史上有着不可替代的价值。至于他在《亘史》和《鸾啸小品》等书中对演员的素质与修养、表演技巧、表演境界、表演风格等进行的全面而系统的总结和阐发,在中国古代戏剧批评史上也是前无古人的。[①]程羽文的《盛明杂剧序》则探讨了戏曲的起源、戏曲形象塑造的特点和功能、杂剧盛衰的原因以及不同戏曲剧种和不同戏曲题材之间的关系等一系列问题,这对明代戏剧批评也有所贡献。

五　风行海内的徽州戏曲

(一) 明代徽州戏曲

徽州人善歌舞,这是徽州戏曲得以孕育发达的深厚土壤。早在东晋时,新安歌舞即已蜚声海内。[②]汪道昆《太函集》载:当时徽州六邑,临近各县,每借祭祀仪礼,婚丧喜庆之际,聚众演戏,并且已成习俗。明代崇祯年间的歙县县令傅岩说过:"徽俗最喜搭台观戏。"[③]随着徽商的崛起,徽州的对外经济文化交流日益活跃,民间戏剧活动也更加兴盛。歙县民间不仅传奇剧演出十分红火,而且还涌现出众多编写传奇剧的本土作家。明代重要的剧作家有汪道昆、汪廷讷等。歙县毕尚忠(1416—1497)是徽州目前所能知道的第一位徽州籍剧作家。其《自传》中有言:"余居歙南万山间……弱冠时好戏文曲破,所编《七国志》

---

① 参见韩结根:《明代徽州文学研究》,复旦大学出版社 2006 年版,第 424 页。

② 参见《晋书·五行中》。

③ 傅岩:《歙纪》卷八《纪条示》。

《红笺记》，梨园子弟广传之，愧非儒者所乐，抑亦当时士大夫之所尚也。"①从"愧非儒者所乐"一语中可以看出，当时士大夫对传奇戏曲还是不屑一顾的，也正因此，徽州府、县志均不传毕尚忠其人其事，其作品也未见存本。晚明时期，徽州人已经形成了喜欢唱戏和看戏的风俗，其在外埠的富商更是常以声伎相随，列歌舞以自娱或侑觞宾客。

现在对于明代特别是明中叶以前的徽州暨歙县的民间戏曲活动已无确切史料可考，但从许多徽商的传记文字中可见，观戏听曲是许多徽商在当时历史条件下的主要文化娱乐。徽州戏曲的血缘是相当复杂的，但明代以来的徽州戏曲的发展演变还是有脉络可循的。徽州戏曲的兴起与发展与南戏四大声腔中的弋阳腔、昆山腔的发展与广泛流传息息相关。王骥德的《曲律》中有："旧凡唱南戏者，皆曰海盐。今海盐不振，而曰昆山。昆山之派，以太仓魏良辅为祖。……数十年来，又有弋阳、义乌、青阳、徽州、乐平诸腔之出。今则石台、太平梨园几遍天下，苏州不能与角什之二三。""石台、太平梨园"即徽腔、青阳腔戏班。从《曲律》中可知徽州腔、青阳腔在短短几十年间迅速兴起且流传至全国各地，连"南曲正声"的苏州昆腔也不能"与角什之二三"②。

一般认为徽州腔、青阳腔主要演变自弋阳腔。弋阳腔最早形成于江西广信府的弋阳。该地曾为江南造纸业中心之一，因江西弋阳与徽州地理位置接近，交通亦颇为便利，很多挟资而来的徽、闽之地的富商大贾遂成为弋阳腔戏班的忠实观众。明嘉靖年间，弋阳腔伴随着徽商的踪迹传入徽州。因其无丝竹乐器伴奏，不受一定宫谱拘限，适应性很强，徽州艺人可以像弋阳艺人一样在演唱时"错（杂）用乡语"，与当地的土语音调结合，"改调歌之"。嘉靖末年，传入新安的弋阳腔遂演变为新的徽州腔，此即徽州戏曲的先声。后来，弋阳腔传入池州、青阳一带，与当地民间流行的余姚腔及民间音调相结合，形成新的青阳腔（即池州腔）。徽州腔和青阳腔都继承了弋阳腔"一唱众和，其节以鼓，其调喧"以及"向无曲谱"的

---

① 《歙县民间艺术》第一章《剧苑春秋》，第 207 页。
② 韩结根：《明代徽州文学研究》，复旦大学出版社 2006 年版，第 515—516 页。

特点,惯用人声帮腔,青阳腔更突破了弋阳腔曲牌连缀体的套式,把人民群众生动活泼的口语词汇,加进唱词和说白中,曲词通俗易懂。后来为了使传奇剧本更加易于接受和充分表达剧中人物的感情、拓展意境,青阳腔艺人创造了一种"滚调",滚调常用在情感最为激烈的场合,有助于淋漓尽致的曲情表演。徽州戏曲的表演艺术在吸收其他剧种的剧目和表演方法等的过程中得到迅速提高,时人称徽州腔、青阳腔为"徽池雅调"。遍布天下的徽州商人大都喜爱观戏听曲,徽州腔、青阳腔也就随着徽商的足迹流传并风靡全国各地。明末,形成了"天下南北时尚徽池雅调"的局面,徽州戏曲自此萌芽。

明万历年间,在南戏四大声腔传入徽州后,由于昆山腔为当时士大夫所推崇,很多贾而好儒的徽州商人遂热衷于"高雅品位"的昆腔。缘于徽商的引进与交流,徽州一带的艺人在学习昆山腔的基础上取消了靠锣鼓和人声帮腔,改用笛子或唢呐伴奏,对唱腔节奏和旋律基调作了些调整与修饰,形成了"其调少平"的四平腔。四平腔在形成之初(明万历二十年前后)仍称徽州腔,后来,四平腔在汲取昆山腔特点的基础上衍化出昆弋腔,徽州艺人名之为"四昆腔""徽昆"。但它与四平腔还是有着明显的不同。譬如,四平腔与昆弋腔虽然都去掉了人声帮腔,但昆弋腔常在一出戏里安排一两个由台上演员齐唱的曲牌,或在一个曲牌中安排台上的演员一唱众和,有较强的类似帮腔的效果。另外,昆弋腔有了严格的工尺、板眼要求,演员不能自由发挥。徽州艺人在艺术上汲取昆山腔之长,并将之与当地流行的徽腔、青阳腔等渗透融合,这种吸收了多声腔优点的昆腔较之于其母系昆腔有着更强的表现力与生命力,连昆腔发源地"吴中"的昆腔也与之相形逊色。冯梦祯在《快雪堂日记》中说:"吴伎以吴徽州班为上……今日易他班更觉损色。"[①]可以说,在明代万历年间,作为徽州戏曲声腔源头之一的徽州腔就已被史家所公认。

---

① 冯梦祯:《快雪堂集》卷五九。

明末清初,山陕梆子(西秦腔)随李自成起义军南下,传入安徽。山陕梆子源于我国西北地区,主要部分是西北高原的牧歌,唱词通俗易懂,以七字、十字对偶句为主,用枣木梆子击节,用琥珀(俗名"火不似",弹拨弦乐)伴奏,音调高亢、激越,既宜于表现慷慨激昂之状,又长于表达凄楚悲切之情。明末,昆弋腔传至桐城、枞阳、石牌、安庆一带时,恰与南下的山陕梆子相遇,枞阳、石牌、安庆一带艺人将两者融合,创造了吹腔、拨子、二黄等声腔,徽州戏曲至此已形成了颇为完整的声腔体系。此后,安庆一带的徽班,又先后搬演了昆剧、民歌小调和西皮,并使之徽化,形成了属于徽剧声腔系统的徽昆、徽剧的花腔小调和徽调西皮。石牌、安庆艺人为徽州戏曲的定型做出了巨大的贡献,徽州戏曲至此方定型为系统完整的大剧种。[①]

(二)明代徽州的戏曲活动

徽州戏曲的演出本就与各种节日、祭祀或迎神赛会等相联系。明嘉靖十五年(1536),礼部尚书夏言奏《令臣民得祭始祖立家庙疏》获准,允许民间建祠祭祖推动了徽州形成统宗睦族的宗法制度。在祭祀活动中,当地派生出结社赛会的风气,民间戏剧被列入社戏,成为普遍的祭祀等社会活动的主要部分。看戏、唱戏、赏戏成了徽州人流行的娱乐方式,成为人们一个重要的生活内容。明代中后期,徽州地区的戏曲演出活动非常活跃,戏曲演出主要有两种形式。

一是徽州商人蓄养的"徽班"的演出。作为戏曲班社,徽班在明代中叶后即已出现。由于商品经济的发展和昆山腔的兴起,当时江南地区的官僚士绅和富商巨贾纷纷蓄养家庭戏班。在此背景下,富足的徽商自然不甘落后,也开始蓄养戏班。万历时,徽商称雄天下。"藏镪有至百万者,其他二三十万,则中贾耳"[②]。"家蓄优伶,演剧自遣"。一些

---

① 参见《歙县民间艺术》第一章《剧苑春秋》,第222—225页。
② 参见《五杂俎》卷四,中华书局1959年版。

富商豢养家班、乐仆，使民间戏曲活动更趋频繁。徽州人乡土观念很浓厚，徽商大部分时间侨寓在外，也常常返回徽州，同时把戏班带到徽州，这样就促进了当地的戏曲演出活动。当时就出现了很著名的"徽班"，如"吴徽州班"。冯梦桢《快雪堂日记》记载，他于万历三十年（1602）二月五日，"赴吴文倩席，邀文仲作主，文江陪，吴徽州班演《义侠记》，且张三者新自粤中回，绝伎也"。这是见于记载的最早的"徽班"。其他比较有名的有吴越石家班、汪季玄家班等。

歙县明代戏剧理论家潘之恒在《鸾啸小品·曲派》中说："十年来，新安好事家多习之，如吾友汪季玄、吴越石，颇知遴选，奏技渐入佳境，非能偕吴音，能致吴音而已矣。"从"新安好事家多习之"可见当时戏曲在徽州的流行程度。潘之恒在《鸾啸小品·情痴》中也记载了其在汪季玄和吴越石家看家班演戏时所见到的景况：

> 选集汪社等八人习学鼓乐，要在汪家永远伺候，不时应对，不得私自往外及他趁。
>
> 汪季玄招曲师，教吴儿数十辈，竭其心力，自为按拍协调，举步发音，一钗横，一带飐，无不曲尽其致。
>
> 余友临川汤若士，尝作《牡丹亭还魂记》，是能生死死生而别通一窦于灵明之境，以游戏于翰墨之场。同社吴越石，家有歌儿，令演是记。能飘飘忽忽，另番一局于缥缈之余，以凄怆于声调之外，一字无遗，无微不极……主人越石，博雅高流，先以名士训其义，继以词士合其词，复以通士标其式。珠喉宛转如串，美度绰约如仙。江孺情隐于幻，登场字字寻幻，而终离幻。昌孺情荡于扬，临局步步思扬，而未能扬。
>
> ……他日演《邯郸》《红梨花》《异梦》三传，当更令我霍然一粲耳。[1]

---

[1] 《歙县民间艺术》第一章《剧苑春秋》。

可见,徽班的优势在于可以让"名士"解释剧本内容,让"词士"定腔定谱、配曲点拍以合其词,让"通士"对曲调唱腔和身段、台步、手势、面部表情等形体方面的表演作设计,为演员做示范,引导演员进行舞台艺术创造。因此徽班的徽戏演出质量较高,徽班演出对徽戏的发展不可或缺。

二是活跃的民间戏曲演出活动。吴子玉《休宁茗洲吴氏家纪》(万历十九年手抄本)卷七条:"吾族喜搬演戏文,不免时届举赢,诚为靡费。"崇祯时歙县县令傅岩《歙纪》卷八《纪条示》:"徽俗最喜搭台观戏。"看戏成为歙县民间精神文化生活的乐事、要事。徽人看戏的机会多,有各村族组织的春秋二祭的社戏、行保安会、双忠会、接观音等多项名目的会社酬神戏、麻痘戏。如:

> 万历二十七年,休宁迎春,共台戏一百零九座。台戏用童子扮故事,饰以金珠缯彩,竞斗靡丽美观也……有劝以移此巨费,以赈贫乏,则群笑为迂矣。[①]
>
> 岩寺迎神正月九,路口禳灾三月三,七月荷花灯苦热,琵琶十月演溪南。(原注:七月二十五夜岩寺点荷花灯,十月溪南花台演《琵琶记》全本二)[②]

绩溪龙川尚书府院内古戏台

七月、十月,皆有祭祖、送寒衣之俗,除各家各户祭祀外,宗族还行秋社大祭,演戏祭祖酬神。纯粹的酬神戏虽然不一定每个村年年都演,但每逢大年(闰年)是村村必演的。

这一类的演出往往和祭祀、迎神赛会等活动联系在一起。据崇祯

---

① 赵吉士:《寄园寄所寄》卷一一。
② 《歙事闲谭》卷七《新安竹枝词》。

歙县县令傅岩《歙纪》卷五《纪政绩·事迹》记载:"地方恶少,每逢节令神诞,置立龙灯、龙舟等会,科敛民财,迎神赛会,搬演夜戏,男女混杂。赌盗奸斗,多由此起。"据潘之恒《鸾啸小品》卷九《舞媚娘传》所载:"万历庚子立春,郡邑长令皆浙人,先期申戒,以迎春于东郊。百工咸悦,不令而穷极奇巧。为平台三十六座,马戏四十八骑,皆选倡优韶秀者充之。"在这次规模空前的迎春赛会上,苏州、浙江的著名戏曲演员都前来参加了演出。种种文字记载说明,观戏是徽州人最喜爱的活动,徽州的戏曲演出无处不在,十分频繁。

明清两代,徽州的民间演出非常活跃,从主要局限于府治、县城的演出活动,延伸至农村的演出也十分活跃。绩溪县"上元日各处土坛神庙张灯演剧,或扮童戏,持丈马,舞青衣,游烛龙,遍巡衢巷,名之曰闹元宵";"(二月)十五日,登原十二社挨年轮祀越国公,张灯演剧,陈设毕备,罗四方珍馐,聚集祭筵,谓之赛花朝"。休宁县的孚潭"二月选期演戏。古例昆腔三台,弋阳腔四台。今则随首家之丰俭以为增减,亦有迟至三月而后演者,但毋过清明,过者则有罚"。歙县的丰南三月九日有"太阳会",直到端阳节晚上才结束;五月十三日关帝圣诞也"致祭演戏";六月初旬则在"仲升公祠前演戏酬神",且此俗"传之已久"。借娱神以娱人,这是中国戏曲走近公众的驱动力。可以说,祭祀或迎神赛会等活动是戏曲演出走向公众的最好契机,徽州的各类公众性活动堪称抚育徽州戏曲艺术生长的温床。[①]

大量频繁的戏曲演出活动对徽州戏曲的繁荣与发展起到了极大的推动作用。首先,它强有力地扩大了徽州戏曲的影响。看的人多了,参与的人多了,这就为徽州戏曲的繁荣发展创造了良好的社会环境。其次,经常性的演出活动有助于演员去总结提高演技。而较高的演技又提高了徽州民众的鉴赏水平。这是一个良性的互动。

对于明代中后期的徽州戏曲活动还有一点值得一提,那就是明清

---

① 参见朱万曙:《徽州戏曲》,安徽人民出版社 2005 年版。

时期徽州发达的刻书业对徽州戏曲的影响。朱万曙先生认为,在中国书籍史和中国戏曲史上,徽州人的戏剧传统和戏曲剧本的刊刻都是令人关注的现象。①

明代嘉靖以前,徽州刻书尚未为时人瞩目。嘉靖年间,徽州的刻书出版开始兴盛,据周弘祖《古今书刻》所录,包括经史子集在内,新安刻本已达31种。隆庆、万历以后,徽州的刻书业更是飞速发展,并且以其刻书之精良闻名遐迩。直至清代道光、咸丰前,徽州一直维系着全国四大刻书业之一的地位达三百年之久。"宋时刻本,以杭州为上,蜀本次之,福建最下。今杭不足矣,金陵、新安、吴兴三地剞劂之精者,不下宋版,楚蜀之刻皆寻常耳。"②对于徽州人的戏曲刊刻,前贤在有关古代刻书和版画的文章或论著中多有提及。

明清时,徽州戏曲演出与创作非常活跃,徽州戏曲广受百姓喜爱,徽州民间还有着抄录剧本的风俗,民间流行的戏曲抄本很多。徽州人抄录剧本是为了阅读熟悉与回味,民间至今还保存着数量颇丰的戏剧抄本。缘于此因,刊刻戏曲剧本自当有利可图,徽州坊刻的戏曲作品也因此非常丰富。徽州发达的刻书业对徽州戏曲繁荣兴盛的影响主要体现在两方面:一是促进了戏曲剧本的创作与传播,镂刻精良的戏曲剧本对作家作品的传播起到了积极的作用。二是有助于培育繁荣徽州戏曲的良好社会环境。戏曲剧本的普遍刊刻使得民众能更方便地接触徽戏的剧本,这对于扩大徽戏的影响无疑有着重要意义。

(三) 繁荣兴盛的徽州戏曲创作

戏曲的繁盛既需要表演艺术的发展提高,同时也离不开戏曲剧本创作的繁荣,剧本创作繁多是戏曲繁荣的重要标志之一。明代中后

---

① 参见朱万曙:《徽州:书业与地域文化·明清时期徽州的戏剧传统与徽州人的戏曲刊刻》,《法国汉学》第十三辑,中华书局 2010 年版。
② 谢肇淛:《五杂俎》卷一三《事部》。

期,徽州戏曲在创作上有了较大发展。在徽州地方浓郁的戏曲文化氛围下,人们积极参与戏曲演出活动,编创戏曲剧本,评论戏剧艺术。基于徽人对戏曲的兴趣和爱好,晚明时期,徽州涌现了一批徽州籍的戏曲作家,创作了大批戏曲作品。其中可索检到的明代徽州剧作家有十多位,以汪道昆、汪廷讷、郑之珍为主要成员,下面择其要者予以简介。①

汪道昆(1525—1593),字玉卿,又字伯玉,号南溟、南明,又号太函,歙县岩寺人。嘉靖二十六年(1547)进士,同年十二月任金华府义乌县知县。历任户部江西司主事、兵部职方司主事、武库司员外郎、湖广襄阳知府、福建按察副使。因协助戚继光抗倭有功,擢升按察御史,升佥都御史,位至兵部侍郎。万历三年(1575),获准还乡。

汪道昆自幼喜好文学,擅长古文辞,工诗词,诗文理论宗前、后七子,世称"后五子"之一。与当时的文坛联系密切,与王世贞等文坛领袖为友,时称"南北两司马"。其作品今存《大雅堂乐府》杂剧4种,诗文集有《太函集》《南溟副墨》《太函遗书》《春秋左传节文》等。其诗文失之粗浅,成就不大,但所写杂剧不负众望。

《大雅堂乐府》实为其个人创作的戏剧集,包括了4部杂剧,都是一折短剧,分别为《高唐梦》(又名《楚襄王阳台入梦》)、《五湖游》(又名《陶朱公五湖泛舟》)、《远山戏》(又名《张京兆戏作远山》)、《洛水悲》(又名《陈思王悲生洛水》)。汪道昆为显示其高雅的趣味,名之为《大雅堂乐府》。用"乐府"称呼其创作的杂剧,是为了使它们显得高雅。明代中后期,虽也有人称杂剧或传奇为"乐府",但更多的是称它们为"曲""戏曲""杂剧"或"传奇"。有趣的是,同为徽州文人,其同乡汪廷讷亦称"传奇"为"乐府"。

《大雅堂乐府》的4部杂剧均取材于历史人物的风雅之事。《高唐梦》写楚襄王梦见在高唐遇到神女的故事。故事见于宋玉的《高唐赋》

---

① 参见朱万曙:《徽州戏曲》第二章《徽州的戏曲家及其创作》,安徽人民出版社2005年版。

和《神女赋》,《高唐赋》序言交代宋玉陪楚襄王游云梦,介绍先王高唐遇见神女之事,襄王于是命宋玉作赋,是即《高唐赋》。汪道昆变其为宋玉向襄王介绍先王遇神女之事后,襄王亦于梦中与神女相遇,醒后乃命宋玉作赋。《五湖游》写因越王勾践平吴之后猜忌功臣,越国大夫范蠡见机功成身退,偕西施归隐泛舟太湖的故事。《远山戏》写汉宣帝时京兆尹张敞沉溺伉俪之乐,替妻子画眉的故事。《洛水悲》描写了甄后之魂化为洛水之神,与曹植了却相思债的奇遇。作者将洛神明确为甄后,写他们相遇后,曹植才作《洛神赋》,着重抒情,曲白雅洁,然稍逊雄浑。汪道昆的杂剧,代表的是士大夫在官场生活之余,假戏曲创作以遣兴娱情的一种倾向,题材范围狭窄,多写文人风流雅事,缺乏积极的意义。艺术方面,虽文词清丽委婉,但戏剧性不强。

另外,明末陈弘绪在《方外司马杂剧序》中谈到过一部《蔡疙瘩杂剧》。书中有:"方外司马何人乎?《蔡疙瘩杂剧》何为而作乎?其忧愁抑郁、悲愤感慨,诚不可知,然其技则几与屈原之《离》、子美之诗争胜矣。"汪道昆的《太函集》卷七九《三楚升中颂》篇末云"帝命方外司马汪道昆勒之石",同书卷八五仿枚乘《七发》而作的《七进》中亦有"于是方外司马历阶而进曰"之语。可见,"方外司马"或是汪道昆本人的别号。

署名汪道昆所作的《蔡疙瘩杂剧》今已不见,但万历年间胡文焕所编选的《群音类选·北腔类》卷四有一部名为《黄花峪跌打蔡疙瘩》的杂剧,其情节与曲词和元无名氏的杂剧《鲁智深智赏黄花峪》大体相同,说的是梁山好汉鲁智深与泼皮蔡疙瘩的故事。可见,《黄花峪跌打蔡疙瘩》或为汪道昆所作,至少,汪道昆作过与此题材相近的《蔡疙瘩杂剧》。

在汪道昆的戏曲创作之前,徽州当然已有了戏曲的演出和传播。汪道昆与龙膺、梅鼎祚、潘之恒、汪宗姬、屠隆等都有密切往来,这些人或是戏曲家,或是戏曲评论家,或属徽州人,或曾经在徽州驻留过。在明代后期,汪道昆是歙县仕人中一位高权重者,其对戏曲的喜好和创作,必然地影响到家乡的文人,而徽州文人圈本来就对地方有一定的影响力。明代中叶以后,徽州的戏曲创作和演出在汪道昆的影响和推动下,越来越走向了活跃。

汪廷讷,休宁(一作新安海阳)人,字昌朝,号无为,别署坐隐、无无居士、全一真人。生卒年及生平均不详,约明神宗万历中前后在世。他是明代戏曲家沈璟的弟子,沈璟是明代戏曲文学流派吴江派的首领。

汪廷讷传诸后世的作品有《坐隐先生集》12 卷及附录 2 卷、《坐隐先生订谱全集》金石土革丝木匏竹 8 部及他编刻的《环翠堂华衮集》、《陈大声全集》、《四词宗(金銮、冯惟敏、王磐、梁辰鱼)合刻》。据汪氏自己提供的资料,他与当时北、南两京的内阁大臣、尚书、侍郎、督抚以至翰林学士如朱位、张赓、于慎行、朱之蕃、耿定力、顾起元、杨起元、冯梦祯、沈懋孝、焦竑等都有过交往,和名士如李贽、汤显祖、张凤翼、屠隆、袁黄、于玉立、曹学佺等亦有往来或题诗赠言。汪廷讷居南京,尝集诸名士,宴饮于著隐园中,与汤显祖等相结交。由贡生官盐运使,后谪宁波府同知。然《休宁县志》对其只有不满一行字的传记。自我评价之高和县志对他的不重视形成强烈的反差。廷讷善曲,著有杂剧《广陵月》及传奇《环翠堂乐府》18 种。今《环翠堂乐府》之名目可考者仅 15 种:《同升》《长生》《狮吼》《天书》《三祝》《种玉》《义烈》《彩舟》《投桃》《二阁》《七国》《威凤》《飞鱼》《青梅》《高士》诸记,皆有刻本行世(周晖在《续金陵琐事》下卷中认为《狮吼》《长生》《青梅》《威凤》《同升》《飞鱼》《彩舟》《种玉》8 种为陈莒卿所闻所作,然而汪廷讷皆刻为己作,此说有待证实)。据吕天成《曲品》著录,汪廷讷另作有杂剧 9 种,分别是《太平乐事》、《刘婆惜画舫寻梅》(又名《青梅佳句》)、《钟离令捐奁嫁婢》、《韦将军闻歌纳妓》(又名《广陵月》)、《东郭氏中山救狼》、《黄善聪诡男为客》、《薛季昌石室悟棋》、《绍兴府同僚认父》、《叶孝女报仇归释》。《太平乐事》今已亡佚。《四库总目》有《环翠堂坐隐集选》4 卷,为诗、词各 1 卷,南北曲 1 卷,附录 1 卷,中多有与陈继儒、方于鲁、李贽辈唱酬之作。

《环翠堂乐府》与晚明文学思潮密切联系。汪廷讷的戏曲创作数量可观、题材广泛。由于他丰富的生活经历，广泛的交游，对于晚明的感受也就很充分，因而其戏曲作品与晚明社会思潮和晚明文学精神有着多层面的联系。《环翠堂乐府》共有 14 种，部分作品也随着时间的推移烟消云散，而《义烈记》等 6 部作品得以流传至今。将它们置于晚明文学的环境之中，就可以看出，它们在内在精神和意蕴上与晚明文学思潮有着密切的内在联系，在相当程度上，它们凸显和传递了晚明文学精神。

郑之珍（1518—1595），字汝席，号高石，祁门人。据祁门渚口清溪村所藏的《清溪郑氏族谱》记载，其人博览群书，善诗文，尤工词调；编有《目连劝善记》，又为太平焦村编有《五福记》行于世。

万历壬午年（十年，1582），郑之珍据旧有变文、戏剧，撷取家乡清溪的故事传闻、山川风物素材，编成在全国颇有影响的《目连救母劝善戏文》。该戏文不仅风靡徽州，还很快远播他省，为徽州乃至全国剧苑又添一朵奇葩。随着目连戏的传播，作为剧作家的郑之珍也广为人知。

毕尚忠（1416—1497），歙县人。《新安毕氏会通世谱》有其《自传》，据其《自传》作有戏文《七国志》《红笺记》。

汪宗姬，字肇邰，歙县人，汪道昆族侄。与汪道昆、梅鼎祚、龙膺交往密切，与顾起元交契尤深，顾起元为之写了《汪肇邰六十》诗："名世文章出世心，高斋长日坐花荫。胸中玄解唯丘索，眼底青云自古今。谁更论才称八斗，真堪挟字值千金。桃花潭水春醲绿，岁岁南山好共饮。"吕天成《曲品》著录其作有传奇《丹管记》《续缘记》，均佚。

吴大震，歙县人，字东宇，号长孺，又号市隐生。辑有《广艳异编》。吕天成《曲品》著录他作有传奇《练囊记》《龙剑记》。二书均佚。

《曲海总目提要》卷一〇有《龙剑记》介绍："所记魏学曾、叶梦熊赐剑平贼事，据《两朝平襄录》、瞿待诏《武功录》、茅伯符《三大征记》，皆当时实事。且平拜在万历二十年，而记成于三十三年，相去未久，闻见俱确，非凭空结撰者。惟魏学曾尝被逮，不载，盖讳之。拜虽结黄台吉,妻纵其子扰边,而三娘子是时已久与顺义王扯力克合婚,封忠顺夫人,实未尝引兵助拜,此系点缀,余并不误。"

吴德修,歙县人。《远山堂曲品》著录他作有传奇《偷桃记》。该剧今存明万历间广庆堂刊本,《古本戏曲丛刊二集》据以影印。

程丽先,歙县人。《传奇汇考标目》著录他作有传奇《笑笑缘》《双麟瑞》,均佚。

汪艿,歙县人。《传奇汇考标目》著录他作有传奇《金杯记》《纳翠记》,均佚。

程士廉,休宁人。《远山堂剧品》著录他作杂剧4种:《幸上苑帝妃春游》《泛西湖秦苏赏夏》《醉学士韩陶月宴》《忆故人戴王访雪》;今存《古名家杂剧》本。

吴兆,字非熊,休宁鉴潭人。与新城郑应尼作《白练裙》杂剧。《列朝诗集小传》载其传记,道光《休宁县志》亦有传。

(四) 明代徽州的戏曲理论

戏剧的繁荣创作离不开戏剧批评,徽戏的繁荣发展不仅要有活跃的戏曲演出活动、众多的戏曲作家的创作,它也需要戏曲理论家对戏曲活动予以总结提高。除汪道昆等戏曲作家有表达理论见解的文字之外,明代中后期还有很多其他的戏曲理论家,他们或探讨戏曲历史的发展规律,或对戏曲艺术进行理论观照,或评论当时的戏曲创作和舞台艺术,为戏曲理论批评史增添了丰富的内容。这些戏曲理论家除了潘之恒、程巨源、程羽文以外,还有吴锦、叶权、汪道会、程嘉燧、黄嘉惠等人。下面择其要者予以简单介绍。[①]

潘之恒(1556—1622),字景升,号鸾啸生、鸾生、亘生、庚生、天都逸史冰华生、冰华生、天都外史、山史,因其须髯如戟,友人又称他髯

---

① 参见朱万曙:《徽州戏曲》,安徽人民出版社2005年版。

翁,歙县岩镇人。

　　中国的戏曲理论对作家和作品的评论历来比较重视,如《录鬼簿》《续录鬼簿》《曲品》《远山堂剧品》等,而对演员表演艺术的评论则非常缺乏。潘之恒的戏曲表演论是以其所处时代的一批优秀演员的表演为对象,对其表演经验作了具体的总结,理论有一定的深度。有人认为:"潘之恒对搬演问题接触的广度,理论探讨的深度,在古典剧论家中可推第一。"潘之恒的曲论,具有如下特点:(1)其戏曲评论都是针对昆曲而发的;(2)表演艺术论主要针对旦角而言,其实对所有角色演员的表演都具有普遍意义;(3)潘所接触的艺人文化素质都相对较高,艺人的表演水平在当时也很高,所以潘之恒所作的评论起点既高且具有相当的深度。

　　潘之恒的戏曲表演艺术论内容丰富,主要包括戏曲表演论、戏曲导演论、戏曲鉴赏论三个方面。三者不仅各自成论,而且存在内在的紧密联系。

　　在戏曲表演方面,潘之恒针对演员的素质与修养、表演的技巧以及表演时演员的情感体验等问题都提出了许多深刻的见解。如认为演员素质要有才、慧、致,并认为此三者密相关涉。"人之以技自负者,其才、慧、致三者,每不能兼。有才而无慧,其才不灵;有慧而无致,其慧不颖;颖之能立见,自古罕矣"①。在戏曲表演论中,潘之恒认为演员要有感情,因"能情者,而后能写其情"。优秀的戏曲作品主要是以情动人,演员不仅要自己体会到作品中所蕴藏的情感,而且通过身体的语言将这种情感表现出来。"痴情—解情—写情"是潘之恒对戏曲表演的一种概括,痴情是基础,解情是关键,写情是目的。即使是一个平庸的演员,他也有解情、写情的过程,而出色的演员解情解得透彻,写情写得充分,而要做到这样,必须以痴情为前提,潘之恒拈出"痴情"二字构筑了他的戏曲表演论。潘之恒还认为,表演艺术之关键在于能传

---

　　① 《鸾啸小品》卷二《仙度》。

神。只有"得其神",方能"生于千古之下而游于千古之上,显陈迹于乍见,幻灭影于重光"。否则就会"色动者形离,目挑者情沮"①。潘之恒还从"度""思""步""呼""叹"五个方面阐述了表演艺术应注意的许多问题。② 基于这一理论,潘之恒对当时不同风格的昆曲优秀演员给予了合理中肯的评价。

在戏曲导演论方面,"先以名士训其义,继以词士合其调,复以通士标其式"。"潘之恒演习三部曲"是针对导演经验展开的议论,见解精辟深刻。

在戏曲鉴赏论方面,潘之恒以戏曲鉴赏家而闻名,很多作家和演员皆视其为"赏音",誉其为"独鉴"。首先,他分戏曲鉴赏为赏音和赏曲两个层面。其次,潘之恒强调赏曲时应以神观曲。潘之恒说明鉴赏经历的三个阶段:开始是以技观剧,观察演员在舞台上的身段、步伐的表演,这时候他追求的是视觉上的审美效果,我们可以称之为"看戏";其后是以声观剧,他能听出演员演唱是否合拍,这时候他追求听觉上的审美效果,我们可称之为"听戏";最后是以神观剧,这时候他追求的不是在演员的声音笑貌之间,而是让自己的精神深入到演员所创造的艺术境界之中,以求得和表演者艺术精神的契合,我们可以称之为"赏戏"。

程巨源,名洎,别号勋贤里人,休宁临溪人。他于万历八年(1580)为徐士范刊本《西厢记》撰写了一篇序言,这是文学批评史上第一篇全面辩护与肯定《西厢记》作品的文字。《西厢记》在晚明时期备受争议,主流社会"嫌其导淫纵欲",这在弘治本《西厢记》中就有表现,其卷首有《满庭芳》曲一支,指斥作者"不明理性,专弄风骚","既没有朱文公肚肠,又没有程夫子行藏","上不了庙和堂"。显然,在理学文化的价值标准下,《西厢记》只能被目为一部"导淫纵欲"的作品,因而就该禁止,更不可广为传播。程巨源深入作品内部世界,提炼出题材与风格及艺术表现等创作规律,充分反驳了何良俊等人对《西厢记》的菲薄。

---

① 《鸾啸小品》卷二《神合》。
② 《鸾啸小品》卷二《与杨超超评剧五则》;《鸾啸小品》卷三《情痴》。

其一,他指出,"夫三百篇之中,不废郑卫,桑间濮上,往往而是",用儒家经典中的爱情文学诗篇为《西厢记》辩护。其二,程巨源又从古代文人生活情趣的角度,对《西厢记》予以辩护:"阿谷援琴,东山携座,流映史册,以为美谈。"

程羽文,他为刊行于崇祯年间《盛明杂剧》写的序言署名为"练江社弟",故知其为徽州人。《盛明杂剧序》是一篇颇有见地的曲论,阐述了个人的核心观点。其核心的观点有二:第一,戏曲可以再现社会和人生。即所谓"凡天地间知愚贤否、贵贱寿夭、男女华夷,有一事可传,有一节可录,新陈言于牍中,活死迹于场上,谁真谁假,是夜是年,总不出六人搬弄。状忠孝而神钦,状奸俊而色骇,状困窘而心如灰,状荣显而肠似火,状蝉蜕羽化飘飘有凌云之思,状玉窃香偷逐逐若随波之荡",即是说舞台上可以再现社会与人生的诸般情况。第二,戏曲可以表现和抒发作家的主观情感和思想。他在指出戏曲有"可兴可观,可惩可劝"的社会功能之外,更强调戏曲有让"才人韵士,其牢骚抑郁、啸号激愤之情,与夫慷慨流连、谈谐笑谑之态,拂拂于指尖,而津津于笔底,不能直写而曲摹之,不能庄语而戏喻之者也"的功能。

程羽文从明代戏曲特别是杂剧创作的实践中总结出来的这两个戏曲观既具有理论总结意义,也具有明显的时代色彩。他所强调的戏曲的"再现"和"表现"两个功能,是对戏曲文学功能的全面概括,具有丰富的理论价值。

吴锦、叶权,均为休宁人。二人各留下一首吟咏嘉靖年间琵琶名家查十八的诗。吴锦的《赠查史》说查十八"归来两鬓纷如雪,曲曲新声总断肠"。叶权的《听查十八琵琶》道:"新声不及《郁轮袍》,空拨皮弦挂锦绦。独向月明弹一曲,白头双泪落秋涛。"吟咏查十八琵琶弹奏艺术水平的高超,我们也可从中看出当时包括戏曲在内的各类艺术颇受欢迎。

汪道会,汪道昆的从弟,也有咏剧诗留存。其有《烟条馆闻歌》5首,其一写道:"秦淮曲里闻应少,吴苑台边听却稀。魏甫死来黄二老,清音一派在兰闺。"这首诗在赞美烟条馆的家伎演唱水平非常高的同时,也对昆山腔给予了推崇,反映了昆山腔在当时已经颇受欢迎。汪道昆也写过《席上观〈吴越春秋〉有作凡四首》,结合自己的感受评论了梁辰鱼创作的《浣纱记》。汪氏兄弟的诗作既记录了当时的曲坛状况,也评论了作品和表演艺术。

程嘉燧,字孟阳,号松圆、偈庵,休宁人,寓居上海。作有不少咏剧诗,如《听曲赠赵五老》5 首,评论了晚明著名的昆曲演唱家赵瞻云的演唱艺术。又如《曲中听黄问琴歌分韵八首》则评论了晚明著名的昆曲演员黄问琴演唱、表演的艺术境界及其教习歌伎演唱的活动。

黄嘉惠,字长吉,别号如道人,崇祯年间休宁人。[①]评点过叶宪祖的《北邙说法》和无名氏的《真傀儡》两部杂剧。如在《真傀儡》剧剧首的批语:"阅此觉不独争名于朝者可发一噱,即退休林下、讲学谈禅都无是处。"剧中的杜衍在朝廷使者来时临时穿上傀儡的衣服,黄嘉惠于此处批道:"此番演傀儡,是真是幻,愈幻愈真,妙不容言。"这些批语都在一定程度上表现了黄嘉惠对戏曲艺术的独到认识。

六　名家辈出的新安画坛

（一）新安画派的孕育

自南朝梁、陈以来,"新安大好山水"一直为世人所追慕。黄山峰峦,齐云岩壑,雄奇秀丽,并峙于歙、休二县之间。古徽州的六县境内处处层峦叠嶂,碧涧清溪。衍为平流之处,则众水周流,而江河所经之

---

① 《中国古籍版刻辞典》第 538 页明说黄嘉惠是"海阳人"。《盛明杂剧》中其署名为"西湖长吉黄嘉惠",《真傀儡》杂剧署名为"如道人黄嘉惠评"。

处,则两岸青翠,水净山明,村庄散落,古桥疏树掩映,一派诗情画意的景象。这就是孕育新安画派的自然环境。

论及新安画派,一般认为其"源"当溯及唐代。据黄宾虹等专家考证:唐代画家薛稷(约651—713)、张志和(约730—810)皆与新安结有"画"缘。薛稷曾任休宁县令,他是初唐著名书家,亦是画坛颇有影响的花鸟画家,其画学自阎立本,画史上将他与曹不兴、张僧繇相媲美。张彦远《历代名画记》中说他"尤善花鸟、人物、杂画",画鹤时称一绝。张志和,中唐时著名诗人,原为婺州金华人,后寓居祁门,终其一生,史书上说他于诗词书画乐无所不精。其画作今已散佚难觅,董其昌在《画史》中说:"昔人以逸品置神品之上,历代惟张志和可无愧色。"评价可谓极高。除此之外,晚唐五代时的贯休亦对新安画派有很大影响。贯休(832—912),俗名姜德隐,以花鸟画、梵僧像而闻名,其画用笔遒劲,线条细密。据说曾为歙县之南的兴国寺画过十六罗汉。黄宾虹认为以佛像画而闻名的明代徽州人丁云鹏、吴廷羽的佛像画,其画风即渊源于此。①

明代中期以前,绘画在徽州虽被视为一种高雅艺术,但还只是局限于少数文人圈子,未能成为普遍风气,多数文人都还在准备科考,埋头于"唯有读书高"这一条"路"上。因此,精研此道者寥寥。据史料载,明代以前的画家,宋代可数者仅朱熹(徽州婺源人)、陈尧臣(徽州婺源人)和潘谷(徽州歙县人)三人,元代可考者略多,也不过戴仲德(绩溪人)、程政(绩溪人)、朱璟(歙县人,一作绩溪人)、汪罕(休宁人)、唐棣(吴兴人)、邵谊(休宁东门人)、邵孜(邵谊之兄)、石隐(黟县僧人)、王胜甫(婺源人)、杨鉴泉(绩溪人)、杨公远(歙县人)、程均敬(休宁人)、金汝霖(歙县人)、郑以进(歙县人)等十数人。明初则朱同(元末休宁人)一人而已。这其中,据称戴仲德乃徽州本土画家中全凭自己画艺而闻名的第一人。

---

① 参见黄宾虹:《黄宾虹文集·书画篇》(上),上海书画出版社1999年版,第224—225页。

新安绘画实际上是伴随着徽州社会经济的发展而发展,至明代中后期才蔚然兴盛,灿然可观。

明代中叶,资本主义生产方式在我国萌芽,城市商品经济日渐繁荣,"大璞未雕"的徽州山区,手工业生产也随之蓬勃发展,土特产品纷纷外销,除了传统的竹、木、茶、瓷土、漆器及文房四宝在大江南北广事行销外,其他行业也得到迅速发展。徽商们不仅从事贩运,有的还兼营生产。嘉靖以后,徽商逐渐兴起,万历时开始走向鼎盛。在徽州浓厚的文化氛围的熏陶下,崛起的徽商们"贾而好儒",以风雅自诩,并趋雅若鹜,他们大量购藏钟鼎珍玩、字画古物,炫耀于乡里。黄宾虹曾说:"书籍碑版,金石书画之庋藏,至明弘治、嘉靖年搜罗宏富,家弦户诵,虽吴越之盛,无以逾之。""董玄宰开华亭一派,独宗董北苑,黄山画家俱不为笼罩。盖当时宣、歙旧族,以藏宋元明书画,既精且富,晨夕观摩,感志法古、非因时习转移。"①很多徽商除自己把玩赏鉴其收藏外,也将之提供给他人鉴赏临摹。歙县民间画风普遍的兴起与徽商收藏古字画、古玩的风气息息相关。正是这种种因素,才促进了明代中后期新安画坛的繁荣。

(二) 新安画坛名家

明代中后期的新安画坛,可谓名家辈出,高手林立。其中尤以休宁、歙县者居多。下面择其要者略作介绍。

朱邦,字正之,号九龙山樵、丰溪渔叟、隐叟,又称酣駒道人,休宁(一作歙县)人,明嘉靖年间的徽州重要画家。据《明画录》《画史会要》载,朱邦画山水、人物,生气流逸,虽用笔草草,却泼墨淋漓。传世画作有《雪景山水堂幅》《柳仙图》《教子图》《秋声山青图》等。

汪肇,字德初,号海云,休宁东门人,明成化至嘉靖年间的徽州知

---

① 张国标:《新安画派史论》,安徽美术出版社 1990 年版,第 2 页。

汪肇《观瀑对话图》

名画家。早年从詹景宣(詹景凤之从兄)学习绘画。其人性格豪放不羁,尝自负云:"作画不用朽,饮酒不用口。"据清康熙年间《徽州府志》载,有一次,汪肇因误判被逮捕入狱,狱中东方司理喜好书画,久闻汪肇善画,便取出上等素绢,欲面试汪肇之画。汪肇磨好墨后,竟端起砚台将墨泼洒于素绢上。围观者骇然怵目,不知所为。只见汪肇不慌不忙用饱蘸水的笔晕开墨团,随即勾、勒、点、染,绘成一幅《薄晓图》,并于画上题诗曰:"五更风雨时,四野云烟障。行人迷所之,幸得东方亮。"东方司理见之大喜,连声赞道:"人有如此才,而使之久困囹圄,非有司之过乎?"于是将其释放。

汪肇自谓其画笔意飘逸,如若海云,故自号海云。从其画风来看,受南宋院体画的影响较大。汪肇离开故乡休宁以后,流寓江浙一带,且寄寓浙江杭州时间稍长,他的画出入于戴进、吴伟之间。因为他的绘画生涯主要在杭州度过,画史常将汪肇列入"浙派"或"江夏派",与吴伟、张路并称"江夏派"的三个代表人物。

汪肇的绘画功力深厚,笔墨灵活多变,风格挺健豪爽。张国标先生在《新安画派史论》中认为,汪肇在继承古人中自寻新路,形成自己纵横奔放的特性,其绘画奔放中不失传统法度,严谨中又富有潇洒俊逸。汪氏作画用笔分粗细两种,粗笔泼墨有天然之奇趣,细笔工整亦简约,细密而不纤弱,刻画传神,形体比例准确,云雾以忽浓忽淡的水墨层层渍染,层次分明,构成一幅奇景,行笔迅疾而富有节奏感。[①]

20世纪二三十年代,黄宾虹先生在上海多次见到汪肇的绢本花卉。他在1926年著的《黄山画苑论略》"汪肇"条目中说:"近年屡见其

---

① 参见张国标:《新安画派史论》,安徽美术出版社1990年版,第59页。

绢本花卉大轴,笔意恣肆,如林良、徐渭,多有设色者。写石用北宗法,而墨色稍淡,全无吴门一派习气。"①汪肇善画山水、人物,尤其擅长画翎毛、花卉。《明画录》评汪肇的画"用笔颓放,与蒋嵩相伯仲"。汪肇的《观瀑对话图》用笔爽利,境界轩豁,画面起伏跌宕,与吴伟的《树下高士图》等作品在风格上极其相近。由于江夏派实际上是浙派的一支,所以汪肇、戴进、吴伟、张路又被视为明代浙派四大家。由于汪肇喜画徽州家乡的山水,又曾学过元代倪、黄等四大山水画家,因此也被视为明代中后期新安画坛的重要人物之一。其传世作品有《起蛟图》《柳禽白鹇图》《松瀑闲话图》《拐仙图》等。其《月下抚弦图》《芦雁图》已流入日本。其中以《松瀑闲话图》最能代表其艺术特色。

詹景凤《山水》

詹景凤(1532—1602),字东图,号白岳山人、大龙客,遏梦庵,明代休宁流塘人。曾官至广西平乐府通判,其从兄詹景宣善画人物、山水、花鸟,是景凤的启蒙老师。詹景凤雅好诙谐,善辞令,在诗文、书画、鉴古等方面均有着极深的造诣。其一生著述颇丰,著有《西游稿》《詹氏性理小辨》《画苑补益》《书苑补益》《东图玄览编》《六纬撷华》诸书。詹景凤是明代中叶著名书画家,也是通性理的思想家,他在书画实践和书画理论上都有着出色的贡献,尤其是其《东图玄览编》和《詹氏书画旨》对于人们理解新安书画,特别是新安画派诸大家的成长及其作品有一定的指导意义。

詹景凤的书法妙集众长,既师承"二王(王羲之、王献之)",又不拘

---

① 黄宾虹:《黄宾虹文集·书画篇》(上),上海书画出版社1999年版,第138页。

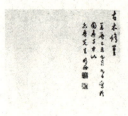

泥于"二王"。其绘画吸收了书法的营养,以书法写墨竹,一竿直上,瘦劲绝伦,颇有文同意境。他的山水画学黄大痴、倪云林,追求简洁、萧疏、伟峻、沉厚之画风。他少年时家境殷实,颇富收藏,藏有黄、倪的真迹,自小耳濡目染,早年走了很长一段临摹古画的道路。中年以后强调师法自然,以故乡山水为蓝本,遍访名山大川,丰富的阅历促成其画风的成熟。他的传世作品较早的有《山亭望雨图》《仿米氏山水图》《舟出巫峡图》等。他的仿倪之作《山水图》,有清疏萧散之气韵。此图现藏日本京都市泉屋博古馆。安徽博物院藏有其山水扇面《山溪图》,还有行草书扇面等。詹景凤还精于鉴赏古书画,鉴定二王墨迹更是独具慧眼。

杨明时《古木修篁图》

杨明时(1556—1600),字不弃,别号未孺子,歙县城东门上路(街)人。本姓杨,因自谓汉代扬子云之后,所以书款作"扬"。他工诗词,善书画,山水、人物靡不擅长。能见到的杨明时的传世作品很少,据著录可推测其创作期约在明万历乙酉(十三年,1585)至辛丑(二十九年,1601)之间。

明万历前,杨氏家族在歙县是豪门望族,好事收藏,后来家道日趋衰落,书画藏品也散佚颇多,但杨明时仍得以看到大量名家书画真迹,培养出非凡的识古鉴古能力并且声名远扬。据说明代万历年间,大收藏家吴周卿、吴用卿兄弟曾将杨明时邀入京城,为其鉴定所藏古物、字画。吴家有余清斋,藏晋唐宋元名迹甚富,皆由杨明时鉴定,并由杨明时双钩摹《余清斋帖》上石,一时名噪京都。行家都认为《余清斋帖》在《快雪》《郁冈》之上。董其昌的《容台集》《画禅室随笔》等也屡次为之称道。

杨明时画竹石师松雪,法书法,笔墨苍润,有"石如飞白木如籀"之妙。山水亦得云林、子久遗意。他对元四家的绘画技法有较多钻研，对王蒙的"荒拙"之法体会尤深。明末程邃对杨明时的画法有很高的评价。陈撰《玉几山房画外录》卷上有程邃自题画跋《仿杨不弃》云："黄鹤山樵，画法纯用荒拙，以追太古，粗乱错综，若有不可解者，是其法也。余乡杨不弃独臻其妙，惜为吴江村一流窃其所作，每为虎贲中郎。而杨氏名不甚著。予绝爱杨作，可以掩映争光，往往规抚之，遂质之，且为前辈传其不传者如此。垢道人。"安徽博物院藏有杨明时的山水大幅，书年为"万历己亥"，款："学启南先生笔。杨明时法。"有"杨明时印"。万历辛丑初秋所作《拟北苑笔意》轴，题诗云："湘吴昔穷览，怀抱自难忘。毫素开尘牖，江山入草堂。寄君花县里，虚我竹林旁。何物酬斯赠，清诗要一囊。"①由此可知他的胸怀和力追古人的旨趣。杨明时与詹景凤皆为画家兼书法家，且皆援书法入画，这深深地影响了后来的新安画家。

丁云鹏(1547—1628)，字南羽，号圣华居士，明代休宁西门人，中医世家。其父丁瓒除行医外还精通于书画，并嗜好古物的收藏和鉴赏，这些都直接影响了丁云鹏。丁云鹏幼年即好书画，少年时随父行医，接触了很多书画家和字画收藏家，看了很多名家墨迹，并习画山水、人物、花鸟，青年时期即以人物画誉满乡里，尤善画人物肖像。

他的默画能力很强。据说徽州一大盐商慕名欲请丁云鹏画像，特备酒席宴请他。宴席上丁云鹏佯装不予理会，对画像一事不置可否，酒后扬长而去。数十日后这位大贾又备礼登门拜访求画。丁云鹏出示了这位商贾一帧画像，惟妙惟肖，形神兼备，令求画者叹服不已。

丁云鹏承家学之余又拜大自己十六岁的詹景凤为师。詹景凤当时名噪江南，他用自己丰富的绘画经验和深刻的美学思想，影响和指导着丁云鹏。詹景凤曾说过："丁云鹏幼学山水、人物、花鸟，纤媚而

---

① 此画轴著录于《十百斋书画录》，但据资料，署年"万历辛丑"，此年为杨明时卒后一年，故此画真伪尚需考证。

杂,不成家。中岁从予游,始知宗法古人。"①此后,丁云鹏的山水画一改早年的工细风格而师法文徵明,笔墨与詹景凤相近。詹景凤曾作七古《丁南羽画山水歌》以描述丁云鹏作画,诗云:"丁生傲兀思离奇,登楼十日众不知。科头独坐青松古,坦腹空山白日迟。兴来大傲忽高居,援笔煸赫生风雨。千里移来屋壁看,江山杳霭知何处?"末谓:"人间好手有若此,谁谓顾陆张吴一时生便死,眼中之人吾与子。"②詹景凤视丁云鹏为山水画的"人间好手"。丁云鹏传世的山水画不多,其于万历四十六年(1618)所作的《夏山欲雨图》现藏于日本东京松涛美术馆,该画是他晚年的作品。画中云山、烟树、农舍、舟桥诸景布局精工,笔墨遒劲,层次丰富,似枯而润。款字"曾见高尚书画此图,今日雨窗遣兴略仿其意耳"(高尚书乃高克恭,仕至刑部尚书)。

丁云鹏以人物画名世,他对绘画方面的白描人物、山水、佛像罗汉、花卉等无不精通,尤长于绘神佛罗汉,深得吴道子之法,兼传贯休、李公麟笔意,集各家之所长,别具一格。他所绘的神佛罗汉,气韵生动,用笔细密,重于神情刻画,栩栩如生。丁云鹏本人迷恋释家禅宗,精研佛学,自号"圣华居士",与高僧紫柏、憨山两大师关系亲密。他以虔诚之心作画,其神佛画中落款皆是"善男""佛弟子""敬写"或"叩拜"。丁云鹏融自身情感信念与笔墨技巧为一体,六十余年的绘画生涯中,以神佛画最为称著,董其昌认为"三百年无此作手"。

丁云鹏传世作品很多,有《江南春》扇面、《婕妤挡熊图》轴、《玉川烹茶图》(现藏于北京故宫博物院),纸本《佛像图》轴(现藏于沈阳故宫)。其人物画和道释画之代表作有《待朝图》轴、《陶渊明漉酒图》、《大士像》轴、《十八应真图》卷、《古佛调狮图》、《白马驮经图》轴等。画史上将丁云鹏与戴进、吴伟并称为当时道释人物三大名家。同时,他又被视为明代中叶以后与陈洪绶、崔子忠、曾鲸并列的人物画家的重要代表。黄宾虹在《黄山画苑论略》中对丁云鹏评价极高:"南羽少

---

① 张国标:《新安画派史论》,安徽美术出版社 1990 年版,第 67 页。
② 张国标:《新安画派史论》,安徽美术出版社 1990 年版,第 68 页。

工绘事,山水花鸟,靡不精妙;尤尚水陆圣相,庄严端伟及狰狞怪异之状,唐吴道子、贯休,不多让也。"

丁云鹏先后为徽州两位制墨大师程君房、方于鲁画了著名的《程氏墨苑》与《方氏墨谱》。《程氏墨苑》为四部墨谱之冠,除绘制天地人、儒释道、八宝、博古、花鸟、禽兽、虫鱼之外,还有一套享有盛名的《宝像图》。《宝像图》是西欧传教士利玛窦于万历二十二年在我国南方传教时赠给程大约的四幅西洋宗教画,内容分别是"圣母怀抱耶稣之像""信而步海疑而即沉""二徒闻实即舍虚空""淫色秽气自遭天火"。程君房请丁云鹏将这四幅铜版画摹绘成白描墨模稿。丁云鹏在吸收西洋绘画的形象与技巧基础上将以明暗为主的西洋版画改变成线条造型的传统白描,画面表现生动自然,不显丝毫生涩呆滞。国外普遍认为丁云鹏"对欧洲和东洋美术交流的研究作出了很大功绩",《程氏墨苑》也因此身价倍增。郑振铎在《劫中得书记》中曾称赞:"此'国宝'也,人间恐无第二本。"

丁云鹏还运用白描画法为传统戏曲、小说画了大量插图。他与歙县虬村黄氏刻工合作刻绘,配合默契。如黄氏刻工的刻本《养正图解》、《性命双修万神圭旨》、《观音菩萨三十二相大悲心忏》(图 32 幅)、《泊如斋重修宣和博古图》(30 卷)、《泊如斋重修考古图》(10 卷)等均出自丁云鹏手笔。

丁云鹏以白描画法画山水的传世代表作为《白岳全图》长卷。此卷是丁云鹏为明万历二十七年(1599)刊本《齐云山志》而作。《白岳全图》从岩前登封桥、白岳源起,至僧帽山一带止,沿途一峰一崖、一桥一亭,处处清晰、历历在目。长卷用白描写实的手法,艺术地再现了白岳胜境,山势雄伟跌宕,笔姿古俊清秀,且有文坛名流题咏,实属新安艺苑早期传世之珍品。丁云鹏遍游名山大川,对黄山更是情有独钟,曾数次登临,并精心绘制黄山总图,烟云幻化,墨沈淋漓。[①]

① 参见郭因等:《新安画派》,安徽人民出版社 2005 年版,第 42 页。

画史认为丁云鹏和明代仇英、徐渭、陈淳等开创了一代新风,特别是丁氏的作品可谓光耀明代中国画坛。他对新安书画,尤其是后来的新安画派影响巨大。新安书画也因他而享誉全国。

吴羽,一名廷羽,字左千,歙县丰南人,生卒年不详。吴左千少从丁云鹏学画人物,山水学元四大家。其人物、佛像画在当时影响很大,深得倪云林与黄大痴的神韵气势。吴羽的神佛罗汉画风源自丁氏,青壮时出手精工细腻,气韵生动,但是其后期所画的佛像和山水更精雅,神形皆妙,与丁云鹏齐名。民国二十六年(1937)许承尧编纂的《歙县志》记:少从丁南羽学写佛像,已逼肖之,又自出天机作山水花鸟,气韵生动,尝为方于鲁画墨谱,极工。子德,字仲友,能世其学。

吴羽在徽州民间版画方面与丁云鹏多有合作,他们创作了许多高质量的版画插图和墨模画稿,为徽州民间版画的发展做出了巨大贡献。歙县《丰南志》云:"左千曾与丁南羽合作绘制《泊如斋重修宣和博古图》,又曾为方于鲁画墨谱。"吴羽还擅长制墨,其制墨与方于鲁并驾,他参与绘制的《方氏墨谱》是他一生的主要成就。

郑重,字重生,号千里,又号潭上居、天都懒人、风道人,生卒年不详,歙县诸郑人,流寓金陵,明末新安著名画家。有关郑重的文字史料记载很少,但是明万历三十八年(1610)至清顺治五年(1648)有画作传世。郑重以人物、佛像画闻名,据张国标的《新安画派史论》所称,郑重初受同乡丁云鹏的影响,后又宗元人,达到出神入化之境,深得丁云鹏赞誉。山水画工整严谨,取法宋元,重写实,善用青绿,富有民间传统色彩。为墨模和版画作图时常与刻工切磋商讨技艺。郑重善于吸取徽派版画的线刻特色,把它运用于佛像画和其他人物画的衣纹表现,富于民间艺术装饰风格。佛像画有歙县丰南仁义院佛殿壁画《大士二十四相》。

郑重既擅长人物、佛像画,又精于山水画,表现手法工细严谨。他与丁云鹏和吴羽都擅长人物画和山水画,其共性在于皆取法宋元,以人物画笔法画山水,有着从茂密到疏简的特点。在总的倾向上,郑重还是宗师宋元,不名一家,重写新安山水,重视以情贯景、情景交融。

美国私人收藏的《郑重山水扇面》,题有"万叠云山高士卧,月明千里故人来。甲寅夏五月写",款署"天都懒人郑重"。画面山峰突兀,而笔墨简淡,有云林笔意。[①] 明万历四十年,郑重临王蒙《葛仙移居图》,清顺治五年作《十月岭梅图》。四川省博物馆藏有郑重的《携琴观瀑图》轴,题句云:"仙子携琴观瀑布,白云缭绕出高和。"款署"郑重",有"郑重印"和"千里"两方印。

郑重因积劳成疾,病愈后学礼佛,释名无著,与黄山印我僧有很深的交往。他曾在黄山白龙潭上建茅棚而居,晚岁潜心净业。

李流芳(1575—1629),字茂宰、长茜,号檀园、香海、泡庵、古怀堂,晚年又称六浮道人、慎娱居士,歙县西溪南人,寓居嘉定,明末著名画家。因不满阉宦专权而绝意进取,也因能急友难而多士林友人。他与程嘉燧、唐时升、娄坚因《嘉定四先生集》的刊刻而并称嘉定四先生。又与董其昌、程嘉燧、杨龙友、卞文瑜、邵弥、王时敏、王鉴、张学曾为画中九友。吴梅村曾为之作《画中九友歌》。

李流芳工诗书,擅篆刻,尤精绘画,擅山水,工花卉,其画师法元人吴镇、黄公望。其画风纵横酣适,笔笔有意,墨痕深化,风格峻爽,神味盎然。其写生作品别有趣味,出入宋元,逸气飞动,水墨浅深有致,韵味无穷。

李流芳中年以后恣情山水,寄意书画,寓居杭州时,曾作《西湖卧游图》。其画有《紫阳洞》《云居寺》《西泠桥》《两峰罢雾图》《法相寺山亭图》《胜果寺月图》《六和晓骑图》《永兴兰若》《冷泉红树图》《断桥春望图》《南屏山寺》《雷峰暝色图》《紫云洞》《涧中第一桥》《云栖晓雾图》《烟霞春洞》《江干积雪图》《岣嵝云涧》《孤山夜月图》《三潭采莼图》等。

在艺术创作上,李流芳重视师法自然,反对一味模仿古人。俞宏理先生认为其绘画风格"笔力雄健,墨气淋漓,有分云裂石之势"而无

---

① 参见张国标:《新安画派史论》,安徽美术出版社 1990 年版,第 87 页。

"霸悍之习",盖"其温和恬静之气"使然。

晚明时期,中国画坛流派众多。由于徽商的经营特点,许多徽人分散在全国各地,因此,一些外地流派代表人物中也处处可见徽州画家的身影。如浙派代表人物中的汪肇是休宁人,程达是歙县人等。明末清初的新安画坛活跃着被称为天都派的天都十子,他们在明末新安画坛向清前期新安画派的发展中起着承前启后的作用,其代表性人物为程嘉燧、李永昌和程正揆。①

(三)天都画派与天都十子

1640年,七十六岁的程嘉燧返回歙县家乡定居,乡人瞩目于这位在诗、画、书各方面皆享有盛誉的大家荣归故里,拜谒与登门求教者甚众。程嘉燧与返乡的休宁画家李永昌扶植后辈,迅速形成一支以他们为核心的画家新群体,使新安画坛呈现一片繁荣景象,这个画家群体就是通常所谓的天都派。天都画派称谓源自金陵派代表画家龚贤在一幅山水长卷中的跋。跋云:"孟阳开天都一派,至周生始气足力大。孟阳似云林,周生似石田仿云林,孟阳程姓名嘉燧,周生李姓名永昌,俱天都人。后来方式玉、王尊素、僧渐江、吴岱观、汪无瑞、孙无逸、程穆倩、查二瞻,又皆学此二人者也。诸君子并皆天都人,故曰天都派。"该画现藏美国哈佛大学福格(FOGG)美术馆。

程嘉燧(1565—1644),字孟阳,号松圆、偈庵老人、耦耕,歙县长翰山村人。晚年皈依佛门,释名海能。二十岁始苦研诗学,十年后诗名大噪,与晚明著名文人钱谦益交往颇深。钱曾极力推崇其诗文,评论程嘉燧为"一代宗主""晚明一大家"。除诗文之外,他还擅长音律。常邀知名艺人到家中吹拉弹唱,反复演习,至夜深人静,方兴尽而散。

程嘉燧的主要成就表现在他的绘画艺术上,黄宾虹曾在一幅自己

---

① 参见郭因等:《新安画派》,安徽人民出版社2005年版。

所作的山水图中题跋："松圆老人以诗名海内,其画意秀逸圆劲,为开新安四家之祖,而笔润之致,时复过之。"①寥寥数语道出了程嘉燧在诗文与绘画方面的重要地位。吴伟业在《画中九友歌》中将他与当时享有盛名的董其昌、王时敏等并列。当时的松江派、苏松派、华亭派、云间派等画派都推崇元四家,尤其推崇倪云林与黄公望,程嘉燧亦颇受倪、黄影响,山水画笔墨细净枯淡,其《一叶浮水面图》轴画就完全模仿了倪派风格。程嘉燧还藏有倪云林的《霜林远岫图》,引得董其昌曾亲临他家赏鉴。董其昌曾在程嘉燧作品题跋:"孟阳最矜其画,不轻为人点染。此幅真吉光片羽,人间不多见也……"程嘉燧平生喜游历,凡游历所过之处,山水幽邃值得记载的,皆留下了很多写生作品,后录入《偈庵集》。如《西湖纪游图》,逝世前三个月所作的《山水》册,都是实景写生。他曾题李流芳《溪山秋霁图》云:"余往谒长蘅于西湖,皆经信宿。甲寅孟夏,将游广陵,宿长蘅家,竟夜论诗,约为黄山之游。又归新安,故人方伯雨与诸子居烟村,溪上有溪堂,题画诗均为黄山之游,酒酣兴发,吮笔为画,泉石竹木,虽零杂琐细,而友人好事者自取

程嘉燧《松林图》

去。"程嘉燧不常作画,黄宾虹形容他作画是"酒阑歌罢,兴酣落纸"。程嘉燧既不常作画,也不以画换钱,因此其画被"友人好事者自取去"。他还常常精制松烟墨来馈赠好友。程嘉燧又嗜好收集古书画器物,如遇珍品,解衣倾囊在所不惜,对有的奸商故意抬价,他也不以为意。晚年家道中落,却拒绝别人救济,若有人开口要帮他,他便拂袖而去,狂

---

① 黄宾虹:《黄宾虹文集·题跋编》,上海书画出版社1999年版,第64页。

放清高的个性可见一斑。[①]

1640年,晚明政权将亡,程嘉燧时年七十六岁,叶落归根,返乡定居。不久,正逢惠藩送一斋法师赴云谷,程嘉燧立刻"裹粮皈心座下,法名海能,长斋持戒,一如老衲"。程嘉燧此时大概只求"平淡生涯且自娱",并非有心扶植一个轰轰烈烈的画派。但在家乡晚生眼里,其荣归故里是大家一生的幸事。于是,迅速形成一支异常活跃的以他为核心的绘画群体。他自返乡定居到去世仅约三年时间,但他的返乡却成为以后新安画派崛起的一个不可忽略的契机。

程嘉燧的画,今存世署有年代的大都是四十岁以后之作。由此我们可以推想,他的画名成就较诗名为晚。他返乡定居后的作品,流传较广的有5幅:《山水》《寒山策蹇图》《元人笔意图》《柳桥山寺图》和《山水》册。

李永昌《山水》

程嘉燧的早期画多属"清润"一格,晚期偏于"萧瑟",笔墨也更加简省,更加滤尽烟火气,这在他返乡前一年的《山水》册中已见端倪。在这些册页中,程嘉燧惜墨如金,枯笔皴擦,有一幅由重叠长方形构成的峭壁图与渐江后来的笔墨形式相似。有人认为无论程嘉燧的画风怎么变,基本上还未脱元四家的窠臼,笔墨、境界平远多于雄奇。

李永昌,字周生,号黄海,又号瑞墨斋,生卒年不详,休宁皂荚树下村人(今潜阜乡)。青少年时期酷爱临摹古人作品,此外他也善于书法,与董其昌交往甚密,书法学自董其昌,后与董氏齐名。其诗存录于《画响》。《无声诗史》评其诗"音调清越,皆阐扬画理者"。李永昌曾在《山水画》(乙卷)题诗:"从来草圣说张颠,移作丹青理亦玄。舞剑斗蛇皆是物,个中悟得自翩翩。"此诗即阐述以书法作画之理。李永昌家藏古字画、鼎彝颇多。李永昌生

[①] 参见张国标:《新安画派史论》,安徽美术出版社1990年版,第88页。

平经历不详,从现存史料可以看出,他家境殷实,游历甚广,和新安画界的交往也颇密切。

上海博物馆藏有他和刘上延、孙逸、江韬、汪度于明崇祯十二年(1639)合作的《"祝李生白寿"山水》卷。《国朝画征录》中称汪之瑞为李永昌的"高弟"。通过这些可以看出,新安画派的一些代表人物均与他有过密切接触并受其影响。

李永昌存世作品不多,传世画迹共 16 件,《十百斋书画录》著录有画轴三,画卷一,画册一,共 5 件;胡积堂《笔啸轩书画录》上卷著录有《李周生山水》一件,加上各博物馆收藏画迹。画作均作于崇祯年间,晚期画作更是炉火纯青,片纸尺幅也被人争相珍藏。程嘉燧返乡定居时,李永昌的画作也正处于"洛阳纸贵"时期。有此两大巨子的交相呼应,新安画坛的绘事兴盛当属意料之中。

龚贤曾在题跋中评及李永昌:"至周生始气足力大"、"周生似石田仿云林"。评语说明,龚贤认为李永昌的绘画造诣其实在程嘉燧之上,是他将天都派向前推了一大步。从现存画作与程嘉燧画作相比较可看出,李永昌画作的主要特点是用笔沉着老辣,富有倪云林"逸笔草草"的韵味,兼有沈石田雄浑劲厚的笔势,设景取倪云林之简洁,"墨气"采沈石田之率意粗放。

李永昌推崇董源、巨然及二米等南宗画家,其诸多画作均可见董、巨的山势结构与"米点"的运用。他推崇元代黄公望的"以画寄意",认为作画不应求形似,而是意兴所致,率性而为,得其精神。其喜欢仿黄公望画作,曾题山水画云:"董宗伯云:宋人画皆刻画不须学。逮元子久始以画为寄,作文人前茅,所当留意。则余此幅,又寄之寄者。宗伯若在,不知以为何如?"①他仿黄公望画作,也非单纯复制,而是汲取其精髓,融自身之意趣,自成一格,所以称"余又寄之寄者"。

天都画派与新安画派一脉相承。他们皆师承倪云林,而且天都画

---

① 黄宾虹:《黄宾虹文集·书画编》(下),上海书画出版社 1999 年版,第 247 页。

派成员除程嘉燧、李永昌、方式玉外基本都是后来新安画派的成员。因此,论新安画派的形成必然涉及天都画派,天都画派活动的这段时期被视作新安画派的孕育期。①

1643 年,程嘉燧辞世。越年(1645),清兵攻下南京,弘光帝被杀,唐王朱聿键于福建称帝,许多新安画士随之迁往福建一带,此后史料上亦不再有李永昌的记载。此时的天都派迅速式微,为渐渐崛起的新安画派所取代。

七　徽州版画的兴盛

（一）版画盛况

明万历至崇祯时期是中国版画史上划时代的时期,绘图、镌刻、印刷均有重大突破,把版画艺术提高到一个新的境界。郑振铎称万历、崇祯时期是中国版画"光芒万丈"②的时代。而这一"光芒万丈"的时代,就是以徽派版画的崛起为标志。

徽派版画的崛起,以歙县虬村黄氏刻工技艺的成熟为标志。万历十年,祁门高石山房郑之珍刊《新编目连救母劝善戏文》有图版 57 幅,单面、双面或多面连式不一。画面突出人物,几乎没有背景图案衬托,但雕刻的线条却极为流畅有力,刻工黄铤、黄钫利用大片墨板、阳线与阴线交相运用的技巧,使线条活泼简劲,消除了由于构图简单而显得单调的弱点,增加了生动性,因此很多版画评论家把《目连救母劝善戏文》当成徽派版画风格形成之初的代表作。由于它的出现,人们开始

① 参见郭因等:《新安画派》,安徽人民出版社 2005 年版,第 52 页。
② 郑振铎:《西谛书话》,三联书店 1983 年版,第 488 页。

对徽州刻工刮目相看，成为徽派版画的转折点。

明万历中叶以后，徽州刻工骤增，发展迅速，无论数量还是质量，都在全国居于首位。徽墨四大墨谱图刊行，众多的地方志史、家族宗谱、山河志及画谱刻本大量出现。尤其是万历年间徽州刻书范围进一步扩大，上自经、史、子、集，下至戏曲唱本、文艺小说、神话民俗故事，均附以大量的木刻插图，无论是画稿、字体、刻工、印刷、装订，还是纸张、墨色等都非常精致细腻。当时徽州百工之作皆备，而歙工为巧，雕镂之技，更属传统工艺，制作歙砚、徽墨皆与之有关，所以徽州刻工之巧是传统文化的积累。徽州制墨业、刻书业的书坊老板由于竞争的需要，不惜工本，请著名书画家如丁云鹏、吴廷羽、郑重、汪耕、钱贡、黄应澄等人绘画，或收集编纂他们传世作品，请名刻工镌图，从而形成徽派版画的风格。

徽派版画的崛起同时代背景也很有关系。明代中叶以后，社会经济经历过一个较长时期的休养生息，出现了相当繁荣的局面，产生了一个市民阶层。他们追求精神享受，需要书籍，加之王守仁主观唯心主义的哲学体系对保守的程朱理学的冲击，促使一大批蔑视封建传统和封建礼教，表现男女平等、妇女解放的戏曲、小说等通俗文学相继出现。这些文学作品反映了当时市民生活和他们的思想感情，受到广大群众特别是市民阶层和进步文人的欢迎，使图书出版物有了空前广阔的市场。此时，版画也深入到刻本书的各个方面。附有插图的书籍大量涌现，从经、史、子、集到一般的儿童读物，都刊刻有插图。甚至一些与内容毫不相干的精美图画，也作为书籍的封面出现。一些小说、戏曲以及文学、历史、地理类的书籍，更是附有大量的精美插图。

万历时期，北京、建安、金陵版画基本上都是上承宋元遗风，采取上图下文的形式，线条粗壮，构图简略。徽州木刻画则一扫粗壮雄健之风，呈现出工整、秀丽、缜密而妩媚的情调。其插图形式也趋多样化。如《闺范》一书插图，万历十八年（1590）山西刊本为上图下文，到了万历四十年歙县吴养春泊如斋刊刻时改为单页插图。图版的加大，使徽州刻工缠绵精致的刀法发挥得淋漓尽致。插图的格式也是不断翻新,周芜《徽派版画史论集》收录徽刻插图360幅,这些图版格调新颖,丰富多彩。有的上文下图,如《蹴张心法》,明休宁程宗猷撰,天启元年,程氏刊《耕余剩技》四种本;有的文中嵌图,如《天梯日记故事》,明昭阳何胤宗校,徽郡书林周氏刊;有的图文混一,如《性命双修万神圭旨》,明尹高第撰,天启刊本,丁云鹏画,黄伯符刻;有的图中嵌文,如《酣酣斋酒牌》,明高阳酒徒先茂撰,黄应绅刻,万历歙西唐模许氏酣酣斋刊本;有的双页连图,如《大雅堂杂剧》,明汪道昆撰,万历大雅堂刊本等。可谓琳琅满目,美不胜收。

如果说,万历以前的徽州版画作品,构图极其简略,线条板滞,刀法亦欠活泼,那么,万历以后的徽州版画作品开始形成自己的独特风格,各种出版物都崇尚豪华,讲究气魄,不惜工本,务求精工。万历十七年(1589)方于鲁美荫堂刊,丁云鹏、吴羽绘图,黄德时、黄德懋等镌刻的《方氏墨谱》,雕刻精美,线纹细入毫发,飘如游丝,造型效果纤丽逼真,具有极强的装饰美感。万历二十三年(1595)程大约滋兰堂刊,丁云鹏绘图,黄鏻、黄应泰、黄应道镌刻的《程氏墨苑》,图稿精丽绝伦,刻工精良,线条细若胎毛、柔如绢丝,曲尽其妙,同时首创四色、五色套色印刷,精美绝伦。万历三十八年汪廷讷环翠堂刊,汪耕画,黄应祖刻的《人镜阳秋》插图,双页连式,规模宏富,雕刻精工。其中《堂会》一图,双面大版,描绘"帝王用膳,戏曲侍候"场景,画面共12个人物,帝王上方居中座,两贵妃侧座横头,众侍者端菜的,持酒壶、把盏的直立在后和两侧,目光均注视着桌前面的下方表演者。屏风后,露出两个司锣、司鼓的和一位正在戴长须准备登场者。人物有主有次,有聚有散,神态十分自然。绘刻者运用铁线描干净利落,静与动、疏与密、曲与直线的对比灵活运用,使画面十分活跃。另一幅《殿前舞女》图(该书卷十六,节部十二页),亦是双面大版,描绘帝王与皇妃在便厅内的生活情景:一群宫女或艺人正在脱衣裳,卖弄风骚,姿态挑逗,帝王色迷迷的眼神和皇妃侧身用扇子遮着面孔、不屑一顾的神态,刻画得细致入微,恰到好处。两画绘刻俱精,刀法细腻,刚柔并重,画面上使用界画手法绘刻地面砖、床、垫脚板、屏风、栏杆和隔墙等,而对人物则重视表情刻画,在手法上运用柔软遒劲的曲线,使衣折纹式富有运动感,两种线条的对比,使画面显得更生动。

尤其是《程氏墨苑》《十竹斋书画谱》和《十竹斋笺谱》彩印本的出现,标志着徽派版画的绘刻技巧达到一个新的高度:所刊花卉、蔬果鲜翠欲滴,晶润如生;禽鸟羽毛和草虫网翼,脉络清晰,一丝不苟;雨后柳枝,

《十竹斋书画谱》:君子之交

风前荷盖,滴露未晞,流转欲坠;枯叶、虫龅,痕迹宛然,虫丝亦袅袅粘牵未断,穷工极巧,功媲造化。笺谱上的各种图画,以没有色彩的凸版压印花瓣脉纹、鼎彝图案与水波云痕,更是胡正言的创造。人物潇洒出尘,水木澹淡恬静,蛱蝶花彩斑斓,欲飞欲止,博古清玩典雅清新,"实已跻彩色版画至高之界"[1]。它所体现的套版赋彩水印技法,是我国在世界印刷史上的第二大贡献。

著名学者郑振铎对徽派版画在世界版画史上的地位有一段非常精彩的评论,他说:"我国版画之兴起,远在世界诸国之先。欧洲之版画,为德、荷二国所创,始施于博戏之纸牌上,并以刻印圣经图像。时约在西历一千四百年左右(当我国永乐初)。日本之浮世绘版画则盛于江户时代(当我国万历至同治间)。独我国则于晚唐已见流行。迄万历、崇祯之际而光芒万丈。歙人黄、刘诸氏所刊,流丽工致,极见匠意。十竹斋所刊画谱、笺谱则纤妙精雅,旷古无伦,实臻彩色版画最精至美之境。其时欧西木刻画犹在萌芽也。"[2]

---

① 郑振铎:《西谛书话》,三联书店 1983 年版,第 499 页。
② 郑振铎:《西谛书话》,三联书店 1983 年版,第 488 页。

世界版画中国称最,中国版画徽州称最,此话一点也不过分。

(二)徽商对版画的贡献

中国传统版画是画家、刻工和印工通力合作的产物。首先版画所具有的意境和艺术构思是画家需要考虑的;其次画家的构思(底稿)通过刻工的操作,真实地刻在木板上;最后由印工精心印刷完成。

绘、刻、印,分别由画家、刻工、印工独立操作完成,怎样才能够使他们有机结合,统一到一个艺术风格里来呢? 这里必须有一个中介人、一个协调人、一个主持者,而这个中介人、协调人、主持者就是出版商。

谈到徽州商人对徽派版画的贡献,我们必须提到程大约、方于鲁、汪廷讷、胡正言。

程大约,字幼博,歙县岩寺人。生于明嘉靖中期(1543 年前后),起初经商,先后在北京、长芦、真州、会稽、上谷等地开设当铺,经营钱业,富裕以后,又专攻儒业。万历元年(1573),神宗登基,程大约以自制之墨进贡,颇得好评。万历二十一年(1593)京考,程大约落第。不久,又与鸿胪寺序班的当权者不和,于是放弃功名之念,回到岩寺,将原先经营钱庄的资本利润全部投入墨业。方于鲁,一名大激,字建元,与程大约同乡。因贫困寄食程大约门下,并由程大约传授制墨之法来谋生。后另起炉灶开起墨店,并同程大约在制墨技艺上展开竞争。万历十一年(1583),方于鲁首先亮起自己的旗帜,将自己几年来的墨模图形绘刻为《墨谱》,广泛散发以扩大影响。程大约遂于万历二十二年着手编辑刻印《墨苑》,同方于鲁一争短长。《墨苑》前后花了十年时间,于万历三十三年(1605)完成,并彩印行世。

方、程两家利用刻书的形式进行广告宣传,扩大产品影响,打开销路。为了宣传效果,他们费尽心思,在刻印质量上下功夫,促进了雕版刻印技术的发展,对徽派版画技艺的提高功不可没。

汪廷讷,字昌朝、无如,号坐隐,休宁人,寓金陵。明万历间官任盐运使,因此致富,于是隐居不出,以著书、刻书自娱,成为书贾。所刻书有《坐隐先生精订草堂余意》《留垣疏草》《文坛列俎》《环翠宫乐府》等。版画作品《人镜阳秋》22 卷,由汪廷讷自编历史人物故事,汪耕绘画,黄应组刻,每事一图,内容极为丰富;《坐隐先生精订捷径棋谱·坐隐图》,汪耕画,黄应组刻,绘刻都极为精致,人物线条、山石皴点一丝不苟,是徽派版画的上乘之作;《环翠堂园景图》为卷轴本,长 1486 公分,高 24 公分。

胡正言,字曰从,休宁人,寓金陵。生于明万历十二年,卒于清康熙十三年(1674)。明崇祯年间官居中书舍人,后曾供奉弘光宫廷。他多才艺,精研六书,著有《六书正伪》;擅长金石篆刻,有《十竹斋印存》行世。他是一位著名的出版商,所刻图书见于著录和有传本的多达 30 余种,经、史、子、集俱备,尤以艺术类图书最著。主要有《精选古今诗余醉》《四六霞肆》《书法必稽》《牌统孚玉》《石谱》等,尤以两部水印彩色套版画集——《十竹斋书画谱》和《十竹斋笺谱》闻名于世。

出版商介入版画领域后,为了产品的销路,要找最好的画家、最好的刻工和最好的印刷工制作。方于鲁在辑刻《墨谱》时,为了压倒程大约,光靠自己原有的墨模图谱是不够的,还要设计出更新颖、更优美的新图谱,才能使《墨谱》更具吸引力。丁云鹏善于白描,画风工细,既利于墨模的雕镂,也利于版画的刊刻。更重要的是丁云鹏有名气,可以使《墨谱》造成轰动效应。于是丁云鹏成为《墨谱》绘图的最佳人选。商人有的是钱,请名人绘图,润笔自然不会低。十一年以后,丁云鹏同样为了丰厚的润笔,再次与商人联手,为方于鲁的竞争对手程大约绘《墨苑》。张泰贞在《题丁南羽画列子御风图》中写道:"程君酷爱画,重币购名笔。口夸顾虎头,未易丁生匹。有时着缁衣,敬写维摩居丈室;有时戴黄冠,貌出莲舟乘太乙。"可见程大约也是花了大价钱才请到丁云鹏的。

郑重、蔡汝佐等著名画家投身版画行列,应该也是出于出版商高报酬的引诱。不过一旦他们投入到版画这一新的艺术品种的创作中以后,他们便把自己的全部精力和才华都注入进去,为版画艺术的提高和繁荣立下汗马功劳,功不可没。

刻印工人以刻字印刷为生,刻印图版既费时又费力,还要具有一定的技术,自然报酬也高。尤其刻印一些富丽精工的版画作品,出版商如果不肯花钱请名画家名刻工,其质量不可能有保证。换句话说,版画作品的艺术水平高低,以出版商投入的财力作保证。

出版商为了使自己的图书具有市场竞争力,往往不惜重金招聘虬村黄氏刻工。《程氏墨苑》的绘图是丁云鹏,刻工为黄鏻、黄应泰、黄应道,时称"双绝"。王锡爵《墨苑序》称:"摹写品式瑰形异状,皆精隽尔雅,非鬼工不能刻,非天孙手不能绘也。"万历三十七年顾鼎臣辑、吴承恩补刊的《状元图考》,绘图为黄应澄,写工是黄应缵,刻工是黄应泰、黄德修、黄应样等,他们都是来自虬村黄氏一门。

在版画创作过程中,出版商有时不仅仅是中介人和协调者,他们还直接参与创作。《程氏墨苑》卷六《缁黄》有一幅《维摩说法图》,款署"新都江世会摹,君房士芳监制"。士芳是君房的儿子,也是墨商。《维摩说法图》就是士芳创作底图,由江世会摹绘上版的。我们再来看看出版商胡正言在《十竹斋书画谱》和《十竹斋笺谱》印制过程中所起的作用。据程家珏《门外偶谈》介绍,胡正言十年如一日地与刻印工人朝夕相处,对他们不以工匠相称,使得"诸良工技艺,亦日益加精",在落稿或付印时,"还亲加检点"。

商人既然主导了版画艺术的创作,他们的思想与价值观必然也会渗透到版画的艺术风格中去,尤其是在那些反映当时市民生活和市民思想感情的戏曲、小说等通俗文学读物的插图中,因为商人本身就属于市民阶层。

"线条粗壮,构图简略"是明万历以前所有版画的基本风格,如果说北方版画同南方版画有什么区别,那也只是"粗壮"与"简略"的程度稍有不同而已。明中叶以后,社会经济繁荣,市民阶层的出现,"粗壮"与"简略"已经不适合市民阶层的口味。追求秀丽、妩媚的情调,工整、精致的画风,便成为出版商吸引读者,进而追求利润的必然手段。明万历间,以细腻匀称的线条和雅致工整的布局著称于世的徽派版画,除了四大墨谱之外,基本上都是戏曲、小说等通俗读物,这些便是当时社会潮流的产物。

另外,商人本身在激烈的商战和过度的紧张之余,也会感到疲倦和劳累,想要脱离喧嚣的尘世,追求恬静和安乐。郑振铎先生在谈到徽派版画内蕴的精神境界时曾说:"在这版画的世界里,是那么清丽,那么恬静,那么和平满足的生活。……你在那里见到了'世纪末'的明人的真正生活。他们气魄小,他们只知道求于恬静而安乐的生活之后,他们要的是雅致细巧的布置;他们爱的是小园林,是假山,是陂池,是小盆景;他们喜欢娇小的女性,温柔的生涯,暖香香的内室,出奇的窗饰和帐幕。他们一切是小,但是必求其精致,必求其完美。"难道这不正是商人们在激烈的商战之余所要追求的那分安详和宁静吗?可以看出,商人已经把他们的追求带入了版画。

(三) 创作队伍

明万历以前,版画的绘、刻、印基本由工匠群体完成,工匠群体有着专门分工,其中有写工、刻工、印工和装订工,也有懂绘画的绘图工。绘匠同真正意义上的画家,在艺术修养上有着本质差别。尤其文人画家在文学、哲学和书法方面的造诣,要比绘匠深厚得多。文人画家所要表现的情感,无疑要比工匠们表现得精致和深刻。所以作为版画第一道工序的"绘",如果没有文人画家的参与,其基础是不牢靠的。

版画同国画一样,以线条作为艺术语言。图画的线条可以通过画家本人对笔墨的掌握,运用硬软坚柔、轻重缓急、光滑滞涩、清晰朦胧等表现形式,体现作品的内涵。而刻工则要通过自己的刀,以及本人对底图内涵的认识来进行二次创作。而刀比起笔来,对线条的处理要困难得多。因此一个好的刻工,是版画作品成功与否的关键。印刷是版画最后一道工序,倘若版画仅是墨印一色,只要纸好墨良,加上印工认真也就行了。然而版画要进入艺术殿堂,仅凭黑白两色是远远不够的,必须将版画纳入彩色的多元世界。山西应县木塔曾发现辽代彩色版画《南无释迦牟尼佛》像,西安碑林也曾发现宋金时期用浓墨、淡墨和浅绿色套印的《东方朔盗桃》版画,台湾藏有元至元六年(1340)中兴路刊朱墨两色套印的《金刚经注释》卷首画。这些都是早期版画彩印的尝试,印色都很差。于是赋彩印刷便提到了发展版画艺术的议事日程之上,印工的重要性也就凸显出来。

明万历以前,除了版画作品《梅花喜神谱》的绘者宋伯仁之外,还没有发现纯粹以画家身份参与版画创作的绘图者。具有高超雕版技艺的优秀刻工也不多,版画的彩印技术还很差。因此明万历以前的版画作品艺术水平不高。万历及其以后的各个时期,一大批著名画家积极投身到版画艺术这块园地中来,其中以徽州画家为先行军,尤以丁云鹏用力最勤。

丁云鹏工诗及书,善画道释人物,得吴道子笔法,白描似李龙眠,丝发之间,而眉目意态毕现,山水杂画亦妙。董其昌曾赠其"毫生馆"印,凡得意之作钤之。其先后于万历十一年绘美荫堂刻本《方氏墨谱》图,万历十六年绘泊如斋刻本《泊如斋重修宣和博古图录》图,万历二十一年绘玩虎轩刻本《养正图解》图,万历二十三年绘滋兰堂刻本《程氏墨苑》图,万历二十七年绘《齐云山志》图等。

丁云鹏的弟子吴羽也积极参与版画创作,与乃师同绘《方氏墨谱》《泊如斋重修宣和博古图录》《泊如斋重修考古图》等,又绘万历刻本《古本荆钗记》图。其他如万历四十六年郑重绘《方瑞生墨海》、蔡汝佐绘万历刻本《图绘宗彝》等。郑重,善画佛像,山水小景摹仿宋元体,均精妙。后因摹拟古作,积劳成疾,愈后学道,结茅黄山白龙潭上。万历四十二年因普门之邀北上,绘《法海图》进呈,神宗大喜,复传旨命画御书《莲经》引首,赐锦宴,又为东宫画扇,拟待召中翰,以方外力辞,仍归黄山。蔡汝佐,字元勋,号冲寰,歙县人。善画人物、山水、花卉、梅兰竹、鸟兽，尤工诗意图。曾在杭州、金陵为集雅斋、师俭堂绘多种书籍插图。

　　大量具有较高艺术修养的画家的参与，为版画艺术的提高打下了扎实的基础。同时，优秀的刻工队伍也在成长。画家的画稿经黄氏刻工精雕细刻，做到刀刀得法，刻画出画中的意境和人物内心的情绪。郑振铎曾指出："徽郡文士之作，若高石山房《目连救母记》，汪氏环翠堂弈谱、传奇、《人镜阳秋》，《程氏墨苑》，《方氏墨谱》，固无论矣。即金陵刊之《养正图解》，《南北宫词记》，杭州之《海内奇观》与夹白堂诸演义，吴刊之《吴骚》《吴歈》，浙刊之徐文长改本《昆仑奴》，王伯良校注《西厢记》，凌蒙初朱墨本《西厢五剧》之类，无不出于歙县虬村黄氏父子昆仲手。沈德符《野获编》云：'《养正图解》，徽州人所刻，梨枣极精工。其图像出于南羽手，飞动如生。'盖徽郡出版事业之盛，自汪士贤与吴勉学师古斋、吴琯西爽堂、吴养春泊如斋以来，已凌驾两京建安矣。而版画之工，尤绝伦无比。"[①]万历时期，北京、建安、金陵三派版画，基本上都是上承宋元遗风，采取上图下文的形式，线条粗壮，构图简略。虬村黄氏所刻徽州木刻画则一扫粗壮雄健之风，显出工整、秀丽、缜密而妩媚的情调。线条秀劲流畅，形象逼真活脱，版面清雅简洁，刀法精细入微，形成了徽派版画的独特风格。黄一彬、黄桂芳、黄端甫刻《青楼韵语》一书插图，雕山石树木用遒劲的涩刀，给人以苍劲古拙的感觉，刻人物、楼台、行云流水用轻巧的切刀，给人以细腻明快的印象，达到了艺术风格协调一致、形式完美的境地。

　　这一时期优秀的黄氏刻工有：黄应济，字君楫，号黄谷，生于明嘉靖四十四年，卒于崇祯十三年（1640）。有道学之称。万历时曾修葺本宗世系谱，其序称"恨无绵力以付诸梓"。其为刻工，然而无力刻自己写的书，可为悲哀。工书法，曾写万历本《文章又玄》，弟应淳等刻。刻有《程氏墨苑》、万历三十年刊本《女范编》诸书。黄鳞，字若愚，自称

---

①　郑振铎：《西谛书话》，三联书店 1998 年版，第 206 页。

"剖劂氏",生于明嘉靖四十四年,卒年不详。为人正直。善书法,村中祠堂匾额多出其手。曾刻万历玩虎轩本《养正图解》、《程氏墨苑》、《万历玩虎轩本北西厢记》、万历四十五年(1617)刊本《太史杨复所先生证学编》诸书。黄应澄,字兆圣,号沧吾,生于明万历二年(1574),卒于清顺治十四年(1657),虬村黄氏二十六世。工书法,善绘事,尤长于人物写真,人得其真迹,视为至宝。曾为堂兄德新绘一幅古稀图,神情毕肖。万历三十七年刊本《状元图考》图像出其手笔,又曾绘万历本《闺范》。黄德新,字原明,生于明万历二年,卒于清顺治十五年(1658),虬村黄氏二十六世。虑事周到,讲信义。首倡砌本村河堤,使行人行走方便。刻有万历十七年刊本《书言故事大全》、万历十八年刊本《淮南鸿烈解》、万历二十二年刊本《南华真经旁证》、万历三十六年刊本《秦汉印统》、万历四十七年(1619)刊本《顾曲斋元人杂剧》诸书。

除了黄氏刻工以外,从事徽派版画的徽州刻工还有汪、刘、洪、姜、谢诸姓。如崇祯十年(1637)刊本《白雪斋选订乐府吴骚合编》4卷,古歙汪成甫、洪国良及武林项南洲同刻;洪国良还刻有明末刊本《新刻出像点板怡春锦》6卷、崇祯刊本《七十二朝四书人物演义》40卷、崇祯刊本《新刻绣像金瓶梅》100回本;明末刊本《清夜钟》,徽州黄子光、刘启先刻;明末刊本《花幔楼批评写图小说生绡剪》,徽州黄子和、叶耀辉刻;崇祯刊本《十竹斋书画谱》《十竹斋笺谱》,汪楷刻;万历三十七年刊本《状元图考》,王玉生等刻;万历《圣僧庵志》,黄鼎、吴应芝刻;万历刊《李卓吾先生批评忠义水浒传》100回本,吴凤台、黄应光刻;万历刊《李卓吾先生批评玉合记》,黄应光、姜体乾刻;万历三十七年刊本《新镌海内奇观》10卷,新安汪忠信刻;万历刊《李卓吾先生批评幽闺记》2卷,谢茂阳刻等。

(四)徽派版画风格的形成

第一,纤丽秀劲的线条。"线条粗壮,构图简略"是明万历以前所有版画的基本特征,徽派版画则一扫粗壮雄健之风,形成工整、精致的画风。这种工整、精致的画风首先体现在线条表现手法上的细腻和多样性。由于文人画家参与版画创作,他们把国画对线条的处理表现手法带到版画中来。国画笔法讲究钩、勒、皴、擦、点。以皴法为例,有披麻皴、乱麻皴、芝麻皴、大斧劈、小斧劈、云头皴、雨点皴、弹涡皴、荷叶皴、矾头皴、骷髅皴、鬼皮皴、解索皴、乱柴皴、牛毛皴、马牙皴等十余种之多。所谓笔法实际上就是线条,万历以前的版画线条之所以显得粗壮而无生气,缺少的就是国画线条那多种多样的皴法。《维摩说法图》选自《程氏墨苑》卷六《缁黄》,由程士芳构图,江世会摹绘,黄铸等刻。这是一幅国画理论和技法运用于版画的成功之作,也是徽派版画的代表作之一。维摩诘原是东方无垢世界的金粟如来,于释迦佛在世化身为居士,住在中印度毗耶离城。图中维摩盘坐在石头上,30 个体态不一的菩萨以普通人的身份出现。有男有女,有老有小,有村姬,有小姐,有耕读渔樵,有士子僧道,还有断腿的残疾人和盲眼的卖艺人,这里囊括了芸芸众生。这张图是描绘维摩向菩萨们提出什么叫菩萨入不二法门的问题,30 个菩萨一一作了答复,维摩诘居士却以沉默作为回答。画面中山水云树环绕四周,布局参差错落,尤其左上角山水云树交接处,一片浓郁的树叶遮去水面,一缕轻云袅袅远扬,增添了画面静谧深邃的意境。这是一幅宗教画,它以山水云树深处为背景,给人以宁静与和谐,追求的是淡泊和清远。然而它给我们的印象不单单是宁静和淡泊,还有勤奋和进取。人物不像一般听者那样虔诚而无表情,相互交谈者有之,虔诚冥思者有之。技法上,画家和刻工在处理山石线条时用的是短促的牛毛皴,用刀疾速,锋利逼人,刻松针也是刚劲有力,柏叶则圆润隽永,行云流水,线条如丝,刀法细腻。这充分表现出徽派版画刚柔相济、动静结合的特色。此图无论意境还是绘刻技法,均已臻上乘。

　　将版画线条像国画一样进行处理,对画家来说难度并不大,但对刻工来讲就很不容易了。把画家笔法上的勾、勒、皴、擦、点准确无误地雕刻在木板上而不失画家本意,这不是任何一个刻工随随便便就能够做到的。郑振铎先生认为黄氏刻工"刀法极有力,也能表现出画家的本意来",这里面一定有些道理,应该加以深刻地研讨。

从历史上来看,徽州具有悠久的雕刻传统,尤以墨模印版、砚雕、书版雕刻,建筑上的砖、木、石雕艺术最为著名。徽州书版刻工明代已是名震寰宇。尤其是歙县虹村黄氏刻工,世代相传,长期寻求雕刻线条表现力的功夫,锻炼自己的雕刻技艺。他们力求把握刀刻的刚柔、轻重、急速转换的技巧,以线条的粗细、曲直、动静相照、繁简互衬等对立统一的规律来刻画人物。同时虹村黄氏刻工本身也具有一定的艺术修养,对画家的线条处理,有着深刻的领会能力,也是徽派版画能够达到精致程度的保证。《程氏墨苑》的刻工黄应济、黄鏻都具有相当高的文化水平,擅长书法,黄应济有道学之称,虹村祠堂匾额多出黄鏻之手。

应该说徽派版画刻工对雕图有一套独特的刀法技艺,但"刀法"还处在"技术"层面时,是不会有人去总结并记诸文献流传于世,只有当"刀法"达到"艺术"境地,才会有人去重视、总结。明末清初之际,徽州曾产生不少篆刻大家,如何震、苏宣、朱简、汪关、胡正言、程邃等,他们缔造出一个新篆刻流派——徽派篆刻。虽然治印同雕版两者之间受雕的材料不一样,但两者均以刀代笔,用刀使线条留下轻重缓急、灵巧凝重、刚健圆润的效果是一样的。何震曾从"刀法"与"意境"的关系角度,阐述了刀法在篆刻中的作用。另一位篆刻家徐上达著《印法参同》,专列"刀法类"一节,用了大约1700字的篇幅,从"中锋偏锋""阴刀阳刀""顺刻逆刻""工写"等具体刀法的掌握上,详细论述了篆刻用刀的方式方法,是明代论刀法篇幅最长、体会最深、论述最详的刀法理论著作。徐上达是歙县人,他对刀法如此熟悉,同徽州有悠久的雕刻传统不无关系。还有人把篆刻的运刀方法总结为单入正刀法、双入正刀法、冲刀法、涩刀法、留刀法、复刀法、轻刀法、埋刀法、切刀法、舞刀法、平刀法等13种,不同的刀法产生不同的艺术效果。20世纪80年代中期,歙县虹村很多刻工后裔仍在歙县、屯溪等地的印章店里从事雕刻图章工作,刻工和治印的渊源由此可见一斑。更进一步,对于这些篆刻大家的运刀方式是否受到刻工运刀方式的启发和影响,也不妨做一些猜测。

第二,富丽精工的构图。构图简单是万历以前所有版画的通病,主要原因就是绘图工匠的技艺不精,无法绘出布局完美的图画。元代饶自然谈到绘画布局有十二大弊端:一是布置过密,二是远近不分,三是山无气脉,四是水无源流,五是岭不险峻,六是路径来去脉络不清,七是石头只画一面,八是画树只有四根枝丫,九是人物伛偻无生气,十是楼阁错杂无方,十一是繁简失宜,十二是点染没有法度。这十二种毛病正是万历以前所有版画的不足。文人画家介入版画领域,使绘图艺术队伍专业化,这对克服版画构图简单产生重大作用。

先来梳理一下徽派版画构图从简单到繁缛的脉络。嘉靖四十一年黄銮、黄铉等黄氏刻工刻的《筹海图编》中的插图,万历十年黄链、黄钫等黄氏刻工刻的《目连救母劝善戏文》中的人物插图,均不署绘图者,画面突出人物,几乎没有背景图案衬托,但雕刻的线条却极为流畅有力。尤其《目连救母劝善戏文》有图版57幅,单面、双面或多面连式不一,刻工利用大片墨板、阳线与阴线交相运用的技巧,使线条活泼简劲,消除了由于构图简单而风格单调的弊端,增加了生动性,因此很多版画评论家把《目连救母劝善戏文》中的图像当成徽派版画风格形成之初的代表作。其实这部作品成功,只是黄氏刻工运用其娴熟的刀法技艺的结果,是纤丽、秀劲、线条成熟的标志,在构图上并没有什么特别。

丁云鹏等文人画家进入版画绘图领域后,这种构图简略的状况才得到彻底改观。如丁云鹏为《程氏墨苑》绘《列子御风图》,只要简单构图,画出列子驾风而行,衣服有动感就可以了。但丁云鹏为了增加构图的完整和美观,背景衬有山、水、树、石、草,层次分明,线条优美。加上刻工用流畅的刀法,刻出水的流动及风吹草动之势,使画面呈现出生动的气象。《百子图》绘100个儿童嬉戏游乐,形态各不相同。构图上，丁云鹏将这100个儿童的游乐背景置放在皇家园林之内，有高台、有流水、有栅栏、有假山、有树木、有小鸟，图像布满整个画面，线条一丝不苟，繁而不密，富丽精工，堪称徽派版画的代表作。

这种富丽精工的构图特点，到万历后期被发挥到极致。万历三十八年，汪耕画，黄一楷、黄一彬镌刻的《北西厢记》插图，构图富丽精工，没有一个地方被疏忽，地面、鼓架、锈墩、窗棂、桌帏均用装饰性界格花纹铺满，甚至老和尚身上所披袈裟也用缛密的图案加以点缀，显得极有特色。

第三，绚丽多姿的彩印。赋彩印刷是版画艺术的最高境界，从万历中期开始，徽派版画就在不断地尝试彩印。万历三十年，由黄尚文撰文、程起龙绘图、黄应瑞刻版的《闺范》，用朱墨两色套印，这是徽派版画最早的彩印本。万历三十三年，《程氏墨苑》施彩印图55幅，大部分为四色、五色彩印。郑振铎在《劫中得书记》中指出："此书各彩图，皆以颜色涂渍于刻版上，然后印出，虽一版而具数色。"王重民在《套版印刷起源于徽州说》一文中则认为："《墨苑》的四色、五色图不一定使用了四版或五版，但有些地方，显然使用了两版的，这正反映了起源时候的质朴情况。"万历三十四年，由黄一明镌刻的《风流绝畅图》，把用套版印刷《程氏墨苑》的经验作了更进一步的发展，在技术上表现得更纯熟，画面也更优美。如果说《闺范》《程氏墨苑》《风流绝畅图》沿用的只是原始的单板彩印，只不过是色彩更丰富，印刷更精致，那么《十竹斋书画谱》和《十竹斋笺谱》的出现，则是版画印刷技法上的彻底革新。《十竹斋书画谱》和《十竹斋笺谱》的制作者是胡正言。李克恭谓其"家著清风，门无俗履，出尘标格，雅与竹宜。尝种翠筼十余杆于楯间，昕夕博古，对此自娱，因以十竹名斋"。正言刻书始于明天启间，下限至清康熙初年，见于著录和有传本的多达30余种，尤以艺术类图书最著称。他悉心研究雕版赋彩印刷技法，在总结前人经验的基础上，将彩色画稿分别用各种颜色勾摹下来，分成数块小版雕刻，叠彩套印，创制"饾版"。又特制凹凸版，印时不用任何色彩，只把纸在版上压印，凸显无色图像，造成浮雕效果，时称"拱花"。饾版和拱花的出现,把版画印法提高到前所未有的水平,开创了后世"木版水印"方法和套色木刻艺术的先河。《十竹斋书画谱》和《十竹斋笺谱》就是采用饾版和拱花技法印制的。

比起刻来,彩印又难一些。饾版彩印一版数色或一版一色,印时依据画稿的笔墨韵味,用棕帚施加彩墨,适当掌握干湿、浓淡、轻重变化,使原画阴阳向背、浓淡深浅的效果如实地表现出来。大片墨染彩晕,更是酣畅淋漓,神采焕然。然而稍有不慎,哪怕前面都很成功,最后一下或印色不匀,或轻重不准,整幅画便功亏一篑了。万历三十六年休宁程氏滋荪馆刻的《程氏竹谱》,用大片黑白对比来表现雪竹,亦因水印刷色有困难,未能推广。如果纯粹作为艺术创作,彩印成功一两幅画作,那么整个艺术创作过程可以说是成功了。但若以营利为目的,则彩印成品花费过多,肯定是不合算的。古代彩印版画数量甚少,原因就在这里。

第四,诗文、书法、印章和图画的有机结合。诗文、书法、印章和图画的有机结合,是中国画独一无二的表现形式。国画的这种表现形式在文人篆刻艺术尚未成型时并不稳定,明万历以后篆刻艺术形成,国画的这种表现形式趋向固定。明万历时期恰好是徽派版画风格形成、版画艺术的鼎盛时期,而且为版画作图的画家多为国画大师,国画的这种表现形式自然而然地也影响到版画的表现形式。徽派版画的早期作品如《筹海图编》《新编目连救母劝善戏文》中的图幅,仅仅作为书籍的插图,画面上没有诗文,也没有印章。万历二十三年开始刊刻的《程氏墨苑》墨谱图,已经不是书籍插图,而是单独的画谱,它的诗、书、印也大多是在画外。如《北岳恒山》一图有空疏之处,但"南羽"一印仍放在画面的外面。但万历四十四年,黄桂芳、黄端甫所刻的《青楼韵语》中很多插图,诗文已融入画中。如《舟中自叹》一图,附有月仙的"羞归月月渡,懒上载花舡"诗句。万历末刊,蔡冲寰绘《丹桂记·鬼辨》插图,开始用文字点题并署款:"画堂烛光辉,忽然见魑魅。冲寰笔。"这已是国画的典型表现形式。万历末刊,歙县江修绘、黄伯符刻的《四声猿·玉楼春色》插图，不仅有题、有款，也有了印章。

八 走向鼎盛的徽州刻书

历经明前期社会经济的休养生息，明中期出现了经济发展和文化教育昌盛的局面。尤其是明统治者提倡教化，大力推行学校教育，从国子监太学到各地郡县皆立有学校，颁发教科书，扩大科举纳贤，从而在全社会营造了重教兴学的文化氛围。同时，明中期以降，社会生活风气发生转变，人们的价值观念以及审美旨趣发生变化，俗文化兴起，出现雅俗合流的局面。

上述变化更直接带动和刺激了全社会的图书出版活动。因此，明中叶以后，从中央到地方，从学人到书坊，其刻书机构之多、地域之广、门类和数量之多，都是前代所无法比拟的。

在徽州地区，随着农业和手工业的发展，人口激增，人地矛盾激化，这种状况促进了徽商的崛起。"贾而好儒"的徽商更带动了徽州刻书业的发展。同时，徽州本土刻工向以技艺精绝闻名遐迩，他们在徽商的带动下，走出家门，向外埠发展。明中后期徽州刻书，无论官刻、家刻还是坊刻均达到了空前的繁荣，其刻书数量之多、门类之广、刻技之精，在全国占有极其重要的地位。正如明中期图书评论家胡应麟所说："近湖刻、歙刻骎精，遂与苏、常争价。"① 约同时期的谢肇淛也说："今杭刻不足称矣，金陵、新安、吴兴三地剞劂之精者，不下宋板。"②

---

① 胡应麟：《少室山房笔丛》卷四，文渊阁《四库全书》本。
② 谢肇淛：《五杂俎》卷一三，上海书店 2001 年版，第 266 页。

（一）明中后期官刻书

明中后期府署刻书，可考者主要有以下一些：

成化三年，紫阳书院刻元方回《瀛奎律髓》49 卷；十五年（1479），府同知张英刻宋胡安国撰、宋林尧叟音注的《春秋胡氏传》30 卷、《纲领》1卷、《提要》1 卷，《诸国兴废说》1 卷，《列国东坡说》1 卷，《正经音训》1卷。弘治十年（1497），知府彭哲刻程敏政《新安文献志》100 卷、《先贤事略》2 卷；十四年（1501），知府陈理刻自撰《音点春秋左传》16 卷，知府邝璠刻元徐天祐《吴越春秋音注》10 卷、《补注》1 卷，刻自撰《便民图纂》16 卷，刻宋朱松《韦斋集》12 卷、宋朱槔《玉澜集》1 卷。正德二年，知府何歆刻元胡炳文《云峰胡先生文集》19 卷，刻程敏政《篁墩程先生文集》93 卷、《拾遗》1 卷；五年（1510），府推官张鹏刻程敏政《皇明文衡》98 卷；十一年（1516），知府熊桂与同知王仲仁以府学名义刻李东阳《怀麓堂诗稿》20 卷、《文稿》30 卷、《文后稿》30 卷、《诗后稿》10 卷、《南行稿》1 卷、《北上录》1 卷、《求退录》1 卷，知府邝璠刻宋葛洪《涉史随笔》1卷；十三年，知府张芹刻程敏政辑《唐氏三先生集》30 卷、《附录》3 卷。嘉靖二年（1523），府署刻魏王肃撰、何孟春注《六臣注文选》60 卷。万历二年，刻梁萧统编、唐李善等注《六臣注文选》60 卷；十四年，知府古之贤以郡斋名义刻姜宝《周易传义补疑》12 卷；四十四年，紫阳书院刻毛调元《镜古录》8 卷；万历末，府学教授袁中道刻自著《珂雪斋前集》24卷、《后集》15 卷，新安柳塘书院刻李廷机选、叶向高注《新刻翰林评选程策会要》5 卷。崇祯间，紫阳书院刻梁于涘《铁桥志书》3 卷。

府署各邑官刻书有：弘治二年，婺源县县令冯时刻李之藻《泮宫礼乐疏》10 卷；弘治六年（1493），休宁县重修元至正二十五年（1365）商山义塾所刻元赵汸的《春秋属辞》15 卷、《春秋左氏传补注》10 卷、《师说》3 卷；十年（1497），重刻元吴澄《仪礼逸经传》2 卷。正德元年，休宁县县令张九逵刻程敏政《篁墩文粹》25 卷。嘉靖间，歙县县署刻方元勋

《痘治答难》18 卷；嘉靖中，绩溪县署刻舒旭辑先祖元舒頔《贞素斋集》8卷、《附录》1 卷。成化六年，婺源县县令韩俨重修元大德六年（1302）所刻宋叶士龙编《晦庵先生语录类要》18 卷。万历十七年，休宁县儒学刻《中和遗直集》10 卷；二十二年，还古书院刻祝世禄《祝子小言》8 卷；二十三年，休宁县县令祝世禄刻茅溱、范科《韵谱本义》10 卷；二十七年，休宁县县令鲁点刻自纂《齐云山志》5 卷；三十二年（1604），休宁县署刻冯应京辑《皇明经世实用编》28 卷；万历三十九年（1611），歙县县令刘伸刻其师姚文蔚编《右补编》10 卷。天启五年（1625），休宁县署刻《休宁县赋役官解条仪全书》1 卷；八年（1628），休宁县教谕袁应北刻元陈栎《历朝通略》4 卷。

（二）明中后期家刻书

与明前期显著不同的是，此时期外埠徽州家刻逐渐增多。为便于比较研究，我们分别从本土徽州家刻和外埠徽州家刻加以考察和分析。"徽州本土"系指徽州一府六县（徽州府，辖歙、黟、休宁、祁门、绩溪、婺源六县）所辖地域范围，其行政从属在明清有些变化，在明朝隶属于南直隶；康熙六年（1667）安徽建省，此后则隶属于安徽。"外埠"系指徽人在徽州府以外活动、旅居的地区。徽州人在徽州府以外活动、旅居主要有以下几个方面原因。第一，外地做官。第二，外地游学。第三，出外经商谋生，明中叶后以此为多。唐力行先生指出徽学覆盖的地区大体可以分为三个层次：徽州本土是它的核心层次；中间层次涵盖沿长江、运河沿岸的市镇农村，其中心区乃是"无徽不成镇"的江南；外围层次则遍及全国远至海外了。如果说核心层次是小徽州的话，那么中间和外围层次可称之为大徽州。[①] 本文所指的徽州本土即是指处于核心层次的"小徽州"，而外埠则是"徽州本土"的外围层

---

① 参见唐力行：《从徽学研究看区域化的中国近代史研究》，《学术月刊》2006 年第 3 期。

次,其区域范围正如唐力行先生所说的"大徽州"。

1. 本土徽州家刻

与明初相比而言,明中后期徽州本土地区家族化刻书的风气更为浓厚,徽州各姓氏几乎均有刻书,尤其一些世家大族累世刻书不断,特别是谱牒的修撰风气更为浓厚,其精确数量难以估计。据刘尚恒先生统计,明代徽州本土家刻计有 33 姓氏,258 人(其中汪姓 48 人,程姓 46 人,吴姓 25 人,潘姓 16 人,方姓 11 人,江姓 11 人,黄姓 10 人),刻书 377 种。[①] 而据徐学林先生的不完全统计,有明一代,徽州私刻(含家刻、坊刻)经、史、子、集及丛书有 53 姓 500 余家,加上家刻家谱的刻书人则更多,真正达到"家传户习""村墟刻镂"的程度。[②] 姑不论二者数字精确与否,明中后期徽州本土家刻的繁荣是不容置疑的。在徽州府本土,家刻分布基本上遍布徽州六县,尤以文风极盛的歙县、休宁为最,但婺源发展较快(见表 2-1)。

表 2-1　明中后期徽州本土家刻代表一览表

地区	代表刻家	刻书年代	代表刻本
绩溪	汪茂槐	嘉靖二十年	《新刊环谷杏山先生诗集》6 卷、《西园康范集》4 卷
	程伯祥	嘉靖末年	《颜氏家训》2 卷
	汪廷佐	隆庆三年	《环谷杏山二先生诗稿》6 卷
	汪文川	万历年间	《曾思二子全书》2 卷
歙县	叶孟	成化年间	《樵云独唱》6 卷
		弘治十三年	《学言诗稿》9 卷
	罗文达	弘治十一年	《鄂州小集》8 卷
	鲍松	正德八年	《杜工部集》52 卷、《李翰林集》30 卷
	鲍雄	正德八年	《朱子纪实》12 卷
		正德末年	《蛟峰批点止斋论祖》4 卷

---

① 参见刘尚恒:《徽州刻书与藏书》,广陵书社 2003 年版,第 60 页。
② 参见徐学林:《徽州刻书》,安徽人民出版社 2005 年版,第 41 页。

续表

地区	代表刻家	刻书年代	代表刻本
歙县	汪正	正德八年	《上蔡先生语录》3 卷
	鲍山	正德八年	《南唐书》19 卷
	汪灿	正德十四年	《增注唐策》10 卷
	罗文殊	正德十四年	《尔雅翼》32 卷
	程璩	正德十六年	《晦庵先生文公诗集》12 卷
	汪尚唐	嘉靖年间	《管氏指南》1 卷
	戴有庆	嘉靖年间	《文章轨范》7 卷
	毕效钦	嘉靖年间	《五雅》6 种 73 卷
		万历年间	《十九家唐诗》20 卷
	汪杙	嘉靖十年	《浮溪文粹》16 卷
	程爵	嘉靖十年	《周子张子程子抄释》15 卷
	潘惟时	嘉靖十二年	《六臣注文选》60 卷
	郑烛	嘉靖十四年	《济美录》4 卷
		嘉靖十七年	《师山先生文集》18 卷
	潘侃	嘉靖十五年	《山海经传》18 卷
	郑作	嘉靖十七年	《方山子诗集》3 卷
	王敏芝	嘉靖十八年	《泾野先生周易说翼》3 卷
	郑玄	嘉靖十九年	《玉台新咏》10 卷
	汪一元	嘉靖十九年	《文心雕龙》10 卷
	汪通值	嘉靖二十四年	《注解伤寒论》10 卷
	汪尚磨	嘉靖二十六年	《古乐府》10 卷
	江应宿	嘉靖二十八年	《名医类案》12 卷
	程煦	嘉靖二十八年	《程氏演繁露》22 卷
		嘉靖三十四年	《晞发集》6 卷

续表

地区	代表刻家	刻书年代	代表刻本
歙县	汪云程	嘉靖三十年	《欣赏编》12 卷、《皇明名臣经济录》53 卷
		万历初年	《逸史搜奇》22 卷
	吴默	嘉靖三十年	《文选拔萃》3 卷
	黄珣	嘉靖三十四年	《东园遗稿》2 卷
	黄训	嘉靖三十八年	《黄潭文集》10 卷
	黄子学	嘉靖四十一年	《黄潭先生读书一得》4 卷
	黄长寿	嘉靖末年	《雪洲集》14 卷、《文公家礼仪节》8 卷、《诗人玉屑》20 卷、《望云集》、《壬辰集》、《江湖揽胜集》
	黄珙	嘉靖末年	《新增格古要论》13 卷
	方廷玺	嘉靖末年	《元音集》8 卷
	方广	嘉靖末年	《丹溪心法附录》24 卷
	潘仕	嘉隆年间	《事类赋》30 卷
	汪滋	隆庆元年	《新刊伤寒撮要》6 卷
	吴绅	隆庆三年	《便产须知》2 卷
	罗文明	隆庆五年	《豫章罗先生文集》17 卷
	程宗颢	隆庆六年	《双柏草堂集》7 种 7 卷
	汪灿	万历初年	《方壶存稿》9 卷
	潘之恒	万历年间	《亘史》(随写随刻)
	唐晖	万历年间	《国语髓析》21 卷
	方庞	万历年间	《易学六种》
	黄邦彦	万历八年	《诸葛武侯心书八阵图说》2 卷
		万历十七年	《孙子集注》13 卷
		万历末年	《历朝诗林广记》4 卷
	方攸绩	万历八年	《方简肃公文集》11 卷

续表

地区	代表刻家	刻书年代	代表刻本
歙县	吴元满	万历十二年	《六书总要》7 卷
		万历末年	《万籁中声》20 卷
	程开泰	万历十三年	《十岳山人集》5 卷
	方嘉树	万历十六年	《方建元集》14 卷
	孙大绶	万历十六年	《茶经》及《外集》4 卷、《茶具图赞》1 卷、《茶经水辨》1 卷
	汪一鸾	万历十八年	《淮南鸿烈解》21 卷
		万历三十二年	《吕氏春秋》26 卷
	朱朝聘	万历十八年	《四史鸿裁》40 卷
	汪学尼	万历十八年	《国朝名公经济宏词选》12 卷
	汪宗尼	万历十九年	《万首唐人绝句》101 卷
		万历年间	《国秀集》3 卷、《唐诗品汇》90 卷、《唐诗拾遗》10 卷
	方有执	万历二十一年	《伤寒论条辨》10 卷
	程元方	万历二十二年	《白榆集》28 卷
	朱元镇	万历二十六年	《牡丹亭还魂记》2 卷
	程涓	万历二十七年	《千一疏》22 卷
	吴中明	万历二十八年	《山海舆地全图》
	郑舜宾	万历二十九年	《古乐府》4 卷
	毕懋康	万历三十一年	《新安文献志》100 卷、《先贤事略》2 卷
		万历三十七年	《新安文献志(简本)》67 卷
		万历三十八年	《文俪》18 卷
		万历四十年	《冯少墟集》22 卷
		万历四十六年	《道德经测》2 卷
		万历末年	《十家唐诗》12 卷
		崇祯九年	《寓简》10 卷
	洪世俊	万历三十一年	《宝和堂重修宣和博古图》30 卷

续表

地区	代表刻家	刻书年代	代表刻本
歙县	方万山	万历三十二年	《谢叠山先生文集》6 卷
	罗文瑞	万历三十三年	《尔雅翼》32 卷
	吴可中	万历三十四年	《苏堂集》10 卷
	汪汝淳	万历三十五年	《天主教义》2 卷(利玛窦著)
		万历三十七年	《明初四家诗》41 卷
	汪翰	万历三十六年	《可泉拟涯翁拟古乐府》3 卷
	许立言	万历三十六年	《许文穆公集》6 卷
	江秉谦	万历三十八年	《对问编》8 卷
	张时升	万历四十年	《晞发集》6 卷
	汪瑗	万历四十二年	《杜律五言补注》4 卷
	汪文英	万历四十三年	《楚辞集解》19 卷
	方时化	万历四十三年	《方初庵先生集》16 卷
	朱时新	万历四十四年	《朱枫林集》10 卷、《覆瓿集》8 卷
	吴迥	万历四十四年	《珍善斋印印》4 卷
		万历四十六年	《晓采居印印》4 卷
	汪元标	万历四十六年	《警语类抄》8 卷
	江湛然	万历四十六年	《少室山房笔丛》4 集 189 卷
	程明善	万历四十七年	《坡仙集》16 卷
	吴士奇	万历四十八年	《绿滋馆考信编》2 卷、《征信编》5 卷
		万历末年	《绿滋馆稿》9 卷、《皇明副书》100 卷、《唐乐府》18 卷
	江绍前	万历末年	《续藏书》27 卷
	程标	万历末年	《针方六集》6 卷
	程明恕	万历末年	《国秀集》3 卷
	吴可奇	万历末年	《卓吾先生批评龙溪王先生语录抄》8 卷
	吴子玉	万历末年	《中立四子集》4 种 64 卷

地区	代表刻家	刻书年代	代表刻本
歙县	吴守忠	万历末年	《吴瑞谷集》16 卷
	吴子湛	万历末年	《医方考》6 卷、《脉语》2 卷、《吴注黄帝内经素问》24 卷
	方九如	万历末年	《草诀百韵歌》1 卷
	鲍山	天启二年	《野菜博录》3 卷
	汪益源	天启二年	《大佛顶如来密因修证了义诸菩萨万行首楞严经讲录》15 卷
	朱泰阳	天启二年	《思问初编》12 卷
	程从约	天启三年	《唐诗选句》12 卷
	吴觐	天启四年	《文泉子》6 卷
		天启五年	《孙可之集》10 卷
	吴正旸	天启五年	《印可》3 卷
	潘弼亮	天启六年	《亘史》93 卷
	罗朗	天启六年	《罗鄂州小集》6 卷、《尔雅翼》32 卷
	许志才	天启年间	《许文穆公全集》20 卷
		天启崇祯间	《城阳山志》3 卷
	曹臣	天启崇祯间	《舌华录》9 卷
	吴先贤	天启末年	《太常怀溪吴公奏议》
	方一藻	崇祯二年	《历测》3 卷、《元布算法》1 卷
	鲍宇度	崇祯三年	《瑞芝山房集》14 卷
	程从周	崇祯五年	《程茂先医案》
	吴时行	崇祯六年	《两洲山人集》10 卷
	汪瑶光	崇祯六年	《太函副墨》21 卷、《汪道昆年谱》1 卷
	汪汝谦	崇祯八年	《参寥子诗集》12 卷、《东坡称赏道潜之诗》1 卷
		崇祯十五年	《秦少游集摘》1 卷
	江德新	崇祯十一年	《对问编》8 卷
	方生	崇祯十一年	《春秋繁露》17 卷

地区	代表刻家	刻书年代	代表刻本
歙县	程衍道	崇祯十三年	《外台秘要》40 卷
休宁	程敏政	弘治四年	《宋纪受终考》3 卷
		弘治五年	《心经附注》4 卷
		弘治十年	《经礼补遗》9 卷、《仪礼逸经》2 卷
	汪泰元	弘治五年	《太上玄灵无量度人上品妙经》3 卷、《元始无量度人上品妙经》3 卷
	汪循	弘治十二年	《儒志编》2 卷
	张辉	弘治十七年	《梅岩小稿》30 卷
	汪大章	正德八年	《渭南文集》52 卷
	程球	正德末年	《痘疹玄言》3 卷
	邵龄	嘉靖年间	《宋文鉴》150 卷
	程威	嘉靖四年	《宋遗民录》15 卷
	程玘纲	嘉靖五年	《重集读素问抄续注》10 卷
	程闻礼	嘉靖五年	《书经旁注》6 卷
	方广	嘉靖十五年	《丹溪心法附馀》24 卷
	金曰诵	嘉靖二十四年	《春秋集传》15 卷
	黄瑶	嘉靖二十九年	《后圃先生存集》4 卷、《响明斋诗文》1 卷
	程元晭	嘉靖三十五年	《程端明公洺水集》27 卷
	何其贤	嘉靖三十六年	《宋王荆公文集摘粹》4 卷
	詹景凤	嘉靖三十七年	《寒松阁集》3 卷
	程缵洛	嘉靖四十三年	《闲辟录》10 卷
	张复	嘉万年间	《爨下语》2 卷
	汪时元	隆庆四年	《青萝馆诗集》6 卷、《白云楼诗》12 卷
		万历年间	《古今诗删》34 卷
	俞指南	万历元年	《五经注选》5 卷

续表

地区	代表刻家	刻书年代	代表刻本
休宁	朱正民	万历二年	《笔畴》2 卷
	吴瀛	万历七年	《吴文肃公集》52 卷
	金瑶	万历七年	《周礼述注》6 卷
	程善定	万历十年	《俞仲蔚先生集》25 卷
	徐春甫	万历十四年	《医学入门捷径六书》6 卷
	黄尚色	万历十六年	《七政全书大成》
	金继震	万历十七年	《孟龙川文集》20 卷
		万历十九年	《唐骆先生文集》6 卷
	林熙春	万历十九年	《龟山先生全集》47 卷
	孙平仲	万历二十二年	《南华真经旁注》5 卷
		万历二十六年	《汉隽》10 卷
	孙泰来	万历二十四年	《赤水玄珠》30 卷、《医宗绪余》2 卷、《医案》5 卷
	汪宗淳	万历二十四年	《焦太史汇选中原文献》24 卷
	汪可进	万历二十四年	《公余草就》3 卷
	程朝京	万历二十五年	《清源文献》18 卷
	张羽	万历二十六年	《古本董解元西厢记》8 卷
	汪栋	万历二十六年	《汪虞卿梅史》1 卷
	吴继安	万历二十九年	《历代帝王历祚考》11 卷
		万历末年	《汉隽》10 卷
	范涞	万历三十一年	《典籍便览》8 卷
		万历四十年	《朱文公语录类要述》18 卷
		万历四十五年	《呓言》10 卷
	吴继京	万历三十二年	重修《吴文肃公文集》22 卷
	汪荫	万历三十七年	《东山存稿》8 卷
	黄懋德	万历三十八年	《南华真经》8 卷

续表

地区	代表刻家	刻书年代	代表刻本
休宁	汪淮	万历三十九年	《徽郡诗》8 卷
	程禹迹	万历四十二年	《耕余剩技》4 种 6 卷
	汪高科	万历四十五年	《呓言》10 卷
	江邦柱	万历四十五年	《周易会通》12 卷
	程大宪	万历四十六年	《程氏雪斋竹谱》3 卷
		万历末年	《程氏印谱》5 卷
	黄俅	万历四十七年	《黄帝内经素问注释》10 卷
	程胤万	万历末年	《程仲权先生集》26 卷
	吴沦	万历末年	《湛甘泉先生文集》35 卷
	朱简	万历末年	《修能印品》9 卷
	朱梦阳	万历末年	《吕氏春秋》26 卷
	朱士泰	万历末年	《韩非子纂》2 卷
	金声	万历末年	《秦律》15 卷
	程明宗	天启二年	《弈薮》(朱、墨、蓝三色套印)
	汪先岸	天启四年	《休阳诗集》12 卷
	程至远	崇祯元年	《程洺水先生集》31 卷
	程宗猷	崇祯二年	《射史》8 卷
	程一础	崇祯二年	《老子道德经》6 卷
		崇祯四年	《孝经刊误》1 卷
	汪宗友	崇祯末年	《汪子中诠》6 卷
	程维培	崇祯末年	《通鉴全史汇编历朝传统录》8 卷
黟县	王静	宣德三年	《效颦集》3 卷
		宣德七年	《历朝通略》4 卷、《枫林小四书》4 种 5 卷
	舒荣都	天启二年	《练兵纪实》15 卷、《闲署日抄》22 卷
	江之宝	崇祯五年	《新镌易经玄备》15 卷

地区	代表刻家	刻书年代	代表刻本
祁门	汪机	嘉靖初年	《脉诀刊误》3 卷
	方谦	嘉靖五年	《秋岩先生稿》83 卷
	汪邦铎	嘉靖年间	《石山医案》7 种 26 卷（后补刻 8 种 32 卷）
	陈嘉谟	嘉靖四十四年	《本草蒙荃》12 卷
婺源	戴铣	弘治年间	《宋纪受终考》2 卷、《篁墩程先生文粹》25 卷
	叶天爵	弘治年间	《豫章黄先生文集》52 卷、《伐檀集》2 卷、《山谷先生年谱》30 卷
	程启	正德二年	《新安学系录》16 卷
	胡珽	正德二年	《沧浪严先生吟卷》3 卷
		嘉靖十八年	《梅岩胡先生文集》10 卷
	潘旦	嘉靖元年	《周易本义通释》14 卷
	江应晨	嘉靖二年	《秘传天录阁寓言外史》8 卷
	许亮	嘉靖初年	《先天集》11 卷
	汪元锡	嘉靖年间	《史通》20 卷
	方升	嘉靖年间	《刘须溪杜诗选》7 卷、《赵东山五言类选》1 卷、《虞伯生七言杜诗选》1 卷
	潘滋	嘉靖七年	《梅岩胡先生文集》10 卷
		嘉靖十四年	《山屋百官箴》6 卷
	王懋元	嘉靖十二年	《双溪文集》27 卷
	程资	嘉靖十九年	《正德十二年丁丑年增注会录》1 卷
	洪垣	嘉靖十九年	《东廓先生文集》9 卷
		万历七年	《湛甘泉先生全集》
	潘璜	嘉靖二十一年	《晦庵先生朱文公集》143 卷
	胡陛	嘉靖二十二年	《梅岩胡先生文集》10 卷
	朱崇正	嘉靖二十九年	《新刊仁斋直指》27 卷
	叶茂芝	隆庆四年	《汪东峰先生奏议》4 卷

续表

地区	代表刻家	刻书年代	代表刻本
婺源	游有常	隆庆六年	《新刊书经批注分旨白文便览》12 卷
	詹惟修	万历年间	《史记拔奇》2 卷
	程嘉祥	万历年间	《本草纲目》52 卷
	汪以成	万历十年	《大明同文集举要》51 卷、《同文千字文》2 卷
	汪跃德	万历十三年	《医方考》6 卷
	潘时从	万历十四年	《书法要录》40 卷
	余一龙	万历十九年	《督抚奏议》6 卷
	余一贯	万历二十年	《史记要删评苑》4 卷
	戴文宗	万历二十年	《四六梅花》4 卷
	叶份	万历二十一年	《莲峰先生集》7 卷
	余昌祚	万历二十二年	《仁狱类编》30 卷
		万历三十二年	《说颐》8 卷
		万历三十八年	《读史随笔》2 卷
	王璘	万历二十四年	《双溪文集》28 卷
	江起鹏	万历三十二年	《近思录补》14 卷
	潘士藻	万历三十二年	《朴溪潘公文集》9 卷
	朱崇沐	万历三十二年	《重锓朱文公先生奏议》15 卷、《朱文公校昌黎先生集》52 卷
		万历四十三年	《重辑朱子要录》15 卷
		万历末年	《楚辞集注》16 卷
	潘士鲁	万历三十四年	《读易述》17 卷
	汪国楠	万历三十七年	《宋名臣言行录》75 卷
	程汝济	万历三十七年	《周易宗义》12 卷
	洪士漠	万历四十二年	《觉山洪先生史说》3 卷
	余懋衡	崇祯十三年	《古方略》18 卷

注：①本表所列刻家不含家族、私家书院、文会等集体刻书；②本表未列入谱牒刻本；③佚名刻本未列入。

资料来源：本表根据明、清、民国时期文献、书目提要、题跋等并参考刘尚恒《徽州刻书与藏书》、徐学林《徽州刻书》、张国标《徽州版画》等书整理、补充而成。

明隆庆、万历以前，徽州家刻以官宦、士人、乡绅为主，商人刻书较少见；万历以后，随着徽商的崛起，商人刻书越来越多，并逐渐在徽州家刻队伍中占主导地位。随着徽商经济力量的延伸，其他几种刻书类型也与徽商有着直接或间接的联系。如官宦、士人家刻中，不少官宦、士人出身徽商家庭，特别是很多徽商通过捐资纳官，成为官宦行列；家族刻书、书院刻书、文会刻书等，其刻书资金绝大多数来源于徽商。

明代徽州家刻的图书类型相当丰富，不仅超越前代，而且也为清代所不及。所刻图书类型有：其一，解经著述类。此类在传统刻书中占主流地位，这主要是由传统主流思想意识决定的。徽州家刻自然也趋之若鹜。其二，名人文集类。主要是本族先世有影响的或对本族有重要贡献的名人的文集。其三，家传秘籍类。其四，艺术欣赏类。如程大约刻印的《程氏墨苑》《方氏墨谱》，汪廷讷刻印的大型园林图版《环翠堂园景图》，胡正言刻印的《十竹斋书画谱》《十竹斋笺谱》等。这类刻本重要的一个特点是，讲究刻印质量，不惜巨金，打造精品。其五，戏曲小说类。典型的如汪道昆创作刻印的杂剧《远山戏》《高堂戏》《洛水悲》《游五湖》4种；吴大震创作并刻印的明人传奇《龙剑》；汪宗姬创作并刻印的传奇《丹笺》；汪廷讷刻印的《环翠堂乐府西厢记》等。其六，方志谱牒类。谱牒可以说是一个家族或宗族的源流史，徽州地区素有浓厚的宗族之风，普遍重视修谱，家家有谱，形成每二十年、三十年修谱一次的风气。谱牒类型，大至郡谱（徽州六县范围内所有大族合编一谱如《新安名族志》）、县谱（以一县为范围，合编各大族谱如《休宁名族志》）、合族之谱（凡属一姓，共同编谱如《新安武口王氏世系谱》），小至分支主谱（某族某支的单独宗谱如《新安歙北许氏东支世谱》）。谱牒的形式多样，如族谱、宗谱、统宗谱、世谱、世牒、支谱、房谱、家乘、家谱等。

徽州家刻中的艺术欣赏、戏曲小说和谱牒类刻本是明代徽州刻本中的亮点,不仅刻印数量在传统徽刻中空前绝后,而且出现大量的精本、善本,特别是出现了大量的图书版画,其精湛技艺为国内翘楚,其艺术风格对其他刻书地区如金陵、苏州、杭州等地产生了重要影响。尤其是家刻本的戏曲小说,它与坊刻本的戏曲小说显著不同在于:不仅其刻印质量远远超出坊刻本,而且其思想性也要高于坊刻本(当然,也存在一些家刻本被坊刻盗版情况)。

　　徽州家刻的图书走向主要有以下几种情况:其一,珍藏于家,这是徽州家刻的主要走向。徽州家刻主人一般将藏书、勘误与刻书活动视为一个整体。在有着浓厚的文化传统的徽州,图书收藏与刊刻尤其得到重视,从某种程度上说,可以视为徽州人的一种文化自觉,是继承祖业、发展儒学的文化追求。不过,在徽商的开放意识影响下,徽州无论是藏书还是刻书,逐渐形成了开放性的收藏风气,即打破了纯粹的收藏行为,而能够向社会上士人尤其是徽州本族士人开放,供他们无偿阅读。其二,作为馈赠之礼品。一些徽商为维系人脉关系,常刊刻一些书籍作为礼品赠送。其三,出售。在徽州商业风气的影响下,徽州一些家刻图书也开始走向市场,尤其是一些生活陷于困顿的家庭,将所刻印之书出售,维持生活。如明俞安期晚年病苦,生活困顿,不得不变卖家藏书,他寄诗与友人说:"卖书充药裹,削迹老蘅门。"[1]又如侨寓外地的吴诠、吴用仪父子,酷爱刻书藏书。修建"遂初园"作为藏书、刻书之所,"遂与江浙诸名士流连觞咏,座无俗客",可惜吴诠逝世后不久,兄弟争析产,所藏、刻之书连同"遂初园"皆被变卖。[2]类似情况在明代徽商中颇为常见。

　　2. 外埠徽州家刻

　　明代徽州人到外地或做官,或游学,或经商而长期定居该地,在定居期间亦积极主持或参与刻书活动。外埠徽州家刻最主要分布在江浙地区如金陵、杭州、扬州、嘉定等地,也有部分分布于北京、两湖、山

---

① 俞安期:《寥寥集》卷二五《寄汪仲庵》,《四库全书存目丛书·集部》。
② 杨立诚、金步瀛编,俞运之校补:《中国藏书家考略》,上海古籍出版社 1987 年版,第 72 页。

东等地(见表2-2)。

表2-2 明中后期外埠徽州家刻代表一览表

地区	代表刻家	刻主身份	原籍	年代	代表刻书
金陵	潘之恒	盐商后人	歙县	嘉靖	《合刻三志》81种81卷、《黄海》60卷、《尧山藏草》3卷、《雪山草》9卷、《空同子集》71卷、《黄帝内经素问》24卷、《灵枢》9卷、《亘史》6种93卷
	余懋学	官	婺源	隆庆、万历年间	《春秋蠡测》4卷、《仁狱类编》30卷
杭州	张士镐	官	歙县	嘉靖	《三子口义》15卷、《集注太玄经》6卷、《说玄》1卷
	胡宗宪	官	绩溪	嘉靖	《阳明先生文录》24卷、《传习录》3卷、《筹海图编》13卷、《历代史纂左编》142卷、《十岳山人诗集》5卷、《皇明经济录》41卷、《督抚奏议》12卷、《荆川稗海》120卷
	汪道昆	官(徽商之后)	歙县	万历	《春秋文》12卷、《弘明集》14卷、《广弘明集》32卷、《周礼注疏》42卷、《春秋左传节文》15卷、《大雅堂杂剧》5种
扬州	黄瓒	官(徽商之后)	歙县	正德	《淮海集》40卷
	黄埻	官(徽商之后)	歙县	嘉靖	《十二家唐诗》24卷
	郑元勋	官(徽商之后)	歙县	万历	《媚幽阁文娱》10卷
金坛	王肯堂	官	歙县	万历	《六科准绳》6种
登州	潘滋	官(徽商之后)	婺源	嘉靖	《浮槎稿》12卷、《梅岩文集》10卷、《双溪文集》17卷
南昌	毕效钦	官	歙县	嘉靖、隆庆年间	《五雅》(《尔雅》、《释名》、《广雅》、《埤雅》、《尔雅翼》)5种73卷、《十九家唐诗》19种20卷、《江光禄集》10卷、《新刻释名》8卷
广昌	余宗器	官	婺源	嘉靖	《椒丘文集》35卷
泰州	吕清	官		嘉靖	《吕忠穆公奏议》3卷

续表

地区	代表刻家	刻主身份	原籍	年代	代表刻书
嘉定	李流芳		歙县	万历	《檀园集》12 卷
	程嘉燧	商	休宁	万历	《程孟阳诗》4 卷
巨野	方时化	官	歙县	天启	《巨野县志》10 卷
山东	汪砢玉	官		崇祯	《古今鉴略》9 卷
北京	王意庵	医	祁门	嘉靖	《意庵医案》

注：①本表所列刻家不含家族、私家书院、文会等集体刻书；②本表未列入谱牒刻本；③佚名刻本未列入。

资料来源：本表根据明、清、民国时期文献、书目提要、题跋等并参考刘尚恒《徽州刻书与藏书》、徐学林《徽州刻书》、张国标《徽州版画》等书整理、补充而成。

上表只是罗列了部分家刻代表，但基本上反映了明代徽州家刻在外埠的分布情况。从所列刻家代表的身份来看，除部分是官宦或士子外，商人逐渐增多，表明越来越多的徽商开始投身于家刻行列，这种刻书现象在明初是较少见的。

（三）明中后期坊刻书

徽州坊刻，指徽州书坊主组织或投资的图书生产和销售活动，其最终目的就是将图书投放市场、谋取利润。它是明清徽商经济的重要组成部分。徽州坊刻的类型，按成因的不同，可分为直接投资坊刻、家刻演变成坊刻、刻工上升为坊刻、兼营坊刻等；按投资形式的不同，可分为自刻自销、个体独资而雇人刻印销、多行业兼营、家族合资联营等；按刻书产销所在地不同，可分为徽州本土产销、外埠徽州产销、徽州本土与外埠徽州联营产销等。

明万历至崇祯年间，徽州坊刻异军突起，并在徽商的带动下，发展迅速，超过了官刻、家刻。此时期，徽刻图书，门类齐全，各个方面，无不涉及。最著名的有精刻绘图传奇、杂剧、小说及话本。几乎每一本小说和戏剧作品,都附有插图来协助说明情节。为迎合正在出现的商业社会的需要,徽州版刻还出现了一批关于天文、地理、物产、科技、医药,乃至行旅路程、书契格式等为士农工商外出居家、日常生活必备的常识通俗读物。另外,集诸书汇刻成编的所谓丛书,明嘉靖后纷纷出版。

1. 本土徽州坊刻

明中叶以后,徽州府坊刻主要有四大姓:吴氏、程氏、汪氏、黄氏。

吴氏刻书。著名的有吴勉学师古斋,吴管的西爽堂,吴元维的树滋堂,吴元满、吴昆的亮明斋,吴琯的石香馆,吴养春的泊如斋,吴继仕的熙春堂等。歙县丰南的吴勉学,广刻各类书籍,《歙县志》称他"博学藏书,尝校刻经、史、子、集数百种,雠勘精审"。仅以医书而言,他就辑刊有《河间六书》8 种 27 卷,《古今医统正脉全书》44 种 215 卷。除了医书之外,他还刻印了《资治通鉴》《宋元资治通鉴》《两汉书》《礼记集说》《性理大全》《二十子》《近思录》《唐诗正声》《唐乐府》《世说新语》《花间集》《阳宅真诀》《凿井图经》《神授经心传秘法》《宅宝经》等典籍。他还同当时歙县西溪南大木商吴养春合伙,校印了《朱子大全》。

程氏刻书。主要有程荣、程百二、程应衢、程一枝、程大位、程好之与程概之兄弟、程大约、程大宪、程嘉祥、程一础等。程荣于万历二十八年(1600)辑刻《汉魏丛书》38 种 250 卷,该书为我国第一部名副其实的综合性丛书。程百二于万历四十二年(1614)辑刻《方舆胜略》18 卷、《外夷》6 卷,自辑《程氏丛刻》9 种 13 卷。程好之、程概之兄弟于天启间刻《天都阁藏书》15 种 26 卷。程嘉祥于万历间重刻《本草纲目》52 卷。

汪氏刻书。主要有汪济川的主一斋、汪以成的经义斋、汪应魁的贻经堂、汪应鼎的流翠山房等。汪济川于嘉靖二十四年刻《伤寒论注》10 卷、《明理论》3 卷、《论方》1 卷。汪应魁于天启七年(1627)刻《远西奇器图录最》2 卷,此书为我国最早中英文合著的图书,影响深远。汪应魁还刻有《周易传义》24 卷、《春秋四传》38 卷等。汪应鼎辑刻《流翠山房辑选八大家论文要诀》8 卷等。

黄氏刻书。早期主要有成化、弘治年间的黄文敬、黄文汉;万历后主要有黄之宷、黄正位、黄尚文、黄嘉育、黄嘉惠、黄晟、黄正达等。万历年间,黄尚文刻自编《女范编》3卷,黄之宷刻《六子书》21卷,黄嘉育刻《刘向古列女传》7卷、《续列女传》1卷;崇祯年间,黄嘉惠刻《史记》130卷、《董解元西厢记》2卷、《东坡小词》2卷、《东坡题跋》4卷、《东坡尺牍》2卷。其他如黄正达刻《新刊徽郡原版校正绘像注释魁字登云三注故事》4卷,黄正选刻《新刊徽郡原版绘像注释魁字登云日记故事》2卷,黄裔我的存诚堂刻《新刻魏仲雪先生批评投笔记》2卷、《鼎镌吴宁野汇选四民切要时制尺牍芳规》4卷等,黄汝清刻《堪舆论气正诀》2卷,黄德时的还雅斋刻《新编女贞观重会玉簪记》2卷、《宝古堂重修宣和博古图录》30卷。

明代徽州其他坊刻还有周氏刻《天梯故事》、徐氏刻《半夜雷轰荐福碑》等。

另外,一些刻工出身而成为书坊主的,他们所刻图书内容一般限于童蒙读物、小说、戏曲、日常用书、谱牒、民间年画、宗教版画等。这些读物易刊刻,销售快,资金回笼也快。

从刻书时间分布来看,徽州本土坊刻从弘治初年始有发展,历经正德、嘉靖朝的延续,在万历中期达到极盛。从坊刻主姓氏分布来看,明中叶以后,徽州府坊刻主要有四大姓:吴氏、程氏、汪氏、黄氏,其他还有许氏、方氏、周氏、徐氏等。从地域分布来看,徽州府六县坊刻以歙县为盛,其次为休宁,绩溪、祁门、黟县则相对稀少(参见表2-3)。

表 2-3　明中后期徽州地区坊刻代表一览表

地区	代表刻主	刻坊	年代	代表刻书
歙县	黄正慈	集义书堂	嘉靖十六年	《新刊春窗联偶巧对类编》2卷
			万历三十年	《全璧故事》5卷
			万历三十一年	《重刻联对便蒙图像七宝故事大全》20卷
			万历末年	《新镌京板全补源流引蒙登龙会海对类》30卷

续表

地区	代表刻主	刻坊	年代	代表刻书
歙县	吴汝纪		嘉靖年间	《韦苏州集》8 卷
			万历十三年	《国语》21 卷
			万历三十一年	《陶靖节先生集》8 卷
	汪济川	生式斋	嘉靖二十四年	《伤寒论注》10 卷、《明理论》3 卷
			嘉靖二十六年	《巢氏诸病源流总论》16 卷
	吴勉学	师古斋	隆庆万历年间	《古今医统正脉全书》《痘科大全》《东垣十书》《刘河间伤寒六书》《二十子》
	程大约	滋兰堂	万历四年	《徽郡新刻名公尺牍》3 卷
			万历三十三年	《程氏墨苑》12 卷、《人文爵里表》9 卷、《中山狼传》2 卷
			万历三十六年	《犍椎梵赞》1 卷
			万历末年	《园中草》1 卷、《青藜阁初稿》(与胡日新合刻)3 卷
	黄正蒙		万历十六年	《大鄣山人集》53 卷
	方于鲁	美荫堂	万历年间	《方氏墨谱》6 卷、《佳日楼记》
	吴养春	泊如斋	万历十六年	《泊如斋重修宣和博古图》30 卷、《朱翼》12 册、《朱子大全集》60 种 112 卷(与吴勉学合刻)
	吴琯	西爽堂	万历年间	《古今逸史》55 种 223 卷、《大唐西域记》13 卷、《三国志》65 卷、《晋书》130 卷、《唐诗正声》22 卷、《薛氏医案》24 种 107 卷
			万历十三年	《合刻山海经水经注》2 种 58 卷、《唐诗纪》170 卷
			万历四十年	《诗纪》156 卷
			万历四十一年	《说略》30 卷
			万历四十三年	《王元美先生文选》26 卷
			崇祯四年	《新制诸器图说》1 卷

续表

地区	代表刻主	刻坊	年代	代表刻书
歙县	蔡凤鸣	慈仁斋	万历十九年	《楞严经》10卷
	汪应衢	玄鉴堂	万历二十二年	《毛诗郑笺纂疏补协》21卷
			万历二十六年	《梵网经心地品菩萨戒义疏发隐》5卷
	程子美	九我堂	万历二十六年	《出像牡丹亭还魂记》2卷
	黄尚文		万历三十年	《古今女范》4卷
	黄嘉育	文林阁	万历三十四年	《刘向古列女传》8卷
	吴元维	树滋堂	万历三十六年	《秦汉印统》8卷
			万历三十七年	《世说新语》3卷
	黄正位	尊生馆	万历三十七年	《阳春奏》3种3卷、《庄子南华经》8卷、《剪灯新话》4卷、《剪灯余话》4卷、《云仙杂记》10卷、《琵琶记》2卷、《虞初志》7卷
	潘膺祉	如皋馆	万历四十年	《砚笺》4卷、《墨评》、《墨谱》3卷
			万历四十四年	《五杂俎》16卷、《履斋示儿编》23卷
	程百二	师古斋	万历四十二年	《方舆胜略》24卷、《程氏丛刻》9种13卷
	黄昌龄		万历四十六年	重印孙幼安书版《稗乘》43种47卷
	方瑞生		万历四十六年	《墨海》12卷
	程荣		万历年间	《汉魏丛书》38种251卷、《山居清赏》15种28卷
	程一枝	青藜阁	万历年间	《精辑时兴雅谜》2卷、《精辑时兴酒令》2卷、《精定时兴笑语》2卷
	许氏	醋醋斋	万历年间	《醋醋斋酒牌》1卷
	黄正选		万历年间	《新刊徽郡原版绘像注释魁字登云日记故事》2卷
	黄之寀	尊生馆	万历年间	《六子书》21卷、《道言内外秘诀全书》34卷、《吕东莱左氏博议》12卷、重印吴勉学刊版《二十子》

续表

地区	代表刻主	刻坊	年代	代表刻书
歙县	黄正达		万历年间	《新刊徽郡原版校正绘像注释魁字登云三注故事》4 卷
	黄正宗	兴正堂秀宇堂	万历年间	《春秋胡传》30 卷
	周少葵		万历年间	《新刊徽郡原版校正绘像注释魁字天梯日记故事》4 卷
	黄裔我	存诚堂	万历崇祯间	《鼎镌吴宁野汇选四民切要时制尺牍芳规》4 卷、《新刻张侗初先生汇编四民便用注释札束五朵云》4 卷、《新刻张天如先生增补注释启蒙会海玉对类》4 卷、《新刻魏仲雪先生批评投笔记》2 卷
	黄德时(刻工出身)	还雅斋	万历年间	《淮南鸿烈解》30 卷、《新编女贞观重会玉簪记》2 卷、《宝古堂重修宣和博古图录》30 卷
	周氏		万历年间	《新镌汇选辩》(传奇 34 种、散曲 21 套)
	黄正甫	文宗堂	万历年间	《精选古今诗词筵席争奇》3 卷
			天启间	《新刻考订按鉴通俗演义全像三国志传》21 卷
	黄耀宇		万历末	《新刊徽郡原版校正绘像注释魁字登云全璧故事》4 卷
	黄灿宇		万历末	《鼎刻京板太医院校正分类青囊药性赋》
	黄汝清		万历末	《堪舆论气正诀》2 卷
	黄一桂		天启七年	《叶向高全集》7 种 118 卷
	程好之		天启间	《天都阁藏书》15 种 26 卷
休宁	汪应皋		万历年间	《宋之问集》2 卷、《沈佺期集》2 卷、《陈子昂诗集》2 卷、《卢照邻诗集》2 卷、《杨炯集》2 卷
	吴继仕	熙春堂	万历年间	《七经图》7 卷
	汪栋		万历十六年	《汪虞卿梅史》1 卷

续表

地区	代表刻主	刻坊	年代	代表刻书
休宁	吴怀保	七松居	万历十六年	《杜律五言注解》3 卷、《晏子春秋》4 卷、《书言故事大全》12 卷
	汪廷讷	环翠堂	万历年间	《环翠堂园景图》
			万历二十八年	《人镜阳秋》22 卷
			万历三十五年	《文坛列俎》10 卷
			万历三十七年	《坐隐先生全集》3 种 18 卷
			万历三十九年	《坐隐先生精订陈大声乐府全集》7 种 12 卷
	汪宗尼	晴云精舍	万历十九年	《万首唐人绝句》101 卷
			万历三十三年	《唐诗品汇》90 卷
	程大宪	滋莪馆	万历三十六年	《程氏竹谱》2 卷
	程宗献		天启元年	《耕余剩技》4 卷
	佚名	高升铺	天启三年	《新刻照千字文集音辨义》
	佚名	开益堂	天启间	《新镌便蒙群珠杂字》
	黄嘉惠		崇祯间	《史记》130 卷、《董解元西厢记》2 卷、《苏黄风流小品》6 种 16 卷
婺源	游氏	余庆堂	万历年间	《诸家笔筹》4 卷
	汪樵云	浣月轩	万历三十四年	《新镌全象蓝桥玉杵记》3 卷
	汪士贤	省吾堂	万历年间	《汉魏二十二家集》128 卷、《山居杂志》21 种 38 卷
不明	郑少斋	宗文书院	万历二十一年	《新镌京本校正注释句解古文正宗》16 卷
	佚名	观化轩	万历二十六年	《新镌女贞观重会玉簪记》2 卷
不明	朱应元	慈仁斋	万历三十年	《大佛顶如来密因修正了义诸佛菩萨万行首楞严经》10 卷
	佚名		万历三十四年	《女骚》9 卷

资料来源：本表根据明、清、民国时期文献、书目提要、题跋等并参考刘尚恒《徽州刻书与

藏书》、徐学林《徽州刻书》、张国标《徽州版画》等书整理、补充而成。

2. 外埠徽州坊刻

外埠徽州坊刻主要集中在金陵、杭州、湖州、吴兴、苏州、扬州、北京等地。特别是金陵和杭州的徽籍坊刻,影响巨大,是推动当地刻书业发展的重要力量,其作用甚至超过了当地的刻书家。

金陵。明朝初年,金陵坊刻并不突出,万历至崇祯年间,金陵坊刻盛极一时。金陵坊刻的兴盛,与外埠此地的徽籍坊刻和刻工关系密切。徽州坊刻和刻工为了开辟新的图书经营领地,扩大书坊经营和销售业务,便瞄准了当时政治、文化中心的金陵。徽州坊刻图书很快受到金陵地区读者的欢迎,徽州坊刻风格也深深影响了金陵刻书风格。明中后期,在徽刻风格的带动下,金陵刻书风格发生了转变。侨寓金陵的徽州书坊最著名的有汪云鹏的玩虎轩、郑思鸣的奎璧斋、汪廷讷的环翠堂、胡正言的十竹斋等。这些书坊所刻图书绝大部分为戏曲、小说、时文、笔记之类,因这些书与经、史、子、集相比而言,投资小、读者多、销售快、盈利大。他们为了吸引读者,注重书籍装帧的美观,凡书必有插图。如汪廷讷刊刻戏曲图书《义烈记》《彩舟记》《狮吼记》《西厢记》等,重金聘请画家汪耕、钱贡为之作画,延请徽州名刻工为其镌刻。书中插图多采双面连式,富丽堂皇,笔法纤细入微;在图版空白处,往往以细密的图案花纹相补充。环翠堂的刻书特色得到了读者的广泛欢迎,从而推动了金陵刻书版画由粗放向细腻精致的转变。胡正言十竹斋,聘请十数名刻工,研制出饾版、拱花等印刷技艺,采用五色套印出版了《十竹斋画谱》《十竹斋笺谱》,谱中花卉羽虫,色彩逼真,栩栩如生,成为学画的范本,当时行销各地,为人争购。郑振铎言:"余收版画书二十年,于梦寐中所不能忘者,惟彩色本程君房《墨苑》,胡曰从《十竹斋笺谱》及初印本《十竹斋画谱》等三十伟著耳。"[1]

杭州。侨寓杭州的徽籍书商以黄姓最多,亦是最著,成为杭州刻书业中重要的支柱。后人有云:杭州刻书版画"殆无不出歙人手,绘制

---

① 郑振铎:《劫中得书记》,上海古典文学出版社 1956 年版。

皆精绝"[1]。而且,黄姓书商大都由刻工出身,他们精通版画艺术,将徽派版画精致细腻的风格带到了杭州地区,促进了杭州地区版画风格的转变。如黄凤池的集雅斋,以刻印画谱闻名于杭,万历至天启年间先后刻印了《集雅斋画谱》8 种、《唐诗画谱》3 种和《梅竹兰菊画谱》1 种等,其刻书风格在杭州地区产生了广泛的影响。万历年间起凤馆刊本《王李合评北西厢记》《王李合评南琵琶记》,书中图文皆为黄一楷、黄一彬所刻。万历年间黄应光先后刻《精选点版昆调十部集乐府先春》、香雪居刊本《校注古本西厢记》、容与堂刊《李卓吾批评玉合记》《李卓吾批评琵琶记》诸本,在当时影响很大,是明代刊刻戏曲图书中较有特色的作品。其他如明万历四十四年黄一彬、黄桂芳、黄端甫等刻杭州刊本《青楼韵语》,万历四十五年黄鸣歧、黄端甫、黄吉甫、黄翔甫、黄应淳等黄氏族人刻的七峰草堂刊本《原本牡丹亭记》,明万历四十三年,黄应光、黄礼卿、黄端甫等刻臧氏博古堂刊《元人百种曲》100 卷。这些图书图版宏富,绘刻精丽,都堪称中国古代戏曲版画中的瑰宝。

福建地区。嘉靖《建阳县志》有《书坊图》,建阳书坊有堂号姓名可考者约 64 家,苏州则 37 家,杭州书坊 24 家,北京 10 家,徽州 10 家。[2]如徽州书林明雅堂于崇祯末年刊印的《新镌赤心子汇编四民利观翰府锦囊》8 卷等。

扬州地区也是徽商汇聚地,徽州坊刻也较多。此外,北京等地亦有徽州坊刻。

(四)明中后期徽州刻工

在明清徽州刻工的发展过程中,尤以明万历至崇祯年间为高峰。明清刻工技艺尤以版画刻印技术最为世人瞩目。郑振铎在《中国版画史》序中说:"我国版画之兴起,远在世界诸国之先。……独我国则于

---

[1]　郑恭:《杂记》,见张海鹏、王廷元:《明清徽商资料选编》,黄山书社 1985 年版,第 206 页。
[2]　参见谢永顺:《福建古代刻书》,福建人民出版社 1997 年版,第 333 页。

晚唐已见流行。迄万历、崇祯之际而光芒万丈。歙人黄、刘诸氏所刊，流丽工致，极见意匠。十竹斋所刊画谱、笺谱则纤妙精雅，旷古无伦，实臻彩色版画最精至美之境。"[①]明代中后期插图版画辉煌时期的领军人物，皆是徽州刻工。徽州刻工以黄氏刻工技艺为杰出。据学者考证，黄氏从明正统即开始刻书，延至清道光年间，历时四百余年，而明代则是黄氏刻工最为活跃的时期，从明正统至崇祯末，黄氏刻工有 280位，占据明清黄氏刻工人数总数（400 位左右）的大半。[②]

明中叶徽州刻工的兴盛有多方面原因。首先，明中期"班匠银"制度的改革，一定程度上解放了手工业者的人身自由，刻工亦受惠其中。随着商品生产的发展，货币经济的上升，明政府对轮班匠制度进行了改革。成化二十一年（1485），规定轮班匠可以银代役。此法实行后，值班匠只要缴纳匠班税，就可自由经营，不需服役。在此政策下，徽州刻工获得了较大人身自由，可以常年专心于刊刻事业。其次，徽州刻工家族传承、积累的结果。徽州刻工刊刻技艺与徽州深厚的文化传统分不开的，砖、木、石"三雕"是徽州传统的工艺，明清时期在徽商的推动下，三雕技艺发展至极致。徽州刻工充分运用传统的"三雕"和徽墨歙砚的雕刻技艺，精益求精地钻研刻印技术，并家传户习传承下来。再次，明清时期，徽州地区商品经济的繁荣和教育风气的浓厚，为徽州传统书业带来了新的生机，徽州刻工获得了更大的发展空间。最后，徽州刻工的兴盛，与徽商的带动有着密切的关联，后文将有详细论述，在此不赘述。

与其他地区刻工相比较而言，徽州刻工有其自身鲜明的特色：第一，其刊刻技艺有徽州深厚的文化传统为支撑。前文述及，徽州刻工技艺很多源于徽州传统"三雕"技艺，徽州刻工将其潜移默化到刻书中去。同时，徽州素有重视教育的传统，在家弦户诵的风习下成长的徽州刻工，一般具有一定的文化水平，有的甚至兼具书法、绘画技艺于一

---

① 郑振铎：《西谛书话》，三联书店 1998 年版，第 203 页。
② 参见曹之：《明代新安黄氏刻书考略》，《出版科学》2002 年第 4 期。

身。这些因素在徽州刻工技艺发展过程中起到了重要的作用。第二，徽州地区秀丽的自然环境造就了徽州刻工娟秀细腻精致的版画刻风。明清兴盛的徽州版画，向来以线条劲秀有致，刀法精妙入微，画面、版面生动活泼，形象俊逸缜密而著称。任何艺术的创作均来源于创造者感官对现实的认识，徽州刻工这种刻风自然与秀美甲天下的徽州自然环境是分不开的。第三，明中叶后徽州刻工大多呈家族化、外向化发展态势。明中叶以后黄氏、仇氏、汪氏、刘氏等刻工家族充分体现了家族世袭化发展的特色。除黄氏刻工外，徽州一地他姓中，也涌现出一批赫赫有名的木刻能手，如洪国良、刘君裕、刘大德、谢茂阳、汪成甫、刘杲卿、郑圣卿、郭卓然等，都是能与黄氏刻工并耀争辉的卓然大家，他们也和相当一部分黄氏名工一样，走出徽州，走向外埠，其精湛刻印技艺为徽州刻工赢得了广泛的声誉。因而周芜评价说："黄氏木刻家大批流寓杭州，把杭州的版画提高到一个崭新的阶段，使杭州版画与徽州版画得以分庭抗礼。"[①]第四，徽州刻工往往与画家、书法家通力合作。尤其是黄氏刻工，他们"对难度大、内容复杂的画稿都能够从理解、制作上充分表达画家的思想境界，栩栩如生地再现画面，渲染环境，做到阐工尽巧，神达韵臻的地步。世有'徽刻之精在于黄，黄刻之精在于画'之说"[②]。

　　黄氏刻工。徽州刻工以歙县刻工最著，而歙县刻工鼎盛于明代，尤以虬村黄氏为著。徽州刻工以歙县虬川黄氏家族名望最高。从明正统元年到清道光十二年（1832）四百年左右时间，黄氏家族刻工约三四百人（不包括女工），现已发现刻书270余部，这远不是黄氏历代刻工丰硕成果的全部。黄氏的作品，刀法隽永流畅，线条清晰，即使摹刻画家的原稿亦极为逼肖，在我国版画史上具有很高地位。万历时人黄应瑞，以刻图著称，所刻《闺范图说》《历科状元图考》《程朱阙里志》图，界画精整，山水树木楼屋仕女无不精绝。黄文技、仇以寿等刻《新安文献

---

　　① 　周芜：《徽州版画史论集》，安徽人民出版社1984年版，第6页。
　　② 　《安徽省志·出版志》，方志出版社1998年版，第23页。

志》,黄锓刻《嘉靖徽州府志》,黄龙刻《郑师山集》,黄应干刻《古今印章》,黄一楷刻《西厢记图》,黄挺刻《目连救母曲》,黄德时刻《宣和博古图》,黄际之、黄松如刻《黄山图》,又黄一桂、黄一绪为吴勉学刻书等。

仇氏刻工。明中叶以前歙县虬川仇姓从事刻书业的很多,明弘治至嘉靖年间仇姓刻书的就有 20 多人,而且,仇氏和黄氏两姓刻工曾合作刻过不少书籍。但万历以后,仇姓刻工渐少。据流传下来所刻书可知,仇姓名刻工有:仇中,曾与黄文敬、黄文汉、黄文通合刻《雪峰胡先生文集》;弘治五年(1492),仇民和黄文通等黄氏族人合刻《文公家礼仪节》;弘治十五年,仇才、仇寿、仇民、仇方、仇海、仇贵、仇乔、仇政、仇共与黄文迪等黄氏族人合刻《徽州府志》;弘治十二年,仇以寿、仇以茂、仇以忠、仇以顺、仇以才、仇以淳、仇廷永、仇廷海、仇裕、仇方、仇学与黄文汉等黄氏族人合刻《新安文献志》;正德二年,仇以寿、仇以茂、仇以忠、仇以顺、仇以才、仇以淳、仇裕、仇方、仇学、仇廷永、仇廷海与黄昱等黄氏族人合刻《篁墩程先生文集》,等等。

汪氏刻工。徽派汪姓刻工著名的有:汪忠信于万历三十年主刻夷白堂刊本《新镌海内奇观》10 卷;汪士珩于天启年间主刻《草本花诗谱》1 卷,《木本花鸟谱》1 卷,为黄氏辑刻《集雅斋画谱》8 种本之内的一部分;汪文佐与刘升伯于天启年间合刻《牡丹亭记》4 卷;汪成甫等于崇祯十年同刻《白雪斋选订乐府吴骚合编》4 卷;汪楷等于崇祯年间(1628年前后)刻《十竹斋书画谱》不分卷,8 种;汪文宦刻《仙佛奇踪》;汪应鹏等刻《琵琶记》;汪跃龙、汪栋合刻《汪虞卿梅史》,等等。

其他姓氏刻工。弘治五年,海政参刻《徽州府志》;隆庆年间,何铃刻《西湖记杂录》附图;隆庆、万历年间余成章刻《牛郎织女传》插图;万历年间,王存德曾刻《龙游志》;崇祯年间,洪国良参刻《新刻绣像批评金瓶梅》,与项南洲合刻《吴骚合编》《怡春锦》《七十二朝四书人物演义》等;姜体干曾刻容与堂本《李卓吾先生批评红拂记》;郑圣卿参刻《琵琶记》插图;谢茂阳刻《李卓吾先生批评幽闺记》2 卷 2 册,等等。

九 徽州工艺的形成与发展

（一）明代中后期徽州工艺的形成条件

工艺的形成与发展，植根于人们长期的生产和生活实践。因此，要了解徽州工艺的形成与发展，就有必要溯及徽州工艺生产的自然条件、人文环境以及其与徽州人生产生活实践的关系。

首先，独特的资源优势是徽州工艺形成的重要前提。徽州地处皖南，位于黄山、白岳之间，属山地地形。徽州地形复杂多样，境内层峦叠嶂，溪流纵横，草木郁郁葱葱。古徽州山川毓秀，物产丰饶，有着悠久的历史和深厚的文化。介于万山丛中的徽州，自古以来就盛产竹木柴草和银杏、枫香、香樟等名贵木材，还多产龙尾石、黟县青等优质矿石以及近百种成分各异的土壤。此等条件为徽州工艺的形成与发展提供了得天独厚的自然资源优势。

其次，艰难的生存环境是推动徽州工艺形成和发展的重要力量。徽州地处万山丛中，八山一水一分田，山多田少而地瘠。唐宋以后，"黄巢之乱"和"靖康之耻"给徽州带来大量的移民，使徽州在"田少""地瘠"外又平添了"人多"因素。就当时的徽州耕地状况和生产力水平而言，连续两度的移民高峰使徽州的生产能力几近饱和，养育徽人所需的粮食也就不得不"仰四方之来"，徽州民众面临着严重的生存危机。所谓"前世不修，生在徽州，十二三岁，往外一丢"，"天下之民寄命于农，徽民寄命于商"，徽州民众"非经营四方，绝无治生策"。为了解决基本生存问题，人们不得不外迁经商或从事手工百艺。这是徽商经济后来得以腾飞的重要因素之一，也是推动徽州工艺形成与发展的重要力量。

再次，徽州工艺的兴盛得到了繁盛的徽商经济的支持。早期的徽商主要还只是从事互补性贸易，即以本地盛产的茶、木、瓷土等去换取养育徽人所需的粮、布、盐等。明代以后，徽商就不再局限于以徽州为中心的贩买贩卖，而是面向全国，经营之道日趋成熟，经营规模也越来越大，徽商经济随之走向兴盛，徽商也崛起为中国商界的一支劲旅。至清代，徽商更是一跃而升为中国十大商帮之首，这其中尤以盐、木、茶、典四项最为兴盛。徽商足迹遍及全国，甚至远涉海外，正所谓"钻天洞庭遍地徽"。徽商经济的影响如此之大，以致有"无徽不成镇"之俗谚。

从徽商的自身特点来看，作为当时中国的一代儒商，徽商"贾而好儒"，注重贾儒结合，贾仕结合，恪守为商之道，结果盈利丰巨，"百万上贾者众，而三十万中贾者不计其数"。明代的宋应星在其《野议·盐政议》中称："商之有本者，大抵属秦、晋与徽郡三方之人。万历盛时，资本在广陵者不啻三千万两。每年子息可生九百万两，只以百万输帑，而以三百万充无妄费，公私俱足，波及僧、道、丐、佣、桥、梁、楼宇，尚余五百万。各商肥家润身，使之不尽而用之不竭，至今可想见其盛也。"而"徽商"正是这"三方"中"商之有本者"。

徽商的盈利主要用于如下几个方面：首先是扩大再生产，这是由于徽商自身经济发展的需要；其次是报效朝廷、赈灾救济，以换取政治上对徽商经济发展的支持；第三是满足自己的奢侈消费；第四是弄文附雅，宿养文士，建会馆、办文会、兴诗社、蓄戏班、印图书、藏书史、筑园林等；第五是发展教育，在"富而教不可缓，徒积赀财何益乎"的思想意识引导下，徽商输金资助，置学田和义田，办族学，建书院，资府县学等以加强对子弟的培养；第六是输入故里，修桥铺路、兴建土木、撰文修谱等。其中后几项工作的开展客观上为徽州文化的发展提供了强大的经济支撑，直接推动了徽州工艺的发展。

最后，浓厚的文化氛围是徽州工艺形成与发展的重要条件。徽州号称"程朱阙里"。南宋时,作为徽州文化内核的程朱理学即已形成。生活在"理学文章山水幽"这一独特人文环境中的徽州人,自古就重儒重教又重文,有着深厚的文化渊源。诚如宋代著名学者罗愿在其《新安志》中所说:"黄巢之乱,中原衣冠,避地保于此,后或去或留,俗益向文雅,宋兴则名臣辈出。"或如元末明初休宁学者赵汸在其《商山书院学田记》中所说:"新安自南迁后,人物之多,文学之盛,称于天下。当其时,自井、田野以至远山深谷,居民之处,莫不有学、有师、有书史之藏。……故四方谓东南邹鲁。其成德达材之出为世用者,代有人。"

　　而至明清时,徽州文化体系则更加完善与丰富,大体表现在:其一,南宋以后,徽州人在几乎所有的文化领域中都做出过突出的贡献,在文化的诸多方面均有着独特的创造,甚至在很多方面还开宗立派,独领风骚。其二,在文化的某些领域,徽州人或许尚未形成自己的派别,但也出现了一批著名学者和杰出人物。譬如在自然科学方面,徽州或无流派之属却也是群星璀璨,"代有人"焉。可以说,浓厚的文化氛围既是徽州文化得以繁荣的温床,同时也孕育着徽州工艺的形成与发展。①

(二) 明代中后期徽州工艺的发展

1. 徽墨与徽纸

蜚声海内外的徽州传统工艺品,当首推文房四宝中的徽墨,此外徽纸也颇具特色。下面逐一予以简介。

(1) 徽墨。明代,随着社会经济的空前发展,徽州制墨业重新焕发盎然生机,制墨工艺水平大大提高,制墨工匠数量激增,甚至还形成了文人制墨的风习。明嘉靖至万历年间,资本主义生产方式初现端倪,此等环境下的徽州制墨业也形成了激烈竞争的格局。伴随着徽商经

---

① 此部分内容,可参考鲍义来:《徽州工艺》,安徽人民出版社 2005 年版,第 18—35 页。另参见刘伯山:《徽州文化的基本概念及历史地位》,《安徽大学学报(哲学社会科学版)》2002 年第 6 期。

济的全面繁荣，徽墨也得以行销全国，甚或传至海外。据明末麻三衡《墨志》记载，其时徽州墨工和名家多达 120 余家，真可谓是群星灿烂。这其中，明中叶天顺、成化年间的方正、邵格之、罗小华，以及万历年间的程君房、方于鲁、方瑞生、汪春元、叶立卿等，都是在激烈行业竞争中相继出现的各树一帜的领军人物。当时徽墨制作的主要特色是广泛采用"桐油烟""漆烟"，并在其中加入麝香、冰片、金箔等十几种贵重原料，此等精细制作追求令墨品质量精良。制墨家在墨谱的图式、墨模的雕刻方面也各尽其美。徽墨制作达到了历史的最高水平。正因如此，我们可以说，徽墨一系经五代二李，到宋代潘谷，再经明代罗、程、方、汪等的不断创新，其制作工艺水平越来越"层楼更上"，走向"徽"煌。

在明代制墨的"群英谱"中，有几个人物值得一提：

程大约，字幼博，号篍野，别字君房，歙县岩寺人。民国《歙县志》谓其"善制墨，竭桐膏之焰五石入漆，缩烟百两，寂光内韫，神采坚莹，时人喻为墨妖"[①]。其所著《程氏墨苑》，共 12 卷，分元工、舆地、人官、物华、儒藏、缁黄 6 类，图绘皆出丁云鹏之手，雕镂精绝。万历二十三年的滋兰堂刊本，共收录程氏所造名墨图案 520 式。[②] 程君房以桐油烟和漆烧制成墨，并认为李廷珪制墨亦不及也。他在《宝墨斋记》中曾云，"我墨百年，可化黄金"，"一技之精，上掩千古"。董其昌更赞其："百年之后，无君房而有君房之墨；千年之后，无君房之墨而有君房之名。"程氏制墨既能集前人之所长，又能独出机杼，故研制的墨"寂光内韫"而又"神彩坚莹"，有"重光""妙品""芳泽""贝多""百子榴""合欢芳""青玉案""寥天一""玄元灵气""龙膏烟瑞"等品目，皆为稀世之珍。今北京故宫博物院藏有其"百寿图""金不换""群仙祝寿"等名品，上海博物馆藏有其"瑞祝瑶池"等，安徽博物院亦珍藏有他的"蓬莱宫""百牛图""百子图""众流归海"等墨品。

---

① 许承尧：《歙县志》卷一〇《方技》。
② 参见《程氏墨苑·附录》，上海古籍出版社 1994 年版，第 54 页。

　　方于鲁,歙县岩寺人。早年学诗。据民国《歙县志》载:"同里方于鲁受造墨之法于大约,大约待之甚厚,资墨业……"①可知他从程君房习制墨之法后,即以制墨为业。其所造之极品墨有"九玄三极""文犀照水""文彩双鸳鸯"等。其中"九玄三极"被誉为"前无古人",声誉已"传九土,达两都,列东壁,陈尚方"。其"国宝""铜雀瓦""龙九子""凤九雏""佳日楼""五岳藏书""天符国瑞"等,亦皆珍品。上海博物馆今藏其"九鼎图",故宫博物院亦藏其"寥天一"等墨品。其所刻 6 卷本《方氏墨谱》极为精巧,图为丁南羽、吴羽、俞仲康分绘,雕刻精美,线条细如髭发,纤丽逼真。万历十七年的方氏美荫堂刊本收录了方于鲁所造名墨图案和造型 385 式,分国宝、国华、博古、法宝、洪宝、博物 6 类。②

　　方瑞生,字澹玄,曾师从袁中道,善诗文,然终以爱墨、藏墨和制墨而闻名于世。其所刻墨谱名为《墨海》,颇著名,共 12 卷,郑重、魏之璜绘图,万历四十六年刊本,共收古墨造型 148 式,方瑞生造墨图案 234式。该墨谱堪与《方氏墨谱》和《程氏墨苑》相媲美。

　　吴去尘,名拭,休宁商山人,以制墨闻名。吴去尘好诗书琴画,喜欢布衣芒鞋遨游四方,常仿照易水制墨。康熙版《徽州府志》说其"生平制墨及漆器精妙,人争宝之,其墨值视白金三倍"。麻三衡《墨志》中说他:"金章玉质,尽义入微。"据说其生性豪放,大有洁癖,常以自制之墨赠文士却断然拒绝富商的购买。后因生计潦倒,悍妻将其逐出家门,最后落魄死于虞山舟上。吴氏所制墨,品种亦很多。麻三衡《墨志》中说,人们常将其与程孟阳并举,称为高流韵士。万寿祺《墨表》则将程君房、方于鲁、吴去尘三家各立一卷,足见对其评价也极高。

　　(2)徽纸。据文献记载,南唐时黟、歙之间多产良纸。早在唐代,徽州即将徽纸作为贡品上进朝廷,且徽州的志书在古代"物产"的记载中也豁然列有其名。如宋代著名学者罗愿在《新安志》中就说:"而纸亦有麦光、白滑、冰翼、凝霜之目。今歙县、绩溪界中有地名龙须者,纸

---

① 　许承尧:《歙县志》卷一〇《方技》。
② 　参见安徽省图书馆网页。

出其间，故世号龙须纸。大抵新安之水清澈见底，利以沤楮，故纸之成，振之似玉雪者，水色所为也。其岁晏敲冰为之者，益坚韧而佳。"纸以"龙须"冠名，色如"玉雪"，不难想见其制作工艺之佳也。

至于徽纸的造法，《徽州府志》的记载颇为精详，揭之如次："造纸之法，荒黑楮皮率十分，割粗得六分净，溪沤灰腌，暴之沃之，以白为度。瀹灰大镬中煮至糜烂，复入浅水沤一日，拣去乌丁黄眼，又从而腌之，捣极细熟，盛以布囊，又于深溪用辘轳推荡洁净入槽，乃取羊桃藤捣细，别用水桶浸挦，名曰滑水，倾槽间与白皮相和搅打匀细，用帘抄成张，榨经宿干，于焙壁张张摊刷，然后截沓解官。其为之不易，盖如此。"由此等"其为之不易"，亦可想见当时徽纸制造工艺已达到很高的水平。

唐、宋、元、明诸朝，徽纸均需向朝廷纳贡，且行销各地，深受欢迎。但明代徽纸的制造工艺究竟如何，由于史料阙如，我们难知其详。不过，据鲍义来先生在《徽州工艺》中所述，明朝时，歙县、休宁、绩溪每月需向明王朝解送交纳榜纸数千张，其余各色纸每年也还需进贡。榜纸，亦即发榜用的纸，要求大而坚韧，当为优质的纸。据说，徽州还有一种有浓淡斑纹的藏经纸，是专门供给浙江海盐金粟山寺僧们抄写印刷《藏经》所用，又叫蜡黄经纸、金粟笺。这种纸想必也是质量精良。

这里顺带提一下宣纸。在宋代，徽州、池州、宣州等地的造纸业逐渐转移集中于泾县。由于这些地区当时均属宣州府辖地，故而这些纸被称为"宣纸"。

2."徽州三雕"

"徽州三雕"为徽州地区明清建筑的装饰性雕刻，有着浓厚的区域文化色彩，也是徽州工艺的精华所在。

传统所说的"徽州三雕"，是指具有浓郁徽派风格的砖雕、石雕、木雕这三种民间雕刻工艺的简称。"三雕"主要用于民居、祠堂、庙宇、园林等建筑的装饰性雕刻，以及古家具、屏联、笔筒等工艺性雕刻。其遗存当以歙县、黟县、婺源最为典型，且保存也相对完好。"三雕"的历史可上溯至宋代,明清时期更是达至极盛。

（1）徽州砖雕。徽州砖雕主要用于装饰建筑外部空间,是明清以来兴起的徽派建筑艺术的重要组成部分。它以徽州盛产的质地坚细的水磨青砖为材料进行"精雕细刻",并广泛用于徽派风格的门楼、门罩、门套、门楣、屋檐、屋顶、屋瓴等处。砖雕的采用,可使徽派建筑物显现典雅、庄重之韵味。

徽州砖雕

徽州砖雕,不论是用料还是制作,都极为考究。一般采用特制的水磨青砖,青砖的烧制也大有讲究,需选用细腻无沙的渍泥来制作,砖坯烧制时需讲究火候,砖色也以淡青灰为佳,太青则质地过于坚硬。成砖既不能太脆,也不可太硬,要软硬适度,脆则刀刻易进,嫩则刀刻易碎。

砖雕首先要"打坯",打坯即构思与构图的过程。先将青砖细磨成坯,在上面勾勒出画面的轮廓层次并确定部位,然后凿出物象的深浅,确定画面的远、中、近景。其次是"出细",亦即根据各个部位的轮廓进行精雕细琢,使事先设计好的人物、楼台、树木、花果等图案一一凸现。最后是修饰、拼排与做榫,亦即根据应用的要求对砖雕进行精心刻画。

砖雕在歙县、黟县、婺源、休宁、屯溪等地随处可见,通常放置于屋脊正中央或屋檐角翘等处。古民居、祠堂、庙宇等建筑物上镶嵌的砖雕,虽饱经岁月的沧桑,依然是古朴生动,耐人寻味。因每一件砖雕皆出自具体匠工之手,所以不会完全相同。也正因此,每一件砖雕都称得上孤品,具有很高的文物价值。歙县博物馆现藏有一块灶神庙砖雕,见方仅尺的砖面上雕刻着头戴金盔、身披甲胄、手握钢锏的圆雕菩萨。据考证,这方精巧绝伦的砖雕竟动用了 1200 个匠工,堪称徽州砖雕艺术之经典。[①]

---

① 参见安徽省图书馆网页。

相比较而言,明代徽州砖雕的艺术风格古拙朴素,以浮雕、单层的浅圆雕为主,透雕少。其用刀刚劲洗练,雄浑有力,注重整体效果。景物多借助于线刻造型,极富装饰趣味。其雕刻工艺精细,雕镂工整,运线流畅,主题突出。其题材包括花鸟狮兽、戏曲人物、生活场景和吉祥纹饰等,具有浓郁的民间色彩。

(2)徽州木雕。明代初年,徽派木雕已粗具规模,木雕风格拙朴粗犷,强调对称,富于装饰趣味。画面造型借助于线条,以平面浅浮雕手法为主,一般只有平雕和浅浮雕,因而缺乏层次的深远和透视变化。与徽州砖雕一样,它也经历了一个由粗糙至精致的发展过程。明中叶以后,随着徽商财力的剧增,其对奢华生活的追求,以及炫富乡里的心态也水涨船高,木雕艺术也逐渐过渡为细腻繁复,取代平面浅雕的多层透雕成为主流。

徽州山区本来就盛产木材,其建筑物绝大多数也都是砖木石构造,尤以使用木料居多。也正因此,木雕在徽州才得以充分发展。如果说,徽州砖雕、石雕往往是用于徽州建筑分隔外部空间的装饰,那么,徽州木雕多是用于徽州建筑分隔内部空间的装饰。徽州居民生活中,但凡有使用木质的地方,亦多有木雕。其木雕有人物故事、飞禽走兽、山水花卉等,雕刻造型生动,雕工也很精致。这其中,应用木雕较多的是床与衣橱。这些家具一般用朱漆和金箔装饰木雕的表面,使其更加形象鲜明。徽州木雕初始多用于建筑物和家具的装饰,其分布遍及城乡。在徽州民居的栏杆、廊柱、屏风、窗棂,生活所用的睡床、桌椅、几案等器物上均能一睹其风采。当然,徽州木雕得以大量留存,与当地鲜有战乱不无关联。

徽州木雕既求美观,又重实用。根据建筑体的不同部件的需要,其木雕采用圆雕、浮雕、透雕等不同的手法。在窗棂、天井四周上的栏板、檐条等处多采用浮雕;在梁托、斗拱、雀替等处多使用圆雕;在分割厅房、走廊空间等的隔扇的镂空花格及裙板上,则是圆雕、平雕、透雕、浮雕、半浮雕等多手法并用。绩溪龙川胡氏宗祠的木刻花雕就采用了

浮雕、镂空雕和线刻相结合
的手法,在梁勾、梁托和门楼
以及落地门窗上所雕刻的龙
凤、历史戏文和荷花、花瓶、
百鹿等图案无不形态各异,
栩栩如生。

徽州木雕

现存明代徽州木雕的题材相当广泛,或取自于名人轶事、历史典故、戏曲唱本、宗教神话、民俗风情、民间传说和社会生活等题材,或取自于山水名胜等。画面上既有山水人物、花鸟鱼虫,也有云头回纹、八宝博古、文字楹联以及各种吉祥图案等。更为精妙之处在于,不少徽州木雕既能成为连续的系列图案,也能独立成画。如始建于宋,大修于明嘉靖年间的绩溪龙川胡氏宗祠的木雕除了梁勾、梁托和门楼的雕龙画凤或雕刻历史戏文之外,宗祠内有 84 扇雕工精美的木雕屏门隔扇。落地门窗的木雕主要是荷花、花瓶、百鹿这三种图案。其雕刻既有千姿百态、亭亭玉立的各种荷花随风招展,也有千刀细刻、精致美观的花瓶芳姿卓立,还有悠悠漫步、回眸引侣、幼鹿吮乳、母鹿抚舐等各种姿态的梅花鹿悠然自如,"仙境"般的雕版着实令人陶醉。在中国传统文化中,荷花图既是意味着"和为贵",也是教育后人要清清白白地做人做事;百鹿图则是祝愿祖祖辈辈永享福禄益寿延年;花瓶象征着对世世代代平安美好生活的憧憬。雕刻匠人撷取的这些民族文化中与徽州人审美心理相契合的题材,反映了徽州人对于美好生活的向往与追求。但凡历史故事、民间传说、日常生活中与福禄寿喜财等有联系的富有吉祥寓意的事物,皆可表现于木雕形象中。

(3)徽州石雕。石雕也是徽州的传统工艺之一,享誉颇高。其足迹遍布徽州城乡,多用于廊柱、门墙、漏窗、碑刻、牌坊、墓葬等处的装饰,常见于宅居的门罩、院墙的漏窗和各种石牌坊,类别很多,多属浮雕与圆雕艺术。

徽州石雕的用料基本取自花岗石、褐色的茶园石和青黑色的黟县

青石。明代徽州石雕的题材多样,立意新颖,散发着浓郁的生活气息

徽州石雕

与徽州乡土味。但由于受到石材的限制,所以石雕的形象比较简单,主要是动植物、博古纹样和书法等,人物故事与山水图画则较为少见。当然也有例外,如西递村原水口亭的主建筑凝瑞堂内的石磉础上是以佛经故事为内容的雕饰;堂前石阶有斜照嵌双龙戏珠石雕,背景是琼楼玉宇衬以山石波涛,恍若仙境。

石雕没有木雕与砖雕那样复杂。雕刻风格上,明代浮雕中浅层透雕与平面雕、圆雕整合的趋势很明显,其刀法将精致融于古朴大方。如西递凝瑞堂大道旁有一对至今保存完好的黟县青大理石石雕宝瓶,雕工采用浮雕与镂空雕刻相结合的手法来雕饰瓶身的山水云雾花纹图案,令人叹绝。

大量的徽州牌楼和牌坊被誉为徽州石雕的代表,其雕刻具有很高的艺术水平。具有代表性的是建于明代万历年间的歙县许国石坊、胡文光刺史牌坊、黟县西递村宅居和休宁县汪由敦墓地的石雕。譬如歙县城内的许国牌坊立于明万历年间,是全国罕见的典型的明代石坊建筑。该牌坊由前后两座三间四柱三楼和左右两座单间双柱三楼式的石坊组成,其梁枋、栏板、斗拱、雀替均以巨石雕琢,每块石雕约四五吨重,其上雕有锦纹、云纹、珍禽怪兽、奇花异草图案。梁枋两端有缠枝、如意头、锦地开光,多为浅浮雕。楼层石窗内多用深浮雕,图案有巨龙飞腾、龙庭舞鹰、凤穿牡丹、麟戏彩球、威凤祥麟、瑞鹤祥云、鱼跃龙门、双报喜、三报喜等。立柱四面雕有 12 只大狮子,刚劲粗犷,姿态各异,形态逼真。再如黟县西递的胡文光刺史牌坊建于明万历六年,石坊为三间四柱五楼,上面三层楼,每层楼脊两端各有一只相望的鳌鱼,寓意登高远望、独占鳌头。三楼雕有文臣武将,四楼雕有八仙过海,五楼雕有 4 只狮子,狮座雕有花纹以象征帝王玉玺。此外,石坊上还刻有卷

草、云纹、抱鼓、鹤鸣九皋、有凤来仪等形象。雕刻稚拙古朴，形象生动。

西递村"西园"中有一对漏窗，左边为奇松从嶙峋怪石上斜向伸出，造型刚劲凝重；右边为弯竹顶劲风，古梅舞婆娑，造型婀娜多姿，雕刻精美，堪称艺术精品。歙县吴氏宗祠天井水池后壁上，镶嵌着一幅石雕百鹿图，大小不等的100只山鹿栩栩如生，衬以奇岩怪石、黄山松、飞鸟、溪流和疏密有致的小草，立体感很强，图案清新隽永。该石雕由九块石料拼成，采用圆雕、透雕、浮雕手法，被誉为徽州石雕之一绝。

3. 明代徽州的其他工艺

(1)髹漆。徽州山区多漆树，《徽州府志》载："漆则诸邑皆有之，山民夜刺漆，插竹笕其中，凌晓涓滴取之，用匕刮筒中，磔磔有声。"早在唐代，徽州即以螺钿漆闻名，明代技艺则更为精巧。明清时期，基于实用和鉴赏美观的需要，器物的髹漆成了时尚，这就大大促进了徽州髹漆业的发展。

明清时期的徽州髹漆采用中国传统漆艺中的雕、镂、镶、嵌、铲、勾、刻、描以及贴金、堆漆等手法。漆器的制作需要十余道工序，所使用的主要原材料有生漆（植物漆）、桐油、木材、麻布、贝壳、玉石、金粉、金箔、金丝以及牛骨、瓦灰、棉纸、猪血等。镶嵌漆器是用产自全国各地的天然彩石、贝片、牛骨、蛋壳、珍珠等，通过锯割、雕刻、开纹而嵌在漆版上。纯粹在漆器底色上用彩色绘制图案的，称为彩绘漆器。只用贝片镶嵌在漆版上，与地色一样平整的，称为平磨螺钿漆器。徽州髹漆工艺装饰的画面题材有四季花卉、黄山风光、飞禽走兽、神话故事，另外还有《红楼梦》《西厢记》等古典名著中的人物群像。

明代徽州新安漆工黄晟所著《髹饰录》是中国古代最早的也是唯一流传至今的漆器工艺专著。黄晟，字大成，号平沙，明代徽州著名漆工。其生平事迹不详，大约生活在隆庆（1567—1572）前后。"髹"即为漆。《髹饰录》是作者总结前人和自己的经验而纂写的一部漆器工艺著作。全书分乾、坤两集，共18章186条，内容广泛，涉及髹饰的历史、原料、工具、工艺技法、品种及漆工禁忌、过失等各个方面。该书展现了我国古代丰富多彩的髹饰工艺品及其做法，全面总结了中国古代漆器传统工艺，叙述纷繁，分类合理。它既是研究漆器工艺史的重要文献，又是为古代漆器定名的可靠依据，还可以为后人继承传统漆工技艺、推陈出新提供宝贵资料，可谓髹漆工艺的经典著作，享誉甚高。

（2）徽州刺绣。刺绣乃古代徽州妇人必备之技艺，也是古代徽州的一项传统民间工艺。徽州刺绣多为珠绣，又称打子绣，鼎盛于明清时期，有着鲜明的地方特色，不只见于华衣彩服，在居常生活的织绣缝补中也处处可见。《歙志》视刺绣为"巧艺"，它是一种补工，能将衣服修补得了无痕迹。万历年间，徽州有很多擅长此等巧艺的女性。

徽州男人十有八九外出经商，因为嫁作"商人妇"，徽州女人也就多了离别之苦。徽州是程朱理学故乡，理学给"商人妇"们设置了更多的追求妇人正常生活的藩篱。徽商妇人将她们对家人的思念、对美好家庭生活的憧憬以及自己无尽的辛酸都倾注于刺绣的一针一线之中，她们以针作笔、以线为墨，将人物、山水、花鸟绣于绸缎上，绣成了一件件设计精美、做工精湛的工艺品。

民国版《歙县志》载："汪于鼎洪度作《新安女史征》，言吾乡昔有夫娶妇，甫三月即远贾，妇刺绣为生，每岁积余羡易一珠以记岁月，曰此泪珠也。夫还，妇殁已三载，启视其箧，积珠已二十余颗。俞曲园樾采其事入《右台仙馆笔记》，美其名曰'记岁珠'。"又："邑俗重商，商必远出，出恒数载一归，亦时有久客不归者，新婚之别，习为故常，然妇女类能崇向廉贞，保持清白，盖礼俗渐靡，为时久矣。"[①]以刺绣为生也是很多徽州女性，尤其是一些失去经济来源的徽商妇人的重要谋生方式。

《休宁县志》所记载的"端午货"即当时民俗生活绣织品。端午时节，外婆家会给小孩送"端午货"，即将雄黄和蒜泥等绣成"红包肚""香荷包""雄黄袋""独蒜囊"等让小孩佩戴以防蚊虫叮咬或肿毒之症。

---

① 许承尧：《歙县志》卷一。转引自鲍义来：《徽州工艺》，安徽人民出版社 2005 年版，第 195 页。

（3）徽州制扇。徽州工匠以奇巧、精雅闻名。明万历版《歙志》将歙县制扇工艺称为"清艺"，"扇之进于上方者，惟蜀府襄川。而嘉靖间，金箓醮坛，嫔妃侍，值暑月，戒严，不敢挥扇。有以吾乡墩扇窃入禁中，盖一执细骨百茎，摇则有风无声，遂令其值暴踊，乃今亦不贵矣。至有编竹如发之丝，裁以成扇，或团或掌，其工可画可书，可以押印，是亦扇妖也哉"①。从中可见徽州制扇工艺之精巧。

明代歙县制扇主要是为了满足平民大众的需要。"歙货产中有以扇著者，明时郑泰时、朱柿、张士安、倪汉四家，当时或致巨业，或以给家口，扇货几山积矣，近今不行，亦绝无作者。"②从中可见明代徽州民间制扇业之兴盛。

（4）金属工艺和首饰类工艺。明代徽商的兴起带来了徽州经济的繁荣，本着追求生活质量的奢侈消费和铺排场面的需要，徽州的金属工艺和首饰类工艺得到了发展。

明万历版《歙志》将首饰类工艺称为"精艺"。"妇人首饰之巧，至于吾乡而极矣。始有实凿，未为轻脱，乃今尽革不用，惟剪雀缕丝二种，大都烹上金为质幕，而装以珍珠、玉石、翡翠、珊瑚、花草、禽虫，无所不有，难以枚举。姑举步摇一件，绕以曲阑，竖以绮疏，二扇中立半身美人，长二分许，身仰则疏阖，身俯则疏开，取半推窗半掩窗之状，吾恐宋人叶玉无过于此。乃有怀抱中物而戴以金翼兽冠，斯不亦太僭矣乎？器皿上金中金俱有，则摹古尊彝、觥觯，缩而小之，回纹顶撞、飞级压花，种种具足，然有古状而无古色，终不脱阿堵气。此皆方氏、吕氏世习擅场。"③徽州首饰制作工艺之奇巧可见一斑。

明代休宁的首饰工艺在技艺或规模上与歙县相比可能稍逊一筹，但仍值得一提。万历版《休宁县志》载："百工之巧，虽少逊于歙，比之他郡邑实过之。如镂金叠彩自屏帏及扇滥极纤微，无胫而走于四方，

---

① 万历《歙志》卷九《艺能》。
② 许承尧：《歙县志》卷一六《拾遗》。
③ 万历《歙志》卷九《艺能》。

其直亦不赀。然犹不足以救其困者,土著之息微耳。惟是游手之民,藉以自给,亦安所事禁也。"①

另外,徽州的锡铜器皿工艺也形式精巧,令人叹为观止。"锡器则如燕釜、燕鼎、燕盎、湘妃壶、宓妃壶、巫女壶之类,将作精工,制名都雅。惟洪氏独擅铜器,胡氏独擅四箱铜锁,始作不过取则履鞋,其后至有能为八宝六书者,真不可晓。苦诘始知将黄铜面刮去薄赫蹄许,如钱之漫,而乃以白铜细末湮之,用火一炙,液在其中,便成二色。"盎壶之多,铜锁之巧,多为闻所未闻。器皿不仅形式精巧,色彩也丰富,百工之巧,无处不在。

(5)灯彩工艺。明代中期,徽州灯艺即随着徽商经济的繁荣而兴起,万历版《歙志》中载有徽州灯艺的相关内容。歙县有无骨灯、羊皮灯、双绡灯,还有以扇竹丝改制的灯、以猪胞饰彩而成的彩灯和以"生丝缭绕,而错以文绮"的华缦灯等。② 可从中管窥徽州灯彩的生产与工艺水平。

为了生活方便,作为夜间照明工具的灯的产生以及灯具生产的工艺化都是非常自然的事情,这也就是推动灯彩工艺发展的重要原因。明清时期,徽州这个远离都邑的山区产生的灯艺被打上了更浓厚的徽州地域特色烙印。徽州有各种灯会,如歙县西溪南的灯会,歙县渔梁的亮船灯会,岩寺灯会,歙县城郊沙溪珍珠灯会等。③ 此外,还有一些在徽商主导下举办的灯会,它们因为有了徽商的资金资助而极为奢华。这些以灯为主要特色的灯会等活动也在客观上推动着徽州灯彩工艺水平的传承与发展。

当年南京的徽州木商在每年四月初都会举办极尽繁华的灯会。据《白下琐言》记载:"徽州灯,皆上新河木客所为。岁四月初旬,出都天会三日,必出此灯,旗帜伞盖,人物花卉鳞毛之属,剪灯为之,五色十

---

① 张海鹏等:《明清徽商资料选编》,黄山书社 1985 年版,第 52 页。

② 参见万历《歙志》卷九《艺能》。

③ 参见《歙县志》卷二七,中华书局 1995 年版。

光,备极奇丽。合城士庶往观,车马填阗,灯火达旦,升平景象,不数笪桥。""笪桥"是徽州木商在南京聚驻之地,从文献中可见他们所举行的徽州灯节的规模之盛、灯艺之高超。[①] 伴着徽商的足迹,徽州灯艺也走向各地并声名远扬。

(6)徽州烟火。烟火工艺是南宋后从北方传入的,到了明代,在富庶徽商的逸乐追求下,烟火工艺便在徽州兴起。明代万历版《歙志》中即有当年的徽州烟火盛景的记载:"而吾乡江氏、黄氏两各擅场。黄氏之技,如火烧越国庙、炮打襄阳城之类,虽亦巧矣,未极大观。闻诸故老,江氏数十年前,曾作烟火,为时许久,屡试不贷。隔年方出于旷落中,东西南北,各顿数座。首之以皇祖天兵渡采石,下金陵,水陆之师两队。其次则陈友谅大陈舟师鄱湖中,皇祖亦以龙舟冲之。顷有流星飞度,而刘诚意急扶皇祖易舟,则一炮自东南突来碎舟矣。少顷,伪汉兵败,湖水尽赤。此一座也,装成两日鏖兵之事,于顷刻之间,如在目中。由是而东灭张士诚一座,西灭明玉珍一座,北驱王保保一座。然后即真宝位,大封功臣,庆贺太平而熄。无论其艺,此工有如许心胸,却又是一篇绝好文字。起火则近日谢氏颇奇,为八仙、四圣、百响、重轮、合璧、连珠、挂龙、飞燕等项,亦俱夺目。"徽州人将朱元璋征战天下的战争场面制作成烟火,可谓奇思妙想。[②]《屯溪市志》称此为"古老焰火""古事焰火",据说清代才传入屯溪。

明代徽商的崛起、资本主义因素的萌芽以及与此相适应的文化和科学的发展,促使明代徽州工艺跨入一个新阶段,建筑装饰、雕刻、徽墨、漆器、金工、首饰、家具、刺绣等各工艺门类都得到了巨大的发展。明代工艺美术承继了宋以来的美学追求,并向程式化和完善化发展,具有端庄、简约、健实等审美特点。这与后来清代重矫饰雕琢、精致繁缛的风格大大不同。

---

① 参见鲍义来:《徽州工艺》,安徽人民出版社 2005 年版,第 223—224 页。
② 参见鲍义来:《徽州工艺》,安徽人民出版社 2005 年版,第 224 页。

十 明代的徽派建筑

（一）徽派建筑的成因

徽州独特建筑风格的真正形成期实际上是明代，一些自然因素和人文因素在影响着徽州建筑风格的形成。一般认为，徽派建筑地域风格的形成缘于以下三个有利的条件：首先是徽商强大的财力基础；其次是徽州地区浓郁的社会文化氛围；再次则是有一个有利于发展建筑的自然条件。

徽商的崛起带动了徽州建筑的兴盛。明代的徽州建筑是与徽商的崛起同步发展的，明代繁荣的徽商经济是徽州建筑发展兴盛的最主要和最直接的动力。首先是徽商浓厚的衣锦还乡、光宗耀祖的封建观念。徽商基本属于旧式的封建商人，他们积累的巨量资金除少量投入再生产推动了明代资本主义经济的萌芽外，其余大量资金却被用于购田买地、建造宅第园林、修建祠堂书院，以及用于开路修桥、兴修水利、助饷赈济等公益善举。其次商人的享乐作风也使徽州建筑浸染着某些财富炫耀的特征。如志谱中所记："广田园盛甲一方"，"买墩筑室，兴寄幽邃……美仑美奂，雄视一方"，"筑室买田，立纲振纪，家声文物，焕然一新"，"以沉檀诸香木为之，雕琢人物细镂如画"。① 因此，徽州建筑的勃然兴盛显然得益于大量徽商资本的资助。

明代的中国已进入了封建社会的晚期。该时期的建筑虽然样式大都承继于宋代而无显著的变化，但其建筑设计规划则以规模宏大、

---

① 张海鹏等：《明清徽商资料选编》，黄山书社 1985 年版，第 223－224 页。

气势雄伟为主要特点。徽州商人"贾而好儒",徽州士人"儒而好贾"。亦商亦儒的徽商属于有着较高文化素养的商人,文商合流为一,无疑大大提升了徽人对建筑(尤其是园林)的审美品位。另外,徽商的足迹遍及大江南北,这就为他们不断地汲取外地文化精华,包括建筑技艺等,提供了有利的条件。徽商正是凭借着广闻博见与雄厚的财力基础推动着徽州建筑的兴盛。

　　建筑是文化的载体,是特定时期历史文化的产物。徽州文化的内核为程朱理学,徽州有着重儒、重教、重文的社会风尚。明代对儒教的强化也成为推动徽州建筑兴盛的重要因素,同时它也奠定了徽州建筑的文化结构和地域文化内涵,成为塑造徽州建筑文化面貌的最基本的因素。明代中叶,随着商品经济的繁荣和资本主义生产关系的萌芽,逐渐引发了传统上基于自给自足的自然经济基础的宗族社会的强烈不满。明中期,工者"作淫巧、售敝伪器什",商者"纨绔冶游,酒色荡费",这些都被宗族统治者视为"礼崩乐坏"的征候。徽州俗谚常说,"追远溯本,莫重于祠","无祠则无宗,无宗则无祖"。与此相协,明代徽州通过建宗祠、立牌坊来强化宗族统治,而宗族统治的强化的重要举措之一即是大量兴建宗族祠堂。明嘉靖十五年,礼部尚书夏言奏《令臣民得祭始祖立家庙疏》获准,"天下臣民冬至日得祭始祖","许民间皆得联宗立庙"。修建宗祠不再需要特别的恩准,因此"宗祠遍天下"。据文献记载,徽州得以"祠堂连云,远近相望"。另外,随着明代对儒家伦理道德教化的强调,徽州宗族统治亦因此得到加强。兼之修建宗祠的门槛取消,徽州祠堂得以大量出现。宗祠和牌坊已然成为徽州建筑群体风貌的重要代表。据赵华富先生曾对 40 座徽州祠堂的统计,明嘉靖十五年以前所建的有 8 座,明嘉靖十五年以后所建的为 30 座,另有 2 座修建年代不详。[①] 修建宗祠的同时还修建了大量的牌坊、社屋、书院等,形成了今天所见的徽州建筑的大致格局。

---

　　① 参见赵华富:《明代中期徽州宗族统治的强化》,《'98 国际徽学学术讨论会论文集》,安徽大学出版社 2000 年版。

就形成徽派建筑特色的自然条件而言,还有物质条件与人才条件两方面值得一说。因为徽州介于万山丛中,本就盛产竹木柴草和龙尾石、黟县青等优质矿石,还多产银杏、枫香、香樟等名贵木材。正是徽州有着花岗石、石灰石以及近百种成分各异的土壤,而有土壤和山区的柴草就可以烧制各种不同硬度和颜色的砖和瓦,这为徽州建筑的发展提供了便利的"硬件"条件。此外,徽商又从外地"引进"了汉白玉、大理石等名贵石料以资建筑使用,这也是徽州建筑得到发展并形成徽派建筑特色的有利的物质条件。在此基础上,徽州还孕育出一支技艺高超且人数众多的建筑队伍,这支队伍伴随着徽商的足迹走遍他乡。已故同济大学教授、我国著名的园林专家陈从周在《园林谈丛》中曾说道:"明代中叶以后,扬州的商人以徽商居多……随着徽商的到来,又来了徽州的匠师,使徽州的建筑手法融于扬州的建筑艺术中","扬州园林受徽州派影响大"。此外,曲阜孔庙大殿的龙雕石柱即为徽州匠人所雕刻;安徽凤阳中都城和北京的故宫以及众多王府的一些建筑及雕刻,也多出自于徽州匠人之手。这些都说明了徽州有着大量的建筑人才在外地流动。这是徽州建筑得以发展并形成徽派建筑特色的又一有利的人才条件。

综上所述,多种因素推动着古徽州徽派特色建筑的形成,徽州建筑在明代的勃兴也就是情理之中的事了。

(二)徽州建筑的主要类型

徽派建筑的工艺特征和造型风格主要体现在民居、祠堂、牌坊和园林等建筑实践中。据朱永春先生在《徽州建筑》中的考察统计,徽州明代主要建筑遗存包括祠堂26座,牌坊34座,宅第100余座,戏楼、社屋、议事堂、文会各1座,亭7座,楼阁、塔、廊桥多处。

1. 祠堂

祠堂是明代徽州建筑最重要的类型。徽州明代宗祠承袭古代宗庙规制,大多建于村口处或村庄中心的显要位置,与村民生活空间保持一定距离,以此昭示其肃穆和威严。祠堂分为寝和庙两部分,正所谓"寝庙毕备"。明代祠堂一般分为三进:第一进为"仪门"或"门厅";第二进为"享堂"或"正厅";第三进则称之为"寝

歙县呈坎宝纶阁

堂"。仪门正门楼多重檐歇山式,相当考究,因为仪门为祠堂之门面,故仪门力求庄严肃穆,气势恢宏。今存潜口民宅的曹门厅为潜口汪氏后裔支祠的门厅。建于明嘉靖年间,九开间门庭"一"字形展开,正间抱鼓石相依,气派非凡。明代仪门多受宋元坊门、棂星门等形制的影响。呈坎罗东舒祠的仪门就有着棂星门的余韵。建于明万历年间的黟县屏山舒庆余堂,仪门设有单间两柱三楼仿木结构门坊。另外,在仪门前另设牌坊在明代的中晚期也颇为普遍。建于明万历四十三年的歙县郑村郑氏宗祠,其门坊上所刻的"奕世忠贞"和"名宗孝祀"表明牌坊是专为祠堂而立。郑村建于明正德年间的忠烈祠,祠前三座石坊"一"字形展开,居中石坊为祠堂而立,左右司农卿坊和直秘阁坊分别彰表宋代汪叔詹父子。始建于明嘉靖年间的绩溪涧洲许氏宗祠正门前的节妇坊是明代许金为祖母章氏而建的石牌坊。过仪门为第二进,多为正方形天井,天井左右一般各有数间单檐廊庑。过了天井甬道则为正厅。正厅约占祠堂总面积的三分之一,它是举行祭奠的主场所,多用抬梁式、穿斗式架构,上架硕大的月梁、象鼻梁等。寝堂为第三进,主要是用于安放祖先牌位的神殿,有的是两层楼房,为重檐建筑,约占祠堂总面积的五分之一。其地基一般较正厅高出数尺,高台常置石雕栏杆,下有狭长天井与中进相通,上设轩敞的楼厅。寝堂大多光线幽暗,给人以威严神秘、庄重肃穆之感。

　　明代部分徽州祠堂的形制,还受到了曲阜孔庙的影响。歙县呈坎

贞靖罗东舒先生祠,其棂星门、左右碑亭、堂前露台和阁楼,即吸收了孔庙的制式。

2. 牌坊

又称牌楼,滥觞于汉阙,属宣明教化、旌表功德的纪念性质的建筑,是从古代用来表彰人或事的坊门变化而来的。牌坊施用于宫殿、庙宇、陵墓或都城主街道的起讫点、交叉口、桥梁等处。北宋中期里坊制废弛,坊墙陆续被拆除,后来的牌坊即脱胎于没有坊墙的坊门。

牌坊是决定徽州建筑整体风貌的重要建筑之一,它是"徽州文化的一种物化象征,是徽州文化的缩影和特质的显示"[①]。徽州牌坊种类很多,有功名坊、孝义坊、状元坊、进士坊、百岁坊、贞节坊等,如今这些古牌坊已成了立体的史书,每座牌坊几乎都有一个自己的或令人感奋或令人唏嘘的动人故事,它们以"石"化的语言向人们默默演示着曾经在这里生活的人们的悲欢哀乐,从而让人们感知、了解这里的文化和历史。素有"牌坊之乡"美称的歙县,明清时期建造的石坊就有250多座,且遍及全县各地。在这些牌坊中,比较成规模的则有棠樾牌坊群、许国石坊等。歙县城西十里郑村的"贞白里坊"是徽州最古老的牌坊,始建于元末,历经明清数次重修。

在各种因素的共同推动下,明代徽州的牌坊艺术进入到了鼎盛期。这主要表现为如下几点:

歙县许国石坊

首先,牌坊的形制日趋成熟和多样化。牌坊以石制为主,仿木结构,以鳌鱼吻脊式居多。如歙县槐堂龙兴独对坊、黟县西递胡文光刺史坊、绩溪奕氏尚书坊等。明末,徽州牌坊还出现了冲天柱式,并有四

---

① 高寿仙:《徽州文化》,辽宁教育出版社1993年版,第135页。

柱冲天式、八柱式、口字式等多种式样,造型颇为雅致。这些牌坊,根据功用则可分为旌表坊和题名坊两大类。旌表坊须经朝廷颁旨方能兴建,只有官绩显赫、孝行义举突出之人,以及贞女烈妇,才有资格享受。题名坊则一般建在府邸、书院、祠堂或墓门道前,作为庄重、权威的标志。如建于崇祯元年的歙县稠墅父子大夫坊,为四柱三楼冲天柱式,其冲天柱较短,似为早期实物。歙县许国石坊,又名"八角牌楼",是四面八柱的立体牌坊,主立面取三间,辅立面取单间,形制比较特殊。许国石坊是鳌鱼吻与冲天柱兼用,由于在清代经过重修,其冲天柱是否为明代形制尚需考论。但立体牌坊的出现则无疑是牌坊形制的一大突破。[①] 歙县丰口四面坊建于明嘉靖年间,是徽州今存的最早的立体牌坊实物,其每面均为单间三楼牌坊。

其次,明代徽州牌坊的雕刻也步入了鼎盛时期。其时的雕制朴拙古雅,多为平雕和浅浮雕,主要借助线条之美获得近于平面的装饰美,艺术效果浑厚而凝重。这与清代提倡镂空效果、层次繁复的精致美感显然大异其趣。

再次,明代徽州牌坊的组群建造也更加成熟。歙县郑村郑氏忠烈祠前的三座石坊的横向水平组群,棠樾三座石坊与骢步亭的纵向组群,婺源甲路村的三座牌坊沿"T"字街的"品"字形组群。这些牌坊群反映出明代徽州牌坊组群建造的高度成熟。

3. 民居

徽州建筑风格另一突出之处,即是大量遗存的传统民居村落,从选址、布局、结构、造型到装饰美化都集中体现了徽州的山地特征、文化内涵和审美取向。

徽州的民间建筑艺术高度发达,大多兴建于明清时期。介于万山丛中的自然环境使之得以避开纷乱的战火,大多保存得比较完好。时至今日,许多徽州居民依旧在祖先建造的房屋里起居生息,在庭院中

---

① 参见朱永春:《徽州建筑》,安徽人民出版社 2005 年版,第 52 页。

含饴弄孙,颐养天年。其中最典型的古村落民居当数黟县的西递村和宏村。

徽派古民居具有浓郁的地域文化色彩。其基本建筑形式为天井四合院楼居建筑。若论其形成,则缘于徽州独特的自然环境和人文观念。细究起来,主要表现在以下几个方面:

第一,徽州地处黄山白岳之间,毗邻浙赣,原为山越人聚居地,区域文化相对落后,民风淳朴。新安江、青弋江盘亘其间,曲水蜿蜒,山清水秀,重峦叠嶂,地狭谷多,险阻天成。另外,山区气候湿润,地域较为封闭,为防瘴疠之气,古山越人宅居形式主要为"干栏式"建筑。"干栏式"适应了徽州山区的地理环境,有较好的干燥、通风、采光和安全性能。山高谷深,兵戈鲜至,特殊的地理环境使之成为理想的避乱栖息之所。汉唐时期,战乱频仍,大批中原望族、缙绅冠带为避战乱纷纷南迁于此。徽派建筑形式的形成,其实正是外来移民与土著居民文化交融的产物。早期徽州民居建筑主要形式为"楼上厅"。轩敞的楼上厅室是人们日常活动休憩之所,也是古越人"干栏式"建筑的遗留。中原"四合院"平房形式和当地"干栏式"楼居建筑形式相融合,逐步演变成新型内天井四合院楼居的建筑形式,这也就是徽州民居典型建筑样式"天井"的雏形。山区富产林木,因而民居结构以木架构为主,内部分隔也多用木板、木屏门、木隔扇等。而山区木结构的房屋又易遭火患,于是便产生了具有防火功能的马头墙。马头墙除了具有防火患于未然的作用之外,还具有两大功能:一为储存修补屋面的瓦片,一为出山墙顶防水。没有前院的简易住宅因地形限制而不得不北向设门,为阻挡冬天的北风直吹,通常在门前设照壁,照壁距大门的距离一般为檐高的 1.2 倍左右。照壁的另一大功能即是便于采光,大门的北设会造成厅堂的光线较差,匠人们据需要设照壁来反射光线,以此来补充室内的光线。

第二,古代徽州盛行堪舆学说,明清时期已形成完善的风水理论。徽州居民特重风水,风水文化是徽派民居建筑考虑的重要因素之一,影响着徽派民居的建筑形态。风水理论的影响首先表现在选址和布局上。民居为住宅,汉刘熙《释名》中说"宅,择也,择吉处而营之也",古人把住宅选址与自然环境一并考虑。一般说来,选址布局营造了民居村落大的轮廓,一些典型的徽派民居村落在布局上强调整体轮廓的规范化和系统性,形成了诸如"船形村""牛形村"和"棋弈村"等风水村落。再则表现在水口营造上。按风水理论,选址关系着宗族的荣辱兴衰。宗族建筑必须按风水来统一规划,讲究群体选址布局和水口营造。依徽州风水之说,水象征着财源,水口的营造直接关系到村落人丁财富的兴衰、聚散,因此必须选好水口,以利村落宗族人丁兴旺、财源不断。水口既有自然形成的,如黟县西递村的水口,两山夹峙,中间一条河流,实乃天然之屏障;也有人工营造的,如棠樾村的水口,人工堆筑七个大土丘(七星墩)以形成锁钥之势。水口主要是利用不同的山势、溪流、湖塘等自然形态,加工营造,配置以牌坊、桥梁、石塔、亭阁等建筑,增加锁钥之势,以扼住关口。加上茂密的树林,极易形成优美的园林景观。正是由于在选址布局上追求人居建筑与自然环境的和谐融合,徽州古民居的建筑才真正达到了"天人合一"的境界。

关于徽州住宅的总体布置,张仲一等总结为"凹""口""H""日"四类基本平面形式。而无论哪种小型或大型的住宅,都不外是这些基本类型的变体或组合。徽州住宅的大门总是位于中轴线上,这一点就与其他地区的民居很不相同。这当是徽文化在精神气质上重秩序所使然。而于住宅的第一侧常设边门,也显然是"由于是封建社会为了妇女及佣工购买杂物、晾晒衣服与排水进出时不必直接穿越客厅的缘故"。同时,徽宅房屋大多背山而筑,为防山洪,一般都不设后门。①

大约自明代开始,徽州民居内部开始设有天井,外观则采用高墙封闭,此即徽州人俗称的"四水归(明)堂""五岳朝天"。四水归堂,是指天井落入的雨水,注入天井下的"明堂坑"(石池)。水为财之源,聚

---

① 参见朱永春:《徽州建筑》,安徽人民出版社 2005 年版,第 54 页。

参差错落的马头墙

水即聚财,财不外流的心理在这里得到了形象的诠释。天井是一种内向型建筑方式,以天井为基本单元,聚合成一个家族。天井意为"观天之井",它上指苍穹,下俯地面,与庭院渗透融合,沟通天、地、人三界,而人立于天、地之间,又与自然融为一体。因此,置身其中,既可获"天人合一"之灵气,又可得"顶天立地"之自由。天井可以说是古代徽州人敬畏上天、顺应自然、祈求与自然和谐并存的人生态度的生动体现,也是中国传统哲学中"天人合一"思想的具体体现。作为徽派建筑的重要特征,天井设计功能上的意义是既通畅又封闭,既务实又玄虚,它不仅有效解决了通风采光的现实问题,也适应了古代徽州险恶的山区环境,而其文化上的意义则更为丰富而渊深。五岳朝天,则描述的是天井上露出的封火山墙,它有"五山屏风""三山屏风"等形式。

徽州明代宅第普遍采用楼居,大多为两层,亦有三层构制,如今黟县屏山舒桂林宅、龙江舒氏宅,歙县方春福宅。至于楼层与底层的高度比,徽州明代宅第要大于清代。这是因为,徽州宅第结构源于干栏式建筑,为了防洪、防潮和虫蛇伤害,干栏式建筑底层架空。随着人们抵御自然侵害能力的提高,底层功能才逐步扩大。明代的徽州人于楼层上活动的仍较多。

第三,儒家文化对徽派民居风格的形成影响深远。徽州文化以儒家的程朱理学为内核,宗法制度森严而又完备,人们的日常行为,无时无刻不受到儒家礼仪的规范。徽派古民居建筑的内部结构和整体格局,充分体现了这种宗法制度的观念形态。为保持血统的纯洁性和宗族凝聚力,增强宗族观念,抵御外族入侵,同姓同族家庭聚族而居。徽州民居建筑往往以天井为基本单元构成院落,随着子孙繁衍、人口增加,房子越建越多,大家族甚至可以多达"三十六天井",亦即 36 个独立家庭。边门一闭,各家各户独立过日子;可边门一开,就一个大门出入,一个祖宗牌下祭先人。即使同一村落,各族宗祠、民居亦界域分明。这种结构形式生动体现了古徽州"千丁之族,未尝散居"的古朴民风。

一般来说,居第之中以中轴线对称分列,面阔三间,中为厅堂,两侧为室,厅堂前方为天井院落。前厅为社交场所,是男主人接待男宾的地方;后堂为女眷儿女活动和接待女客的场所。这种对称布局严格遵循了宗法家族的孝悌伦理和秩序,突出了"男女有别,长幼有序"的家仪。男女长幼、房系嫡庶有序排列,营造出主次分明、内外有殊、尊卑有序、长幼有别的多元聚合形态。

第四,明清时期,随着新安画派的兴起,文人山水画也越来越深入人心,这既拓展了人们的审美视阈,也提高了人们的审美品位,进而影响到了建筑艺术。古典美学所讲求的空灵、古逸、幽淡、旷远的意境,便在徽州古民居建筑上得到了完美的体现。可以说,这些古民居不论是在白墙黑瓦的色彩对比上,还是在对青山绿水的选择上,都仿佛是一幅画,一幅极具中国特色的青绿山水画。置身其间,你会立刻感受到中国绘画的美学精神会如此巧妙,又如此自然地飞入到这些寻常百姓家。同时,浓厚的乡土文化气息也散布滋蔓于古徽州村落的山山水水,有着浓郁醇厚的乡土文化气息是徽州民居建筑的一个重要特点。徽州古民居中既有很多勉励莘莘学子读书进取的楹联,也有不少劝勉人们安身立命、为人处世的格言。这些楹联警句既是崇儒重教思想的生动体现,也显示出主人的文化品格和精神上的期许。如"孝悌传家根本,诗书经世文章""几百年人家无非积善,第一等好事只是读书""能吃苦方为志士,肯吃亏不是痴人"等。此类楹联警句无一不成为徽州民居体现徽州文化的点"睛"之笔。

第五,徽州古代民居的发展亦深受徽商世俗文化的影响。[①] 徽州建筑的发展与徽商的兴衰几乎是同步的。其明显的体现就是徽商对

---

① 参见《感悟徽派建筑——学术论文集》,合肥工业大学出版社 2007 年版,第 9—10 页。

家乡公益性建筑的巨额资助。作为徽州建筑的主要捐资者,其品性、审美趣味乃至对生活的理解等就会在徽州建筑上留下斑斑印记。首先,受徽商"贾而好儒"的影响,高扬封建伦理道德成为徽州建筑的主导精神。其次,商人文化世俗性的影响。徽商文化具有浓厚的世俗文化意味,它重实际,追求感官刺激,讲排场,注重直截了当的象征,而较少"言外之意"的表达。再次,徽商广闻博见的影响。徽商的足迹几乎遍及各地,长年漂泊在外使其得以不断汲取外地文化的精华,不会排斥新事物,更易于接受新事物的影响,一些异地甚或异国建筑的要素也会被适时、适地地引入到徽州建筑上。如许氏富商仿杭州西湖营建的被誉为"小西湖"的唐模檀干园。清初,侨居扬州的盐商将西方建筑中巴洛克手法引入其所建的园亭中。晚清民国时期,西方建筑要素的影响,促使了徽派建筑的进一步变异。[①]

　　明中叶以后,徽州商人崛起,雄踞傲视于商界。富裕后的徽州商人,为了报效家乡故里和光宗耀祖,将大量资本带回家乡,其中最重要的一项就是对建筑的投入。他们在宅居建筑中注入了自己对住宅的布局、结构、内部装饰、厅堂布置的个性化追求,促使徽派民居建筑逐渐形成风格独特的建筑体系,即不仅讲究功能上的实用性、自足性,同时也蕴含着丰富的徽商文化的独特内涵。徽州民居建筑外观上,高墙封闭,马头翘角,线条错落有致,粉墙黛瓦,古朴淡雅,色彩素净自然;其内部构造精细,装饰华美,梁栋椽板无不描金绘彩,三雕之美更是令人叹为观止。厅堂横梁用材粗壮,气势宏伟。从门楼外观到花门栏杆,从窗棂隔扇到神位龛座,从斗拱飞檐到门罩屋瓴,从梁架节点到基础勾栏,无不精雕细刻,力求美善。而砖雕门罩、石雕漏窗、木雕楹柱更与建筑物虚实相生、融为一体,使得徽州建筑美轮美奂。这些雕刻既有强烈的空间装饰效果,更成就了徽州独特的民居建筑艺术。徽州民居建筑内外如此巨大的反差,实际上反映出徽商讲究"财不外现"

---

①　参见朱永春:《徽州建筑》,安徽人民出版社 2005 年版,第 30 页。

"藏富于宅",不愿对外彰显的性格。古代社会重仕重农、轻工轻商,古代徽州商人居宅厅堂太师壁左右两侧的"过廊"上方"商"字造型的设计,即用以表达宅主对"士农工商"之排位的不满。通过房屋内部装饰设计,力求提高商人地位,期望能和官仕之人平起平坐。徽州民居非常重视室内摆设。厅堂正壁(太师壁)上悬匾额,下挂中堂字画,厅内靠太师壁陈设长条木案,案中放自鸣钟一座,东边放一花瓶,西边摆一古镜,寓意"终生平静(钟声瓶镜)"。由于徽商长期在外奔波,故里亲人便以此来祈祷在外的商人经商"平静"、终生平安。而那些经营成功、回到家乡颐养天年的徽商,也希望过着平静安逸的生活。徽商世俗文化对徽州建筑的影响,在徽派古民居建筑中得到生动的体现。

此外,徽州明代宅第较清代布局更为紧凑、适用。风格典雅大方,装饰适中。

2000 年,皖南古村落西递和宏村被联合国世界遗产委员会列入世界历史文化遗产,其中古民居建筑就是这份珍贵的历史文化遗产的重要组成部分。

4. 戏楼

建于明末的婺源阳春戏台,为迄今尚存的徽州明代戏楼的绝品。从现有资料看,徽州戏台肇始于明代。明代徽州戏楼数量不多,实际上,徽州戏楼真正的兴盛还是在清末民国初。

徽州戏楼大多附属于祠堂,用以替代祠堂的仪门。如阳春戏台即是附属并用作方氏宗祠的仪门,祭祀时拆去戏台中部活动的台板便成为仪门。阳春戏台后台为方氏宗祠的门面,左右有抱鼓石各一,戏楼为五凤楼式屋顶。木雕和如意斗拱将戏楼装饰得美轮美奂。戏台中部设圆形藻井,用以改善音响效果。

5. 社屋

社屋属于祭祀建筑,用以祭祀土地神灵。始建于元代的歙县呈坎村长春社是徽州现存最早的社屋。现存前部分为明代遗构,后经清代改建。从长春社看,其社屋形制与祠堂相近。

6. 亭

徽州乡邑自宋代开始便有建亭之风,至明代建亭之风依旧兴盛。亭是构成明代徽州村落景观中的最活跃的因素,其轻巧飘逸与牌坊、祠社的凝重相辅相成,使徽州村落景观富于活性隐逸之美。从选址来看,亭主要可分两类:一类位于道路交汇转折处供游憩所用,亦称路亭。如歙县灵山继善亭、棠樾义善亭和聪步亭,许村善化亭和大观亭、丰南绿绕亭。另一类则位于园林或山冈。如绩溪磡头,明万历年间"在村东择舟形山冈建造八卦亭,俗称云川书室,读书论学"。从现存实物看,徽州明代亭外观以近于正方形的四边形为主,屋顶坡度平缓,古朴凝重,与徽州村落整体风貌一致。典型实物如歙县善化亭、绿绕亭、继善亭。其中继善亭由青石砌筑,屋架横梁、檩条全为石质。屋面盖青石板,石板缝加盖石条,仿明代木构护缝板做法。①

明代是徽州建筑文化面貌的转折期。而促成这一变化的,既是徽商的勃然崛起,同时也是明代对佛、道二教的限制和儒家伦理道德教化的深入。所谓徽州明清村落,其风水格局,牌坊、祠堂、宅第、亭阁、水口建筑群和巷道组成的骨架、村落景观的基调,在明代已大致具备。歙县棠樾、呈坎、潜口、许村,黟县宏村,婺源县理坑,绩溪县磡头诸村,都是可以目睹的实例。

还应看到的是,徽州明代建筑的文化风貌,较之清代仍有明显差异。明代徽州建筑用材比较硕大,结构较多地保留了梭柱、月梁、替木、木榻、驼峰等宋式做法。构造上,徽州明代建筑更加讲求简练实用。因明人以楼层活动为主,楼层较清代相对比例要大得多。三层楼的宅第数量也更多。迄今尚存的黟县"敦睦堂"、舒桂林宅,以及今移潜口民宅博物馆中的呈坎罗小华宅等都是。明代建筑雕饰与结构是统一的,风格古朴粗犷,颇具金石韵味。上述文化面貌上的差异,究其原因,不外有两点:第一,明代商人文化中的世俗性尚未达到足够的强

---

① 参见朱永春:《徽州建筑》,安徽人民出版社 2005 年版。

度。这种"世俗性"是随着社会经济的上升和商人文化的走向而逐次攀升的。第二,从建筑艺术自身发展轨迹看,也有一个从粗放浑厚走向工细精巧的"美的历程"。特别值得注意的是,明代在"驱逐胡虏,恢复中华"之后,曾在文化艺术诸领域倡导上承汉唐古风,而这种追求古拙遒劲之风也直接传导到徽派建筑中的雕刻乃至盆景上,同时又间接由绘画、版画、篆刻、徽调等其他艺术门类的雄浑奇崛、沉涩之气濡染而吸纳于建筑之中。①

十一 新安名医与医学成就

新安医学起源于北宋,鼎盛于明清。该时期人才济济,著述宏富,学术繁荣,造就了众多名医,形成了声名显赫的新安医学派,影响很大。总的来说,新安医学派风格独特,在中医学理论、药物学、方剂学、临床医学、传染病学等方面都取得了令人瞩目的成就,为祖国的医学事业发展做出了重要贡献。

(一)名医辈出

据初步统计,明清时期安徽医家和名医计 1382 人,约占清以前有名可考的安徽医家总数的 92%,其中新安医家 545 人,居全省之首;明清两代医学著作计 600 余种,约占清以前安徽医学典籍总数的 87.2%,其中新安地区有 400 余种,也居全省之首。涌现出了像汪机、方有执、徐春甫、孙一奎等一大批著名医学家,人才辈出,对我国中医学的发展做出了重要贡献。表 2-4 列出了明代生活在新安地区并撰

---

① 参见朱永春:《徽州建筑》,安徽人民出版社 2005 年版。

有医著且声名远扬的一部分医学家。

表 2 - 4　明代新安名医简表①

姓名	字或号	籍贯	生活年代	主要医学成就
程国辅	廷辅	休宁	明前期	通儒工医,治病不计报酬,医名远扬,求诊者众
黄宗三	橘泉	休宁	明朝	徽州府赠"医学名家"
朱权	臞仙、涵虚子、玄洲道人、丹丘先生	祖籍濠州(今凤阳),居休宁	?—1488	著《乾坤生意》4 卷、《神隐》2 卷、《肘后神枢》2 卷、《神奇密语》3 卷、《寿域神方》4 卷,均散佚;《活人心》2 卷,现存北京大学图书馆
程宏宾		歙县	明前期	著《伤寒翼》
徐成章	绍云	休宁	明朝	潜心研究《素问》,尤以疡科见长,著《写思素问》
胡田		祁门	明朝	善针灸,太医院御医
汪梧	济凤	婺源	明朝	治病投剂辄效,四方求医者不绝于途。歙县名医程琏从其学
程琏	文炳、宝山	歙县	明朝	著《太素脉诀》《经验方》
程玠	文玉、松崖	歙县	明朝	明朝成化甲辰进士,官至观户部政。儒学功底渊深,精研医学,著《松崖医经》《脉法指明》《医论集粹》《眼科易知录》《眼科秘方》《眼科宝籍》《眼科应验良方》等存世
程充	用光、复春居士	休宁	1433—1489	初业儒,后以亲疾习医,熟谙《素问》《难经》诸书,尤推崇丹溪学说。明成化十七年刻《重订丹溪心法》(又名《新刊丹溪心法》)5 卷 100 篇行世。书中论证皆首引丹溪原论,继而载朱氏门人戴元礼有关辩证施治的论述,并列举常用的治疗方剂,是后世研究丹溪学说的重要文献

① 此表根据张玉才《徽州文化全书·新安医学》、施孟胥等《安徽古代科学家小传》、张秉伦等《安徽科学技术史稿》整理而成。

续表

姓名	字或号	籍贯	生活年代	主要医学成就
陆彦功		歙县	明朝	明成化年间应召入京,官太医院,治愈中宫之疾,医名日著。后因服母丧,力辞归里。弘治中,再召之,老不能赴。著《伤寒类证便览》10卷,附方1卷
吴显忠	用良、雪窗	休宁	明朝	著《医学权衡》
汪炯		婺源	明朝	明成化三年任婺源医学训科
程晟		婺源	明朝	明成化二十一年任婺源医学训科
张铎		祁门	明朝	明弘治十二年任祁门县医学训科
程长		绩溪	明朝	明弘治十一年任绩溪县医学训科
汪佑清		绩溪	明朝	明弘治《徽州府志》记载:任绩溪县医学训科
周士先	尚仲	绩溪	明朝	著《大鄣山人诗集》《明医摘粹》
项祥		歙县	明朝	明弘治四年任徽州路医学正科
吴英		休宁	明朝	明弘治九年任休宁县医学训科
汪渭	以望、古朴	祁门	1433—1515	祁门名医汪机之父。精于医学,活人甚众
汪机	省之、石山	祁门	1463—1539	行医四十余年,活人数以万计。著《续素问钞》3卷、附补遗1卷,《脉诀刊误集解》2卷、附方2卷,《运气易览》3卷,《针灸问对》3卷,《外科理例》7卷、附方1卷,《痘治理辩》1卷、附方1卷,《石山医案》3卷,《推求师意》2卷,合为《汪石山医书八种》;又《伤寒选录》8卷,《内经补注》1卷,《本草汇编》20卷,《医读》7卷、《医学原理》13卷,合计13种70余卷,对后世医学发展产生了重要的影响
陈桷	惟宜	祁门	明朝	汪机弟子。校刊汪机所录《推求师意》,与程镐补辑《伤寒选录》,编辑《汪石山医案》
黄宰	敬甫	祁门	明正德年间	著《针灸仅存录》
程锐		新安人	明朝	认为诸家痘疹之论,取舍不定,词义难辨,不便施治,编成《治痘方书》

续表

姓名	字或号	籍贯	生活年代	主要医学成就
程伊	宗衡、月溪	新安岩镇	明朝	著《释方》4卷、《脉荟》2卷、《释药》4卷、《医林外传》6卷、《史传拾遗》1卷
朱崇正	宗儒、惠斋	新安人	明朝	明嘉靖二十九年重刊杨士瀛所撰《仁斋直指方论》时,每条之后加注前贤医论,并附医方,名曰《仁斋直指附遗方论》(又名《新刊仁斋直指医书四种》)
汪副护	天相、培元	休宁	明朝	汪机弟子。著《试效集成》
汪椿	仲龄	歙县	明朝	汪机弟子。著《本宗谱》10卷、《颐斋医案》、《医学先知》、《八法针灸辨说》、《子午流注图说》等
黄古潭		歙县	明朝	汪机弟子。精研医理,治病每有独到见解。门人孙一奎承其学
余傅山		歙县	明朝	曾为湖北钟祥县令,工儒通医。明嘉靖二十二年与新安名医汪宦等为弟子讲学,并将讲稿整理汇编成《医学荟萃》刊行于世
吴洋	篁池、池上公	歙县	明朝	曾遍访名医,汪机赞叹其学识渊博,医术与自己不相伯仲。其子吴桥,字伯高,承其业。汪道昆《太函集》收录有吴洋、吴桥医验方案长达1卷,《名医类案》中也有选载
张柏	世茂	歙县	明朝	著《张柏医案》
洪玥		歙县	明朝	以疡科见长,著《外科秘要》
王琠	邦贤、意庵	祁门	明朝	嘉靖年间,游学北京,擢太医院,名传京城。著《医学碎金》,校正祁门名医李楼的《怪症奇方》。今人发现王琠在京城期间遗有内、外、妇、儿科医案84例,整理成《王意庵医案》出版发行
汪宦	子良、心谷、寅谷	祁门	明朝	著《医学质疑》《统属脉法》《证治要略》等

续表

姓名	字或号	籍贯	生活年代	主要医学成就
刘锡		新安	明朝	著《活幼便览》
郑康宁	七潭	歙县	明朝	著《药性要略大全》11 卷
李之材	素庵	祁门	明朝	著《医宗领要》2 卷,未梓已广传
李楼	小云	祁门	明朝	集《怪症奇方》1 卷,简述 49 种怪病及其治方,后由友人王琠校正,嘉靖二十三年刊行
陈嘉谟	廷采、月明子	祁门	1486—1570	精通医理,潜心研究本草学,著有《本草蒙筌》12 卷。全书载中草药 700 余种,是《本草纲目》之前的一部重要的本草专著
潘仲斗		歙县	明朝	著《伤寒考证》
黄良佑	履祥	休宁	明朝	著《本草类方》《麻痘秘法》等
方广	约之、古庵	休宁	明朝	读《丹溪心法》,弃儒从医。著《丹溪心法附余》《病源赋》《医指天机》《脉诀杂录》《本草集要》《重选药性类要》《陶氏伤寒节抄》等
黄鉴		黟县	明朝	著《医林摘粹》
汪继昌	伯期	婺源	明朝	诊疗痘科病症有独到之处,常说:"痘科无死证,其不治者,医之咎也。"其子汪法参、汪求参承其医术。著《痘科秘诀》
江瓘	民莹、篁南子	歙县	1503—1565	秀才出身,博学多才。广泛收集上自扁鹊,下至汪机、吴桥等百余名古今名医治疗奇验之案例,历经二十六年,反复披览,择善而从,于嘉靖己酉年撰成《名医类案》初稿,后经其次子江应宿编次补遗,又历经十九年,五易其稿,于万历十九年刊行。《名医类案》记载案例 2405 条,收录可考医家 141 人,是我国第一部研究医案的专著

续表

姓名	字或号	籍贯	生活年代	主要医学成就
吴正伦	子叙、春岩	歙县	1529—1568	著《养生类要》2卷，《脉证治方》4卷，附医案1卷，《虚车录》《活人心鉴》，等等。《脉证治方》是吴正伦的主要著作，强调治病必须脉、症、治、方四者相承，脉明才能识症，症明才能论治，治法明才能议方
朱日辉	充美	婺源	明朝	著《医学元要》1卷、《试验奇方》1卷、《加减十三方》1卷
徐春甫	汝元、东皋、思敏、思鹤	祁门	1520—1596	幼师从祁门名医汪宦，博览医学典籍，勤于实践，融会贯通。明嘉靖时医名甚著，寓居京师，曾任太医院医官。隆庆二年春在应天府(今北京)发起成立"一体堂宅仁医会"，这是我国历史上第一个民间医学学术团体，也是世界医学史上医学学会之嚆矢，对我国医学理论的提高和医学的进步起到了积极的作用。著《古今医统》(又名《古今医统大全》)100卷、《医学入门捷径六书》4卷、《医学未然金鉴》等
巴应奎	子文、西涣	祁门	明朝	著《伤寒明理补论》4卷、《阐明伤寒论》
江龙锡	策旗	婺源	明朝	曾师从江西名医喻昌，并为喻氏《尚论篇》作注
陈双溪	嘉麟	绩溪	明朝	工医，善治痘疹。著《青囊明辨》1卷
余淙	午亭	歙县	明朝	早年攻读儒学三十载，后弃儒从医，积百家之言，取古人不易之论、纯正之方，汇成《诸证析疑》4卷。该书是一部有价值的内科和妇科专著。另著有《余午亭医案》《医学脉要》等
余时雨	小亭	歙县	明朝	余午亭之子，以医名世。曾校订戴元礼《秘传证治要诀》《类方》。其子仰亭，曾任徽州府医官
汪朝邦	用宾	婺源	明朝	著《方书集说》
朱齐龙	澄源	休宁	明朝	著《澄源本草》

姓名	字或号	籍贯	生活年代	主要医学成就
王有礼		休宁	明朝	嘉兴邑庠生。善治伤寒，著《尊生内编》10卷、《尊生外编》8卷
郑仲实	痴隐居士	歙县	明朝	精通医术，万历二十八年参加校勘《松崖医经》
郑时庄		歙县	明朝	工医术，著《药性撮要》《医方秘旨》
吴琯		歙县	明朝	辑录、整理《薛氏医案二十四种》，于万历年间刊行，对保存古代医学文献做出了贡献
吴文献	三石	婺源	明朝	著《三石医案》40卷、《药性本草》10卷
江时途	正甫	婺源	明朝	著《医学原理》30卷、《丹溪发明》5卷
江应全	左衡	歙县	明朝	著《汤剂指南》《活人书》
孙一奎	文垣、东宿、生生子	休宁	1520—1600	汪机再传弟子，通《周易》，精医术，认为"易医同源"，宗"理气合一"。曾挟方术游庐山、三吴等地，游走公卿之间，凡三十年，治病多验，晚年名震三吴。著《赤水玄珠》《医旨绪余》《痘疹心印》《三吴医案》，后汇为《赤水玄珠全集》凡4种37卷
方有执	中行	歙县	1523—1594	认为东汉张仲景《伤寒杂病论》代远年湮，由晋王叔和编纂的《伤寒论》言简文奥，编次混乱，遂首倡"错简说"，重新编次《伤寒论》，和者四起，影响很大。著《伤寒论条辨》8卷、《本草钞》、《痉书》、《或问》等
吴昆	山甫、鹤皋、参黄子	歙县	1551—1620	著《医方考》6卷、《素问吴注》、《针方六集》、《脉语》行市，另还著有《十三科证治》《参黄论》《药纂》等未见刊行
江子振	菊潭	歙县	明朝	善妇科，曾任太医。校阅吴昆刊刻的《黄帝内经吴注》
毕懋褰	尹平	歙县	明朝	著《医荟》18卷

姓名	字或号	籍贯	生活年代	主要医学成就
毕懋康	孟侯	歙县	1575—？	万历二十六年进士，以中书舍人授御史，官至兵部右侍郎。著《医汇》15卷已佚，存有《西清集》29卷、《管涔集》5卷等
王绍隆	绍龙、继鼎	徽州	1565—1624	原籍徽州，后定居杭州，明末浙江名医。其弟子潘楫于清顺治七年著《医灯续焰》21卷，以阐其师之学
程剩生	长年	休宁	明朝	著《素问发明》
汪奇		休宁	明朝	著《治麻方论》
闵道扬		新安	明朝	著《医指如宜方》4卷、《医学集要》2卷、《伤寒纂要》2卷、《保婴要览》2卷
胡邦旦		新安	明朝	著《元气论》
孙景思		新安	明朝	著《医论》
程大中	时卿	祁门	明朝	晚年辑录《太素脉要》2卷
俞桥		休宁	明朝	著《医学大原》
朱天璧		休宁	明朝	著《医准》
何介	介民	休宁	明朝	著《医易》《事亲见要》《易原》等
罗周彦	德甫、赤诚、慕庵	歙县	明朝	以儒通医，精研《素问》《难经》等诸家之说，治病先论调理之法，再以汤药进服，疗效很好。著《医宗粹言》14卷，此书被称"为天地古今人之大根本，若得而存之，则其他三千汗牛充栋之书可付秦人燎原"
鲍山	元则、在斋、香林主人	婺源	明朝	著《野菜博录》3卷，述其性味，详其调制，亦本草类著作也
程公礼	耆祥	休宁	明朝	著《医家正统》《行任辑要》《保赤方略》
程邦贤	君敬	休宁	明朝	程公礼之子，著《医集大成》
程汝惠		绩溪	明朝	精于医术，兼通易、理，著《医学正宗》《周易观玩编》
黄惟亮		休宁	明朝	著《医林统要通玄方论》4卷

姓名	字或号	籍贯	生活年代	主要医学成就
周于藩	岳夫	歙县	明朝	擅用按摩推拿术治疗小儿疾病。著《小儿推拿秘诀》1卷、《小儿按摩术》4卷
程从周	茂先	歙县	1580—？	曾行医于扬州，诊治多验。著《程茂先医案》
程嘉祥		歙县	明朝	著《经验痧麻痘疹秘要集》5卷
洪基	九有	新安	明朝	著《摄生总要》9卷
胡正心	无所、肖然子	休宁	？—1642	曾与其二弟胡正言隐居安徽霍山，以薛立斋医案方治愈自己的疾病，并为他人治病。天启初迁南京鸡笼山侧。崇祯三年与胡正言一起据所积验方，编类合刻《简易备验方》，崇祯五年辑刻《十竹斋刊袖珍本医书十三种》《伤寒三种》，崇祯十四年又对《简易备验方》"重加修订，类首提宗，倍于旧本，庶几稍备"，更名曰《订补简易备验方》
胡正言	曰从、十竹主人	休宁	1584—1674	官至武英殿中书舍人，与其兄胡正心辑编《简易备验方》
朱仰松	国宾	婺源	明朝	著《新编痘疹全书》（又名《痘疹明理宝鉴》）4卷，有抄本流传
汪勚		新安	明朝	工医，善治痘疹。著有《痘疹玄言》2卷、附录1卷
张懋辰	远文	休宁	明朝	工医，著有《脉便》2卷、《本草便》2卷
唐玄真	云龙	绩溪	明朝	以医为业，尤精痘疹。著有《痘疹奇衡》2卷
程伦	原仲、星海	歙县	明朝	著《程原仲医案》6卷，其中收《验方》1卷
张遂辰	卿子、相期、西农老人	歙县	约1589—1668	万历末以国子生游走南京，才名日显，著《湖上白下集》。明亡后，隐居乡里，以医自给，著《伤寒论参注》10卷传世，多切实用。还著有《易医合参》《杂症纂要》
孙文胤	对薇、微甫、在公、尊生主人	休宁	明朝	寓居苏州，著有《丹台玉案》6卷、《医经经方两家指诀》、《伤寒捷径书》、《螽斯秘宝录》

续表

姓名	字或号	籍贯	生活年代	主要医学成就
吴邦宁	惟和	休宁	明朝	以医济世五十年,临危救危,活人甚众,尤精儿科。著有《痘疹心法》
吴元溟	澄甫	歙县	约 1561—1642	明代名医吴道川之子,随父徙杭州,从父诊病,医道日进,医理日精。晚年著书以叙父意,并附己见,撰《痘科切要》1卷、《儿科方要》1卷
詹方桂	天木	休宁	明朝	著《四家小品》、《医学》1卷
许宁		歙县	明朝	著《医学理论》
汪源		休宁	明朝	著《辑注保婴全书》
黄俅	谷如	歙县	明朝	著《黄俅医案》
吴勉学	有愚、师古	歙县	明朝	著名出版商。校刊王肯堂《古今医统正脉全书》44种215卷,编刻《痘疹大全》8种21卷、《河间六书》27卷,刊刻了《医学原理》《华佗中藏经》《伤寒明理论》《注解伤寒论》等。还收集验方汇编《师古斋汇聚简便单方》6卷刊行于世
方如川	士若	新安	明朝	以儒贯医,著有《重订本草单方》6卷
金声	正希、子骏、成先、赤壁	休宁	明朝	崇祯元年进士,官至兵部右侍郎兼都察院右都御史,抗清名将,清军破南京后不幸被俘遇难。"敬服西儒,嗜其西学",是新安地区最早接受西学观点的学者之一,并在医学界宣传"人之记性皆在脑中,小儿善忘者,脑未满也;老人健忘者,脑渐空也。凡人外见一物,必有一形影留于脑中",主张"脑主记忆"之说①

---

① 张玉才:《新安医学》,安徽人民出版社2005年版,第72页。

（二）学术思想空前活跃，硕果累累

明清两代，新安医学家研究我国古代医学经典著作，探讨中医学基础理论，阐发医学典籍之要义，蔚然成风。据统计，明清时期安徽有关《内经》《难经》《伤寒论》和《金匮要略》四部经典的注疏、考释、集解、辨误之作，有70余种，其中在国内影响较大的有新安方有执的《伤寒论条辨》、吴昆的《黄帝内经素问吴注》、汪昂的《素问灵枢类纂约注》等。《黄帝内经素问吴注》将《素问》79篇原文逐篇分段注解，有所阐发，是国内主要注本之一。《素问灵枢类纂约注》对《素问》《灵枢》中针灸以外的主要内容，分类编纂，详加注释。该书内容精简，条理清晰，极大地方便了后人学习，流传甚广。

在医学理论研究中，新安医学派不囿陈说，敢于开展学术争鸣，活跃了学术气氛，促进了医学繁荣。

1. 汪机及其学术成就

汪机（1463—1539），字省之，号石山，祁门人。医德高尚，医术高明，医理精深，取众家之长，弃其所短，参以己见，提出了"调补气血，固本培元"的医学思想，被称为新安医学派的先驱①，是明代四大医学家之一。"《明史·方技传》称：吴县张颐、祁门汪机、杞县李可大、常熟缪希雍皆精通医术，治病多奇中。"②

汪机画像

汪机家学渊源，其父汪渭就是当时的名医。少年时的汪机，勤读经史，立志跻身于仕途。但后来因母亲得病，其父虽精心治疗，却未能见效，十年不愈。为解母亲的病痛之苦，汪机遂决定弃儒从医，潜心研读，上从《黄帝内经》，下至金元各家医学典籍，历经数年，从不间断，把

---

① 参见施孟胥、李梦樵等：《安徽古代科学家小传》，安徽科学技术出版社1984版，第43页。

② 《四库全书总目·子部·医家类二》卷一〇四，中华书局1965年影印本。

医学理论和临床实践结合起来,探究诸家秘方,终于治好了他母亲头痛呕吐的沉疴痼疾。他的父亲晚年曾三次染病,经汪机治疗都能见效。汪机名震海内,求医者络绎不绝,"行医四十年,活人数万计"。

　　汪机治学严谨,著述等身。五十七岁时完成了《续素问钞》,这是他的第一部医学著作。在此后的十余年时间里,"手不停批",勤耕不辍,著述迭出。继《续素问钞》3卷之后,著有《运气易览》3卷,《医读》7卷,《伤寒选录》8卷,《脉诀勘误集解》2卷,《本草会编》20卷,《针灸问对》3卷,《推求师意》2卷,《医学原理》13卷,《外科理例》7卷,《痘治理辨》1卷、附方1卷等,再加上其门人陈桷汇编的《石山医案》3卷、附1卷,汪机医学著作凡14种,74卷。[①] 其中《续素问钞》《运气易览》《针灸问对》《外科理例》《痘治理辨》等被《四库全书总目》著录。

　　汪机的医学论著内容丰富,遍及内科、外科、针灸、本草等诸多中医学领域,具有很高的学术地位。汪机的学术思想取众家之长,成就突出。《推求师意》一书之渊源、传授、撰写、刊刻经历了一个复杂的过程。朱震亨(1281—1358,号丹溪先生)的高足戴原礼得其师心法,推阐师意,成《推求师意》一书。汪机于歙县一位医学名家处见到此书,抄写而归。认为"观其中所语,皆本丹溪先生之意,门人弟子推求其意而发其所未发者",于是将手抄本向门人陈桷等人示之,并题名为《推求师意》,由陈桷主持刊行。[②]《四库全书总目提要》指出:"原礼本震亨高弟,能得师传,故所录皆秘言微旨,非耳剽目窃之可比。震亨以补阴为主,世言直补真水者,实由此开其端。书中议论,大率皆本此意。"[③]在《石山医案》提要中又指出:"(汪)机所校《推求师意》一书,实由戴原礼以溯震亨,故其持论多主丹溪之法。然王氏《明医杂著》株守丹溪,至于过用苦寒,(汪)机复为论以辨之,其文今附《医案》之末,则(汪)机

　　① 参见钱超尘:《汪机事迹著作及从医考》,《中医文献杂志》2006年第2期。
　　② 《四库全书总目·子部·医家类二》卷一〇四,中华书局1965年影印本。
　　③ 《四库全书总目·子部·医家类二》卷一〇四,中华书局1965年影印本。

亦因证处方,非拘泥一格者矣,其随试辄效,固有由也。"①

　　汪机遵古而不泥古,故能兼取众家之长,弃其所短,参以己见,提出了"调补气血,固本培元"的医学思想,开新安医学"培元派"之先河。李杲(1180—1251,号东垣老人)和朱震亨都是中国医学史上的著名医学家,与刘完素(1120—1200)、张从正(约1156—1228)并列为"金元四大家"。李东垣是中医"脾胃学说"的创始人,他十分强调脾胃在人身的重要作用,由于在五行当中,脾胃属于中央土,因此他的学说也被称作"补土派"。朱震亨力倡"阳常有余,阴常不足"之说,强调人体阴气、元精之重要,后世称其为"滋阴派"的创始人。汪机父亲汪渭认为东垣、丹溪二人因各自临证不同,故主张有别,指出治疗疾病不能拘泥于一种方法,应该临证而论。病当升阳,则应从东垣之法;若病当滋阴,则应从丹溪之法。这种辨证论治的科学思想促进了新安医学的发展。

　　汪机继承了他父亲辨证施治的中医学思想,并加以发扬光大,主张以人参和黄芪兼补阴、阳。若为阴虚者,则需补之以味,参、芪味甘,甘能生血,故能补阴;若阳虚者,温之以气,参、芪气温,又能补阳。可见,参、芪不仅补阳,亦能补阴,临床上要善于使用人参和黄芪。《石山医案》中记载有许多巧用参、芪治病的案例。善用参、芪是汪机在医学史上的一大贡献。在外科学方面,汪机也有独到见解。在《外科理例》中指出,外科病虽生在体外,但发病根源应与内脏有关,主张"外科必本诸内,知乎内以求乎外"。在外科治疗过程中,"大旨主于调补元气,先固根柢,不轻用寒凉功利之剂"②,同时强调不拘成法,随证变通。在汤剂与针灸的关系上更加重视汤液的作用与运用。《四库全书总目提要》评《针灸问对》曰:"古人充实,病中于外,故针灸有功;今人虚耗,病

---

①　《四库全书总目·子部·医家类二》卷一〇四,中华书局1965年影印本。《明医杂著》,综合性医书,由明代医学家王纶撰于嘉靖己酉年(1502),刊于1549年。王纶,字汝言,号节斋,慈溪(今属浙江)人。于弘治间事任礼部郎中,后又于正德间迁右副都御史巡抚湖广,政绩颇著。因父病常留心医药,并于公余兼为民疗疾,活人颇众。又复勤于著述,曾著《本草集要》8卷、《名医杂著》6卷等,刊行于世。其中《名医杂著》为世人所重视。

②　《四库全书总目·子部·医家类二》卷一〇四,中华书局1965年影印本。

多在内,针灸不如汤液。""误针误灸之害,与巧立名目之诬,皆术家所讳不宜言者,其说尤为笃实。考机《石山医案》凡所疗之证皆以药饵攻补,无仅用针灸奏功者。盖惟深知其利病,故不妄施,所由与务矜奇技者异也。"①

2. 方有执与《伤寒论》"错简派"

方有执(1523—1594),字中行,安徽歙县人,明代著名医学家。他在《伤寒论条辨》一书中,着重阐释了卫中风、营伤寒、营卫俱中伤风寒之源,并重新整理《伤寒论》条文,开创研究《伤寒论》的错简派。

方有执自谓其天性鲁钝,"愚于儒且惮不能",初也未学医,中年时两次丧妻,都死于伤寒病,五个子女因"惊风"而夭折。因连遭丧妻、失子之痛,心情十分忧郁,他游走他乡,身染重病,九死一生,回到故乡后,发愤学医,尤其对伤寒致力研究,颇有心得。方有执认为东汉张仲景《伤寒杂病论》代远年湮,晋王叔和编纂的《伤寒论》言简文奥,意义难明,编次混乱,眉目不清。方有执遂以"错简"为言,重新编次《伤寒论》,逐条辨析,历经二十余年的努力,终成《伤寒论条辨》8卷,并附《本草钞》1卷、《或问》1卷、《痉书》1卷。

方有执重新编纂《伤寒论》,实为大胆创举,但独尊张仲景,诋毁王叔和,未免失之偏激,首倡《伤寒论》"错简说",和者四起。此后在研究《伤寒论》的医家之间,逐渐形成了一个宗方氏错简说的学术派别,被称为错简派。其在海内外影响很大,有力地推动了对《伤寒论》的深入研究。同时,也形成了不赞成方氏的"维护旧论派",还形成了既不赞成错简说又不同意守旧论的"辩证学派"。

3. 徐春甫与"一体堂宅仁医会"

徐春甫(1520—1596),字汝元,号东皋,又号思鹤,安徽祁门人。明代著名医学家。家世业儒,因多病,乃师从名医汪宦学医,通内、妇、儿等科。徐春甫博览医书,对历代医学经典进行深入的钻研,从《黄帝

---

① 《四库全书总目·子部·医家类二》卷一○四,中华书局1965年影印本。

内经》开始,将汉、唐、宋、元以至明代的 230 多种医学经典,进行校正和整理。经过数十年的不懈努力,他终于编成《古今医统》100 卷,为明代一部大型的医学丛书,至今仍然有重要的参考价值。还编著《内经要旨》《妇科心镜》《幼幼汇集》《痘疹泄秘》等医书。

由于徐春甫医学成就杰出,经地方官员推举,进入了太医院。其在中国医学史上的最大功绩,是在北京联络太医,以及在京从业的名医 40 多位,于明隆庆二年发起成立了我国第一个医学团体——“一体堂宅仁医会”(简称“宅仁医会”)。这个学会组织起直隶顺天府(今北京市)的海内名医 46 人,其中福建 1 人、四川 1 人、江苏 9 人、应天府 2 人、浙江 6 人、湖北 1 人、河北 1 人、安徽 22 人,还有 3 人籍贯不详。[①] 其中的安徽人超过一半都是来自新安地区。这些名医或游学京都,或供职太医院。该会的宗旨是:崇尚医学道德的“仁爱”精神;探究古代医学经典,广积智识,应用于临床实践;互相砥砺研究,以求共同进步。该会着重强调治学态度与学术指导思想,申述了治学方法及内容要点,提倡良好的医德医风和端正服务态度,这在当时的历史条件下,实属难得。“宅仁医会”的成立,对我国医学的发展有着积极的意义。

4. 孙一奎与“命门”学说和“三焦”问题

孙一奎(1520—1600),字文垣,号东宿,别号生生子,安徽休宁县人。师承汪机弟子——歙县黄古潭之学。孙一奎生活在宋代理学家朱熹的故乡,通《周易》,精医术,提倡“易医同源”,宗“理气合一”。他虽为汪机的再传弟子,但又不以门户自立,善用参、芪,慎用苦寒,综各家之长和亲身体验,形成了扶真阳抑温补的医学思想。曾游学庐山、三吴等地,来往于公卿之间,凡三十年,治病多验,晚年名震三吴。著有《赤水玄珠》《医旨绪余》《痘疹心印》《三吴医案》,后汇为《赤水玄珠全集》凡 4 种 37 卷。

孙一奎是“命门”学说的倡导医家之一。命门之说出自《内经》和

---

① 　参见施孟胥、李梦樵:《安徽古代科学家小传》,安徽科学技术出版社 1984 年,第 49 页。

《难经》。《难经·三十六难》曰："左者为肾,右者为命门。命门者,诸神精之所舍,原气之所系也。"此后历代医家多宗《难经》"左为肾,右为命门"之说,或"命门属相火",或以命门为心包络等,莫衷一是。明朝后期,因受理学的影响,医学界对命门学说的讨论十分活跃。孙一奎兼通易、医,既反对"命门属相火",也不同意"右肾为命门",指出"命门为两肾中间之动气,非水非火,乃造化之枢纽,阴阳之根蒂,即先天之太极"[①]。并引用"太极"阐发"命门之说",认为两肾之间所生根蒂,内含真气,名曰"动气","禀于有生之初,从无到有,此原气者,即太极之本体也。名动气者,盖动则生,亦阳之动也,此太极之用所以行也。两肾,静物也。静则化,亦阴之静也,此太极之体所以立也。动静无间,阳变阴合,而生水、火、木、金、土也。其斯命门之谓欤!"[②]

孙一奎主张"三焦无形"说,在明末关于"三焦"问题的争论中产生了一定的影响。"三焦"问题在《内经》中多次出现,但说法不一,带有一定的神秘色彩,是中医学界争论最多的一个问题。明清时期,关于"三焦"问题的争论大体是围绕"有形"和"无形"展开的。有形论者认为"三焦"是指体内存有一定形状的实体;无形论者认为"三焦"不特指具体的实体,而是与命门、相火或肾间动气相联系。孙一奎宗"三焦无形"说,把"三焦"与肾间动气相联系,认为"三焦"虽分上、中、下,只是分其功能,并无形质。从人体解剖生理学来看,孙一奎的这一主张对人体功能的探讨是卓有见地的。

孙一奎在中医学理论和实践经验两个方面都对祖国医学做出了一定贡献,不论对于临证治疗,还是对于养生保健,他的学说都有较高的研究价值。他在《医旨绪余》中论述了太极、阴阳、五行、脏腑气血、三焦包络、命门相火、经络腧穴、疾病诊断及内伤杂病等问题,并运用易学原理、理学的观点对其中的命门、相火、气、火等概念加以阐发,提出了新的见解,还对咳、喘、哮的鉴别诊断和治疗都有自己的独到见

---

① 孙一奎:《医旨绪余·命门图说》。
② 孙一奎:《医旨绪余·命门图说》。

解。另外,他对诸家学说的评价被后人认为是千古持平之论。[①]

（三）重视医学实践活动，成就斐然

新安医学深受程朱理学的影响,学术思想活跃,重视对医学典籍的整理、注释和阐发,同时在医案、临床医学、药物学和方剂学等中医学实践活动中成就斐然,涉及了医学的各个领域,有许多新知卓见,对中国古代医学发展做出了很大贡献。

1. 医案和临床医学

医学理论的提高,促进了临床医学的发展。明清时期,新安医学派的医案在全国影响很大。医案是中医临床实践的记录,它体现了理、法、方、药的具体运用。当时,在众多的医案中,以《名医类案》和《石山医案》所产生的影响最大。

《名医类案》12 卷,由歙县名医江瓘父子历经四十五年,于明嘉靖二十八年(1549)编纂而成。该书上采《史记》《三国志》所载名医,下迄元、明诸医治验,捃摭殆遍,分 205 门,包括内、外、妇、儿、五官等科,是我国第一部总结历代医案的专著,对后世影响很大。《四库全书总目提要》评曰:此书案例"可为法式者,固十之八九,亦医家之法律矣"[②]。此书一问世,即受到医学界的重视,多次翻刻,并传至日本。《石山医案》记录了汪机的临床实践经验,反映了汪机在临床诊治过程中遵古而不泥古、不拘一格、善取众家之长的医学思想。该书的问世,对于纠正宋、金、元以来或偏于温燥之药,或偏于寒凉之剂的偏向,起到了积极的作用。《石山医案》由祁门良医陈桷所编,因汪机号石山,故名。此外,休宁孙太来、孙明来辑其父孙一奎治疗经验的《孙文垣医案》5 卷等,在国内也有一定的影响。

在内科学方面,孙一奎的《赤水玄珠》、歙县程玠的《松崖医经》、余

---

①　张玉才:《新安医学》,安徽人民出版社 2005 年版,第 59 页。

②　《四库全书总目·子部·医家类二》卷一〇四,中华书局 1965 年影印本。

午亭的《诸症析疑》等都是内科临床经验的总结,备受后世医家推崇。在外科学方面,汪机的《外科理例》,全面论述了外科病的证治,持论独特,提出了"外科必本诸内,知乎内以求乎外"的思想,临床上一方面反对滥用刀针,另一方面对宜于手术者又强调早期手术,随症变通,深受医家欢迎。在妇科方面,徐春甫的《妇科心镜》等推动了妇产科学的发展。在传染病学方面,明代的汪机对传染病的研究取得了一定的成果,提出了温病发病有"新感"和"伏气"之不同。后来,歙县程衍道(约1593—1662)著《医法心传》和《心法歌诀》,也提出"温邪袭肺,咳甚;入胃,温甚"的见解。[①]

2. 药物学和方剂学

自明朝中叶起,研究药物学和方剂学的风气盛行,安徽出现了朱梓的《普济方》等众多名著,取得了很大成就。总的来看,尤以新安医学派的贡献最为突出。歙县吴昆[②]《医方考》6卷,刊行于明万历十二年。该书选历代常用方700余例,按症分类,每类下集方若干例,每方又"考其方药,考其见证,考其名义,考其事迹,考其变通,考其得失"。吴昆首创医方注解,《医方考》是我国第一部注释医方之书,在方剂学中颇有影响。该书依症分门,每症先述病因,次辨诸家治法,再集名方,条理清晰,因症致用,确为医书巨著,深受海内外医家的欢迎,影响很大。刊行后两年内就流传到日本,并重刻刊行,后又有多种版本的《医方考》在日本刊行。

明代著名医学家陈嘉谟[③],著有《本草蒙筌》12卷。该书偏重于生药研究,论述药物447种,附录药名295种,计742种,注明药材产地,严格区分药材的性质,对药材的保管、气味、炮制方法等论述较为详细。著名医学家李时珍称其"创成对语,以便记诵,间附己意于后,颇有发明,便于初学",是一部医学启蒙教材。

---

① 参见张秉伦等:《安徽科学技术史稿》,安徽科学技术出版社1990年版,第327页。
② 吴昆(1551—1620),字山甫,号鹤皋山人,又号参黄子。安徽歙县人。明代著名医家,精医术。
③ 陈嘉谟,字廷采,安徽祁门人,嘉靖时名医。

十二 盛极一时的徽州商帮

作为商帮集团,徽商应是形成于明成化、弘治之际。形成的标志主要表现在四个方面:徽人从商风习的形成;徽人结伙经商的现象已很普遍;"徽""商"(或"徽""贾")二字已经相连成词,成为表达一个特定概念的名词而被时人广泛应用;作为徽商骨干力量的徽州盐商已在两淮盐业中取得优势地位。[①]

(一)明中期徽州社会风气变化

明成化特别是正德以后徽州地区的社会风气开始发生显著变化。正德末至嘉靖初,"出贾既多,土田不重。操资交捷,起落不常。能者方成,拙者乃毁。东家已富,西家自贫。高下失均,锱铢共竞。互相凌夺,各自张皇"。徽州社会出现了"诈伪萌矣,讦争起矣,芬华染矣,靡汰臻矣"的格局,传统的安土重迁、重农轻末和不事竞争的稳定的农耕社会开始发生变迁,起落无常的贫富差距开始产生。嘉靖末至隆庆间,社会变迁速度加快,贫富差距进一步拉大,社会问题与矛盾更加尖锐和突出,"末富居多,本富尽少;富者愈富,贫者愈贫;起者独雄,落者辟易。资爰有属,产自无恒;贸易纷纭,诛求刻核。奸豪变乱,巨猾侵牟。于是,诈伪有鬼蜮矣,讦争有戈矛矣,芬华有波流矣,靡汰有丘壑矣"[②]。万历以后,是明代中后期至清前期徽州社会变迁最剧烈的一个发展阶段。经过前两个阶段的积累和推进,这一阶段的社会变迁力度

---

① 本章部分内容借鉴了张海鹏、王廷元主编《徽商研究》(安徽人民出版社 1995 年版)和王廷元、王世华著《徽商》(安徽人民出版社 2005 年版)研究成果,特致谢意。

② 张涛等:万历《歙志》卷一二《风土》,明万历三十七年刻本。

远远大于前两个阶段，"富者百人而一，贫者十人而九。贫者既不能敌富，少者反可以制多。金令司天，钱神卓地；贪婪罔极，骨肉相残；受享于身，不堪暴殄；因人作报，靡有落毛。于是，鬼蜮则匿影矣，戈予则连兵矣，波流则襄陵矣，丘壑则陆海矣"①。金钱观念已深入人心。

百余年社会变迁对徽州大众心态和观念的猛烈抨击，把传统徽州推向了一个充满竞争与风险、生机与活力的新阶段。农本商末观念为重商思想取代后，徽州所出现的"业贾遍于天下"②的局面，使徽州大众摆脱了封闭与愚昧，增长了见识，开阔了视野。他们"藉怀轻赀，遍游都会，因地有无以通贸易，视时丰歉以计屈伸。诡而海岛，罕而沙漠，足迹几半禹内"③，形成了"一贾不利再贾，再贾不利三贾，三贾不利犹未厌焉"④的不屈品格。他们秉执这种顽强不屈的精神、任重道远的"徽骆驼"品格，放眼看世界，敢于走出去闯荡商海。

（二）政策变革为徽商带来了机遇

明中叶以降，随着商品货币经济的发展，封建国家的赋役制度也产生了相应的变化。正德、嘉靖年间，各地纷纷实行均徭法，其宗旨是征发徭役以田产为准，其结果是"故民惟务逐末而不务力田"⑤。嘉靖年间开始，各地更试行"一条鞭法"，一概计亩征银，到万历九年，普遍推行于全国。一条鞭法将人丁和人户的庸调都转移到了田亩中，加大了田产在赋税中的比重，减轻了人丁的负担，无地的商人因为一条鞭法的实施免除了力差，实际负担有所减轻。而且一条鞭法的实施，越是经济发达商品流通之地越是方便，赋税一概征收银两，简便了征收程序，推进了白银货币经济，有利于商品生产和商品经营活动的展开。

---

① 张涛等：万历《歙志》卷五《风土》，明万历三十七年刻本。
② 金声：《金太史集》卷四《与歙令君书》。《乾坤正气集》，清道光二十八年袁江节署求是斋刊本。
③ 李乔岱：万历《休宁县志》卷一《舆地志·风俗》，明万历三十五年刊本。
④ 倪望重等：《祁门倪氏族谱》卷下《诰封淑人胡太淑人行状》，清光绪二年刻本。
⑤ 王鏊：《震泽集》卷三六《吴中赋税书与巡抚李司空》，《四库全书》本。

自金花银的征收到一条鞭法的推行,赋税折征货币的部分日益增加,以致占有赋税总额的绝大部分。赋税折银的结果,导致生产者更多地出售产品,换取货币。大批产品投入市场,就使商品在当地难以销售,不得不向远方寻求市场,从而大大促进了长途贩运贸易的发展。由于长途贩运贸易的发展,徽商的商业资本也以前所未有的势头膨胀起来。明嘉靖时,歙人吴柯认为"士而成功也十一,贾而成功也十九",遂弃儒服贾。① 商品流通的扩大为商人牟利生财提供了大好机会。徽商潘侃说:"良贾急趋利而善逐时,非转毂四方不可。"②"徽歙以富雄江左,而豪商大贾往往挟厚赀驰千里,播弄黔首,投机渔利,始可致富"③,徽商中绝大多数人都是在长途贩运中发家的。

在盐税征收方面,明代盐的运销实行开中法,先是盐商报中,到指定的仓口纳粮,获得盐引。弘治五年,因商人苦于守支盐斤,户部尚书叶淇主持,改为招商在运司纳银,每引三四钱,收贮太仓银库,而后分送各边。虽较之以前中米价值加倍,但商人免除了纳粮支盐往返奔波和长年守支盐斤之苦,太仓银也累积至百余万两。以盐商为主体的徽商正是在开中制的前后迅速向两淮发展,逐渐取得优势。

(三)明中后期徽商的活动

1.活动范围更广

由于商运路线的增辟和延长,市场网络的发展,徽商的活动范围也随之不断扩大。嘉靖、万历年间,民间流传的一句谚语称:"钻天洞庭遍地徽。"意思是说,苏州府的洞庭商人和徽州府商人都是当时最活跃的商人。为了牟取厚利,他们无孔不入,无处不到。事实确实如此。

---

① 吴吉祜:《丰南志》卷五,《中国地方志集成·乡镇志专辑(17)》,江苏古籍出版社 1992 年版。

② 汪道昆撰,胡益民、余国庆点校:《太函集》卷一四,黄山书社 2004 年版。

③ 歙县《许氏世谱》卷六《寿敕封征仕郎叔祖晴川翁八十叙》,转引自张海鹏、王廷元:《明清徽商资料选编》第九百二十二条,黄山书社 1985 年版。

当时的徽州商人足迹"几遍天下"①。他们不但活跃在南北两京、各省都会及其他大小城镇,甚至穷乡僻壤、深山老林、沙漠海岛、人迹罕至的地方也都不乏他们的身影。②"钻天洞庭遍地徽",这句谚语形象地说明了徽商的活动范围。胡适说过:"徽州人正如英伦三岛上的苏格兰人一样,四出经商,足迹遍于全国。"③

徽商在全国的活动范围,从黄汴所著《天下水陆路程》和憺漪子所辑《天下路程图引》两书中可以清楚地反映出来。这两部商业用书都出自徽人之手。《天下水陆路程》卷一、卷二详细记载了北京和南京到十三布政司的水陆路程;卷三分

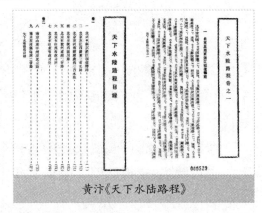

黄汴《天下水陆路程》

别记载了两京和十三布政司到所属府州的路程;卷四记载了北京至东北、西北和北方沿边一带的主要路程;卷五至卷八记载了若干州府和重要城镇之间的路程。全书共记载路程 143 条。

值得注意的是,此书专门记载了以徽州(或徽州属县)为起讫点的路线 14 条,即:

祁门县至湖口县水路;

休宁县至杭州府水路;

休宁县由几村至扬州水路;

徽州府至婺源县路;

徽州府至崇安县路;

徽州府至湖广城路;

黟县至南京路;

①　张瀚:《松窗梦语》卷四《商贾纪》,《续修四库全书》第一千一百七十一册。
②　参见万历《歙志》、万历《休宁县志·舆地志·风俗》。
③　陈金淦:《胡适研究资料》,北京十月文艺出版社 1989 年版,第 158 页。

苏州由广德州至徽州府水陆路；

杭州府至休宁县齐云山路；

仪真县由宁国府至徽州府水陆路；

弋阳县至休宁县路；

芜湖县至徽州府路；

饶州府至婺源县水陆路；

饶州府由景德镇至休宁县水陆路。

《天下路程图引》记载了全国交通路线 100 条，第一条至第五十三条皆江南水陆路程，第五十四条至第一百条皆江北水陆路程。其中也专门记载了以徽州为起讫点的路线 15 条，即：

徽州府由徐州至北京陆路；

徽州府由严州至杭州水路；

徽州府由景德镇至武当山路；

徽州府由金华至温州府路；

徽州府由开化县至常山陆路；

徽州府由青阳县至池州府陆路；

徽州由玉山县至崇安县陆路；

徽州府由常山县至建宁府路；

苏州由四安至徽州府陆路；

丹阳县由梅渚至徽州府陆路；

南京由芜湖至徽州府陆路；

芜湖由太平县至徽州府路；

饶州由乐平县至徽州府路；

湖广由安庆至徽州陆路；

仪真县由宁国府至徽州府路。

这两部书记载了近 30 条以徽州府（包括下属县）为起讫点的水陆路线，一是说明这些路线都是众多徽商来往所走的路线；二是说明徽商走出深山不是循着一条路线，而是呈四散辐射状向四面八方奔去。

至于徽商在全国的活动范围,在这两部书中也可反映出来。既然这两部书是出自徽商或徽人之手,又是为经营而编的商业用书,那么这两部书所记载的243条路线以及涉及的无数城镇,应该都是徽商曾经驻足或活跃的地方。

徽商主要是从事长途贩运贸易的。明代中期以后,由于国内市场已经形成,南北贸易日益加强,"燕、赵、秦、晋、齐、梁、江、淮之货,日夜商贩而南;蛮海、闽、广、豫章、楚、瓯越、新安之货,日夜商贩而北"①。除南北贸易外,东西贸易也更加频繁。四川、云南、贵州、湖广、江西的木材以及四川、湖广、江西的米粮源源不断地沿长江和其他水路运到东部长江中下游的江南一带,江南一带的棉布、丝绸也日夜不绝地运到西部。在这南北贸易和东西贸易中,我们几乎到处都可看到徽商活跃的身影。这在徽州的方志和谱牒中也得到印证。

在国内的各大都市以及交通枢纽之地,都有徽商活跃其间。

(1)北京。这里是明清两代都会,既是政治中心,又是经济中心,自然是徽商集中的地方。仅以歙县为例,明代隆庆中,歙县商人聚于京城者已以数千上万计。如果再加上其他各县商人,在北京的徽商人数之多,更为惊人。

(2)南京。据明代《金陵琐事剩录》卷三记载,当时南京当铺共有500家,主要是徽州人和福建人经营,仅从事典当业的就有几百家,从事其他行业的徽商想必更多。

(3)扬州。两淮盐运司所在地。两淮盐场是全国最大的盐场,徽州盐商最早进入扬州,以后拥入的徽商更多。所以近人陈去病在《五石脂》中将扬州称为"徽商殖民地也"②。

(4)杭州。两浙盐运司所在地,这里也是徽州盐商的主要聚集地。翻开《两浙盐法志》,我们可以看到,凡是志中所提到的人物,绝大多数

---

① 李鼎:《李长卿集》卷一九,转引自张海鹏、王廷元:《明清徽商资料选编》第十条,黄山书社1985年版。

② 陈去病:《五石脂》,转引自张海鹏、王廷元:《明清徽商资料选编》第三百二十二条,黄山书社1985年版。

是徽州商人。此外,还有徽州的茶商、木商、典商、粮商、丝绸商集于此地。钱塘江畔有一处系徽商经常登岸之地,久而久之,此地被称做"徽州塘"。

(5)苏州。这里是棉织业的中心,徽商在苏州棉布市场上十分活跃,他们开设字号,收买布匹,发交染坊和踹坊工人染踹。

(6)武汉。作为黄金水道长江中游的重镇,是全国东西南北贸易的枢纽,尤其是汉口,"不特为楚省咽喉,而云贵、四川、湖南、广西、陕西、河南、江西之货,皆于此焉转输"①。自然这块宝地也吸引了大批徽商前来角逐,他们在汉口从事盐、粮、木、茶、棉布、丝绸、墨、典当、药、杂货、酒楼、银楼以及珠宝等行业经营。

(7)临清。由于这里是大运河的重要枢纽,南北交通要道,所以从事南北贸易的徽商不少人在此聚集。这从一件事上就可反映出来:明清科举考试,士人必须在本籍报名,由于徽商在各地经营,子弟也往往随之读书,如果回原籍报考,甚为不便。故商人恳请政府设立"商籍",让商人子弟就地入试,后获得允准。由于贾于临清的徽商很多,其子弟以"商籍"身份应考者也很多。据《五杂俎》卷一四载:"山东临清,十九皆徽商占籍。"从中可看到,临清可谓很多徽商子弟的"第二故乡"。

(8)广州。从明代开始,这里就是海外贸易的重要港口之一,政府在宁波、泉州、广州设立市舶司,"宁波通日本,泉州通琉球,广州通占城、暹罗、西洋诸国"②。集中于广州的徽商尤其多。明政府改革对外贸易制度,乃立客纲、客纪。所谓客纲、客纪,实际上就是牙行组织中牙人的称号,客纲、客纪虽然还带有官商性质,但已不再受市舶司的控制,而成为独立的商业性团体了。嘉靖三十五年,广东海道副使汪柏"乃立客纲、客纪,以广人及徽、泉等商为之"③。徽商能够担任客纲、客纪,可见徽商在对外贸易中势力之大。

---

① 刘献廷:《广阳杂记》,《续修四库全书》第一千一百七十六册。
② 张廷玉等:《明史》卷八一《食货志五·马市条》,中华书局 1974 年版。
③ 郭棐:万历《广东通志》卷七〇,《四库全书存目丛书·史部》第一百九十七册,齐鲁书社 1997 年版。

由于徽商长期在一些城市经商，不少人索性将家属接去，有的甚至就在当地落籍定居。康熙《徽州府志》卷二《风俗》载："徽之富民尽家于仪（真）、扬（州）、苏（州）、松（江）、淮安、芜湖、杭（州）、湖（州）诸郡，以及江西之南昌、湖广之汉口，远如北京，亦复挈其家属而去。"①

《海阳纪略》卷下谈及休宁的情况也说："休宁巨族大姓，今多挈家存匿各省，如上元（南京）、淮安、维扬（扬州）、松江，浙江杭州、绍兴，江西饶州、浒湾等处。"②

在一些经济发达地区，如江南的苏、松、杭、嘉、湖五府地区，徽商的足迹已深入到下属的各个县、镇、庄。万历《嘉定县志》载：该县的南翔镇"往多徽商侨寓，百货填集，甲于诸镇"。罗店镇也是"徽商凑集，贸易之盛，几埒南翔矣"。③ 杭州府的塘栖镇，也是"徽杭大贾，视为利之渊薮，开典顿米，贸丝开车者，骈臻辐辏"④。南翔镇附近的钱门塘乡也因"徽商傥居里中，收买（丁村布）出贩"⑤，因而"俨然若小都市，几与南翔埒"⑥。

值得注意的是，不少徽商还不畏艰难险阻，深入到边疆地区进行商业贸易。《天下水陆路程》和《天下路程图引》两书中以边远省份和边疆地区为终点的路程竟多达18条，可见在这些地方经商的徽商绝非少数。谱牒记载也证实了这一点。明祁门商人程神保怀揣30两银子走出家门，"贾峡江（今属江西），……贾闽……贾楚……而走南海，市海错往来清源（今泉州）维扬间，复如楚，资用复饶"⑦。明歙人洪仁辅

---

① 丁廷楗、赵吉士：康熙《徽州府志》卷二《风俗》，康熙三十八年刊本。

② 廖腾煃：《海阳纪略》卷下，清康熙刻本。

③ 韩浚等：万历《嘉定县志》卷一《市镇》，《四库全书存目丛书·史部》第二百零八册，齐鲁书社1997年版。

④ 王同：光绪《唐栖志》卷一八《事纪·栖溪风土记（胡元敬）》，《中国地方志集成·乡镇志专辑(18)》，江苏古籍出版社1992年版。

⑤ 童世高：《钱门塘乡志》，《中国地方志集成·乡镇志专辑(4)》，江苏古籍出版社1992年版。

⑥ 殷聘尹：崇祯《外冈志》卷一，《中国地方志集成·乡镇志专辑(2)》，江苏古籍出版社1992年版。

⑦ 李维桢：《大泌山房集》卷七三《程神保传》，明万历三十九年刊本。

的祖父"两都八闽,走无宁日"①。上述两人都曾在福建经商。明代歙商许尚质继承父业,"东走吴门,浮越江南,至于荆,遂西入蜀。翁既居蜀,数往来荆湖,又西涉夜郎、牂牁、邛笮之境"②。说明该商长期在四川、贵州等地与少数民族贸易。至于去东北关外经商者也大有人在。如明许仁公"客辽阳"③,歙人程岩注"以太学生操盐策,贾辽阳外"④。

尤其应指出的是,徽商还有涉足海外的。据有关材料记载,徽商的足迹远至日本、暹罗(泰国)、东南亚各国以及葡萄牙。歙人汪直曾于嘉靖十九年与乡人叶宗满等人到广州造巨舰,收购硝石、硫黄、生丝及棉布运往暹罗、南洋诸国贸易。嘉靖二十一年首航日本,用中国的湖丝与日本人交易,换取银钱。明崇祯时歙商程正吾、吴光福由福建货运销高丽。

总之,正如康熙《休宁县志》卷一所说:"邑中土不给食,大都以货殖为恒产,因地有无以通贸易,视时丰歉以计屈伸。居贾则息微,于是走吴、越、楚、蜀、闽、粤、燕、齐之郊,甚则逾而边陲,险而海岛,足迹几遍禹内。"这虽说的是休宁商,整个徽商的情况也完全如此。

2. 经营行业更多

徽商的经营范围极广。正如万历《歙志》所称:"其货无所不居,其地无所不至,其时无所不鹜,其算无所不精,其利无所不专,其权无所不握。"⑤明代中期学者归有光在讲到徽商的经营行业时说过:"猗顿之盐,乌倮之畜,竹木之饶,珠玑、犀象、瑇瑁、果布之珍,下至卖浆、贩脂之业,天下都会所在,连屋列肆,乘坚策肥,被绮縠,拥赵女,鸣琴跕屣,多新安之人也。"⑥这话是符合实际的。徽商经营的行业众多,但主要

---

①　歙县《江村洪氏家谱》卷九《明敕赠修职郎提举松山公墓志铭》,转引自张海鹏、王廷元:《明清徽商资料选编》第四百八十三条,黄山书社 1985 年版。

②　歙县《许氏世谱·朴翁传》,转引自张海鹏、王廷元:《明清徽商资料选编》第七百六十条,黄山书社1985 年版。

③　许承尧:《歙事闲谭》卷一一《程仁义行》,黄山书社 2001 年版。

④　许承尧:《歙事闲谭》卷二九《程孝子》,黄山书社 2001 年版。

⑤　张涛等:万历《歙志·货殖》,明万历三十七年刻本。

⑥　归有光:《震川先生集》卷一三《白庵程翁八十寿序》,《四部丛刊》本。

集中在盐业、典当业、茶业、木业、粮食业、布绸业、渔业等。

盐业是徽商首先介入的行业。洪武三年,明政府实行了开中法,即"召商输粮而与之盐"①的办法。由于业盐的高额利润,开中法实行伊始,徽商中的少数先行者,不顾长途跋涉,跻身其中。歙商汪玄仪在家中拮据"亡资斧"的情况下,"聚三月粮,客燕代,遂起盐策,客东海诸郡中"②。歙人程金吾,"父老倦游,夺之儒而命之贾……君既捆载入河西,赢得过当,遂都河西(泛指今陕西)主转毂,浸起不赀,诸程鱼贯从之,人人起富"③。这也是报中业盐。但应该指出,由于输粮边区,路途遥远,非常不便。所以这一时期徽商中从事盐业的人数,从总体上看还是不多的,山、陕商人应占绝对优势。

弘治末年,户部尚书叶淇鉴于开中法已经败坏,乃实行开中折色,就是将原来商人赴边输粮,换取盐引,再南下支盐销售的办法,改为商人直接赴盐运司纳银买引,就地支盐销售。开中折色的实行,给徽州盐商的崛起提供了极好的契机。他们无须千里迢迢赴边输粮换取盐引,然后再风尘仆仆南下支盐,只要到两淮或两浙盐运司纳银买引,即可在当地支盐了。两淮盐运司设在扬州,两浙盐运司设在杭州,这两处都离徽州很近。在开中制下徽州盐商地利方面的劣势,一下转为开中折色下的优势。开中折色后,虽然山陕商人也纷纷南下,但他们过去在地利方面的优势,如今已不复存在了。

开中折色后,徽州商人迅速发现了自己的优势,他们成批地投入到业盐行列中来。由于两淮盐场盐质好,盐利高,而且距徽州较近,故徽州盐商进入两淮时间最早。由于两淮盐运司设在扬州,所以徽商又主要集中在扬州,故《五石脂》指出:"徽人在扬州最早,考其时代,当在

---

① 张廷玉:《明史》卷八〇《食货志五》,中华书局 1974 年版。
② 汪道昆撰,胡益民、余国庆点校:《太函集》卷四三《先大父状》,黄山书社 2004 年版。
③ 汪道昆撰,胡益民、余国庆点校:《太函集》卷五八《明故南京金吾卫指挥金事歙次公墓志铭》,黄山书社 2004 年版。

明中叶。故扬州之盛实徽商开之,扬盖徽商殖民地也。"①这里所谓的明中叶,就是开中折色以后,大批徽商进入扬州业盐,这与徽州宗谱的记载也是一致的。两浙盐运司设在杭州,徽州进入杭州经营两浙盐业的也很多。从事盐业的高额利润,使不少徽商很快得以致富。

开中折色给徽商带来发展的契机,但随着明代盐法的败坏,势豪占中,造成新、旧盐引壅积不畅,边商、内商皆困,国课也受到极大的影响。为了从根本上扭转这种局面,两淮巡盐御史袁世振和户部尚书李汝华于万历四十五年共同创立纲运制度,受到了盐商的热烈拥护。

纲法给盐商带来了巨大的利益,可以说,明代这一段时期,徽州盐商发展到第一个黄金时期,大部分盐商也是在获得垄断销售权后才迅速发迹起来。

盐商为了便于与官府沟通,往往推举出自己的代表负责与盐政大臣交涉,维护商人的利益。盐政大臣也通过这种代表向盐商传达政府的政策、法令,催征盐课。这种代表在明代称为祭酒或纲首。由于徽州盐商大多有文化,有才干,他们往往被众商推为祭酒(总商)。在两浙盐场,徽商也多被推为领袖。从徽商出任祭酒来看,明代徽商在两淮和两浙盐业中已占据重要地位。

典当业也是徽商从事的重要行业,而且形成了自己的特点。一是从业人数多。徽商经营典业,早在明中叶就开始了。据《此木轩杂著》卷八载:"弘治间,江阴汤沐知石门时,徽人至邑货殖……徽人所为货殖者,典铺也。"②此后徽州业典者有增无减。南京城内就有当铺500家,主要是徽商和闽商所开。近代徽人许承尧说:"典商大多休人……治典者,亦惟休称能。凡典肆无不有休人者,以业专易精也。"③而且出现不少业典世家。如歙县许翁,有"十数世之积,数百万之赀"④,显然

①　陈去病:《五石脂》,转引自张海鹏、王廷元:《明清徽商资料选编》第三百二十二条,黄山书社1985年版。

②　焦袁熹:《此木轩杂著》卷八《货殖》,清嘉庆九年刻本。

③　许承尧:《歙事闲谭》卷一八《歙风俗礼教考》,黄山书社2001年版。

④　俞樾:《右台仙馆笔记》卷一三,《续修四库全书》第一千二百七十册。

是个十几代业典的典商世家。二是典铺分布广。近人陈去病在《五石脂》中说："徽郡商业,盐、茶、木、质铺四者为大宗。……质铺几遍郡国。"①此话大体反映了徽州典铺的实际情况。明清时期徽州典铺确实分布很广,从南北两京到各省省会,从繁华都市到县城集镇,到处都飘扬着徽典的招幌,以致社会竟流传着"无典不徽"的谚语。如《明季北略》卷二三载:"汪箕,徽州人也,居京师,家赀数十万。(李)自成入城,箕自认家产不保,即奏一疏,乃下江南策,愿为先锋,率兵前进,以效犬马之劳。自成喜,问宋献策云:'汪箕可遣否?'宋曰:'此人家赀数百万,典铺数十处,婢妾颇多,今托言领兵前导,是金蝉脱壳之计也。'自成悟,发伪刑官追赃十万,三夹一脑箍。箕不胜刑,命家人取水,饮三碗而死。"②可见汪箕是京师一个著名大典商,在京城开有几十处典铺。万历三十五年(1607)六月河南巡抚沈季文言:"今徽商开当,遍于江北……见在河南者,计汪充等二百十三家。"③扬州也是徽州典商集中之地。早在明中后期,徽州典商已在这里独擅其利了:"质库,无土著人。土著人为之,即十年不赎,不许易质物。乃令新安诸贾擅其利,坐得子钱,诚不可解。"④明代嘉靖年间,倭寇骚扰武林(今杭州),负责抗倭的朝廷命官徽州籍的胡宗宪,"椎牛酒,悉召城外居民、市户及新安之贾于质库者,皆其乡人也,醵金募士兵,可数百人"⑤,说明在杭州的徽州典商是不少的。在江浙一带的县城也布满了徽州的典铺。尤为值得一提的是,徽州典商的足迹已深入到江浙的一些乡镇。三是典业规模大。徽州典商不少是世代经营,故资本多、规模大。明徽州人汪通保在上海所开典铺,四面开门,接待顾客,可见其典业规模是很大

①　陈去病:《五石脂》,转引自张海鹏、王廷元:《明清徽商资料选编》第三百二十二条,黄山书社1985年版。

②　计六奇:《明季北略》卷二三《富户汪箕》,中华书局1984年版。

③　《明神宗实录》卷四三三"万历三十五年五月癸亥朔"条,台北中央研究院历史语言研究所1962年校印本。

④　杨洵、陆君弼等:万历《扬州府志》卷二〇《风俗志》,转引自张海鹏、王廷元:《明清徽商资料选编》第四百五十五条,黄山书社1985年版。

⑤　丁元荐:《西山日记》,《续修四库全书》第一千一百七十二册。

的。而且他还在其他县开有多座典铺。休宁孙从理在浙江吴兴业典，"什一取赢，矜取予，必以道，以质及门者，踵相及，趋之也如从流。慎择掌计若干曹，分部而治"。他很会扩大典业，"岁会则析数岁之赢增置一部，迭更数多，又复迭增"。即每隔几年将典铺利润集中起来又增开一典，过几年又复采取此法增开一典。所以他一人开设了不少典铺，成为休宁巨富。^① 最著名的恐怕要算前述歙县许翁了，他的典铺有40余座，遍及江浙各地，遗憾的是竟毁在不肖子弟手中。

徽州是茶叶的故乡。徽州商人经营茶叶也有悠久的历史。明代前期，徽人业茶虽不普遍，但也能见到一些零散茶商活动的记载。明代中期以后，社会经济得到持续发展，徽州茶商逐渐活跃，不少

徽州低山茶园

人积极参加边境茶马贸易。一些徽商不远万里去西北和西南，从事茶马贸易，并因此成为巨富。前述近人许承尧曾回忆自己的先祖于正统时已出居庸关运茶行贾，显然是与北方蒙古族进行茶马贸易。也有深入到四川与藏族和其他少数民族进行茶马贸易的，歙商汪伯龄就是其中典型一例。据《太函集》卷五三载："翁（汪伯龄）始胜冠，辄从父兄入蜀，称贷以益资斧，榷茶雅州。"^②当然，明代中后期，更多的徽州茶商是在内地经营。其中前往北京业茶者尤多。当时京城饮茶成风，茶馆林立，茶叶有着广阔的市场，不少徽商在北京经营茶业。据《歙县会馆录》载："隆庆中，歙人聚都下者已以千、万计。"^③如果加上其他五县商人，徽商在京人数更为可观。徽商在京经营各种行业，但茶业无疑是其中强项，经营人数也最多。北京歙县义庄在北京永定门外石榴庄，

①　汪道昆撰，胡益民、余国庆点校：《太函集》卷五二《南石孙处士墓志铭》，黄山书社2004年版。

②　汪道昆撰，胡益民、余国庆点校：《太函集》卷五三《处士汪隐翁配袁氏合葬墓志铭》，黄山书社2004年版。

③　许承尧：《歙事闲谭》卷一一《北京歙县义庄》，黄山书社2001年版。

旧名下马社,规制宏伟。初建于明嘉靖年间,后经隆庆、万历两朝扩建。兴建、扩建费用主要来源于在京歙商以及在朝徽籍官员的捐助,而其中"取于茶商为多"[①]。歙县茶商能够大量捐款,说明在京茶商人数多,资本大。

其他各地也有徽商踪迹。南京作为一个大都市,也是徽州茶商的重要经营地,而且随着饮茶风气的普及,竟有徽商在南京开起茶坊(茶馆),成为引人注目的新鲜事。据《续金陵琐事》卷上《茶坊》载:"万历癸丑年(四十一年,1613),新都人(按即徽州)开一茶坊于钞库街,此从来未有之事,今开者数处。"[②]想必这数处茶坊也是徽人所开。明代歙南柯氏、马氏到江苏如皋经营茶叶,后定居该地。

木业是徽商经营的重要行业。徽州木商经营时间很长,它如同茶商一样,在盐商、典商衰落后,仍然活跃于国内市场,一直持续到解放前夕。

徽州丰富的林木资源为木商提供了取之不尽的货源。江南木材市场的扩大为徽州木商崛起提供了空前的机遇。

徽州木商真正的大发展,是在明中期以后。如前所述,历史再次给徽州木商提供了空前的机遇。这次机遇由于建立在经济持续发展的基础上,所以徽州木商崛起后,一是发展成帮,二是几乎垄断了江南广阔的木材市场,三是持续几百年,直到解放前夕徽州木商仍然活跃在江南各地。

徽州木商以婺源人为多,所谓"婺源贾者率贩木"[③]。近人许承尧也说:"又徽多木商……然皆婺人,近惟歙北乡村偶有托业者,不若婺之盛也。"[④]因此,木商与盐商、典商一样,也形成了鲜明的地域特色。

徽州木商的经营方式,可分为三种:内采内销、内采外销和外采外销。

---

① 许承尧:《歙事闲谭》卷一一《北京歙县义庄》,黄山书社 2001 年版。
② 周晖:《续金陵琐事》卷上《茶坊》,南京出版社 2007 年版。
③ 刘光宿:康熙《婺源县志》卷四《风俗》,清康熙八年刻本。
④ 许承尧:《歙事闲谭》卷一八《歙风俗礼教考》,黄山书社 2001 年版。

　　内采内销：指在徽州山上采伐的木材，也在徽州境内销售。徽商在外地发财致富后以及徽籍士人在官场发迹后，一般都回乡大兴土木，一是建筑祠堂，二是修建宅第。所以徽州境内祠堂林立，而且规模宏伟。这一切无不需要大量的木材，有的还需要珍贵木材，这些木材当然要取给于市场。

　　内采外销：这是众多木商采取的主要经营方式，即将徽州境内的木材运到外地销售。当某山林木成材后，木商乃将其买下，谓之买青山，再雇人采伐，称为拼山。一般是秋天采伐，冬天集材，然后利用春季梅雨多水季节放运。时人指出："徽处万山中，每年木商于冬时砍倒，候至五、六月，梅水泛涨，出浙江者，由严州……"[①]第一条路线是由新安江到杭州，这是一条主要的外销路线。

　　第二条路线是由绩溪经青弋江、长江至江南沿江城市。徽人赵吉士指出：徽州所产木材，"出江南者，由绩溪顺流而下，为力甚易"[②]。芜湖由于是徽州木材和采自长江上游木材的重要集散地，所以明政府早在成化十五年（1479）即在芜湖设置抽分场，抽分过往木商。史称"芜湖关工税，向以木排为大宗"[③]。

　　第三条路线是由阊江经鄱阳湖至江西。徽州境内黄山山脉南坡有流向鄱阳湖流域的两条水系，即流经祁门的阊江水系和流经休宁的乐安江水系，因此祁门、休宁两县有部分木材由阊江经景德镇到鄱阳湖边的饶州府发卖。

　　第四条路线是由婺源循婺水、乐安江至饶州府。部分婺源木商将本县所产木材经此运道转运至江西发卖。

　　外采外销：这也是徽州木商主要的经营方式。由于明代中期以后，木材市场不断扩大，尤其是对一些名贵木材需求日多，所以不少徽州木商深入到外省外地，开辟更多的木材货源。概而言之，他们一般

　　① 赵吉士：《寄园寄所寄》卷一二，黄山书社 2008 年版。
　　② 赵吉士：《寄园寄所寄》卷一二，黄山书社 2008 年版。
　　③ 彭泽益编：《中国近代手工业史资料》第一卷，中华书局 1962 年版，第 594 页。

到四川、湖南、江西、福建等地采购木材，主要沿长江运道以及海路转运到长江中下游的江南各大城市。

为了采购更珍贵的巨木，获得更多的利润，不少徽商不畏艰难险阻，深入到湘、川、云、贵的一些深山老林。

深山伐木，再设法运至长江边，往往周期较长，如果再运到长江下游城市，则耗时耗力更多。所以有的徽州木商只专从深山丛林中采木，然后运出或至长江上游或至长江中游汉口一带再转售其他木商。这样采木的商人就留居山中，往往十数年、数十年不归。如歙商许尚质，明嘉靖间人，"浮越江南，至于荆，遂西入蜀。翁既居蜀，数往来荆湘，又西涉夜郎、牂牁、邛笮之境"①。这里虽未言明他经营何业，但从他的活动范围来看，可判断他经营的是木业。婺源詹文锡的父亲在西南诸省经营木业，多年未归。詹文锡年十七，誓欲寻亲，于是他"历楚蜀，入滇南，终年不遇，哀号震天……经济渡处，有往黔商船，附之，兀坐长吁。商疑问锡，告之故。商曰：'汝吾子也。'相持哭，自是偕眷属归。后承父命往蜀……"②

通过以上分析，我们可以知道，长江下游江南一带市场上的木材，基本上是通过三条路线运来的：一是通过长江汇集从湘、川、赣、云、贵等省的木材以及绩溪沿青弋江进入长江的木材；二是通过新安江从徽州运来的木材；三是通过海运从福建运来的木材。徽州木商不辞风餐露宿之苦，不避狂涛巨浪之险，源源不断地将各地木材运到江南，为江南社会经济的发展做出了重要的贡献。

经营木材和经营其他商品不同，从买山到拼山再转运，需要大批劳力，而且买卖周期又较长，必须有雄厚的资本。徽州木商按其资本形式而言，可分为独资、合资（又称合股、合贾）等类型。

徽商中经营木业的之所以很多，其原因之一就是业木利润丰厚。如果善于经营，多能发家致富。南宋范成大曾说："盖一木出山，或不

---

① 歙县《许氏世谱·朴翁传》，转引自王世华：《富甲一方的徽商》，浙江人民出版社1997年版。
② 吴鹗修、汪正元纂：光绪《婺源县志》卷二八《人物·孝友》，光绪九年刊本。

值百钱,至浙江乃卖两千。"①除去关税、运力,其利润也是可观的。明清时期亦然。徽州木商发迹致富者很多,所以徽郡习惯把盐商木客同等看待,以致流传这样的谚语:"盐商木客,财大气粗。"

粮业是徽州商人经营最久的行业之一。早在盐商、典商还未兴起时,徽州粮商就已活跃在四方了。

徽商的粮业发展经历了两个阶段。第一阶段:外采内销,即从境外邻近州县采买粮食,在境内销售。这是短距离贩运,主要解决境内人口的食粮不足问题。第二阶段:外采外销,即在境外产粮区采购粮食,长途贩运至缺粮区销售,投身国内大市场,从而把徽商经营的粮业推向鼎盛阶段。

"徽处万山中,绝无农桑利。"②这里山多田少,本来粮食就不多,随着历史上几次移民高潮,徽州人口越来越多,加上它的自然增殖,人口与土地的矛盾越来越突出。因此,徽州粮商不辞劳苦,奔赴周边各地,把粮食源源不断地运到境内,以解决百姓粮食短缺问题。

当时采粮区域一是江西,一是浙江,一是安徽,所谓"转他郡粟给老幼,自桐江、自饶河、自宣池者,舰相接肩相摩也"③。贩运路线主要依靠水路。采自桐江者,粮船溯新安江而上,进入歙县。采自饶河者,循阊江北上达祁门,循乐安江和婺水东上达婺源。采自宣池者,即自宁国府沿水阳江而上达绩溪,自池州府沿池口河而上达祁门。当然,从江西运米最多。应该说,正是由于徽州粮商的不懈努力,艰苦转输,才使缺粮的徽州一千年来未发生大的粮食恐慌,支撑了社会生产的正常发展,维护了社会的稳定。

明中叶以后,随着社会经济的发展、国内大市场的形成,徽商的粮业又发展到第二阶段,即外采外销阶段。他们根据国内粮食生产形势的变化,主动适应市场需求,投身到国内大市场中,参与竞争,谱写了

---

① 范成大:《骖鸾录》,《丛书集成新编》第九十四册,台北新文丰出版公司1986年版。
② 赵吉士:《寄园寄所寄》卷一二引《云谷卧余》,黄山书社2008年版。
③ 顾炎武:《天下郡国利病书·江南》,上海科学技术文献出版社2002年版。

新的篇章。

明中叶以后,国内粮食生产形势最重要的变化,就是从原来的"苏湖熟,天下足"变为"湖广熟,天下足"。在这种"湖广熟,天下足"的新形势下,西粮东运成了令人瞩目的经济现象,每年都有大批粮商从湖广、江西、四川采买大量的粮食源源不断地运往江浙。江浙百姓一方面自己食用,一方面买米完漕,江浙成为当时全国最大的粮食消费市场。

西粮东运的路线主要是利用长江这条黄金水道,而汉口又是四川、湖广之米东下的主要集中地。粮食在这里起运后,沿江东下,再折入运河南下,直抵苏州近旁的枫桥,从而枫桥成了当时全国闻名的米市。乾隆《江南通志》卷二五写道:"(枫关)为南北冲要,地介吴、长二县,各省商米豆麦屯集于此。"[1]运至枫桥之米,不仅转销江、浙两省,而且还有一部分经由上海、乍浦海道运往福建。

当然,枫桥只是西米东运的重要集散地之一,除此之外,还有苏州近旁的平望镇,也是湖广、江西米谷的集中地。杭州府海宁县的长安(旧名修川)镇也是"江南、川楚之米无不毕集"[2]的重要米市,运到这里的大米,一部分就近销往浙西杭、嘉、湖一带,一部分转销浙东杭州、绍兴、宁波等府。

在这支粮商队伍中,徽州粮商十分活跃。他们一方面继续把粮食运往家乡徽州销售,另一方面更多地参与沿江粮食贸易,从四川、湖广、江西乃至安徽沿江区域采购大米运至江浙销售。有的从四川采买大米运至汉口再转售他商运往江浙,如《桐下听然》载:"万历己丑,新安商人自楚贩米至吴。"[3]

也有的徽州粮商从江西贩米到江浙,"(万历年间)南畿、浙江大祲,诏禁邻境闭籴,商舟皆集江西,徽人尤众"[4]。说明到江西采粮转输

---

① 尹继善等:乾隆《江南通志》卷二五《舆地志·关津·苏州府》,文渊阁《四库全书》本。

② 邹存淦:同治《修川小志》卷下《物产》,同治十三年刻本。

③ 褚稼轩:《坚瓠集》卷一,民国十五年校印本影印。

④ 张廷玉:《明史》卷二二四《陈有年列传》,中华书局 1974 年版。

江浙的主要是徽州粮商。万历四十八年(1620)，苏州因江西、湖广遏籴，造成米价腾贵，一些饥民强借徽商之米，受到官府弹压，致使万人"屯聚府门，毁牌殴役，几致大变"①。说明苏州的粮商主要是徽商，就是一些小市镇也有不少徽州粮商。

布绸业也是徽商青睐的一个重要行业。明代中叶以后，在商品经济的刺激下，江浙一带广种桑、棉，从而使棉织业、丝织业获得了长足的发展。明清江南地区棉织生产较为发达的州县多达 30 个。江南除了湖州府以及苏州府的西部，嘉兴、杭州两府的部分地区生产丝绸外，几乎都产棉布，而主要集中在松江一府和苏、常两府的大部分地区。仅松江一府，每当秋季棉布上市，每天交易就达 5 万匹，号称"衣被天下"，从而形成了广阔的棉布市场。

江南的丝织业也十分发达。湖州一府，杭州、嘉兴两府的大部，苏州府的西部以及环绕太湖周围方圆千里间都盛产丝绸，如湖州境内"隆、万以来，机杼之家相沿此业，巧变百出"②。苏州"郡城之东，皆习机业"③，"大户张机为生，小户趁织为活"④。据台湾学者刘石吉先生统计，江南市镇以生产丝绸著名的至少有 25 个，以生产棉布著称的则达 53 个。⑤ 如万历年间，机杼渐盛的桐乡濮院镇，以濮院绸闻名遐迩。吴江盛泽镇，"环镇四五十里间，居民皆以丝绸为业……天下衣被赖之"⑥。

棉布和丝绸在国内有着广阔的市场。早在明中叶，这里就吸引着众多的商人前来逐利。生产棉布、丝绸的各个府、州(县)甚至小市镇都聚集着四面八方的商人。如嘉定县的南翔、娄塘、纪王等镇是当时著名的棉布集聚地，"布商莫盛于南翔、娄塘、纪王镇"。嘉定西乡的外冈由于以所产外冈布闻名，故"明万历间，人烟繁庶，四方商贾之贸贩

---

① 《明熹宗实录》卷四六"天启四年九月庚辰"条，台北中央研究院历史语言研究所 1962 年校订本。
② 胡承谋：乾隆《湖州府志》卷四一《物产》，乾隆四年刻本。
③ 《苏州府部·风俗考》，《古今图书集成·方舆汇编·职方典》卷六七六，中华书局 1985 年版。
④ 蒋以化：《西台漫纪》卷四《纪葛贤》，《续修四库全书》第一千一百七十二册。
⑤ 参见刘石吉：《明清时代江南市镇研究》，中国社会科学出版社 1987 年版，第 141—158 页。
⑥ 沈云：《盛湖杂录》，转引自王世华：《富甲一方的徽商》，浙江人民出版社 1997 年版，第 143 页。

花布者,群集于此,遂成雄镇"。① 南京、苏州、杭州是江南丝绸业生产和丝织品集散的中心,东西南北各地大商人更是不远千里而来。

在这熙熙攘攘的商人队伍中,徽商尤为引人注目,表现出鲜明的特色:

一是介入早。可以说徽商最先投身到布绸业中来。《云间杂识》载:"成化末,有显宦满载归,一老人踵门拜不已,宦骇问故,对曰:'松民之财多被徽商搬去,今赖君返之,敢不称谢!'宦惭不能答。"老人的这段话本意是讽刺这位贪婪的"显宦"在任期间搜刮了不少钱财,但却无意中透露出徽商的信息。云间(松江别称)是棉布业生产中心,老人认为"松民之财多被徽商搬去",其实就是说棉布贩售之利都被徽商垄断了。这正反映了早在成化年间徽商就占领了松江棉布市场,已将松江棉布贩运四方并获得丰厚利润了。这在徽州的方志谱牒中也有佐证。据载:歙人吴良友的曾祖父吴有贵、祖父吴继善"以布贾燕齐间",良友之父自宁公又"蒙故业而息之,赀益大饶,累巨万"。② 吴良友生于嘉靖二年,如以三十年为一代,其曾祖父最晚也在成化年间就开始经营布业了。歙人郑富伟"东游吴淞,北寓临清,逾四十年,累资甚巨"③。吴淞也是棉织业中心,而当时的棉布主要通过运河销往北方,临清作为运河沿线的重要枢纽,也是销往北方棉布的主要集散地。郑富伟往来吴淞、临清间,显然也是经营棉布业。其生于正统十三年,经商时间也当在成化年间。

二是人数多。如前所述,像南京、苏州、杭州这样的中心城市,固然有众多的徽商,就是在各县新兴的市镇,也到处都有徽商的足迹。嘉定南翔镇是著名的棉布业市镇,这里"众多徽商侨寓,百货填集,甲

---

① 殷聘尹:崇祯《外冈志》卷二,《中国地方志集成·乡镇志专辑(2)》,江苏古籍出版社 1992 年版。

② 吴吉祐:《丰南志》卷五《良友公状》,《中国地方志集成·乡镇志专辑(17)》,江苏古籍出版社 1992 年版。

③ 歙县《郑氏宗谱·明故耆士郑君偕汪氏圹志》,转引自张海鹏、王廷元:《明清徽商资料选编》第二百五十二条,黄山书社 1985 年版。

于诸镇"①。该县罗店镇,是又一棉布集散地,"今徽商凑集,贸易之盛,几埒南翔矣"②。外冈镇"因徽商傂居钱鸣塘收买,遂名钱鸣塘布"③。明末平湖县新带镇"饶鱼米花布之属,徽商麇至"④。在上海县经营布业的也是"宣歙人尤多"⑤。无锡虽然不产棉花,但棉织业却非常发达。这里每年从外地购进大量棉花,然后纺纱织布,加上无锡濒临大运河,境内又是河道纵横,物流畅通,所以成为重要的棉布集散地:"布有三等……坐贾收之,捆载而贸于淮、扬、高、宝等处,一岁所交易不下数十百万,尝有徽人言:'汉口为船马(码)头,镇江为银马(码)头,无锡为布马(码)头。'"⑥徽商能够这样概括,也反映了无锡徽商之多。在其他盛产丝绸的名镇,如南浔镇、濮院镇、姜湖镇、新市镇、双林镇,由于徽商云集,都分别建有会馆和同乡同族慈善机构。徽商在这里收购丝绸,再转到各地发卖。早在嘉靖中叶,徽人许谷就"贩缯航海而贾岛中,赢得百倍"⑦。祁门张元涣经商"始来游吴,筐厥绮纨,通于豫章;惟勤与俭……遂赀雄旅辈"⑧。他把丝绸转运到江西,遂发家致富。冯梦龙《石点头》中也描述了徽商王某在苏杭买了几千两银子的绫罗绸缎前往四川发卖的故事。西南诸省如川滇山区交通不便之处常有徽商尤其是徽州木商活跃其间,他们极有可能将苏杭的丝绸带去销售,故"虽僻远万里,然苏杭新织种种文绮,吴中贵介未被,而彼处先得"⑨。

三是徽商控制棉布加工业。一般农户所织的棉布往往都要经过

①　韩浚等:万历《嘉定县志》卷一—《市镇》,《四库全书存目丛书·史部》第二百零八册。

②　韩浚等:万历《嘉定县志》卷一—《市镇》,《四库全书存目丛书·史部》第二百零八册。

③　殷聘尹纂修:崇祯《外冈志》卷一—《市镇》,《中国地方志集成·乡镇志专辑(2)》,江苏古籍出版社1992年版。

④　程楷修、杨隽卿纂:天启《平湖县志》卷一—《市镇》,天一阁藏《明代方志选刊续编》。

⑤　上海博物馆图书资料室:《上海碑刻资料选辑》一○七《上海徽宁思恭堂缘起碑》(碑原在上海市斜土路徽宁会馆旧址),上海人民出版社1980年版。

⑥　黄昂:《锡金识小录》卷一,转引自张海鹏、王廷元:《明清徽商资料选编》第六百零一条,黄山书社1985年版。

⑦　许登瀛:《重修古歙东门许氏宗谱》卷九,清乾隆十年刻本。

⑧　张敦仁等:祁门《张氏统宗世谱》卷三,明万历四十三年刻本。

⑨　王士性:《广志绎》卷五《西南诸省》,《四库全书存目丛书·史部》第二百五十一册,齐鲁书社1997年版。

进一步染踹加工,质量方为上乘。染即染色,踹即踹布。清褚华《木棉谱》记载:"有踹布坊,下置磨光石板为承,取五色布卷木轴上,上压大石如凹字形者,重可千斤,一人足踏其两端,往来旋转运之,是布质紧薄而有光。"①这样的布做成的衣服在西北风高日燥之地,很难沾上风沙,放在北方十分畅销。经营染踹业者通常称为棉布字号,简称布号,专门从事棉布的趸购、加工及批发贩运贸易。布号往往集中在棉布业中心城镇。明清时期,江南的布号基本上控制在徽商手中。徽商很会经营,据《三异笔谈》卷三记载:"新安汪氏,设益美字号于吴闾,巧为居奇。密嘱衣工,有以布号机头缴者给银二分。缝人贪得小利,遂群誉布美,用者竞市,计一年销布以百万匹。论匹赢利百文,如派机头多二万两,而增息二十万贯矣。十年富甲诸商,而布更遍行天下……二百年间,滇南、漠北无地不以益美为美也。"

汪氏徽商能够年销百万匹布,可见其经营规模之大,堪称徽州布商的典型。徽商开设字号,也说明商业资本已由单纯的流通领域进入到生产领域,这是值得注意的新现象。

渔业也是徽商在明代经营的重要行业。明代苏北曾有一个面积很大的湖泊——涟湖。经考证,明代"涟湖"是一个地跨安东(今江苏涟水县)、沭阳和海州(今连云港)三地的湖泊,即桑墟湖和硕项湖。这里渔业资源非常丰富。早在明中叶,大批徽商在这里"贾鱼","歙邑渔贾多矣,上饶者五六千金,次饶者千金,又次百金,又其下者数十金,或数金,皆贾鱼"②。说明这里很多歙县商人从事渔业贸易,他们的资本相当雄厚,而且经营渔业已有百年以上历史,出现了世代经营并伴有举家迁徙"贾所"的现象,徽州鱼商在当时的规模和影响应是很大的。

徽商经营的行业当然不仅仅是上述这些,还有不少行业徽商也涉足其间。如瓷器业、中药业、墨业、刻书业、饭店旅馆业等。总而言之,举凡一切有关衣食住行用的商品,只要市场需要,有利可图,都有徽商

---

① 褚华:《木棉谱》,清光绪《农学丛书》本。
② 方承训:《复初集》,《四库全书存目丛书·集部》第一百八十八册,齐鲁书社 1997 年版。

插足其间，"相机而行，随我活变"。所以，说徽商"其货无所不居"，是完全符合事实的。

（四）明中后期徽商的特点

从成化到万历中叶的百余年间是徽州商帮的繁荣与鼎盛时期。具体主要表现在以下几个方面：

1. 经商风气更盛

明中后期，徽州的人口日增，人多田少的矛盾日趋尖锐，人们外出谋生的愿望也日显强烈，而这时商品经济的发展和市场的繁荣又为他们从事商业活动开辟了广阔的天地。在这种形势下，徽人从商风习便越来越盛了。当时的徽州六县，除黟县、绩溪二县从商之风形成较晚以外，其他四县经商却已成为人们争相趋赴的热门行业。

歙县是徽州的首邑，这里人们经商的时间最早，人数也最多。据明代歙人汪道昆说："吾乡业贾者十家而七。"① 有些乡则更多，如溪西南"贾者什九"，歙县《虬川黄氏宗谱》也载："予邑（歙县）编氓（即户口册上的百姓），贾居什九。"② 从这些记载来看，简直是举邑从商了。

休宁因"邑中土不给食，大多以货殖为恒产，因地有无以通贸易，视时丰歉以计屈伸"③。宗谱也这样记载："徽歙俗多业商，在休宁者居半。"④

婺源也因为山多田少，耕种为艰，而苦志读书，走科举之路又十分艰难，以致人们大多"挟谋生之策，成远游之风"，从而形成"喜远商异

---

① 汪道昆撰，胡益民、余国庆点校：《太函集》卷一四《充山汪长公六十寿序》，黄山书社2004年版。

② 黄开簇：歙县《虬川黄氏宗谱》，转引自张海鹏、王廷元：《明清徽商资料选编》第一百四十四条，黄山书社1985年版。

③ 李乔岱：万历《休宁县志·舆地志·风俗》，明万历三十五年刊本。

④ 《许氏统宗世谱·许存斋墓表》，转引自张海鹏、王廷元：《明清徽商资料选编》第一百五十九条，黄山书社1985年版。

地"[1]的习俗。

据万历《祁门县志》载：祁门此时已是"服田者十三，贾十七"[2]。

从总的情况来说，绩溪经商人数虽然赶不上歙县和休宁县，但从大量的宗谱中可以看到，绩溪人外出经商也很普遍，而且他们的足迹遍布各地，形成了无形的"大绩溪"。[3]

黟县向来被视为古朴之地。正德以前，这里的人们"读书力田，无出贾者"，一听到有人劝说挟薄资，游都会，去做生意时，则"相戒摇手"，认为这是千万干不得的事。但到了明后期乃至清代，风俗为之大变，已经开始重视贸易了；男子成童（十五岁）以后即服贾四方，经商已成为被普遍接受的行业了。[4]

徽州人从商人数所占人口比例很大，一个重要原因就是徽州人大多从小就出去经商。清人艾纳居士所著的小说《豆棚闲话》中就写道："徽州俗例，人到十六就要出门做生意。"[5]确非虚语，而且很多人不到十六岁就在商场上谋生了，更有十一二岁就去经商的。大量的宗谱就反映了这方面的情况。

徽州之所以有很多人未成年就涉足商海，究其原因不外乎有以下几点：一是徽州人多田少，少年无力种田，也无田可耕，留在家中，徒费粮食，不得不让他们走出家门，求食四方，以减轻家中的生活压力。二是商贾之业并非一学就会的简单农活，它需要多种知识的结合，更需要实践经验的积累，让少年早一点接触商务，哪怕在商家"惟供洒扫"，经过耳濡目染，也能早一点学到一些经商知识，为今后独自经商打下

---

① 婺源《碛煌洪氏统宗谱》卷五九，转引自张海鹏、王廷元：《明清徽商资料选编》第一百六十三条，黄山书社 1985 年版。

② 余士奇、谢存仁：万历《祁门志》卷四《风俗》，转引自张海鹏、王廷元：《明清徽商资料选编》第六十六条，黄山书社 1985 年版。

③ 参见《绩溪县志馆第一次报告书·胡适之先生致胡编纂函》，转引自张海鹏、王廷元：《明清徽商资料选编》第六百四十三条，黄山书社 1985 年版。

④ 参见窦士范：康熙《黟县志》卷一《风俗》，《黟县乡土地理·风俗》，转引自张海鹏、王廷元：《明清徽商资料选编》第六十八条，黄山书社 1985 年版。

⑤ 艾衲居士编：《豆棚闲话》第三则，转引自张海鹏、王廷元：《明清徽商资料选编》第一百三十六条，黄山书社 1985 年版。

基础。出于这种考虑,不少父母很早就将孩子遣出家门。三是尽管十一二岁乃至十五六岁的少年生活上还难以自立,社会经验更是缺乏,但这些"少小离家"的孩童一般都是或依父兄,或伴亲戚,或随父执的故友,所以父母多少也可以放下心来。由于上述原因,"十三四岁,往外一丢;包袱雨伞,夹着就走"这种现象也就可以理解了。

徽州经商人数多,也与血缘与地缘有关系。徽人经商本是凭借血缘和地缘关系结帮而行,而当这些先行者一旦致富,或者在某地立足打开局面以后,同一血缘、地缘的乡亲就会前赴后继,蜂拥而来,于是就像滚雪球一样,越滚越大,经商人数也就越来越多。徽州商帮中像这样的"雪球"不计其数。一个"雪球"就能带动几家、几十家乃至几百家、上千家,所以徽商人数就越来越多,全国首屈一指。正是由于众多的徽州商人共同努力,艰苦奋斗,才创造了徽商几百年的辉煌历史。

从商风习之盛反映在人们的价值观念上亦有所变化。在中国封建时代,向以"士为四民之首",人们总是把读书做官视为追求富贵最理想的途径。但在实际生活中,读书而能取得功名者简直是凤毛麟角。因此,许多徽人往往为生计所迫,不得不令其子弟暂时放弃这个难以实现的理想,改从经商之路寻求致富之门。明末文学家凌濛初说:"徽州风俗,以贾为第一等生业,科第反在次着。"①徽人俗谚"前世不修,生在徽州,十三四岁,往外一丢",讲的就是这种情形。汪道昆对此深有感慨。他说:"古者右儒而左贾,吾郡或右贾左儒。"②古人以右为上,他担心当时徽州重商轻儒的倾向已隐约出现了。这种担心虽有点过分,但也足以表明鄙视商业的传统观念确已有了一定程度的松动。当时徽人不但重视经商,而且习于把经商获利的多寡作为评价人物优劣的主要依据。时人王世贞说:"徽俗之月旦人,往往用赀甲乙。"③蔡羽也说:"徽俗,商者率数岁一归,其妻孥宗党全视所获多少为

① 凌濛初编:《二刻拍案惊奇》卷三七,上海古籍出版社 1983 年点校本。
② 汪道昆撰,胡益民、余国庆点校:《太函集》卷五四,黄山书社 2004 年版。
③ 王世贞:《弇州山人四部稿》卷九五,齐鲁书社 1997 年版。

贤不肖而爱憎焉。"①在这种风气的驱使之下,徽人外出经商的人数自然越来越多,徽商的队伍也就越来越壮大了。前述徽州十分之七的人都外出经商,如果其说可信,那么嘉靖至万历时,休、歙、祁门、婺源四县大约共有 6.9 万户②,以每户有青壮年男子一人计算,经商者当有4.8 万余人。当时全国总户数为 1000 余万户,平均不足 300 户就有一个徽州商人经营于其间。这固然是一个极为粗略的估计,但就此亦可窥见当时徽商人数之多、影响之大。

2. 商帮逐渐形成③

商帮是一种松散的商人组合形式,它的形成是一个自发的渐进的过程。徽州商帮的形成主要表现在四个方面。

第一,徽人从商风习的形成,前已述及,不赘述。

第二,徽人结伙经商的现象已很普遍。徽人宗族观念浓厚,这对徽州商帮的形成和发展产生了极大的影响,使徽商一开始就深深地打下了血缘和地缘的烙印。正是借助血缘、地缘关系,促使徽州商人逐渐结成商帮集团。

徽人经商,起初往往是父子结伴或兄弟合伙,因为他们是血缘关系最亲的亲属,相互间是最值得信赖的。如明代歙人汪伯龄,"始胜冠,辄从父兄入蜀,称贷以益资斧,榷茶雅州"④。这是父子三人结成一帮的。歙人江希贤,"弱冠偕诸伯仲绍祖父业,贾北关溪滨"⑤。这是兄弟数人结帮经商。也有叔侄结伴经商的。如明歙人潘侃,年轻时就受父命"从诸父贾蜀"⑥。这是同宗同族或同一地缘之人结伙。明中叶休宁人程锁,"长公(程锁)乃结举宗贤豪者,得十人,俱各持三百缗为合

① 蔡羽:《辽阳海神传》,《丛书集成初编》本。
② 参见梁方仲:《中国历代户口、田地、田赋统计》,上海人民出版社 1980 年版,第 213 页。
③ 参见张海鹏、王廷元《徽商研究》,安徽人民出版社 1995 年版。
④ 汪道昆撰,胡益民、余国庆点校:《太函集》卷五三《处士汪翁配袁氏合葬墓志铭》,黄山书社 2004年版。
⑤ 江淮椿等:歙县《济阳江氏族谱》卷九《明处士希贤行状》,清乾隆四十二年刻本。
⑥ 汪道昆,胡益民、余国庆点校:《太函集》卷一四《潘次公夫妇九十寿序》,黄山书社 2004 年版。

从，号曰正义"①。程锁借助血缘、地缘关系，邀集同宗同地精明能干者十人联合创业，合伙经商。明人汪道昆在回忆自己的祖父汪玄仪当初经商时的情形说："公（汪玄仪）聚三月粮，客燕代，遂起盐策，客东海诸郡中。于是诸昆弟子姓十余曹皆受贾，凡出入必公决策然后行。"②可知汪玄仪是与十余名"昆弟子姓"结成团队经商的。这还只是小团队，有的团队比这更大。明中叶休宁人汪福光"贾盐于江淮间，舻至千只，率子弟贸易往来，如履平地"③。汪福光经营盐业，"舻至千只"，可见其经营规模相当大，所需人数也很多。所谓"率子弟贸易往来"，这"子弟"绝不仅仅是自己的直系亲属，显然还包括大量的本宗族、本村庄的人。这是一个借助血缘和地缘关系结成的大商帮。还有几百甚至上千人结帮经商的。如明嘉靖时徽州大贾程某经商于两广，"门下受计出子钱者恒数千人。君为相度土宜，趣物候，人人受计不爽也……故人乐为程君用，而自程君为大贾，其族人无不沾濡者"④。程某为首的商帮集团人数多达数千，显然是借助血缘和地缘关系为纽带而建立起来的。这种结帮经商的现象在徽州十分普遍，故明末歙人金声曾指出："歙休两邑民皆无田，而业贾遍于天下……夫两邑人以业贾故，挈其亲戚知交而与共事，以故一家得业，不独一家食焉而已。其大者能活千家百家，下亦至数十家数家。"⑤这种一人经商，而"挈其亲戚知交而与共事"，就是结伙经商，而"亲戚知交"，正是建立在血缘关系和地缘关系之上的。应当指出，这种现象绝不仅仅是歙县和休宁两邑，徽州六县都是如此。

第三，"徽""商"（或"徽""贾"）二字已经相连成词，成为表达一个特定概念的名词而得到广泛应用。明中叶以降，"徽商""徽贾"等词已屡见记载。如《嘉定县志》载：南翔镇"往多徽商侨寓，百货填集，甲于

---

① 程良锡：《休宁率东程氏家谱·明故礼官松溪程长公墓表》，万历元年刊本。

② 汪道昆：《太函副墨》卷一《先大父状》，万历十九年刊本。

③ 汪澍等：《休宁西门汪氏宗谱》卷六《益府典膳福光公暨配金孺人墓志铭》，顺治十年刊本。

④ 王世贞：《弇州山人四部稿》卷六一，齐鲁书社1997年版。

⑤ 金声：《金太史集》卷四《与歙令君书》，《乾坤正气集》，清道光二十八年袁江节署求是斋刊本。

他镇,比为无赖吞食,稍稍徙避,而镇遂衰落"。这里把南翔镇盛衰的原因归结为徽商的聚散,视徽商为一个群体。从这个意义上说,"徽商"一词的出现乃是徽州商人群体的形成在人们观念上的反映。其实在成化年间,徽商一词就已在松江一带流行了。《云间杂识》载:"成化末,有显宦满载归,一老人踮门拜不已。官骇问故。对曰:'松民之财,多被徽商搬去,今赖君返之,敢不称谢。'"松江是徽商早年最为活跃的地区,徽商一词在这里流行是合乎情理的。

第四,作为徽商骨干力量的徽州盐商在两淮盐业中取得优势地位。明初行开中法,徽商在纳粮支边、办引行盐方面,竞争不过山陕边商。成化、弘治之际,推行开中折色,取消盐商赴边纳粮之制,这为徽商经营盐业提供了良机。开中折色伊始,徽商便大批拥向扬州,把持盐利。万历《歙志》云:"今之所谓大贾者,莫有甚于吾邑。虽秦晋间有来贾淮扬者,亦苦朋比而无多。"山陕边商长途跋涉,远赴扬州,自然竞争不过占据天时地利的徽商,徽商在两淮盐业中的优势地位遂得以确立。

3. 商业资本雄厚

嘉靖时,严世蕃曾置酒评议天下富户的等次。当时家资值银 50 万两的富户全国共有 17 家,其中除贵族官僚之家外,尚有山西 3 户、徽州 2 户。[①] 这表明当时徽商财力之雄厚已开始引人注目了。到了万历年间,徽州商业资本更有了明显的增长。时人谢肇淛说:"富室之称雄者,江南则推新安,江北则推山右。"新安大贾拥资有达百万者,至于握有二三十万两资金的商人,不过是个"中贾"而已。[②] 据宋应星的估计,当时在扬州经营盐业的秦、晋、徽三帮商人的资本总额不下 3000 万两,每年获利大约 900 万两(《野议·盐政议》),而这时朝廷每年全部财政收入不过 1461 万两,徽商财力之大就此可见一斑。

早在弘治年间,歙县就出现了不少富商大贾,他们"饰冠剑,连车

---

① 参见王世贞:《弇州史料后集》卷三六。

② 谢肇淛:《五杂俎》卷四,中华书局 1959 年版。

骑,交守相,扬扬然,诩诩然,卑下仆役其乡人"①。明中后期,歙县西溪南木商吴养春就拥有数千亩黄山山场。万历年间,由于朝廷大兴土木,鸠工征材,费用不足,吴养春父子兄弟一次捐助 10 万两银(一说吴养春父输金 30 万两佐国),皇帝大喜,一日钦赐吴养春父子五人为中书,可见其资本之雄厚。

如果从行业上划分,徽商资本最雄厚者应数徽州盐商。由于食盐是人们生活的必需品,消费量随着人口的增加,只增不减。明清时期实行官督商销政策,盐商实际上进行的是垄断贸易,高额垄断利润使盐商财富迅速增殖。从明后期开始,徽州盐商作为世袭贸易集团,已经积累了大量财富。那时,人们曾把商贾按资本大小分为下贾、中贾、上贾。下贾有资本二三十万两,中贾四五十万两,上贾乃"藏镪百万"者。正如谢肇淛所说:"新安大贾,鱼盐为业,藏镪有至百万者,其它二三十万,则中贾耳。"②实际上,二三十万资本只能算下贾。仅以歙县盐商为例,据万历《歙志》记载:"《传》(按:指《史记·货殖列传》)之所谓大贾者……皆燕齐秦晋之人,而今之所谓大贾者,莫有甚于吾邑。虽秦晋间有来贾维扬者,亦苦朋比而无多。"歙县盐商"以盐策祭酒而甲天下者,初则黄氏,后则汪氏、吴氏,相递而起,皆以数十万以汰百万者"。这说明此时已出现资本在数十万乃至百万的盐商,而且已不是一个两个了。如嘉靖年间歙县黄长寿,"少业儒,以独子当户。父老,去之贾。以儒术饬贾事,远近慕悦,不数年赀大起。驻维扬理盐策,积著益浩博"③。从"赀大起"等记载来看,其资本是非常可观的。歙县竦塘黄鉴,字国明,在扬州业盐,"公之父子相授以为大贾","声称籍籍于淮海间",已成为远近闻名的大盐商。也是竦塘人的黄国礼,在扬州业盐,"致赀巨万"。他死后,其子黄濡继其业,"赀益大殖"。像这样的大

① 歙县《竦塘黄氏宗谱》卷五《明故处士黄公豹行状》,嘉靖四十一年刊本。
② 谢肇淛:《五杂俎》卷四,中华书局 1959 年版。
③ 歙县《潭渡黄氏族谱》卷九《望云翁传》,转引自张海鹏、王廷元:《明清徽商资料选编》第一千三百六十四条,黄山书社 1985 年版。

盐商,竦塘黄氏就有不少。据《竦塘黄氏宗谱》卷五载,明中期后,"是时海内平又久,江淮为京南北中,天下所辐辏,擅赢利其间,号素封者林积,氏二世尝甲乙焉"[①]。意思是说在当时号称"素封"者中,黄氏两代盐商都数一数二。《史记·货殖列传》载:"今天无秩禄之奉,爵邑之入,而乐与之比者,命曰'素封'。"[②]可知"素封"是指无官爵封邑而拥有巨资的富人。当时黄氏盐商中已出现了一批号称素封的富商大贾。歙商吴无逸继承先业在扬州业盐,同时也在南京开典,还进行米布的长途贩运,也"致富百万"。不仅歙县如此,休宁在明代中后期也出现了不少以"素封"驰名的大商人。"凤湖汪氏,世以诗礼承家,文人高士,抱节明经,代不乏人。有以计然致富者,有以盐策起家者,连檐比屋,皆称素封"。明末休宁人吴天衢,"以信义交易,运筹数载,贾业大振,遂称素封"。[③]

总之,明代万历时期,徽州盐商可谓发展到鼎盛,以资本雄厚在国内商界崭露头角,并与早先崛起的秦晋商人并驾齐驱。《野议·盐政议》载谓:"商之有本者,大抵属秦、晋与徽郡三方之人。万历盛时,资本在广陵(扬州)者不啻三千万,每年子息可生九百万两,只以百万输帑,而以三百万充无妄费,公私俱足,波及僧、道、丐、佣、桥梁、楼宇。当余五百万,各商肥家自润,使之不尽,而用之不竭。"[④]

4. 贾而好儒

徽州是朱子桑梓之邦,受朱熹的影响,这里"儒风独茂","虽十家村落,亦有讽诵之声"[⑤]。"人文辈出,鼎盛辐臻,理学经儒,在野不

① 歙县《竦塘黄氏宗谱》卷五《黄母吴氏孺人行状》,嘉靖四十一年刊本。

② 司马迁:《史记》卷一二九《货殖列传》,中华书局 1959 年版。

③ 曹嗣轩:《新安休宁名族志》卷一,转引自张海鹏、王廷元:《明清徽商资料选编》第二百二十九条,黄山书社 1985 年版。

④ 宋应星:《野议·盐政议》,转引自叶显恩:《徽商利润的封建化与资本主义萌芽》,《中山大学学报》1983 年第 1 期。

⑤ 光绪《婺源乡土志》,光绪三十四年活字本。

乏"①。在这种氛围中崛起的徽商也深深受到儒学的影响,他们把贾和儒紧密地结合起来,形成一种儒商风范。

徽商贾儒结合的表现之一,就是贾不忘儒,孜孜向学。徽商中不少人是"弃儒从贾"的,"从贾"之前就熟读诗书,通晓翰墨。"从贾"之后,仍然好学不倦,诗书相伴。歙商江遂志经商之中,"虽舟车道路,恒一卷自随,以周览古今贤不肖治乱兴亡之迹"②。黄锜"虽商而博涉左传史家言",可见其学习之勤奋。③ 歙商吴彦先在两淮经营盐业,"虽隐于贾,暇辄流览史书,与客纵谈古今得失,即宿儒自以为不及"④。像这样从商后仍孜孜向学的现象在徽商中十分普遍,如汪志德"虽寄迹于商,尤潜心于学问无虚日。琴棋书画不离左右,尤熟于史鉴,凡言古今治乱得失,能历历如指诸掌"⑤。

徽商贾儒结合的表现之二,就是躬行儒道,坚持商业道德。这可谓贾儒之间深层次的结合。徽商好儒不仅仅是提高自己的文化素养和翰墨知识,而且从传统文化中汲取营养,作为自己立身行事的准则,加强自己的道德修养。正如时人评价徽商章策所言:"盖君虽不为帖括之学,然积书至万卷,暇辄手一编,尤喜先儒语录,取其有益身心以自励,故其识量有大过人者。"⑥这就是"贾名而儒行","以儒饰贾"。

表现在贾事上,就是以儒道经商,坚持良好的商业道德。商业道德是徽商在其经营活动过程中,处理买卖双方关系的基本道德准则。讲求商业道德是徽商在市场竞争中不断走向成功的秘诀。从有关的史料记载来看,徽商的经营道德主要包括以下四个方面:

---

① 马步蟾:道光《重修徽州府志·序》卷一二。《中国地方志集成·安徽府县志辑(49)》,江苏古籍出版社 1998 年版。

② 歙县《济阳汪氏族谱》卷九《明光禄丞乡饮大宾应全公原传》,转引自张海鹏、王廷元:《明清徽商资料选编》第二百四十一条,黄山书社 1985 年版。

③ 歙县《竦塘黄氏宗谱》卷三,嘉靖四十一年刊本。

④ 吴吉祜:《丰南志》卷五,《中国地方志集成·乡镇志专辑(17)》,江苏古籍出版社 1992 年版。

⑤ 《汪氏统宗谱》卷四二《行状》,转引自张海鹏、王廷元:《明清徽商资料选编》第一千三百八十六条,黄山书社 1985 年版。

⑥ 《绩溪西关章氏族谱》卷二六《例授儒林郎候选布政司理问绩溪章君策墓志铭》,转引自张海鹏、王廷元:《明清徽商资料选编》第一千三百七十八条,黄山书社 1985 年版。

第一，坚持诚信为本。徽商受儒家宣扬的"诚笃""存诚""立信""讲信修睦"等道德说教的影响，强调在经营中要"忠诚立质"，主张"以诚待人""以信接物"，摒弃一切商人惯用的"智""巧""机""诈"的聚财手段。他们认为靠狡诈聚财的，只能是把自己的财源给堵截了，其结果是得不偿失的。就一般消费心理来说，"诚实信用"是吸引消费者特别是回头消费者的无形招牌，在商品品牌意识还不强烈的古代，经营者的诚信效果往往超越了商品本身。徽商经营讲求诚实信用，这无疑迎合了百姓消费的心理要求，在无形中为其商品树立了宣传招牌，其商品自然易为百姓所接受，在同行业中提高了竞争力。大量事实表明徽商正是靠"诚信"二字立足于市场，赢得顾客，走向成功的。如歙县商人吴南坡在营销中坚持"人宁贸诈，吾宁贸信"，绝不会因为顾客不懂而以虚高价格进行欺瞒。从而他在市场上获得了极高的信誉，四面八方的顾客争先恐后地到他店铺购物，而且顾客每次来，只要在市场上看到印有"吴南坡"字样的货物，买了就走，也不问好坏粗短，足见诚信的号召力是多么的强大。又如歙县梅庄人佘文义，家境向来贫困，少年出外经商。在经商营销中，他始终坚持诚信不欺人原则，也从不怀疑人家欺骗他。有时正因为上了人家的当，反而因祸得福，获利三倍之多。人到中年，家里积蓄达到几千金。即使回到家乡还是以为人厚道名传乡里。类似事例还有很多。由此可见，不欺诈、勿贪利、诚信待人是徽商经营中坚持的原则之一。这既是市场对商人的要求，也是徽商营销成功的奥秘之一。

第二，坚持以义为利。儒家伦理主张"见利思义""以义为利""义然后取"，即把"义"作为人的行为的重要精神支柱，现实物质价值服从于道德精神价值。受此影响，徽州人一贯重视"义"，据徽州地区一些方志记载，歙县人人崇尚气节，个个争相好义；黟县人"重义轻财"，不是正当的钱财，一律不要；绩溪人"可以义服而不可以力屈"；婺源人"聪明兼武，好义而尚施"；祁门人懂得谦让而知礼节；休宁人尤其以行为不义为羞耻。在这样环境下成长的徽商，其"好义"无需详说，他们深深懂得在市场营销中"义"是获取人缘、扩大声誉的一面旗帜。从商业赢利角度上来说,"义""利"本来是互为矛盾的,但在商业经营上,徽商却能很好地处理两者之间的关系。他们遵循"以义为利"的市场营销规则,把义作为盈利前提,利服从于义,当利与义发生矛盾冲突时,他们便提倡重义轻利、非义之财一律不取,主张"以义获利"。因为他们懂得只有"因义用财",博得声誉,赢取人缘,才能开辟财源,使之流而不竭;用此生财之道,可以收到赚大利、发大财之效。用徽商吴次公的话说:"吾聚财于天地,散财于天地,固其所也。"①言外之意,钱财乃是身外之物,唯仁义难求,仁义之道,才真正是钱财之源。

第三,坚持质量至上。质量是商品的生命,也是商品经营者顺利经营的基本保证。坚持"以义取利"的徽商很清楚这一点,因而保证商品质量是他们经营活动中的一个重要环节。此处以明嘉靖、万历年间坊刻主吴勉学为例。

明中叶以后,坊刻虽大兴,但质量参差不齐,有的坊刻为追求利润而不惜粗制滥造。吴勉学的师古斋虽是坊刻,其"尝校刻经、史、子、集数百种,雠勘精审"②,无论是经、史、子、集,还是医学、风水之书,坚持质量是贯彻始终的原则。其刻书质量在当时首屈一指。宋版质量精良,最受收藏者推崇,谢肇淛是明中叶的鉴赏大家,他认为吴勉学的刻本不亚于宋版,他推崇的《庄》《骚》刻本即指吴勉学所辑刻的《二十子》中的《庄子南华真经》和《楚辞集注》中的《离骚》。可见,吴勉学辑刻的质量之精湛。此外,吴勉学的刊刻之功,得到清代钦定《四库全书》编纂者的肯定。《四库全书》的编纂者在辑录《河间六书》时,以吴勉学的刻本为通行本,并特别提到吴勉学的辑刊之功。不仅如此,其校勘质量,也得到《四库全书》编纂者的充分认可,并作为编纂者校勘的范本。如梁朝刘孝标注的刘义庆撰的《世说新语》中就有不少错误,《四库全书》编纂者依据吴勉学刻本进行校改。如刘孝标注本卷中之上,"方正

---

① 方扬:《方初庵先生集》,《寿吴次公双塘处士七十序》,明万历四十年刻本。
② 赵吉士:《(乾隆)徽州府志》,道光七年刊本。

魏文帝受禅,陈群有惭容",注"义形于色(刊本'形于'讹'于其',据吴勉学本改)",又如卷中之下《赏誉》:"世目谢当为令达。"注"超悟令上也(刊本'超'讹'招',据吴勉学本改)"。[①] 吴勉学所校勘刊刻的如《十三经》(15 种 90 卷)、《周易本义》(14 卷)、《书经集传》(38 卷)、《文选六臣注》(60 卷)、《四书集注》(4 种 19 卷)、《性理大全》(70 卷)、《海岳山房存稿》(25 卷、附录 1 卷)等都是传世善本书。这些善本书的辑刊确立了他坊刻大家的地位。

第四,甘当廉贾。在大多数徽商的观念中,商家与顾客的关系,并不是一方盘剥另一方,而是互惠互利、相互依存的关系。他们对有的商人刻意欺诈顾客,牟取暴利,贪图一时利益的做法,是深恶痛绝的,所以在经营活动中,徽商比较崇尚"廉贾"经营作风。歙商江次公有一段话很有代表性,他教导自己的儿子说:"余闻本富(指以农致富)为上,末富(指经商致富)次之,谓贾不若耕也。吾郡在山谷,即富者无可耕之田,不贾何待?且耕者什一,贾之廉者亦什一,贾何负于耕?古人病不廉,非病贾也,若第为廉贾。"[②]在他看来,务农只能获取十分之一之利,经商若也只取十分之一之利,就不会受到人们的诟骂,所以他教导儿子要甘当廉贾,也就是靠薄利竞争。徽商中不少人都是抱着这一宗旨经营的。如明代南京城内有典铺 500 余家,主要由闽商和徽商经营。闽商利息高达三分、四分,而徽商取利仅一二三分,自然"人情最不喜福建",徽商赢得了顾客。明休宁商程锁在溧水经商,这里的惯例是春天贷款给下户,秋天倍收利息。但程锁贷款,坚持每年只收十分之一的利息。某年丰收,谷价很低,程锁仍按往年价格收购存储。第二年大饥,谷价腾贵,但他"出谷市诸下户,价如往年平"。由于他始终低息便民,薄利竞争,终于树立起"廉贾"的良好形象,"境内德长公(程锁),诵义至今不绝"[③]。

---

① 王太岳等:《钦定四库全书考证》卷七一,文渊阁《四库全书》本。
② 汪道昆撰,胡益民、余国庆点校:《太函集》卷四五,黄山书社 2004 年版。
③ 汪道昆撰,胡益民、余国庆点校:《太函集》卷六一,黄山书社 2004 年版。

廉贾在徽州粮商中也比较多见。粮食是人们的生活必需品,贪婪的粮商往往在灾年囤积居奇,高价出售,但徽州粮商坚决摒弃这种做法。有一年岁大饥,休宁商吴佛童的仓库中积有大量粮食,有人劝他暂时不要出售,以待价而沽,吴佛童笑曰:"使吾因岁以为利,如之何?遏籴以壑邻,是谓幸灾,天人不与。"①意思是说,还是让我在年成好时取利吧,如今灾年,粮食囤积不卖,以邻为壑,这就是幸灾乐祸,苍天、百姓都不会同意的,"乃尽发仓廪平贾出之"。

十三　明代徽州宗族的组织化

(一)宗法伦理和祭祀礼制庶民化

传统徽州是典型宗族社会。说起徽州宗族,人们每每引用清代赵吉士的著名论述:

> 新安各姓聚族而居,绝无一杂姓搀入者,其风最为近古。出入齿让,姓各有宗祠统之,岁时伏腊,一姓村中千丁皆集,祭用朱文公家礼,彬彬合度。父老尝谓新安有数种风俗,胜于他邑:千年之冢,不动一抔;千丁之族,未常(尝)散处;千载谱系,丝毫不紊;主仆之严,历数十世不改,而宵小不敢肆焉。②

徽州赵吉士乃清代康熙时期的著名学宦,他先后任职于地方和朝廷,且著述丰富,游历甚广,具有非凡才识和丰富阅历。他对徽州宗族

① 汪道昆撰,胡益民、余国庆点校:《太函集》卷六二,黄山书社2004年版。
② 《寄园寄所寄》卷——《泛叶寄·故老杂记》,黄山书社2008年版。

社会所作的精彩概括,正是建立在"最为近古"的历史考察和"胜于他邑"的区域比较基础之上的。毋庸置疑,视徽州为"最重宗法"之域是符合其历史实际的。

那么,赵氏所谓的徽州"姓有宗祠""祭用家礼"以及"胜于他邑"的数种风俗是如何形成的呢?究其原因,与有宋以降我国宗法伦理和祭祀礼制庶民化有关。

在中国传统社会中,宗法伦理和祭祖礼制原本具有特权和等级象征意义,所谓"德厚者流光,德薄者流卑"[①]。在先秦,祭祀的庙数有严格限制,天子七庙,诸侯五庙,大夫三庙,士一庙,庶人但祭其父于寝。[②]秦汉以后,由于世袭贵族制度的废除,宗法制度亦随之演变,但祭祀在政治和礼仪上的贵贱之分、嫡庶之别仍相延而下。

宋代以降,我国传统宗族发展出现了转型,主要体现为宗法伦理和祭祀礼仪庶民化,民间宗族建设日趋普遍。具体来说,宋代社会各阶层的政治、经济地位发生了深刻变化,魏晋隋唐以来的世族、士族日趋衰微,中下层地主通过求田问舍和科举入仕不断跻身社会上层,"士庶天隔"的格局被打破。随着土地租佃关系的普遍发展,个体劳动者对于地主的人身依附亦趋于松弛。因此,宋代的士大夫阶层为了适应社会政治、经济结构的变化,以加强对乡村社会的控制,维持自身特权地位,或致力于乡村宗族组织建设实践,或倡导重建宗法制度。如范仲淹首创范氏义庄;欧阳修、苏洵分别编撰《欧阳氏谱图》《苏氏族谱》,开后世私家修谱体例;司马光纂辑《家范》,留心于宗族教化等。这一深刻的社会变化反映到思想意识形态中,主要体现为宋代的张载、程颐、朱熹等理学家,顺应时代发展的需要,将宗族宗法建设,尤其是祭祖礼制提到家国统治、道德教化的政治、伦理高度加以理论阐发,其对于宋元乃至明清民间宗族普遍发展具有重要意义。

在有关祭祀礼制的设计上,影响最大者当属南宋理学家朱熹,他

---

① 瞿同祖:《中国法律与中国社会》,中华书局 2003 年版,第 208 页。
② 参见《礼记·王制》。

在其所著《家礼》一书中,主张建立家祠以祭祀五服以下祖先;置办墓田,采用墓祭形式祭祀始祖和先祖;并就祭田设置提出了具体设想:

> 初立祠堂,则计见(现)田,每龛取其二十之一,以为祭田,亲尽则以为墓田。后凡正位祔者皆仿此。宗子主之,以给祭用。上世初未置田,则合墓下子孙之田,计数而割之,皆立约闻官,不得典卖。①

可见,关于宗族祠堂的设置,朱熹主张在正寝之东建立祠堂,为四龛,以奉高、曾、祖、祢四代神主,从而提出以"家祠"祭祀五服以下祖先的设想。并主张大宗之家设墓田,以墓祭形式祭祀始祖和先祖,从而把五服之内的小宗之祭推广于民间,而五服以外乃至始祖及先祖又以墓祭的形式举行这种大宗之祭。祠祭(家祭)和墓祭的有机结合,同时满足了小宗之祭和大宗之祭的要求。朱熹设计的祭礼的意义在于把原来只适用于贵族及官僚阶层的敬宗收族之道转化为社会各阶层的共同行为规范,成为民间敬宗收族的重要理论依据,从而促使宗法伦理和祭祖礼制日趋庶民化,由此我国民间宗族普遍兴起。②

及至明代,随着程朱理学的影响逐步扩大,朱熹的祭祖礼制得到明朝政府以及士大夫的大力提倡而进一步深入民间,成为民间以祭祖为中心进行宗族建设的重要理论依据。另外,明代嘉靖十五年,礼部尚书夏言奏议在官民祭祖方面加以"推恩",提出"定功臣配享"

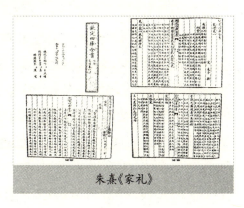

朱熹《家礼》

---

① 朱熹:《家礼》卷一《祠堂》,卷五《祭礼》。载《朱子全书》第七卷,上海古籍出版社、安徽教育出版社2002年版。

② 参见郑振满:《明清福建家族组织与社会变迁》,第227—241页。

"诏天下臣民冬至日得祭始祖""诏天下臣工建立家庙"等建议,即允许民间同皇室一样祭祀始祖,并在民间祭祀庙制上提出新的改革。① 这在客观上亦促进了明代中期以后,我国民间以祭祖为中心,兴起建宗祠、置族产、修谱牒之热潮。

(二)明代中后期徽州的宗族建设蔚成风气

那么,明代徽州的宗族建设情况如何呢?清代雍正年间,歙县岩镇(今岩寺)的佘华瑞曾在其所撰《岩镇志草》中写道:

> 明初《集礼》,品官庙制未定,权仿朱子祠堂之制。洪武六年春,诏定公侯以下家庙礼仪,当时学士大夫泥于古而惮于改作,因循而莫能更始耳。嘉靖中,礼臣夏言,本宋儒程颐所修六礼之意,奏请诏令天下臣民得如程议,冬至祭厥初生民之始祖,立春祭始祖以下高祖以上之先祖,但不得立庙以逾分。于是聚族而居者,合众小祠堂而为一大祠堂,此宗祠所肇建,而名与制实与庙殊。可谓缘于情而不伤于义,起于义而不越于礼者矣。②

由上可见,明代以来,徽州以尊祖为中心而进行的宗族建设,尤其是宗祠兴修,亦与当时全国情形大体一致。即明嘉靖以前,祠堂之建主要局限于"学士大夫"阶层,并且,祠堂之制亦主要依据国家相关礼仪和"朱子祠堂之制"。嘉靖以后,随着礼部尚书夏言的奏议得以实施,徽州"聚族而居者,合众小祠堂而为一大祠堂",民间出现兴修宗祠的热潮。此外,明清徽州很多宗族,究其源流,近及宋元,远溯晋唐,自迁入徽州后,保持聚族而居的传统,为明代徽州宗族的建设和发展奠定了深厚的社会基础。加上明代中后期商品经济的发展,徽商的兴

---

① 夏言:《桂洲先生奏议》卷一七;《明史》卷五二《礼志六·吉礼六·群臣家庙》。
② 《岩镇志草》元集《祠社坛宇》。

起,为宗族的大规模建设亦提供了重要的物质保障。正是在以上背景下,于明代中期以后,作为"程朱阙里"的徽州,在聚族而居的基础上,在徽商的大力支持下,民间以祭祖为中心而建祠堂、置族产、修族谱逐渐成为一种普遍的社会风尚。

从相关徽州地方文献记载看,明代徽州以祭祖为中心而兴建祠堂、置族产、修族谱亦主要体现于明代中期以后。据弘治《徽州府志·宫室》记载,徽州一府六县"作专构以礼先"的祠堂仅 15 处,即府治 1 处,歙县 5 处,休宁 5 处,婺源 2 处,黟县 1 处,绩溪 1 处。[①] 而稍后的嘉靖《徽州府志》与弘治《徽州府志》的相关记载相比有很大不同,不仅宗族祠堂的名称由"祠堂""堂"变为"宗祠",且数量有了大幅度增长,由 15 处增至 213 处,即歙县 67 处,休宁 36 处,婺源 50 处,祁门 31 处,黟县 11 处,绩溪 18 处。[②] 嘉靖《徽州府志》修纂距离弘治《徽州府志》仅六十余年,前后记载的对比,大体反映弘治以后徽州以尊祖为中心兴建宗祠之概况。

再具体以祁门县为例,永乐《祁阊志·祠庙》共记载祁门县祠庙 21 处,即吴长史祠、东岳祠、五显祠、忠烈祠、城隍庙、张王祠(两处)、文孝祠、关王祠、宝山祠、龙王祠、史卜祠、周宣祠、梅侯祠、郑司徒祠、张将军祠、周侯祠、龙王三圣祠、胡仆射祠、鄂王祠、土地祠。[③] 从这些祠庙的名称和具体记载看,大多并非真正意义上的"宗祠",而是反映了在明代前期,徽州祠堂未大规模兴建之前,民间祭祀很大程度上体现为对地方神的崇祀,这些地方神很多是神化的历史人物或地方杰出先贤。如胡仆射祠本是用于祭祀"黄巢之乱聚兵保乡井与贼战而没"的胡氏,乡人慕其忠义而于南宋间立祠以祀之,后成为地方"水旱疾疫"祈福之所。因此,从永乐《祁阊志》的相关记载可以看出,明初祁门县宗祠数量实属寥寥。而据万历《祁门县志》载:"堂室家有之,不可胜载,载名人所尝构及各宗

---

① 参见弘治《徽州府志》卷一〇《宫室》。

② 参见嘉靖《徽州府志》卷二一《宫室》。另参见常建华:《明代宗族祠庙祭祖的发展——以明代地方志和徽州地区为中心》,《中国社会历史评论》(第二卷),天津古籍出版社 2000 年版。

③ 参见永乐《祁阊志》卷六《祠庙》。

祠。"该志有选择地记载各种宗祠计 56 处。[①] 这些宗祠当为明代嘉靖以后徽州民间兴修宗祠、进行宗族建设的产物。

明代中期以后，徽州宗族建设除了体现在围绕"尊祖"，兴建宗祠外，还体现在很多宗族普遍兴置产业，修纂谱牒以统合族人。如正德间祁门六都善和程氏，窦山公程新春秩下五房子孙，将各房众存共业山场"尽行归众合业兴养"，并呈县主批照，成为族产。此后，程新春秩下子孙以族产田租及山场所得陆续购置田土，作为宗族的组织化物质基础。[②] 迄今遗存的徽州簿册文书，很多属宗族抄契簿、置产簿，这类簿册不少由明及清，因时抄录，后先相承，其记载时间跨度少则几十年，多达数百年，大体可以反映明代以降，徽州地方宗族重视族产兴置之史实。[③] 在谱牒修纂方面，依据主要馆藏家谱目录统计，今存徽州家谱 2160 种左右，除去重复版本后，存世家谱种类约为 1591 种。具体修纂时间分布参见表 2-5：[④]

表 2-5　徽州存世家谱版本情况一览表

	宋	元	明	清	民国	不明区域
徽州	2	4	77	105	12	18
歙县	2		107	218	55	37
祁门			24	60	12	5
绩溪	1		12	108	94	22
婺源	1	1	44	142	17	5
休宁	1		100	136	11	24
黟县			4	28	14	3
新安			17	34	11	4

---

① 万历《祁门县志》卷四《人事志·恤政·宫室》。
② 参见周绍泉、赵亚光：《〈窦山公家议〉校注·序》，黄山书社 1993 年版。
③ 参见刘道胜：《明清徽州宗族文书研究》第一章，安徽人民出版社 2008 年版。
④ 参见宋杰：《徽州存世家谱叙录》，硕士学位论文。按：表 2-5 主要依据家谱名称所体现出的徽州一府六县作为区域统计类目，地点不详者，列入"新安"和"不详区域"类目中。

续表

	宋	元	明	清	民国	不明区域
不明区域				10	5	4
总计	7	5	385	841	231	122

由上表可见,徽州民间谱牒的普遍兴修亦肇始于明代,从今存明代谱牒修纂时间看,大多集中于明代嘉靖以后,究其原因是多方面的。

众所周知,明代中期以后,随着商品经济的发展,徽商的崛起,徽州社会经济活跃,社会富庶,同时,社会变迁也加剧了。正如万历《歙志·风土》所言:

> 寻至正德末,嘉靖初……出贾既多,土田不重,操资交捷,起落不常。能者方成,拙者乃毁。东家已富,西家自贫。高下失均,锱铢共竞。互相凌夺,各自张皇……迨至嘉靖末隆庆间,则尤异矣。

这里显现的,无疑是一种重商轻农、金融活跃、竞争激烈、贫富分化的社会动荡变迁格局。面对这种激烈竞争的社会形势,社会各个阶层都不能不有所反应。一方面,以血缘关系为纽带,明清徽州基层社会的宗族组织化趋势日益突显,置产与互助观念深入人心。诸如殷实之家于分析之际因礼仪互助而普遍留存众存产业。不少宗族以公祀、族会为主体而积贮置产,藉以谋求"支下均沾其恩"[1]。另一方面,在"人文郁盛"的明代嘉靖、万历以后,随着宗族组织化的不断进行,徽州出现"盛世修谱"的热潮。地方文贤或赓续,或踵事,或草创,好事者蜂起。正如时人刘凤(子威)所云:"夫在今能重其宗,莫郢人,然而郢之能以姓达于四方者,以多君子,且藉典策以传。"[2]诸如汪道昆主修的

---

① 《丛桂堂置产簿》,南京大学历史系资料室藏。

② 《程典》卷首《刘子威序》。

《汪氏十六族谱》、程一枝主修的《程典》、金瑶主修的《珰溪金氏族谱》、范涞主修的《范氏族谱》、吴子玉主修的《茗洲吴氏家记》等谱牒佳作不断问世，徽州修谱活动盛极一时。明代中后期，《新安名族志》的成书当系这一时期徽州谱事兴盛的集中体现。明代中期以后，徽州谱牒的兴修，正是民间尊祖、敬宗、收族，实现宗族组织化的重要体现。

综上，随着宋代宗法伦理和祭祖礼制的庶民化，宋元时期，徽州同全国其他区域一样，民间宗族建设开始兴起。到了明代中期以后，民间围绕尊祖为中心而进行的建祠堂、置族产、修谱牒等宗族建设活动日益普遍，在徽商的支持下，在传统聚族而居的基础上，这种宗族建设蔚成风气。由明及清，徽州宗族组织广泛存在，宗族亲属群体之血缘结合日益强化和多样化，并通过这种纽带性联系于乡土社会之中发挥各种功能性作用。

十四　徽州社会风气的变迁

明朝中叶，是中国几千年封建社会历史走到一个转折点的关键时期。这一时期，随着社会生产力的发展，封建国家采取了赋役一概征银的政策，这既是商品经济发展的产物，同时也大大促进了商品经济的进一步发展。而赋税征银的影响远不止在经济领域，社会上所有的生产者都要将自己的产品变成银两，再完成对国家的税收或徭役，这就让大批的农业和手工业产品进入市场流通，而全社会对市场的需求也就空前地扩大了。商品流通除了对市场的需求增大之外，对商人的需求也达到前所未有的程度，于是，在全国商品经济发达的地区，几大商帮应运而生。

徽州是徽商的桑梓之邦，是商业经济非常发达的区域。在徽州，商品经济迅速发展，必然也导致社会风俗的深刻变迁。明中叶商品经济的发展,使整个江南地区社会风俗发生很大变化,而徽州也无例外地受到极大影响。徽州作为明代中叶商品经济发展的一个典型区域,可以分别从物质民俗、社会民俗以及精神民俗的角度,透视其社会风俗在商品经济大潮冲击下,在社会变革中所展现出的奇特面貌。

（一）从物质民俗看徽州社会风气

从物质民俗的视角来看明中叶的徽州社会,我们首先要关注的是徽州经商风气的变化。其实,早在明万历年间,徽州当地学者就曾经极为精辟地描述过明中叶以降,商品经济的发展对社会风俗产生的重大影响。从相关资料记载中可反映出明初到正德年间的社会风气:

> 国家厚泽深仁,重熙累洽,至于弘治,盖綦隆矣。于是家给人足,居则有室,佃则有田,薪则有山,艺则有圃;催科不扰,盗贼不生;婚嫁依时,闾阎安堵;妇人纺织,男子桑蓬,臧获服劳,比邻敦睦;诚哉一时之三代也!岂特宋太平、唐贞观、汉文景哉!诈伪未萌,讦争未起,芬华未染,靡汰未臻,此正冬至以后、春分以前之时也。[①]

这是对明初到明中叶弘治年间,徽州社会风俗的一段精当描述。这一时期的徽州,和全国大多数地区一样,由于朱元璋建国之初采取的休养生息政策,让小农经济处在长时间的平稳发展时期。此时的徽州社会没有严重的贫富分化,而社会经济经过明朝建国后的长期发展,到了家给人足的状态。同时,徽州号称"东南邹鲁",是儒家文化根植地区,程朱理学把这一交通不便的山林深处变成了一片祥和的世外

---

① 万历《歙志·风土》,转引自张海鹏、王廷元:《明清徽商资料选编》,安徽人民出版社 1985 年版,第 23—24 页。这一段史料本来是用来描述徽州一地的社会风貌,但后来顾炎武在《天下郡国利病书》中引用此说,说明这种现象在东南地区具有一定的代表性。以下引同一处史料也据万历《歙志》。

桃源，人们在这里平静地生活着。

这种祥和的气氛维持了百年，但到明中叶，情况为之一变：

> 寻至正德末、嘉靖初则稍异矣……能者方成，拙者乃毁。东家已富，西家自贫。高下失均，锱铢共竞。互相凌夺，各自张皇。于是诈伪萌矣，讦争起矣，芬华染矣，靡汰臻矣。[①]

明中叶的徽州，随着徽商利润源源不断输入徽州故里，徽州社会的贫富分化开始显现出来，而且，人与人之间的关系开始被金钱所左右。由于人们越来越多地认识到金钱的特殊作用，于是，各种欺诈行为开始萌发，为了物质利益而展开的争夺开始出现，奢侈性消费也开始萌生。

关于这种经商风气的变化，在万历《歙志·序五》中又云："长老称说，成弘以前，民间椎朴少文、甘恬退、重土著、勤穑事、敦愿让、崇节俭。而今则家弦户诵，夤缘进取，流寓五方，轻本重末，舞文珥笔，乘坚策肥。世变江河，莫测底止。"记载明确指明了在明代弘治、成化之前，徽州社会处于小农经济状态中，人们只凭借最传统的农业生产维持生计，对物质生活的追求意识也显得非常淡薄。而到了成化、弘治年间以后，社会风气产生了根本性的改变，人们开始普遍离开土地，通过读书或经商追逐物质利益。在明中叶，万历《歙志》的作者就意识到"世变江河，莫测底止"，社会风气发生了根本性的变化。

万历《歙志》中所云主要是歙县的社会风气变化，而事实上，在明代中叶以后的徽州，这种由农业社会向商业社会的转变是普遍发生的。明末徽州人金声在其文集中记载："歙休两邑民皆无田，而业贾遍于天下。自寇乱，破家荡产者大半。夫两邑人以业贾故，挈其亲戚知交而与共事，以故一家得业，不独一家食焉而已。其大者能活千家百

---

① 万历《歙志·风土》，转引自张海鹏、王廷元：《明清徽商资料选编》，安徽人民出版社 1985 年版，第 23—24 页。

家,下亦至数十家数家,且其人亦皆终岁客居于外,而家居者亦无几焉。今不幸而一家破则遂连及多家与俱破。"①金声是明末著名的抗清英雄,此处所说的"寇乱"当是指明末的社会大动荡。金声所提及的明末徽州人的众人结伙经商方式也值得关注。这种结伙经商风气的形成,是学术界认定的徽商形成的标志。它的出现也正是在明中叶。这种集团的规模可能发展得很大,如嘉靖时程姓大商人在两广营商,"门下受计出于钱者恒数千人"②。这种可以雇佣着上千人的商人,已是非同一般的商贾了。正所谓"挈其亲戚知交而与共事,以故一家得业,不独一家食焉而已。其大者能活千家百家,下亦至数十家数家"③。徽商利用故里讲究血缘亲情的社会氛围,造就了以知交亲旧为主体的商业集团,在明中叶的商品经济大繁荣时,纵横驰骋在商海中。

历史发展到嘉靖年间,此时随着商品经济的发展,中国传统社会内部出现一些新的动向。而这一系列新的动向中最为显著的莫过于社会贫富分化的加剧而引发的社会价值观念的转变。对此,徽州当地的史志如是描写:

> 迨至嘉靖末、隆庆年间,则尤异矣。末富居多,本富尽少;富者愈富,贫者愈贫;起者独雄,落者辟易。资爰有属,产自无恒;贸易纷纭,诛求刻核。奸豪变乱,巨滑侵牟……④

此时社会中,依靠工商业这种所谓末业而致富的人很多了,而从事农业的人们很难有富裕的机会。社会普遍的贫富分化现象,导致了社会财富的快速流动。贫穷与富贵在不断地转换着角色,而人们在追逐利益的时候,也会变得不择手段。社会矛盾变得十分尖锐,社会消

---

① 金声:《金太史集》卷四《与歙令君书》。
② 王世贞:《弇州山人四部稿》卷六一。
③ 金声:《金太史集》卷一。
④ 万历《歙志·风土》,转引自张海鹏、王廷元:《明清徽商资料选编》,安徽人民出版社1985年版,第23—24页。

费也由节俭而转向奢靡。

> 富者百人而一，贫者十人而九。贫者既不能敌富，少者反可以制多。金令司天，钱神卓地；贪婪罔极，骨肉相残；受享于身，不堪暴殄；因人作报，靡有落毛。于是，鬼域则匿影矣，戈矛则连兵矣，波流则襄陵矣，岳壑则陆海矣。①

及至明朝末年，徽州社会贫富分化进一步加剧，严酷的现实让人们对金钱的追求欲望空前的高涨。在金钱的利诱下，人的贪婪本性被激发出来；社会矛盾更进一步激化，而奢靡性消费也大为流行。

史料记载说明了商品经济的发展对社会风气扭转的巨大影响力，而徽州社会之所以受到商品经济的冲击相对更加深刻，无疑是因为这方土地上有着一个在全国具有广泛影响的商人集团——徽商。徽商这一群体也是公认的影响徽州社会各层面的一个群体。

明中叶徽州经商风气的形成，全方位影响了徽州社会，其中对人们价值观的影响尤其明显。人与人之间的关系变得不再是那么温情，即便是亲人之间的关系也被铜臭气息所笼罩。小说《辽阳海神传》中的故事说明了明中叶，经商风气渐浓的徽州社会中的人际关系："程宰士贤者，徽人也。正德初元，与兄某挟重资商于辽阳，数年，所向失利，展转耗尽。徽俗，商者率数岁一归，其妻孥宗党全视所获多少为贤、不肖而爱憎焉。程兄弟既皆落莫，羞惭惨沮，乡井无望。遂受佣他商为之掌计以糊口。二人联屋而居，抑郁愤懑，殆不聊生。"②兄弟两人辛苦劳作，但却经商亏了本，想到故里期待着他们满载而归的亲人们，看看自己空空的行囊，就只好流落他乡。这则史料虽然出自一个虚构的小说中，但从侧面反映了千百万徽州商人家庭中的真实人际关系。在一

---

① 万历《歙志·风土》，转引自张海鹏、王廷元：《明清徽商资料选编》，安徽人民出版社1985年版，第23—24页。

② 蔡羽：《辽阳海神传》。

个商业资本可以主导一切的社会中，家庭骨肉之间的关系被染上了浓重的商业气息，那些赚足了钱的商人们可以衣锦还乡，但那些失败了的商人则乡井无望，无颜面对故里的亲人，他们只能选择流落他乡。明代中叶以后，商品经济的发展，深刻影响了徽州人的价值观念。

（二）从社会民俗看徽州社会风气

如果从社会民俗的视角来看明中叶的徽州社会，则同样显示出商品经济发展所产生的明显印记。社会民俗是人们在特定条件下所结成的社会关系的惯例，是从个人到家庭、家族、乡里、民族乃至国家在结合、交往过程中使用并传承的集体行为方式。徽州社会聚族而居是当地最具特色的民俗现象，对此，徽州当地人也早有认识。康熙《徽州府志》卷二中说："家多故旧，自唐宋来数百年世系比比皆是。重宗义，讲世好，上下六亲之施，村落家构祠宇，岁时俎豆。其间小民亦安土怀生……吾徽有千年祖坟，千人祠宇，千丁乡村，他处无有也。"府志的这段文字很精辟地概括出徽州作为宗族社会的几个特点：其一，聚族而居；其二，有共同的祖墓；其三，普遍建有宗祠。只是，徽州宗族都有谱牒，府志中并未明说。如果说聚族而居是中国农村社会中普遍存在的一种居住方式，而祖墓、宗祠和谱牒，则是徽州宗族维系血缘关系的几条行之有效的纽带。

徽州宗族的形成由来已久，但明中叶，商品经济的飞速发展，不仅在经济生活中给徽州的社会风俗带来诸多的改变，对徽州宗族社会的影响也是极其深远的。如果说祖墓是随着人口自然死亡的必然产物，而宗族祠堂的大量建设与谱牒的大量印行，则是与明中叶商品经济的繁荣以及徽州商人在商业上的成功而密切关联。

早在宋代，朱熹在其《家礼》中《祠堂》一篇即说道："君子将营宫室，先祠堂于正寝之东，为四龛，以奉先世神主。"在徽州确实有宋代建立祠堂的记载，不过，徽州大多数的祠堂还是在明中叶以后建立的。

换言之,明中叶是徽州大规模建立祠堂的转折时期。据调查,徽州较早建立的 47 座祠堂中,宋代建的有 3 座,元代建有 5 座,而明朝建立的 39 座祠堂中,除了 3 座建立在天启和崇祯年间外,余者皆为明中叶所建。其中可考年代的祠堂,至少有 22 座是嘉靖、万历年间建的。由此可以得出一个结论:徽州宗族祠堂兴起于明代中期,且主要在嘉靖、万历年间。[①] 而且,随着徽州商人在商品经济的大潮中取得成功,徽州的祠堂也越来越显得壮丽宏伟。留存至今的徽州祠堂中,还有很多极尽华美壮观的建筑。如歙县呈坎贞靖罗东舒先生祠,前后四进,规模宏大。这种建筑也必然耗资耗时巨大。据称,嘉靖二十一年"伐山刊木,得善材数千章,匠人营之,陶人甓之后寝几成,遇事中辍,因循垂七十年"。到了万历四十五年,又继续修建,最终才完成。这座耗时前后七十多年建成的祠堂,确是明中叶建成的大量徽州祠堂的一个代表。绩溪龙川胡氏宗祠在明嘉靖年间重修,纵深 84 米,门厅就有 6.6 米,前天井 14 米,正厅 17.5 米,建造这种大纵深的建筑在惜地如金的徽州,需要一种非凡的大度与气魄,这样的建筑,也给人森严肃穆的视觉效果。宗祠最令人叹为观止的是木雕艺术,整个祠堂的木雕作品竟多达千件,虽然经多年人为和自然毁损,但现仍存的也还有四百余件。其木雕内容也非常独特,不仅再现了龙川胡氏宗族千年艰难奋斗的辉煌历程,也展现了徽州平常人家对美好生活的向往和人生价值的追求。

除了祠堂外,宗族制度的另一标志性的产物是谱牒。徽州谱牒中见到最多的一句话是说"族之有谱,犹国之有史也"。族谱的基本功能是记载一个宗族的历史。据学者初步统计,现在能发现的宋元时期的谱牒只有区区 14 部,而国家图书馆所藏的明代徽州谱牒有 200 部,洪武到弘治年间的只有 10 余部,余者都是明中后期所修。[②] 如此看来,明中叶的徽州宗族在大建宗祠的同时,也在大力修谱。不仅如此,徽州宗族修谱的主要宗旨,在明中叶有了一个明显嬗变。嘉靖年间修成

---

① 参见赵华富:《徽州宗族研究》,安徽大学出版社 2004 年版,第 147 页。
② 参见赵华富:《徽州宗族研究》,安徽大学出版社 2004 年版,第 227—241 页。

的《新安名族志》的序言中说:"新安,紫阳夫子乡也,以仁让教天下者,紫阳夫子之学也。兹欲执其机,溥其化,以推其教于天下,则生紫阳之乡者皆与有责焉。是故,斯志也,虽所以续定宇陈氏之编,亦所以翼紫阳夫子之教于万一也。"《新安名族志》又在其"凡例"中说明其修撰原则:"名族实迹,其忠孝节义,勋业文章,有关世教者,不拘隐显存殁,悉在所录。"之所以如此,是要"彰国家化民成俗之意"。这种明确以修谱的行动,宣扬儒家伦理思想,规范传统道德行为的做法,是明中叶徽州宗族普遍的一种做法。也就是说,到了明中叶,宗族谱牒已不单纯是记载一个宗族的历史,同时也是承担着宣传儒家伦理思想的一种工具。

祖墓、宗祠和谱牒这些实物的存在,为徽州构建了一个血缘关系严密的宗族社会。随着明中叶大量祠堂的拔地而起以及各种印制精美的宗族谱牒在宗族内部的流行,徽州宗族以血缘为纽带而维系的社会呈现出鲜明的特色。早在嘉靖年间的徽州府志中,就已经将这种风俗描绘得极为形象,《府志》云:"家乡故旧,自唐宋来数百年世系比比皆是。重宗义,讲世好,上下六亲之施,无不秩然有序。所在村落,家构祠宇,岁时俎豆。"①从这段文字来看徽州人聚族而居且讲究血缘认同的社会风俗,虽然在明中叶业已形成,但其根源要追溯到唐宋,甚至更早的时期。至迟到明朝嘉靖时期,祠堂已在徽州普遍建立,而且遍地林立的宗祠在宗族统治中发挥着重要作用。对此,万历时期的《祁门县志》中也有类似的记载:"旧家多世系,由唐宋下不紊乱,宗谊甚笃。家有祠,岁时俎豆,燕好不废。"②这说明,这种用重视血缘伦理而构建起的宗族社会,在明中叶的徽州普遍存在。如前文所述,明中叶的商品经济发展,让宗族的统治者们看到了拜金主义思想的泛滥对传统宗族社会稳定性的冲击,于是就通过一系列强化血缘伦理的做法,试图在徽州保持和谐稳定的状态,并长期保持繁荣。

---

① 嘉靖《徽州府志·风俗》。
② 万历《祁门县志》卷四《风俗》。

（三）从精神民俗视野看徽州社会风气

精神民俗是指在物质文化与制度文化基础上形成的有关意识形态方面的民俗，主要包括民间信仰和民间艺术等。

近代徽州歙县人许承尧曾在其《歙事闲谭》中的《歙风俗礼教考》一章中断言："徽州不尚佛老之教，僧人、道士惟用之以事斋醮耳，无敬信崇奉之者。"虽然许氏所言是近代徽州，但明中叶的徽州也正如其所言，宗教在其中难有诸多信众。不过，虽然徽州人信教者少，但并不妨碍徽州人有自己的民间信仰，而且，这种民间信仰还有着众多的信众，在很大程度上影响着徽州地方社会的稳定和发展方向。

在徽州影响最大的民间信仰莫过于以汪王庙为代表的汪华信仰和以世忠庙为代表的程灵洗信仰，而这两种由人变成的神虽然由来已久，却是到明朝才将其列入国家祀典，成为国家正式祭祀的地方神灵。弘治《徽州府志》卷五载，洪武四年国家下令，"凡昏淫之祠一切报罢，徽之所存惟越公及陈将军程忠壮公二庙，改封唐越国汪公之神，命有司春秋致祭"。如此一来，从明朝初年开始，徽州历史上的汪华和程灵洗就成为徽州地方合法的神灵，享受着地方民众和官吏们的祭拜。

汪姓是徽州第一大姓，汪华也是徽州影响最大的地方神。据南宋罗愿《新安志》记载，汪华是隋将汪宝欢之子，少年时即以侠勇闻名。在隋末动乱中，汪华结众平定周边宣、杭、睦、婺、饶五州，占居歙州，保一方百姓平安，使当地免于战乱。唐初武德四年（621），汪华归顺唐朝，被任命为歙州刺史，封越国公。唐贞观年间，汪华死后，归葬歙州。由唐及宋，其名号也不断被加封，汪华也因为其保全一方平安的功绩为乡民所认可，死后渐由人而被尊崇为神。

在徽州六邑各处都有祭奉汪华的庙宇，当地人称汪王庙，也称忠烈祠。其中汪华墓地的汪王庙最为重要，别处的汪王行祠，被称为忠烈行祠。弘治《徽州府志》卷五记载，徽州六县"忠烈行祠以祀唐越国汪公华,各乡多有之",其中歙县有 6 所,休宁 5 所,婺源 7 所,祁门 1 所,黟县 3 所,绩溪 2 所。这些祠庙在历史上不同的时期所建,而明中叶则是建祠庙的一个重要时期。如歙县"县东新馆,成化六年里人汪斯端等告官重造"。休宁万安山忠烈庙在"弘治十二年庙毁,知县翟敬命里人张用伦等处置,助僧惠端重建"。绩溪的行祠也是明朝"弘治初里人胡永安捐资建"。据歙县《潜川惇祠溯源家谱》记载:"弘治十四年八月初七日,墓庙回禄,知府彭公泽率僚属至墓省祭,分俸倡众照旧修建,命汪氏子孙嫡派资助,命本宗逊兴张荫董其役。嘉靖初,歙令武城高君琦又立石四人。"这样看来,汪王庙的修建,到了明中叶已不再是汪氏子孙的责任,地方官府更热衷于为汪王庙的维修和保护承担着一份义务。

程姓是徽州又一大姓。在南朝时,歙人程灵洗在动乱中捍卫一方有功,在陈被授安西将军,死后谥忠壮,在民间也被视为保佑平安的地方神。如同汪华一样,程灵洗在明朝以前就完成了从人变成神的过程,洪武初年又正式将其列为国家礼典中的神灵,从而对其祭祀成为合法化的国家礼制组成部分,徽州各地也就建起了世忠庙或世忠祠,也就是祭祀程灵洗的庙宇。有研究者指出,世忠祠在元代徽州就已经是遍及各处,而到明朝,除原有的世忠祠被恢复之外,从正统年间开始,更多的新的世忠行祠开始在各地创建。到成化年间,徽州出现了祭祀程灵洗的"行祠布东南"的局面。[①]

汪华与程灵洗两位徽州历史人物,同是因为生前保地方平安有功,成为后世徽州人心目中的神。这反映了以外来迁居者为主的徽州世家大族,追求世代平安而恐惧战乱的共同心理。而对神灵的崇拜也要以一系列的民俗活动体现出来,这些世代沿袭的民俗让这种信仰得以在徽州人心中强化。每年的汪华生日,徽州各地举行盛大的迎神活动,人们抬着汪华的画像,张灯结彩,在乡里村镇游行。而程灵洗的诞辰日同样要

---

① 章毅:《宋明时代徽州的程灵洗崇拜》,载《安徽史学》2009 年第 4 期,第 110—115 页。

"制花灯娱神,凡五日,族人不下六千",规模极尽宏大之能事。

随着程灵洗在明初洪武礼制中祀典地位的确立,以及明代中叶徽州商人力量的勃兴,在地方社会组建宗族的潮流之下,程灵洗崇拜不仅逐渐呈现由商人主导的态势,同时也具有了明显的宗族化倾向。原先各地流行的世忠祠最终演变成了各地的程氏宗祠,徽州早期的豪强人物程灵洗由此进入各个程氏支派的谱牒,成为徽州程氏共同的祖先。

在明中叶的徽州各地,无论是汪王庙还是世忠祠都在大规模地兴建,体现了徽州商人将商业利润回报桑梓的事实。同时,对汪华和程灵洗的祭典,汪氏宗族和程氏宗族与官府之间达成了一种默契,这说明宗族在商业利润的支持下,利用民间信仰强化自己在地方上地位,强化宗族自身凝聚力。徽州的民间信仰在明中叶商品经济快速发展、宗族势力高度强化的社会背景中,也有了自己不断演变的过程。

总之,明代中叶以后,徽州的社会风俗无论在物质民俗、社会民俗,还是精神民俗等方面,都发生了巨大的变化。以上只是枚举一些主要的现象,其实其变迁的范围要深广得多。究其变化的原因,显然与明中叶商品经济发展、徽州商人崛起有着密切的关系。

第 三 章

清前期徽州文化的顿挫与复苏

　　明末农民战争以及随之而来的明清之际战乱,致当时社会经济文化遭到重创。到清前期,徽州文化开始从顿挫中复苏。在学术思想方面,晚明渐趋式微的朱子学得到复兴,同时江永、戴震、程瑶田等人继承了顾炎武、黄宗羲所开创的求实精神,倡导经世致用,力矫宋明学术之弊,治学以"求是"为宗旨,侧重于文字音韵、天文地理、名物典章制度的考证,由此开"皖派经学"风气之先;徽州教育由沉寂而再兴,官学重新得到了发展,义学、塾学则完全取代社学而成为徽州蒙学教育的主体,讲会之风依然浪盛,文会的功能也在不断扩展;徽州文学在曲折中发展,新安画派由初创而大成,而徽州版画则出现两种转变,一是与徽州相邻的旌德刻工崛起,与徽州刻工争辉,二是从坊刻向官刻转变;在"文字狱"阴影下的徽州刻书业艰难发展;徽州工艺门类更加完善,品种日益繁多、手法大大丰富、技艺更趋精湛,呈现出集大成之局面;新安医学一方面重视医学理论的研究和阐发,关注临床实践研究活动,医案验方等实用医学著作大量涌现,临床医学水平不断提高,另一方面重视整理、刊刻医学典籍,撰写出版医学普及读物,加速了新安医学的快速发展;唯徽商因在明末受挫严重,振兴稍慢。总体来看,徽州文化在经历明末的顿挫后,于清前期得到逐步复苏,部分文化现象已然出现了兴盛的状况。

一　朱子之学的复兴

（一）清前期复兴朱子之学口号的提出

因明代中后期心学流入徽州，徽州学术文化呈现朱子之学与心学杂存的格局。明亡之后，思想界在反思当时一系列社会问题时，对晚明泛滥的心学进行了深刻批判，学术界出现了复兴朱子之学的潮流。在此社会与学术背景之下，清初徽州学术文化有过短暂的回归朱子之学一统的运动。康熙八年（1669），杨泗祥、施璜等人制定了《紫阳讲堂会约》，会约核心是"崇正学"，其中规定："务经明行修，宗尚周程张朱之学，讲论悉符于践履，著述必本乎躬行，德孚闾闬，望重学林者，会长敦请贲院，阐印圣宗，以为后学标准。如侈谈二氏家言，为三教归一之说，及阳儒阴佛者，不得入会。"①这其实是复兴朱子之学的一道宣言。嗣后，徽州书院"春秋集讲，文物衣冠，彬彬一堂，尽去旧习，化为尊孔宗朱坛席"②。从清初学术文化代表人物的地域分布来看，徽州这场回归朱子之学一统运动的中心区是歙县、休宁和祁门三县。

（二）朱子之学主要代表人物

据相关文献记载，清初徽州学术文化的主要代表人物有如下几

---

①　施璜等：《紫阳书院志》卷一五《会规》。
②　施璜等：《紫阳书院志》卷一二《列传》。

位:张宾,字合之,史载其因见明末二氏盛行,理学不明,遂弃举子业,"杜门穷经,以尊程朱、斥佛老"。著有《石渠稿》。^① 汪德元,字正叔,号旭林,顺治十六年(1659)他与休宁理学家杨泗祥招聚生徒,集讲于紫阳书院,成为当时传播朱子之学的骨干成员。杨泗祥,字瑞呈,号杏传,曾与同人订《紫阳会规》,倡复朱子之学,一洗晚明徽州士人沉湎"异学"之习。汪知默,字闻增,号月岩,长期讲学于紫阳书院,著有《紫阳通志》《理学归一书》等书。胡蕊明,号匏更,曾与当时一些志同道合者"倡立信会,讲学雷溪,宗尚程朱,潜修实践",又召集徽州六县"尊朱之士,讲学紫阳书院"。陈二典,字书始,为学"以程朱为的",晚年积极参与六邑会讲,力主"抑王尊朱""以紫阳为宗",去世后被旌为"紫阳学者"。朱弘,字济臣,号圭峰,一生安贫乐道,讲学不倦,著有《读书存问集》。汪浚,字泰茹,号括斋,曾长期讲学于紫阳书院和还古书院,笃于实学,主张"学问以穷理为先,慎独为要,主敬为入手,至诚为要终"。谢天达,字兼善,号容岩,与同邑学者陈二典共研性命之学。游武夷山,见壁上有"不宗朱子原非学,看到武夷方是山"之句,乃叹曰:"今之学人,务为新说,畔朱子者多矣。不知朱子集诸儒之大成,实集群圣之大成也,乌可畔乎?"曾辑录明儒笃信朱子者十数家,题曰《明儒语要》。吴苑,字楞香,晚号鳞潭,康熙壬戌(二十一年,1682)考中进士,累官至国子监祭酒,曾为徽州紫阳书院请得御笔"学达性天"匾额,并致书紫阳书院诸儒,相与探讨太极、西铭以及河图洛书之理。吴曰慎,字徽仲,曾长期主教紫阳书院,著有《周易本义翼》《周易愚按》《周易集粹爻征》《学庸章句翼》《太极图说翼》《孝经刊误》《西铭通书讲义》《朱子性理吟》《圣学约旨》《春秋约义》《朱子感兴诗解》等书。以上人物均见载于《紫阳书院志》。^② 此外,还有施璜,字虹玉,号诚斋,为学崇尚朱子之学,力主抵排陆王心学。主讲于紫阳、还古两书院四十余年,著有《诚斋问答》《性理发明》《易诗书四书太极图西铭绎注》《五经臆说》《紫阳

① 道光《徽州府志》卷一一《人物志·儒林》。
② 参见施璜等:《紫阳书院志》卷一二《列传》。

通志》《五子近思录发明》《小学发明》等书。① 赵继序,字芝生,号易门,其学"一以朱子为宗"。曾会讲于徽州紫阳、还古两书院,主持直隶鸳亭、江西白鹭洲讲席,"一事一言,必折衷于圣人之经,以穷理尽性为宗旨,以躬行实践为功修"。著有《周易图书质疑》24卷。②

上述人物是清初徽州学术文化的主要代表人物,他们的基本学术宗旨乃是力复朱子之学往日在徽州的极盛局面。而从籍贯来看,歙县有5人,即汪德元、汪知默、胡蕊明、吴苑、吴曰慎;休宁也有5人,即杨泗祥、朱弘、汪浚、施璜、赵继序;祁门有3人,即张宾、陈二典、谢天达。这种地域分布状况表明了歙县、休宁、祁门三县是清初徽州复兴朱子之学运动的中心区。

清初徽州朱子之学的复兴,时间短暂但成效显著。

二 徽派朴学的初兴

(一) 徽州朴学初兴的地域因素

新安理学历经数百余年的发展和演变,到了明代中后期逐渐衰落,郑玉、朱升、赵汸等人的"本领""真知""实理"的学术理念在徽州却得以切实的践履,形成了别具一格的地域学风。康乾时期,徽州人江永、戴震、程瑶田等人,继承了顾炎武、黄宗羲所开创的求实精神,反对理学空谈,倡导经世致用,力矫宋明学术之弊,并对新安理学家的"求真是之归"的学术主张加以改造。治学以"求是"为宗旨,侧重于文字音韵、天文地理、名物典章制度的考证,鄙弃凿空之言,由此开创了"皖

---

① 参见赵弘恩、黄之隽等:《江南通志》卷一六四《人物志·儒林二》。
② 参见康熙《休宁县志》卷一二《人物》。

派经学"的求实风气。此后,皖派经学取代了曾经风光无限的新安理学,成为清代学术的主体内容。这种贵在专精、由训诂以求义理、实事求是、言必有征的学风,具有一定的时代风貌和地域特征。徽州不仅以商贾兴盛而享誉九州,而且因书院众多而闻名全国,地域文化的熏陶与激发,对学术思想和治学方法的形成必定有相当的影响。

徽州地处偏僻,却钟灵毓秀,群山所环,民风淳朴而廉劲,学风坚实条理,乡谚有所谓"黟县蛤蟆歙县狗,祁门猴狲翻跟斗,休宁蛇,婺源龙,一犁到塝绩溪牛",反映了徽州人坚韧刻苦的性格特征和铮铮铁骨的"徽骆驼"精神。这样的民风、世风反映在徽州学人身上,必定会有勇于开创、坚忍不拔的治学风尚。后人称"皖派朴学"为"综形名,任裁断",空所依傍,实事求是,正与这里的地域风格相得益彰。梁启超在《近代学风之地理分布》一文中对此也有精到的概括。他说:"皖南,故朱子产地也,自昔多学者。清初有歙县黄扶孟治文字学,专从发音上研究训诂,是为皖南学第一派;有当涂徐位山治史学及地理学,虽稍病芜杂,然颇有新见,是为第二派;雍正间则休宁程绵庄、歙县黄宗夏皆学于李恕谷,而宗夏兼师王昆绳、刘继庄,颜李学派之入皖自此始,绵庄又斯派图南之第一骁将也,是为第三派;同时有休宁汪双池以极苦寒出身,少年乞丐庸工自活而遍治诸经,以程朱学为制行之鹄,又通音乐医方诸学,是为第四派;宣城梅勿庵崛起康熙中叶,为历算学第一大师,其弟和仲、尔素,其孙循斋并能世其学,是为第五派。五派各自次第发展,而集其成者为江慎修,蜕变而光大之者则戴东原。"[①]这些杰出人物虽或超出徽州以外,但他们与徽州有着千丝万缕的联系,都在大徽州的活动范围之内。他们把徽州朴学的范围、特色和精神发挥到极致,其科学的考证方法被广泛运用到音韵、训诂、哲学、天文、历算、舆地等各个学术方面,而成为专门化的研究。徽州朴学不仅具有经学的性质,而且还广泛地涉及小学、天文、历算、舆地等,这些学科本身就属

---

① 梁启超:《饮冰室合集》五,中华书局 1989 年版。此节内容还可参见徐道彬《"皖派"学术与传承》(黄山书社 2012 年版)一书的上编部分。

于科学的领域,正是在这些具体学科的研究中,朴学家们提出了实事求是、推本阙疑的科学原则,从而使徽州朴学由附庸而蔚为大观。在明清时期的徽州,大量的杰出学人和史学文献既证明了徽州因为深厚的文化积淀而享有"东南邹鲁"之名,同时也可看到徽州人在诚信求是的风气熏染下,在学术上也相应地具有求真、求实、求是的特点,而其中的原因,"盖地理感化使然也"。

康乾时期,徽州学人所具备的创新精神及其风格气度,较之其他地区,以及前后时期的学者,都有很大的不同。除了在治学方法上注重分析条理,上溯古义而长于断制的特点之外,还因为徽州朴学在这一时期产生并发展成为一个强大的学术阵营——"不疏园"。歙县西溪的儒商汪泰安家,建有"不疏园",亭轩掩映、疏影摇曳,不仅风景美如画卷,且以丰富的收藏而著名。不疏园主人邀请江永等人前来设馆课徒,并著书治学。据民国《歙县志》卷七记载:"不疏园在西溪,汪梧凤故宅。梧凤藏书甚富。江慎修于此著《乡党图考》并讲学。戴东原辈时来就学。郑虎文、刘大櫆、汪容甫、黄仲则均尝集此。咸丰时园毁。"因江永、戴震等一代朴学大师的被邀请来馆讲学,一时学者云集,诵习有诗书,切磋有师友。据郑虎文所撰《明经汪肇龙家传》中所述:"传江氏之学者,首推休宁东原戴氏震,歙松麓汪氏肇龙及郑氏牧(郑用牧),程氏易田(程瑶田),汪氏在湘(汪梧凤),方氏晞原(方矩),金氏蕊中(金榜),六七君皆知名。"[①]其中金榜曾中状元,戴震、程瑶田是一流的经学大师,这时的不疏园已经成为当时徽州学术的交流中心。

(二)徽派朴学奠基人:江永、戴震

江永(1681—1762),字慎修。婺源人。六岁时就"庭受父训",读书日记数千言。后入私塾,"与里中僮子治世俗学"。偶读明代大学士

---

① 郑虎文:《吞松阁集》,《四库未收辑刊》本。

丘浚的《大学衍义补》，以为奇书，朝夕讽诵，此后便通习研读《十三经注疏》。中秀才后，便蛰居乡里，"楗户授徒"，"心游科举之外"，潜心于著述与教学读书，好深思，长于比勘，通晓推步、音律、声韵与天象，举凡古今制度、天文舆地、历算律吕，无不博综淹贯。年二十一为县学生，年四十补禀膳生，六十二为岁贡生，授徒讲学达六十年之久。江永虽然只是一介书生，却是康乾时期新安理学向皖派经学转变的关键人物，在清代思想文化史上具有重要地位。他精通宋明理学，但反对空谈；用力于汉学研究，而又涉猎广博，除了考礼穷经之外，又以自身的研究实践，拓宽了一条在历算、律吕、音韵、考工、地理等方面的新路，之后得到他的弟子戴震、程瑶田、金榜、汪凤梧、郑牧、方矩等人的发扬光大，成为徽派朴学的旗帜，开创了徽州朴学的一代新风。

江永的朴学主要表现在礼学、音韵学、天算历法三个方面。礼学著述有《周礼疑义举要》7卷、《礼记训义择言》8卷、《深衣考误》1卷、《礼书纲目》85卷、《仪礼释宫增注》1卷、《仪礼释例》1卷、《乡党图考》10卷。《周礼疑义举要》对先秦各种典章制度和物产进行详尽的考释，尤其是对流传至今的《考工记》的讹舛，多有整理、纠正和阐述。据说他还根据《考工记》记载的原理，制造过

江永故居

一些精巧的器械，后来也渐渐湮没无闻。《礼记训义择言》据先秦古籍对宋代以来的解释礼经之作，辨析异同，于注家异同之说，择其一是，与陈澔注本等颇有出入。论者以为江永"论说有据，可以解程、张诸儒之异同"，"持论多为精核"。[①]《深衣考误》考论古代深衣之制，选释诸儒论者凡数十家，指正踵裳交解十二幅之讹，据《玉藻》言衽当旁，则非前后之正

① 纪昀：《四库全书总目·经部·礼类三》，中华书局 1965 年版。

幅也,更举郑玄之注,以正前人疏误。"礼"是中国封建社会规范人际关系的核心内容,大至典章制度,小至服饰衣冠,无不有严格的规范。朱熹晚年治礼,著《仪礼经传通释》,书未成。江永仿照朱子体例,分8个礼目,广为搜求散见于经传群书中有关礼乐制度的记载,正其舛误,附以己见,成《礼书纲目》,《清史稿》称"永引据诸书,厘正发明,实足终朱子未竟之绪"。《礼书纲目》85卷,分为嘉礼、宾礼、凶礼、吉礼、军礼、通礼、曲礼和乐,共8章,它广泛收集了散见于经、传和群书中有关古代礼乐制度的资料,加以编排和解释,对于《通解》原书一些文字错简,也都一一详细考证,加以厘正。《礼书纲目》是研究我国古代礼制的重要参考书。《仪礼释宫增注》取李如圭《仪礼·释宫》一篇,为之详注,多所发明补正。其稍有出入者,仅一二条,而考证精密者,居十之九。《仪礼释例》实指《释服》一类,寥寥数页,盖未成之书。书中论述,偶亦有"未为确据"者。《乡党图考》取经传中制度名物,有涉于乡党者,分为图谱、圣迹、朝聘、宫室、衣服、饮食、器用、容貌、杂典9类,其中深衣、车制和宫室制度,尤为考证精核,足证前人之误。

音韵、律吕方面主要有《音学辨微》12卷、《古韵标准》6卷、《四声切韵表》1卷、《律吕新论》2卷。《音学辨微》主要是阐明音韵学的一些基本概念。全书共分12部分:一、辨平仄;二、辨四声;三、辨字母;四、辨七音;五、辨清浊;六、辨疑似;七、辨开合;八、辨等列;九、辨反切;十、辨无字之音;十一、辨婴童之音;十二、论《图》《书》为声音之源。此书表述了等韵学中的一些概念,有的对今天的音韵学研究仍有重大影响。例如第八条辨等列:一等洪大,二等次大,三四皆细,而四尤细。辨等之法,须于字母辨之,这在清代音韵学史上具有重大意义。当然,因历史的局限,书中有些条目的说法并不准确。例如第三条辨字母说,第十一条辨婴童之音,第十二条将《河图》《洛书》视为语音之源,都有错误。《古韵标准》由《诗经》以正顾炎武所分十部之疏失,江永分平、上、去三声皆十三部,入声八部,为用韵之准。《四声切韵表》是一部以等韵法来分析《广韵》音系的著作。纵列三十六字母,横列二百零六韵,以四声相从,按照开合等次的不同,条分缕析,加以排列,每类都首标等呼,并在声韵相交之处列字,字下标明反切。由于江永对明清时代表现"时音"的韵图持有不同看法,认为这些不能反映中古的音系,因此他编制此书时,首先确定两条原则:一是依照二百零六韵,二是依照三十六字母。在此原则之下"审音定位,分类辨等",编成这个基本表现《广韵》音系的等韵表,备论分析考定之意。其论古法七音三十六母不可增减移易,凡更定者皆妄作,最为有见。《律吕新论》上卷,首论蔡氏律书,次论五声、黄钟之宫、黄钟之长、黄钟之积、十二律、三分损益、二变声、变律。下卷论琴、四清声、旋宫、乐调、造律、候气、律吕余论。其大旨以琴音立说,于转弦合调之法,论之极详,阐其奥义,多能成一家之言。《四库全书总目》说:"永深于算法,故于律度能推其微渺也。至于定黄钟之宫,则据蔡邕《月令章句》以校《吕氏春秋》之讹,并纠《汉志》删削之误,辨损益相生以为均匀截管,则不致往而不返,亦能发前人所未发,因亦可存一家之学者矣。"[1]

　　江永不仅深于经学,重视自然科学,而且还善于博采西法之长,以为己用。他的天算历法之学最为深奥,如《推步法解》5卷,依据《钦定推步法》7篇,凡日月之躔离交食,五星之迟疾伏见及恒六曜之行,皆具密法而奥义难明,为探立法之意,详步算之方,并附《推步钤》1卷于后。《算学》7卷,分别为《七政衍》《金水二星发微》《冬至权度》《恒气注历辨》《岁实消长辨》《历学补论》《中西合法拟草》各1卷。本书因梅文鼎《历算全书》为之发明订正,故又名《翼梅》。书中多处参考《历象考成》,折中其异同。《四库全书总目》说:"文鼎历算,推为绝技,此更因所已具,得所未详,踵画而增,愈推愈密,其于测验,亦可谓深有发明矣。"[2]江永曾读其乡贤梅文鼎之书,有所发明,作《算学》7卷,末卷曰《中西合法拟草》。阮元《畴人传》评介说:"徐光启融西人之精算,入大统之型模,正朔闰月,从中不从西,定气整度,从西不从中,然因用定

①　《四库全书总目·经部·乐类》,中华书局1965年版。
②　《四库全书总目·子部·天文算法类》,中华书局1965年版。

气,遂以交中气时刻为太阳过宫,举中法十二次之名系之,而西法十二星象,亦时用之于表。此则既非中法,复非西法办,实可疑之端。文鼎《疑问补》已言之,又整度一事,当参酌者亦其一端。永以此二事拟数表明,仍以文鼎之说冠于卷首。""慎修专力西学,推崇甚至。故于西人作法本原,发挥殆无遗蕴,然守一家言,以推崇之故,并护其所短,《恒气注术辨》专申西说以难梅氏,盖犹不足为定论也。"①《畴人传》对江永、戴震等徽州学者博采西法、重视自然科学的做法,多有褒扬。实际上,在研究经学的同时,重视自然科学,这是徽州学者治学倾向的一大特色。而博采西学之长,融会贯通,推陈出新,卓然有所树立的,自然以江永为开创,而以戴震为中坚。

戴震(1724—1777),字东原。休宁人,出身徽州小商贾之家。幼读私塾,以过目不忘和善思好问著称,遍览诸经及小学之书,对经学、天文、历算、地理、音韵、训诂等都有深入研究,为18世纪杰出的唯物主义哲学家、考据学大师。其主要著述有小学、经学、哲学和天算水地等方面。如小学类的《声韵考》4卷,收论文16篇,在声类、古韵、转语等研究领域都取得了突破性的进展,是一部有创见的音韵学著作。《声类表》9卷是戴震古音学著作,是以等韵离析《广韵》而成,意在上推古音。书中分古韵为九类二十五部,每卷展示一类韵部。其价值在于:(1)首创阴阳入三分理论,并以入声为阴阳通转的枢纽,此说对后世"阴阳对转"学说有直接影响;(2)根据阳声韵与阴声韵相配的原则,从脂部分出祭部,与元部和月部相配,是古韵学的一大发明;(3)首创对古音音值的拟

戴震塑像

---

① 阮元:《畴人传》卷四二,中华书局1983年版。

测。除此以外,其作用更在于启迪了王念孙、阮元、郝懿行等后人的研究,尤其是在近代,章炳麟、黄侃、王力更是从他的学说中汲取无限的智慧。戴震治学倡导以文字声训贯通经史研究,《方言疏证》就是此种方法的切实体现和具体成果,这是清人第一个校注本,在清代语言学史上有着很高的地位和影响。卢文弨云:"《方言》至今日而始有善本,则吾友休宁戴太史东原氏之为也。义难通而有可通者通之,有可证明者胪而列之,正讹字二百八十一,补脱二十七,删衍字十七,自宋以来诸刻洵无出其右者。"[①]可见戴震的正讹补脱,使《方言》"始有善本"。这既是对戴震创始之功的高度肯定,也是对其治学思想和学术精神的充分揭示。

戴震继承江永衣钵,也重视自然科学研究。如测算方面有《原象》8 篇,叙述天文、历法的基本知识,目的是为阅读经籍服务。前 4 篇初名《释天》,分别以"璇玑玉衡""中星""土圭""五纪"为篇名,后 4 篇即《句股割圜记》。"璇玑玉衡"论日月运行轨道,以明四季成岁、岁月更迭、日月蚀的道理,"中星"论中星以明岁差,"土圭"论土圭测影之法,"五纪"论日月星辰、历数,以随时测验。戴氏用古天文理论以解决经史,借经史材料以讲明天文,从而解决了古代天文著作中的疑难。戴震也深通西洋新法,并与中国古代历算相发明。如《释天》4 卷,借《六经》以释天文。卷一论黄赤道极;卷二论岁差;卷三论里差;卷四论历法应随时测验,又与《句股割圜记》合编为《原象》。《句股割圜记》3 卷,以中国传统的勾股弧矢、割圆术为依据,推演三角学的基本公式,以求中西算学之会通。上篇言三角八线和平面三角形解法,中篇言球面直三角形解法,下篇言球面斜三角形解法,凡 55 图,49 术,共 2417字,内容大体与梅文鼎《平三角举要》略同。内容分两个部分,一是有关勾股弦关系的基本概念,二是应用割圆术的方法。戴氏以特有的方式系统推演了平面三角形和球面三角形的原理,使传统勾股弦之术达到了同时代平面三角和球面三角函数的水平,是数学史上弘扬民族文化的一件盛事。阮

---

① 卢文弨:《抱经堂文集》,中华书局 1990 年版。

元在《畴人传》中称："盖自戴氏,天下学者乃不敢轻言算数,而其道始尊。"《续天文略》7篇与《原象》是姊妹篇,是戴震为清代《续通志》天文历法部分而作,主要是对于中国古代天文史料的发掘和考证,得出《尧典》所载的四个中星(恒星)的位置,目的在于"或补前书之阙遗,或赓所未及"。其写作体例是分类辑录古代典籍中有关天文历法的论述,并用按语形式加以辨证评述,实际上是一部古代天文通志,也可说是一部古代天文资料的专题汇编。在整理古代天文、历法资料中,戴震根据西洋新法甄别中国古代诸说,而在解释天文、历法知识时,他又"皆以经义润色",虽受清代经学家们推崇,但也使他的著作变得晦涩难解。戴震在数学上的最大成就是《算经十书》的辑佚。他参纂《四库全书》时,从《永乐大典》中辑得10部古代算经,并对其中的讹误加以校勘纠正,将失传的原图予以补录注释,使这批重要古籍重新恢复它的原貌。《算经十书》的重新问世,表明了戴震在科学史上的重要地位。

在经学研究方面,戴震的《毛郑诗考正》是一部补正毛传、郑笺缺失,考释经文传笺中关键词语与名物的"诗经学"著作。作者在序文中说:"今就全诗考其名物字义于各章之下。不以作诗之意衍其说。盖名物字义,前人或失之者,可以详核而知。古籍具在,有明证也。作诗之意,前人或失之者,非论其世、知其人,固难以臆见定也。姑以夫子之断夫《三百》者,各推而论之,以附于篇题后。"戴氏关于诗学有许多有价值的意见,可以供现在的研究者参考。而我们更应当特别注意的是他的治诗方法,催生了胡承珙《毛诗后笺》、马瑞辰《毛诗传笺通释》、陈奂《诗毛氏传疏》等著作的面世。《尚书义考》原拟撰写《虞夏书》4篇、《商书》5篇、《周书》19篇,但最后仅完成2卷。戴氏对经文异同的考订,一丝不苟,于词语训释,广采汉人传注,对宋以后训释也有所甄择,再加按语,以明去取。对于名物典制、天文历象的推究考证,往往博引旁证,穷源竟流。难能可贵之处还在于他的著述中不存今文古文、汉学宋学的门户之见,与同时代人相比,显出一代宗师的博大胸怀和求是精神。《经考》5卷,是戴震早年读经时所写的札记,亦即经学考证,它以读书笔记的形式摘记经文及各家注疏,然后于卷中或卷末加"按语",从按语可看出戴氏的思想观点和方法论。第 1 卷为《易考》,第 2 卷为《尚书考》,第 3 卷为《诗经考》,第 4 卷为《礼经考》,第 5 卷为《春秋考》《论语考》《孟子考》《尔雅考》等。全书共引用典籍 80 余种,另有按语 50 条。《经考》对新安理学家十分重视,对南宋朱熹、程大昌至元明时陈栎、胡炳文、赵汸、朱升以及清代江永等人的言论,作了较多札记,为我们研究戴震思想渊源及其发展提供了重要资料。

戴震整理《水经注》,是中国古籍整理史上一个重要的事件。他总揽全局,发明条例,寻找内在规律,使经、注分开。发明的条例有三条:(1)经文中首云某水所出,以下不另再举水名,注文中不得不屡为另行举之。(2)经文叙次名水所经州县,仅说某县,注文常称"某故城"。(3)经文云"过",注文云"迳"。条例拨开了重重迷雾,打开了郦注经、注相混的局面。段玉裁在《戴东原年谱》中评论说:"得此三例,迎刃而解,如庖丁解牛,故能正千年经注之互讹。""盖从来以郡国为主而求其山川,先生以山川为主而求其郡县。""自《尚书》《周官》《春秋》之地名,以及战国至今,历代史志建置沿革之纷错,无不依山川之左右曲折,安置妥贴,至赜而不乱。""国朝之言地理者,于古为盛,而先生乃出其上。"立意"于山川为主而求其郡县"的叙述方法,以水系辨山脉,以山川形势考察郡县建制和地理沿革,这是戴震重要的地理学见解,也是戴震整理《水经注》的最大贡献。

戴震治学主张"由声音文字求训诂,由训诂以寻义理",所以他学问最终是落在哲学思想上。《孟子字义疏证》是戴震的哲学著作,假借疏证孟子学说的形式,尖锐地批判程朱理学,坚决反对"存天理,灭人欲"的理论,明确提出"体民之情,遂民之欲"的社会理想。揭露后儒腐朽理论的结果是使"尊者以理责卑,长者以理责幼,贵者以理责贱,虽失,谓之顺;卑者、幼者、贱者以理争之,虽得,谓之逆"。这一说法石破天惊,胡适称之为是对"宋明理学的根本革命"。《孟子字义疏证》分上、中、下 3 卷,其基本内容是以考据训诂的方法,对理、天道、性、才、道、仁、义、礼、智、诚、权等理学诸范畴的根本意义,予以重新诠释,目的是为了批判宋儒的义理,阐发儒学本旨,其中"理欲之辨"是全书讨论的中心。戴震认为,宋儒程朱的理欲学说,是杂糅了老释之言入于六经孔孟,并不是纯正的儒学。在戴震看来,"理"只是事物的"分理""文理""条理",所以"理在事中""气化即道",而不是像程朱所说的那样,"理在气先""理能生气"。他认为,"欲,其物;理,其则也"。既然如此,那么人欲也出于性,正当的人欲就是合理的、善的,即是天理。理与欲是统一的、不可分割的,宋儒的"绝人欲"即是"绝天理"。他还指出,"圣人之道,使天下无不达之情,求遂其欲而天下治"。所以,程朱理学并不合于圣人之道,而是背离了儒学本旨,实是"以理杀人"。他因此而慨叹:"人死于法,犹有怜之者;死于理,其谁怜之。"戴震对于宋明理学的思想批判,以其前所未有的深刻性和颠覆性,使其当之无愧地被视为近代最重要的启蒙先驱之一。

戴震一生学兼多门,著述宏富,他不仅精通经学、小学,而且深究天文、历法和算学,但最为看重的还是他的"字义疏证"之学。戴氏自称:"仆生平著述最大者,为《孟子字义疏证》一书,此正人心之要。今人无论正邪,尽以意见误之名曰"理"而祸斯民,故《疏证》不得不作。"①他承继清初经世实学,认为要挽救儒学的危机,就必须回到儒家正统中去,回到古代圣人的原始教义中去。戴震用"字义疏证"的方法推翻了宋明理学,使中国哲学和中国思想也开始走出传统的樊篱,步入现代的境域。他借孟子"有物必有则"的命题阐明了"理在事中"的唯物主义世界观,指出程朱学派"得于天而具于心"的"理"实际就是道家的"真宰"和佛家的"真空"。这种反理学的斗争精神和对人民的同情,具有很大的进步意义。梁启超在《清代学术概论》中评论说:"《疏证》一书,字字精粹","与欧洲文艺复兴时代思潮之本质绝相类"。"其志愿确欲为中国文化转一新方向,其哲学之立脚点,真可称二千年一大翻

---

① 《与段玉裁书》,《戴震全书》(六),黄山书社1995年版。

案。其论尊卑顺逆一段,实以平等精神,作论理学上一革命。其斥宋儒之糅合儒佛,虽辞带含蓄,而意极严正,随处发挥科学家求真求是之精神,实三百年间最有价值之奇书也。"今天,当我们以更加自觉的视野,深入研究一下戴震的"字义疏证"学及其思想效应,这对于重新诠释和书写整个中国传统哲学,都是极有意义的。

戴震卓越的学术成就毋庸赘述,而他对后世的影响则重在方法论上。戴震志存闻道,故而治学领域广博,有着强烈的经世色彩,从考据出发而又不囿于考据,在考据的基础上阐发义理,形成独特的学术风格。戴震在小学研究方面,始终贯穿着一种既注重汉学师承又锐意创新的精神,以"专精"为最高的学术追求。譬如,他的经学和小学研究,主张以字考经,以经考字;发明六书"四体二用"说;提出"转语"理论;阐释"训诂声音,相为表里";提出"疑于义者以声求之,疑于声者以义证之"的音义互证方法;主张义理、考据、辞章三者合一;主张训诂与校雠密切联系等。在哲学上,肯定世界是"气"的变化过程,而"气化流行,生生不息",即为"道""理"。"气"是"阴阳五行",也即"道"的实体。指出《易·系辞》所谓"形而上"之"道",即"未成形质"以前之"气";"形而下"之器,即"已成形质"以后之"物",坚决反对理学家的"理在事先"之说。又提倡从具体考察事物中认识事物规律,即"理","事物之理,必就事物剖析至微,而后理得";"理也者,情之不爽失也,未有情不得而理得者也";"今以情之不爽失为理,是理者存乎欲者也"。其"理存于欲"的命题一反理学家"去人欲、存天理"的说教,以为"后儒以理杀人"与"酷吏以法杀人"[①]无根本区别。在数学方面,戴震对古典算书做了认真的整理和校勘工作,先后从《永乐大典》中辑出《周髀》《九章》《海岛》《五曹》等9部算经以及《张丘建算经》《数术记遗》等古籍,为中国古代数学的发展做出了杰出的贡献。在其影响下,《测圆海镜》《四元玉鉴》《杨辉算法》等数学名著又陆续被发现整理,自此掀起了乾嘉

---

① 《孟子字义疏证》,《戴震全书》(六),黄山书社1995年版。

时期研究中国古代数学的高潮。在科学应用方面,所著《考工记图》记述古代百工之事,并绘图详加注释;《雅经》记述动植物 400 多种,成为一部辞典式的生物学专著;《汾州府志》被时人尊为"修志楷模";精校的《水经注》更是有口皆碑。此外,戴震对医学也有涉猎,撰有《金匮要略注》《气穴记》《藏府象经论》等。由此可见,戴震不仅孜孜以求于《孟子字义疏证》之类正人心的哲学著作,同时也广泛地钻研科技,本着"存古法以溯其源,秉新制以究其变"的原则,将自然科学的世界观和训诂考据的方法论结合起来,作为治经闻道之本,从而使自己成为"百科全书式的学者"。

戴震治学的目的是"志存闻道"①。关于道,戴震在《孟子字义疏证》中有这样的诠释:"人道,人伦日用身之所行皆是也。在天地,则如气化流行,生生不息,是谓道;在人物,则凡生生所有事,亦如气化之不可已,是谓道。"至于明道,戴震认为:"经之至者,道也。所以明道者,其词也。所以成词者,字也。由字以通其词,由词以通其道。"②"仆自十七岁时,有志闻道,谓非求之六经、孔、孟不得,非从事于字义、制度、名物,无由以通其语言。为之三十余年,灼然知古今治乱之源在是。"③"由文字以通于语言,由语言以通乎古圣贤之心志,譬之适堂坛之循其阶,而不可躐等。"④为了掌握"明道"的门径,他提出了许多治学所应持有的精神,最要者在于求"十分之见"。"所谓十分之见,必征之古而靡不条贯,合诸道而不留余议,巨细必究,本末兼察。若夫依于传闻以拟其是,择于众说以裁其优,出于空言以定其论,据于孤证以信其通,虽溯流可以知源,不目睹渊泉所导,循根可以达杪,不手披枝肄所歧,皆未至十分之见也。以此治经,失不知为不知之意,而徒增一惑,以滋识者之辨之也。先儒如汉郑氏(玄)、宋程子(颐)、张子(载)、朱子(熹),

① 《与某书》,《戴震全书》(六),黄山书社 1995 年版。
② 《与是仲明论学书》,《戴震全书》(六),黄山书社 1995 年版。
③ 《与段若膺论理书》,《戴震全书》(六),黄山书社 1995 年版。
④ 《古经解钩沉序》,《戴震全书》(六),黄山书社 1995 年版。

其为书至详博,然犹得失中判。"①为了达到学术的"十分之见",必须对于前人的著作和学说破除迷信,独立思考,实事求是,不能心存偏见,偏主一家。戴震虽是清代皖派汉学的突出代表,但他并不苟同清初以来弥漫一时的经学潮流,而是对于汉学始终采取一分为二的态度。他说:"治经先考字义,次通文理,志存闻道,必空所依傍。汉儒故训有师承,亦有时附会;晋人附会凿空益多;宋人则恃胸臆为断,故其袭取者多谬,而不谬者在其所弃。我辈读书原非与后儒竞立说,宜平心体会经文,有一字非其的解,则于所言之意必差,而道从此失。"②他认为,儒者读书宜平心体会经文,既不盲从,也不自以为是,即"不以人蔽己,不以己自蔽",本着"实事求是"的原则,以求获得"十分之见"。戴震的这一治学精神对后世的影响最为深远。

综上所述,徽州朴学始于江永而成于戴震。戴震是集大成者,他创造性地构建和阐发了唯物主义的哲学思想体系,并融会贯通于声韵训诂、名物制度、经籍考证、天算地理研究等诸多方面。他是中国思想史上具有重大影响的一代宗师,给中国学术树立了榜样,其思想深度和学术水平是中国 18 世纪的高峰标志。但是,从他们的治学思想和方法来看,仍然可以看到新安理学的痕迹所在。朱熹解

戴震墓

经以阐发义理为目标,但要求应从考辨、训诂、注疏入手,先明经义,而后发明圣人之意。戴震则认为理义不是悬空之言,乃存于典章制度之中,唯有以训诂为基础方可真正探明义理;训诂本身不是解经的全部目的,它还是达至理义的途径和手段。从这一点上说,他与朱熹的思路仍有相当部分的一致。在时代学风的影响下,清代学者更为讲求专精和通核,

---

① 《与姚姬传书》,《戴震全书》(六),黄山书社 1995 年版。
② 《与某书》,《戴震全书》(六),黄山书社 1995 年版。

注重实事求是,反对墨守成规,而讲究研究方法并使之走向科学化。在这些方面,徽州学者站在时代学风的前列,不仅拓展了传统汉学的范围,而且敢于突破汉人之说,从一字一义孤立的说明,转向全面系统的探索,在清代学术史上创造了光彩夺目的业绩,逐渐形成了全国性的学术派别,把渊源深厚的考据学推向高峰,创造了百年辉煌。

三 徽州教育的新变

清前期,徽州的官学重新得到了发展;义学、塾学则完全取代社学而成为徽州蒙学教育的主体;由于理学家不断借助书院讲坛宣传理学思想,徽州书院的讲会之风依然很盛,但科举化倾向也在进一步加剧。与此同时,为了更好地适应徽州地方社会发展的需要,文会的功能也在不断扩展。

(一)官学教育的新发展

清朝以少数民族而入主中原统治天下,面对文化和人口数量上都远胜于自己的汉族民众,统治者从开国之初便意识到武力刑法只能稳定局势于一时,而不能使大清帝国长治久安于万世。要驯服人口众多的汉族,就必须借助儒学伦常纲纪,立教明伦,大兴教化。因此,早在天命四年(1619)清太祖努尔哈赤就晓谕侍臣说:"为国之道,以教化为本,移风易俗实为要务。"[①]天聪三年(1629),皇太极也指出:"自古国家文武并用,以武功戡祸乱,以文教佐太平。"[②]以后清朝的历代帝王均对教育给予了高度重视,如顺治帝于七年、十二年(1655)曾两次谕礼部

---

① 《太祖高皇帝圣训》卷三。
② 《太宗文皇帝圣训》卷四。

说：“朕惟帝王敷治，文教是先。臣子致君，经术为本。”①康熙帝更明确指出要“以教化为先”②。为了贯彻“教化为本”思想，清朝入关后旋即恢复了明朝旧制，重开科举，重建官学。清前期徽州的官学教育在这一系列中央政策的影响下获得了长足的发展。康熙三年，徽州知府蔺一元与教授章霖迅速重建了徽州府学，并建“藏经阁、师儒等斋舍”；康熙十二年，知府张登举、徽宁道王绪祖等又重建府学的圣殿；康熙五十四年，歙县人项宪则捐资重建了明伦堂两庑及仪门。到了雍正三年，项宪之孙道晖又重修了尊经阁，并重建了府学学宫前的石坊；雍正十年，教授储郁文再重修崇圣祠、乡贤祠及棂星门等，使徽州府学焕然一新。同时，徽州府学原有学田 160 亩，“于歙县开销各项，并无分文入学”，此时各家捐入学产达到 20 户，“每岁教授、训导收租以为薪水之费、岁修之用”，较好地保证了府学的经费来源。③休宁县学在清初也“岁有增饰，上丁释菜，典章备焉”④，到康熙年时，其“建筑宏伟壮丽，是典型的古建筑群”⑤。

需要指出的是，以徽商为代表的徽州民间力量在清前期徽州官学的发展过程中起到了非常重要的作用。如乾隆三十四年府学学宫的重修就是由歙县众盐商捐资并负责实施的。再如歙县县学，乾隆五年（1740）由徽商徐璟庆捐修，十六年（1751）由徽商徐士修捐修，五十二年（1787）徽商项士瀛再捐资重建文庙，并补办其祭器和乐器，还捐白银 200 两生息“以为诸器岁修之用”。休宁县学，康熙十四年（1675）也由休宁商人程子谦捐修；雍正十年由徽商黄治安捐修；乾隆二十七年（1762），徽商汪士锽等又捐修乡贤祠，第二年汪士锽又倡率程、黄两姓商绅捐修名宦祠，二十九年（1764），徽商潘荣燮再葺修县学学宫，三十七年（1772），徽商汪滋畹、李云灿、汪廷昉、吴昌龄等再重修魁星楼，三

---

① 《清实录·高宗实录》卷九一。
② 托津等：《钦定大清会典事例》卷三九七《礼部·风教》。
③ 道光《徽州府志》卷三《营建志·学校》。
④ 道光《休宁县志》卷三《学校·学制》。
⑤ 休宁县地方志编纂委员会编：《休宁县志》，安徽教育出版社 1990 年版，第 423 页。

十八年(1773),徽商胡泰颐又重修程朱祠,四十五年(1780),叶永清葺修学宫,四十七年(1782),胡应榛等捐修教谕斋舍,五十二年,戴澍倡同程建学、胡志赞、程开道、程定阶、郑吷、戴纯思、程杞、徐名道、刘炜、胡应榛等徽商重建名宦祠,五十四年(1789)胡应榛又修正殿及魁星楼,重建尊经阁、敬一亭,并添建阁外两廊斋舍。婺源县学,康熙八年"棂星门圮",商人李公艺"捐千金独建之"①,五十二年(1713),商人汪应熊等重建明伦堂;雍正二年(1724),程寅、程宇捐造崇圣祠;乾隆九年(1744),王文德重建明伦堂、次年又建尊经阁,三十二年(1767),合邑绅商重建大成殿,三十四年,程文遴、程文达又重造崇圣祠。② 关于清前期徽商捐修地方官学的例子,在徽州方志中比比皆是。

(二) 义学、塾学取代社学而立

清朝建立伊始,中央也曾屡屡下令恢复社学之制,顺治九年(1652)明令"每乡置社学一区,择其文义通晓、行谊谨厚者,补充社师,免其差役,量给廪饩养赡,提学案临日,造姓名册申报查考";康熙五十二年进一步要求"各省府州县令多设义学,延请名师,聚集孤寒生童,励志读书";雍正元年(1723)又谕令"各直省现任官员自立生祠书院,令改为义学,延师授徒,以广文教。……州县于大乡巨堡各置社学,择生员学优行端者补充社师,免其差役,量给廪饩",并强调"凡近乡子弟,年十二以上、二十以内,有志于文者,俱令入学肄业"。③ 但由于地方政府的财力有限,清初的社学系统始终未能恢复到明初的规模,徽州也是如此。如休宁县,康熙年间仅立社学6所,分别位于阳村、石岭、珰溪、首村、汪溪、瀛溪;雍正二年更减少至5所,分别位于县城的中街、东乡的溪阳、西乡的演口、南乡的五城、北乡的冶舍。④ 歙县在清初更

---

① 道光《徽州府志》卷一二《人物志·义行》。
② 以上均引自道光《徽州府志》卷三《营建志·学校》。
③ 托津等《钦定大清会典事例》卷三九六《礼部·学校》。
④ 参见道光《休宁县志》卷三《学校·社学》。

仅有东屏、新民、南阜 3 所社学。① 由此可见,社学之制在清初的徽州已经接近它的尾声,非朝廷一纸诏令所能重振。于是,义学、塾学完全取代社学而成为徽州蒙养教育的主体便成为了历史的必然。

根据道光《徽州府志》的记载,黟县在康熙二十二年(1683)时曾于迎霭门外建义学,"先是城南有义学,至是移建焉"②。这表明徽州官办义学的设置当不迟于康熙二十二年。清初徽属其他各县也纷纷设立官办义学,如康熙五十二年绩溪县知县雷恒建义学于城西,"至雍正间知县王启源犹奉行未废";清初歙县则在城内、南乡、北乡三地各设有一所官办义学,"岁给膏火银三十六两,敦请义学师";婺源也在环溪设有一所官办义学。③ 民办义学一般由富裕的民间人士置屋、买田、捐资创办。在官办义学迅速发展的同时,徽州民间创办义学的热情也非常高涨。如歙县人洪世沧,"捐赀二千金入宗祠,以其息设两义塾"④;黟县人汪廷兴,"尝捐白金三百立义学"⑤;婺源人程耀廷,"倡兴义学,输田若干亩"⑥等。所建义学更是遍布城乡各地。仅据康熙《徽州府志》的记载,当时歙县就有义学 112 所,休宁 140 所(其中县立 1 所),婺源140 所,祁门 27 所(其中县立 2 所),黟县 13 所(其中县立 1 所),绩溪30 所(其中县立 1 所)。⑦

徽州的塾学从设置情况看主要有族塾(村塾)、家塾之分。延师择址建馆课一村一族子弟,称"族塾"(或"村塾")。如清初祁门人郑华邦,"在族,兴立塾学,嘉惠寒儒,永垂为例"⑧;清初婺源人张伯,"倡输数百金建宗祠、书塾"⑨。家塾则有两种情况:一种是塾师在自己家里

① 参见乾隆《歙县志》卷二《建置志上·学校》。
② 道光《徽州府志》卷三《营建志·学校》。
③ 参见道光《徽州府志》卷三《营建志·学校》。
④ 民国《歙县志》卷九《人物志·义行》。
⑤ 嘉庆《黟县志》卷七《人物志·尚义》。
⑥ 光绪《婺源县志》卷三五《人物十·义行八》。
⑦ 参见康熙《徽州府志》卷七《营建志上·学校》。
⑧ 同治《祁门县志》卷三〇《人物志八·义行》。
⑨ 光绪《婺源县志》卷三四《人物十·义行七》。

设馆,或借祠堂、庙宇,或租借他人房屋设馆招收附近学童就读。如康熙间祁门人汪中理,建翼经堂,"同弟中琦读书于此,乡族子弟多从之"①。另一种是由富裕人家独自聘请教师在家设馆,以教子侄。如清初歙县人江之鳌,"课子延名师,朝夕敬礼……"②清初婺源人董桂芬,"筑室延师课子侄"③,等等。但此时徽州的族塾与义学往往难以区分。族塾是为宗族子弟读书而设,而义学,即使纯粹私人创办的义学,其主要目的亦是为了"嘉惠贫宗"。如清初歙县人吴景松,"创崇文义塾,斥万金购市屋七所,收其租直以资族中子弟读书"④。清黟县人李彬彦,"设义塾,多所课族党孤寒子弟"⑤。族塾和义学的大量存在,为徽州的贫寒子弟提供了与富裕子弟同等的接受教育的机会。

清前期徽州的义学、塾学已有了明确的层次之分:以教授初学儿童识字、句读、背诵的称蒙学或蒙馆;以教授具有一定文化积累的士子经解、经义、做八股文的叫经馆。徽州的宗族大都同时设有这两类塾学。如乾隆《新安歙西溪南吴氏统宗志·凡例》说:"(宗族)义学经馆必须文行兼优者、蒙学亦择端方正直者,于祠堂后进屋读书,造成子弟。"随着塾学层次的划分,塾师们的称谓亦随之有别。蒙学或蒙馆的塾师称"蒙师",或"句读师""童子师";经馆的塾师则称"经师"。在塾学广泛设置、塾师从业人数大为增加且层次日益明确的基础上,为进一步提高塾师的业务素质,使他们能明"教人为学之方、进德之序",曾讲学紫阳、还古各书院二十年,后又"居家塾授徒"的歙县人施璜等在康熙十二年发起创立了以塾师为主体的塾讲组织——塾师培训制度。为使塾讲能够真正成为塾师们"进德修业之一助",他们制定了严密的《塾讲规约》,"以贞其志";又订立《塾讲事宜》,"以定其则"。⑥《塾讲规约》共9条:一曰尚道德,二曰定宗派,三曰持敬,四曰译注,

---

① 同治《祁门县志》卷一一《舆地志·古迹》。
② 歙县《济阳江氏族谱》卷九《清故处士之鳌公传》。
③ 光绪《婺源县志》卷四〇《人物十一·质行八》。
④ 民国《歙县志》卷九《人物志·义行》。
⑤ 民国《黟县四志》卷七《人物·尚义》。
⑥ 张潮:《昭代丛书》甲集卷七《塾讲规约》。

五曰力行,六曰习六艺,七曰育英才,八曰务谦虚,九曰防间断。这九条大致包含了如下内容:一是声明联会讲学之意,并非"专以诗文相砥砺,以科举相期待",而是"愿同人立志发愤,一意从事圣贤之学,以仁为己任、以明道相砥砺、以进德相期待";二是规定"塾讲审宗定派,断当以程朱为学的",要求同人恪守"持敬""力行""务谦虚""防间断"等治学方法和治学态度,号召同人"既明义理、励德行,又当兼习六艺时务以适于用";三是阐述了为学之要及乡塾讲书之序,要求"同人乡塾讲书,必要阐明朱注,使朱子注义莫逆于心,然后孔、曾、思、孟之微言始有入路";四是强调"今同人相与讲求圣人之学,或在家塾受徒、或就他乡西席,皆当以教育英才为己任"。指出"同人若能勇革世习,不为俗学夺志,悉遵小学、大学之法教训童蒙、培植后进,其所以诱掖激厉又能循循有序,如此功深日久,必能养就一番英才,可以传圣人之学而为当世之大用者"。《塾讲事宜》共计 8 则,规定每次塾讲由"诸友轮司",同时让二三人商量赞助,讲期每年 7 次,"俱以解馆暇日为定",其具体日期为正月初七、三月清明后四日、五月初六、七月十八、八月十六、十月十五、十二月二十;另外还就塾讲的程序、课业、讲录、后勤供给等具体问题作了详细的说明。塾讲制度的创立不仅表明了徽州人对塾师素质的高度重视;也说明了当时塾师人数之多,他们已经形成了一个特定的社会群体。

(三)理学与书院的新变

在加强教育的同时,清朝统治者还大力倡导程朱理学。借朝廷倡导之东风,以"负担道脉"为己任的清初新安理学家杨泗祥等决心重振徽州的朱子之学,夺回被王、湛心学控制的徽州书院讲坛。为此,他们一方面致力于书院讲学,"非朱子之言不发于口"[①],一意宣传程朱理学。正如他们自己所说的:"前明之世,主讲席者不入紫阳,皆致良知

---

① 施璜等:《还古书院志》卷一三,转引自赵所生、薛正兴:《中国历代书院志》,江苏教育出版社 1995年影印。

之学也,吾徒以紫阳夫子为宗,讵可不升其堂而讲习乎!"①于是,杨泗祥将"会友讲学"作为当务之急和自己的毕生事业;江恒则"日奉程朱之言",与月岩、星溪、鲍更等诸儒宿讲学紫阳书院,"言简理析,有矩度,为众所钦";汪知默也"与诸子讲学于紫阳书院",八十岁高龄时仍以"徒步紫阳讲道为乐";吴汝遴一生也以讲学为重,讲学于紫阳、还古两书院,"不以风雨、疾病而阻";陈二典则"穷诘理学,以程朱为的",参加六邑会讲时,"壹以紫阳为宗,与诸会长先后迭主坛坫,抑王尊朱"。另一方面,这些新安理学家又为书院讲会立规定约,从制度上保证程朱理学在书院讲会中的独尊地位。如杨泗祥联合施璜等同人于顺治十六年制定了《紫阳会规》,"一洗前明之习,异学不得而托焉"②。施璜等人又继于康熙八年制定了《紫阳讲堂会约》,更加明确规定非程朱信徒不得入会。施璜在解释制定这一会约的目的时说:"立规之意,所责在人品真实,学术醇正,足以究身心性命之事,不在滥交游,侈人众也。'丽泽兑,君子以朋友讲习',若匪朋匪友,何讲何习乎?故紫阳立规甚严,会友必择,非峻其门庭也。一则鉴名流滥集,广通声气,后染无穷之祸;一则恐有类禅门登坛说法,大乱吾道之真。"③

徽州书院以紫阳为宗,因此紫阳书院讲会规约亦为徽州其他书院所遵从。如施璜等就又为在明中后期宣传阳明心学最力的休宁还古书院"一本紫阳会规遗意"制定了《还古会约》《还古会仪》等,"使登还古之堂者知所持循"④。通过这些新安理学家的不懈努力,清初徽州书院"春秋集讲,文物衣冠,彬彬一堂,尽去旧习,化为尊孔宗朱坛席"⑤,

① 施璜等:《紫阳书院志》卷一六,转引自赵所生、薛正兴:《中国历代书院志》,江苏教育出版社1995年影印。

② 以上均引自清施璜等编:《紫阳书院志》卷一二,转引自赵所生、薛正兴:《中国历代书院志》,江苏教育出版社1995年影印。

③ 施璜等:《紫阳书院志》卷一五,转引自赵所生、薛正兴:《中国历代书院志》,江苏教育出版社1995年影印。

④ 施璜等:《还古书院志》卷一〇《会规》,转引自赵所生、薛正兴:《中国历代书院志》,江苏教育出版社1995年影印。

⑤ 施璜等:《还古书院志》卷一二,转引自赵所生、薛正兴:《中国历代书院志》,江苏教育出版社1995年影印。

明中后期以来心学长期占据徽州书院讲堂的局面从此不复存在。

（四）文会教育功能的扩展

徽州文会原为各类学子校艺应举而设，正如清初杨如绪在黟县《聚奎文会序》中所说："盖地近则友易集，而会数则文日工，此通经能文之士所由设文会也。"①后来，一些缙绅士大夫亦参与其间，即"不尽党庠之人"②。随着参加人员范围的不断扩大，文会的功能亦随之拓展。从比较单纯的科举教育机构，逐渐演变成集教育、教化、仲裁功能于一体的综合性乡村组织。歙人江永治在康熙元年夏所作的《重修聚星会馆序》中说："（文会）昔惟造就人才，今则并崇祀典，而礼文于以植其基；昔仅课举业于艺林，今则萃一乡之俊彦，讲信修睦，教让敦仁，而风化于以端其本。"③康熙十三年，黟县训导黄本骐在《南屏叶氏文会序》中也说："今年春，族中起文会，按季月一集，赡其供给，聚则言孝言慈，以余力攻举子业，分曹角艺，一以雅正为宗，期于言文行远。"④说明康熙年间，文会已成为重要的乡村教化组织，具有了服务科举和儒家伦理教化的双重教育功能。由于文会成员为"一乡之俊彦"，他们读书明理，在一般民众的心目中无疑是名教的化身，代表着公正和公平，所以清初以后，徽州文会又慢慢成为解决乡里纠纷的重要仲裁机构，演变成超越于宗族和约保之上的具有很大社会影响力的乡村自治组织。乾隆时歙县人方西畴在《新安竹枝词》中就描绘道："雀角何须强斗争，是非曲直有乡评；不投保长投文会，省却官差免下城。"

---

① 同治《黟县三志》卷一五《艺文志·政事类》。
② 民国《黟县四志》卷三《地理志·风俗》。
③ 江登云：《橙阳散志》卷一一《艺文志下》。
④ 嘉庆《黟县志》卷一五《艺文志》。

四　逆境中发展的徽州文学

清代徽州文学在明代文学基础上得到进一步发展,可以说是极一时之盛。据对《清人别集》的初步统计,整个清代徽州籍人士出版诗集文集者共有 388 人。其中歙县 246 人,休宁 61 人,婺源 46 人,黟县 14人,绩溪 11 人,祁门 10 人。① 这是徽州文学发展到清代所出现的前所未有的繁盛气象,其中尤以清前期为盛。

（一）张潮及其《虞初新志》

清前期的徽州文坛,成就最大者非张潮莫属。张潮(1650—1709),字山来,号心斋居士。歙县柔岭下村人。出身于缙绅之家,年十五补诸生。侨居扬州,广交同好,以辑录和刊刻丛书知名于当时,曾化名为张竹坡《皋鹤堂批评第一奇书金瓶梅》作序。一生著述甚富,编有文言小说集《虞初新志》20 卷、杂著丛书《昭代丛书》150 卷、《檀几丛书》50 卷等,著有《聊复集》《幽梦影》《青泪痕》《忆闻录》《奚囊寸锦》《心斋杂俎》《咏物诗》《笔歌》等。

《虞初新志》所收多为明末清初一代文人的文言小说。这部小说集的特色,是以当代之人选当代之文,把传记、志怪、游记、寓言、随笔等大多难登大雅之堂的文字都熔于一炉,不分门类地聚集起来。从表面上看颇有些"消闲文学"的懒散相,但字里行间往往迸出几滴血泪,透出几声浩叹。或隐或显、或直或曲地表达了作者的故国之思和胸中的沉郁之气。其内容主要包括以下几个方面:

---

① 参见姚邦藻等:《徽州学概论》,中国社会科学出版社 2000 年版,第 294 页。

其一，对入侵者暴行的控诉，对旧朝倾覆之原由的反思。

陆次云的《宝婺生传》通过一对夫妇的离合奇遇反映了清军践踏江南给广大百姓带来的灾难；周亮工的《书戚三郎事》，用鬼神显灵的故事，曲折地描述了清军屠杀江阴后满城积尸、惨绝人寰的地狱般景象，揭露了清军将领掳掠贩卖被征服人民的罪恶。即使是像《板桥杂记》一类的哀艳文字，在当时的读者群中，也着力唤起凄凉悲惋的情思。作者在哀叹国破家亡的惨状之后，还进一步地思索、探寻腐朽的明王朝倾覆的历史原因。譬如：魏禧的《姜贞毅先生传》虽然着力刻画的是一位刚直不屈的朝臣，但给读者印象更深的则是以崇祯皇帝为代表的君主专制政治的昏乱、横暴、狠毒，文中对"廷杖"的描述真是令人发指。而文中的几个"上怒"，更把崇祯皇帝任性、乖戾、以个人好恶为是非的恶劣品质刻画得入木三分。在这种专制主义的淫威下，忠臣义士或贬或诛；[1]正直磊落的才智之士潦倒一生，穷困而死；[2]身怀绝技的豪侠英杰流落风尘，无用武之地。[3] 这样下去，明朝哪有不亡的道理！

其二，对丧失气节的民族败类的鞭挞。

明、清易代之际，一些封建官僚见风使舵转而充当清朝统治者的奴才走狗，把廉耻丧失净尽，所以这时出现的一些表彰忠孝节义的文章就带有抨击那些寡廉鲜耻的新贵的特殊意义。《虞初新志》所选文章中不仅歌颂忠臣义士、孝子节妇，还有一些写义猴、义象、义牛、义犬的。而《圣师录》几乎把各种禽兽都罗列进去，还由此感叹道：这些禽兽知仁义、知感恩报德，有什么与人不同的呢？不但没有什么不同，恐怕世上之人不如禽兽者还多着呢！

当然，这些文章对忠孝节义的竭力鼓吹还包含着不少封建的糟粕。作者和编者的阶级立场决定了他们对农民起义，尤其是直接推翻腐朽的明王朝的李自成、张献忠两个农民革命政权怀有深刻的仇恨。

---

① 参见吴肃公：《五人传》。
② 参见周亮工：《盛此公传》。
③ 参见魏禧：《大铁椎传》。

《虞初新志》中也选入了一些表彰愚忠愚孝的、宣扬因果报应的、污蔑农民起义的文章，还有一些格调不高的浮艳文字。但总的看来，此编确实收入了不少至今脍炙人口的佳篇。像《马伶传》《秦淮健儿传》《名捕传》《盛此公传》《小青传》，无论在思想内容上还是艺术成就上都颇有借鉴之处。至于一些涉及"盗贼"的故事，当中也有一些难得的思想见解。徐芳的《雷州盗记》就是突出的一篇。某官新任为雷州太守，在携眷上任途中，被一伙强盗劫杀，然后强盗冒名顶替，走马上任，最后终被识破真相，被捕受诛。但这个强盗伪装的太守上任之后，既廉洁，又能干，一心为民，把雷州治理得很好，本地百姓"相庆得贤太守"。于是作者感叹道："如今的太守们倒不是强盗，但他们的行为很少有不是强盗的，所以倒还不如让强盗来做太守。"

其三，对下层百姓的深层关注，对当时科技水平的描述。

《虞初新志》中对下层人民品德、才智的赞美，对他们悲惨命运的同情，也不乏佳篇。《五人传》中的苏州百姓，当魏忠贤凶焰熏天的时候，居然"抗中贵，殴缇骑，不恤其身家之殒，唯义之殉"。《王义士传》中的一个平民许元博敢于违抗清统治者的薙发令，宁肯身被刑戮，妻被流放。而另一个无名的县吏为了营救许妻，竟然让自己的妻子冒充罪犯，夫妇就道，历数千里风霜艰苦而甘之不厌。还有《髯樵传》中见义勇为的樵夫，《卖酒者传》中轻财好义的酒店主人，《乞者王翁传》中贫而守道的乞丐，都写得栩栩如生，作者的景慕之情流于纸外。

由于明代江南地区经济就已出现了资本主义萌芽，不少文人开始扭转儒家传统思想中的鄙视工艺技术为"奇伎淫巧"的偏见。《虞初新志》中的一些文章就反映了这种进步倾向。魏学洢的《核舟记》、高士奇的《记核桃念珠》等只是赞扬了一些精妙绝伦的工艺品，戴格的《黄履庄小传》则记述了一位开始吸收西洋技术科学制造了不少"奇器"的发明家。另外，本编选入了在清宫任职的西洋人南怀仁的《七奇图说》，介绍了西方世界的"七大奇观"，这无疑也是对妄自尊大的华夏中心论的突破。

《虞初新志》刊行之后，很快成为畅销书，并且远播到日本等国。

于是黄承增又编了《广虞初新志》40卷,郑澍若则编了《虞初续志》12卷,到民国间又有人编了《虞初近志》。由此可见该书对文坛的影响。

如果说,《虞初新志》只是张潮编选的一部小说集,尚不能见出作者的艺术功力的话,那么在他的小品文和诗作中,作者的艺术风格则可见一斑。

张潮写文章,向来不喜欢鸿篇巨制,而将小品文的创作视为其精神境界的追求,这方面影响较大的自然是《幽梦影》。该书是作者在一个较长的时期内断断续续写就的。内容极其广泛,涉及文学艺术、哲学历史、民俗风情、山水花鸟、生活文化等,文辞优美,雅趣盎然,是一本美轮美奂的小品文集。文中作者毫无拘束地抒发自己的情感,畅谈自己对自然、社会的感触,热情讴歌人世间一切美好的事物,讲述着自己关于美的理想和对艺术化生活的追求。每则正文之后所附的评语,或者疏通文意,或者对文中的观点、意境作进一步的发挥,甚至借他人酒杯,浇胸中块垒。亦庄亦谐,生动活泼。与正文珠联璧合,交相辉映。遣词优美,对偶工整,常能自出机杼、妙语连珠。有情致、有哲理,发人深省、耐人寻味。

至于张潮的诗歌,以前并不被人注意,近年来经过一些学者考证,在他的《诗幻》(上、下2卷,收八音、十二禽、建除、集传奇名等20种奇幻诗体185首诗)之外,还有各类佚诗241首。① 在这些诗歌当中,作者以其心高气傲的秉性,常常像晚明袁宏道和后来乾隆年间袁枚一类性灵诗人一样,很大程度上抛弃了为封建政教服务的责任感,而把道学先生所瞋目避视的官能享受或"危险兴趣",当作诗歌创作的重要内容。如《四怀诗》与《杂兴》等诗,居然将酒、色、侠这些晚明市民文学中的常见主题加以更为正面的形象重现,显现出其离经叛道的思想倾向。还有他的《杂诗》《和丁六娘十索诗》《红桥竹枝词》等,也都可以归为风流自赏之作。在他的《读战国策》、《中秋无月兼有雨》、《甲寅感兴》七律组诗(一、二)以及《苦雨行》等诗中,表现出他对"圣朝"统治的

---

① 参见潘承玉:《张潮:从历史尘封中披帷重出的一代诗坛怪杰》,《苏州大学学报》2002年第1期。

强烈不满以及对民生疾苦的深沉考虑。

与批判现实的创作取向相一致,张潮诗歌在艺术上也要求破除陈规的束缚。五古《偶成》一诗,表面上说的是诗题先后的小问题,实际上强调的就是性情不受束缚的创作原则大问题。有鉴于此,我们完全有理由把张潮定位为明清诗歌史上介于晚明袁宏道、清中期袁枚两大性灵派之间的一位过渡性的性灵诗人。此外,张潮还把小说的因素引入诗中,从而扩大了诗歌体裁的艺术容量,其表现就是《江行日记》24首和《新燕》8首。前者用五律组诗的形式熔写景、叙事、言怀于一炉,身世、家国的关注交织进行,展现了康熙中期江南一带广阔的生活面貌;后者以五绝组诗表现燕子的一系列成长过程,使简单的咏物诗具有了故事情节的意蕴。在描写山水景物方面,张潮的《归里》七律3首,可谓情景水乳交融,不可多得。其他如《赠以德上人》《赠别峰上人》《山行即事》《秋日过竹隐上人听琴》《咏绣球花》《砚山歌》《古朴行》《咏石牛》《游牛首山歌》等,或化禅意入画境,蕴涵深厚;或想象飞动,空灵幽远;或随意点染,宛若素描;或穷形尽相,墨饱情浓,无不笔到境出,有所寄托,而又妙在毫无痕迹。另外一些诗作刻意造型,可谓胜句迭出,如"洞深山剖腹,苔净石弹冠"①"鹿借蕉留梦,蝉邀柳送声"②"笛吹人影静,犁动土痕香"③等。除了这些诗作之外,张潮的一些应酬唱和诗、乐府民歌体诗在清初诗坛上也颇有特色。

(二)汪森的词学主张

清前期徽州的词作与词学在当时的文坛上也广有影响。清代词坛奉浙西派为正宗,而汪森便是浙西派初创时期的代表理论家之一。

汪森(1653—1726),字晋贤,号碧巢。安徽休宁人,居桐乡,得以

---

① 《舍身崖》。

② 《郊园晚步》。

③ 《春耕》。

结交两浙名士。有诗词集《小方壶存稿》。他的《词综序》,则是阐发浙西派词论的一篇纲领性文章,其词略云:

> 自有诗,而长短句即寓焉。《南风》之操、《五子之歌》是已。……至《短箫铙歌》十八篇,篇篇长短句;谓非词之源乎?迄于六代,《江南》《采莲》诸曲,去倚声不远,其不即变为词者,四声犹未谐畅也。自古诗变为近体,而五七言绝句传于伶官乐部,长短句无所依,则不得不更为词。……古诗之于乐府,近体之于词,分镳并驰,非有先后;谓诗降为词,以词为诗之余,殆非通论矣。……曲调愈多,流派因之亦别;短长互见,言情者或失之俚,使事者或失之伉。鄱阳姜夔出,句琢字练,归于醇雅。于是史达祖、高观国羽翼之;张缉、吴文英师之于前;赵以夫、蒋捷、周密、陈允衡、王沂孙、张炎、张翥效之于后;譬之于乐,舞《箾》至于九变,而词之能事尽矣。

汪森更为坚决地否定了"诗余"说,他推尊词体的根据,主要着眼于句式长短、用韵方法,不仅提出了长短句与诗同源之说,而且讨论了词与"乐部"的关系,此中不乏新意。但他忽略了词体音乐特性和调式格律,没有区分近体诗与曲子词在音乐上的不同,而仅仅以入乐、可歌、限以平仄为依据来反对"诗余"说,虽然用意很好,却显得无力。论词尚雅,在宋代就已是格律派词人的共同倾向,浙西派也不例外。汪森提倡"句琢字练,归于醇雅",将朱彝尊提出的"雅正"标准,修正为"醇雅",以强调创作主体醇雅的艺术修养,使作品内容进一步符合道德规范。汪森论词把"雅"主要看作"句琢字练""咀宫含商"的形式之美,因而他以南宋词为宗主,以姜夔、张炎为典范。虽然汪森论词提倡"醇雅"有其历史继承性和现实针对性,但是主要还是出于回避激烈的生活内容之目的,以就清廷的政治规范、文学规范。总体看来,汪森的《词综序》可以说是浙西派的理论纲领,有其鲜明的特色,在当时产生了巨大的影响,一定程度上推动了清代的词学复兴。

（三）其他重要的徽州籍文学家

清前期徽州籍文学家中的代表性人物，除了以上所说，还有孙默、江闿、赵吉士、闵麟嗣、程梦星、马曰琯、程廷祚、汪士慎、汪由敦等人。下面作简略介绍：

孙默（1613—1678），字无言，一字桴庵，号黄岳山人。歙县人（一说休宁），流寓维扬。以能诗闻。名公巨卿或寒士畸人，工诗文擅书画者，无不折节与之交。尤喜奖掖后学。终生不事生产，交友文字中，无毫发涉私事。晚年欲归黄山，四方饯行之作不下数千首，一时名流如王士禛、朱彝尊、施闰章、宋琬等皆有诗。终卒于扬州。著有《留松阁集》。又辑同时名家吴伟业、宋琬、王士禄、尤侗、陈维崧、王士禛等人词作为《国朝名家诗馀》。他搜罗词集并不是坐守扬州一地，而是四处出访，在周游各地中尤其是在当时兵荒马乱之际完成其事，这也非常特殊。

《国朝名家诗馀》虽然只是一个词总集，但却能在一定程度上体现出当时词坛的特点。首先，入选诸家仍基本上是明代词风的延续，即推重《花间集》和《草堂诗馀》，尤其受《草堂诗馀》影响甚大。其次，《国朝名家诗馀》体现出扬州词坛词学活动的连续性。清代初年，扬州聚集着围绕在王士禛周围的一个词学群体，俨然成为除北京之外的又一个词学中心。扬州诸词人，除了进行各种唱酬，从事具体的创作实践之外，还多从事词学理论的建设，尤以编纂词选、评章创作为时人所瞩目，其中最突出的成果就是《倚声初集》编纂刊刻。《国朝名家诗馀》编纂策略明显受《倚声初集》的影响。这不仅表现在收录范围希望把并世名家尽量包容其中，同时在具体操作上，如圈点、评语的方式都如出一辙。①

江闿，字辰六，号衅牁生。歙县人，迁居江都。清初诗文家，生卒年月不详。少依姻亲改姓越，后复本姓。吴绮婿。康熙二年（1663）以

---

① 参见张宏生：《总集纂集与群体风貌——论孙默及其〈国朝名家诗馀〉》，《中山大学学报》2006 年第 1 期。

贵州籍应乡试中举人。十八年(1679)举博学鸿词,未中,选益阳知县,擢均州、解州知州,卒于官。结纳当世名流,尤受知于王士祯。文章有《政在堂集》、诗有《湖外》《汉沔》。他的最大成就是词,有《春芜集》,常和当时名流唱和,时人对其诗词赞不绝口。他的词比诗好,精于写景,传播范围远到江淮之地。

赵吉士(1628—1706),字天羽,号恒夫、寄园。休宁旧市村人。他在京城居所,自名为"寄园",在宣武门外下斜街,极花木楼台之盛,常召聚一时名俊游宴吟唱。吉士富诗才,金坛于汉翔贻诗四首,他依韵酬答。后凡遇他题,皆叠此韵,竟积成律诗1800余首。虽率易牵强,但才气可见一斑。他的诗歌重辞采,往往雕绘满眼,情感却多为所掩,难以动人。如《家阆仙太常谪辽手札偶自北至感赋》:"香城分手两年余,雪窖冰天绝寒居。公荐预催千里驾,四家断送一函书。尔今严谴贫兼病,我久屏居懒复疏。长日闭门餐餺饦,可曾饱吃混同鱼。"诗中显然想表达对被贬谪友人的同情,但缺乏激情,平淡无奇。吉士亦能文,最有名的著作是笔记《寄园寄所寄》。它汇集了古今书籍的各种异闻1800余条,涉及治乱、伦理、风俗、山水、名物、诗文、人事、神鬼、异物等诸多方面。"采掇颇富而雅俗并陈,真伪互见"[①],曾流行一时。赵吉士还撰有《万青阁诗余》(又名《万青词》)3卷。赵词轻婉入妙,不落俗套。如"到而令栏槛依然,半倚晴空"([扬州慢]《游平山堂》)。词的风格豪情跌宕,如"风挟山鸣,鱼龙喷薄飞晴雪"([烛影摇红]《京口渡江怀古用来边词韵》)。曾王孙选其词10首入《百名家词钞》,评论道:"词有豪旷鲜艳二路,近人多能学之。但豪旷多沿入理障,鲜艳多堕落情痴。求为超脱一路,而不落辛、苏习气,虽数十名家中,不得其一也。先生(指赵吉士)之词,良学道而得于心者耶。"赵吉士的诗文集有《万青阁全集》8卷、《林卧遥集》3卷等。

闵麟嗣(1628—1704),字宾连,号橙庵。徽州区岩寺镇(今安徽歙

---

① 《四库全书总目》卷一三三。

县)人。明末清初学者、旅行家。闵麟嗣生平喜爱游历和吟咏,踪迹踏遍大半个中国,并且每到一地,都留下纪游诗,著有《闵宾连悟雪诗草》等诗草3种。他与清初诗文大家屈大均、沈德潜、施闰章、魏禧等人往来较密,屈大均有《莲花峰篇赠闵宾连》,对他的人品和诗文十分推崇。1679年,经过多年辛勤创作,闵麟嗣编撰完成了《黄山志定本》8卷(1卷为图),集历代黄山志书之大成,以体例精当、搜罗宏富完备著称于世。闵麟嗣的其他著述有《庐山集》、《古国都今郡县合考》1卷、《黄山松石谱》1卷、《周末列国省会郡县考》1卷。

程梦星(1678—1747),字伍乔,又字午桥,号汛江,又号茗柯、香溪、杏溪。安徽歙县人。康熙五十一年(1712)进士,选庶吉士。后四年,以母丧归,不复出。居扬州策园,与一时名流以诗酒相往还。雅好李商隐诗,以旧注未精,重为笺注。《四库全书总目》云:"其诗略近剑南一派,而间出入于玉溪生。词亦具南宋之体,但格力差减耳。"著有《今有堂诗集》《茗柯词》,编有《平山堂小志》《江都县志》《两淮盐法志》,另有《李义山诗集笺注》《词调备考》。

马曰琯(1688—1755),字秋玉,号嶰谷。祁门人,徙居江苏江都。著名徽商,官候选知州。一生喜爱写诗、藏书和结交文人雅士。雍正年间,在扬州建造小玲珑山馆,广交天下名流。全祖望、厉鹗、符曾、金农皆馆其家结"邗江吟社"。曰琯性耽山水,吴中、京口一带,游历殆遍。其诗多咏其悠然自得、富足而风雅之生活,也有许多题咏山水与唱酬之作。其《街南书屋·看山楼》云:"我有山中心,不得山中宿。爱此两三峰,凭栏肆遥瞩。"可见其心境。《春江渔父词》《冬夜宿南庄》也是这类作品。诗风清新流畅,风韵天然。《清史列传》中评价"诗缠绵清婉,沈德潜以为峭刻得山之峻,明净得水之澄"。著有《沙河逸老小稿》《嶰谷词》《焦山纪游录》,编有《林屋唱酬录》《韩江雅集》等。

程廷祚(1691—1767),原名默,字启生,号绵庄,其居所临近青溪,故又自号青溪居士。先世为安徽歙县人,曾祖虞卿迁居上元,遂为南京人。少好学,十三经、二十二史、诸子百家书无不通读。年十四,作

《松赋》七千余言,惊动长老。先生独好治经,而于天文、舆地、食货、河渠、兵农、礼乐之事,皆能竟委探源。其学以颜元为主,参以顾炎武、黄宗羲,而好非议程、朱。姚鼐序其书,至为推重。著有《青溪文集》《岫由云阁诗钞》《青溪诗说》及《易通》《大易择言》《尚书通议》《春秋识小录》《礼说》《鲁说》《易说辨证》。《晚晴簃诗汇》谓其诗"华实并茂,不类经生家言"。程廷祚对方志理论亦颇有研究,纂有《修一统志异》《江南通志沿革总表序》《上元县志序》等,曾总纂乾隆《上元县志》。

汪士慎(1686—1759),字近人,号巢林,又号溪东外史。休宁人。寓居江苏扬州,为"扬州八怪"之一。其诗歌清雅脱俗,有《巢林集》7卷,收录诗作近 500 首。

汪由敦(1692—1758),字师茗,号谨堂,又号松泉居士。休宁人。在文学方面继承韩欧文风、乐府诗风,有《松泉文集》20 卷、《松泉诗集》26 卷传世。

而在清前期任职徽州的文学家有靳治荆、刘大櫆等人。靳治荆,字燕堂、熊封。辽东镶平汉军镶黄旗人。曾任吉安、徽州知府。曾主持修《歙县志》,写有《游黄山记》等。刘大櫆(1698—1779),字才甫,号海峰。桐城人,副贡,官黔县教谕,是桐城派重要作家之一,在黔县任上写有语言隽永、意境清丽的《黄山记》等文。

五　新安画派的形成与发展

(一) 新安画派之初创

1644 至 1645 年是明清交替的动荡时期。李自成起义,清兵入关,明崇祯帝自缢,接着是"嘉定三屠""扬州十日"等。1645 年,绩溪丛山关被清兵攻破,皖南山区顿时由一向太平霁时转为硝烟四起,风云激荡。国破与家亡迫使新安画士们面临着何去何从的抉择,渐江、程邃、郑元勋、郑为虹等走上了抗清道路,查士标、孙逸、王尊素等开始浪迹江湖,流寓他乡,吴山涛、方式玉、程正揆等则选择出仕清朝。天都画派在明清易代之际也因各人的不同选择而走向式微。

这种对抗情绪到了顺治以后开始逐渐消退。新安画士们经过一段时间的抗争、蛰居、流浪生活之后,开始直面江山易主已成定局的现实,冷静思索。俞剑华先生在《中国绘画史》中认为:"明末清初之际,奇节异行之士,痛失祖国之沦亡,哀异族之宰割,而又无力反抗,其牢骚抑郁不平之气,发为言语文字,每贾奇祸,遂一寄于画,故明末遗民之中画家甚多……"①一些人带着明朝遗民的心态重新拾起画笔,将满腔失望和屈辱及浓烈的思乡之情凝聚于笔端,作画排遣。但各人的画意表现有所不同。渐江与石涛、髡残、朱耷被称作明末清初"四僧",渐江寓动于静,是冷禅;髡残、朱耷是狂禅,痛苦与狂躁跃然纸上。

可以说,晚明遗民心态是新安画派画作精神意蕴形成的一个重要因素。这些带着明朝遗民心态的新安画士重拾画笔、寄情笔墨、甘居草莽、不求仕进,他们将此看作是维护民族尊严的"靖节""义烈"之举。这些新安画士多年流寓在外,思乡情与心中的失望和屈辱,使他们的画风在师前人的基础上有了自己强烈的精神意蕴,那种凝聚于笔端的孤傲倔强之态与荒寒冷寂之境,构成了遗民画特有的风格。

清初的新安画士或栖居山林,或隐迹市井,他们的画作涤尽尘嚣,以其高洁野逸的气韵对作为清初画坛主流的"四王"师古风气造成强烈冲击。民间推崇新安画派,既是边缘文化对主流文化的挑战,也是明朝遗民对清王朝的象征性的否定。新安画派的兴起,具备了政治与文化的双重意涵。

徽州许多商人当时也流寓扬州、南京一带,他们一方面从内心敬

---

① 另参见张国标:《新安画派史论》,安徽美术出版社 1990 年版,第 29 页。

重这些"大节不逾闲"的忠贞志士,另一方面,出于乡情观念,他们也希望世人推崇新安画家的风格,因此竞相重金购买遗民图,努力抬高新安画家的身价。一时间"江南人家以有无遗民画定雅俗",以渐江为代表的新安画派就是在这种社会背景下从清初的中国画坛顺势崛起。

新安画坛在短暂的沉寂后,以新安四大家(又称海阳四家)的渐江、查士标、孙逸、汪之瑞为中心,以程邃、戴本孝、郑旼、吴山涛等相呼应的新安画派核心群体脱颖而出。然而最早提出"新安画派"概念的是康熙年间的艺术理论家张庚,他在《浦山论画》中谈到:"新安自渐江师以云林法见长,人多趋之,……是亦一派也。"张庚之后,人多沿用,"新安画派"遂成定称。由于这一时期的新安画派人气飙升,追随者众多,因此很快构成了一个辐射广泛、蔚为壮观的新安画派阵容。[①]

(二) 新安四家

新安画派的确立,以"海阳四大家"的出现为标志。这"四大家"是:渐江、查士标、孙逸和汪之瑞。所谓海阳四大家(也称海阳四家),最早是由张庚在他的《国朝画征录》中提出来的。张氏认为渐江属休宁籍(其实应是歙县人),并且其他三人也是休宁人,故以休宁的别称海阳名之。这"四家"由"渐师导先路",另三人扬其波,壮其澜。他们都是出生于黄山脚下、处于改朝换代之际的遗民画家,都具有一样苍凉孤傲之情,又都学过元四家,都主张师法自然、寄情山水,他们的绘画风格也都趋于枯淡、幽冷,体现出超尘脱俗和凛若冰霜的气质。这诸多的相似之处,使他们自成一"派",并永耀画史。

1. 渐江

渐江(1610—1664),晚明诸生,明末清初画家。僧人,俗姓江,名韬,字六奇,后改名舫,字鸥盟,晚年定名弘仁。安徽歙县人。

---

① 参见陈传席:《中国山水画史》,江苏美术出版社 1988 年版,第 805 页。

渐江《黄海松石图》

渐江少孤贫,有远志,性孤傲,能苦学,事母以孝闻。然至三十四岁时,还只是个明朝的诸生。是年明亡,不久清兵入关。顺治二年(1645),清兵进逼徽州,渐江的同乡金声、江天一率众抵抗,终因寡不敌众而失败。渐江即与友人程守哭别,然后"偕其师入闽",投奔当时称帝于福建的唐王朱聿键政权。次年八月,唐王政权失败,复明的希望彻底破灭,他就到了武夷山,皈依古航禅师,削发为僧,法名弘仁,字无智、无执,号渐江、渐江学人、渐江僧、梅花古衲、梅花老衲。数年之后,又返回歙县,住在歙县西郊披云峰下的太平兴国寺或五明寺的澄观轩。其后,渐江"岁必数游黄山"。除了饱览黄山胜景外,他的游踪还到过宣城、芜湖、南京、扬州等地,并一游庐山。寓留芜湖时,曾向萧云从请益画法;暂留宣城时,又与大画家梅清会晤。渐江虽出家为僧,而心常怀故国,题画诗中,就时常流露出家国身世之感,富有民族思想感情。其《偈外诗》云:"道人爱读所南诗,长夏闲消一局棋。"郑所南(即南宋爱国诗人郑思肖。名思肖,字忆翁,号所南,均流露出思念赵宋、常忆故国的寓意)的诗歌,他偏爱读,其志显见。康熙二年,他五十四岁时,圆寂于五明禅院。许楚在《画偈序》中对他的一生有一段很精彩的评价:"独念师(渐江)道根洪沃,超割尘涅,抚身立命,慨夫婚宦不可以洁身,故寓形于浮屠;浮屠不足以偶处,故纵游于名山;名山每闲于耗日,故托欢于翰墨。"可见绘画才是渐江一生最后的也是唯一的追求。

据相关画史资料记载,渐江的画早期由宋人入手,又上追晋、唐,中期学的是元四家,并于倪瓒、黄公望二人着力尤多,最后则专意于倪云林。说他专意于倪云林,还有着这样一段佳话。说的是渐江与歙县的吴羲交情很厚,而吴家藏倪瓒画最富。渐江数年追求,苦不见倪瓒的真迹。一天终于在吴家看到了倪瓒的真迹,他便称病不归,每日杜门观画,达三个月之久,最后达到了"恍然有得,落笔便觉超逸"的境地。于是"取向来所作悉毁之"①。但纸上得来终觉浅,若想卓然成为大家,最好的老师还是大自然本身。"海阳四家"之一的查士标就曾这样说过:"渐公画入武彝(夷)而一变,归黄山而益奇。"②这一"变"一"奇",表明渐江的画艺大致经历了三个阶段:入武夷山前为早期;入武夷山后为中期;归黄山以后则为第三个阶段。早期主要是继承为多,个性特色并不明显。进入武夷山之后,他以造化为师,因山悟画,画风便随之而变。用他自己的话来说:"武夷岩壑峭拔,实有此境。余曾负一瓢游息其地累年矣,辄敢纵意为之。""入武夷山,居天游最胜处,不识盐味且一年。"可见"武夷""此境"让他痴迷,更使他"敢纵意为之"。但武夷山毕竟不是大自然最美的稿本。渐江只是在"归黄山"之后,观于斯,游于斯,悟于斯,他的画风才变得"益奇"。诚如石涛所说:"公(渐江)游黄山最久,故得黄山之真性情也。即一木一石,皆黄山本色,丰骨泠然生活。"③观其现存的画作,确也多取黄山景物。构图简洁淡雅,笔墨秀逸凝重,境界开阔幽深。所画山石,方折如几何图形,"层峦陡壑,伟峻沉厚,非若世之疏林枯树,自谓高士者比也"④。他曾画《黄山图》60 幅(现藏故宫博物院),为黄山实景写生,每幅均注出地名。画幅虽小,而构思奇巧,别有思致。图后附题跋 1 册,多为与渐江有交往的当时名人所写。如其中萧云从跋说:"天都异境,不必身历其间,已宛然在目矣。"可见黄山"异境",摄入笔底,便为无尽烟云,这才最终形成了渐江那冷静萧疏、空旷幽深的画风。

渐江又擅画梅花和松树。梅花得疏枝淡蕊,冷艳幽香之致,尝自号"梅花老衲"。松树则盘曲纠结,或倒挂崖间,或横卧石侧,雄奇变

---

① 黄宾虹:《僧渐江之高行》。
② 查士标:《题渐江〈黄山山水册〉后跋》。
③ 石涛:《跋〈晓江风便图〉》。
④ 张庚:《国朝画征录》。

化,亦从黄山得来。"敢言天地是吾师,万壑千岩独杖藜。"由其诗观其画,知渐江得黄山之助最多。

今传世的代表作品,除上述《黄山图》外,还有《松梅图》、《陶庵图》(现藏故宫博物院)、《黄山松石图》(现藏上海博物馆)、《晓江风便图》(现藏安徽博物院)、《江山无尽图》(现藏日本)、《山水图》(现藏美国纳尔逊博物馆)等。

秦祖永《桐阴论画》中说:"梅花古衲渐江,山水专摹云林,当时极有誉。"周亮工在《读画录》中说:"喜仿云林,遂臻极境。江南人以有无定雅俗,如昔日重云林然,咸谓得渐江足当云林。"许楚在《画偈序》中也说他的画:"遂尔称宗作祖。江表士流,获其一缣一箧,重于球璧。"凡此,都可以见出他的画在当时享有很高的声誉。渐江卒后,名声更显,画益贵重,其弟子门徒多有赝作。

在中国绘画史上,渐江堪称是一位"称宗作祖"的大家。他不仅奠定了"新安画派"的基础,并对金陵、扬州等地的绘画也有过巨大的影响。所谓海阳四大家或新安四大家,渐江均属领袖人物,而"清初四大画僧"(另三位是石溪、八大山人和石涛),渐江也卓然冠于首位。在画史上,受其影响的画家主要有:

江注,字允凝,为渐江之侄,山水受渐江指授,隐居黄山,亦好画黄山,画师倪、黄和渐江。

吴定,字子静,师从渐江,画风亦类。

姚宋,字雨金,号野梅,渐江学生,擅长山水、人物、花鸟、兰竹,山水仿倪瓒,风格近渐江。

郑旼,字慕倩,渐江的同乡,遗民情绪强烈,"言触往事者,辄哭不止"。山水宗元人,学渐江,画风也相似。

祝昌,字山嘲,渐江学生,山水近其师,略显方整。

2. 孙逸

孙逸(生卒年不详),明末清初画家,字无逸,号疏林。海阳(今安徽休宁)人,一作徽州(今安徽歙县)人,后流寓芜湖。

《国朝画征录》和《徽州府志》中记有他的行状,但都极其简略。我们只知道他曾流寓芜湖,主要是居住在新安,并以布衣终老。尝为歙令靳某画过《歙山二十四图》。与弘仁、查士标、汪之瑞等悠游过从,与萧云从齐名,合称"孙萧",又被誉为"江左二家"。因为他人品、气质、志趣、才能与文徵明相似,所以有"文待诏后身"之称。他在流寓芜湖时,经萧云从的介绍,结识了汤燕生。汤是这样评价孙逸的:"往从无逸先生游,见其蓬户茅轩,庭草芜径,唯床头有数卷书,及倪、黄古画诸轴而已。其生平,少长不以利欲萦于怀。勉志勤躬,夜以继日,惟知引轴自娱,逍遥图画。故尺幅所传,俱足际会风云,纵横万古。"另外,《襄梨馆过眼续录》的作者周亮工,就很向慕孙逸,很想"一望眉宇",但此时又听说他"已归道山矣",心中甚是怅然。但周氏终于见到了孙逸"跋所藏诸帖",因而又觉得欣然。他说:"然见《辋川图》者,何必更观右丞(指诗人、画家王维);犹续《柴桑篇》者,何必定亲彭泽(指诗人陶渊明)?""抚此帙,如见无逸烟霞之姿,孰谓亮不识无逸耶?"从这些记载中,我们可以追想其生活之清贫、人品之高洁、对绘画之痴迷,以及人们对他的景慕。

孙逸工于山水,取材多为家乡的秀丽景色,特别是对黄山云海松石之幻变无不吞吐于胸中,所作既师古人,又法自然。受倪瓒、黄公望的影响最深。《图绘宝鉴续纂》赞其画:"得子久衣钵,闲雅轩畅,蔚然天成。"他的绘画作品主要有两种风格:一种是笔墨闲雅,骨格

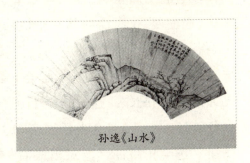

孙逸《山水》

松秀,淡而神旺,简而意足,和浙江的画风相似。另一种则是皴擦繁密,山重水复,颇有沈周、文徵明的画意。他与浙江、汪之瑞、查士标并称为"新安派四大家",也称"海阳四家"。

孙逸的传世作品主要有《山水册》(现藏故宫博物院),作于崇祯十二年(1639),共十帧;《设色山水图》(现藏故宫博物院),作于崇祯十二年;

崇祯十二年,与李永昌、汪度、弘仁、刘上延为祝生白联作《冈陵图》(现藏上海博物馆)合卷,每人画一段,依次相接,孙逸所画为第四段,款署:"己卯三月画,祝生白社兄四十初度。孙逸。"崇祯十六年作《茅屋长松图》轴(现藏故宫博物院);《仿云林山水图》扇页(现藏故宫博物院),自题:"云林不是人间笔,胸次无尘腕下仙。摹得东冈草堂法,两三株树小亭边。旋吉词兄属涂并题正。孙逸。"顺治十一年(1654)作《秋山图》轴、十四年作《仿黄公望山水图》扇页、康熙十九年(1680)作《山水》册页,著录于《中国书画家印鉴款识》。又有《山水轴》(现藏广东省博物馆),上题句"山松招喜皆长青";《夜半听哑哑》(现藏黄山市博物馆),上题诗:"慈鸟所栖处,城南孝义家。月明霜满树,夜半听哑哑。"

3. 查士标

查士标(1615—1698),清初著名书画家。字二瞻,号梅壑、梅壑散人、梅壑道人、懒老、懒标、后乙卯生、邗上旅人。安徽休宁人。

查士标本为明末生员,明清易祚之后,遂"弃举子业,专事书画"[①]。开始时"避地新安山中,弄笔遣日"[②],后浪迹江湖,"行尽千山更万山,终朝蹀屧不曾闲"。他先后往来于镇江、南京、苏州、扬州等地,与当时的许多著名书画家、戏剧家如宋荦、笪重光、石涛、渐江、龚贤、王石谷、恽格、程正揆、孔尚任等都有密切的交往,并留下了不少的佳话。他与王石谷合璧的《山水图册》,与渐江联手的《书画合册》(16帧)均饮誉画史。七十三岁时,他在一次宴会上认识了著名戏剧家孔尚任,二人一见如故,互相酬作。这次宴会上还有石涛、龚贤等人,他们一同参加了春江诗社。一年后,孔尚任回京,查士标和其他七位画家合作了《还影图册》,送给孔尚任。但对当权者,查士标又常常采取不合作的态度。他曾三次拒绝一个驸马登门造访。而每次去杭州,他又总会去吊望岳飞的坟,曾有诗云:"最爱岳王坟上月,楼开时节照孤山。"[③]他在晚年

---

① 张庚:《国朝画征录》。
② 查士标:《种书堂遗稿》。
③ 查士标:《种书堂遗稿》。

时,十分怀念自己家乡的山水,写下了不少悱恻动人的诗章。如他在《欲还黄山寄山中志宿二首》中云:"黄山相距千余里,名胜乡关洵可夸","烦与轩猿狷鹤约,八旬野老欲还家"。但这位"八旬野老"终究未能返回故乡。康熙三十七年(1698)八十四岁时,卒于扬州。在"海阳四大家"中,他的寿命最长。

查士标的艺术成就是多方面的。他既是有名的诗人,更是著名的书法家和画家,当时有诗、书、画三绝之誉。他的诗辑成《种书堂遗稿》,共 4 卷,诗风淡雅朴素,颇有陶渊明诗的风韵,但诗名反为书名、画名所掩。

查士标的祖上是休宁大户望族,家富收藏,鼎彝及宋元真迹皆有,所以查士标很早就精于鉴别。他擅画山水,为"海阳四家"之一。他的画初学董其昌(董其昌别号叫"乙卯生",查士标自取别号为"后乙卯生",足见对董的敬重),但在源流上又可以追溯到董源、巨然、二米、吴镇和元四家。查士标还十分注意向同辈甚至小辈学习。据《国朝画征录》记载:"(查)见王石谷画,爱之,延至家,乞其泼墨作云西、云林、大痴、仲圭四家笔法,盖有所资也。"《自怡悦斋书画录》上也记载了查士标因喜爱程正揆的画而向他学习的事。如此转益

查士标《草亭竹树图》

多师,又兼师法自然,于是才能自创新格,成为一位著名的画家。这就正如林琴南在《春觉斋论画》中所说:"梅壑自谓临摹各家,实只梅壑一家耳。"作为"一家",他的画的突出风格是"风神懒散,气韵荒寒"[1]。晚年更是逸笔草草,风神超迈。据载,他作画也颇有趣,凡应酬,临池挥

---

① 张庚:《国朝画征录》。

洒,必于深夜,不以为苦。由于勤奋、高产,其传世画迹较多,目前有百余件作品行世。如《水云楼图卷》《仿云林雨山图》藏于故宫博物院;与渐江合作的《书画合册》藏于天津艺术博物院;《幽谷松泉图轴》藏于安徽博物院,等等。

他的画颇得时誉,宋荦推为董其昌后一人而已,王石谷甚至将他放在"明四家"之首沈周之上,可见其影响之大。

查士标在书法上也颇有成就。他的书法以行书见长,书出米(芾)、董(其昌),颇得精要。行笔俊逸潇洒,结体雍容雅媚,风格散淡深邃。这种别具一格的风神,不仅和他的画风相得益彰,而且也可以表现出他的那种悠游山水、寄情翰墨的生活追求。在董书盛行的清初,查士标的书法自然大受欢迎,时称"米、董再生"而名重天下,乃至于问字者珠履满室。

4. 汪之瑞

汪之瑞,明末清初画家。字无瑞,号乘槎。安徽休宁人。生年不详,卒于顺治十五年。

汪之瑞是一位处于改朝换代之际的遗民画家。他入清不仕,品行高洁,布衣终生,唯以书画为业。早年在新安,后期浪迹江湖,曾游于无锡、镇江、河南、浙江等地,还在扬州居住过一段时间。据载,他曾是明末新安画家李永昌的高足;李永昌其书其画与董其昌齐名。但嗣后汪之瑞的书法由李北海化出,写得"生动可喜"[①],有"精妙"之誉[②]。他的画则更是由李永昌脱出,追攀黄公望、倪瓒,终能自成机杼,卓然成了一流的画家。

汪之瑞为人、作画十分有个性。文献记载他:"气宇轩昂,豪迈自喜,土苴轩冕,有不可一世之概。""酒酣兴发,落笔如风雨骤至,终日可得数十幅。兴尽僵卧,或屡日不起。非其人,望望然去之,虽多金不屑

---

① 张庚:《国朝画征录》。
② 《徽州府志》。

也。"①可以想见其豪迈而又高洁的个性，以及作画时落笔风旋、激情四溢的情状。

汪之瑞的作品流传比较少。最能代表他风格的是一种用笔老辣、造型至简、意境萧疏的小品。其代表作品主要有：

《山水中轴》（现藏北京故宫博物院），有查士标题识："此乘槎真迹。"

《苍松竹石图》（现藏上海市博物馆），明万历三十八年庚戌作，题款庚戌长夏作于揽云阁。

《松石图轴》（现藏上海市博物馆），上自题一诗云："天街夜鱼翻盆注，山河涨满山头树……"

《山水轴》（现藏浙江省博物馆），作于顺治十年，有戴礼魁跋："此前辈汪之瑞真迹。"

《山水轴》（现藏浙江省博物馆），上有"梅壑道人不禁喜而为之识"。

《山水图册页》（现藏浙江省博物馆）。

汪之瑞论画尝言："画能疏能密，有奇有正，方为好手。"又云："厚不因多，薄不因少。"②均为画家名言，是深得艺术辩证法之三昧的。

在清初画坛上，汪之瑞是极有个性的画家。张庚评之曰："若无瑞者，所谓不可无一也乎。"并说他："善山水，以悬肘中锋运渴笔焦墨，多麻皮、荷叶等皴。爱作背山水。"又赞他："自率胸臆，挥洒纵横，以视世之规规于法者，诚豪矣哉！"③可见其人"豪"，其画也"豪"，不仅善于创新，而且功力深厚。其"悬肘中锋"，则显然得益于他的书法。

（三）新安画派的艺术风格

关于新安画派的艺术风格，陈传席先生在《中国山水画史》中认

---

①　张庚：《国朝画征录》。
②　张庚：《国朝画征录》。
③　张庚：《国朝画征录》。

为,新安画家作品"不仅有'冷'的气氛,而且还特有'静'的感觉。几块几何形组成的山石静静地立着,绝无跳跃和躁动的笔墨"。成因是画家们"对复国也完全无望,对功名已彻底淡泊,对世界更加冰冷,一切跃跃欲试的念头完全消失"。然而这只适用于新安画派的部分画家。也有学者认为新安画派作品的风格特点是以渴笔干墨、线条造型为主,有时辅以大幅抽象的自然景物,认为这种画风常和文人士大夫的风格相联系;也有人认为黄山画派对干笔的运用最为显著独到。诸如此类的看法只能适用于部分新安画派画家。但有一点是确定的,渐江在新安画派整体艺术风格形成中起了决定性的作用,因此,对于新安画派画家群的艺术风格,多年来主要集中于对渐江画风的研究。譬如,有学者认为新安画派艺术风格形成的基础是渐江在倪云林基础上所创造的独特艺术样式,题材上以摹写家乡山水为主,在艺术样式上,境界宽阔,笔墨凝重,看似清简淡远,实则伟峻沉厚,将伟峻沉厚寓于清简淡远之中。

明清绘画史上,新安画派是有着深远影响的十分成熟的一个绘画流派。从地域上看,是以黄山、新安江流域为活动中心的画家群体。这一画家群体,多为明代遗民,讲操守名节,不与清廷合作,绝仕途,断尘念,专心致志于绘画艺术。他们多师从元代画家倪、黄,并带动一批新安画家起而仿效;他们多隐居山林,以渐江为宗师,艺术实践和画论主张是师法自然,形成了自觉的艺术传统。从绘画题材看,这一画家群体,多以黄山和徽州山水为表现对象,黄山成为连接这个绘画群体的重要纽带。新安画派虽说是一个徽州的地方性画派,却是有着全国影响的画派,不但把中国山水画推向新的高峰,而且为中国画坛推出了一大批名重一时的画家。[①]

---

① 参见李仲谋:《徽州文化综览》,安徽教育出版社 2004 年版,第 181 页。

六 徽派版画的受挫与停滞

（一）版画的转型

清初大兴文字狱，书禁甚严，私人刻坊骤减，依附于刻书业的版画艺术同样受到压抑。康熙初年书禁稍缓，但徽州坊刻再也没有恢复到明代中后期的兴旺气象。清代前期的徽州版画出现两种转变，一是与徽州相邻的旌德刻工崛起，与徽州刻工争辉；二是从坊刻向官刻转变。

清前期坊刻的主要版画作品有清初修补版《闺范》、顺治二年刊本《楚辞》、顺治五年张氏怀古堂刊本《太平山水图》、顺治八年（1651）本《博古叶子》、顺治本《续金瓶梅》、清初名山聚本《新宗高文小说全编万斛泉》、清初本《女开科》、顺治文喜堂刊本《秦楼月传奇》、清初芥子园本《忠义水浒传》、顺治十七年（1660）本《堪舆贯》、康熙二十七年（1688）刊本《曹氏墨林》、康熙四十年（1701）启贤堂刊本《扬州梦传奇》、康熙五十三年（1714）本《白岳凝烟》、康熙六十年（1721）本《赛花铃》等。

顺治二年刊本《楚辞》，萧云从绘图，旌德汤复刻。卷首冠图，均单面方式，共有图69幅，其中《离骚·三闾大夫卜居渔父》图1幅，《九歌》图9幅，《天问》图54幅，《远游》图5幅。插图以人物为主，瑰丽多姿，极富想象力。如《山鬼》不作狞恶怪物，而画成美女形象。《国殇》突出"死亦为鬼雄"的精神。顺治五年张氏怀古堂刊本《太平山水图》，清萧云从画，旌德刘荣、汤义、汤尚刻。该图绘安徽当涂、芜湖、繁昌一带山川胜景，共43幅。所画山川沉郁壮丽，有写江山之清雅优美，亦有写山庄水村的人民生活景境，还有描写历史故事的。刻工铁笔精工，细致流畅,运用不同的刀法对繁密的山石、树木花草、行云流水一一雕镂,轻重缓急掌握得恰到好处,无一错乱,表现出高超的技艺,达到绘刻双美。顺治八年刊本《博古页子》,陈洪绶画,歙县黄子立刻。该页子分牌目描绘从陶朱公至白圭计 48 则人和事。黄子立的刻刀充分体现了陈老莲劲挺圆熟的笔意,而不露斧凿痕迹,那些纤如游丝的须发和装饰线纹,一刀不苟、淋漓尽致,那严谨的刀法、拙朴的线条,不失画意。顺治文喜堂刊本《秦楼月传奇》,顾云臣画,旌德鲍承勋、鲍天赐刻。绘图者顾云臣撇开国画传统的晕染皴擦表现方法,重视在线描上下功夫。而刻工鲍承勋、鲍天赐,以刀代笔,充分运用阴刻与阳刻,加强线条的变化,丰富表现力。刻线纤细精美,运刀纯熟自如,密而不碎,稀而不空,线条刚柔轻重,疾速转换的技巧,都可以在其线纹上看得出来。康熙二十七年刊本《曹氏墨林》,该书为歙县曹素功墨店艺粟斋的墨谱,刻工不详。绘刻有人物、太极、三兽渡河图、黄山图等,整个图式有写实,也有写意。刻工精美绝伦,极细微处,毫发毕具。康熙四十年启贤堂刊本《扬州梦传奇》,顾士琦画,旌德鲍承勋、鲍天赐刻。该书插图刀刻线条纤细精美,呈现出一种节奏感,点画转折顿挫以及拂披的刀法刚柔轻重、疾速转换的技巧,都能得心应手。康熙五十三年汪次侯刊本《白岳凝烟》,吴孔章画,休宁刘功臣刻。有图 40 幅,精选、浓缩齐云山著名的风景点,如"登封桥""第一仙关""白岳""太素宫""洞天福地""独耸峰""仙人挂画""半岭通天"等名胜,运用白描写真法表现。原为汪次侯制墨作墨模的图稿,后汇编成单行本。

上述 7 部版画作品,有 4 部为旌德刻工所刻,其中鲍守业雍正五年(1727)刻 2 件大幅"佛教版画",至今仍陈列在北京法源寺内,其原木版雕刻,现藏南京博物院。从风格上来看,它们继承了徽派精工细腻、刚柔并举的白描线刻,为徽派版画的发扬光大作出贡献。

官刻版画作品主要体现在地方志中。清代为徽州修志的鼎盛时期,其中清前期刊刻的府、县志有康熙三十八年(1699)《徽州府志》、顺治四年(1647)《歙志》、顺治十二年《黟县志》、康熙七年(1668)《绩溪县志续编》、康熙八年《婺源县志》、康熙二十九年（1690）《歙县志》、康熙三十二年（1693）《休宁县志》、康熙二十二年《祁门县志》、康熙二十二年《黟县志》、康熙三十三年（1694）《婺源县志》。《黄山志》有康熙六年、康熙十三年、康熙十八年、康熙二十五年（1686）、康熙三十年（1691）5种不同的版本。所有的府、县志和山志，都有众多精美的插图。

康熙三十二年刻本《休宁县志》，绘图者为陈邦华，刻工为歙县黄正如、黄和卿、程云波。绘图简练、精细，构图饱满，极富装饰效果。雕刻细腻纤巧。该志除山川图、隅都图、城郭图、坊市图、县治图、学宫图外，其中10幅木刻风景名胜图为版画精品：松萝山、古城岩、落石台、齐云山展诰峰、齐云山独耸峰、齐云山玉屏峰、岐山石桥岩、屯浦归帆、颜公山、商山。康熙三十八年刻本《徽州府志》，绘图有禹之鼎、姚匡、吴文藻、张一芳、陈邦华、吴逸、侯梅等人，刻工为歙县黄和卿、黄子明、黄子修。有图29幅，包括山川图、府治图等，其中版画精品16幅：《黄山前海图》《黄山后海图》，张一芳作；《紫阳山图》《新安江图》，吴逸作；《白岳图》《古城岩图》《松萝山图》，陈邦华作；《断石山图》《樵贵谷》，吴文藻作；《龙尾山图》《高湖山图》，侯梅作；《青萝岩图》，王翚作；《阊门图》，禹之鼎作；《林沥山图》，唐沧作；《石照山图》《翠眉亭图》，姚匡作。为该志绘图者均是当时的著名画家，笔法流畅，画出了真山真水的神姿。刻工亦为著名的虬村黄氏刻工，刀法细腻，再现画家的神韵。

《黄山志》插图尤多，绘图皆为著名画家，雕刻精细，都是精品。清康熙六年刻本《黄山志》，版画精品主要有：《掷钵禅院》（梅清画）、《慈光寺》（江注画）、《祥符寺》、《锁中书院》、《望仙峰》（邵晃画）、《松谷庵》、《翠微寺》（陈渭画）、《洋湖图》、《狮子峰》（半山画）等，刻工为旌德李符九。另有康熙十三年程弘志辑刻《黄山志》，该书绘制《黄山总图》18个单页，合为全图。同时还汇集江注画《祥符寺》、《锁中书院》，郑重作《慈光寺》，渐江画《扰龙松》，另外还采用康熙六年释弘眉本《黄山志》附图中的陈渭《翠微寺》、《洋湖》，梅清《掷钵禅院》，邵晃《松谷庵》，沈埏《炼丹台》、半山《狮子峰》等。刻工为黄松如、黄际之。汪士鋐纂修的《黄山志续集》康熙年间有初刻和重刊两种版本,雪庄绘图,黄松如刻。雪庄是楚州(今江苏淮安)人,康熙十八年因避祸出家为僧。康熙二十八年(1689)秋入黄山,在炼丹峰东巨壑中用树皮结庐为庵,取名"皮蓬"。长年居此深岩巨壑之中,专心工研书画。常独自一人披发畅游 72 峰,云里来,雾里去,遇雨雪就用树枝架棚屋栖身,用草根、蕨菜、树叶、野果充饥。接受汪士鋐绘制山图的任务后,悉得山灵真面貌。所绘《黄山真景图》作为附刻本收入《黄山志续集》。黄身先辑康熙三十年刊本《黄山志略》所绘山图,原本为著名画家渐江所画,江注临摹,共 23 景。每半页一景,分别为汤池、神仙泉、醉石、松谷庵、云谷寺、翠微寺、慈光寺、仙灯洞、狮子岩、仙桥、蒲团松、炼丹台、铺海、九龙潭、扰龙松、石床峰、古笋、天都峰、莲花峰、洋湖、始信峰、文殊院、月塔。图版万山重叠,层层勾勒,无一板滞之笔。刻工虽未署名,却也是名刻高手无疑。

(二)版画与新安画派的关系

从技法上来看,徽派版画线条纤丽秀劲,新安画派笔法清峻峭拔,用墨以枯涩简淡为主,两者有相似之处。新安画派的前驱丁云鹏是徽派版画的主要绘制者,新安画派的代表人物渐江、江注、雪庄、汪洪度、汪晋谷也都为版画绘过图。徽派版画风格形成于前,新安画派风格形成于后,版画的线条风格对新安画派的笔法产生一定的影响。同时,两者都是从黄山峰峦岩石的质感和黄山松的遒劲汲取了灵感。

明嘉靖时,休宁丁瓒用米友仁、倪瓒简洁清淡的笔法描绘新安山水,大概这种简洁的笔法更易于表现黄山石质岩体的层峦叠嶂,一直被明清徽州画家所继承,为新安画派的形成奠定笔墨基础。丁瓒的儿子丁云鹏继承其父风格,所绘山水画风清淡简练。丁云鹏对黄山、齐云山都有很深刻的观察,晚年更是栖居黄山禅院,帮助普门和尚创建慈光寺。他不仅作有《黄山总图》，还作有《白岳全图》。这种采用传真手法对黄山、白岳进行全景式的描绘，在新安画家中只有丁云鹏一人。《黄山总图》今已不存，《白岳全图》以版画的形式留存于明万历二十七年刊刻的《齐云山志》中。另外，《方氏墨谱》《程氏墨苑》等插图古籍中也保存有不少丁云鹏所绘的山水版画作品。丁云鹏的山水版画，用线描的手法绘出一系列绵延、光秃的山峰，峰头呈圆锥或平坦的形态；山腰云雾缠绕；松树也是黄山松的平枝或垂枝，生长于危岩峭壁之中。这些都是黄山特征的意象表现。在丁云鹏的版画作品里，这些特征表现不仅在绘画黄山、白岳是这样，绘制其他版画也是如此。如《程氏墨苑》中《凌烟阁》一图的松树根植于阁旁的岩石之中，根茎裸露，虬枝倒挂，宛如黄山松；《二酉山》山腰云雾缠绕，松树如枝丫，亦是黄山景；《玄岳藏书》中的"玄岳"更是圆峰、云绕、松倒挂，仿佛黄山真景。可见丁云鹏对黄山之景了然于胸，只要是绘山水，都会自然地流露出黄山的本质来。而这种峰圆、云绕、松树虬曲的特征正是后来新安画派的主要特征，只不过丁云鹏是把这种特征表现在版画上，而新安画派的画家是把这种特征表现在笔墨中。

用简洁的线条勾勒黄山峰峦岩石的质感和黄山松的遒劲，是版画给国画带来的启示。而这种简洁线条的表现笔法又来源于宋元大家米友仁、倪瓒、黄公望，于是新安画家便有了自己的导师。稍晚于丁云鹏的程嘉燧、李永昌均以倪瓒为宗，笔墨清淡。程嘉燧工写生，不轻点染，似乎是想以版画的线条来磨砺自己表达黄山特质的技法。

渐江学画一开始是从模仿前辈程嘉燧、李永昌开始的。渐江学程嘉燧、李永昌，并不以程、李为满足，而是由程、李上溯倪瓒，并深受倪瓒的影响。他在自己的《偈外诗》中就曾说道："疏树寒山澹远姿，明知自不合时宜。迂翁笔墨予家宝，岁岁焚香供作师。"渐江把倪瓒的笔墨当作宝贝供起来，作为自己的老师，可见渐江在学习倪瓒绘画技法上所下的功夫。但把渐江流传下来的作品同倪瓒的作品加以对照，两者又不全似。倪瓒笔墨线条比较模糊，渐江笔墨线条清晰刚直。渐江学倪而不似倪,其重要的因素,便是师法造化的不同。倪瓒为无锡人,所画大多太湖山水,故线条散淡舒缓。渐江以新安山水为描绘对象,石质的山峦清晰刚直,故线条瘦劲简洁。其晚年往来黄山云谷寺、慈光寺、休宁建初寺、丰南仁义寺、歙县五明寺之间,完全以造化为师,以新安真山真水为稿本,独出机杼,自创新格。从清顺治八年开始,一直到他逝世的康熙三年,在这十多年间,渐江每年都要到黄山写生作画。程弘志《渐江传》载:"后返新安,岁必游黄山,坐卧其间,或图或诗,奚囊恒满。"他的《黄山真景册》,便是这一时期的作品,收有其画作 60 幅。所画的雄奇的黄山岩壁,平远的丰溪两岸,古刹河畔的秋林渡口,练水旁的晓月风帆,有"笔如钢条,墨如海色"的艺术特色。渐江绘画风格的形成,同徽州的大好山水是有密切关系的。南京博物馆藏有一幅渐江清顺治十七年画的《黄山天都峰图》,画中天都峰高耸突兀、层峦陡壑,几乎所有的山石都是用大大小小的方形几何体组成。山下坡旁两棵蟠龙虬松点染全幅画面,而山腰及峰头都仅有寥寥几株倒悬松,或于峭壁瀑旁伸出一些虬枝。在笔墨的处理上,其几何体的山石多用线条勾勒,没有大片的墨,没有粗拙跃动的线,除了少量坡脚及夹石外,基本没有繁复的皴笔和过多的点染,接近版画风格。然而这正是黄山的本来面目。陈传席在他所著的《弘仁》一书中就指出:渐江画中奇纵高突的构图,也正是黄山奇纵的本来面目;其空旷深邃之美,也正是黄山的本来品质。①

七 "文字狱"阴影下的徽州刻书业

明末清初的战争以及清初大兴文字狱,特别是顺治、康熙、雍正、

① 参见陈传席:《弘仁》,吉林美术出版社 1996 年版,第 69 页。

乾隆几朝,先后颁布查禁坊间不利于统治的戏曲小说的禁令。如顺治九年发布禁令:"坊间书贾只许刊行理学政治有益文业诸书,其他琐语淫词及一切滥刻窗艺社稿,通行严禁。违者从重究治。"康熙二年议准:"嗣后如有私刻琐语淫词,有乖风化者,内而科道,外而督抚,访实何书系何人编造,指名题参,交与该部议罪。"康熙五十三年发布惩处条例:"凡坊肆市卖一应小说淫词……严查禁绝,将板与书,一并严行烧毁。嗣后若有违禁,仍有私行造卖刷印者,系官革职,军民杖一百,流三千里;卖者杖一百,徒三年;买者杖一百;看者杖一百。"①类似《水浒传》《三国演义》等图书一直被作为淫书而被查禁。在此严禁政策之下,清初坊刻刊刻的图书范围和数量锐减,国内图书市场也大大萎缩。清初王士禛(1634—1711)对此作了描绘,其《居易录》云:"近则金陵、苏、杭书坊刻板盛行,建本不复过岭,蜀更兵燹,城郭邱墟,都无刊书之事,京师亦鲜佳手。……坊刻皆所不逮,古今之变,如此其亟也。"②

不过,清代统治者很快意识到文治的重要性,他们注意到了与知识分子联系密切的图书事业,他们采取了两手:一方面严禁对自己统治不利的图书;另一方面又极力发展图书出版事业。在国家的主导下,清廷进行了浩大的图书文化工程建设,自康熙以后,清代图书事业重新获得发展,很快形成繁荣局面。雍正年间大型类书《古今图书集成》问世,具有重要的文化意义。有学者根据各种书目对中国历代出版书籍的数量进行了统计,清代出版的图书达126649种,170万卷,远超过此前历代图书出版的总和。

清初文字狱的桎梏,对徽州刻书产生了严重的消极影响。乾隆后期以徽州府方国泰收藏《涛浣亭诗集》案再兴文字狱。歙县方国泰因收藏有五世祖清初贡生方芬撰《易经补义》、七世祖方有度撰《陛辞疏草》两书,请奖孝友匾,结果被歙县知县杨祈迪查出他收藏有方芬撰

---

① 任继愈:《中国藏书楼》下编《中国藏书大事年表》,辽宁人民出版社2001年版,第2008、2009、2017页。

② 叶德辉:《书林清话》卷九《古今刻书人之变迁》,北京燕山出版社1999年版。

《涛浣亭诗集》。经周纳深究,其中有"征衣泪积燕云恨,林泉不共鸟啼新","乱剩有身随俗隐,问谁壮志足澄清","兼葭欲白露华清,梦里哀鸿听转明"句,为意在影射,诅咒清廷,图谋复明,构成叛逆大罪。一时间,恐怖的黑云四起。前安徽巡抚农起和督臣萨载立即具文上奏乾隆。继任安徽巡抚谭尚忠等辈当作大事来抓,严加审讯。并于乾隆四十七年四月二十九日上书乾隆,要求将已故多年的"方芬刨坟戮尸,以彰国法"。方国泰以"胆敢隐藏方芬诗集,比照'大逆知情隐藏者斩律',拟斩立决"。五月初三,乾隆亲批刑部奏议有:"若无不法字句,即可毋庸办理。朕凡事不为己甚,岂于语言文字反过于推求?各省督抚尤当仰体朕意,将此通谕中外知之。钦此。"后才没有大张旗鼓地办罪。[①]

(一)清前期徽州官刻

清代徽州府官刻机构与明代没有明显区别,仍主要是府学、县学及所属儒学、书院,不过所刻图书类型与明代相较而言,差别较大,图书品种和数量大大缩减,所刻图书以方志、政书、地方名贤的专著以及经、史、子、集教科书等为主,其中尤以方志为多。图书品种和数量的锐减,与清初文字狱的严酷密切相关,而且所刻图书也主要集中于康熙时期。

清前期徽州官刻书目主要有:

康熙十二年、二十二年、三十八年三次官修府志,第一次纂修为 26卷,第二次续编 8卷,第三次则为 18卷。府学紫阳书院于康熙四年(1665)刻明梁于涘、扶纲《铁桥志书》2卷,于康熙初年刻施闰章的诗集,康熙三十年刻歙县吴曰慎《周易翼义集释》3卷,雍正三年刻施璜、吴瞻泰等纂辑的《紫阳书院志》18卷、附《四书讲义》5卷,雍正间刻《程

---

① 《安徽省志·出版志》,方志出版社 1998 年版,第 39 页。

朱阙里志》8 卷、《首》1 卷。

婺源紫阳书院于康熙三十七年刻明朱芾煌《文嘻堂诗集》3 卷。

府属六县所刻方志主要有：歙县刻有顺治四年宋齐肃修、吴孔嘉等纂《歙志》14 卷，康熙二十九年刻靳治荆修、吴苑等纂《歙县志》12 卷。休宁县于康熙三十二年刻廖腾煃修、汪晋徵纂《休宁县志》8 卷、《首》1 卷。绩溪县于康熙七年刻苏霍祚修、曹有光等纂《绩溪县志续编》4 卷。祁门县于康熙二十二年刻姚启元修、张瑷等纂《祁门县志》8 卷。黟县于顺治十二年刻窦士范纂修《黟县志》8 卷，康熙二十二年刻王景曾修、尤何纂《黟县志》4 卷。婺源县于康熙八年刻刘光宿修、詹养沉纂《婺源县志》12 卷。

（二）清前期徽州家刻

虽然在清初文字狱的压制下，徽州家刻受到较大影响，刻书种类和数量尤其是戏曲小说大大缩减，但随着经济、文化的复苏和发展，徽州家刻书业得到了复苏和繁盛。特别是崇尚宋版书，校勘、考订宋版书之风日盛，徽州家刻也加入此行列。如叶德辉所举称："自康雍以来，宋元旧刻日稀，而缙绅士林佞宋、秘宋之风，遂成一时佳话。……吴焯有《绣谷亭熏习录》（残稿本。存经部《易》一卷，集部三卷，近仁和吴昌绶校刻），吴寿旸有《拜经楼藏书题跋记》（五卷）……"①在文风浓郁，师承和家学链特别发达的徽州学术丛林里，学者林立，显宦迭出，著述丰富，家刻日益昌盛。

此外，还有初为家刻，后转入坊刻，以至于家刻、坊刻性质难以分清，或前期为家刻、后期演变为坊刻。如歙县张习孔的"诒清堂"初为家刻，及至其子张潮经营书业时"诒清堂"和"霞举堂"已转为坊刻，经营地点也由徽州转向杭州。②

---

① 叶德辉：《书林清话》，北京燕山出版社 1999 年版，第 14 页。
② 参见《安徽省志·出版志》，方志出版社 1998 年版，第 28 页。

1. 徽州本土家刻的变化

据刘尚恒统计,清代徽州家刻计有 32 姓,所刻图书有 300 余种。[①]
实际刻书可能要超出这个数字。清代徽州六县家刻的人数和刻书数
量,与明代相较而言,总体差不多但略有变化。从地区分布看,歙县刻
书的人数和刻本数量占徽州的二分之一,依然是徽州刻书的中心地;
而休宁县却有所萎缩,由明代的约占三分之一降至约十分之一;婺源
基本未变,约为六分之一;绩溪和黟县的比例上升,分别约为十分之
一、十三分之一。祁门发展较缓慢,明清两朝刻书人数和刻本数量在
六县中为最少(见表 3-1)。

表 3-1　清前期徽州地区家刻代表一览表

地区	代表刻家	年代	代表刻书
绩溪	鲍承勋	康熙二十四年	《怀嵩堂赠言》4 卷
	胡氏耘经堂	康熙年间	《苕溪渔隐丛话》100 卷
歙县	汪大年	康熙年间	《济世全书》
	汪士鋐	康熙年间	《栗亭诗集》6 卷、《黄山志续集》8 卷
	程哲	康熙年间	《蓉槎蠡说》12 卷、《带经堂集》92 卷、《分甘余话》4 卷、《新安志》10 卷、《罗鄂州小集》6 卷、《罗鄂州遗文》1 卷、《旧唐书》200 卷
	程义	康熙年间	《耕钓草堂诗》6 卷、《悟雪斋墨史》不分卷
	王艮	康熙年间	《鸿逸堂稿》
	方芬	康熙年间	《周易补义》4 卷、《涛浣亭诗集》
	吴瑞征	康熙年间	《不古编》1 卷
	洪钺	康熙年间	《七峰草堂诗稿》6 卷
	孙琅	康熙年间	《四书绪言》44 卷
	江氏祭书草堂	康熙年间	《江止庵遗集》8 卷

---

① 参见刘尚恒:《徽州刻书与藏书》,广陵书社 2003 年版,第 103 页。

续表

地区	代表刻家	年代	代表刻书
歙县	程从周	康熙年间	《程茂先医案》
	黄生	康熙元年	《唐诗摘抄》4卷
		康熙三十五年	《杜工部诗说》12卷
		康熙末年	《一木堂诗稿》12卷、《押韵便览》6卷
	罗美	康熙十四年	《古今名人医方论》4卷
	朱本中	康熙十五年	《贻善堂四种须知》
	朱观	康熙十五年	《国朝诗正》8卷
	王氏	康熙二十七年	《新都秀运集》2卷
	吴廖	康熙三十一年	《樵贵谷诗》4卷
	汪立名	康熙三十四年	《唐四家诗》8卷、《天下名山记抄》16卷
		康熙三十九年	《今韵笺略》5卷
		康熙四十二年	《汗简》7卷、《白香山诗集》40集
		康熙五十五年	《钟鼎字源》6卷
	吴承渐	康熙三十八年	《庄子旁注》5卷
	吴瞻泰	康熙四十一年	《北黟山人诗》10卷
	洪璟	康熙四十二年	《北游记》1卷
	程崟	康熙四十四年	《陶诗汇注》6卷
	汪洪度	康熙四十三年	《新安二布衣诗》8卷
		康熙四十五年	《新安女史征》1卷
	汪树琪	康熙年间	《息庐诗》6卷
		康熙四十七年	《眉洲诗》1卷
	程玘	康熙四十七年	《韦斋集》12卷、《玉澜集》1卷
	郑重光	康熙四十九年	《瘟疫论补注》2卷
	郑氏天游堂	康熙五十年	《春秋经传阙疑》45卷
	许象晋	康熙五十四年	《青岩诗文集》12卷

续表

地区	代表刻家	年代	代表刻书
歙县	汪天荣	康熙六十年	《德音堂琴谱》10 卷
	黄蔚南	雍正年间	《光裕堂琴谱》8 卷
	吴文焕	雍正四年	《存古堂琴谱》8 卷
	洪正治	雍正五年	《尚书纂注约解》2 卷
	江耀舟	雍正十一年	《医学心悟》5 卷、《外科十法》1 卷
休宁	查氏	康熙年间	《靳史》30 卷
	程应旄	康熙九年	《伤寒论后条辨》18 卷、《医径句测》2 卷
	吴人驹	康熙四十一年	《医宗承启》6 卷
	吴宗信	康熙四十四年	《履心集》4 卷
	叶良仪	康熙四十五年	《馀年闲话》4 卷
	毕守祥	康熙四十五年	《莹心堂诗》6 卷
	汪灏	雍正年间	《骈体新编》1 卷、《七律新编》1 卷
黟县	汪士通	雍正年间	《东湖诗抄》2 卷
祁门	汪宗豫	康熙十八年	《环谷集》9 卷、《古西集》9 卷
婺源	江永	康熙年间	《音学辨微》1 卷
	朱烈	康熙八年	《五经》
		康熙十年	《四书集注》21 卷
		康熙十一年	《诗经集传》8 卷
	李卓	康熙三十五年	《凝玉堂诗》3 卷
	程之康	康熙四十三年	《程氏人物志》8 卷
	董大鲲	康雍年间	《经传音画辨伪》《春秋四传合编》《春秋列国考叙》《姓氏郡望考》
不明	程允基	康熙四十四年	《诚一堂琴谈》2 卷
	汪文珍		《才调集》

注：①本表所列刻家不含家族、私家书院、文会等集体刻书；②本表未列入谱牒刻本；③佚名刻本未列入。

资料来源：本表根据明、清、民国时期文献、书目提要、题跋等并参考刘尚恒《徽州刻书与藏书》、徐学林《徽州刻书》、张国标《徽州版画》等书整理、补充而成。

2. 清前期外埠徽州家刻

清前期外埠徽州家刻受明末战争以及清初"文字狱"环境的影响，同样大大萎缩。但进入康熙朝后，开始逐步有所恢复。其刻书总体状况，从分布的地区看，大体分布于江浙一带，尤其是盐商集中的扬州；从刻者身份看，以官或官商（盐商）为主。

表 3-2　清前期外埠徽州家刻代表一览表

地区	代表刻家	刻主身份	原籍	年代	代表刻书
扬州	张习孔	官	歙县	顺治	《云谷卧余》28 卷、《诒清堂文集》14 卷
				康熙	《大易辨志》24 卷、《读书论世》16 卷、《檀弓问》4 卷
	汪楫	官	休宁	康熙	《悔斋集》6 卷、《山闻诗》2 卷
	江德新	官	歙县	康熙	《丹溪心法》5 卷、《脉诀指掌》1 卷、《医学发现》1 卷、《治法机要》1 卷
	程应旄	医	歙县	康熙	《医学分法类编》
	程林	医	歙县	康熙	《圣济总录纂要》26 卷
	汪懋麟	官	休宁	康熙	《百尺梧桐阁集》19 卷、《遗稿》10 卷
	马曰琯马曰璐	盐商	祁门	雍正	《韩柳二先生年谱》8 卷、《困学纪闻》20 卷、《经义考》300 卷、《宋诗纪事》100 卷、《班马字类》2 卷、《嶰谷词》1 卷、《沙河逸老小稿》8 卷、《南斋集》6 卷、《说文系传》（小字本）40 卷
	项絪	盐商	歙县	康熙	《山海经传》18 卷、《水经注》40 卷、《五经文字》3 卷、《新加九经字样》1 卷、《隶辨》8 卷、《王韦会刻》16 卷
				雍正	《绝妙好词》7 卷
	吴绮		歙县	康熙	《记红集》4 卷、《唐近体诗咏》14 卷、《宋金元诗咏》14 卷、《艺圃诗》1 卷
	吴寿潜		歙县	康熙	《林蕙堂全集》26 卷

地区	代表刻家	刻主身份	原籍	年代	代表刻书
扬州	吴瞻泰		歙县	康熙	《北黟山人诗》10 卷、《沙罗草堂诗合集》5 卷
	吴之骙		歙县	康熙	《孝经类解》18 卷、《天下名山记抄》16 卷
	孙默		休宁	康熙	《国朝名家诗余》17 种 43 卷
	查士标		休宁	康熙	《种书堂遗稿》3 卷
金陵	汪士汉		婺源	康熙	《双溪遗集》16 卷、《秘书二十一种》、《古今彝语》12 卷、《古今记林》26 卷
杭州	赵吉士	官	休宁	康熙	《寄园诗》1 卷、《寄园六咏》1 卷、《又新堂诗》1 卷、《寄园寄所寄》12 卷、《续表忠记》8 卷、《万青阁诗余》8 卷、《万青阁全集》8 卷
嘉兴	汪森	盐商	休宁	康熙	《词综》36 卷、《粤西诗载》25 卷、《粤西文载》75 卷《粤西丛载》30 卷、《华及堂视昔编》6 卷、《小方壶存稿》18 卷、《裘杼楼词稿》6 卷、《桐扣词》2 卷
	汪文柏	盐商	休宁	康熙	《摘藻堂诗稿》6 卷、《古香楼吟稿》4 卷、《西山纪游诗》1 卷、《柯庭余习》12 卷
	金檀		休宁	康雍	《文瑞楼丛刊》3 种 71 卷
无锡	汪璲	商	休宁	康熙	《读易质疑》23 卷
常熟	程允基	商	歙县	康熙	《诚一斋琴谱》6 卷、《诚一斋琴谈》2 卷
丽水	汪昂	商	休宁	康熙	《增订本草备要》5 卷

资料来源:本表根据明、清、民国时期文献、书目提要、题跋等并参考刘尚恒《徽州刻书与藏书》、徐学林《徽州刻书》、张国标《徽州版画》等书整理、补充而成。

（三）清前期徽州坊刻

1. 徽州本土坊刻的变化

从刻书时间分布来看,清初大兴文字狱,禁止私人刻书,徽州本土亦受到影响,坊刻数量骤降。所刻图书种类也较少,或是徽商兼营,为其商业活动服务,或是自己刻书自娱,兼以出售。从刻书地区来看,仍以歙县、休宁为主;从刻书时间来看,以康熙中后期为主,反映了康熙中后期书坊业顺应了政策环境的变化,开始逐步恢复。

表 3-3　清前期徽州地区坊刻代表一览表

地区	代表刻主	刻坊	年　代	代表刻书
歙县	程义	悟雪斋	康熙年间	《悟雪斋墨史》1 卷、《耕钓草堂近诗》1 卷
	汪氏	承德堂	康熙十五年	《世说新语》3 卷补 4 卷
			康熙四十六年	《新安志》10 卷
	曹素功		康熙二十七年	《曹氏墨林》2 卷
	吴荃		康熙三十七年	《黄山真景图》
	汪氏	明善堂	康熙四十三年	《重修玉篇》30 卷
			雍正年间	《四书》19 卷
	程哲	七略书堂	康熙年间	《旧唐书》200 卷、《带经堂全集》7 编 92 卷
	黄惟质		康熙末年	《新刻增订释义经书便用通考杂字》3 卷
休宁	程氏	养志堂	康熙十九年	《十七史蒙书》16 卷
	汪氏	茹古堂	康熙四十九年	《开眼经》
	刘功臣		康熙五十三年	《白岳凝烟》1 卷
婺源	汪士汉	居仁堂	康熙七年	《浮溪遗集》16 卷、《秘书二十一种》94 卷
			康熙三十七年	《古今彝语》16 卷

资料来源:本表根据明、清、民国时期文献、书目提要、题跋等并参考刘尚恒《徽州刻书与藏书》、徐学林《徽州刻书》、张国标《徽州版画》等书整理、补充而成。

2. 外埠徽州坊刻的变化

由于遭受战乱,清初外埠徽州坊刻骤减,康雍时期又逢文化高压政策,特别是统治者对戏曲小说等出版活动加大了禁锢力度,国内坊刻数量面临市场瓶颈而呈现萎缩趋势,徽州坊刻也不例外,很多徽州坊刻因刊印有违封建理学伦理思想内容的戏曲小说,其书版遭到封建官府的焚毁。如康熙年间张潮与王晫合作刊印的《檀几丛书》,"是书所录皆国朝诸家杂著,凡五十种。大半采自文集中,其余则多沿明季山人才子之习,务为纤佻之词。如张芳之《黛史》,丁雄飞之《小星谱》,已为猥鄙,至程羽文之《鸳鸯牒》,取古来男女不得其偶者,以意判断,更为匹配。其序文引谭元春之说,谓古来多少才子佳人,被愚拗父母板住,不能成对,赍情而死,乃悟文君奔相如,是上上妙策,其语已伤风化。书中以王昭君配苏武,以班昭配郑康成,以王婉仪配文天祥之类,虽古之贤人,不免侮弄。至于以魏甄居配曹植,以辽萧后配李煜,以汉班婕妤、晋左贵嫔配梁简文帝、梁元帝,则帝王妃后亦遭轻薄矣。其书可烧,奈何以秽简牍也"①。最后此丛书书版惨遭焚毁,在这种情况下,很多徽州坊刻也纷纷转为家刻。

此时期,记载外埠徽州坊刻的史料很少,突出的有以下几个地区。

杭州地区。著名的有张潮的"诒清堂""霞举堂",汪立名的"一隅草堂"等。张潮(1650—?),字山来,号心斋居士。歙县人。其父张习孔设"诒清堂",为家刻堂号,迨及张潮,变家刻为坊刻。张潮毕生精力耗于编辑出版事业中,所刊丛书的子目及单行本计有330余种,超过360卷。其中,所辑刻的《昭代丛书》《檀几丛书》等丛书及编刊的明末清初的文言短篇小说集《虞初新志》等最为著名。尤其是《昭代丛书》是专收当代小品的小型丛书,内容旁及四部,范围广,掌故多。张潮在该丛书的《选例》中道出自己的规划是"以五十为额",计划"天假我以年,俾得每年刻五十种行世。斯则仆之所矢愿也"。因受文字狱影响,只编刊了甲、乙、丙三集146种146卷。但张潮开《昭代丛书》的风气,在出版史上有一定的地位。从此,《昭代丛书》时有续编、改编多种,续编至丁戊己辛庚辛壬癸,别集共11集561种。汪立名,原籍歙县,其"一隅草堂"在康熙年间刻印了《白香山诗集》40卷、《天下名山记抄》16卷等,社会反响很大。

---

① 《四库全书总目提要》卷一三四《杂家类存目十一》,文渊阁《四库全书》本。

扬州地区。著名的有孙默的"留松阁堂"。孙默,原籍休宁,其"留松阁堂"于康熙年间刻印了《十六家词》19 种 47 卷。

另外,有部分徽州刻工在江浙一带开设书坊,从事坊刻业。

(四) 清前期徽州刻工

清初徽州刻工常见的是黄氏刻工。如清顺治至康熙间刻工黄顺吉刻《续金瓶梅》《赛花铃》等小说多种,生于顺治九年、卒于乾隆三年(1738)的黄利中,力田之暇,习镌刻,初刊童蒙书,边刻边售,后无所不刻,并因此致富。康熙间黄有绪、黄正之、黄以孚合刻《程氏人物志》。

除黄氏刻工外,其他姓氏刻工较为少见。有资料仅见有刘氏、程氏等,如刘启孝于清初刻芥子园《忠义水浒传》,休宁人刘功臣于康熙五十三年刻《白岳凝烟》,程云波于康熙三十二年刻《(康熙)休宁县志》等。

八 徽州工艺的演变

(一) 徽墨

满人入主中原建立清朝,中原大批士民进行了激烈的抗争。徽商经济在这样的社会动荡中走向低落。徽商在各地墨店摧毁殆尽,徽州制墨业遭遇沉重的打击。即使个别墨店在维持生产时也多不填写清初的年款,以示抗争。

清初至康熙二十三年(1684),随着三藩的平定和台湾的回归,清朝的政治、经济日趋稳定繁荣,剧烈的满汉对抗也日益消歇,原有的反清复明情绪也渐趋淡化。在加强思想禁锢、实行文化专制的同时,清廷也相应地采取了一系列的怀柔政策。统一而又成熟的文化政策渐趋成形。社会经济文化的恢复与发展使社会对徽墨的需求快速增长,而且制墨在徽州本身就是"家传户习",是徽州人的重要经济来源之一。这一切为清初徽州制墨业的繁荣奠定了有利的条件,延续着几百年悠久历史传统的徽墨工艺迎来了又一个繁荣的时代。

清初,制墨倾向于实用美观,集锦墨和单锭墨进一步盛行。歙县的曹素功、绩溪的汪近圣、歙县的汪节庵以及稍后崛起的绩溪的胡天柱,被称为清代四大制墨名家。他们在原有的基础上对徽墨进行了改进创新,终于制成了"金不换"等文苑珍品,其中龙香剂墨、天琛墨、仙桃核墨、紫微恒星图墨、鱼戏莲墨、西湖十景墨、地球墨等更堪称绝世之作。清初徽墨形成了"落纸如漆,色泽黑润,经久不褪,纸笔不胶,香味浓郁,丰肌腻理"的特点。这时期的徽墨按原料不同,还可分为松烟、油烟、漆烟和超漆烟等品种,其中最名贵的当属超漆烟等高级油烟墨。这类墨散发出紫玉光泽,用于书法色泽黝而能润,用于绘画浓而不滞,淡而不灰,层次分明,故受到书画家们的推崇。

徽墨的另一个特点是造型美观,质量上乘。这主要是因为使用墨模的缘故。南唐李廷珪造小挺双脊龙纹墨锭,就采用了墨模压制。至宋以后,墨模大量使用,而且墨模的绘画和雕刻都很讲究。明、清时期墨模艺术也达到其巅峰。

清初颇负盛名的徽墨制作大家有曹素功、吴守默、吴天章等,其中以曹素功为最。曹素功,亦即曹圣臣,素功乃其字,号曰荩庵,歙县岩寺人。他自小即爱好藏墨,与程君房家是世好,收藏程氏墨颇多。

曹素功墨店初始经营于岩寺,后接受著名墨工吴叔大的墨名、墨模,并将吴的"玄粟斋"老店改为"艺粟斋",其制墨事业自此很快发达。先后迁往苏州、上海,至今已有近三百年的历史,薪传十余代。今天的上海曹素功墨店,即是其继承者。

据传康熙南巡时,曹素功献墨,颇得赏识,康熙遂赐"紫玉光"三字,于是曹素功名声益震。

曹素功之子永锡,孙子西侯、雨侯,曾孙阶立、鹤亭,六世孙献淮、尧千、德酬、引泉,七世孙毓东,八世孙云崖,九世孙瑞友等都以造墨传家。嘉庆、道光以后,曹墨才日渐衰落。安徽博物院今藏有曹墨“金皮墨”,乃曹尧千手制。

《四库总目》“提要”中写曹墨时说,曹墨“不似方、程诸家以夸多斗巧为事,而大抵适于实用,故士大夫颇重之”。康熙五十四年,曹素功之孙西侯制作的贡墨“太平清玩”,即《歙县志》所说的康熙南巡时所赐的“紫玉光”墨。《墨品赞》将其列为第一,并评说:“应运而生,玉浮紫光。名曰隃糜,天下无双。超奚迈沈,独擅众长。图以黄岳,焕乎文章。芬芳馥郁,密致坚刚。允为世珍,金玉其相。”其墨面所绘为黄山三十六峰,各峰的形态、大小形式不一,合起来则为一整幅黄山图。此外其“天琛”等几十种墨也都是传世佳墨。故时人云“天下之墨推歙州,歙州之墨推曹氏”。

汪近圣,绩溪尚田人,康熙雍正年间制墨名家。汪本为曹素功家的墨工,后于徽州府开设了自己的鉴古斋墨店。据《歙县志》记载:“绩人汪近圣,初佣于曹氏,嗣设肆于郡城,曰鉴古斋,乾隆辛酉征墨工于徽,近圣子惟高应诏入都制墨称旨,由是名大著,辑《鉴古斋墨薮》。”[①]汪近圣以制集锦墨著称,“其雕镂之工,装式之巧,无不备美”。汪氏所制的“耕织图”“罗汉赞”“西湖图诗”“御用彩珠”“黄山图”“新安山水”“千秋光”“龙光万载”“石鼓文墨”“花卉诗墨”“文源阁诗墨”等墨上都镌有“御制”字样,这些连同其他汪氏所制之墨皆为徽墨中之传世佳品,以致当时有“今之近圣,即昔之廷珪可也”之说。故宫博物院今藏有汪惟高入京后的精品“云海钟灵”。汪近圣曾刻有《汪氏墨林》与《鉴古斋墨品》,后人将汪氏之墨图辑为《鉴古斋墨薮》4卷。

汪节庵,歙县信行里人。其制墨稍后于汪近圣,乾隆年间崭露头

---

① 许承尧:《歙县志》卷一〇《方技》。

角,其函璞斋墨自乾隆末至嘉庆年间已颇有盛名。汪节庵墨常被江南大吏们选充贡品,当时"江南大吏,多献方物,入选之墨,必用汪氏"之说中的"汪氏"就是指汪节庵。

胡天柱,绩溪人,原名天柱,字柱臣,号在丰。有感于南京贡院明远楼悬有匾额"天开文运"四字,遂更名为胡开文。他是"胡开文"墨业的创始人,亦是清代四大徽墨家之一。少年时的胡天柱就已在休宁汪启茂墨店当学徒,因踏实勤奋,精于钻研,故深得汪启茂的器重,后娶汪启茂独生女为妻。乾隆三十年继承汪启茂墨店。其后,他通过花费巨资购买上好原料、挑选旧墨模中之精品、聘良工刻墨模等举措来提高其徽墨质量。他在屯溪开设"胡开文墨庄",初始所卖之墨皆由休宁店供应。嘉庆十四年(1809)以前的店事由胡天柱亲自打理,所制之墨一部分是零星锭墨,有"骊龙珠""古隃糜""千秋光""万寿图""金壶""乌金"等佳品,其镌有"苍佩室"的墨特别受欢迎。另一类是长期被当作贡品的集锦墨。从嘉庆十四年至道光十四年(1834),店事由天柱次子胡余德打理。

胡余德,名正,字端斋,号朗荣,胡天柱次子。少时即随父从事制墨与售墨。后遵从父亲遗嘱继承了休宁胡开文墨庄,获"苍佩室"专有权。胡余德非常重视墨模制作,曾耗巨资派人去京城搜集圆明园、长寿园、万春园蓝图,重金礼聘名家绘图、刻模。他设计的墨模,力求造型新颖,图案美观。其《御园图》64幅、《棉花图》61幅和《十二生肖图》12幅等皆堪称清代墨模之精品。他又聘请良工,按易水法制"苍佩室"墨,所制之墨坚如玉,纹如犀,色如漆,其"苍佩室"墨更因屡充贡品而名震天下。据说,胡余德善于管理,他不仅能生产不同规格、不同质地、不同形制的单锭墨,而且还能生产成套的集锦墨。在单锭墨中,既有普通用墨,也有高档书画墨,还有贡墨、定制墨、素墨、药墨、眉墨等特种用墨。胡余德也善于经营,他在高档墨上追求较高的利润,普通墨则取蝇头小利,以物美价廉招揽用户。胡家墨业以休宁胡开文为总店,在徽州各县及扬州、上海、武汉等全国各地开设分店,使胡开文墨业名闻遐迩。

此外,清代徽州还有很多享有盛名的制墨名家。如歙县岩寺人方密庵、歙县槐塘人程正路、歙县人巴慰祖、歙县人程瑶田、歙县江村的江秋史、歙县城里的程音田、休宁汪村人汪心农等。其他如程公瑜、程怡甫、吴尹友、方振鲁、江希古、汪希古、叶玄卿、叶元英、汪时茂、吴吴生、胡星聚、王丽文、叶拱辉、汪启茂、汪斗山、王尧章、汪采章、詹云鹏、詹致和、詹衡襄、詹彩臣、詹方寰、詹成圭、詹从先、詹侔三、詹达三、詹子云、余子上、余福从、余方也、程靖友、程秀夫、王晋卿、查亨吉、查森山等,由此可窥清代徽州制墨之盛。

周绍良出版的《清代名墨谈丛》一书,介绍了一些鲜为人知的清代墨家,其中"徽"字号的就有很多,如制"千岁芝"墨的自称天都人的程凤池,制"双淳化光"考古斋墨的朱一涵,制"乐志图"的休宁人叶公侣,制"此君"套墨的歙人程后村(字虚生),为林则徐所赞赏的"金壶汁""龙香剂"墨的制作者尺木堂潘怡和,制"白岳凝烟"墨的歙县汪次侯,制"云水研交"墨的婺源人洪汉东,制"松心""种榆书屋"墨的休宁墨工吴舜华和其子吴太占,曾制过"挥毫落纸如云烟"墨的休宁人汪斗山,制"钓璜"墨的婺源人詹振升,制"鞠通"墨的婺源人詹鸣岐,制"豹囊合璧"墨的休宁人程次张……可谓人才济济。

(二) 徽州雕刻

清代的徽州雕刻讲究细腻繁复,其构图、布局颇多吸收了新安画派的表现手法,讲究艺术美。本时期的徽雕多用深浮雕和圆雕,注重镂空效果,有的镂空层次超过十层。徽雕将亭台楼榭、树木山水、人物走兽、花鸟虫鱼等集于同一画面,雕刻玲珑剔透,错落有致,层次分明,栩栩如生,显示了雕刻工匠高超的艺术才能。

1. 砖雕
徽州砖雕从明代到清代经历了一个由粗糙至精致的过程。

在清代,徽州砖雕较为纤细,刻工精良,雕刻作品空间层次深远,雕刻逐渐转向注重细腻繁缛,看重情节性构图。这与北方构图简练丰满、刀法浑厚朴实大方的砖雕风格颇有不同。一块方不盈尺的砖坯上的透雕可以超过十个层次,整个面的布局也采用了立轴和手卷式的章法,显得更加端庄严谨。

砖雕有平雕、浮雕、立体雕刻。明代砖雕的风格粗犷、稚拙而朴素。明末清初,由于富商们对豪华生活的追求,因此清代砖雕的风格渐趋细腻繁富,注重情节和构图,透雕层次加深。在尺余见方、厚不及寸的砖坯上雕出情节复杂、多层镂空的画面,从近景到远景,前后透视,层次分明,令人产生精妙无比的美感。安徽博物院藏有《郭子仪上寿》《百子图》等,这些都是清代徽州砖雕的代表作,它们体现出了高超的徽州砖雕技艺。

2. 木雕

崛起的徽商发家致富后,遵循儒家文化传统,纷纷回故乡置良田、造豪宅,并以木雕技艺雕梁画栋进行内部装修,从而推动形成了一股以徽州木雕艺术进行民居装饰的风尚。徽州的社会文化环境使得徽商在木雕艺术中更多地表现出对儒家文化的追求,并使徽州木雕成为具有鲜明的儒家文化特色的木雕艺术流派。

徽州民间木雕大大促进了儒学的传播。对于那些生活在乡村僻野的乡民、农妇、幼童而言,抽象的文字魅力远逊于直观的艺术形象,他们在日常起居中就能处处触碰到宅门窗部、飞檐、桌椅、床榻等以传播儒家学说为特征的木雕故事图案等,而这些木雕则无时无刻不在对徽州民众进行着儒家文化的熏陶。这种潜移默化的文化教化熏陶了一代又一代徽州人,滋养了徽州浓郁的文化氛围和淳朴的民风。

入清以后,徽人对木雕装饰美感的追求更为强烈,涂金透镂,穷极华丽,虽为精工,但有时显得过于繁琐。现今,在古徽州所辖县内木雕精品仍然随处可见。歙县黄村一清代民宅,其梁、枋、斗拱、雀替等处皆被精雕细刻,装饰着灵兽、百鸟、蝙蝠和回文图案,布局严谨,造型优美。楼下围着天井的 24 层镂花隔后门,上半部是连续图纹漏窗,下半部是浮雕花鸟隔板,连接上下两半部的中间横板,则雕刻着戏曲故事,内容皆出自《三国演义》戏文。在堂前右侧登楼的门口上方,有一幅用浮雕与镂刻相结合的"回归图"木雕画,画中有一位年轻妇人倚门眺望,有一个男子夹着伞,背着包袱,从山道上走来,背景是山石冈峦、竹林曲径。画面人物长仅盈寸,却刻得眉眼毕现,栩栩如生,尤其是倚门妇人凝眸远望,神态忧戚而专注,流露出期盼亲人归来的脉脉情思;行旅男子则是风尘仆仆,行色匆匆,归心似箭。其构图之精巧,造型之生动,堪称现存徽派木雕中的精品。徽州木雕艺术历代名工辈出,刘铁笔、汪晟、汪老五、黄异人、张立夫等人在方志中均有记载。他们的木雕艺术代代相传,直到如今还在令徽州木雕焕发异彩。

如今安徽的西递、宏村已被命名为世界文化遗产,西递、宏村之所以能被联合国教科文组织评为世界文化遗产,自然村落是环境因素,明清民居是古建筑因素,而明清木雕则是其最重要的古文化因素。可以这么说,西递、宏村保留下来的明清徽州木雕,已成为世界文化遗产的一部分,并被载入世界文化史之中。

3. 徽州竹雕

竹雕是徽州的传统工艺,盛行于明清时期。因徽州建筑多为砖木石结构,故竹雕用于建筑物的装饰较为少见。

徽州竹雕的原料来自于徽州盛产的毛竹,匠人们以刀代笔,因材施艺,运用浅浮雕、深浮雕、线刻等手法,雕出各种书画作品。这些作品的题材极其广泛,其中以名家书法墨迹、山川风貌、传说故事、珍禽异兽等题材居多。竹雕主要是用于摆设装饰的常见工艺品,包括屏风、告屏、挂屏、插花瓶、茶叶筒、笔筒、烟筒、帽筒、筷筒、楹联、腕枕、餐具等。

竹子直而有节,其性坚韧,故雕刻需纤巧细腻,雕技较木雕难。但因在徽州取材容易,稍有一定的书画和雕刻基础者皆可操刀,所以徽州竹雕亦颇为普及。竹雕一般是将竹子居中剖成两块半弧形竹片,或在竹片上雕刻文字,或在竹片上雕刻作画。就在竹片上雕刻文字而言,一般将字雕成阴文后再填以石绿色料,悬于厅堂,古色古香。在半弧形竹片上雕画,多数是独立成画,雕刻精细,画面清新淡雅。竹雕作品有的用漆,有的保持竹质本色;即使用漆,一般也都用浅色,或用桐油涂于表面,既有光泽又能透出竹质纤维的脉理。

随着微雕工艺的发展,清代的徽州竹雕在内容、形式、技巧各方面日趋丰富和完善。随着拼接工艺的利用,徽州竹雕工艺突破了竹子尺寸大小的限制,可以进行较大面积的竹雕,也使竹雕器具的制作更加自由、方便、灵活。

4. 墨模雕刻

肇始于唐代的墨模雕刻,指的是在制墨模具上进行的艺术雕刻,是制墨家、画家和刻工共同劳动的结果。工艺程序一般是先请画家绘图,然后将图拓在数块木制内模印版上由刻工按图刻制。伴随徽州制墨业的兴盛,墨式造型和墨模雕制艺术也日渐发展。明代中叶,墨模艺术进入了黄金时期,墨模制作数量很大。有模版或图谱传世的历代所制墨模名品有明代墨家程君房的《程氏墨苑》520 式,与程君房同时驰名制墨业的有方于鲁的《方氏墨谱》385 式,集汪近圣墨模图案的《鉴古斋墨薮》88 式。

至清代,集墨业之大成的胡开文墨庄所聚集的旧墨模有 1900 余件,今藏安徽博物院的嘉庆年间的大型集锦墨"御制铭园图"64 种最为精工,由名家绘图,巧匠镌刻,历时数年。作为民间实用雕刻艺术,历代墨模雕刻工匠也是名家辈出,明代有歙县人黄鳞、蟹钳、黄应泰、黄一彬等,清代有泾县人王绥之、王受荣等,这些人都堪称墨模雕刻艺术大师。

墨的艺术欣赏价值主要在于墨模雕刻艺术。历来制墨家对墨模十分重视。墨模又名墨印、墨范,用石楠木、棠梨木和杞树制成。墨模雕刻与一般木刻类似,以手工镂刻造型纹样,主要造型技法有阳刻、阴刻两大类。阳刻包括平底浅浮雕、浮雕;阴刻包括线刻、浅刻、深刻。

平底浅浮雕是墨模雕刻与其他雕刻艺术不同的、特有的、基本的雕刻手法,除了刻出凸起 0.1mm～0.2mm 的阳纹外,凹下的部分包括阳纹底缘都要刮平、刮光,处理成一个平整的托起阳纹的底面,这样,钤出的墨方能收到凹凸有致的起伏效果。墨模雕刻造型形象一般以工细写实见长,在方寸版面上,表现人物、书法、山水、花鸟、楼阁等。[①]

(三) 其他工艺

1. 竹编工艺

竹编是徽州的传统工艺。徽州盛产品种繁多的翠竹,质地细柔坚韧,为发展竹编工艺提供了丰富的资源条件。民间竹匠、篾匠之技高者能把竹子剖削成细如发丝、薄如蝉翼的篾片,供编制各种器物所用。徽州竹编始于唐代,主要是编制生活用品和生产工具,所编器物以碗、杯、盘、瓶等为主,还有篾盒、书箱、礼盘、果盒等。明清时期,制作工艺普及,技术提高,不仅竹编器物制作得精细别致、造型美观大方,而且图案新颖,色彩鲜明,既具有实用价值,又有一定的观赏性。有的还编上"福""寿""囍"字样和龙凤呈样等的图案。今天的安徽各城市街头,时而也还能见到竹编艺人现场编制龙、凤、鸟、蝶、蝈蝈等手工艺品。清末,洋货侵入人们的生产和生活中,徽州竹编工艺遂日渐衰落。

徽州各地在唐代就曾将竹席进贡朝廷。据《新安志》记载,当时徽州的匠人还将绘画引入竹编工艺,画面古朴典雅,色彩艳丽,各种人物鸟兽造型逼真,呼之欲出,此类竹编既有一定的实用价值又有很大的观赏价值。明代徽州的竹编工艺普及程度极高,竹编工艺品应用广泛,既有注重实用价值的日用工艺品,也有注重精巧雅致的陈设工艺品。因竹编技艺精巧,明代万历版《歙志》以"精艺"相属。

《安徽风物志》对徽州竹编也有过详细介绍,认为徽州竹编和徽州

---

① 安徽省图书馆、安徽省数字图书馆:http://www.ahlib.com/ahlib/tszy/gongyimeishu/mulu.htm.

漆器二妙结合,就更加美观和富有魅力。从当地寻常百姓家仍可看到古代流传下来的竹制生活用具有碗、杯、大盏、各式盘、花瓶、果盒、花篮、礼盒、礼箱、文具箱、团扇、屏风等。其中碗、杯、盘、瓶等物,皆系当年用细如发丝的竹丝编成外胎,内加一层银或锡制作成里胎,素雅而实用。果盒、礼箱、文具箱等,是用竹制骨架,嵌以极细竹丝织成的花纹坯,涂彩漆、描金花而成。造型各异,古雅别致。安徽博物院的藏品中,有一件明代万历年间的竹编"描金五彩漆果盒",系用极细的竹丝编成长方形盒坯,而后在盒面上涂漆,再用描金五彩绘画人物故事,显得富丽而又精致;还有一件清代的竹编"金漆堆花圆果盒",用竹制骨架及细如发丝的竹丝编织成盒坯,外加细篾编织成花边框,通体涂彩漆描金花,色泽光彩夺目。新中国成立后,徽州的一些竹工仍能将厚不及寸的竹片,分成 100 至 140 根像头发丝一样的细竹丝,编织各种器物,而如今则渐渐人亡艺绝了。①

另据《屯溪市志》记载,清代屯溪编制的礼篮、考篮等竹编制品,薄如纸,细如发,每寸排篾 128 根,细致牢固,编织精密,且与竹雕、绘画相结合,古朴典雅,色彩绚丽,人物、鸟、兽造型形象逼真,具有极大的欣赏和实用价值。

2. 张小泉剪刀

张小泉,明末安徽黟县会昌乡人。其父张思家,自幼在以"三刀"闻名的芜湖学艺。明末,灾害频繁,烽烟四起。黟县百姓朝不保夕,苦不堪言。父子二人逃荒到杭州,创设了"张大隆"剪刀店招牌,以刀剪制作为生。明末清初时,张小泉的剪刀制作就已闻名遐迩。张思家父子因做事认真、讲究质量,加上地处清河坊一带,是杭州商业中心,因而声誉四起,生意兴隆。小泉跟随父亲潜心于剪刀制作,他们选用优质的浙江龙泉、云和钢材,首创刀剪刃口镶钢(又叫"嵌钢")锻打工艺。后来张小泉子承父业,刻意求师访友,反复琢磨,不断改进技艺。为防

---

① 参见《安徽风物志》,黄山书社 1985 年版,第 339 页。

别家冒用"张大隆"招牌出售剪刀,他把招牌改用自己名字"张小泉"。张小泉剪刀,以镶钢均匀、钢铁分明、磨工精细、销钉牢固、式样精巧、凿花新颖、经久耐用、刃口锋利、开合和顺、价廉物美等十大特点而名噪一时。一些专业艺人如裁缝、锡匠、花匠等都慕名前来定制剪刀。

据说张小泉剪刀创始人张小泉曾立下"良钢精作"的家训,数百年来,其后人一直身体力行。张小泉剪刀制作一改以往所用生铁锻打剪刀的常规,创设了两项精湛独特的制作技艺,一是镶钢锻打技艺,造剪选用优质钢材镶嵌在熟铁上,采用镇江特产质地极细的泥砖精心磨制;二是手工刻花技艺,造剪工匠在剪刀表面刻上西湖山水、飞禽走兽等纹样,形象生动、完美精巧。张家产业虽然数易其主,但其所总结出来的一道道工序,是一代又一代劳动者的智慧和心血的结晶。张小泉及其后来者给我们留下了精湛独特的剪刀制作工艺。

3. 万安罗盘

罗盘在我国古代是广泛运用于天文、地理、军事、航海、占卜以及居屋、墓葬选址的重要仪器,是在中国古代指南针的基础上发展而来的传统实用民俗工艺品。早在战国时期,就有了一种名为"司南"的占卜罗盘。明清时期,我国罗盘生产主要分布在几处,一是徽州,一是福建漳州,再一是广东兴宁。万安罗盘凭借设计独特、选材考究、制作精良、品种齐全,被奉为罗盘正宗,享有"徽罗""徽盘"之称誉。

万安罗盘因其诞生、生产于休宁的万安镇万安老街而得名,万安罗盘是现存的全国唯一以传统技艺手工制作的罗盘,直至现在,万安镇还是我国木罗盘的唯一产地。万安罗盘为传统地学仪器名品,包括水罗盘、旱罗盘、航海罗盘、堪舆罗盘和日晷等数种。罗盘尺寸字样不一,式样多达百种,精密度很高。万安罗盘清末即已远销国内外,民国四年(1915),"吴鲁衡毓记"罗盘、日晷在巴拿马万国博览会上获得金质奖章。现在的中国历史博物馆还珍藏着一只万安吴鲁衡罗经店生产的清代二十六层木质水罗经。罗经是风水先生对于罗盘的敬称。

徽州休宁的"万安罗盘"因古徽州辨方乘气、风水堪舆和宅基、墓道的测定等需要而兴起。万安罗盘制作史可上溯到宋朝或者更早,罗盘在明代得到发展,清代中叶进入鼎盛时期。徽州本地人对于房屋建筑、墓穴选址等风水非常讲究。清初休宁县万安人赵吉士在其著作《寄园寄所寄》中就写道,"风水之说,徽人尤重之,其平时构争结讼,强半为此",足见徽州风水的盛行。而这种对于风水的追逐,无疑为罗盘提供了广阔的市场空间。在此情势下,万安罗盘业应运而生。

据《中国风水罗盘》记载,休宁万安罗盘作坊历史悠久,曾有方秀水、吴鲁衡、汪仰溪三家制作罗盘的祖孙相传。而真正让万安罗盘名扬天下的是吴鲁衡。吴鲁衡生于康熙四十一年(1702),曾在"方秀水罗经店"里学艺,习制经盘并精通工艺,雍正年间于万安创"吴鲁衡罗经店"。其所制作的罗盘、日晷等产品,既承古法,又有创新,以质量好、精度高而畅销,甚至远销到朝鲜、日本、南洋诸国和欧美各地。[①] 万安罗盘制作清末一度衰败,民国初年重振辉煌并延续至20世纪60年代初停止生产,1982年又恢复生产至今。

万安罗盘的制作工艺需要经过六道工序:第一是精选特等木料"虎骨树"(学名重阳木)并锯成罗盘毛坯;第二是将毛坯车圆磨光并挖

好装磁针的圆孔;第三是分格,按太极阴阳、八卦二十四爻、天干地支、二十四向至、二十四节气、十二生肖、二十八宿分野和三百六十五周天依次在盘面画格排列;第四是书写盘面,据秘藏图谱刻画书写盘面;第五是熬炼桐油并给罗盘上油;第六是安装磁针,这是最后也是最关键的工序,由店主在密室内单独操作,其工作包括磁化钢针、测定磁针重心、装针等。

万安罗盘制作

由于罗盘的实用功能逐步退化,市场萎缩,万安罗盘制作的老艺

---

① 参见程建军:《中国风水罗盘》,江西科学技术出版社1999年版,第13页。

人又先后辞世,后继乏人,罗盘制作工艺亟待保护利用。今天的罗盘虽已没有了太多的实用价值,但作为一种工艺品,它依然具有其独特的文化魅力。2006 年 5 月 20 日,该制作技艺经国务院批准列入第一批国家级非物质文化遗产名录而受到保护。

4. 徽州容像

徽州人把肖像画称作"容像",或单称"容"。"岁时礼俗,正月悬祖容于庭,张灯设饮,至元宵后三日撤,谓之十八朝。"[①]明清时,每逢春节,家家户户张灯贴对,挂祖宗容像,各姓祠堂亦张灯结彩,燃点香烛,供奉族长、祠长、家长容像和祖宗牌位,供人瞻拜,直到正月十八后撤去。当然,徽州各地容像悬挂风俗也不尽相同,据《黟县四志》记载:"邑俗腊月二十四夜在祠祭祖并于是日悬挂先人容像,至明年正月十五或二十日始拜而收之。"

徽州容像始于南宋,盛于明清,约七百年历史,鼎盛于明万历至清乾隆时期。徽州容像多为明清时期绘制,宋元时期容像传世很少,仅见摹本,从安徽博物院馆藏明清容像和画工底样看,明代早期徽州容像画法与宋元传统的一般白描法相同,即以线条勾勒为主的传统的单线平涂法。此法首先用细笔描出五官部位形状,然后加淡墨、淡色渲染,最后以色线复勾描五官。明代中后期的画法有所发展,加重了用墨和敷色的比重,重在描绘面部结构起伏,明暗凹凸,从而富有立体感和质感,把容像技艺提高到了一个新的水平。徽州民间画师在吸收外来技法,融合地方传统方面取得了好的效果。

乾隆年间,徽州容像技艺已达到很高水平。主要用线条勾勒、淡墨渲染来描绘面部。靠敷色来渲染面部明暗凹凸,用色线复勾五官来使墨与色浑然相融,不着笔痕。不管是描绘对象的老少和肤色、面部深浅的变化,还是皱纹、痣斑、眼疾等特征,无不刻画得精细逼真,见画如见真人。本时期容像的特点是:墨与色并重、立体感较强、色彩明

①　许承尧:《歙县志》卷一《风土》。

丽、形象准确、性格鲜明,代表了徽州容像的独特风格与最高成就。

清代晚期,徽州容像画师受外来技法等影响,除画容像外,还为名人作行乐图。这既描绘了人物动态,又增补了园林亭台、花木山石等背景,从而丰富了肖像画内容。从黟县咸丰年间传神画师余珏家的后人征集到的底样和安徽博物院藏余珏《俞正燮行乐图》看,人物形象洒脱自然,以笔墨为主,敷色淡雅。许多人物头像底样被作为行乐图人物的粉本,我们从中可以欣赏到徽州清末肖像画的各种风貌。[①]

5. 盆景

徽州地处黄山白岳之间,山清水秀,风光怡人,适宜的自然环境与气候条件促进了徽州盆景的制作与赏玩。明清时期,富裕的徽商在家乡大兴土木,营建的私宅或祠堂内多有庭院、天井和花园,徽州园林的兴起带动了徽州盆景的发展。徽州人在私宅或祠堂里大量培植花卉树木,摆设盆景,以美化环境,享受人生。徽州的名园有歙县唐模的檀干园、西溪南的绿绕亭和果园、雄村之非园、西溪之不疏园、稠墅之修园、桂溪之继园、溪南之砚子园、富堨的娑罗园、郑村的西园南园等。这些徽州名园促进着徽州盆景工艺的繁荣。

沈复的《浮生六记》《绩溪县志》《黟县志》等都有有关徽州盆景的文字记录。徽州盆景随着徽商徽人的外出而传播影响四方各地。譬如晚明寄寓嘉定的歙人李流芳,不仅工诗画篆刻,还擅长装点盆景以自娱,此即得益于新安大好山水的真景及家乡徽州盆景传统。徽州盆景值得一记的人文背景很多。歙县洪岭山区的卖花渔村土质疏松,适宜培植花木。因村形如鱼,村民世代以卖花为生,故名之为"卖花渔村"。远在五代,该村即有植梅传统,村民将各类花木培植成盆景,以梅桩最为著名。据说嘉庆年间,龚自珍随出任徽州知府的父亲龚丽正来到这里,在看到了江宁、西湖等病梅后又看到了徽州梅桩盆景,有感而发,便写了《病梅馆记》。

---

① 安徽省图书馆、安徽省数字图书馆:http://www.ahlib.com/ahlib/tszy/gongyimeishu/mulu.htm.

徽州盆景以树桩盆景为主，兼以山石配景。选材以松柏为主，此外还有梅花、黄杨、石楠、碧桃、桂花、紫薇、紫荆和南天竹等，其中尤以梅桩最负盛名。其制作方法一般是先压条成活，再逐年培育。每年的初春进行人工蟠扎、盘弯以造形，再整修侧枝。

徽州名园众多，因而盆景数量众多且质量上乘。徽派传统盆景在风格上以苍古奇特见长，表现出了徽州特有的自然神韵。徽派盆景也因此享有美誉。徽派盆景的典型形式有游龙式、扭旋式、三台式、迎客式、圆台式、悬崖式、劈干式、枯干式、疙瘩式、提根式等，[①]不同的形式寄寓着人们不同的审美需求。

随着社会经济的发展和徽商经济实力的日渐雄厚，源于徽商生产生活所需及达官巨贾审美趣味，徽州工艺确立了以技艺取胜的造物观念，这使得徽州工艺的风格日趋注重矫饰雕琢，讲究精致繁缛。清代的徽州工艺远远超过前代，其门类更加完善，品种日益繁多，手法大大丰富，技艺更趋精湛，呈现出集大成局面。

九　新安医学的发展

徽州是"朱子阙里""徽派朴学的发祥地"，深受儒家思想的影响。崇尚理学、崇尚医学蔚然成风，在中国文化史上独树一帜。是时，"不为良相，则为良医"和"为人子者不可不知医理"，成为知识分子立身、修业、处世的基本信念。从清顺治元年（1644）至道光二十年（1840）间的前后二百年，是新安医学最为活跃的历史时期，涌现出一大批著名医学家，把新安医学推向了一个新的高潮，在中国医学史上产生了重要的影响。这一时期的特点是：一方面重视医学理论的研究和阐发，

---

① 参见胡一民：《徽派盆景》，中国林业出版社1998年版，第76—80页。

关注临床实践研究活动,医案验方等实用医学著作大量涌现,临床医学水平不断提高。另一方面,重视整理、刊刻医学典籍,撰写出版医学普及读物,推动了新安医学的快速发展。据不完全统计,清代名医有527人,著书498种,[①]其中部分新安名医参见表3-4。他们对新安医学和中国古代医学发展都做出了重要贡献。

(一)中医学理论水平不断提高,临床医学成就显著

在医学理论和临床医学等方面,新安医学注重运用考据学的方法,既深究中医基本理论,探赜索隐,又注重本草学、医方、验方和临床各科,在中国医学史上的影响很大。

1. 重视中医基本理论研究

据研究,明清时期安徽有关《内经》《难经》《伤寒论》和《金匮四要》四部医学经典的注疏、考释、集解、辨误之作有 70 余种,[②]有不少就出现在清代前期的二百年间。例如汪昂的《素问灵枢类纂约注》、程知的《医经理解》和《伤寒经注》、程云鹏的《灵素微言》、鲍漱芳的《灵素要略》、郑重光的《伤寒论条辨续注》、吴谦的《订正伤寒论注》和《伤寒证治明条》、曹守堂的《医补》、汪广期的《伤寒辟误论注》、程林的《伤寒抉微》和《金匮要略直解》、戴震的《金匮要略注》等。其中影响较大者是汪昂的《素问灵枢类纂约注》、郑重光的《伤寒论条辨续注》和程林的《金匮要略直解》。

汪昂,字讱庵,明万历四十三年生,约卒于清康熙三十七年。安徽休宁人。[③]曾中秀才,因家庭贫寒,遂弃举子业,立志学医。他苦攻古代医著,结合临床实践,经过数十年的探索研究,著述颇丰。在学习医学过程中,汪昂深感《素问》《灵枢》"理至渊深,包举弘博",为医家必读

---

① 参见张玉才:《新安医学》,安徽人民出版社 2005 年版,第 151 页。

② 参见张秉伦等:《安徽科学技术史稿》,安徽科学技术出版社 1990 年版,第 316 页。

③ 参见杜石然:《中国古代科学家传记》下集,中国科学出版社 1993 年版,第 992 页。

之书。然因卷帙浩繁，"文本古奥"，其中病证、脉候、脏腑、经络、针灸、方药，"错见杂出"①，不便浏览。虽经历代医家进行整理、编次、校订或注释，但大都内容繁杂，随文敷衍，难得要领。于是仿照元代著名医学家滑寿②在《读素问钞》中把《素问》按其内容分为12项予以摘抄的编撰方法，选录《素问》《灵枢》两书中除针灸以外的主要内容，分为藏象、经络、病机、脉要、诊候、运气、审治、生死和杂论9篇，参考历代《内经》注家之论予以简注，历经三十余年，编成《素问灵枢类纂约注》3卷，于康熙二十八年刊行于世。

　　《素问灵枢类纂约注》一书特点是精选《内经》原文，分类注释，条理清晰，简明扼要。汪昂认为《素问》治兼诸法，注重说理；《灵枢》偏重于针灸、经络，其内容多体现术数，因此内容选取以《素问》为主，《灵枢》为辅，对其精要内容予以概括。虽对《内经》原文有所删节，但段落依旧，保持了原貌，并无割裂原文之弊端。原著经汪昂重新分类编次，更具系统性。其中注文多辑自唐至明清历代名家注释《内经》之精华，并结合自己的学习心得，"或节其繁芜，或辨其谬误，或畅其文义，或详其未悉，或置为阙疑"，力求

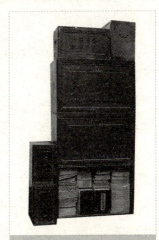

新安医家藏书

"语简义明"，以阐发《内经》奥旨蕴意。此书立论多较允当，所引《内经》原文均注明出处，不会相互参错，便于读者查阅，在《内经》节注本中颇有影响，后世甚至将其作为《内经》的教科书，现存数十种清刻本。

　　郑重光，字在辛，又字素圃，晚年号完夫。安徽歙县人。早年丧父，继之自己患病，饱受疾病磨难之苦，叹是时医术不精，遂博览《内经》以下诸医书，上下求索，彻悟医理，临证详慎周密，治病有奇效。寄

----

①　汪昂：《素问灵枢类纂约注·凡例》。

②　滑寿，字伯仁，号樱宁生，祖籍许州襄城（今属河南），生于仪真（今江苏仪征），生年不详；明洪武年间卒于浙江余姚，元代著名医学家。

居仪征、扬州等地，以医名世五十载，著有医书《伤寒论条辨续注》12卷、《伤寒论证辨》3卷、《瘟疫论补注》2卷、《素圃医案》4卷，后世将郑氏所著之书合刊为《郑素圃医书五种》流传于世。

郑重光在伤寒病方面多有发明。清初程应旄①汲取方有执、喻昌②等整理《伤寒论》之精华，阐发己见，撰《伤寒论后条辨》15卷（1670）。该书分礼、乐、射、御、书、数6集。程氏以方有执《伤寒论条辨》内容，根据个人对仲景原文的理解，"条其所条，辨其所辨"③，并以仲景原文及《伤寒论条辨》、喻昌的《尚论篇》附于后，便于读者参看检阅。该书强调运用辨证的方法，把医学理论和医学实践结合起来，指出："仲景非是教人依吾法去医伤寒，而是教人依吾法去辨伤寒；非单单教人从伤寒上去辨，乃教人合杂病去辨。"郑重光认为程应旄的《伤寒论后条辨》、喻昌的《尚论篇》和张璐④的《伤寒缵论》等书虽多有发明，但都没能超出方有执的《伤寒论条辨》。于是取《伤寒论条辨》原文，删其繁复，增入喻昌、张璐、程应旄诸家之说，附以己见，撰《伤寒论条辨续注》12卷以补方氏之未备，卷首仍题名方有执，以示对方氏之尊重。可见，《伤寒论条辨续注》集诸家之说，是研究《伤寒论》的重要参考资料之一。郑氏又复撰《伤寒论证辨》3卷，就证分经，"各证之下，分经辨证，括证务详，辨治务晰"，后附方剂，切于实用，对后世研究《伤寒论》产生了一定的影响。

在《金匮要略》方面，程林的《金匮要略直解》影响很大。程林，字云来，别号静观居士，生卒年不详。安徽休宁人。程林少曾师从儒医程衍道学习十余年，有巧思绝艺，善画，精刻篆，工文章。流寓西泠（在今杭州），钻研医学近三十年，闭门著书。程林对《金匮要略》采取"以

---

① 程应旄，字郊倩，安徽歙县人，曾寓扬州行医，清顺治、康熙年间在世，生卒不详。
② 喻昌，字嘉言，号西昌老人，江西新建（今江西南昌）人。生于明万历十三年，卒于清康熙三年，终年七十九岁，明末清初著名医学家。
③ 程应旄：《伤寒论后条辨·自序》。
④ 张璐，字路玉，晚号石顽老人，江苏吴江人。生于明万历四十五年，卒于清康熙三十八年。与喻昌、吴谦齐名，被称为我国清初三大医家之一。

经证论"之法,注释悉取《内经》《神农本草经》《针灸甲乙经》《中藏经》《伤寒论》,兼取六朝、唐宋诸家有确论者,直截简切,义理详明,不作僻语、迂论、曲解及误人之谈,是《金匮要略》注本中的上乘之作,为后世称道。另外,吴谦[①]的《订正仲景全书金匮要略注》博采赵良仁、徐彬、程林等诸家注释之精华,务使仲景立法和成方之旨、规矩变化之妙明晰易晓,订正水平很高,被后世誉为学习研究《金匮要略》之范本。

2. 药物学和方剂学成就显著

明代徽州研究药物学和方剂学的风气盛行,到清代时仍经久不衰。清康熙十八年歙县蒋居祉著《本草择要纲目》,收录 368 种药,按照寒、热、温、凉四性分类,注明药性和功能,是一部以药性为主的专著。药物学和方剂学方面,汪昂撰有《本草备要》《医方集解》《汤头歌诀》等名著。

汪昂认为,《本草纲目》卷帙浩繁,博且广,不便于携带和检阅,于是集诸家本草精华,由博返约,取实用中草药 400 味,汇为《本草备要》,康熙二十一年(1682)成书。十年后又增补 61 味常用药物,更名为《增订本草备要》,于康熙三十三年(1694)重新刊印发行。该书按气味、升降、沉浮、形状、根梢、上下、内外等分类,对每味药的性味、归经、功用、主治予以说明,并附图 400 余幅,以备使用者参考。问世之后,颇受临床医生欢迎,流传甚广。

《医方集解》原与《本草备要》一起刊行。《医方集解》3 卷,"博采广搜,网罗群书,精穷蕴奥,或同或异,各存所见,以备参稽",分为 21 门,即:补养、涌吐、发表、功里、表里、和解、理气、理血、祛风、祛寒、清暑、利湿、润燥、泻火、除炎、消导、收涩、杀虫、明目、痈疡、经产等。书中收正方 300 余个、附方 300 余个,书末并附有《急救良方》和《勿药元铨》。每方论述包括适应证、药物组成、方义、服法及加减等。该书内容丰富,分类精当,切合实用,流传甚广,是一部影响很大的方剂学专著。

---

① 吴谦(1689—1848),字文吉,安徽歙县人,清雍正、乾隆年间的名医,乾隆时曾为太医院院判。

方剂学方面还有罗美的《古今名医方论》。该书精选古今常用名方、方论编撰而成,共收方剂 150 余个,方论 180 余则。每方先叙方名,次叙主治、药物及其服法,再引古今名医对该方之论述,条理清晰,便于查阅,备受医家赞誉。程履新的《易简方论》,取《易经》"易则易知,简则简从"①之义,著录常用医方,便于缺医少药的偏僻地方能够开卷检方,对症治疗。该书对后人颇有启迪。此外,胡其重的《医药先规》、方成垣的《古方选注》等,也各有特点。

新安医学有一个传统美德,即"崇仁尚义",编辑验方,乐意为贫苦患者施诊舍药,因此有大量的验方问世,这是新安医学的一大特点。例如,项天瑞根据自己在临床实践中检验效果好的医方制成中药,施赠乡里凡二十年。日久,所收良方愈来愈多,最后编成《同寿录》刊行。还有汪启贤的《济世全书》、胡其重的《急救危症简便验方》、程林的《即得方》、吴文冕的《经验良方》、俞焕的《经验单方类编》、汪广期的《济世良方》、郑晟的《生生录》、江进《集古良方》、吴章侯的《易简良方》、叶风的《集验新方》和《亚斋应急奇方》等,都是此类医学书籍。

3. 形成了温热病辨证施治的完整体系

在传染病方面,明代汪机就提出温病有"新感"和"伏气"之不同。清初歙县名医程衍道②(约 1593—1662)提出了"温邪袭肺,咳甚;入胃,温甚"的见解。在清代,经过长期临床实践,积累了丰富的治疗经验,对温热病学说有了新的阐发,温病学说达到了成熟阶段,并形成了温热病辨证施治的完整体系。③

对温病研究贡献最大者当推叶桂(1667—1746)。叶桂,字天士,祖籍歙县,侨居吴县(今苏州),著有《温热论》等书。该书从理论上论述了温热病的发病原因和传染途径及其规律,提出了"温邪上受,首先犯肺,逆传心包"之说,对温病在卫、气、营、血四个阶段的病证、病机、

---

① 《周易·系辞下》卷八,《十三经注疏》本,中华书局 1980 年影印。
② 程衍道,字敬通,著有《医法心传》《心法歌诀》等,有抄本传世。
③ 参见张秉伦:《安徽科学技术史稿》,安徽科学技术出版社 1990 年版,第 327 页。

治则都做了精辟的阐述,总结出了察舌、验齿、辨别斑疹发白㾦的诊断方法,善用清淡、轻巧之剂。《温热论》一书奠定了温热病学说的基础,成为研究外感温病辨治的纲领性文献,备受后人关注。

在温病方面,歙县的郑康宸和郑重光也做出了重要贡献。郑康宸对吴又可[①]的《瘟疫论》进行注释、增删,撰成《瘟疫明辨》,阐发瘟疫与伤寒之不同。郑重光著《瘟疫论补注》(1710)进一步阐发瘟疫的病因、病理、症状、治疗,既剖析了《瘟疫论》中所载的"达原饮"等治疗瘟疫效方的作用,又强调了巧用石膏、犀角的特性,推动了温病学的发展。此外,汪文绮(字蕴谷,清代医家)的《瘟疫论二注》、汪世渡的《时疫类方》等,都对温病学研究起到了重要作用。

4. 临床医学发展到了一个新阶段

临床医学的发展与医学理论的提高是相辅相成的。随着医学理论的不断发展,名医名著大量涌现,新安医学中内、外、妇、儿、眼、喉等临床各科得到了全面发展,达到了一个新的发展阶段。

在清代前期,徽州出现了许多综合性医书,如程国彭的《医学心语》、汪文绮的《杂症会心录》、吴澄的《不居集》、吴文冕的《医学指南》、卢云乘的《医学体用》、程三才的《证治阐微》、毕体仁的《临症主治大法》、程致煌的《医学类求》等,内容很多涉及内科等临床各科。其中影响较大的有《医学心语》和《不居集》。

《医学心悟》是一部综合性医书,是程国彭一生从事医学研究心得和临床经验的总结,雍正十年成书,次年由新安江子耀捐资刊刻发行。程国彭(1680—1733),字钟龄,号恒阳子,晚年法号普明子。安徽歙县人。少年时代就开始学医,很快成为一名医术高明的医生,中年因牵连一场人命案而到黄山出家当了和尚。但他出家后,仍专心于医学研究,创有多种新的方剂,如"消瘰丸",对于"瘰疬"(颈淋巴结核)有很好的疗效,一直到今天,仍然在临床上应用。晚年著《医学心语》6卷。卷

---

① 吴又可,名有性,字又可,号淡斋,江苏吴县人。生于明万历十年,卒于清顺治九年,一生从事中医传染病学研究,著有《瘟疫论》一书,阐发了传染病病因学说。

一为总论,除叙望、闻、问、切四诊外,在治法方面的发展令人瞩目。程氏在归纳总结前人做法的同时,结合自己的临床经验,提出了著名的"汗、吐、下、和、温、清、补、消"等八法。"八法"至今仍有实用价值,能有效地指导临床医生的实践,这是程氏对祖国医学的伟大贡献。卷二为伤寒论部分,细致辨析了六经证治。卷三、卷四以内科病为主,包括五官科疾患共76种常见病、多发病。卷五为妇科,介绍了40余种妇科疾患的诊治。卷六为《外科十法》,包括外科、皮肤科等45种病的辨证施治。《医学心语》所载诸多验方,数百年来屡试不爽,受到历代医家的重视。

《不居集》为清代名医吴澄所著。吴澄,字鉴泉,号师朗。安徽歙县人。生活在清朝康熙、乾隆年间,是新安医学派中一位著名的理虚专家,以《易》通医,对传统中医理论有所发现,有所创造,卓有建树。[①]《不居集》是一部阐述虚劳理论及治法的重要医学专著,学术价值很高。书名"不居"取自《易经》,为"变动不居,周流六虚"[②]之意。一是主张虚损属不居之证,非居于热、居于寒、居于补、居于散者可疗;二是主张习者应不拘泥于一家之说,不执一家之偏,"随机活用,因证施治"。

《不居集》共50卷,分上、下两集。上集30卷专论"内损",下集20卷专论"外损"。吴澄重李东垣[③]的脾胃学说,并在此基础上主张"理脾阴",首创"外损说",补东垣之不逮,与叶天士"养胃阴"说相得益彰。他认为,"古方理脾健胃,多偏补胃中之阴,而不及脾中之阴","古人多以参、芪、术、草培补中宫",而"虚损之人多为阴火所烁,津液不足,筋脉皮骨无所养,而精神亦渐羸弱,百症丛生矣"。在临床应用上,他自制"中和理阴汤""补脾阴正方""资成汤""理脾益营汤"等9个有效的"理脾阴"良方。其药物主要选用人参、山药、玉竹、扁豆、莲肉、茯苓、甘草、荷叶、白芍、紫河车、老米等。吴澄发展了东垣学说,对脾胃学说

---

① 施孟胥、李梦樵:《安徽古代科学家小传》,安徽科学技术出版社1984年版,第105页。

② 《周易·系辞下》卷八,《十三经注疏》本,中华书局1980年影印。

③ 李杲,字明之,晚年自号东垣老人,真定(今河北省正定)人。生于1180年,卒于1251年。他是中国医学史上"金元四大家"之一,是中医"脾胃学说"的创始人。

的发展做出了重要贡献,丰富了新安医学的内涵,对后世治疗虚损病也多有启发。晚清著名医家孟河费绳甫先生(1851—1914)对其给予了很高的评价,曰:"东垣虽重脾胃,但偏于阳,近代吴师朗《不居集》补脾阴之法,实补东垣之未备。"

《不居集》虽然是一部理虚专著,但对其他杂病也分门详析细辨。尤其是对内伤杂病,该书记载非常丰富,具有很高的学术价值。它还对虚劳内伤杂病的预防十分重视,提出了以"预防为主"的积极医疗思想,对医学发展起到了重要作用。

外科学方面,歙县程国彭的《外科十法》,附录于《医学心语》之后,作为该书的第 6 卷,把外科治疗方法归为 10 种,对外科和皮肤科等 45 种病变的辨治进行了介绍,简明扼要,至今仍在中医临床中被选用。还有歙县鲍集成根据自己从事外科证治经验总结而成的《疮疡经验》、程让先的《外科秘授著要》、詹钟珣的《外科集验》、姚慎德的《外科方略》等。

妇科学方面,明清两代安徽有 20 余种妇产科专著问世。黄予石(1650—1737)著有《妇科医钵》《妇科秘要》等。前者有抄本传世,后者已佚。黄氏为歙县妇科名家,有"医博世家"之称,妇孺皆知。叶风的《达生篇》是一部产科著作,流传甚广。书中记载的"睡、忍痛、慢临盆"六字诀是产妇待产的金科玉律。休宁汪喆作《产科心法》2 卷,首刊于 1780 年,从种子、胎前、临产及产后四方面论述妇女的生理特点和病理规

专科(喉、外、眼科等)所用研钵与吹管

律,并扼要记述了产科常见病的治疗方药。现存 20 多种清刻本,几种铅印本。新安汪嘉谟认为,妇人之危莫危于胎产,然医家对此略而不详,鲜有专著。汪氏博览群书,择善而从,间附己见,萃前人所已验,发前人所未发,将胎产前后证治汇编成帙,撰成《胎产辑萃》4 卷。

儿科方面有《许氏儿科七种》，内容丰富，不乏独到见解，影响很大。该书作者许豫和，字宣治，号橡村，生于乾隆二年(1737)。安徽歙县人。18世纪中国的著名儿科专家。许氏集几十年临床经验，先后撰成《小儿诸热辨》(1775—1782)、《橡村治验》(1782)、《橡村痘诀》(1783)、《重订幼科痘症金镜录》(1785)、《痘诀余义》(1797)、《怡堂散记》(1797)、《散记续编》等7种，后合刻《许氏儿科七种》。还有何鼎亨的《活法启微》，专论儿科麻痘和儿科杂症的治疗，不乏真知灼见，对临床实践有很好的指导作用。此外，程云鹏的《慈幼筏》、吴文冕的《幼幼心法》、郑瑚的《扶婴录》等，都产生了一定的影响。

喉科方面，清代当首推郑氏家族。郑氏喉科创始于康熙年间，代代相传，不乏奇才。其中郑宏纲(1727—1787)的贡献突出。郑宏纲，字纪源，号梅涧。安徽歙县人。清代著名喉科专家，名噪一时，救危起死，活人无数。著有《重楼玉钥》《痘疹正传》《箧余医语》等书，其中以《重楼玉钥》影响最大。该书所载郑氏父子研制的验方"养阴清肺汤"，对治疗白喉有特效，在抗生素和灭毒菌苗问世之前，挽救了无数的白喉患者的性命，至今仍被医家推崇。

(二) 医学典籍和医学普及读物的大量刊刻发行

新安医学的另一个特点是，大量的医学典籍和医学普及读物被刊刻发行，加快了医学知识的普及，促进了医学水平的不断提高。

1. 大量刊刻医学经典著作

明末清初，程衍道重刊《外台秘要》。《外台秘要》40卷，是一部综合性医学著作。该书汇集了初唐及唐以前的医学著作，收罗宏富，内容广博，共分1104门，载方6000余首，均先论后方。凡书中引用书籍都详细注明出处，保存了大量唐以前的医学文献，为研究中国医疗技术史及发掘中医药宝库提供了极为珍贵的资料。1069年，北宋孙中丞校正重刊，至明末几成绝本。程衍道穷十年之功，1640年校勘、重刻

《外台秘要》,流传后世,对传承古代医学文献做出了重要贡献。现今流传的《外台秘要》就是程氏重刻本。

休宁程林辑录《圣济总录》,名曰《圣济总录纂要》。《圣济总录》200卷,是北宋徽宗政和年间由朝廷组织编修的一部具有医学研究价值的历史文献,内容丰富,既有理论价值,又有临床实践价值。在理论方面,除引据《内经》《伤寒论》等经典医籍,亦注意结合当时的各家论说,并加以进一步阐述。在方药方面,收载药方约2万首,以选自民间经验良方及医家秘方为主,疗效比较可靠。该书较全面地反映了北宋时期中国医学发展的水平、学术思想和学术成就。《圣济总录》"始成于政和,重刊于大定。殆汴

民间藏新安医籍孤本

京破后,随内府图籍北行,南渡诸人,未睹其本"。因王朝更替,兵燹版失,该书至明清时期流传极少。程林少年在程衍道处学医时读过此书,后"购求残帙,凡得三本,互为补苴,尚缺一百七十三卷至一百七十七卷,不可复见。以其繁重难行,乃撮其旨要,重为纂辑。门类悉依其旧。所缺小儿方五卷,则倩其友项睿补之"①,以臻完璧,编成《圣济总录纂要》26卷。经整理后,宋代这部医学巨著条例清晰,临证适用,便于携带,程林功不可没。

由于许多商人乐意刊刻医学著作,一时间订正、注释和重刊医学典籍成为时尚,促进了学术交流,为医学发展和普及提供了必要的条件。例如,徽州商人鲍漱芳出巨资刊刻马蒔②所著《黄帝内经素问灵枢注证发微》;吴家震③对吴绶的《伤寒蕴要全书》重加考订编成《伤寒蕴

---

① 《四库全书总目·子部·医家类一》卷一○三,中华书局1965年影印本。

② 马蒔,字仲化,又字玄台,后人为避康熙讳,改为元台,会稽人,明代著名医家。约生于15世纪,卒于16世纪。

③ 吴家震,字子威,清康熙时休宁人。

要方脉药性汇全》4 卷；项天瑞①增刊曹氏《经验良方》为《同寿录》；鲍泰圻校勘《鲍氏汇校医书四种》（宋杨登父《伤寒类证活人总括》、宋吴彦夔《传信适用方》及佚名氏《产宝诸方》和《急救仙方》）。还有一些家传秘本也相继整理刊行面世，如明代名医吴正伦的《脉症治方》、余午亭的《诸症析疑》、郑泽的《墨宝斋集验方》等。

2. 撰写并出版医学普及读物

休宁汪昂是清代一位杰出的医学普及家，所著的《本草备要》、《医方集解》在医学界影响较大。汪昂又在《医方集解》采辑方剂的基础上撰《汤头歌诀》，1694 年刊行。《汤头歌诀》以七言诗歌、韵语将 300 多首方剂编成歌诀，朗朗上口，便于学者诵读和记忆，是一本初学者很好的入门读物，同时扩大了《医方集解》在医学界的影响。例如，介绍治痰祖方"二陈汤"的歌诀是：

> 二陈汤用半夏陈，或以茯苓甘草臣。利气调中兼怯痰，一切痰饮此为珍。导痰汤内加星枳，顽痰胶固力能驯。若加竹茹与枳实，汤名温胆可宁神。润下丸仅陈皮草，利气祛痰妙绝伦。②

歌中前两句点明方名和药物组成；第三、四两句说明此方的功用和主治疾病；接下来的四句则是陈述在主方的基础上经加减变化而成的三个附方的各自功效；最后两句说明了丸剂的组成药物和功效。使读者一目了然，便于记忆。

汪昂的《医方集解》《本草备要》《素问灵枢类纂约注》和《汤头歌诀》合称"汪氏四书"，受到医学界和普通民众的欢迎，广为流传，对中医药知识的宣传和普及，起了极大的推动作用，对后世影响很大，促进了新安医学的快速发展。《辞海》评价汪昂的医著为"颇切实用，流传

---

① 项天瑞，清代新安名医。
② 施孟胥、李梦樵：《安徽古代科学家小传》，安徽科学技术出版社 1984 年版，第 92—93 页。

甚广,对普及医学有所贡献"①。直至今日,"汪氏四书"仍是习中医入门者的必读书目,是中医临床、教学和科研的重要参考文献。

此外,汪绂②的《医林纂要探源》、吴谦的《医宗金鉴》等,都是广泛流传的医学入门之书。这些著作刚一问世就受到了社会的关注,常选为学徒的必读书目。还有不少著名医家积极宣传预防疾病和卫生保健知识。如程国彭曾提出"节饮食、慎风寒、惜精神、戒嗔怒"的保生"四要"。③

表 3 - 4　清代部分新安名医简表④

姓名	字或号	籍贯	生活年代	主要医学成就
程衍道	敬通	歙县	约 1593 —1662	重刊《外台秘要》,著《医学心语》《心法歌诀》等
朱本中	泰来、凝阳子	歙县	清朝	著《贻善堂四种须知》,康熙十五年(1676)刊行
汪启贤	肇开	歙县	清朝	著《应验神方》《名医治验》,并与其弟启圣、子大年辑注《济世全书》
胡其重	易庵	歙县	清朝	著《医药先规》、《急救危症简便验方》3 卷、《急救危症简便验方续集》3 卷
罗美	澹生、东美、东逸	歙县	清朝	著《古今名医荟萃》8 卷、《古今名医方论》4 卷、《内经博义》4 卷
程林	云来	休宁	清朝	著《伤寒抉疑》1 卷、《金匮要略直解》、《即得方》2 卷、《医暇厄言》2 卷、《一屋微言》、《医学分法类编》、《本草笺要》、《难经注疏》、《医学杂著》等,删订《圣济总录纂要》

---

① 《辞海·1979 年版》,上海辞书出版社 1980 年缩印本,第 893 页。
② 汪绂(1692—1759),初名垣,字灿人,号双池,又号重生,安徽婺源人。
③ 施孟胥、李梦樵:《安徽古代科学家小传》,安徽科学技术出版社,第 122 页。
④ 此表根据张玉才《徽州文化全书·新安医学》、施孟胥等《安徽古代科学家小传》、张秉伦等《安徽科学技术史稿》整理而成。

续表

姓名	字或号	籍贯	生活年代	主要医学成就
周士遥	镜玉	绩溪	1609—？	著《杏圃老人医案》1卷、《本草详要》、《俞穴》等
胡允遐	寿全	绩溪	清朝	善儿科，辑有《活幼纂要》4卷
郑瑚	友夏	祁门	清朝	尤精儿科，著《扶婴录》2卷
江之迈	怀民	祁门	清朝	攻儒精医，康熙五十二年至京都，被推荐至太医院任太医
黄庭杰		祁门	清朝	著《伤寒歌诀》《杂证诗括》
吴文冕	从周、白岳逸民	休宁	1606—1680	擅治内、儿科，著有《医学指南》10卷、《幼幼心法》2卷、《经验良方》12卷
程应旄	郊倩	休宁	清朝	著《伤寒赘余》1卷、《伤寒论后条辨》15卷、《医径句测》2卷
吴楚	天士、畹庵	歙县	清朝	著《宝命真诠》4卷、《医验录》两集
程知	扶生、蒿庵	休宁	清朝	著《医经理解》9卷、《伤寒经注》13卷
程履新	德基	休宁	清朝	著《易简方论》6卷、《山居本草》6卷
汪昂	讱庵	休宁	1615—约1698	著《素问灵枢类纂约注》3卷、《医方集解》3卷、《本草备要》、《汤头歌诀》、《经络歌诀注释》、《勿药元诠》等
吴学损	损斋	休宁	清朝	精儿科，善治痘疹，著《痘疹图像善本》
程云鹏	华仲、凤雏、香梦书生	歙县	清朝	著《灵素微言》、《伤寒问答》、《脉复》、《医贯别裁》、《慈幼筏》12卷、《种嗣玄机》、《医人传》等
潘文源	本初	婺源	清朝	著《方脉纂要》20卷
朱世泽	钟川	婺源	清朝	著《古今丹方》
詹汝震	公远	婺源	清朝	世业岐黄，医多奇效。尝精录本草方书，授梓《经验良方》5卷
朱庭銮	殿臣	婺源	清朝	著《艺圃医学治法》

姓名	字或号	籍贯	生活年代	主要医学成就
郑重光	在辛、素圃、完夫	歙县	1638—1716	著《伤寒论条辨续注》12 卷、《伤寒论证辨》3 卷、《瘟疫论补注》2 卷、《素圃医案》4 卷。后世将所著之书合刊为《郑素圃医书五种》传世
郑泽	梦圃	歙县	清朝	郑重光曾祖父,好集医方,辑有《墨宝斋集验方》2 卷,重校《本草单方》6 卷
余士冕	子敬	歙县	清朝	曾校订曾祖余午亭《诸症析疑》
余之隽	柳庵	歙县	？—1713	著《脉理会参》3 卷
洪正立	参歧	歙县	清朝	著《医衡》6 卷
王君萃		徽州	清朝	著《小儿烧针法》1 卷,专述 24 种小儿惊风不同症状的烧针治疗,附有图片,简明切合实用
倪涵初	宗贤	绩溪	清朝	著《倪涵初疟痢三方》,并与王习九合著《疟痢吐血三证指南方论》
卢云乘	鹤轩、在田道人	黟县	1666—1739？	纂辑《医学体用》,晚年撰成《伤寒医验》
程国瑞	静安	黟县	清朝	康熙五十五年(1716)入太医院,授御医首领
何鼎亨	容斋、德嘉	休宁	清朝	精幼科,著《活法启微》3 卷
郑康宸	奠乙	歙县	清朝	工医善脉,撰成《瘟疫明辨》4 卷、附方 1 卷
吴人驹	灵稚、非白老人	歙县	清朝	著《医宗承启》6 卷
方允淳	耐庵	休宁	清朝	著《广嗣篇》
叶风	维风、亟斋	休宁	清朝	著《达生篇》、《四生合编》、《妇婴至宝续编》、《亟斋应急奇方》、《集验新方》和重订《保生经验方》等
叶桂	天士	歙县	1667—1746	著《温热论》等
曹恒占	心立、守堂	歙县	1683—？	著《曹守堂医补》2 卷

续表

姓名	字或号	籍贯	生活年代	主要医学成就
汪绂	灿人、双池、重生	婺源	1692—1759	著《医林纂要探源》10卷
黄炜	用和	婺源	清朝	著《医案》8卷
程照		休宁	清朝	辑《医宗指要》
吴家震	子威	休宁	清朝	编辑《伤寒蕴要方脉药性汇全》4卷
汪文誉	广期、文芳	休宁	1665—1740	著《伤寒辟误三注真经》6卷、《济世良方》1卷
汪文绮	蕴谷	休宁	清朝	著《瘟疫论二注》、《杂症会心录》2卷、《脉学注解汇参证治》
汪珏	勉斋	休宁	清朝	著《难经析义》
程国彭	钟龄、恒阳子、普明子	歙县	1680—1733	著《医学心语》6卷、(含卷六《外科十法》1卷)
吴澄	鉴泉、师朗	歙县		著《不居集》50卷、《伤寒证治明条》6卷、《医易会参》、《推拿神书》、《师朗医案》等
吴宏格	文洲、静庵	歙县	清朝	吴澄之子。著《新方论注》4卷,附《景岳新方歌诀》1卷
郑宏纲	纪源、梅涧	歙县	1727—1787	著《重楼玉钥》《痘疹正传》《箧余医语》等
郑承瀚	若溪、枢扶	歙县	1746—1813	郑宏纲长子。著《重楼玉钥续编》、《咽喉辨证》、《喉白阐微》、《痘科秘奥》(与郑承洛合著)
郑承洛	既均、杏庵	歙县	1755—1830	郑宏纲三子。著《杏庵医案》《烂喉风》《熟地黄论》《燕窝考》《医叹》《胎产方论》等
郑钟寿	祝三	歙县	1806—1863	郑承洛第五子。著《祝三医案》
郑沛	雨仁、问山	歙县	1866—1918	著《运气图解》《问山医案》。其父郑大遵(1827—1907)亦为名医,精喉科等
郑承湘	雪渔	歙县	1753—?	著《伤寒金匮经方简易歌括》《医汇简切》《医学正义》《痘治正名类参》《愚虑医草》《喉菌发明》等

姓名	字或号	籍贯	生活年代	主要医学成就
郑承海	青岩	歙县	清朝	郑承湘之弟。著《喉科杂证》
郑麟	应文、世麟	歙县	清朝	郑承湘第三子。善喉科,著《灵素汤液溯源》
郑廛	玉挥、世廛	歙县	清朝	郑承湘第四子。专喉科,著《喉科密钥》
方肇权	秉钧	休宁	清朝	著《脉症正宗》4卷
潘伦	慎斋	休宁	清朝	著《痘疹约言》10卷
金山农	覆升	休宁	清朝	著《本草衍句》
汪嘉谟	至言	休宁	清朝	著《辑萃胎前产后证治》,后更名《胎产辑萃》
汪喆	朴斋	休宁	清朝	著《产科心法》2卷
程建勋	君望	黟县	清朝	辑《痘书》
程致煌	星堂	黟县	清朝	著《医学类求》
黄予石	允升	黟县	1650—1737	著《妇科医钵》《妇科秘要》《临床验案》等
潘为缙	云师	歙县	清朝	著《血症良方》,广为印送
吴谦	六吉	歙县	清朝	编纂《医宗金鉴》90卷,声名远扬
戴震	慎修、东原	休宁	1723—1777	著《难经注》《伤寒论考注》《金匮要略注》等
曹开第		歙县	清朝	著《家居世录》
汪烈		歙县	清朝	著《药性汇参》
吴学泰		歙县	清朝	著《医学刍言》
汪鸿溶		歙县	清朝	著《医学撮要》2卷
蒋居祉	居解、介繁、觉今子	歙县	清朝	辑《本草择要纲目》2卷
方锦文	庶成	新安	清朝	著《药性歌括》
郑晟	励明、莲亭	歙县	清朝	著《生生录》3卷,附《急救回生方》1卷、《验方案录》1卷
汪世渡	问舟	歙县	清朝	著《时疫类方》4卷

续表

姓名	字或号	籍贯	生活年代	主要医学成就
程文囿	观泉、杏轩	歙县	1761—1833?	著《医述》16 卷、《杏轩医案》3 卷，二书合刊于 1833 年
方成垣	星岩	歙县	清朝	著《古方选注》1 卷
鲍集成	允大	歙县	清朝	编著《疮疡经验》2 卷、《幼科摘要》1 卷
毕体仁		歙县	清朝	著《医学心得》5 卷、《临症主治大法》2 卷
陈丰		歙县	清朝	著《苇杭集》14 卷
鲍泰圻		歙县	清朝	校刊《鲍氏汇校医书四种》
张明徽	定甫	婺源	清朝	著《形症心法方书》行世
王廷桂	任攀	婺源	清朝	著《四书集解》《医学集要》
汪书芳		婺源	清朝	著《二酉山人药囊草》
詹元吉	骏光	婺源	清朝	著《医家摘要》《杂证汇要》《喉海新书》等
俞焕	文光、晓园	婺源	清朝	辑《经验单方类编》(1717)
俞世球	得孚	婺源	清朝	著《麻疹新编》2 卷附《小儿疳积》1 卷、《医学入门》1 卷、《续医学摘要》12 卷、《白喉治验新编》、《摘录经验医案》、《摘录经验奇谈》、《丹方类编》等
余国佩	振行、春山	婺源	清朝	著《医理》1 卷、《痘疹辨证》2 卷、《婺源余先生医案》1 卷
余含辉	燕峰	婺源	清朝	著《校订铜人图》1 卷、《针灸图》1 卷
余含棻	芬亭、梦塘、杏林子	婺源	清朝	余含辉之弟。著《筹海策略》4 卷、《梦塘三书》8 卷、《保赤存真》10 卷、《麻疹合参》3 卷等
余显廷	廉斋、橘泉子	婺源	清朝	余含棻侄孙。编辑《脉理存真》3 卷
程徽灏	幻梁	休宁	清朝	著《柚梁医案》
汪镇国	载扬	休宁	清朝	著《明光奥旨》
孙佑	慎修	休宁	清朝	编撰《医学传心》

续表

姓名	字或号	籍贯	生活年代	主要医学成就
许凝	裕卿	休宁	清朝	著《遁气符医》《医纪黄游》等
汪汲	古愚	休宁	清朝	编撰《解毒篇》《汇集经验方》《怪疾奇方》等
吴德熙	君洪	休宁	清朝	著《食物本草》
项天瑞	友清	歙县	清朝	撰辑《同寿录》4卷
汪廷元	瓒禾、赤崖	歙县	1739—1795	著《新安医案》《广陵医案》《赤崖医案心得》等
汪光爵	瓒功、学舟	歙县	1663—1718	著《医要》
程鼎调	梅谷	歙县	清朝	著《梅谷丛谈》10卷、《习医明镜》6卷、《配命集》2卷
程国权		歙县	清朝	著《麻痘全编》3卷
罗浩	养斋	歙县	清朝	著《扬州见闻录》《诊家索隐》《古脉索隐》《药性医方辨》《医经余论》《医书题解录》《医书总录》等
江进		歙县	清朝	辑录《集古良方》12卷
程三才		歙县	清朝	著《证治阐微》4卷
程国汉		歙县	清朝	著《麻证全编》
胡大淏	鹤田	歙县	清朝	著《易医格物篇》4卷
王勋	于圣	歙县	清朝	著《慈杭集》2卷
吴章侯	畹清	歙县	清朝	著《攒花知不足方》等
许豫和	宣治、橡村	歙县	1724—?	集几十年临床经验,先后撰成《小儿诸热辨》《橡村治验》《橡村痘诀》《重订幼科痘症金镜录》《痘诀余义》《怡堂散记》《散记续编》等7种,后合刻《许氏儿科七种》
汪纯粹	惇士、春圃	黟县	清朝	著《孝慈备览伤寒编》《游秦医案》
金硕祜	介右	休宁	清朝	著《惜孩微言》《脉症方治存式》
程琦	自超	休宁	清朝	著《医案草述》
程让先		新安	清朝	汇辑《外科秘授著要》

续表

姓名	字或号	籍贯	生活年代	主要医学成就
胡履吉	坦旋、履级	绩溪	清朝	著《澹泉诗稿》《伤寒辨注》
胡若楫	济臣	绩溪	清朝	著《伤寒寸金》
吴麟书		黟县	清朝	著《医学提纲》
潘元森	茂堂	黟县	清朝	著《可行集》《本草略》
姚慎德		黟县	清朝	著《外科方略》
汤成礼		黟县	清朝	著《医学先难》2卷
戴荣基	子初、梅泉	黟县	清朝	著《医法汇要》
鲍漱芳	席芬	歙县	清朝	出资刊刻马蒔《黄帝内经素问灵枢注证发微》
汪燕亭	必昌	歙县	清朝	著《聊复集》5卷、《伤寒妇科》5卷
王桂元	邓林	婺源	清朝	著《乔轩文集》、《内经探微》2卷
王炳照	彦文	婺源	清朝	王桂元次子。著《命理脉诀》
程志熙	赞虞、凯堂	婺源	清朝	著《脉论》1卷、《治病杂论》1卷
李承超	逊卿	婺源	清朝	著《脉法正宗》《伤寒辨证》《医案》等
余述祖	宗承、小黼	婺源	清朝	著《医白》《伤寒翼》
詹之吉	润初	婺源	清朝	著《伤寒旁训》《金匮旁训》《杂证汇要》等
潘文元	华也	婺源	清朝	著《脾胃论》《伤寒症》《杂病》《因脉治法》《女科症治》等
俞塞	吾体、无害	婺源	清朝	著《本草正误》等
程如鲲	斗垣	婺源	清朝	著《入药戮》《痘科中庸》
王燧周	亦人	婺源	清朝	著《名医品难》《本草督经》
程履丰	宅西、苣田	婺源	清朝	著《本草摘要》等
程希濂	莲溪	婺源	清朝	程履丰之子。著《医学传薪》《渔隐医学》
汪中立	抵峰	婺源	清朝	著《岐黄总括》等
俞启华	旭光	婺源	清朝	著《医方辑要》《彩亭医案》各1卷
何第松	任迁	婺源	清朝	著《经穴分寸歌》《针灸诀歌》《药性捷诀》等

续表

姓名	字或号	籍贯	生活年代	主要医学成就
吴甸	禹南、志堂			著《麻疹切要篇》
张起校	宗夏	婺源	清朝	著《医证心法》
余冠贤	耀廷	婺源	清朝	精小儿科,著《医学险症随笔》《活幼心法》
俞可镛	宏远	婺源	清朝	著《医宗摘要》
朱佩湘	莞山	婺源	清朝	著《名医存养》《脉诀》
詹固维	静思	婺源	清朝	著《医学求实录》等
詹承恩	世模	婺源	清朝	著《医学撮要》等
程炼金	德资	婺源	清朝	著《异症医书》
齐功枚	毓麟	婺源	清朝	编辑有《医书》
潘文楚	士先	婺源	清朝	著《仁世单方》等
王佩恭	礼言	婺源	清朝	著《医学纂要》8 卷
潘国珍	梅溪	婺源	清朝	著《医门汇要》8 卷
江芬	涌清、秋帆	婺源	清朝	著《人子须知》4 卷
朱有治	君平	婺源	清朝	著《便用良方》2 卷
詹文升	旭初	婺源	清朝	著《医学十四种》
黄有祺	香云	婺源	清朝	著《医余别论》
胡朝纲		婺源	清朝	著《医学备要》
王焕英	有章	婺源	清朝	著《家庭医略》
许嘉谟	宗武	婺源	清朝	著《医学纂要》
汪鼎铉	台未	婺源	清朝	著《四字病机》
王荫陵	本高	婺源	清朝	著《手录方》
胡翔凤	守先、爱吾	婺源	清朝	著《本草歌》《医学蠡测》
余馨	问吾	婺源	清朝	著《医理析微》2 卷等
俞有廉	顽夫、宅泉	婺源	清朝	著《医学辨真》150 卷
朱文玉	小琴	婺源	清朝	著《便用良方》等

续表

姓名	字或号	籍贯	生活年代	主要医学成就
黄文达	笠渔	婺源	清朝	著《论方辑要》16卷等
詹钟珣	含辉	婺源	清朝	著《外科集验》
方文柱		婺源	清朝	辑《外科经验方》
方一乐	成宇	婺源	清朝	著《痘治答难》
江廷铺	景昭	婺源	清朝	著《江抱一公医论》《医案参补》《痘疹心法补遗》
施成章	天球	婺源	清朝	著《痘疹心传》4卷
俞德乾	利川	婺源	清朝	著《麻痘科要略》
潘登云	学廷	婺源	清朝	著《痘科全书》12卷
吴庚扬	也述	婺源	清朝	著《医考》4卷
吴梅玉	景仁、香岭	婺源	清朝	著《医学源流》4卷
余鸿骞	瑞三	婺源	清朝	著《医案》2卷
余光第	协恭	婺源	清朝	著《医案》4卷
董潮青	芝林	婺源	清朝	著《医林辑要》
张芳		婺源	清朝	著《痘科管窥》《梅村便得方》
程有功	思敏	歙县	清朝	著《冯塘医案》等
许佐廷	乐泉	歙县	1816—?	著《喉科外编》、《白腐要旨》2卷
许思文	俊臣	歙县	清朝	许佐廷之子。著《妇科阐微》《幼科简便良方》《喉科详略》《墨罗痧问答》
许继贤		歙县	清朝	许佐廷之侄。与许佐廷合编《活幼珠玑》
江之兰	含微	歙县	清朝	著《医津一筏》
吴尚相		歙县	清朝	著《宾阳医案》
方家万	德章、一万	歙县	清朝	著《德章祖传外科秘方》
吴亦鼎	步蟾、定文、砚丞	歙县	清朝	著《神灸经论》4卷
张子襄		徽州	清朝	著《伤寒温疫医案》《舌图辨证》各1卷

姓名	字或号	籍贯	生活年代	主要医学成就
胡应亨	旸谷	徽州	清朝	著《伤寒辑要》《杂证脉诀》等
周云章	松仙	新安	清朝	著《简易医诀》《儿科三字经》《外科三字经》
李窦侯		徽州	清朝	著《黄山野菜考证》
孙光业	昌祖	新安	清朝	著《幼科仁寿录》
叶熙		新安	清朝	著《观颐居医案》
叶起凤	仰之、养晦斋主人	祁门	清朝	辑录《医家必阅》2 册
郑廷采	藻臣、质堂	祁门	清朝	著《性理发微》《质堂医案》
陈鸿猷	长谷	祁门	1800—？	著《管见医案》
何元巩	殿超、文坚	黟县	1772—1858	辑录《历验方》1 卷
俞正燮	理初	黟县	1775—1840	著《癸巳类稿》15 卷,其中《持素篇》3 卷为医学著作。还有《经络》1 卷收入《癸巳存稿》中
徐少庵		歙县	清朝	精骨伤科,著《唉芋斋杂录》3 卷
许绍曾		歙县	清朝	著《保赤新书》
胡增彬	谦伯	新安	清朝	辑录《经验选秘良方》6 卷
王籍登	蕴斋	歙县	清朝	著《蕴斋医案》
鲍增祚	苇庭	歙县	清朝	著《县华书屋遗稿》
洪桂	月芬	歙县	1829—1896	著《抑隅堂散记》
程道周	仁寿、颂南	歙县	清朝	著《疡科外治验方》
殷世春	杏堂、荇塘	歙县	清朝	著《医方便读》《本草便读》《幼科金镜》《痘科重光》等
殷长裕	诵芬、味松	歙县	1812—1862	殷世春之孙。著《本草便读补遗》
殷安涛	景修、云舫、海峰	歙县	1854—1910	殷长裕之子。著《殷云舫医案》2 卷
巴堂试	以功	歙县	清朝	著《病理药性》等

续表

姓名	字或号	籍贯	生活年代	主要医学成就
余懋	啸松、白岳庵	休宁	清朝	著《白岳庵医书五种》
汪汝麟	石来	休宁	清朝	著《证应方论集要》4 卷
汪时泰	春溥	休宁	清朝	著《伤寒论析疑正误》12 卷
程芝田	鉴、瘦樵	歙县	清朝	著《医法心传》1 卷、《医学津梁》4 卷
方省庵	补德	歙县	清朝	著《喉风论》4 卷
程曦	锦雯	歙县	清朝	与同门江诚、雷大震合著《医家四要》4 卷
江少微		歙县	清朝	著《妙莲花室新编二十八方》
吴起甫		歙县	清朝	著《家传痰火秘方》1 卷
连氏	佚名	歙县	清朝	辑录《增订达生篇》3 卷
程南	圣可、庸庵	绩溪	清朝	著《脉证应绳录》1 卷、《类方秘录》2 卷
周调鼎		绩溪	清朝	著《医理抉微》
方玉简	岳封	绩溪	清朝	著《本草诗笺》10 卷
胡澍	亥甫、甘伯、石生	绩溪	1825—1872	辑录《素问校义》1 卷
程式玉	温如	黟县	清朝	著《诸证采微》6 卷
江祥	采宜	婺源	清朝	著《伤科方书》
余殿英	楚辉、小亭、约斋	婺源	清朝	著《易绵》《约斋日录》等
汪元本		婺源	清朝	著《医学心传》《痘科辨论》
梅江村		歙县	清朝	著《脉镜须知》2 卷
江本良		歙县	清朝	著《飞布保命集》1 卷
江有诰	晋三	歙县	?—1851	著《素问灵枢韵读》等
毕泽斗		歙县	清朝	辑录《喉症单方》
吴承荣	显文	歙县	清朝	辑录《摘要本草》

姓名	字或号	籍贯	生活年代	主要医学成就
程镜宇	翼安	歙县	清朝	著《痧喉阐义》
汪宗沂	仲伊、詠村、弢庐	歙县	1837—1906	著《伤寒杂病论合编》1卷、《小儿方药》1卷
黄山采药翁	佚名	歙县	清朝	著《农经酌准》2卷
胡学训	养素	歙县	1836—1905	著《医醇剩义歌诀》《胡学训医案》
丁肇钧	贤真、磊磊顽皮	歙县	清朝	著《见症知医》6卷
江昱	亨谷、松泉	歙县	清朝	撰《药房杂志》
江兰	芳国、畹香	歙县	清朝	撰《集古良方》12卷
王卜远		歙县	清朝	著《痘科要录》1卷
罗世震		歙县	清朝	著《痘科类编》3卷
叶昶	馨谷	歙县	清朝	著《红树山庄医案》12卷
叶熙锟	韵笙	歙县	清朝	叶昶之长子。著《东山别墅医案》
叶熙铎	卓民	歙县	清朝	叶昶第四子。著《种蕉山房医案》
叶孟辄	世寅	歙县	清朝	叶昶之曾孙。著《两梅庵医案》
杨松亭		休宁	清朝	著《临症秘诀》《医验录》《松亭医案》
张方泌		休宁	清朝	著《伤寒眉诠》《妇科集腋》等
王锌	以和	休宁	清朝	辑录《眼科秘录仙传验方·光集》
汪宏		歙县	1836—？	著《神农本草经注解》《本经歌诀》《望诊遵经》《本草附经歌括》《脉诀》《入门要诀》等
程麟书	师愚	休宁	清朝	著《临证随笔》，现存15卷
程景耀	介亭		清朝	著《玉泉镜》（又名《天都程氏选辑外科良方》）
吴汝纪	肃卿		清朝	著《每日食物却病记》
汪敬然		新安	清朝	著《产宝全书》

续表

姓名	字或号	籍贯	生活年代	主要医学成就
胡剑华	子玉	黟县	清朝	著《伤寒论新论》4 卷
潘元森	茂堂	黟县	清朝	著《可行集》《本草略》
胡存庆		黟县	清朝	著《中西医学新论》2 卷
李永泗	声远		清朝	著《三世医案》
黄存厚	信孚	黟县	清朝	著《医理防微论》《黄海纪游》
葛芳桂	巨川	绩溪	清朝	著《葛里医案》
程本遐	永龄	绩溪	清朝	著《脉症指疑》《医方类编》等
胡润川		绩溪	清朝	著《医学锦囊》《伤寒辨微》《女科临证指南》
曹晟		绩溪	清朝	著《医学指南》
程梁	汀茵	绩溪	清朝	著《引经证医》4 卷
戴葆元	心田	婺源	1828—1888?	著《本草纲目易知录》8 卷、《家传课读》4 卷
江允玮	东扶	歙县	清朝	著《痘疹集验》《胎产秘书》
程秉烈	继周	歙县	1850—1912	著《伤寒注释》2 卷、《脉诀捷径》1 卷
曹国柱	维石	新安	清朝	辑《经验良方》
饶堭	福堂	歙县	清朝	著《伤寒诀》《伤寒变论》
张节	心在、梦畹	歙县	清朝	著《张氏医参》7 种、《张氏医案》
戴谷荪		休宁	清朝	著《谷荪医话》1 卷
余鹭振	彩轩	婺源	清朝	著《瘰疬论》
唐茂修	竹轩	休宁	1840—1910	著《医案集录》2 卷、《舟山医案》

十　困境中的徽商

万历中期至康熙初年的近百年间是徽商发展遭受挫折的阶段。在这一阶段，徽商遭到下述几个方面的打击，实力大为削弱。①

（一）封建政治势力的掠夺与榨取

万历中期以后，明政府先后用兵宁夏、朝鲜、播州，宫城又连遭大火，国库大空，入不敷出。明神宗为了敛财，竟不择手段，于万历二十四年（1596）派太监担任矿监、税使。这些矿监，名为监督开采、收取矿税，实则敲诈勒索，他们诬陷富厚之家"盗矿"，指良田美宅之下有矿藏，违命者立即"围捕"，辱及妻女。税使则在城镇和水陆交通沿线任意设卡征税。矿监、税使在神宗的指使和纵容之下，如狼似虎，"吞噬群黎"。全国"如沸鼎同煎，无一片安乐之地。贫富尽倾，农商交困"②，民不聊生。

万历时矿监、税使四处搜刮，而手握巨资的徽州商人正是他们搜刮的重要对象。当时商业发达的苏浙地区及长江、运河沿线各城市，都是矿监、税使肆虐之处，也恰恰是徽商辏集的地方，徽商罹祸之惨是不言而喻的。在南直隶，矿监、税使对富户、富商的敲诈，"不罄不休，盖多者万金，少者亦不下数千金。如仪征之监生李良林，南京之盐商王懋吉，淮扬之高、汪、方、金诸盐商，皆立见倾荡，多至丧身"③。其中提到的倾家丧生的淮扬高、汪、方、金诸盐商，虽姓名不详，但极可能都

①　本节内容借鉴了张海鹏、王廷元《徽商研究》（安徽人民出版社 1995 年版）研究成果，特致谢意。

②　《明神宗实录》卷三七六"明万历三十年九月己未"条，台北中央研究院历史语言研究所 1962 年校印本。

③　董其昌：《神庙留中奏疏汇要·刑部》卷四，上海古籍出版社 1996 年版。

是徽州盐商,而且受害的也绝不止这几家盐商。再如休宁商人朱承甫佐父业盐淮楚间,"中涓(宦官)衔命辜榷,以大贾为奇货,鱼肉之"[1]。宦官陈增与徽州无赖程守训狼狈为奸,肆虐山东,诬陷益都知县吴宗尧寄放赃款于徽商吴朝奉处,"自是徽商皆(被)指为宗尧寄赃之家,必重贿始释"[2]。接着程守训又与徽州破产商人吴养晦结成亲家,以查办不法富商为名,南下搜求异宝。徐州、淮扬、太平、安庆、徽州以及苏杭等地受害最深,"凡衣食稍温者无不严刑拷诈"。巡按刘日梧称:"应天诸府,徽州凤号殷富,自程守训横行诈骗,公私何啻百万,此外各监互出,诸棍云从,投匦告密,敲骨吸髓,民间之皮毛穿、脂膏竭矣。"[3]

在矿监、税使毒焰威迫之下,有些徽商不得不行破财免灾之计。歙县大盐商汪士明,当祸将及己的时候,叹息道:与其将财产填进贪官污吏之口,不如用来充实国家仓库。于是应诏输粟边塞以求免祸。时人李维桢说:"中贵人以权使出,毒痛四海,而诛求新安倍虐。"[4]这是当时的实际情况。天启年间,魏忠贤又兴黄山大狱,使徽商再次受到打击。所谓黄山大狱,就是诬陷徽商吴养春隐占黄山山场 2400 亩,借机大肆勒索的一场冤案。养春父吴时佐为两淮盐商,富甲一方。为了寻求政治庇护,他曾捐资 30 万两,"报效"朝廷,其兄弟子侄五人都因此被授予内阁中书的职衔。吴氏自以为他们这一招可以消灾免祸了,不料魏忠贤为了从徽商身上榨油水,仍然先从他家开刀。天启六年,魏忠贤派遣工部营缮主事吕下问专敕驻歙查办黄山案。吕下问勒追"赃款"90 万两,并广为株连,遍索贿赂,搜通邑殷实之户而刑之,连在淮扬、天津、开封、德兴、仁和、钱塘等处做生意的徽商都不放过。吕下问一行人到处抓人索贿,严刑拷打,侮辱妇女,无恶不作,搅得徽州鸡犬不宁,几乎激起民变。后来这场冤案虽得昭雪,但许多徽商殷实之家已被害得资产耗尽、元气大伤了。(黄山案的始末详见《岩镇志草》)

---

① 李维桢:《大泌山房集》卷七二《朱承甫家传》,明万历三十九年刊本。
② 沈德符:《万历野获编》卷六,文化艺术出版社 1998 年版。
③ 《明神宗实录》卷三四七,台北中央研究院历史语言研究所 1962 年校印本。
④ 李维桢:《大泌山房集》卷六九,明万历三十九年刊本。

（二）明末农民战争的打击

明末农民军虽然实行"平买平卖"、保护工商的政策，但对依附权贵、盘剥人民的豪商巨贾则坚决予以打击。而徽商为维护封建特权，处处与农民军为敌的态度，更增添了农民军对他们的仇视，所以农民军所到之处，必以徽商为"追赃比饷"的对象。大顺军攻克北京后，"谓徽人多挟重赀，掠之尤酷，死者千人"①。拥有家资数百万、典铺数十处的徽州巨商汪箕就是在这场追逼之下丧命的。② 还有一些徽商落得个囊空如洗，停止了商业活动。当时的河南、湖广等地是农民军与明军厮杀的主战场，而这一带恰是徽商行销食盐的主要地区。徽商在这场兵灾中，"资斧尽溃""家徒壁立""金立尽"者比比皆是。明末徽人金声说，他在家乡"与父老总计四乡之民，向之出而求衣食于四方，遭劫杀不能复出，而不得不坐于家者，盖十家而七矣"③。可见这场战争对徽商的沉重打击。

（三）明清战争的破坏

清兵南下时，苏浙、湖广遭受战祸最为严重，而这两个地区又恰是徽商最为集中的地方，他们罹祸之惨是不难想见的。弘光政权建立之初，镇将高杰纵兵围扬州。"扬州居天下膏腴，有新旧二城，城外为肆卖区，子女瑰宝累万万。高放手剽掠，人屠脍日以百数。"④原镇山东的总兵刘泽清"大掠瓜洲"，并在淮安大肆搜刮，营造他们的安乐窝。⑤ 在这场浩劫中，不知有多少徽商惨遭厄运。多铎率兵攻扬州时，徽商汪

---

① 彭孙贻：《平寇志》卷一〇，上海古籍出版社1984年版。
② 参见计六奇：《明季北略》卷二三《富户汪箕》，清活字印本。
③ 丁廷楗、赵吉士：康熙《徽州府志》卷八，康熙三十八年刊本。
④ 抱阳生：《甲申朝事小纪初编》卷九，清抄本。
⑤ 参见计六奇著，任道斌、魏得良点校：《明季南略》卷一，中华书局1984年版。

文德献银 30 万两,乞求清兵"勿杀无辜",结果却换得个"扬州十日"的惨剧。顺治初年清兵镇压江南反剃发斗争,许多徽商辏集的城镇惨遭血洗。湖广地区是明清双方争夺的主要战场,当地人民"死亡过半","千里无烟"。南明军阀们又以筹饷为名"募奸人告密,讦殷富罚饷,倾其产,分诸营坐饷"①劫后余生的徽商自然也是"罚饷"的主要对象。明清之际,徽人黄炜经商于湘潭,在战乱中他七次遭劫,几濒于死,作有《湘上痴脱难实录》一文记其坎坷的经历(见《希青堂集》)。黄炜的悲惨遭遇,正是整个徽商遭遇的一个缩影。

　　明清之际,兵连祸接,人口大量死亡,生产受到破坏,社会购买力下降,商运路线不通,凡此等等,无一不严重影响着徽商的商业活动。金声说:新安商人"足迹常遍天下。天下有不幸遭虔刘之处,则新安人必与俱。以故十年来天下大半残,新安人亦大半残"②。清初人赵吉士说:"明末徽商最富厚,遭兵火之余,渐遂萧条,今乃不及前之十一矣。"③他们的话都概括地道出了明清之际徽商受挫的总形势。

---

① 王夫之:《永历实录》卷七,岳麓书社 1982 年版。
② 金声:《金太史集》卷八,《乾坤正气集》,清道光二十八年袁江节署求是斋刊本。
③ 丁廷楗、赵吉士:康熙《徽州府志》卷二《风俗》,康熙三十八年刊本。

第 四 章
清中叶徽州文化的博大与精致

　　由于战争的影响,清廷定鼎中原后,百废诗兴。经历康熙、雍正、乾隆三朝的休养生息,清朝进入了一个全盛的时期。经济发展、社会稳定、文化繁荣,史家把这一时期视为中国历史上难得的"盛世"之一。徽州文化在清初复兴的基础上,得到全面发展。徽派朴学名家辈出,学术影响深远,进入全盛的发展时期;徽州学者的史地考释著作明显增多,地方志数量增加显著,家谱也呈现出数量剧增、特色鲜明的盛况,徽州地区的史学获得前所未有的发展;经过长期不断的历史积淀之后,到清中叶时,徽州的封建教育已经进入到了鼎盛期,同时教育的发达推动了科举业的繁盛,徽州科第之盛几乎甲于天下;此期的文学家数量众多,类型多样,在文学作品的创作上也是百花盛开,多姿多彩,徽州文学继明代以后终于到达光辉的顶点;清中叶徽州的民间戏曲演出,特别是民间公众性的演出活动尤为兴盛,不仅府治、县城有演出,农村的演出也十分频繁,自四大徽班进京后,徽戏与汉调合流,成为京剧,更是称雄中国剧坛;文人画在本时期开始发达并成为画坛的主流,而在艺术风格上既重视新安四家,也参学备受清王朝肯定的"四王"正统画风,将诸多不同的绘画元素统一于自己的绘画风格中,出现了"新安画派",其影响力一直延续至近代国画大师黄宾虹、汪采白;版画逐渐恢复元气,坊刻、私刻和官刻都非常兴旺,刻书业全面复苏,出现了一批刻书家;清代中后期,徽州工艺的生产格局、工艺思想和艺术风格都发生着巨大变化,衰落与新生、模仿与创造、恪守与分化既是近现代中国工艺美术的基本面貌,也呈现着徽州工艺的发展景观;徽州建筑在明代基础上又得到了进一步的发展,建筑风格更为显著;科学技术人才辈出,学术思想活跃,成果丰富,呈现出一派繁荣的景象,誉享海内外的齐彦槐、郑复光、罗士琳等著名科学家,在农学、天文学、物理学等方面都做出了重要的贡献;从康熙中叶到嘉庆道光之际的一百多年间是徽商的兴盛阶段,其实力不但得到了恢复,而且在许多方面超过了明代。从总体来看,清中叶的徽州文化整体呈现出博大与精致的特征,该特征也是徽州文化发展到鼎盛的重要标志。

一　徽派朴学的全盛

康熙以降，清代社会由乱而治，理学盛极而衰，步入批判与总结时期，清代考据学正是顺应这一历史发展趋势悄然而起。清廷为了寻求"持盈保泰"之道，一方面选择尊崇朱子学的途径，试图凭以确立社会的道德藩篱，另一方面，则是在经学理学兴起的学术潮流之中，古学复兴之风以其不可抗拒的内在逻辑力量，由涓涓细流而蔚为大观。此时的大批学者，摆脱宋明，回归两汉，以兴复古学为职志，以训诂归纳为方法，高扬汉帜而登上了历史舞台。从地域上说，徽州学者得风气之先，新安理学的治学主张和积极入世的思想，对徽州朴学的形成有着深刻的影响。同时，徽州人坚韧刻苦的性格特征和铮铮铁骨的"徽骆驼"精神，也使徽州学人具备了"综形名，任裁断"，空所依傍，实事求是的精神。支伟成在《清代朴学大师列传》中，对清代朴学家的事迹及其成就做了全面而详尽的研究和介绍，所列人物众多，而尤以徽州学者为首。他将皖派经学家分为大师列传和经学家列传两个部分。他认为："皖派经学，实自江、戴开宗。"此后"皖派经师，头角崭露"，"人才之盛，诚远迈他派"。这一时期，徽州朴学家群体在江永、戴震的思想方法影响下，既有继承，又有创新，以他们卓越的学术成就，把皖派朴学推向了全盛。

（一）金榜的礼学研究

金榜（1735—1801），字蕊中，一字辅之，晚年更号檠斋。歙县岩寺人。出身名门，自幼即从鲍倚云学习制举之学，于文章之事已有相当基础。但他少负伟志，很想通过博学深造成为通儒，于是到西溪不疏园中从江永、戴震等学习历算、律吕、考工诸事，学有根基，言无枝叶，打下了良好的学问基础。三十一岁召试举人，擢内阁中书，在军机处行走。乾隆壬辰，以一甲第一名及第，授翰林院修撰，仅一度为山西副考官。既而乞归，徜徉林下，著书自娱，卒年六十七岁。著有《礼笺》《周易考古》和《海曲方域小志》等。

金榜精通经学，尤其擅长治"三礼"，以郑康成为宗，博稽精思、慎求能断，自言："幼承义方治《礼》，宗郑氏学；长而受学于先师江慎修先生，遂窥礼堂论赞之绪。期间采获旧闻，或摭秘逸，要于郑氏治经家法不敢诬。"所著有《礼笺》10卷，寄请大学士朱珪作序，并经方起泰、胡国辅叙录，厘为3卷。支伟成称之："与江、戴巍然并峙，经学之盛在新安，良有以夫。"《礼笺》内容涉及《周礼》15篇、《礼经》17篇、《戴记》16篇，附有4幅图表，内容"大而天文、地域、田赋、学校、郊庙、明堂，下逮车骑、服器之细，罔弗贯串群言，折衷一是"。其中朱珪之序评论最为中肯，曰："新安殿撰金君，枕葄六经，尤邃于礼，以郑氏书为言礼者之舌人，而病贾、孔二疏不能补其漏疏，宣其奥密，非善译郑氏者，乃自著论数十篇。大而天文、地域、田赋、学校、郊庙、明堂以及车旗、器服之细，罔弗贯串群言，折衷一是，不自饰其文，第祖郑诗笺毛之义，名曰《礼笺》，以为译郑云尔。录以寄余，余读之，叹其词精而义核，不必训诂全经，而以之宣译圣典，不失三代制作明备之所在。岂独以礼家聚讼，姑以是为调人也哉。"[①]此序说明金榜治《礼》，宗主郑玄而病贾、孔之疏不能补其漏疏，故以申张郑义。因此，朱珪特别推奖此书，此后礼学家胡培翚、朱彬以及黄以周、孙诒让等，皆闻风继起，清代三礼学研究蔚为大观。

---

① 朱珪：《礼笺序》，金榜《礼笺》，《续修四库全书》本。

（二）程瑶田及其《通艺录》

程瑶田（1725—1814），字易田、易畴，号让堂。歙县人。平生以著述为事，通音乐，能书法，旁及诗歌，精于鉴别和篆刻。平居鸡鸣而起，燃灯达旦，夜分就寝，数十年如一日。曾学于不疏园，闻鸡即起，以勤补拙，学乃大进。但一生于功名颇不得意，九应乡试，四十六岁方中举人。至乾隆五十三年（1788）授嘉定县教谕，时年六十四岁，"以身率教，廉洁自持"。告归之日，钱大昕赠诗推重云："本是经人师，原无温饱志。"王鸣盛赠诗："官惟当湖陆，师则新安程，一百五十载，卓然两先生。"将其与平湖陆陇其并称。[①]　嘉庆元年（1796）举孝廉方正，而晚年目盲，犹口授孙辈，著成《琴音记》。至九十岁而卒。

程瑶田"自少迄老，笃志著述。其学长于涵咏经文，得其真解，不屑依傍传注"[②]。其著述长于旁搜曲证，考证名物和典章制度大都精当，且实事求是，敢于挑战权威。治学受江永影响，虽重考证而不废义理，体现义理、考据、辞章三者并重的特点。其学术非止名物一端，在文字训诂方面造诣亦深，研究"转语"多有发明，对于纠正古书传注的失误，亦有很多创获。于天文历算方面，

程瑶田《通艺录》

"既明其义，又穷其用，而神明变化，举措咸宜"[③]。其著述最大者为《通艺录》19 种，分别为：《论学小记》《论学外篇》《宗法小记》《仪礼丧服足徵记》《释宫小记》《考工创物小记》《磬折古义》《沟洫疆理小记》《禹贡三江考》《水地小记》《解字小记》《声律小记》《九谷考》《释草小记》《读

---

① 　民国《歙县志》卷七，民国二十六年刊本。
② 　支伟成：《清代朴学大师列传》，岳麓书社 1986 年版。
③ 　阮元：《畴人传》，中华书局 1983 年版。

书求解》《数度小记》《九势碎事》《释虫小记》《修辞馀钞》。附录 7 种：
《让堂亦政录》《乐器三事能言》《琴音记原本》《濠上吟》《莲饮集》《藤笈编》《非能编》。未成或遗失之书 3 种：《仪礼经注疑直》《说文解字会极》《古今体诗》。

程瑶田所撰《通艺录》，凡义理、训诂、制度、名物、声律、象数，无所不赅，而尤精者《仪礼》。他依据目验来实证古代文献记载之误，叹言："陈言相因，不如目验。"博及群籍，加之目验和实践，这是程瑶田名物考证的一大特色。程氏《果蠃转语记》通过"果蠃"一词的训释，将与它音义相近的 250 个联绵词连贯起来，加以阐述，指出不仅在单音节字中而且在双音节词中也存在着"转语"的语言现象，这在当时的同源词研究上开辟了新径。王念孙为清代训诂学大家，他称颂程瑶田"立物之醇，为学之勤，持论之精，所见之卓，未有其匹"，并继之而作《叠韵转语》。《果蠃转语记》以演绎方法从音义上推论出一系列相因的转语词，于古今文字孳乳繁衍滋生之迹，都彰示得明白无遗，使人们懂得语言是一个系统。它标志着训诂学已经进入一个新阶段，同时也是联绵词研究已经进入科学化的开端。程瑶田的这种治经注重实学，以实物证实史料，开创了史料同考古学相结合的新阶段。梁启超《中国近三百年学术史》评论说："（乾隆）中叶则任幼植大椿、程易畴瑶田、金辅之榜、凌仲次廷堪，都有精到的著作，檗斋的《礼笺》、易畴的《通艺录》最好，他们纯粹是戴东原一派的学风——专作'窄而深'的研究，所选的题目，或者是很小的，但在这个题目的范围内，务把资料搜齐。类书式的'案而不断'他们是不肯的，但判断总下得极审慎。所以他们所著，虽多属小篇，但大率都极精锐。《东原集》中考证礼制之文，有十几篇，正是如此。"徽州学者能从一字一义的孤立的说明，转向注重全面系统知识的探索，这对当时学者的影响很大，即使在今天，这一研究方法仍具有极大的启迪作用。

程瑶田学宗江永，一生从事考据，学术上成就斐然。在义理方面，他主张"有物有则"，亦即人在行事时应依循一定准则，这在新安理学的承续上也有关键性的作用。其《论学小记》《论学外篇》和《通艺录》，都体现了这一思想。在《通艺录》自序中言："圣教安归乎？归于自治而已矣。今有能纯乎喻义，而绝不喻利之人，处人伦如此，酬世务亦如此，夙兴夜寐举如此，乃可立于天地间，足为后世法。"瑶田认为要挽救儒学的危机，就必须回到儒家正统中去，回到古代圣人的原始教义中去。他把《论学小记》和《论学外篇》的"义理之学"冠于《通艺录》之首，就反映了他的为学宗旨不全在名物考证之间，由此也可体现徽州学者将义理、考据和辞章合而为一的学术路径。清代朴学并非完全不讲义理，也并非完全没有思想，其义理隐藏在考据之后，或体现在考据之中，反映出清中叶一些有识见的学者在理论探索方面所作的努力。

（三）其他徽派朴学名家

汪梧凤（1725—1773），字在湘，号松溪。歙县人。中举后不应会试，以读书自娱，藏书极富。卒年四十九岁，可惜绝世过早，未能展其抱负，大其所成。著有《诗学女为》、《松溪文集》。汪梧凤曾先后师从方朴山、江永研读经史，又向刘大櫆学习古文辞。其《松溪文集》雅善文辞，不乏佳作。张舜徽说："余尤喜其《西湖记游》一篇，写难状之景历历如绘，其锤炼之佳者，直与《水经注》、柳柳州山水小记同工，谅非并时经师所能为役者矣。"[①]《诗学女为》就其子汪灼习《诗》时所提疑问，历举古今传说异同，会通己意以答之，积久编次成书。又取孔子谓伯鱼语意为书名，书中取《诗经传说汇纂》者为多，间采《诗义折中》若干例，训诂解经，间有阐发，大义则少有逾于《汇纂》《折中》《朱注》之外者。

汪梧凤对于徽州朴学的贡献，是为当时的一群朴学家们提供了极为便利的研究场所。汪梧凤《松溪文集》中《送刘海峰先生归桐城序》记述："吾友志相合、业相同，择师而事无不同者，休邑郑用牧、戴东原，

---

① 张舜徽:《清人文集别录》卷七,中华书局 1963 年版。

吾歙汪稚川、程易田、方晞原、金蕊中、吴蕙川数人而已。"汪中《述学》中有《故贡生汪君墓志铭》称：江永、戴震初崛起于乡里，性孤介，少所合，而地僻陋，无从得书，梧凤礼致而延至其家，饮食供具惟所欲，又斥千金置书，益召好学之士，日夜诵习讲贯其中，久者十数年，近者七八年、四五年，业成散去，而古学于是大明，其左右而成之者，梧凤与有为焉。可见，在徽州朴学的兴起和考据学大师的成长过程中，不疏园的聚合与资助功不可没。

洪榜（1745—1780），字汝登，一字初堂。歙县人。乾隆三十三年（1768）举人，乾隆四十一年（1776），应天津召试第一，授内阁中书。可惜英年早逝，卒年三十五岁。著有《四声韵和表》5卷、《易述赞》2卷、《周易古义录》、《书经释典》、《诗经古义录》、《诗经释典》、《春秋公羊传释例》、《论语古义录》、《初堂读书记》、《示儿切语》等。洪榜诸艺皆精，尤其擅长经学，提倡治经必须从小学入手，渐次进入经学研究，反对以老庄、释氏之说参入其中。洪榜少时与同乡戴震、程瑶田交谊深厚，严于律己，待人真诚，以孝友耿直著称于乡里，其"生平学问之道，服膺戴氏"。戴震逝世后，洪榜首作《戴先生行状》，评述其一生，内容记载详尽且评述精当。张舜徽

洪榜《二洪遗稿》

认为："戴氏一生知己，要必以榜为最密矣。考论戴学得失者，必取资于是编。"[1]

汪肇龙（1721—1780），原名肇潓，字松麓、稚川。歙县人。少家贫，从商力农以维生计，通六书，善篆刻。乾隆三十年（1765）举进士不第，于是绝意科举仕途，游江永之门，专力治经学。于《尔雅》《说文》诸小学书及水经、地志、步算、音韵、名物、器数之学，无不博览涉猎，于"三礼"方面用功尤深，师友叹服其精。郑虎文曾为之作传，称其性格

---

① 张舜徽：《清人文集别录》卷七，中华书局1963年版。

严谨，“颦笑不苟”，“长身玉立，须眉若神，见者知为有道之士”。尝游京师，观太学石鼓文，曰：“是可注而读也。”退则描摹其文而注释之，成《石鼓文考》，定为周宣王时史籀所篆，非后世物。“至于尊彝、钟鼎诸古篆，云鸟、蝌蚪之文，寓目能辨，且暗中能手扪而识之，见者誉为古今绝学。”[①]汪肇龙作为考据学家，由于精通经史，对于古文字触类旁通，因此对文字学研究精深，往往时有新的发现，为清代乾嘉年间徽州篆刻史上的中坚人物，曾为汪启淑刻印多方，收入《飞鸿堂印谱》。其中的印作朱文多以小玺及钏鼎款识入印，秀雅多趣；白文取法秦、汉，苍茫浑厚，印风凝重。时与程邃、巴慰祖、胡唐齐名，并称“歙县四大篆刻家”。

方矩（1729—1789），又名根矩，字晞原。歙县人。诸生。乾隆十七年（1752），江永讲学歙县汪氏不疏园时，方矩曾来就学，与郑牧、汪肇龙、程瑶田、金榜、吴绍泽等数人共同研讨。方矩为学宗江永，文宗刘海峰，以程朱理学根底，故自汉唐注疏以至宋五子之书，皆博涉遍观，曾自言“孔门而后，言绝义乖，儒流灭裂，然人道不终为魅者，程朱之为也”[②]。与戴震交好，戴曾作有《与方晞原论学书》，段玉裁《戴先生年谱》乾隆二十年（1755）乙亥条载：“有《与方晞原书》，大旨论文章必求其本，求其本更有所谓大本。大本既得矣，然后曰：是道也，非艺也。则凡马、班、韩、柳诸君子毕力以求其本者，固又待大本以为荣悴者也。圣人之道在六经，以圣人之道被诸文，如造化之终始万物也。”晞原工为文，“文章求本”“道在六经”，除了阐发义理，对辞章、考据也极为重视，这也是徽州朴学家的共同特点。

郑牧（1714—1792），字用牧。休宁人。郑虎文《明经汪肇龙家传》说：“传江氏之学者，首称休宁东原戴氏震，歙松麓汪氏肇龙及郑氏用牧、程氏易田、汪氏在湘、方氏晞原、金氏蕊中，六七君皆知名。”[③]说明

① 郑虎文：《吞松阁集·汪明经肇龙家传》，《四库未收辑刊》本。
② 据《耆献类征》卷四三九胡赓善《权厝志》，台北明文书局 1985 年版。
③ 钱仪吉：《碑传集》，中华书局 1993 年版。

郑牧在当时已是知名学士,且在众人中年岁居长。与戴震友善,戴作有《答郑丈用牧书》,提出许多重要的学术观点,如"不以人蔽己,不以己自蔽。不为一时之名,亦不期后世之名";"立身守二字曰不苟,待人守二字曰无憾";"好友数人,思归而共讲明正道,不入四者之蔽,修辞立诚,以俟后学"等。① 戴震能与郑牧讨论这些深奥的问题,自然可见郑牧的思想修养和学术造诣的深厚。

徽州歙县汪氏不疏园是矗立在徽州朴学发展史上一座具有标志性的里程碑,而活动在其中的一批坚守执着、孜孜以求的学者构成了一个强大的学术阵营,他们传承和丰富着徽州朴学的内涵,他们以"求是"为宗旨,不迷信权威,不拘泥文典,在研究中侧重于文献的考据,即根据事实考核和例证,提供可信的资料,"长于比勘,博征其材,约守其例,悉以心得为凭",主张"实事求是""无征不信"。这种学风不仅在徽州本土已经蔚为大观,而且在徽商和徽州学人活动的地区及其以后的学术研究中都产生了很大的影响,培养出了一大批考据学家。

譬如,凌廷堪(1757—1809),字次仲。歙县人,寄居扬州。年幼家贫,弱冠之年方才开始读书。稍长,工诗及骈散文,兼为长短句。仰慕同乡戴震学术,于是究心经史。乾隆五十四年应江南乡试中举,次年中进士,例授知县,自请改为教职,入选宁国府学教授。之后因其母丧而到徽州,曾一度主讲敬亭、紫阳二书院,曾因阮元聘请,为其子阮常生之师。做客扬州时期,汪中与凌廷堪相见,辩论古今,深为折服。又与孔广森、武亿、秦恩复、刘台拱、焦循、李钟泗以及章实斋等有交往。凌廷堪所结交皆一时名士,朋友中与江藩交往最密。江藩在《汉学师承记》中为其撰写的传记也最详尽、最富深情,文中结尾处不胜感慨地说:"嗟乎,君冷宦无家,白头乏嗣,虽死故乡,实同旅殡,亦生人之极哀也已!"读之令人泫然。凌廷堪所教学生中,阮常生、胡培翚、张其锦是其佼佼者。凌廷堪之学无所不窥,于六书、历算以迄古今疆域之沿革、

---

① 参见《戴震全集(六)·答郑丈用牧书》,黄山书社 1995 年版。

职官之异同、史传之参错、外属之源流，无不条贯井然。尤其精通礼学，其《礼经释例》13卷，于礼学研究，功莫大焉。凌氏用举证析例等方法，考证儒家礼学经典各部分的义理和社会效用，并从具体的数据、形式、体例入手，逐项加以论定，《礼经释例》成为研究礼学的重要之作。

在中国古代，礼乐政教并称，音乐多用于娱乐，同时它又被赋予社会教化功能，正因为如此，古时乐学也被列为经学，成为儒家六经之一。由于乐学的地位很高，对于音乐基本技术的研究，比起一般典章制度的考证，自然会更加受到重视。除了研究《礼经》之外，凌廷堪还潜心于乐经的研究，以超人的智慧和艰苦卓绝的努力，撰成《燕乐考原》一书，为燕乐研究添上绚丽夺目的一笔，至今为学术界所称道。

江有诰（1773—1851），字晋三，号古愚。歙县人。二十二岁补博士弟子。江有诰读书不应科举功名，平生致力于古音韵学的研究，杜门著述，寒暑无间。晚年对六书益精，著述颇丰。江有诰精深于古音学，叹惜自周秦之后古音日舛，因此冥心推究，废寝忘食。其对于古音韵的嗜好源自于顾炎武《音学五书》与江永《古韵标准》，认为江永的著述能补充顾氏不完备之处，但部分仍有漏缺。江有诰将江永古韵十三部"析幽侯为二，支脂为三；又于脂部中析出祭部，又析真文为二"，因此定古韵为二十一部。这一观点恰与戴震、孔广森不谋而合，孔氏在《诗声类》中"析东、冬为二，遂改文二部为中统，为廿一部"。江有诰在古音韵学上的造诣之精，得到段玉裁的称许，认为江有诰对于考古、审音都有很高造诣，对前人之说能择善而行，不仅搞清了古音，而且对于今韵也有剖析，使音韵更加完备。著述有《诗经韵读》《群经韵读》《楚辞韵读》《先秦韵读》《汉魏韵读》《唐韵四声正》《谐声表》《入声表》《二十一部韵谱》《唐韵再正》《唐韵更定部分》，总名《江氏音学十书》，其中尤其以《入声表》为精妙，"足正享林之失，而补其未备"[1]。在有清一代古音学家中，江有诰对古韵做了最深入最全面的研究，至今犹有影响。

---

[1]　支伟成：《清代朴学大师列传》，岳麓书社1986年版。

汪龙(1741—1823),字叔辰,一字起潜。歙县古城关人。乾隆丙午举人。安贫乐道,不预外事,生平专注于文字考订之学,"熟于许氏《说文》,所著书数自手写,点画悉宗六书,无一笔苟"。龚丽正为郡守时,延请纂修郡志。汪龙取旧志阙讹之处,予以补正,著成《人物志稿》8卷。嘉庆十八年(1813),初识段玉裁,读其所注《说文》一书,补正其有疑义之处。段玉裁在定本《说文解字注》中也多采用汪龙之说。著有《毛传异义》4卷、《毛诗申成》10卷,两书皆笃守传笺,在训诂、通假方面尤其精要。

程晋芳(1718—1784),字鱼门,号蕺园。歙县岑山渡人,寄居扬州。乾隆辛卯进士,授吏部主事,官《四库全书》编修。家素殷富,好施与,购书5万卷,召学士共研,学无所不窥,星经地志、《尔雅》、《方言》俱穷究根柢。著《周易知旨》《尚书古今释》《左传翼疏》《勉行堂文集》等。

戴祖启,字敬咸,号未堂。休宁人,寄居江西。乾隆进士,官国子监学正。笃志经学,著有《尚书涉传》《春秋测义》《史记协异》《师华山房文集》等。

吴玉搢,字籍五,号山夫。歙县丰南人,寄居山阴。贡生。生平专治文字训诂之学,好辨古字,穷究六书,博通群籍,旁及金石彝器,考证经传,指摘谬误,勒而成书。著《金石存》15卷,前为篆书52种,后为隶书68种,皆列其文于前,而解释于后,详其出处,系以时代。又著《说文引经考》2卷、《别雅》5卷,取字体之假借通用者依韵编之,各注所出,而为之辨证,于考古深为有功。

程恩泽(1785—1837),字云芬,号春海。歙县人。清嘉庆十六年(1811)进士,改庶吉士,授编修。累迁侍讲学士、国子监祭酒、内阁学士、工部右侍郎、户部经筵讲官、贵州和湖南学政等职。曾任四川、广东主考官。幼年聪颖,七岁时已可诵读经传。仰视同乡先达曹文埴、金榜的才学。跟从凌廷堪游学,学识精奥,博学盛名,与阮元并为嘉道儒林之首。精于篆刻、书法,对金石、书画考订尤精,提出"凡欲通义理者,必自训诂始"的治学主张。《清代朴学大师列传》记载:"(程恩泽)

公尝念近人治算由九章以通四元,可谓发明绝学,而仪器则罕有传者;乃与里人郑复先有修复古仪器之约。又颇深究《开元占经》,谓道光十五年木火同度,当有火灾,人验其言而韪之。"生平著述多未及成书,流传下来的仅有《国策地名考》《春海诗余》和《程侍郎遗集》等。

吴定(1744—1809),字殿麟,号淡泉。歙县人。嘉庆元年举孝廉方正,精研经学,尤专精于《易》,著有《周易集注》《紫石泉山房诗文集》。

黄承吉,字谦牧,号春谷。歙县人,寄籍扬州。嘉庆十年(1805)进士,任县令等官。后业盐,与江藩、焦循、李钟泗并称"江焦黄李四友"。所注《字诂》《义府》多有创见,通历算,能辨中西异同。工诗古文,不屑为世俗文章,著有《梦陔堂诗文集》。

汪莱(1768—1813),字孝婴,号衡斋。歙县瞻淇人。优贡生。弱冠之年父亲逝世,遂只身去苏州,于葑门外设馆,以维生计。汪莱天资敏绝,有早慧之誉,一些重要论著多成稿于其青年时期,谓其"其学由自得,不假师授"[①]。汪莱有学有识,多才多艺,除天算外,还通晓经史、释老及音韵、训诂、乐律、金石之学,工篆书,亦能诗,一生以设馆课徒为业,曾参与国史馆编辑《天文志》《时宪志》,著有《衡斋算学》《十三经注疏正误》《声谱》《说文声类》等。汪莱终生不得志,但始终坚持治学,刻意求新,研究算学往往参用西法,其主要著述流传至今,使后世得以窥见其才华和风采。

俞正燮(1775—1840),字理初。黟县人。自幼家境贫寒,勤奋好学,性孝友,有"经师人表"之称。二十岁时,独身北上,拜访著名经学家孙星衍,孙星衍大加赞赏,并在自己的研究著述中,吸取了俞正燮的论点,从此,俞正燮名声大扬。不少学者纷纷邀请俞正燮去教书讲学。而俞正燮便利用这种机会,游历了半个中国。他每至一地即深入考察,并进出各地藏书馆,读了许多不易读到的书籍。加之他潜心研究,

---

①　民国《歙县志》卷七,民国二十六年刊本。

终于成为清代著名学者。他所编著的《癸巳类稿》15 卷、《癸巳存稿》15 卷,是风行一时的海内巨著,对经义、史学、诸子、医理的考释,无不探本求源,辨别真伪,且立论精博,标新立异。

在中国学术史上,家学渊源及其传播是一个重要的特色和途径。在徽州学术文化区域内,随着巨家大族的由聚而散、徽商的四处经营,这种家族授受相承尤其突出,体现了学术文化的纵向传承和空间传播。例如,在乾隆、嘉庆、道光年间,徽州出现了一支经学流派,以胡匡衷(1728—1801)、胡秉虔(1770—1840)、胡培翚(1782—1849)为代表的家族学者群体,因长于《三礼》研究,成就卓越,影响深远,史称绩溪礼学"三胡"或"绩溪经解三胡"(胡培翚为胡匡衷之孙,胡匡衷为胡秉虔族叔)。王集成先生在《绩溪经学三胡先生传》中称:"胡匡衷、胡秉虔、胡培翚,世称绩溪经学三胡,以今观之,匡衷尤精《易》《礼》,秉虔淹贯六经,培翚则远绍旁征,折中至当,以绍礼家绝业。盖匡衷开之,秉虔乃集其成,名岂可幸致哉?当乾嘉时,海内学者,以音训之学,驰骋当世,争一字之短长,业亦精矣;而其所著书,如惠栋之于《周易》,江声、王鸣盛、孙星衍之于《尚书》,陈奂之于《毛诗》,均于宋人所言,一字不录。培翚独泯除门户,《仪礼正义》仍郑注古今文并录之例,于朱子、李如圭、杨复之说,采辑特多。千余年来,继郑君而发嗣响,其巨识宏量,固有非惠、陈诸人之所望尘矣。"绩溪古为徽州属县,自从出江永、戴震以来,学风弥盛,礼学"三胡"正是徽州朴学阵营的重要学者。

徽州不仅有许多数代相传的家族学者群体,而且兄弟学者也很多,突出者如歙县洪坑洪氏兄弟,即洪朴(1745—?)与其胞弟洪榜(1745—1780)、洪梧(1750—1817),三人先后中举,授内阁中书,因此时有"同胞三中书"之誉,并称"三凤"。洪朴、洪榜与戴震交往较多,在学术倾向上深受戴氏影响。戴震逝世后,洪榜为作《戴先生行状》,文末云:"先生郡人洪朴、洪榜兄弟,得交先生,从燕游久,凡先生之行事绪论,盖得其大略焉。"可见其同乡好友之间交谊深厚。

清代徽州随着人口的增加、土地的紧张,便有徽商的经营和家族的外拓,同时也会把学术一同带出去,遂使周边的皖南、淮扬地区的学风日盛,学者辈出。如泾县胡承珙(1776—1832),字景孟,号墨庄,自幼颖悟,十三岁入邑庠生,嘉庆十年进士,选翰林院庶吉士,授编修。历任广东乡试副考官、御史、给事中。胡承珙是徽派朴学阵营中的知名学者,潜心于经学,尤其专意于《毛诗》。回归乡里后闭户著书,与陈奂交往多,讨论切磋,将其毕生精力倾注于所著《毛诗后笺》中,主要用自己所注疏的语言文字、名物训诂来贯通《诗经》旨义,申述毛公本义。除《毛诗后笺》外,胡承珙著述还有《小尔雅义证》《仪礼古今文疏义》《求是堂诗文集》等。又如胡世琦,号玉樵,泾县人。嘉庆十九年(1814)进士,改翰林院庶吉士,任山东费县知县。少年聪慧,为文卓荦有奇致,弱冠之年举于乡,闭户肆力于经史典籍。其间外出与当时通达之人游历,如姚姬传、程易畴、洪稚存、段若膺等,受教于诸先生者甚多。其治学依照徽州朴学章法,先从文字声音训诂入手,考据精当,将章句、义理合二为一,以通晓其旨趣。著述有《立经堂集》,其他如《小尔雅疏证》《三家诗辑》,可惜未能完成,另有诗文各若干卷。此外,清末的汪宗沂、许承尧、胡晋接、吴承仕等,好学深思,精研音韵训诂及古代名物制度,会通古说,不尚墨守,在经学研究领域多发创见,但在治学的深广度及其成就和影响方面,已大不如其乡前辈们。

徽州朴学的兴起推动了清代学术的昌盛,以戴震为代表的徽州朴学家的思想高度和学术水平,应当说是中国 18 世纪学术的高峰标志,它不仅影响到徽州周边地区,还带动了整个清代的学术风气。徽州学人也越过区域界限,遍布全国,影响之大,称盛一时。然而,乾隆中叶以后,国家多故,内外交困,随着清朝统治的由盛转衰,各种社会矛盾和社会危机逐渐由隐而显,反映在社会政治经济、思想文化诸层面,就是盛极一时的汉学也弊病丛生,于是今文经学继之而起。皖派朴学发展到后期,研究内容也日益脱离社会生活,学者多"以襞绩补苴,谓足尽天地之能事",而忽视了义理的探索,不能回答社会的现实问题,终于不可避免地走向了衰落之路。然而,徽州朴学作为清代乾嘉之学的组成部分,历经数百年风雨,为学术界建立了正确的观念、方法,功不可没,对现代学术的启蒙作用,更是不争的事实,至今在学术界仍具有很大的影响力。

二 突出的史学成就

有清一代徽州地区史学与明代相比,有相同之处,又表现出不同的时代特点。具体表现在:一是史钞、史评类著作减少,但史地考释的著作明显增多。二是地方志编写数量增加显著。三是家谱数量较明代增加更多,并形成了一些特色。

(一)徽州学者有关传统史学的著作

清代徽州学者对传统史学依然投入了大量精力。正史类著作主要有章平的《史记校异》、吴大光《史记别解》4卷、程嗣章《明史略》70卷、汪士铎《南北史补志》14卷、洪北江《四史发伏》10卷。编年类著作有章平的《纪年晋魏年证》2卷、张节《史学编年》、朱璘《历朝通鉴辑略》56卷。史评类著作有王仕云的《史论异同》、吴恒《读史论断》8卷、程尚志《史镜》、江宏文《读史随笔》12卷、黄叔琳《史通训故补》20卷(续447)、胡匡宪《读史随笔》6卷。史地类有章遇鸿的《三国志舆地考》56卷、张匡学《水经注释》40卷、邵棠《徽志正误》、《大鄣山辨》1卷、崔维雅《河防刍议》6卷、吴度《郡志补遗》4卷、吴秋士《天下名山记钞》16卷、程宏志《黄山志》50卷、汪洪度《新安大好山水志》、洪北江《补三国疆域志》2卷及洪亮吉《乾隆府厅州县图志》50卷。史钞类有汤球《三十国春秋辑本》18卷、《五家晋纪》5卷、《两家晋阳秋》5卷、《晋纪辑本》7卷、《十六国春秋辑补》100卷、《十六国春秋纂录》16卷、《十八家霸史》18 卷、《九家晋书》37 卷,李秀会《史学发微》《史学节要类编》。综观清代徽州学者在传统史学领域的活动,表现出如下特色:

1. 重视材料去取与考订

清代学者重考证之学,加上刻书业发达,为学者治学提供的史料自然亦多,但也存在材料繁芜杂出的弊端,如何取材成为学者关注的问题。汪士铎在《南北史补志》论史法时说:"廉使(包世臣)贵谨严,曰:'史自有法度,稗史、野言皆古人所不取,不宜秽本书',故所勘职官、食货、刑法、氏族、释老、艺文六志,世系、大事、封爵、百官四表多所刊落……包文意主博综,谓隋唐志所载书已不传,凡文字幸存于今者,皆宜网罗补缀,俾后人有以参考,不宜拘成例。"对这种做法,陈方海说:"此志有三难,存者患繁复、患牴牾,无者患阙略,衷诸史法不如廉使良。"因此汪士铎著《补志》时"遂酌从廉使言",表明了对史料去取的谨慎态度。①

重视史料的摭取与重视考订密切相关,这一点在洪亮吉的著作中表现尤为明显。季锡畴称洪亮吉:"先生则读书有所得,实事求是,其所订正,乃精心融贯,穿穴奥微,故确核如兹。"洪玉珩称洪亮吉治学:"以故宏览名物,如登嵩蹑岱;穿贯义理,如导河抉源,而刊讹正伪,则又如扫落叶而拣金于沙也。"他的《四史发伏》则是"详赡精确,足以扩学者之心胸"②。

同时,洪亮吉的著作还表现出了强烈的经世精神。于宗林跋洪亮吉《乾隆府厅州县图志》称:"余受而读之,而知先生此书非仅考镜今古,厘析中外,实先生经世之志所寓也……又沟渠之通塞,道路之利便,以迄五金所出之山,近盐便民之所,有益于民生国计者均一一登载","与新疆、外藩末附以朝贡诸国,盖新疆、外藩、属国三者截然不同。列圣以来开辟之地,有将军统领,大臣驻扎者为新疆。统于理藩院者为外藩,统于鸿胪寺及太常寺、四译馆者为属国。先生此书中详

---

① 汪士铎:《南北史补志·后序》,《四库未收书辑刊》第五辑第四册,北京出版社 2000 年版。
② 洪亮吉:《四史发伏·洪玉珩序》,《四库未收书辑刊》第四辑第二十册,北京出版社 2000 年版。

内略外,然义例不容紊也","先生此书,则今昔之要害,中外之巨防,何尝不随地附见而不涉议论,不事附会,则所见不又出于《方舆纪要》等上乎"。[①]

2. 重对历代史学进行评价

这方面的史家虽不多,却具有代表性。汪绂在《策略·史学》中有精彩论述:

一是对修史的整体评价。他说:"史也者,所以明是非、垂法戒、存天理、正人心,扶百代之纲常而凛无形之斧钺者也。然非闻见广则无以综一代之事,非立心正则无以合天下之公,非析理者精则无以正一世之是非,非笔者严则无以明天下之好恶。不得其绪则乱而无章,言之无文则行之不远,是必其德其才有以高出乎天下万世者而后足以操天下万世之权而无失,则甚矣作史之难也。"[②]

二是展开对史书的具体评价。"司马迁《史记》义例详明,文辞质直,无诡随之意,有核实之长,诚哉良史才也","班固《汉书》深密而和平,详赡而有体,其继龙门而秉笔也,其亦可以无愧矣","范晔《后汉书》论事详明,洵有足数","陈寿《三国志》简劲质直,似胜蔚宗之佻巧。故张华善其述事简严,王通称其高简有法",汪绂虽也指出四史各有不足,但还是充分肯定了四史成就。他对六朝之史评价不高,认为"六朝之史褒贬既无足凭,纪载尤多失实,遗阙不少,舛谬相仍,盖天地闭塞之秋,而史才亦原非易得也"。"魏征《隋书》本末明务,李延寿《南北史》叙事简劲,于是删烦补阙,贯串始终,上轶范陈而几近班马",对二书评价也较高。论《新唐书》称其"予夺有章,文字典雅",议《新五代史》"褒贬谨严,文意端整",基本以肯定为主。论"欧阳玄《宋史》滥漫纷沓,徒以文移来往肆其繁芜。揭奚斯《辽史》《金史》颇称简质而志记多荒陋无稽,岂称尽善。宋濂《元史》端有体裁,而文气缓弱,又以仓猝

---

① 洪亮吉:《乾隆府厅州县图志》之《于宗林跋》,《续修四库全书》第六百二十五册,上海古籍出版社2002年版。

② 汪绂:《策略》卷二《史学》,《丛书集成三编》第一册,台北新文丰出版公司1997年版。

成功,亦难以与汉唐比美"。整体来看,汪绂的评价也不一定完全准确,但他对纪传体史书进行逐一评价,表明他对经传体史书是有一个整体认识的。他还进一步分析了各部史书出现优劣的原因,他说:"要以时有盛衰,才有优劣,识有高下,品有奇庸,意有公私,心有邪正,而史之得失因之。取其长而略其短,均足以考见得失之林。稽实录以垂典谟,则皆未能以臻于粹美之诣也。"

三是对纪传、编年二体的认识。"史有二体,核一人之始终者为纪传,《尚书》以见历圣之心传;考历代之统系者为编年,《春秋》以立百年之大法""间尝论之,纪传之史或承君命以操觚,或参群言而珥笔。承君命则事多掣肘,参众见则筑室道谋,且见闻难于集益,则虚实或且无凭,修前代之史则言人人殊。作本朝之史,则尤多忌讳……编年之史则事迹依国史旧文而尚论,可直抒己见……是则为编年之史易为纪传之史难,修前朝之史犹易而作本朝之史为尤难也。然而纪传之史,摛笔属辞,可以征信足矣,而编年之史,笔削惟严,则非有旷世之识无以彰一字之褒贬也。纪传之史考核一人之始终,则叙述自有条理,而编年之史错综时事之纷纭,则非有治剧之才,无以著源流之得失也。是则作传纪者犹处其易,而作编年者愈见其难矣"①。

3. 史书辑佚的重要成就

汤球在史书辑佚方面取得了重要成就。由于崔鸿《十六国春秋》隋唐以后已不传,《晋书》又为后人多所诟病,王秉恩说:"唐修《晋书》,始用众手……典录作者,多文藻之士,又杂取《世说新语》,以放诞相高,然则子元所讥,其事芜秽,其辞猥杂,异乎记功书过,彰善瘅恶者,非过论矣。自太宗著论,总题御撰,新制既出,旧史遂佚。"因此晋史、十六国的历史一直处在或泯或灭之中。汤球则"聚书数千卷,杜门著述",完成100卷的《十六国春秋辑补》和《十六国春秋纂录校本》《九家晋书辑本》等多种著作。王秉恩评价《十六国春秋辑补》:"今君于散亡

---

① 汪绂:《策略》卷二《史学》,《丛书集成三编》第一册,台北新文丰出版公司1997年版。

之余,捃拾丛残,又兼采霸朝各史,考览异同,倘就所录,刊入史注,必能参核详洽,首尾该备,以方世期,又何愧焉。"吴翊寅评价《十六国春秋纂录校本》说:"据何镗《汉魏丛书》所刊,及北齐修文殿御览,互相校雠,录为定本,小有异同,则加考订,以求其是而复其旧,补正脱误,使成完书,纠谬拾遗,厥功甚伟。"[①]这也充分肯定了汤球在史书辑佚方面的成就。

(二)徽州学者的方志学成就

清代是我国古方志发展的全盛时期,这一时期徽州也出现了编修方志的热潮。其府县乡镇产生了一批体例成熟、内容丰富、影响深远的志书。据《中国地方志联合目录》的统计,徽州府县乡镇今存宋至民国的各类方志61种,其中清代占41种之多,约占总数的十分之七。如果加上《联合目录》未著录的1种乡镇志,以及有名可考的6种佚志,其清代府县志的总数有50种左右。综观清修徽州方志,大致可以分为三个时期。

第一个时期,是清初的顺治、康熙时期,共修志书13部。顺治时,从全国范围来看,因清朝统治尚不稳固,方志修纂处于低潮,徽州府县也仅成书2部,即顺治四年,宋希尚修、吴孔嘉纂《歙县志》14卷;顺治十二年,窦士范修纂《黟县志》8卷。到了康熙年间,特别是三藩之乱的平定和台湾收复后的统一,清朝统治日益稳固,全国开始了大规模的修志活动,这一时期,徽州府邑共修志书11种,分别是:康熙七年,苏霍祚修、曹有光等纂《绩溪县志续编》4卷;康熙八年,刘光宿修、詹养沉纂《婺源县志》12卷;康熙十二年,高晫纂修《徽州府通志》12卷;康熙二十二年有3部:林国柱纂修《徽州府通志续编》8卷,姚启元修、张瑗等纂《祁门县志》8卷,王景曾修、尤何等纂《黟县志》4卷;康熙二十九年,

---

① 汤球:《十六国春秋纂录校本》校勘记《吴翊寅跋》,《丛书集成新编》第一百一十四册,台北新文丰出版公司1985年版。

靳治荆修、吴苑等纂《歙县志》12 卷；康熙三十二年，廖腾煃修、汪晋徵纂《休宁县志》8 卷《首》1 卷；康熙三十三年蒋灿纂修《婺源县志》12 卷；康熙三十八年，丁廷楗修、赵吉士纂《徽州府志》18 卷；吴度的《郡志补遗》4 考（今佚）。

第二时期，是乾隆、嘉庆、道光三代，这是徽州方志编纂的稳定发展时期。

雍正年间，徽州修了两部小志：雍正元年（1723），许绪祖编修《孚潭志》；雍正十二年（1734），佘华瑞编修《岩镇志草》4 卷。乾隆年间有志书 9 部：乾隆二十一年（1756），陈锡修、章瑞钟纂《绩溪县志》10 卷；乾隆二十二年（1757），俞云耕修、潘继善纂《婺源县志》39 卷《首》1 卷；乾隆二十四年（1759），凌应秋纂修（歙县北乡）《沙溪集略》8 卷（抄本存安徽省图书馆）；乾隆二十六年（1761），张佩芳修、刘大櫆纂《歙县志》20 卷，《首》1 卷；乾隆三十一年（1766），孙维龙纂修《黟县志》20 卷；乾隆四十年（1775），江登云纂（后江绍莲续纂）（歙县）《橙阳散志》12 卷；乾隆五十二年，彭家桂修、张图南纂《婺源县志》39 卷。另外还有戴知诚《徽州府志》（今佚），徐日簪等的《休宁县志》（今佚）。乾隆年间，除祁门县外，其他县均修有志书，《婺源县志》先后修了两次，歙县还产生了两部小志。修志总数虽不及康熙朝，但总体而言，当时徽州仍处于修志的高潮期。

嘉庆时徽州修志 5 部：嘉庆十年，邵棠的《徽志补正》1 卷；嘉庆十二年，赵汝为纂修《婺源县志》39 卷；嘉庆十五年（1810），清恺修、席承泰纂《绩溪县志》12 卷；嘉庆十六年，徐卓修纂《休宁碎事》；嘉庆十七年（1812），吴甸华修、俞正燮纂《黟县志》16 卷《首》1 卷。

道光时期，共成志书 7 部：道光三年（1823），何应松修、方崇鼎纂《休宁县志》24 卷《首》1 卷；道光五年（1825），吕子珏修、詹锡龄纂《黟县续志》（此志与嘉庆志共为一书）；道光六年（1826），黄应均等纂修《婺源县志》39 卷；道光七年（1827），王让修、桂超万纂《祁门县志》36 卷《首》1 卷；道光八年（1828），劳逢源、沈伯棠纂修《歙县志》10 卷；马步蟾、夏銮纂修《徽州府志》16 卷《首》1 卷；徐起霖《徽郡志记略》1 卷（今佚）。

第三个时期，是同治、光绪时期。同治年间修有志书 5 种：同治九年（1870），曹光洛编《歙县采访册》不分卷；同治十年（1871），谢永泰修、程鸿诏等纂《黟县三志》16 卷、《首》《末》各 1 卷；同治十二年（1873），周溶修、汪韵珊纂《祁门县志》36 卷，《首》《末》各 1 卷；黄崇惺纂《徽州府辨正》1 卷；俞肇祥等编纂《绩溪县续志》（今佚）。光绪年间有志书 7 部：光绪七年（1881），程文翰续修（祁门）《善和乡志》8 卷（今残存抄本 4 卷存安徽省图书馆）；光绪九年（1883），吴鹗修、汪正元纂《婺源县志》64 卷；倪望重纂修《祁门县志补》1 册（增补同治县志，稿本存安徽省图书馆）。此外，这一时期还出现了 4 部乡土志：光绪三十四年（1908），董钟琪、汪廷璋修纂《婺源乡土志》7 章；董万里修纂《婺源地理教科书》；李家骧修纂《祁门县乡土地理》，以及《黟县乡土志》。

总体来看，清代徽州地区方志纂修取得了较大成绩，同时形成了一些特色。

1.“通古今而资治化”的编修责任感突出

清代徽州方志编修不断、质量上乘与编修者的强烈责任感是密不可分的。道光《徽州府志》马步蟾序称：“郡邑之有志，别星野志舆图，参籍兴废之由，综核民物之数，匪特驰骋文辞，夸示雄富而已，盖期衷诸质实，取信来兹，俾览是编者，灼然於山川风俗黎献典章，足以通古今而资治化焉。”而程怀璟也认为郡志作用在于“有民社之责者必将因俗而成化，有乡里之望者必将树表而立坊”。

而光绪年间《婺源乡土志》《婺源地理教科书》《祁门县乡土志》及《黟县乡土志》的出现，更是对外国侵略者侵略行为的一种自觉反抗，反映了文化自觉的思想，体现了编修者的责任感。

2. 重视方志编修的连续性

编修方志的责任感，在一部志书上，表现为编修者不畏艰辛，汲汲于方志的编修，表现在多部志书上，就形成了方志编修的连续性和继承性。如对徽州府志的编修，在康熙年间出现了丁廷楗、赵吉士纂《徽州府志》，道光时有马步蟾、夏銮纂修《徽州府志》。赵吉士修康熙志时，对汪尚宁的嘉靖志有直接继承，他说修人物志时“前乎嘉靖者以嘉靖旧志为准”，实际上说明了康熙志在明代徽州府志与清代徽州府志之间建立了联系。而马步蟾修道光志时，更是直接继承和发展了康熙志，序称“翻阅赵给谏吉士旧志，窃谓摭取虽富而体例未精，爰为之补其阙略正其讹舛”，将康熙志“八例之中恤政志宜省也，艺文志宜增也”，并将八例的细目也作了相应调整。

又如《黟县志》的编修表现了更明显的连续性。嘉庆年间吴甸华修《黟县志》，习惯上称之为《黟县一志》。吕子珏修道光《黟县志》时“凡自嘉庆壬申而后，十三年中官爵选举人物艺文一仍前志门类续于其后”，保持了两志的统一性与延续性，而道光志也因此被称为《黟县二志》。谢永泰同治所修《黟县志》“大卷子目并依前例，应名曰三志”，三志前后相续“前志修于嘉庆壬申，续于道光乙酉，今自乙酉丙戌年至同治己巳”，再次说明了《黟县志》的前后因果关系。《黟县志》这种前后相续的传统一直影响到民国时期，民国十二年(1923)，许复又主修了《黟县四志》。《黟县志》四修，很好地反映了徽州地区对方志连续性的重视。

3. 乡镇志编修成为新趋势

清代徽州地区方志编修成绩突出，其中乡镇志的编修，成为一种新动向。先后修成有 4 部：雍正元年，许绪祖编修(休宁)《孚潭志》；雍正十二年，佘华瑞编修《岩镇志草》4 卷；乾隆四十年，江登云纂(歙县)《橙阳散志》12 卷；光绪七年，程文翰续修(祁门)《善和乡志》8 卷。其中《善和乡志》不仅显示了是对弘治时程复用所修旧志的继承，还阐述了撰修乡志的重要意义。《善和乡志弘治己未原序》称：“志也者，实有关于政治之得失，人材之盛衰，风俗之美恶，自乡至国虽有崇卑广狭之差，而不可无志又岂有二乎哉。”《橙阳散志》刘宗魏序说：“乡者天下风俗之源也”，因此“国有史，郡邑有志，则乡遂不可无志以备国与郡邑之采"。总之,乡镇志的编修反映了方志编写进一步向基层社会延伸的趋向。

(三)徽州学者的家谱成就

清代徽州家谱编修进入繁盛时期,仅从数量而言,现存馆藏家谱800余部,若加上私人收藏及未被发现者,估计在千余部。清代徽州家谱是明代徽州家谱的进一步发展,同时也表现出新的风貌。

一是家谱种类更加繁多。从名称上看有称族谱的,如黄凝道《休宁古林黄氏重修族谱》;有称宗谱的,如方树的《绩溪城南方氏宗谱》、许登瀛的《重修古歙东六门许氏宗谱》10 卷、孙毓华《新安孙氏宗谱》5 卷及《支谱》6 卷、程礼恭《绩溪洪川程氏宗谱》、鲍诚猷《歙新馆鲍氏著存堂宗谱》16 卷、徐禋《新安徐氏宗谱》18 卷;有称家谱的,如汪大治《休宁双溪汪氏家谱》、洪文涛《云山洪氏重修家谱》、黄任恒《南海学正黄氏家谱》14 卷;此外还有称世谱、会宗统谱、家乘等。他们之间或有侧重,或以体现血缘与地缘关系为依归,服务于界定宗族的血缘与地缘界线。

二是体例完备、内容丰富。清代徽州家谱在体例上进一步完备,多由谱序、凡例、世系图表、墓图、祠图、像赞、村居图、谱传、进呈谱表、诰封褒章、族产文书、翰墨文章、家训、族规等部分组成。如乾隆时方善祖等纂修的《歙淳方氏柳山真应会宗统谱》体例极其完备,弁首内容有宪给印牒、序文、会宗小启、考证书目、纂修人名;卷一有凡例、西晋诏定谱志、唐朝修定氏族志、姓原、郡望、世家考证、族属、迁徙、正误、存疑、先儒谱说、淳安修谱人物表、灵山修谱人物表、环山修谱人物表、诸宗修谱人物表;卷二有开国公家世行实、历史谱牒序、黟侯子姓分布派系和各派族谱序跋记考;卷三有先帝世系图考、原始世系图志;卷四有统宗世系图志;卷五至卷十六记载了环岩派等 17 派世系图志;卷十七有宸纶、请图功臣于祖庙状、庙额、祀典、国史列传、文武科第录;卷十八有碑记、茔志、真应庙纪事、宗支合同、户部钤印谱牒、追覆祀产谳语、柳山十大派考、环山十八方考、纶序世次总目、柳亭山图、祀产;卷十九有方山世家、家传、行状诔辞、墓志铭表;卷二十有赠叙、节孝志、谱外宗支附考、后序、跋后、领谱总号、县给编号印照、谱成告庙文。

总之,明清徽州家谱就是以世系为时间主线,通过反映宗族生活的各层面的记载,将明清徽州宗族的社会生活进行了全方位的描述,充分体现了"谱为一家之史"的思想。

三是徽州家谱充分折射出了明清徽州社会生活各方面。家谱为徽州宗族社会的构建提供了最重要的精神支撑,为徽州地区的教育提供了直接的保证,为徽州地区的社会风俗形成起到了直接的促进作用。徽州家谱在徽州社会的浸润下,又表现了自己的特色,而最为显著的就是与徽商之间的关系。

首先,为徽商立传,表现了明确的重视商业的文化特色。家谱通过设立家传,满足了徽商名垂家史的精神追求。如《大阜吕氏宗谱》,确定了"凡商而富者则书曰由商起家,子孙有学者亦曰公能教"的记载原则。其他徽州家谱编修中多有此类体例。基于这种理念,徽州家谱中记载了大量徽商的传记和行状。

其次,将家谱作为经营活动中的交际手段,体现了家谱在商业活动中的文化交流功能。由于徽州宗族具有聚族而居的特性,导致了徽商在外经营时表现出强烈的宗族抱团特点。作为宗族而言,有共同而稳定的居住区域是其主要特征之一,但徽州地区却又是"十三在邑,十七在天下"。徽州族人因商业活动需要,表现出明显的流动性与分散性,与徽州宗族要求聚族而居的宗族特点相矛盾,要弥合这种矛盾,利用编修家谱将"十七在天下"的族众聚合起来就显得尤其重要。利用家谱的"收族"功能,能有效地将全国各地流动经商的族人联合起来。

再次,徽商在经营活动中面临的竞争十分激烈,利用编修家谱进行联宗可以减少不必要的竞争,甚至可以互通信息达到共赢的效果。如《绩溪西关章氏族谱》载章必泰,"隐于贾,往来吴越间","尝因收族访谱,遇福建清浦江宗人名汉者于吴门,道及南峰宗柘重建事,于是相与刊发知单,遍告四方诸族","厥后诣浦城,查阅统宗会谱与西关谱有无异同"。作为商人的章必泰"遍告四方诸族",一方面固然与收族的目的有关,另一方面具有在商业活动中利用宗族的关系减少竞争的动机,也是情理之中的事。

总之,明清徽州家谱的繁荣与徽商的发展关系密切,而家谱自觉地融入到商业生活中,使其具有鲜明的徽商文化特质,甚至是徽商文化的有机组成部分,也是其发展的内在动力之一。

四是重家谱理论探讨。经历宋元和明代的发展,徽州家谱编修十分成熟,不仅规模庞大,在编修理论方面也取得了不少成绩。

首先,对家谱功能有了明确的评价标准。同治时《商山吴氏族谱》认为家谱对家族而言,可以"喜则庆,忧则吊,患难相救,贫乏相周,服属虽远,而恩礼尚存,世更虽更,而分义不泯,此所以支派繁而本源固,民俗厚而教化行",即能够起到维持宗族内部秩序,保持社会安定的作用。

《华阳舒氏统宗谱》进而认为家谱对于社会风俗而言,不仅关涉一个家族的事情,而且"在朝廷则为善政,在天下则为善俗,在乡党则为望族,在舒氏则为世家,其有益于人也大矣哉",对社会、国家都能起到厘定风俗的作用。认为家谱"有益于人也大矣哉",是对家谱功能认识的一种较高层次的抽象总结。

其次,对家谱编修者素质有更深刻的认识。雍正时休宁梅林人汪应铨在《江村洪氏宗谱》中说:"顾今天下名家巨族在在具有,而克修其宗族之谱牒者指不多屈,盖修谱一事,亦难矣。才智短者不足以析其条理,学问肤庸者不足以博其故实,精神疲惫者不足以弥其隙漏,财力吝啬者不足以举其大功,由是言之,谱之修也,不诚难矣哉。"对修谱人的"才智""学问""精力"和"财力"等方面都提出了一些要求。正是由于对修谱人的要求是多方面的,所以乾隆年间徽人祝论义在《星源甲道张氏统宗谱》中就说:"谱不自成,待人而成,故当世有其人则谱兴,无其人则谱废,谱之废与兴,人也,顾不重耶!"清楚地提出了"谱之废与兴,人也"的"谱待人而成"的观点,突出了编修者的重要地位。康熙时程拔先在《新安程氏统宗补正图纂》中说:"家有谱犹国有史也,国有史而后是非明,得失定。家有谱而后支系叙,昭穆分,若四肢之联而不乱,气脉之贯而相能也。然史则代有成书,而谱则家世辽远迁徙难稽,自非硕学宏儒,深识大力者,谁能起而纂定之。"他所说的"硕学宏儒,深识大力者"可以看作是对编修家谱人员要求的细化。程廷显在该谱中将编修者的标准说得更具体了。他说:"谱以联宗萃涣也,谱本支易,谱统宗难,谱统宗而俾系讹为正,支遗为补,则尤难。盖人情贵贵崇名,古今人尽类然也,非藉权位难统宗,非藉材名难统宗。藉权位材名,昔学士篁墩先生已统宗矣,而或系讹支遗,不能不赖后贤之补正。则补正之人不藉权位材名也,赖有仁孝刚明者起焉,持其坚忍之力,而己见不参,俗情不系,一秉虚公为辨定,而后统宗之系讹可得正,支遗可得补,故曰尤难也。"将修谱人所应具备的素质与条件归结为三个方面:一是"仁孝刚明"与"己见不参、俗情不系"的道德修养,即"德";二是"坚忍之力",也就是毅力;三是权位与才名,虽然程廷显更钦佩"德"与"毅力",但他并没有否认"权位材名"的作用。

总之,清代徽州家谱取得的诸多成绩是十分显著的。

三 徽州教育的兴盛与科举成就

经过长期不断的历史积淀之后,到清中叶时,徽州的封建教育已经进入到了鼎盛期。官学在政府和以"执商界牛耳"的徽商为代表的民间力量的大力支持下,呈蓬勃发展之势;朴学的兴起则推动了徽州书院的继续前进,成为徽州学术发展的最重要的阵地;义学、塾学等民间教育组织更是异常繁荣;文会的教育功能也在不断异化。教育的发达推动了徽州科举业的繁盛,科第之盛几乎甲于天下。

(一)徽商与官学的发达

清代大学士、歙县人曹振镛曾说:"新安于宋太师徽国文公为桑梓地,文公之化衣被天下,自宋元明迄今数百年,江以南士之私淑文公,能于学校中自表见者,必推我新安。"①从宋元直至明清,徽州官学一直保持着相对稳定的不断发展的态势,到清中叶更是达到了鼎盛,成为当时全国教育的典范。究其原因,前人的不断努力和长期的历史积淀自不待言,与徽商的发展也有着密切的关系。徽商一直有着重教兴学的传统,而"从康熙中叶到嘉庆道光之际的一百多年间是徽商的兴盛阶段"②,兴盛起来的徽商凭借其雄厚的财力优势,不断地殚精竭虑,多方位、多层次地资助和发展教育事业,从而有力地推动了这一时期徽州各级各类学校的建立和维护,官学更是首当其冲。嘉庆十二年,歙县盐商鲍漱芳重修府学学宫,用去白银多达 14000 两;十六年,鲍漱芳之子鲍均又捐巨资重建府学尊经阁及教授、训导两衙署;十九年,鲍均再次呈请重修学宫,"自大成殿以下无处不加修整,所费不赀,向来重修学宫未有若斯之美盛也"③。歙县县学也是在乾隆五十五年时由"两淮商人捐资重建,名'古紫阳书院',邑人曹文埴昌其议,鲍志道协其筹,程光国董其事"④。嘉庆二年(1797),休宁商人汪秩、汪秾、汪谷、汪瑗等又捐资重建休宁县学明伦堂;五年(1800),徽商刘启伦、程昌龄、程濂、丁俊、汪阎等再倡同合邑绅商重建休宁县学大成殿。婺源县学的兴修也得益于徽商,先是嘉庆六年(1801)程文述捐建明伦堂,第二年"合邑绅商捐建文昌庙于崇圣祠左"⑤。

---

① 曹振镛:《鲍氏重修府学记》,载道光《徽州府志》卷三《营建志·学校》。
② 王廷元、王世华:《徽商》,安徽人民出版社 2005 年版,第 32 页。
③ 道光《徽州府志》卷三《营建志·学校》。
④ 民国《歙县志》卷二《营建志·学校》。
⑤ 道光《徽州府志》卷三《营建志·学校》。

（二）朴学与书院的多元化发展

尽管程朱理学在清初曾一度重新占据了徽州书院的讲坛，但这只不过是回光返照而已。乾隆以后，随着以江永、戴震为代表的徽派朴学的兴起，新安理学终于走到了自己的尽头，并逐渐淡出了徽州书院的讲坛。徽派朴学取代新安理学成为徽州学术思想新的主流，徽州书院不仅因徽派朴学与新安理学的"讲坛争夺战"而重新焕发活力，也成为徽州学术发展得风气之先的地方。

从明中后期开始，新安理学遭遇到阳明心学的严重冲击。清初的徽州学者静心反思，感到要重新开创新安理学的新局面，必须"破末世雷同附和之习"①，彻底改变元朝以来治经唯"朱"是归，不敢有半点发明创新的死板僵化的学术风气。江永的从训诂以求义理的新的治经方法一经出现，就引起了徽州学者的极大兴趣。乾隆年间，江永讲学紫阳书院，戴震与同郡郑牧、汪肇龙、方矩、程瑶田、金榜等人即从江永受学。后来，他们又聚集于歙县大商人汪梧凤的不疏园中探讨问难。这些人后来都成为徽派朴学的中坚力量，其中以戴震得江永之学最全，成就最大。江永治经，并非是为了反对程朱理学，相反，是为了弥补朱学之"阙略"，发明扩充朱学之义理。如江永治《礼》即是如此。戴震曾说："先生以朱子晚年治《礼》，为《仪礼经传通解》，书未就，虽黄氏、杨氏相继纂续，犹多阙漏，其书非完，乃为之广摅博讨。……使三代礼仪之盛，大纲细目，井然可观于今，题曰《礼书纲目》，凡数易稿而后定。"②《四库全书总目》在评价江永的《礼书纲目》时也说："其书虽仿《仪礼经传通解》之例，而参考群经、洞悉条理，实多能补所未及，非徒立异同。……永引据诸书，厘正发明，实足终朱子未竟之绪。"③姚鼐也

---

① 施璜等：《紫阳书院志》卷一五，转引自赵所生、薛正兴：《中国历代书院志》，江苏教育出版社1995年影印。

② 戴震：《江慎修先生事略状》，《戴震全集》第五册，清华大学出版社1997年版。

③ 永瑢：《四库全书总目》卷二二《经部·礼类四》。

认为："婺源自宋笃生朱子,传至元明,儒者继起。虽于朱子之学益远,然内行则崇根本,而不为浮诞,讲论经义,精核贯通,犹有能守大儒之遗教而出乎流俗者焉,近世若江慎修永其尤也。"[1]近人支伟成在《清代朴学大师列传》一书中将清代经学分为北派经学、吴派经学、皖派经学(即徽派经学)、常州派今文经学、湖南派古今文兼采经学、浙粤派汉宋兼采经学、南北怀疑派经学7派,共列举了163位经学家,其中徽派经学家就有76人,占总数的46.62%。可见徽州朴学的兴盛。在徽派朴学"魁硕迭起"的同时,具有号召力的新安理学家却相继辞世。乾隆四十五年,"施(璜)、吴(曰慎)两会宗相继沦亡,而讲者稀矣"[2]。随着新安理学家的相继辞世,徽州书院讲坛遂逐渐被刚刚崛起的徽派朴学家所占据。如凌廷堪主讲紫阳书院[3],汪龙"主讲郡城古紫阳书院"[4]等。这些朴学家以经史训诂教授生徒,使徽州书院的讲学内容为之一新,有力地促进了徽州书院的发展,同时也使徽州学风为之一新,"其所学者,训诂辞章之末"[5]也。

然而需要指出的是,尽管此时徽州书院因皖派朴学大师们的努力而得学术风气之先,成为徽州学术发展的主阵地和风向标,但就当时全国的书院而言,所教者不过"时文帖括",所习者"仅以时文帖括猎取科名,而经史之故籍无存也,圣贤之实学无与也"[6],课艺、应举成了书院最主要的教学活动,书院特有的讲学与研究风气几至无存。在这样一种浓重的科举氛围下,徽州书院不可能做到独善其身。如祁门东山书院规定:"每月生童大课,请邑尊亲临考棚,点名扃门考试,邑尊公出,请二位监院轮期代理,永以为例。生监订于每月初二、初三日开课,童生订于每月十六、十七日开课。……每课限申刻交卷,不准给

① 姚鼐:《惜抱轩文后集》卷五《吴石湖家传》,清嘉庆二十二年刻本。
② 施璜等:《紫阳书院志》卷一六,转引自赵所生、薛正兴:《中国历代书院志》,江苏教育出版社1995年影印。
③ 民国《歙县志》卷七《人物志·儒林》。
④ 支伟成:《清代朴学大师列传》,岳麓书社1986年版,第157—158页。
⑤ 刘大櫆:《问政书院记》,载民国《歙县志》卷一五《艺文志》。
⑥ 陈炽:《书院》,《皇朝经世文五编》卷五,清光绪二十八年上海宜今室石印本。

烛,违者概不送阅;在院生童小课,订定每月初八日、二十四日为期,逾期毋得续补。"①歙县古紫阳书院也实行"会艺"制度,"以月之初五、二十为大课,大课之外又于初六日考试诗古为小课,命题评定甲乙……"②黟县碧阳书院也规定:"会艺以月之初五、二十为大课,十三、二十八为小课。"③当然,与全国大多数举业书院不同的是,徽州书院并未完全变成"猎取科名"的场所,而是在课举子业的同时,仍然坚守着传统的讲会制度,将讲会与课艺统一于书院的教学活动之中。据《还古书院志》卷一二《会纪》记载,直到乾隆年间徽州书院仍在实行春秋会讲制度,如"乾隆四年己未仲秋会讲三日,会友五十五人","五年庚申仲秋会讲三日,会友五十八人","六年辛酉仲春会讲三日,会友三十九人","六年辛酉仲秋会讲三日,会友四十三人"。

徽州书院这种讲会与课艺并行、学术与功利并举的多元化发展路径,无疑既提高了自身的生存能力,也提高了徽州学子的学术水平,还满足了徽州学子应举入仕的现实需要,可谓一举多得。

(三)义学、塾学与书屋

清中叶,徽商对家乡的义学、塾学等蒙学教育也给予了前所未有的大力支持。如歙县商人洪世沧,为宗祠捐资两千金,"以其息设两义塾"④;吴之骏,购置了义田数千亩,不仅用来救济"族之贫乏者",对于无力延师的宗族子弟,也"设义塾以教";⑤黟县商人汪廷兴"捐白金三百立义学"⑥;婺源商人程世杰,在吴楚等地经商成功之后,"念远祖本

---

① 唐治等:《东山书院志略·新立规条》,转引自赵所生、薛正兴:《中国历代书院志》,江苏教育出版社 1995 年影印。

② 道光《徽州府志》卷三《营建志·学校》。

③ 嘉庆《黟县志》卷一〇《政事志·书院义学》。

④ 民国《歙县志》卷九《人物志·义行》。

⑤ 吴吉祜纂:《丰南志》第五册《皇清诰封中宪大夫大理寺寺副加五级岁进士捐斋太老姻台吴公行状》。

⑥ 嘉庆《黟县志》卷七《人物志·尚义》。

中曾建遗安义塾,置租五百亩,久废",于是独力重建,"岁以平粜所入延师,使合族子弟入学,并给考费",还不断增置田产,"二举经费不下万余金";①汪思孝置田十五亩开办义塾,"延师以训贫子弟之不能教者";程耀廷,"倡兴义学,输田若干亩"②等。由于义学、塾学的广泛设置,使当时徽州塾师的从业人数大为增加。如婺源县"士多食贫,不得已为里塾师,资束脩自给,至馆百里外不惮劳"③。这虽说是因生活所迫而为塾师,但从另一方面反映出社会对塾师的需求。既然当塾师可以"自给",也表明当时塾师的待遇并非人们想象中的差。如乾隆年间,歙县许氏宗族给本族蒙学塾师的待遇是"岁束脩二十四金为率,供给十二金";经学塾师"每岁束脩以三十六金为率,供给十二金"。④ 在民国《重修婺源县志》中以塾师束脩赡养家庭、孝养父母的例子就非常多。如吴梅玉"授徒四方以养亲",程林"授生徒以养母",查光里的父亲"开塾授徒,凡贫寒子弟请父勿计束脩,并隐以微资助之。处境虽困而养亲必丰",金时勋"授徒家塾,藉脩脯以养亲"等。其中也有一些较为出色的塾师的例子。如程炳照课徒六十余年,"多所成就",潘兆鳌教授生徒循循善诱,"及门多有声庠序",胡骏声课徒三十余年,"成就甚众,邻邑休西之出其门下者多高才生"⑤,潘大鸿因授徒有法,"从游者日众"⑥等。

除义学、塾学等外,徽州还存在大量由民间自行创办的书屋。书屋亦称书舍、书室、书堂、书斋、别墅等。书屋在徽州的大量出现当在明以后,清中叶时开始广泛设立,如当时黟县著名的书屋就有云门书屋、西园书屋、霭门书屋、松山书屋、惟馨书屋、南溪别墅、云梯书屋、双峰书屋、环溪书屋、东山别墅等。⑦ 民国《重修婺源县志》卷七专列"书

---

① 凌应秋:《沙溪集略》卷四《文行》。
② 光绪《婺源县志》卷三五《人物十·义行八》。
③ 民国《重修婺源县志》卷四《疆域七·风俗》。
④ 许登瀛:《重修古歙东门许氏宗谱》卷八《宗祠亲置义田规约》。
⑤ 以上均引自民国《重修婺源县志》卷四二《人物十一·义行八》。
⑥ 民国《重修婺源县志》卷四八《人物十二·质行九》。
⑦ 参见嘉庆《绩溪县志》卷一〇《人物志·乡善》。

舍"一门,所记清代书屋有川上草堂、正经堂、瑞芝堂、锦屏书屋、松岩书屋、天仓书屋、耕心书屋、环带书屋、云溪书屋、明经书屋、仲闻书屋、涧滨书屋、仰山书屋、义塘书舍、青云书舍、天香书舍、龙池书舍、阳春别墅、玉泉别墅、倚南书舍、东山别业、怀古书屋、青云书屋、拱北书屋、乐伊书屋、培桂书屋、供辰书屋、翰泉书屋、培风书屋、观善别业、登瀛书屋、环溪书屋、醉经堂、玉麟书屋等共 37 所。其实,清代婺源县的书屋远不止此数,如光绪《婺源县志》卷三二《人物志十·义行三》中所提到的积翠书斋、桂苑书斋,卷三三《人物志十·义行五》中所提到的二难斋书舍、吉斋书舍,卷三五《人物志十·义行八》中所提到的乐英书屋、凤山书屋等皆未列入上述书舍之中。整个徽州,在当时所拥有的书屋之多由此可以想见。从教育功能上看,清中叶徽州的书屋大体可划分为三种类型:第一类为私人藏书读书之所。如竹南书舍为詹存中所建,"为屋数楹","购古今图籍以归置斯舍中";松萝书屋为汪克敬所构,"蓄书数千卷,日咏歌其间";会源书屋为鲍于揆所筑,毕见素、毕东郊、洪含初、鲍中素等人就曾读书于此。再如歙人吕文奎曾"于岩溪之滨,买地卜筑,为屋六楹"建岩溪书屋,将"经史子集庋置其中,法书名画陈列于前"。第二类书屋聘有专职教师进行经常性的教学活动,属于塾学和义学性质。这类书屋在徽州所占的比例较大。如婺源臧坑人臧天生,"起孟善书屋,延师课读诸孙",婺源桂潭人董世盛,"建培桂书屋,以课子侄"[1]。以上书屋即是塾学。此外,还有许多书屋是属于宗族乡里义学性质。如黟县人汤嘉益所建松山书屋就是"汤族子弟肄业处"[2],婺源延村人金文谱输地捐费所创建的吉斋书屋也是"延师课里中子弟"[3],等等。第三类书屋则是为宗族、乡里的文人士子提供的会文之所。如清黟县黄陂人汪世于乾隆四十七年倡捐银三千四百余金联合族人所建的云门书屋,"为汪氏文会所"[4],绩溪宅坦人胡大绵所

---

① 光绪《婺源县志》卷三二《人物志十·义行四》。
② 光绪《婺源县志》卷三三《人物志十·义行五》。
③ 同治《黟县三志》卷一〇《政事志·义学》。
④ 嘉庆《黟县志》卷七《人物志·尚义》。

建蕊云书屋,"集乡俊校艺其中"①,等等。

（四）文会教育功能的异化

徽州的文会组织一直处于不断的发展和完善之中。到了清中叶,文会不仅像以往一样拥有固定的场所,管理也日趋规范。一是为了保证正常运作,许多文会都制定了专门的"会例""会规""规条"。二是文会的日常事务也设有专人管理,这种管理一般采取轮班制和专人负责制两种方式。如歙县沙溪文会"每岁轮三人班值焉,周而复始,如环之无端"②,黟县江光裕"经理文会多年"③,婺源县詹振瑚倡兴毓英文会"经理弗懈"④。三是每个文会的会期也更加固定。如歙县的友善会馆"每岁三月二十日祭文帝于其中,即为课期"⑤,即每年聚会一次;歙县江村的聚星文社"每岁按季六举",即每年聚会六次;⑥绩溪的云谷文会"按月课士",则是一月一次;⑦婺源的毓英文会,"朔望会课",即一月会课两次。⑧ 四是一些文会还规定有入会资格,如南山文会"会例"规定,"凡本籍新文学入会,则用彩旗鼓吹前导至南山亭,祝史执香作乐迎于道左,国学不与焉"⑨。

与此同时,文会的教育功能也在进一步异化。一方面是其科举功能更加强化,如清嘉庆五年黟县五都所建的集诚文会,也是"月逢孟春日谒望,八礼馔陈帛致奠先贤,标题作文"⑩。为激励后学,文会不仅对

---

① 嘉庆《绩溪县志》卷一〇《人物志·乡善》。
② 凌应秋:《沙溪集略》卷七《艺文》。
③ 同治《黟县三志》卷七《人物志·尚义传》。
④ 光绪《婺源县志》卷三三《人物志十·义行五》。
⑤ 余华瑞:《岩镇志草·贞集·逸事》。
⑥ 江登云:《橙阳散志》卷一一《艺文志下》。
⑦ 嘉庆《绩溪县志》卷五《学校志·乡学》。
⑧ 光绪《婺源县志》卷三三《人物志十·义行五》。
⑨ 余华瑞:《岩镇志草·贞集·逸事》。
⑩ 邹杰:《集诚文会序》,载同治《黟县三志》卷末《艺文志·补遗》。

会员"岁、科、乡、会等试咸量给资斧,以示优崇"①,而且还对科举成绩优异者进行褒奖。如"黟俗各大族有祠会,其支裔大小试获俊者,会以金为奖,谓之喜庆银"②。清歙人凌应秋也记载道:"本里科、岁二考,新进学生员送学日,公备旗帐羊酒(兼设果酒),迎入文会特敬;本里乡试中试举人,填亲供面日,公备旗帐羊酒,并设果酒,迎入文会特敬。"③文会是为应付科举而设,无怪乎徽州人将科举成果之多少归因于文会之兴废。另一方面,文会作为解决乡里纠纷的重要的仲裁机构的角色也在进一步强化。清末民国初歙县人许承尧在《歙事闲谭》中说:"乡有争竞,始则鸣族,不能决则诉于文会,听约束焉。再不决,然后讼于官,比经文会公论者,而官藉以得其款要过半矣。故其讼易解。若里约坊保,绝无权焉,不若他处之把持唆使之纷纷也。"④

(五)"科名最盛"的科举成就

教育的高度发展推动了徽州科举业的繁盛。据研究者统计,清代全国文进士总数为 26815 人。⑤ 我们再根据目前关于清代安徽进士统计较为全面和权威的光绪《重修安徽通志》⑥与《明清进士题名碑录索引》⑦,以及安徽的地方志等文献资料,对清代安徽及徽州各县的进士数量进行了认真细致的统计和考证,得出清代安徽文进士总数为 1634人,而徽州一府就多达 684 人,占到了有清一代全国文进士总数的2.55%,安徽文进士总数的 41.86%。清代徽州科第之盛可见一斑。

令人称道的是,清代徽州进士不但数量多,且层次高,从其所拥有的巍科人物之多便可窥见,"清承前制,进士仍有三甲之分,其中三鼎

---

① 同治《黟县三志》卷七《人物志·文苑》。
② 同治《黟县三志》卷七《人物志·文苑》。
③ 凌应秋:《沙溪集略》卷七《艺文》。
④ 许承尧撰,李明回等校点:《歙事闲谭》卷一八《歙风俗礼教考》,黄山书社 2001 年版。
⑤ 参见范金民:《明清江南进士数量、地域分布及其特色分析》,《南京大学学报》1997 年第 2 期。
⑥ 何绍基等:《重修安徽道志》,光绪七年付印成书。
⑦ 朱保炯、谢沛霖:《明清进士题名碑录索引》,上海古籍出版社 1980 年版。

甲称'赐进士及第',二甲第一名称'传胪',与会试的第一名'会元',统称为巍科人物,他们皆为士人中声名之显者,在进士地域分布中是一个重要的指数,有其丰富的地域文化内涵"。[①] 我们仅以状元为例,据宋元强先生的统计,清代在258年间共行112科,除顺治九年、十二年满汉分榜会试,各得状元2人,余均满汉合榜,取中状元114人。如果不计2个满状元,共有状元112人。而在这112名状元中,徽州本籍和寄籍状元就有19名,占17%,其具体情况如下:

表4-1　清代徽州状元科举占籍分布表

属籍	原籍				江苏									浙江			江西		天长
姓名	黄轩	金榜	吴锡龄	洪大莹	徐元文	戴有祺	汪绎	汪应铨	毕沅	潘世恩	吴信中	洪钧	黄思永	金德瑛	汪如洋	王以衔	戴衢亨	汪鸣相	戴兰芬
科别	乾隆辛卯科	乾隆壬辰科	乾隆乙未科	嘉庆己巳科	顺治己亥科	康熙辛未科	康熙庚辰科	康熙戊戌科	乾隆庚辰科	乾隆癸丑科	嘉庆戊辰科	同治戊辰科	光绪庚辰科	乾隆丙辰科	乾隆庚子科	乾隆乙卯科	乾隆戊戌科	道光癸巳科	道光壬午科

注:本表资料参见宋元强:《清朝的状元》,吉林文史出版社1992年版,第136页。

资料来源:以府计,清代苏州府状元最多(不包括太仓州),有24人。如果去掉其中6名具有徽州籍的状元,苏州府实有状元18人,比徽州府尚少1人。

而这19名状元中,除徐元文为顺治己亥(1659)科、洪钧为同治戊辰(1868)科、黄思永光绪庚辰(1880)科外,其余均在清中叶,4名徽州原籍状元更都是清中叶的状元。其实就整个清代徽州进士而言也是如此,主要集中在清中叶。因此我们可以说,清中叶不仅是徽州教育的兴盛期,也是徽州科第的鼎盛期。

由于"科名最盛",清代徽州有"连科三殿撰,十里四翰林"之说。所谓三殿撰即是指乾隆三十六年(1771)辛卯科状元休宁人黄轩、乾隆

---

① 李润强:《清代进士时空分布研究》,《西北师范大学学报》2005年第1期。

三十七年壬辰科状元歙县人金榜、乾隆四十年乙未科状元休宁人吴锡龄。还有如"兄弟九进士、四尚书者，一榜十九进士者"，"一科同郡两元者"，"同胞翰林"等说法。

四　全面繁荣的徽州文学

清中叶的徽州文学，依然保持着繁盛的局面。汪中、凌廷堪、程恩泽等人的文学创作不乏可圈可点之处，而成就最大者当属汪中。

（一）汪中的文学成就

汪中（1745—1794），字容甫。歙县古塘村人。寓居扬州，绝意仕进。汪中存诗不多，后人编为《容甫先生遗诗》5卷、《补遗》1卷。汪中诗歌总的特点是"雅正"，也就是说在思想内容上没有与传统思想观念相抵触之处，在艺术形式上含蓄蕴藉，符合"温柔敦厚"的"诗教"传统。但在雅正背后又有着强烈动人的真情实感。譬如《归耕操》《客中食蟹》等诗，表达了他对母亲的深厚感情。特别是《题机声灯影图》组诗，回忆与母亲相依为命的日子，极为动人。《寄弟端光》则于弟殷殷相勉，关怀备至。《伤心曲》2首，表达作者对妻子的怀念，催人泪下。总之，汪中所写有关孝友节义等人伦内容的诗，都是发之于真情，并非从儒家伦理道德出发，更不是着意于以此类诗来宣扬儒家伦理观念并以此陶铸世风，而是表现亲情，歌颂亲情，却能自然合于儒家伦理道德观念。因此，这些诗，与那些专为表彰孝友节义而作的诗相比，有着根本性的不同：前者发于真情，后者则往往流于说教。

汪中的诗中也写了他个人的不幸，如《旅食》《千里》等。但他即使写自己的不幸，也不是一味哀贫叹卑，而是体现出他的傲兀、坚韧，虽终身处于逆境而不失其信念操守。他的不幸,很大程度上是社会不公正所造成的,但其对自己所受到的不公正待遇,一般总能表现得相当平和。汪中也有批判社会的诗,如《过龙江关》《消息》等。不过,他批判社会,并不是就他本人的不幸而发,而是能从社会、百姓着眼,正如其《一笑》所云:"由来伐檀者,非是为恩仇!"且表现得并不激烈。

在艺术取向上,汪中的诗歌主要宗法汉魏晋诗和唐诗。譬如,他大量运用汉魏晋诗中常用的比兴以描写艰辛、不遇、迟暮、悲愤的物象,如惊风、野草、飞蓬、豫章、清露、落日、倦鸟、孤鸟、黄鹄、霜雪、秋风等,借以抒发自己的感情。《古诗答方立堂》《答观鲁三首》《古诗》《杂诗》等,都是如此。有的诗则通首为比,如《不平》。

汪中在骈文与散文方面成就甚高。他精研经学和史学,养成鉴古论今的敏锐洞察力,这使得他在写历史题材的骈文、散文时,眼光之深邃常常令人赞叹。譬如,《太伯庙铭》是一篇关于历史名人吴太伯的纪念文字,文章立意高古,几乎左右了后人对吴太伯的理解。《广陵对》综论文化名城广陵的悠久历史,通篇紧扣有关"国家废兴存亡"的政治史展开叙述,尤其着意表彰精忠报国的民族英雄,是难得的佳作。

汪中有多篇文章以悲悯人生苦难为主题,《哀盐船文》描写乾隆三十五年冬天仪征盐船火灾。这场灾难,"坏船百有三十,焚及溺死者千有四百",遇难者绝大多数是艰难谋生的船夫。作者对凶猛火势和灾民垂死挣扎之惨状的描写,令人如临其境、惊心动魄。而作者又"麦饭壶浆,临江呜咽",为死者的灵魂安息而祈祷,突出地表现了他真挚的仁爱之心。这篇文章问世之后,一时名士叹赏不已,文名盛传于海内。此外,《吊黄祖文》《狐父之盗诵》《经旧苑吊马守贞文》则是作者感慨生平的名作。

就艺术风格而言,汪中大多数文章的选题并不属于所谓重大题材。但他在寻常题材的意义发掘与素材剪裁上却独具匠心。即使是碑铭传记这类大多文学价值不高的作品,他也写得异常精彩,譬如《大清故候选知县李君之铭并序》《大清故高邮州学生贾君之铭》等,都能抓住重点事例、紧扣人物性格特征来加以表现。而在文章的布局谋篇上,他也能抛弃宋以来程式化的文章作法,在结构上能够随物赋形,富有创造性。在语言上也能熔裁经史百家而自成一格,但又文辞精美雅俗共赏,譬如《经旧苑吊马守贞文》《汉上琴台之铭》《黄鹤楼记》等。

(二)凌廷堪词学研究与程恩泽"宋诗运动"

清中叶的徽州文坛上,凌廷堪的词学研究也不乏创见。他的《燕乐考原》则以精审的考证探究了词乐的渊源,其研究方法也为后代词学研究开辟了一条新路。凌廷堪(1757—1809),字次仲,一字仲子。安徽歙县人。乾隆进士,铨授宁国府学教授,晚年弃官讲学于歙县紫阳书院。著有《校礼堂文集》《燕乐考原》等。在词创作上,凌廷堪属浙西派,其词论也多发挥浙西派的理论,但也并不完全局限于浙西派理论。例如在词的取法问题上,他提出了"填词之道,须取法南宋,然其中亦有两派"(张锦其《梅边吹笛谱跋》引)的观点,并把白石一派比作"禅之南宗",把稼轩一派比作"禅之北宗",一起看作取法的典范,这与浙西派主要理论家提倡姜、张的观点还是有区别的。不过从总体上看,凌廷堪的词论并未超越浙西派。

就当时的诗歌创作而言,这一时期的徽州诗坛,对清代前期的传统诗词创作余绪继承较多,这方面影响较大的当数程恩泽以及他所倡导的宋诗运动。程恩泽(1785—1837),字云芬,号春海。安徽歙县人。有《程侍郎遗集》10卷。据张穆《程侍郎遗集初编·序》可知,程恩泽诗"初好温、李",后学"昌黎、山谷,兼有其胜",造境独特而用语奇异,有盘旋拗折的散文风味。其论诗,主张"万卷作源流",以学问为诗,以文为诗,甚至把乾嘉考据功夫用到诗歌创作中。在他的倡导下,宋诗运动遂得以发端,而宋诗运动的健将何绍基、郑珍、莫友芝等均出其门下。宋诗运动最初标榜宋诗,以苏、黄为宗,反对宗唐、反对复古,颇有一股要革新诗风的锐气。但是,宋诗运动所处的时代已是一个讲求经世致用的时代,他们既抱着"温柔敦厚"的圣训,强调"扶持纲常,涵抱名理",最终不得不与它所批评的"或逐时好,或傍古人"的唐诗派合流,成为背逆时代潮流的形式主义诗学思潮。不过,在宋诗运动的影响下,还是有不少徽州作家热衷追随宋诗运动的诗论主张,片面强调独好性情,创作上不是取法宋人就是规模唐贤,复古、模拟的倾向较明显。如歙县人程楚芳"长于七言古,其高者出入苏、陆"[①],就是规模宋人。

(三)汪寄《希夷梦》

清中叶徽州小说的代表作当属《希夷梦》(又名《海国春秋》),全书40回,约40万字。不题撰人,据序知为新安人汪寄所作,成书于乾隆年间。此书叙述赵匡胤黄袍加身,举朝归顺。唯韩通全家殉难,李筠起兵讨逆而兵败自杀。韩通弟韩速,李筠幕宾闾丘仲卿,为复仇而投南唐。南唐君臣不思谋国反思媚敌,韩、闾丘离唐往西蜀,途经黄山,被引入希夷老祖洞府。二人安寝石上,乃得一梦,仲卿到海国浮石,韩速到海国浮金,二人各为其主,既立军功又肃吏治。然才过五十年,却遇陆秀夫抱幼主投海,知中原已历三百载,赵氏国亡,元人入主中原。韩、闾丘惊梦,遂从希夷仙去。

作品以洋洋50万言讲述一梦幻故事,前所未见,实是作者的一种创造。作品通过"浮山梦境"表现了作者的历史观点、政治抱负和人生态度。这在当时作家中颇具代表性。首先,是为表彰殉国忠臣、指斥卖国元勋。作品首回,乃据史实敷衍,但从第二回起就凭空结撰,演为三百年之大梦。小说结尾,说明宋之为元所灭,皆因周室忠臣义士复仇,乃是因果报应。作品以因果报应观点解释朝代更迭,虽为小说家之故伎,但作者更为注重人事,作品借五代及宋之兴亡,阐扬"奸诈是

---

① 《小岘山人诗文集》。

尚,仁义丧亡,四维既不能修,传国又何能久"的道理,有一定借鉴意义。其次,作品在闾丘、韩二人治理岛国浮石业绩的描述中,寄托了作者自己"裕国安民"、建功立业的抱负和理想,也显示出他在政治、经济、军事等方面的实际才干。再次,闾丘、韩二人的结局,实也反映了作者理想不能实现的无奈情绪和人生如梦的虚无思想。总之,全书结构、布局比较新颖,故事情节也颇曲折。

(四)其他徽州籍文学家

清中叶徽州籍文学家中的代表性人物,除了以上所说,还有汪楫、方士庶、程晋芳、程瑶田、鲍倚云、鲍廷博、方正澍、王友亮、吴定、齐彦槐、方成培、方西畴以及曹文埴、曹振镛父子和鲍桂星等人。

方士庶(1692—1751),字循远,一作洵远,号环山、天慵、小师老人、小师道人、天慵庵主。安徽歙县人,家维扬(今江苏扬州)。能诗善画,书法严密端秀,绘画笔墨敏洁灵秀,气势跌宕飞动,因心造境,以手运心,谓之为王原祁后山水第一。其得意之作,皆钤"偶然拾得"小墨印。复以书法名芜城,行楷结构严密,纯学董其昌。惜中寿而殁。著作有《环山诗钞》《天慵庵笔记》等,是"娄东派"卓有成就的名家。

程晋芳(1718—1784),初名廷璜,字鱼门,号蕺园。歙县岑山渡人。乾隆三十六年进士,由内阁中书改授吏部主事,迁员外郎,被举荐纂修《四库全书》,书成,改翰林院编修。家世业盐于淮扬,殷富,晋芳曾购书5万卷,并且经常邀请才学之士来家共同探讨,又好施与,晚年家贫。晋芳博览群书,好学不倦,他与袁枚、杭世骏、史震林、严长明、程茂等江南著名文人学士交谊笃厚,往来诗文唱和不断。少年时问经义于从父廷祚,学古文于刘大櫆,到京做官后又从朱筠、戴震治经究心训。著述甚丰,有《蕺园诗》30卷、《勉和斋文》10卷、《群书题跋》6卷、《礼记集释》、《诸经答门》12卷、《春秋左传翼疏》32卷、《诗毛郑异同考》10卷、《尚书古文解略》6卷、《尚书今文释义》40卷、《周易知旨编》

30 余卷。

程晋芳在文学方面的成就比较显著,他在给袁枚的信中认为自己生平所学诗第一、古文第二,经解在外。而袁枚在《寄怀》一诗中也赞赏他"生平绝学都参遍,第一诗功海样深"。程晋芳在诗歌创作方面的成就主要体现在他的《勉行堂诗集》(包括卷首)25 卷和《蕺园诗集》中,另外他还有些诗收集在朱笥河、曹习庵诸先生集中,可见他在诗上的成就是不凡的。他死后因为家贫所以诗集、文集都没有刊行,以致那些爱诗的人都感到很遗憾。

程晋芳在古文上的造诣也很高。《勉行堂原序》中陈浩说:"自桐城方望溪先生,以古文之道作为古文,继韩、欧而代起,公之殁,甫二十年之间,而世罕有传其学者,鱼门独深信而恪守之,此余心慊鱼门之文以为于望溪先生之学有当也。"在古文上他师承桐城派三祖之一的刘大櫆,以程朱理学作为古文创作的思想基础,师法以韩愈为代表的唐宋八大家古文,上溯先秦、两汉,直接继承了归有光、方苞古文的特点,其文醇于义理,密于体裁,优柔平中,自然合于矩度,风格颇事生新。袁枚称其"古文醇洁,有欧、曾遗意"。他又与姚鼐为挚友,早在乾隆二十三年(1758),姚鼐初游扬州,即结识寓居扬州的程晋芳,爱其言论伟异,倜傥不群,则聚饮啸歌,酬唱往返,交流切磋,相互砥砺。他师从刘大櫆,与姚鼐在古文上相互切磋,跟桐城派结下了不解之缘,由此在古文上对桐城派产生了影响,为桐城派影响的扩大和传播起到了积极的作用。

在清代中叶文坛上,程瑶田虽然主要以朴学著称,但他在文学上的成就同样不容忽视。在乾嘉学派诸学者中,程瑶田的文学造诣是比较高的,诗歌创作颇有特色。刘大櫆称其诗"五言得力渊明,最为高妙;七言从古乐府求;律诗取径宋人;绝句逼真江西宗派,尤近涪翁矣"。乾隆年间以诗画擅名的金坛人史震林评其诗"清高绝俗。云林树、米家山,可比仙"。

程瑶田的诗歌成就主要体现在他的《莲饮集》中,该书首列方粹然

（即雪瓢老人）序，次自序，再次为诸名家对程诗的"评论"。全书 4 卷，第 1 卷为《广陵吟稿》，收录其居住广陵时所作之诗，计 71 首；第 2 卷为《濠上吟稿》，收录其居住凤阳时所作之诗，计 52 首；第 3 卷为《楚游吟稿》，收录其游历湖北、河南等地（古为楚地）所作之诗，计 63 首；第 4 卷为《池上吟稿》，收录其回归故里（歙县荷池）时所作之诗，计 97 首。诸诗或为宦游之感，或为和答之作，或状景绘色，或悼古寓今，或咏物寄意，或因事抒怀，皆"摭词朴直，寄兴深至"①，体现了其"学人之诗"的特色。其中不少地方表达了作者的真实感受，而这些极具感性的笔触，正是作者那些渊博的经学著述中所罕见的。②

鲍倚云（1707—1777），字薇省。安徽歙县人。少工诗，吴瞻泰试以《红豆歌》使和之，援笔立就。高宗南巡召试，以病未赴。坐卧一小楼，吟咏自娱，足不出户者六载。晚岁，往来江、淮间，所至辄题以诗。倚云之诗，出入汉、魏、唐、宋诸家，清微雅健，一洗雕章琢句之陋。著有《退余丛话》2 卷、《寿藤斋诗集》35 卷、《荔枝诗》1 卷。

鲍廷博（1728—1814），字以文，号渌饮。歙县长塘人。随父思诩居杭州。后定居桐乡县青镇（今乌镇）杨树湾。家世经商，殷富好文，不惜巨金求购宋元书籍。名其室为"知不足斋"。久之，藏书甚富。乾隆三十七年，诏求天下遗书编《四库全书》，共收书 3503 种，廷博献精本 620 种，后得乾隆皇帝褒奖。廷博非常高兴，遂将家藏善本刻成《知不足斋丛书》，校勘精细。善诗，遗诗辑为《花韵轩遗稿》2 卷、《花韵轩咏物诗存》1 卷。其夕阳诗 30 首（民国《歙县志》作二十韵），尤脍炙人口，袁枚、阮元皆称之为"鲍夕阳"。

方正澍（1734—1805），一名正添；字子云。安徽歙县人。国子生。寓居金陵。正澍学诗于何士客，闭门索句，与袁枚激扬风雅，争长诗坛，于时词客，罕有颉颃。枚论诗绝句，把他与士客、陈毅并称为金陵诗人。毕沅选《吴会英才集》，以正澍为第一，谓其："忘情仕进，乐志衡

---

① 刘声木：《桐城文学渊源考》。
② 参见诸伟奇：《程瑶田佚稿考述》，《徽学》第五卷，安徽大学出版社 2008 年版。

门,今之贾阆仙、罗昭谏也。工于体物,一联一语,唐人得之,皆可名世。"洪亮吉称其诗"另辟池台,广饶佳丽"。所著有《伴香阁诗集》。

王友亮(1742—1797),字景南,号葑亭,又号东田。婺源思口漳溪(村)人。乾隆三十年举人,考取中书,值军机处。四十六年进士,授刑部主事,升给事中。巡视南漕,擢通政副使。王友亮文章淹雅,持论纯正,时京师士大夫多奉广东寺僧为师,因作《正师》以讽之。其后僧及奉之者均得罪。又以当时仕宦,广通声气,恒相结为异姓兄弟,名曰换贴,复作《正友》一篇,词更切直,至引刑例异姓结盟兄弟照谋叛未行律,以相炯戒。时人皆韪其论。友亮以诗名海内者三十年,诗格与袁枚相近。诗与祭酒吴锡麒、法式善齐名,一时风雅之士咸归之。王友亮青年时期家居金陵白鹭洲,咏有金陵诗231题,263首,后编为《金陵杂咏》,《吴大帝陵》及《渤泥国王墓》均是。法式善《梧门诗话》称其"古体诗多自出机杼之作","能以清思写其远韵"。著有《双佩斋诗文集》6卷、《金陵杂咏》,巡视南漕有《视漕小草》《葑亭集》《甘凤池传》《叶天士传》。其中《双佩斋诗文集》4卷、《骈体文》1卷、《诗集》8卷被收入《四库全书》。

吴定(1744—1809),字殿麟,号澹泉。歙县人。少与姚鼐同受古文法于刘大櫆,尤相友善。姚鼐文章写成,常先向他征求意见。科场屡试不中,嘉庆初,举孝廉方正。家本贫,至老益甚。但犹专力经学,深求义理。著有《黑石泉山房文集》12卷、《诗集》6卷及《周易集注》10卷。王先谦称其文有"浩然自得之气,未常揣摩趋步,于规矩亦无乎不合"。文章风格与刘大櫆相近。譬如《答任幼直先生书》,这是一篇抒写身世之感的文章,文中谢绝任幼直的荐举,表明绝意仕进之意,虽一再推之于天命,实际上是出于对"毁行求荣"行为的蔑视以及怀才不遇的牢骚。此文畅所欲言,文气恣肆,但又分寸得体,无剑拔弩张之弊。而他的《答鲍觉生书》,历数了从幼年至老年的治学经过,抒发了在士子追逐科举、学者注重考据辞章之学的世俗风气下,自己苦心钻研经典的"独学"意志与遗恨,真情深挚感人。虽然是写给门生的信,却没有教诲意味。每一段落和层次勾连回应非常紧密,可见作者在这方面的讲究。

齐彦槐(1774—1841),字荫三,又字萝树,号梅麓。婺源人。清嘉庆进士,历任江苏金匮知县、苏州知府,后去官居宜兴。以诗文书法鉴藏闻名于世,诗学韩(愈)苏(轼),有《衙斋书壁诗》19 首。文师桐城,尤擅骈体律赋,善做楹对。所著有《梅麓诗文集》26 卷、《海运南漕丛议》1 卷、《北极星纬度分表》4 卷及《天球浅说》、《中星仪说》各 1 卷。此外还有《书画录》《双溪草堂诗文集》等,楹联著述有《梅麓联存》。

方成培(1713—?),字仰松,号岫云。歙县横山村人。曾汇集诸家词曲,编成《词榘》26 卷,著《香研居词麈》5 卷。经多年潜心揣摩,在前本基础上完成《雷峰塔传奇》古典名剧的改编,洗去旧本妖气,使白娘子成为古代文学长河里的经典形象,思想性大大增强,被列为中国古典十大悲剧之一。另有《听奕轩小稿》3 卷、《金华金石文字记》1 卷、《香研居谈叫》1 卷等。

歙县方西畴作《竹枝词》36 首,刻于乾隆己巳年间,具有鲜明的民谣风韵,从各个侧面反映了乾隆年间徽州民众的生活和社会风俗,语言清新、通俗、流畅。如"岩镇迎神正月九,路口禳灾三月三。七月荷花灯苦热,琵琶十月演溪南""烟村数里有人家,溪转峰回一径斜。结伴携钱沽夹酒,虹梁水口看昙花。"分别描绘了古镇岩寺一带民间节令盛会情况,歙县虹梁昙花盛景等。所以许承尧评价说:"西畴此作,使人如游其地,而见士女之勤俭,闾阎之仁让,无他处侈汰嬉游之习,庶不乖六义风人之旨。"[①]

曹文埴(1736—1798),字近薇,号竹虚。歙县雄村人。著述有《石鼓砚斋文钞》20 卷、《石鼓砚斋诗钞》32 卷、《石鼓砚斋试帖》2 卷、《直庐集》8 卷。

鲍桂星(1764—1825),字双五,一字觉生。歙县人。嘉庆己未进

----

① 《歙事闲谭》卷七。

士,改庶吉士,授编修,官至工部侍郎,降詹事。初定从吴定学诗古文,后师姚鼐,为诗能合唐宋之长。有《觉生诗钞》《咏史诗》《怀人诗》等。又用司空图说,辑《唐诗品》85卷。鲍桂星一生狂放,临终前曾自撰一挽联:"功名业绩文章,他生未卜;嬉笑悲歌怒骂,到此皆休!"此联真实地体现鲍氏一生不屈性格,怀才不遇,嬉笑怒骂,满腹牢骚,体现了他与世俗偏见流弊抗争到死的精神。其在自挽联中检讨自己一生,也为的是摆脱愧疚的心情,把希望寄予后人。

清代中叶游历徽州的文学家主要有袁枚、黄景仁、龚自珍等人。袁枚于1783年4月至5月游徽州,写有《宿黄山狮子林晨起登清凉台看云铺海》等诗和《游黄山记》等文。黄景仁一生五入徽州,写有《春雨望新安江》《重游齐云山》《重游新安杂感》《黄山松歌》等诗,并对徽州做出"地气磅礴,人风古淳"的总评价。龚自珍(1792—1841),字璱人,号定庵。浙江杭州人。1812年随父赴任徽州知府,到任不久,奉父命为纂修府志甄选人物、搜集掌故。在徽州共三年,写下了《黄山铭》等一批记游诗文,赞美徽州河山。

清代徽州文坛上比较引人注意的现象就是女性诗词创作出现了较为繁荣的局面。据不完全统计,清代徽州女性作家近100人(含外籍嫁入),其中歙县49人,休宁28人,婺源11人,绩溪2人,黟县3人,泛称"新安"者4人。① 因这些作者大多生卒年月不详,故全部放在这一部分作总体概括。

清代徽州女性诗词的内容和题材主要包括以下三大类:其一,抒发离愁别恨和闲愁闺怨,以及性压抑之苦的诗词,以程淑、汪韫玉等人的作品为代表。从中可以看出程朱理学从身体到精神、由外到内逐层禁锢和摧残着徽州妇女的身心健康。其二,内心痛苦不堪,但仍谨言慎行地遵守伦理规范的诗词,以汪嫈、方掌珍等人的作品为代表。在统治者的反复灌输之下,理学深入人心,节烈成风,尽管身心受到巨大

---

① 参见陈晨:《清代徽州女性诗词创作综论》(硕士论文),安徽大学2006年版。

摧残,但徽州妇女仍以血泪甚至生命尊奉着变态的道德规范,同时成为强化这种道德规范的工具。其三,突破礼教束缚,表达自觉不自觉的反抗精神的诗词,以毕著、吴藻等人的作品为代表。在戴震、俞正燮等人批判"以理杀人"以及主张男女平等的呼声下,思想界的解放在一定程度上唤醒了徽州女性的觉醒意识,虽然这种觉醒只是个别的、不彻底的。

从整体风貌上看,徽州女性诗词创作的内容和情绪相对狭窄,主要表现独处的离愁别恨、闲愁闺怨或家族成员之间的互相酬唱,与传统女性诗词相比,题材上并没有取得重大突破;而对于相思和性爱的表达方式,徽州女性诗词更为内敛、含蓄;徽州妇女对于宗法社会之压抑的反抗,意识不明显、程度也不激烈,而这很大程度上归根于程朱理学和宗族制度在徽州社会意识形态领域的绝对控制地位。

总的说来,清代徽州文学家可谓群星灿烂,既有本土文学家,又有客居他乡的文学家,还有任职和游历徽州的文学家,不仅类型多样,而且数量众多,是前所未有的。在文学作品的创作上也是百花盛开,多姿多彩。可以说,这是继明代以后的一种极盛发展而终于到达光辉的顶点。

五　鼎盛时期的徽州戏曲与"徽班进京"

（一）清代徽州的戏曲活动

清中叶,徽州地区的民间戏曲演出,特别是民间公众性的演出活动尤为兴盛。自道光至民国中叶,徽州的民间演出异常活跃,不仅府治、县城有演出,农村的演出也十分频繁。另外,当时的徽州还常有对遭诉讼并败诉一方"罚戏"的习俗。四大徽班进京后，徽戏与汉调合流，成为京剧，更是称雄中国剧坛。

沈复的《浮生六记》中有记述自己曾做客绩溪的经历："庙前旷处，高搭戏台，画柱方梁，极其巍焕"，"既而开场演剧，人如潮涌而至"。可从中管窥清代徽州乡村戏剧演出风气之盛。

一些地方志中更是屡屡可见诸多这样的记载：

"（上元日里）各处土坛神庙张灯演剧，或扮童戏，持丈马舞青衣、游烛龙，遍巡衢巷，名之曰闹元宵"。二月十五日，该县登原十二社"挨年轮祀越国公，张灯演剧，陈设毕备，罗四方珍馐，聚集祭筵，谓之赛花朝"。[①]

休宁《孚潭志》记载，"二月选期演戏，古例昆腔三台，弋阳腔四台，今则随首家丰俭以为增减，亦有迟至三月而后演者，但毋过清明，过者则有罚"[②]。

休宁的橙阳，"正月十三、十五及游，烛夜朝献，首事家张灯演剧，以寿社稷之神，例必达旦，亦金吾弛禁意也。虽值风雨，间或移易，否则众口集焉"[③]。

歙县的丰南，三月九日的"太阳会"，直到端阳节的晚上才结束；五月十三日为关帝圣诞，要"致祭演戏"；六月初旬，要在"仲升公祠前演戏酬神"，并且此习俗"传之已久"。[④]

即使在今天徽州地区所保存的一些戏曲文物中，包括古戏台、罚戏公约与罚戏碑、大量的手抄戏本等，我们也基本上可以感触了解清代徽州戏曲演出的盛景。

徽戏之所以能在徽州保持盛行，一般认为有两个原因：一是徽州相对封闭的地理环境的影响。民国十五年（1926）以后，京剧才陆续传入徽州。虽然徽戏随着徽商风行海内，然而在京剧兴起后，徽戏的发

---

① 嘉庆《绩溪县志》卷一《风俗》。
② 雍正元年休宁《孚潭志》卷二。
③ 乾隆四十年休宁《橙阳散志》卷三、卷七。
④ 民国歙县《丰南志》卷一。

展空间逐渐被挤压萎缩，最后又退回徽州。需要看到的是，徽戏在徽州并没有受到京剧太大的挤压。二是徽州各地的结社赛会必演徽剧。即使京剧传入了徽州，徽州各地的祭祀、迎神赛会等活动也还必演本地的徽剧，徽戏在徽州农村地区更是尤为盛行，"夜不唱京"，凡庙会祭祀，都还是要请徽班演出。这就为徽戏在徽州培育自身生存土壤奠定了基础。[①]

对于清代徽州农村的戏曲活动异常活跃的盛景，可以概括为三大特点：

第一，观戏成为群众精神文化生活的重要寄托。徽州地区环境相对封闭，陆路交通不便，历代的几次大移民使得徽州人对诸如戏曲艺术之类的文化活动心存仰慕，这推动了民间徽戏演出习俗的形成，也使徽戏的演出和观戏因之成为徽州民众的精神文化寄托。对于徽州戏曲的公众性演出，见之于明代史料记载的还主要是在府治县城，而清代史料记载的这类活动则已扩散至徽州乡村各地。清代徽州暨歙县农村看戏的机会很多。首先是各地乡村宗族组织的春秋二祭的社戏、行保安会、双忠会、接观音等各项名目的会社酬神戏、麻痘戏。其次是由于徽商经济的发展促进了演出活动的繁盛。民间戏曲之类文化娱乐活动是和当地经济状况息息相关的。因为徽州农村"家计稍裕"的很多，所以在遇到祝寿、婚嫁、做屋、安坟之类的喜庆事时，主人常常出钱"唱灯棚"，即请一些艺人来唱徽调乱弹、昆腔堂会。当然一些大户则更会招班演戏炫耀排场以示庆贺。再者，演戏在徽州农村还被作为达到其他各种目的的手段或媒介，前引《休宁茗洲吴氏家纪》，有偷挖竹笋者，罚出钱演戏，不在"戒靡费"之例的记载。乾隆时，歙县槐塘诗人程读山的《雨窗绝句》诗注中即有许多此类杂述旧闻。也有假演戏之名聚众赌博以抽头牟利的，俗谓"赌博抽头戏"。"赌博抽头戏"威胁了社会家庭的稳定，以致晚清时，歙县北岸乡生员方启训呈文

---

① 参见朱万曙：《徽州戏曲》，安徽人民出版社 2005 年版。

书请求官府出告示禁赌："村人好胜,欲藉梨园法曲,歌舞升平,演戏场中,往往赌博滋事。"

徽州戏曲在徽州民间的盛行及其影响力的扩大也引起了朝廷的关注。乾隆四十六年,扬州盐运使伊龄阿奉旨置词曲馆,收集古今传奇、杂剧,聘名士"检校一词曲中之字句违碍者"。有总校、分校和参与其事的委员等人,其中有徽州人 10 人。据《歙事闲谭》记载,原籍为歙人参与者有罗聘、方元鹿等。报送检校的传奇剧本 1039 种,杂剧 42 种,检校历时四年。

第二,徽州众多热心剧作家的涌现。没有繁荣的戏曲创作就没有徽州戏曲旺盛的生命力,众多剧作家的涌现推动着徽州戏曲的空前繁荣。清代出现了很多徽州籍的剧作家,他们创作了大量优秀的戏曲作品,以歙、休两县尤多。①

吴绮(1619—1694),字薗次,号丰南、听翁,又称红豆词人。歙县人,寄籍扬州。著《啸秋风》《绣平原》《忠愍闷》。庄一拂《古典戏曲存目汇考》仅录其客籍,未录原籍。

汪士鋐(1632—1704),原名征远,字扶晨,一字栗亭,号梅旅。歙县潜口人。作有杂剧《沧浪亭》《平津阁》《十锦堤》《铁汉楼》等 4 种,《徽州府志》《歙县志》均有其小传。

倪蜕(1668—?),本名倪鹏,字振九。原籍歙县,后随父迁居松江,后又定居云南,著《滇小考》《滇云历年考》。叶德均从其《蜕翁文集》《滇词丛录》中辑得《情中侠》《秦楼梦》两种传奇。

程镳,字介远,一字瀛鹤,号介鸣。原籍休宁,寄籍浙江仁和。撰有传奇《蟾宫操》,今存康熙间刻本,藏国家图书馆。邓长风《明清戏曲家考略续编》对其生平有考证。

程聪,字圣一,号天都吾阳子。作传奇《月殿缘》,现存乾隆间稿本,中国社会科学院文学研究所图书室藏,共 2 卷 33 出,上卷首页署

---

① 参见朱万曙:《徽州戏曲》,安徽人民出版社 2005 年版,第 33—38 页。

"天都吾阳子程圣一编次"，下卷目次后署"新安程聪圣一甫编次"。①

吴兰徵，原名兰馨，又名香倩，字银燕，号梦湘。乾隆、嘉庆时歙县人（或曰婺源县人）。清代少有的女词人、戏曲作家。作传奇《绛蘅秋》26 出，俞用济补后 2 出，今存嘉庆十一年（1806）抚秋楼刊本，藏中国艺术研究院戏曲研究所资料室，卷首署"新安吴兰徵轶燕填词"，郭英德《明清传奇综录》著录。另有《三生石传奇》36 出，然未付梓。

汪应培（1756—1818），字厚田，一字香谷，别号香谷散人。黟县宏村人。作《乡谷杂剧》（又名《南枝音啭》），包括《不垂杨》《催生帖》《帘外秋光》《棠宴曲》《驿亭槐影》《公宴》《闺钱》《俪筵》8 种。周妙中《清代戏曲史》《中国曲学大辞典》著录，邓长风《明清戏曲家考略续编》有考证。

程釜，字夔州，号南陂。作有杂剧《拂水剧》。乾隆《歙县志》、嘉庆《江都县续志》、道光《仪征县志》中均有其小传。

程琦，字载韩，本姓吴。徽州人。曾作传奇《荆轲刺秦王》。余姚陈梓《陈一斋全集》中，有《程载韩传》。

汪宗沂，歙县西溪人。作有传奇《后提萦南曲》。民国《歙县志》有传，据庄一拂《古典戏曲存目汇考》，有光绪泰州夏氏刊本，原由郑振铎藏，今藏国家图书馆；据朱万曙先生调查，黄山市博物馆亦有藏本。

戴思望，休宁人。作有《三侠剑》《岳阳楼》，据庄一拂《古典戏曲存目汇考》，前者有吴晓玲藏旧抄本，后者系《传奇汇考标目》著录，未见。

汪光被（清初），著《易水歌》、《芙蓉楼》、《广寒香》（一说徐沁著）。

曹鼎（1725—?）、曹榜（1753—?），二人为叔侄，均歙县人。曹鼎字菊台，隐以乡塾；曹榜字雁名，一字寻溪，乾隆二十七年举人。他们合著有《双凤笺》传奇，叶德均《曲目钩沉录》中著录，《古典戏曲存目汇考》亦收。

张潮（1650—1709），字山来，号心斋居士。歙县人。张潮因为编

---

① 郭英德：《明清传奇综录》，转引自朱万曙：《徽州戏曲》，安徽人民出版社 2005 年版，第 35 页。

辑《檀几丛书》《昭代丛书》《虞初新志》而著名。所作杂剧、散曲集《笔歌》2 卷,上卷为 4 种单折杂剧,下卷为散曲,其中有杂剧《凯歌》《瑶池宴》《穷途哭》《乞巧文》《拜石丈》等 5 种。[1]

程廷祚(1619—1669),著《莲花岛》。

吕履恒(生卒不详),著有《洛神庙》。

周皑,字用昭,别署梅花词客。据道光《徽州府志》"方成培传记",为歙县岩镇人。作传奇《黄鹤楼》《滕王阁》两种。

黄之隽(1668—1748),初名兆森,字若木,一字石牧,号唐堂。原籍休宁,迁居上海。作杂剧 4 种,为《饮中仙》《梦扬州》《蓝桥驿》《郁轮袍》,合刻为《四才子奇书》,今存康熙间博古堂刻本。另有传奇《忠孝福》1 种,今存康熙间刻本,今藏国家图书馆。道光《休宁县志》有传。

天中生(字、名、生卒不详),著《五代兴隆传》。

郑由熙,歙县丰口人,生卒不详。作有传奇《木犀香》《雁鸣霜》《雾中人》,总称《暗香楼乐府》3 种。均有光绪庚辰暗香楼刊本,今均藏北京师范大学图书馆。民国《歙县志》有传。

汪柱,字石坡,号铁林。原籍歙县,寄籍江苏。作传奇《梦里缘》《诗扇记》,合称《砥石斋二种曲》;又作有杂剧 6 种,《破牢愁》《林和靖梦里妻梅子鹤》2 种,合称《砥石斋韵品杂出》;《楚正则采兰纫佩》《陶渊明玩菊倾樽》《江采萍爱梅赐号》《苏子瞻画竹传神》等 4 种,总称为《赏心幽品》,今存乾隆间松月轩刻本,国家图书馆藏。

吴城(1701—1772),字敦复,号瓯亭。先世为歙县人。乾隆乙未年(1757)南巡,他与厉鹗合撰《迎銮新曲》2 折,吴城填《群仙庆寿》,厉鹗填《百灵效瑞》,并互为润改,成为迎接圣驾之作。邓长风《明清戏曲家考略》有考证。

吴恒宣(1727—?),字来旬,号郁洲山人,又号卧云子。原籍歙县。作传奇《义贞记》《火牛阵》《无双记》《玉燕钗》4 种,又与崔应阶合著《双

<hr />

[1] 参见朱万曙:《徽州戏曲》,安徽人民出版社 2005 年版,第 34 页。

仙记》传奇。

何佩珠，歙县人。据庄一拂《古典戏曲存目汇考》，为何秉堂幼女，是目前所知道的唯一的一位徽州籍女戏曲作家。作有杂剧《梨花梦》，今存道光间刊本。（约在道光初）著《梨花梦》杂剧。①

吴震生（1695—1769），字长公，号可堂，别署玉勾词客、南村等。休宁人，原籍歙县，晚年迁居杭州。他对金、元乐府和南北宫调都深有研究。《今乐考证》著录他作有传奇《人难养》《三多全》《天降福》《生平足》《世外欢》《成双谱》《秦州乐》《换身荣》《万年稀》《闹华州》《乐安春》《临濠喜》《地行仙》等 13 种。据郭英德《明清传奇综录》，前 12 种总称《太平乐府》，乾隆间重刻又增加后 1 种，又称《玉勾十三种》，今藏国家图书馆、南京图书馆。他还撰有《笠阁批评旧戏目》，著录明清戏曲剧目 179 种，具有很高的文献价值。民国《海宁州志稿》有其传。

程琼，女，字飞仙，号转华夫人、安定君。休宁率溪人，吴震生之妻。《传奇汇考标目》认为《风月亭》系其所作。徐扶明《明清女剧作家和作品初探》和叶长海《明清戏曲与女性角色》均予以肯定。

汪楫（1636—1699），字舟次，别字悔斋。休宁西门人。据《传奇汇考》和《曲录》著录，他作有传奇《补天石》，未见。

方成培（1713—?），字仰松，别署岫云词逸。歙县横山人，善词曲，生平不详。作有传奇《雷峰塔》《双泉记》。其《雷峰塔》传奇系根据乾隆时著名伶人陈嘉言父女演出的旧抄本改编，他把白娘子由充满妖气害人的白蛇改写成多情并且善良勇敢的女子，负心的许仙也被塑造成忠于爱情的人物，剧中法海则成为破坏他人幸福的恶势力代表，这对当时与后世的戏剧创作均影响很大。该剧也因此被收入《中国十大古典悲剧集》。改本在思想性和艺术性方面更加完善，也备受欢迎，各剧种的《白蛇传》历演不衰，如昆曲的《盗草》《水斗》《断桥》等与方成培本几乎完全相同。

---

① 参见《徽州地区戏曲志资料集》，转引自《歙县民间艺术·民间戏剧·剧苑春秋》，第 218 页。

　　江周,别署云岩山人。新安人,侨寓扬州,作有传奇《赤城缘》。庄一拂《古典戏曲存目汇考》著录有嘉庆辛酉(1801)稿本。

　　吴承煊,歙县人,生卒不详。作有传奇《花兰侠》《绿绮琴》《慧镜智珠录》,据庄一拂《古典戏曲存目汇考》,前两种均有排印本,后一种有赵景深藏本。

　　曹应钟,字念生。歙县雄村人。清代戏曲作家。民国《歙县志》有传,作有《救赵记传奇》《指南车传奇》。

　　汪炳麟,清末黟县人。作有《鸳鸯冢》。

　　王仲麒(1830—1924),字毓仁,号无生,别署天僇生等。原籍歙县,寄居扬州。撰传奇《血泪痕》,叙述清朝官吏陷害爱国党人之事。[①]

　　第三,民间的戏剧班社多。首先是徽商蓄养的徽班规模扩大,招徕名角,形成专演戏剧的班社。乾隆五十五年,歙县盐商江鹤亭资助三庆班进京后,又组织春台班,广招四方名旦。不久,名噪天下的四大徽班进京。同期,曹文埴在徽州创立了华廉科班。在徽州府城经商的六县商人联合创办了彩庆班,休宁等县创办了阳春班和同庆班。

　　伴随着徽州民众对戏曲演唱欣赏水平的提高,民众对徽戏演出的要求也越来越多,这成为徽班戏曲演艺水平不断提高的重要推动因素。从《八达岭》《采莲》等曲目中可以看出全班演员阵容和行头情况,从《七擒孟获》《八阵图》等曲目中可以看出戏班的昆曲根底情况,而《英雄义》《四杰村》等剧则可以考验徽戏戏班的武技功底。久而久之,每逢戏曲演出,这些就成为必先点演的节目,遂成为衡量徽班戏曲演出的标准。庆升(华廉班改名)、彩庆、同庆、阳春是当时各具特色的正规班,"唱做念打俱佳,文武昆乱不挡"。庆升班具独有剧目,使用曲调严格准确;彩庆班行头虽旧,但演员阵容整齐、演唱认真;阳春班善演《断桥》《赏荷》等小生小旦戏;同庆班则善演乱弹戏。四戏班被誉为"京外四大徽班"。

————————————

　　① 参见朱万曙:《徽州戏曲》,安徽人民出版社 2005 年版。

徽州农村将长年演出、演员阵容齐、行头全的班社称为"正规班"，将时聚时散、演员阵容不齐的班社称为"鬼火班"。《歙县民间艺术·民间戏剧·剧苑春秋》记载，据 1957—1958 年安徽省徽剧团（时驻屯溪）调查并参考其他资料，将歙县、休宁、祁门、黟县、绩溪、婺源曾经存在的民间班社名分类列举如下：

正规班：

乾隆时期：庆升、彩庆、同庆、阳春、三庆。

嘉庆道光时期：大春（一说太平天国时起班）、四喜。

咸丰同治时期：鸿盛、长春、新和春（一说名"新鹤春"）、老阳春。

光绪宣统时期：万春、程春和（一说名"庆春和"）、柯长春、洪福林、梓坞班（一名"子午班"）。

民国时期：新庆升（自庆升班分出）、新阳春（休宁、歙县各一，休宁班后又分为新阳楼、二阳春两班）、二阳春、新万春、新鸿春、新和春、长春和、凤春和（一说"凤和春"）、新春和、凤舞台、大舞台、仙舞台、新彩庆、老黑班（原为婺源马家班）、新长春（屯溪高阳、歙县各一）、大寿春、三阳春、大阳春、五和福、新宏福。其中柯长春、新彩庆、二阳春、凤舞台，被时人誉为"新四大徽班"。

鬼火班：

光绪至 1938 年：新春、合春（一名"鹤春"）、和春、福春、笑春、福春和、笑舞台、太平春、万年春、新瑞春、庆和春、元春和、仪春和、小舞台（一名"筱舞台"）、新舞台、也舞台、亦舞台、鲜舞台、新鲜舞台、吉庆堂、新四喜堂、三三班、新子午班、老宋庆、新庆、新天乐等。此外，尚有雅乐班，他们只唱不做戏。如休宁昆腔会，歙县雄村道光年间创办雅乐班等。①

---

① 参见《歙县民间艺术·民间戏剧·剧苑春秋》，第 214－221 页。

（二）清代的戏曲理论

清代，徽州由于戏曲文化传统的影响，也诞生了一些戏曲理论家，有着多方面的理论建树。徽州的戏曲理论家主要有凌廷堪、张潮、吴震生和程琼夫妇等，下面对他们在戏曲理论方面的建树略作简介。①

凌廷堪（1757—1809），字次仲。歙县人。戏曲理论家。他是乾嘉学风的代表人物之一，擅长以咏剧诗的形式来阐发对戏曲批评的见解，对戏曲的见解多有独到之处。其主要著述有《礼经释例》13卷、《燕乐考原》6卷、《元遗山年谱》2卷、《校礼堂文集》36卷、《校礼堂诗集》14卷、《梅边吹笛谱》2卷。

《校礼堂诗集》卷二中的《论曲绝句三十二首》是一组集中表达作者对戏曲艺术的见解以及评论以往作家作品的咏剧诗。这些咏剧诗大致涉及三方面：论戏曲起源、论戏曲作家和作品、论戏曲体式。第一，关于戏曲起源，凌氏强调了两个问题：一是戏曲和音乐的关系，二是重视元曲的近源——金代的诸宫调。第二，对作家作品的评论。在评论中凌氏表达了其观点：他很推崇元杂剧，但认为戏就是戏，不必和历史等同；他肯定创作风格的自然本色，反对模拟，反对庸俗。第三，论戏曲体式。他认为刻画人物形象的戏曲和抒发诗人主观情感的诗词，在语言运用上有着质的区别；认为中国戏曲自形成就有着音乐性和地方性特点，创作者写的曲词必须符合音乐风格和曲牌规定的格律；强调了戏曲用韵，指出创作中存在的用韵混乱现象，这些都是深谙戏曲创作规律的批评。凌廷堪还在《与程时斋论曲书》中比较集中地阐述了他对于戏曲的一些看法。

张潮（1650—1709），字山来，号心斋居士。歙县人。他既是戏曲创作者也是戏曲理论家。在戏曲理论方面的著述有《制曲枝语小引》

---

① 参见朱万曙：《徽州戏曲》，安徽人民出版社2005年版。

《制曲枝语跋》《致黄官》《致张鼎望》4 篇文字。其理论观点主要涉及三个方面：第一，他认为"曲也者，固文家之后殿，苟非词坛老将，亦乌能胜任而愉快乎哉"。其《制曲枝语小引》中有"文字之先者莫如诗，其最后者莫如曲"，"降至元人，忽增填词一种，名之曰曲，其体愈卑，其事愈难，苟非当行，鲜有能道只字者"，"唯其至难，是以元人以降，世遂不能复于曲之后更增一体以为文章"。第二，重视对戏曲"情节"的要求。他认为，戏曲作品要以情节取胜，无论是舞台演出还是案头阅读；他还提出了"以从来戏文所少者为佳"的戏曲情节的要求，也就是强调情节的与众不同，强调独创性。如《致黄官》："大抵传奇须分可演可读二种，总以情节为主，而情节又以从来戏文所少者为佳。"第三，重视戏曲艺术各种因素的互相配合。他肯定了秦腔，认为"凡事有一妙处，定能动人，原不妨自我作古"。他也认为，"有好腔无好词，则徒负此好腔；有好词无好腔，则又负此好词"，所以"必经我辈文人为之定其故事之是非、词曲之优劣，庶几不负此妙腔耳"。在这里他并非过分地强调文人的作用，而是主张以"好词"配"好腔"。客观地看，张潮的这些观点都是很有价值的。

吴震生和程琼夫妇在戏曲创作之余也是一对戏曲理论家。吴震生所著的《笠阁批评旧戏目》著录了 179 种作品，其中明代 49 种，有一些是为吕天成《曲品》和祁彪佳《远山堂曲品》所失载的作品；所录的清代作品 66 种，未见于著录的作品更多，包括洪升的《长虹桥》等作品。此外，书中记载的一些作家的名、室号、别号等还具有一定的文献价值。[①] 程琼著述的《才子牡丹亭》（又称《笺注牡丹亭》）是对汤显祖《牡丹亭》的批注。她挖掘了汤显祖的曲意，视"情色难坏"为该剧主旨。台湾学者华玮曾就程琼的批点指出："由于版本罕见，以至于未曾受到治《牡丹亭》学者应有的注意，也使得程琼与其夫的心血结晶埋没无闻。女性自觉地以女性读者为对象，而又关涉女性情色论述的著作，

---

① 参见邓长风：《〈笠阁批评旧戏目〉的文献价值及其作者吴震生》，《明清戏曲家考略》；参见朱万曙：《徽州戏曲》，安徽人民出版社 2005 年版，第 112、113 页。

在现代以前还十分罕见,而程琼之批《牡丹亭》,正是其中显例。我们可以从中明显看到清初有才有识之闺秀,其思想不受正统礼教羁绊的一面,以及她们不止是自娱,同时也是具有社会目的的文学批评活动,如拓展妇女知识、引发男女正视性情色需求等。"①程琼批注的理论价值正在受到更多人的重视。

清代的戏曲理论家有着一些共同点:首先是在理论形式上不拘一格,或以诗吟咏,或以题跋出之,或评点批评;其次是不管是对作品的评论,还是对戏曲创作规律的总结,都同步于同时代的理论家。这些特点同样显示了徽州人的开放意识。

(三)目连戏与徽州文化

有学者将徽州地区目连戏的长年流行视为徽州戏曲孕育发展的一个重要因素。目连戏是徽州地区长期演出的戏曲剧目,明清时期的徽州农村剧苑徽戏、目连戏相得益彰。目连救母故事主要出自《佛说盂兰盆经》,并散见于《经律异相》《撰集缘经》《杂譬喻经》等佛经中。故事说的是目连在邸园精舍悟通佛法以后,就想以济度父母来报答养育之恩。他遍走各地,在得知母亲坠入饿鬼道后,立即用钵子盛了饭去供母亲。然而母亲还没把饭夹进嘴,饭就变为烈火。目连哭着告诉如来佛,佛教他在七月十五日,用盆盛百味饮食,供养十方僧侣。目连依言,终使母亲脱离饿鬼之苦。约南北朝时,我国新疆一带传入印度目连梵剧,目连故事的流传涉及宝卷、敦煌变文、戏曲、民间传说等形式。②

说到徽州的目连戏,必然要提到祁门人郑之珍和他的《目连救母劝善戏文》。从戏曲史上考察,目连戏确立于宋代,后来传入徽州。万历壬午年(1582),祁门渚口清溪村村民郑之珍编撰了《目连救母劝善

---

① 华玮:《〈才子牡丹亭〉作者考述》,《戏曲研究》第五十七辑,文化艺术出版社 2000 年版。
② 参见《歙县民间艺术·民间戏剧·剧苑春秋》,第 254 页。

戏文》并付诸刊刻印行,目连
戏于是在徽州得到更广泛的
流传。目连故事虽流传久远,
但故事情节总体上处在分散
状态,同时它又处在不断丰富
的流变过程中。郑之珍的贡
献首先就在于将明中叶以前

目连戏演出照

长久流传的分散的目连故事整合起来,形成了一部情节完整的戏曲作品。剧本篇幅巨大,共 100 出,分为上、中、下 3 卷。郑之珍的剧本以"救母"为主干情节,设置了"傅家向佛,刘氏开荤堕地狱—目连西行求佛—目连地狱寻母救母"的基本情节框架,串缀了以往的各种目连故事,前后照应,融为一体,是明中叶以前目连故事的集大成者。其次,郑之珍对目连戏的一些情节进行了创造性加工。譬如目连西行的情节在敦煌变文中语焉不详,但郑之珍创造性地将明中叶前西行求佛的故事情节糅入了"救母"的情节之中。

有学者在考察郑之珍的《目连救母劝善戏文》后认为,郑之珍的戏文呈现了文人戏曲与民间戏曲的双重品格。[①]

首先,从内容构成上看,郑之珍确立了"劝善"的主旨,以"救母"为情节核心,结撰了上、中、下 3 卷线索清晰的结构框架,并在强化儒家文化精神的创作取向支配下,添加了曹赛英的线索。这样的构架即使戏曲的文化精神得到改变,也实在是一种"文人笔法"。但是,郑之珍又保留了当时业已流传的《哑背疯》《骂鸡》《双下山》《匠人争席》等片段内容。这些片段具有浓厚的民间文化风格和世俗文化品格,有的被纳入主题与整体结构框架中,有的却依然保持一定的独立性,使得戏文雅俗并陈,文人笔法与民间鄙俚风格杂糅。

其次,在戏文体式上,一方面采用曲牌格律对曲词予以规范,另一

---

①　参见朱万曙:《徽州戏曲》,安徽人民出版社 2005 年版;《歙县民间艺术·民间戏剧·剧苑春秋》,第 214—221 页。

方面又时时穿插民间戏曲所没有的宫调曲牌的唱段。郑之珍本人"喜谈诗,兼习吴歈",对于纯民间化的"既无宫调,亦罕节奏"的唱段恐怕也不太满意,也许因受新兴的昆山腔的影响,因而,在戏文中他基本上采用曲牌体式写作曲词。其内容也带有浓厚的民间生活气息,"三殿寻母"中的"三大苦",痛切感人地细数封建社会做母亲的辛苦,无疑是民间文学的样板。凡此种种,都使郑编的目连戏戏文有着文人与民间的双重审美特质。

再次,是语言的俗雅兼存。郑氏戏文的许多语言片段直接采自民间,原语言可能俚俗乃至粗陋不堪,但郑氏通过对语言加以润饰,使之能既保持民间戏曲语言的通俗品质,同时又免却粗陋之弊,流畅平易。郑氏在保持语言总体上通俗流畅的同时也时露雅韵,尤其在其增写的部分中。如下卷"曹氏清明"中曹赛英唱的《忆秦娥》:"风雨聚歇,淡烟雾清明节。清明节,柳底黄鹂,花间蝴蝶。杜鹃叫落梨花月,海棠露湿胭脂颊。胭脂颊,露滴花梢,好似我珠泪流血。"唱词语言考究,文雅凝重。但曲词借景抒情,与曹氏宦门小姐的身份是相吻合的。语言也自然流畅,不同于大多数文人剧语言的典雅深奥。

从明代开始,徽州就开始频繁搬演目连戏。郑之珍改编《目连救母劝善戏文》前后,一些青阳腔与徽州调的戏曲选本也选录了目连戏的折子,这些选本说明了徽州一带当时已有了目连戏的演出。同时,徽州人不仅在本地演出目连戏,而且到外地演出目连戏。如张岱在《陶庵梦忆》中记载:"余蕴叔选徽州、旌阳戏子,剽轻精悍、能相扑跌打者三四十人,搬演《目连》,凡三日三夜。"张岱的记载说明徽州目连戏艺人在绍兴的演出很成功,徽州、旌阳戏子演艺水平也很高,给张岱留下了特别深刻的印象。

清代徽州目连戏的演出较明代更加频繁。不仅歙县、祁门、休宁、黟县等地都盛演目连戏,与徽州相邻的石台、泾县、南陵也是目连戏重要的流传地。如休宁海阳镇及其乡下有很多五猖庙,"不论何时祭五猖神,必定要演目连戏",道教名山齐云山的道教活动也有演唱目连戏的片段。光绪年间，该县板桥乡梓坞村还组建"老梓坞目连戏班"，班主宋月仙是老徽州府很有名望的目连戏教师，演员由本村人逐渐扩大，甚或汇聚了诸多名角，影响颇大。黟县"各乡村打目连，都是邀请外地戏班"。清末，县城东门外搭建了气势宏伟的打目连戏台，常邀请外地班社来此演出。同时黟县乡下尤其是西武乡的古筑村上演目连戏最为频繁，当地就有"古筑古筑真可怜，三年两头打目连"的顺口溜。

徽州的目连戏班社主要集中于祁门与歙县。祁门县的目连戏班有箬坑的马山班、彭龙的沥溪班、渚口的樵溪班等，最有名的是箬坑的栗木班。据老艺人说，郑之珍的剧本脱稿不久，即在栗木组班演出，后来才传到郑之珍的家乡清溪村。歙县韶坑和长标两处的目连戏班演出水平高，戏班每年都要在外地长期演出，长标的目连戏班的外地演出一直延续到抗战胜利以后。

徽州各地的目连戏艺人们不仅经常演目连戏，同时也根据需要对郑之珍的剧本进行适当的改动，形成了各自的特色。各地的目连戏尽管在内容和结构上有着或大或小的差异，但它们都有一个共同的特点，那就是：都以郑之珍写定本为基础，并加以扩展和丰富。

目连戏文在徽州的长期频繁演出与徽州文化关系密切。目连戏由徽州人郑之珍编撰写定也不是偶然，当地大量流传的目连故事是其编撰的基础；反之，他编撰的戏文又被盛演在徽州各地，使徽州成为目连戏搬演最频繁的地区之一。有如民国《祁门县志·艺文考》所言："徽郡各县，每逢夏历闰年，均有所谓目连班者，纷纷演唱。"另外，由于目连戏的长期演出，徽州目连戏搬演的内容与形式又反映着徽州的风土人情等地域文化。但是目连戏为什么得以在徽州这片土地上大行其道呢？一般认为这里面存在两个原因。

第一，它是盛行程朱理学的徽州文化土壤的必然选择。南宋以来，被称为"程朱阙里"的徽州是程朱理学流传的最重要的地区之一。理学在徽州更是表现为民间阶层的遵从。它的传承一方面是通过教育灌输理学思想来实现，如道光《休宁县志》记载："自井邑田野，以至远山深谷,居民之处,莫不有学、有师、有书史之藏。其学所本,则一以郡先师朱子为归。凡六经传注、诸子百氏之书,非经朱子论定者,父兄不以为教,子弟不以为学也。是以朱子之学虽行天下,而讲之熟、说之详、守之固,则惟新安之士为然。"另外一方面是通过宗族的族规族法予以推行,徽州的族规族法中多崇奉《朱子家礼》。如《泽富王氏宗谱》规定:"子弟当冠,虽延有德之宾,庶可责成人之道,其仪式并遵文公《家礼》。"程朱理学就是通过这种途径走向民间,"风之所渐,田野小民亦皆知耻畏义"。程朱理学强调封建伦理道德,彰扬"忠孝节义"等伦理纲常,它们成为徽州各阶层所共同遵从的伦理规范。

目连戏就是在徽州这样的文化土壤上传承。自唐代以来,日渐流传的目连救母故事与程朱理学所倡扬的"忠孝节义"等伦理纲常天然契合。目连的母亲只是触犯了佛家开荤吃肉的戒律,罪过并不严重,但目连却历尽千辛万苦到地狱寻找并营救母亲。母亲犯的戒律并不是杀人放火之类的大罪,儿子救母却被描写得感天动地。目连戏的情节内容既符合佛教的原则,又符合儒家伦理要求。它通过描写能够感动平民百姓的孝道,从而使这个故事与被程朱理学浸染到骨髓的徽州文化达到最完美的契合。因此,目连戏文经郑之珍编撰写定后得以在徽州广泛流传,长期搬演,这其实是徽州文化的一个必然选择。

第二,目连戏在徽州的长期搬演又与徽州复杂的社会形态有着密切联系。徽州是"程朱故里",固然尊崇"朱子",但是,徽商的外出又接触到与理学"存天理,灭人欲"相对立的思潮和生活实际,他们一旦富有后,就穷奢极欲,追求生活的享受;他们在道德上也只是将程朱理学的那一套当作约束别人的律令。万历年《歙志·风土》曾对此有过描述,在正德末、嘉靖初,徽州人已经是"商贾既多,土田不重。操赀交接,起落不常。能者方成,拙者乃毁。东家已富,西家自贫。高下失均,锱铢共竞。互相凌夺,各自张皇"。到嘉靖末、隆庆初,则"贸易纷纭,诛求刻核,奸豪变乱,巨猾侵牟"。程朱理学本来就是客观唯心主义,它所强调的道德律令是外在于人的主观世界的,根本经不起明中叶后的商品经济的冲击。对此,生活于徽州本土的人痛心疾首,他们修族谱,立族规,以维护摇摇欲坠的封建道德,目连戏也在维系人心方面发挥起作用来。目连救母的故事本来主要是倡扬孝道,但是郑之珍改编的《目连救母劝善戏文》却让它担负起"劝善"的历史重任,并赋予了故事更多的道德理念。剧本所添加的曹赛英与傅罗卜婚姻的线索,在郑氏以前的有关目连故事传载中不见踪迹。这条线索的添加,命意相当清楚,就是弘扬儒家的"节烈"观。郑之珍对益利这个人物也使用了不少笔墨。他的身份是傅家的家仆,对东家傅相,他忠心耿耿,勤勉有加,是一个"义仆"形象,是"义"的道德观念的传声筒。剧本中卷第28出"过奈何桥"分别构设了忠臣、孝子、节妇、信女等人物,让他们齐唱"为臣的死忠,为子的死孝,为妻的死节,把颓败纲常撑住了",并让他们登桥之后"超升天府,擢用天曹,永享天宫逍遥快乐"。由此可见,郑之珍在以往目连故事言"孝"的基础上,大幅度地扩充了故事的精神内涵,将忠、孝、节、义等封建伦理观念融入故事中,以图挽救道德堕落的颓风。应该说,目连戏在徽州的长期流传,正是和徽州人艰难地保护容易被冲决的旧道德的努力分不开的。

目连戏在徽州的长期流传,还因为在徽州民间形成了一种观念,就是以目连戏"娱神",以祈求神灵的庇佑。目连戏实际上是一种宗教题材戏剧。目连救母虽然有故事性并包含着一定的戏剧冲突,但是,由于题材的规定性,其宗教色彩依然十分浓厚,天神、恶鬼充斥其中,因此,徽州人以演出目连戏娱神。这不仅在徽州,在其他地方的演出中也是如此。由于徽州地处群山之中,交通闭塞,一般民众对鬼神怀有敬畏的心态,目连戏的演出也就格外隆重。

目连戏所表现的思想观念与徽州的文化精神相吻合,从而得以渗透至下层社会,但目连戏反过来又强化了儒家文化和程朱理学的精神。目连戏在徽州的盛行固然是徽州文化土壤孕育的结果,反之,它也对徽州文化产生了广泛而深远的影响。

（四）徽班进京

"徽班"之名起于何时？成书于嘉庆八年（1803）的《日下看花记》记载了不少三庆班、春台班、四喜班的事情，但未用"徽班"的名称。"徽班"概念最早见于徽州潜口人汪必昌的《宜禁说》："尤可恶者，昔年逐出徽境之班，到处不称安庆、石牌，而曰徽班。"最早提出"四大徽班"概念的是张际亮。道光八年，其在《金台残泪记》曰："京师梨园乐伎盖十数部矣，共推四喜、三庆、春台、和春所谓'四大徽班'者焉。"此后这个名词逐渐使用开来。

当戏曲表演发达到一定的程度时，就必然会出现许多专门以表演为职业的戏班。清初的安徽剧坛上戏班数量众多，其中首屈一指的戏班当数徽班。徽班以唱徽调、演徽剧为主，也唱吹腔、高拨子、四平调。后来由于演出流动性强，经常与其他剧种声腔接触，逐渐吸收了一些罗罗腔、柳子腔等杂曲，甚至开始搬演昆曲，因此徽班是非常善于吸收借鉴、灵活变通的民间戏班。乾隆五十五年，为了给皇帝祝寿，徽班"三庆"北上进京演出，一时在京城声名鹊起，好评如潮。后来"四喜""启秀""霓翠""和春""春台""三和"等徽班相继进京。在长期的舞台实践中，它们吸收了京城地区流行的昆曲、弋阳腔、秦腔等部分曲调，后来又与湖北的汉调相互交融，逐渐形成了具有完美艺术风格和成熟表演体系的新剧种——京剧。京剧以其精湛的表演艺术享誉海内外，被称为"国粹"。徽班在其形成的过程中可谓功勋卓著，而"徽班进京"则打响了京剧的前奏，成为戏曲史上一个重要的里程碑事件。

在众多进京闯荡的徽班中，最著名的便是"四大徽班"，它们就是"三庆班""四喜班""春台班"以及"和春班"。这其中，"三庆班"是乾隆中期在安庆组成的戏班，班主是有"二黄耆宿"之称的高朗亭。据《扬州画舫录》记载："高朗亭入京师，以安庆花部，合京、秦二腔，名其班曰

'三庆'。""三庆班"是"四大徽班"中入京最早的,被尊为"徽班鼻祖"①。
"春台班"则是由徽商江春出资在扬州创办的,原本是专为迎驾悦圣而
准备的家班,戏班内演员多从本地或苏州地区聘请,皖籍演员并不多。
乾隆五十年(1785),京都禁演秦腔,秦腔名角魏长生南下投靠"春台
班",许多演员都向他求教,因此"春台班"能合京、秦两种声腔进行表
演。"四喜班"是在安徽本地组建的,曾流动到苏、扬地区演出,吸收了
一些擅唱昆曲的本地名伶,因此徽调、昆曲兼演,到北京后以擅长昆曲
而闻名遐迩。至于"和春班",则形成较晚,是在嘉庆八年由庄亲王府
出资组建的,演员大多是安徽艺人,又称"王府大班",戏班兼唱徽昆、
徽秦,进京时,以一曲乱弹《收姐姬》而一炮走红。由此可见,"四大徽
班"虽同为徽班,却各擅胜场,据《梦华琐簿》中记载,有"'三庆'的轴
子、'四喜'的曲子、'春台'的孩子、'和春'的把子"的说法,分别指"三
庆班"的整本大戏、"四喜班"的雅调昆曲、"春台班"的少年演员和"和
春班"的火爆武戏,可谓是琳琅满目、各有千秋。"四大徽班"入驻京城
的时间相隔很长,从最早的"三庆班"(乾隆五十五年)到最迟的"春台
班"(嘉庆八年),前后相距有十三年之久,但人们还是习惯将它们并称
为"四大徽班"。

徽班表演唱作并重、技艺精湛,早在进京之前就已经在扬州花腔
中称雄,成功"俘虏"了一大批南方的观众,民间市场十分广大。到了
乾隆年间,徽班的表演艺术已渐炉火纯青,京城的巨大舞台便成了徽
班艺人十分向往的地方。1790年,清廷筹办乾隆帝八旬万寿盛典,这
是一个千载难逢的机会,届时来自天南海北的曲艺名家将齐聚京城,
大展十八般"舞艺",徽班艺人自然也跃跃欲试。得到闽浙总督觉罗伍
拉纳的举荐征召后,"三庆班"便迅速结束了在外地的流浪表演,在浙
江盐务的带领下,千里迢迢地奔赴京师。

"三庆班"进京之前的北京剧坛,已经有多种声腔彼此争胜,先是

---

① 杨懋建:《梦华琐簿》。

昆曲独擅曲场,深受统治阶层的欢迎。后来京腔(高腔)崛起,又出现过"六大名班,九门轮转"①的演出盛况。乾隆四十四年(1779),魏长生又携秦腔入都,也大获成功,"一时歌楼观者如堵,而六大班几无人过问,或至散去"②。"三庆班"进京公演后不久,同样在京城造成了轰动性效果。由于徽戏曲调优美,剧本雅俗共赏,舞台表演生活气息浓郁,所以北京观众热烈捧场,如此一来,"三庆班"演完祝寿戏后欲罢不能,就索性留在北京继续演出。"三庆班"的班主兼台柱高朗亭是安庆人,艺名叫月官,入京时三十岁,二黄曲艺了得,擅旦角,生活中他"体干丰厚,颜色老苍,一上氍毹,宛然巾帼,无分毫矫强。不必征歌,一颦一笑,一起一坐,描摹雌软神情,几乎化境"③。人称"京都第一"④。"三庆班"有这块金字招牌在手,自然越演越火,红透京都。"三庆班"进京尝到甜头后,其他徽班陆续进京献艺,还有一些徽班则在京组建。到了嘉庆、道光年间,徽班不仅在京城站稳了脚跟,并且打败了当时占据京城曲苑主体的苏班、京班和西班,独霸京华。《梦华琐簿》中对当时的徽班盛况有如此的记载:"戏庄演剧必徽班。戏园之大者,如广德楼、广和楼、三庆园、庆乐园,亦必以徽班为主。下此则徽班、小班、西班,相杂适均矣。"又说:"今乐部皖人最多,吴人亚之,蜀人绝无知名者矣。"其他戏班无力和徽班竞争,只好为徽班搭戏。

徽班进京后之所以取得成功,主要得益于徽班自身的优长。徽班以唱二黄调为主,京城百姓罕闻,所以能新声夺人,并且徽班诸腔并奏、吹腔兼长,包容性很强,能"联络五方之音,合为一致"⑤,取长补短,为我所用,来得灵活,所以进京后徽班能很快适应北京观众的欣赏习惯,合秦、京二腔进行表演。徽班剧目丰富多彩,题材广阔,形式多样,贴近百姓的生活,常演的剧目有:二黄、西皮腔有《八卦图》《出祁山》

① 杨静亭:《都门纪略》。
② 吴长元:《燕兰小谱》。
③ 小铁笛道人:《日下看花记》。
④ 铁桥山人:《消寒新咏》卷四。
⑤ 小铁笛道人:《日下看花记》。

《群英会》《洪洋洞》等；吹腔、拨子有《闯山》《戏凤》《卖饽饽》等；梆子腔有《胭脂》《打店》《昭君》等；京、秦二腔有《滚楼》《送枕头》《思凡》等；昆、弋兼演的有《天官赐福》《富贵双全》《猿猴献果》等；昆腔有《琵琶记》中的《赏荷》，《连环记》中的《议剑》等其他戏曲中的折子戏。徽班表演纯朴真切，音韵婉转，如"三庆班"的刘郎玉演《别妻》一出时，"手拨湘弦，清商一阙，轻风流水，令人躁释矜平；尝思松月山亭，烟波画舫，得此风调，累心都尽。"①思之令人心旷而神怡。徽班在舞台形式上行当齐全、文武兼重，在武戏上延续了徽剧表演的武功传统，在文戏上则吸收了昆曲的一些身段，场面时而惊心动魄，时而抒情委婉，亦动亦静，非常适合广大观众的欣赏要求。徽班的成就还得益于当时京城曲艺的繁盛局面，各种最优秀的民间曲种在京城各逞其技，京城更是雅部昆曲的重镇，"花雅之争"在这里进行得如火如荼。这种"南腔北调"汇于一炉的格局使得徽班得以将"花雅"二部兼容并蓄，博采众家之长，不断丰富其表演艺术。

徽班的成长发展和不断熔炼，促进了后来风行全国的京剧的诞生，这是徽班进京对中国文化的最大献礼。从第一批徽班进京到嘉庆十五年（1810），是京剧的孕育期。这一时期，徽班首先致力于"合京秦二腔"，广泛吸收秦腔、京腔的剧目与表演方法，并在唱腔中渗入北京的语音，同时开始排演许多昆腔大戏，弋阳、梆子、襄阳等腔的曲调也成为徽班吸收的对象。经过几十年的积累，徽班舞台艺术体制日趋完善，对各种声腔的运用收放自如，为之后的徽、汉合流打下了良好的接收基础。从嘉庆十五年至道光二十五年（1845），是京剧的形成期。此时徽班在京城梨园叱咤风云、如日中天，他们在尝试了各种声腔后，开始回归徽州本色，大演乡土"二黄戏"。到了道光年间，不单昆曲少见踪迹，原来由京腔演唱的几百出大戏中，也大多被徽班改成由二黄调演唱，以致当时京城有"阳春白雪天音少，近日歌楼尽'二黄'"②的说

① 小铁笛道人：《日下看花记》。
② 《都门赘语》。

法。道光八年时，汉调入京，汉调流行于湖北、江苏、浙江等省，也称"楚腔"，唱腔主要是西皮调，韵味醇厚。由于流行的地域相近，徽、汉二剧在进京前已经有广泛的艺术接触，汉调声腔中的二黄、西皮与徽戏有着血缘关系，所以徽、汉二调齐聚京师时，已经是第二次合流了。而在汉调名家们携班进京之前，此次徽汉合流其实就已经开始了。嘉庆时就有汉调演员米应先加入"春台班"进京演出，他擅长红生关羽戏，后来的三庆班班主程长庚的红净戏就是由他所传授。道光八年后，一些著名汉剧老生如李六、王洪贵、余三胜，小生龙德云等先后入京，分别搭入徽班春台、和春班演唱。他们进入徽班后，将汉调的声腔曲调、表演技能、演出剧目融入徽班，使徽班二黄调的唱腔板式日趋丰富完善，唱法、念白更具北京地区语音特点，易于为当地人接受。在徽、汉演员的共同努力下，逐步实现了西皮与二黄两种声腔的交融，"皮黄交融"形成了以西皮、二黄为主的板腔体唱腔体系，并使唱念做打的表演体系逐步完善，从而为京剧的诞生奠定了基础。道光二十年左右，徽班中演的戏，无论在剧目、声腔、音韵、舞台演出形式等各个方面，都出现了与前不同的特点。比如以西皮、二黄为主的声腔板式体系，北京音与湖广音结合的演唱语言规范，京剧本剧种专有的独特剧目，京剧特有的演出形式及班社、舞台、表演等方面的规范等，这些特点就是京剧形成的明显标志。概括而言，京剧是在进入北京的徽戏班的徽州戏曲的基础上，吸收了昆曲、秦腔、汉戏等多种地方戏曲的特长逐渐演变而成的。① 在京剧正式形成的过程中，徽班的程长庚与汉调的余三胜功不可没，他们对京剧的皮黄腔和念白的成熟起到了奠基的作用，"四大徽班"也就成为早期京剧的重要演出班社。

（五）徽戏的衰落

清中叶后，徽州暨歙县的民间戏剧活动更加兴盛，尤其是道光至

---

① 参见北京市戏曲研究所：《京剧史研究》，学林出版社1985年版，第47页。

民国中叶,更是空前的繁荣。继"四大徽班"进京和汉戏演员进京,徽戏与汉调合流,最终形成了称雄中国剧坛的京剧。京剧兴起后,徽戏艺人纷纷改学新腔(京剧),徽戏因无法与京剧竞争,被挤出京城等大都市,进而又因为京剧渗透,使许多地区的农村徽班逐渐萎缩,徽戏日渐衰落。徽戏的传统剧目很多,据记载,总共有 1404 个,但因为年代久远,又多为手抄本,其中有不少剧目已经失传。徽戏艺人们在京剧的冲击下,为了生活,不得不回到徽戏仍然盛行的徽州。

徽州戏曲在徽州之所以能保持生机,有两方面的因素:一是地理环境相对闭塞。民国十五年后京剧才陆续传入徽州,因而京剧对徽戏的冲击不及徽州以外地区那么强烈。再就是即使京剧传入徽州,徽州部分农村仍然盛行徽剧,"夜不唱京",凡庙会祭祀,都请徽班演出。二是结社赛会必演徽戏的传统。"近复有演剧张灯以为美观者,曰社会。"即便徽戏后来使用了徽胡,而且一些地方也有"夜不动胡"的风俗,但这并不排斥徽戏,很多地方采取夜演目连戏、日演徽戏的办法来加以应对。

六　新安画派的成就与影响

(一) 新安变派

清朝中叶的社会相对稳定,资本主义进一步发展,新事物不断出现,人们在精神上和艺术趣味上也产生不同于以往的显著变化。文人画在本时期开始发达并成为画坛的主流。他们注重表现自我,强调个性,并不断寻求形式上的变革。在清前期,新安画派诸画家把民族"气节"作为灵魂。其实知识阶层对气节问题的重视程度,既密切关系着新安画派的形成，同时也关乎着新安画派的演变和衰落。康熙初年，清朝相继消灭了晚明诸王的抵抗势力，削平了三藩，社会渐趋安定，生产得到恢复和发展，清代进入了全盛期。随着明代遗民的衰老死亡，曾经秉持的"气节"问题，已因时移势迁而逐渐淡化。社会条件的变化，带来了新安画派艺术变化的契机，有些画家开始以自己的生活感受来尝试对新的艺术境界的探索。如查士标在其晚年山水画的自题诗中感叹："剩水残山似梦中""欲谈往事无人识"。他在顺治后期的画作中出现了阔笔纵横的变化。①

清代康熙至乾隆年间，一些不得不依附封建经济和震慑于文字狱的画家，态度上也不再像渐江、程邃、郑旼等人那样旗帜鲜明地抗清。在艺术风格上，他们既重视新安四家，也参学备受清王朝肯定的"四王"正统画风，不知不觉中将许多不同的绘画元素统一于自己的绘画风格，黄宾虹将之称为"新安变派"。代表人物主要有程士镳、僧雪庄、方士庶、黄棓、吴子野、程鸣等。黄宾虹曾评论他们，"已变新安画派之面貌"，"转移于江湖之余习"。与此同时，黄宾虹也肯定了他们的画本质上"还是从属于新安画派那一脉山林野逸之风"。

1. 程士镳

程士镳，字盛瞻，号樾亭，清康熙至乾隆年间歙县人。性格豪放不羁，好酒善饮，爱好诗词，尤喜画山水、人物。其山水画远宗李唐、马远，后追戴进、吴伟。李唐是南宋画风的一代领袖，马远是其传人，他们的绘画风格简率刚劲。浙派的戴进的画风则是刚线勾勒，大笔挥洒，近乎马远但又色彩润丽，笔墨随意、草率；吴伟的画风则近乎狂态，狂中有逸。纵观程士镳的创作轨迹，其早期的山水与新安画派相悖，师法"北宗"一脉，然而他在豪放一路上又常常横生另枝，偶尔也有工细挺秀一路，类似李唐早期的工笔山水。现藏安徽博物院的《瘦西湖图》，书年己巳，似是康熙二十八年作，属其早期作品。该画风格工整

---

① 参见张国标：《新安画派史论》，安徽美术出版社 1990 年版，第 276 页。

朴茂,笔墨灵活多变,画格健挺豪爽,奔放中不失宋人传统法度,严谨中又见戴进遗风。程士镳后来又推崇摹古派王原祁的笔墨,并在临摹王氏画法方面功夫很深。

人到中年,程士镳受新安画派影响,潜心于临仿渐江诸大家的笔意,多次游历黄山、白岳胜境,亦画徽州山水。然而因其早期的"北宗"绘画基础,其画作风格与渐江、江注、汪朴时期等新安画派稍殊,他将新安画派的清新与浙派的奔放融于一身,画风不是荒寒静寂,而是富丽宏伟,布局开阔,画作尽显黄山"气势雄阔"之美。

2. 僧传悟

僧传悟(1646—1719),字惺堂,号雪庄,亦号通源,别号铁鞋道人、黄山野人、沧溟道者,但后世常以"僧雪庄"相称。楚州(今江苏淮安)人,晚年居于黄山,作黄山百图。

关于雪庄形貌,黄钺在《游黄山记》中描述:"貌清癯,鼻观上掀,散发作头陀状。"韩建秀在《黄山纪游随笔》中记载:"乃披发头陀,趺坐,手持念珠,旁一几一炉,又一猿作献花状。"

雪庄于清康熙年间披发入黄山,时值严冬,遂伐松枝搭棚避雨雪,自号雪庄。他于炼丹峰东巨壑中结茅为庵,名曰"皮篷";又因住所四周云山雾岚,风烟迷幻,故名之"云舫"。歙人汪洪度、于鼎的《黄山领要录》描述了雪庄的黄山生活,说他吃食粗糙,常以草根、蕨菜、树叶、野果、野菜充饥,饮山泉,嚼雪。黄山胜景使他不愿离开半步而下山化缘,经受如此艰苦的生活,他却说"秀色可餐"。他白天在山巅眺望观景,夜晚则在山涧对月弦歌吟唱,云里来,雾里去,出没无常。感受山间之灵气并倾注于书画,久之则名扬于四方。地方官员、名士惊喜于渐江之后黄山又出现雪庄这样的奇人,遂向宫廷、王府推荐。官府和较大的寺院也屡屡遣人相邀,康熙皇帝曾强求雪庄进京,诏见于京都。然而雪庄在京城不足一月便再三要求归黄山。回黄山后,他更是奔波并陶醉于黄山神奇的自然美景中,更加勤奋地挥毫作画。民间因流传雪庄重黄山而轻皇帝和舒适的京城及大寺院生活,对他更加钦佩,慕名来访者络绎不绝,送衣,送粮,送笔墨纸砚,而雪庄也挥毫作画相答谢。这一段时间可以说是他一生中又一个绘画创作兴盛时期。去世后,葬于黄山炼丹台下,其墓塔被命名为"雪庄塔"。人们敬重他画艺超群、德行高尚,于是又在其住地捐资修建寺院。他生前所居的"皮篷"峰峦峻秀,云海翻腾,四周奇峰环列,披云挂霞,后面有锦屏、天宝二峰,右边有育婴、蟠桃、天外、石屋、送供、探珠、指路诸峰,并有舞龙台、月照僧、空生晏坐诸石景,故捐资建立寺院仍沿用雪庄当年的命名,叫"云舫"。这也成为后人凭吊和游览的胜地。

雪庄性孤高,善绘事,工山水、墨竹、花卉。他在皮篷幽居三十余年,作《黄山图》43帧(又一说60幅),并绘山中奇花120种。在今存世的43幅《黄山图》中,雪庄以枯笔勾勒山形,线条腴润清爽,少皴擦,常以松林点缀其中,传达了黄山的一派清寒料峭之气。遍观黄山题材的绘画,渐江表现静态的黄山"清硬"的气质,梅清表现动态的黄山的"灵动",石涛以淋漓的墨色表现黄山的"奇幻",程邃表现的是黄山的秋之"苍古",戴本孝表现的是黄山的雾之"迷茫"……而雪庄表现的黄山是玉湖春冰,藐姑射山之处子,纤尘不染,一派冰雪聪明。吴瞻泰在《黄山图》册页跋云:"雪公久于黄山,卧云嚼雪,其性情与山水为一,故其笔墨与天工俱化。"①

雪庄还绘有120帧黄山山花图。山花袅娜多姿,异常生动,悉世人未曾见。吴菘将其中35种辑为《花笺》予以刊行。他在序文中说:"黄山奇葩异卉,迥绝人寰,不能移植山外,楚州僧传悟,居黄山皮篷,时携纸笔,于幽崖邃壑间,貌形写照,娱人心目。菘因为谱之,题曰花笺,殆嵇含之《草木状》、郑虔之《木草记》所未尝载者,聊附山史之末云尔。"

雪庄的120帧黄山山花图均被后人誉为艺苑精华。以木莲花作一例证,木莲花是我国稀世名贵花木之一,雪庄所作的《木莲花图》(今藏安徽博物院)构图自然潇洒,用笔毫无拘谨,粗大的枝干横贯画面;细

---

① 参见郭因等:《新安画派》,安徽人民出版社2005年版,第160—161页。

枝挺拔交错,穿插对比强烈;花叶扶疏,翁郁清丽;生气勃勃富有强烈的生命能力。该画使用双钩法,浓淡墨填叶,叶形正侧、向、背,搭配恰当。整个画面,给人以舒展、粗中有细、疏密得当、色彩淡雅、和谐悦目之感,尤其是天然细腻的花朵,展瓣吐蕊,摇曳生姿,鲜活可爱。面面右上方题诗曰:"木莲今岁多情怀,夏日开过秋又开。似要山僧写香色,证明云舫有仙来。"署名:黄山后海披发僧悟雪庄氏。诗画相映、浑然一体,使得《木莲花图》熠熠生辉。

雪庄的后半生与黄山结下了不解之缘,其绘画提炼于黄山真景。渐江初游黄山至五十四岁逝世,与黄山结缘七年。而雪庄幽居黄山三十余年,与黄山更是水乳交融。他与黄山亦师亦友,以描绘黄山为己任,其作品完全取材自然,较少受门派等的束缚,因此有着自己独特的风格。区别传统新安画派之处在于:他进一步超越了自然写实主义,将渐江的装饰味发展至纯用线与点构成的图案,有时类似抽象化的速写。许承尧的《歙故》记载了他对渐江画本的一些评语。如评渐江的《狮子林》:"易刻,好过真狮子林……衲增狮头边一小笔。"对渐江的《扰龙松》评曰:"朱点处添云二三笔,以称章法。"评渐江的《九叠泉》云:"下边鼠迹点住笔太齐,衲为添树头两枝,并数个双勾树叶;如不可,可删去。"我们从中可透视出雪庄对渐江的"平视"。吴瞻泰曾云:"好事者倘因雪公之图传,而并使梅花老衲之图亦传,则黄山两僧,岂不在贯休、巨然之上哉?"俨然将雪庄与渐江并称。可见,雪庄的绘画标志新安画派的发展形成又一个高峰。[①]

3. 方士庶

方士庶(1692—1751),字循远,号小师、环山、研云,别号小师道人、天慵等。歙县环山人,后寓居扬州。精绘事,尤长于诗,在绘画美学思想方面,也颇有其独特见解。

方士庶好游历名山大川,作品既有气势亦有真意。其山水画,受

---

① 参见郭因等:《新安画派》,安徽人民出版社 2005 年版,第 163 页。

学于娄东派的黄鼎。黄鼎为清初"四王"之一王原祁的弟子。他绘画除学王原祁外，还深得王石谷笔意精髓，笔墨苍劲，临摹古人，形象逼真，而学黄鹤山樵王蒙画法尤长。方士庶早期山水和娄东派一样，动依古法，传世作品中宗王原祁、黄鼎笔意，摹黄鹤山樵笔法的卷轴居多，又有仿董、巨、文徵明、黄公望之作。落笔苍秀，气韵骀宕，较之黄鼎，在韵味上更胜一筹，有"出蓝"之誉。据说他每有得意之作，皆钤以一方"偶然拾得"之小印。上海《艺苑掇英》第 24 期有方士庶《山水图册》10 页，其中图八的《仿高房山笔》的山水就钤以"偶然拾得"的小印。此幅山水既有高房山墨气淋漓、云蒸雾霭的特色，又有娄东派严谨的构图及山石造型。在《国朝画征录》，张庚谓其"用笔灵敏"，"为艺苑之后劲"。方士庶受"摹古主义"影响较深，绘画上"虚"（心造之景）不重"实"（自然之景）。他强调主观情思的作用，拿"笔墨是否精妙"来衡量绘画之高低，认为绘画是"于天地之外另构一种灵奇"。在绘画过程中，他注重用笔的"长短大小断续顿挫"、用墨的"干湿浓淡、魂魄骨肉"、布局的"宾主反侧、散聚交插"，以此来营构画面的笔墨之趣。[①]

方士庶后来虽也重视研究浙江等新安诸家绘画，注重描绘家乡山水，然而因为受黄鼎等娄东、虞山派影响较深；虽也重视师法自然，画新安山水，然而他的临古掩盖了他的写实、师自然的成就。他虽属新安人，亦画黄山、白岳等新安题材，也研究新安画派，但其作品与新安画派诸家在风格上差异明显，有的学者将之称为新安变派画。其传世作品尚有 20 多件。

4. 程鸣

程鸣（1676—1745），字友声，号松门。歙县岑山渡人，雍正时诸生。江都（江苏仪征）籍。程鸣为王阮亭高弟，工诗，善画。诗学王渔洋，著有《呐庵吟》《无声集》《且闲轩稿》。画学原济、石涛，又参学程邃，主要是山水画，深得古人精髓。王渔洋云："松门诗名为丹青所

---

① 参见郭因等：《新安画派》，安徽人民出版社 2005 年版，第 164 页。

掩。"称程鸣的山水画得古人六法三昧,不为新安派所束缚。

程鸣绘画山水,初学苦瓜和尚石涛,干笔枯墨,运用中锋,纯以书法写成,不加渲染,自然沉郁苍深,苍雅可赏。后又参学程邃,将早期的"枯墨中锋"发展至运用枯笔焦墨追求荒拙朴茂。而这正是新安派画家普遍运用的笔山表现技法。程鸣深受石涛影响,笔墨纵恣,脱尽窠臼,粗疏简易,颇近狂怪,又不悖于理法。程氏山水多数都运用了石涛画法,纵横潇洒,离奇苍古。程鸣模仿古墨迹较多,因而其作品风格亦略不同于新安画派。程鸣好游历社交,画过很多新安山水,遗憾的是能见到的极少,安徽博物院藏《墨笔柏石大堂幅》、《山水图》(见金石书画五十八期)、《幽涧孤游图》(见《支那名画集》),天津艺术博物馆藏有《松间渡图》轴,山东省博物馆藏《渔洋夫子亭读书图》轴等。

5. 黄柳溪

黄柳溪,名棓,字守愚,号柳溪。清嘉庆、道光间歙县潭渡人。画学王原祁,黄氏山水、人物俱佳,得赵孟頫(号松雪道人)意。赵孟頫的代表作《水村图》画江南山村水乡小景,意境清旷疏朗。画法虽源于董、巨,但却将董、巨的"浓郁"转为枯笔淡墨的"简练萧瑟"。黄子久、倪云林的山水画基本上是从这幅图"变"出来的。黄柳溪初学王原祁(王原祁学黄子久,后将董、巨的苍浑融入,合宋法元笔为一体),后得赵松雪意,其绘画风格表现出从"秀逸苍浑"渐次转向"清旷疏朗"。

黄柳溪一生临过不少诸如董源、巨然、黄公望、王蒙的作品,亦受明代的沈周、文徵明、董其昌的影响。晚年虽用渐江、程邃技法来画新安山水,但其"新安山水"仍受司农王原祁习古之束缚,未能创造独具风格的东西。有别于渐江等人风格。安徽博物院藏有黄柳溪《山水》条幅和《浅绛山水》轴。

6. 吴之骈

吴之骈,字子野,号驭千、莲道人、古香阁。清乾隆、嘉庆时期歙县澄塘人。性豪放,工诗画,山水、花卉皆精,喜藉酒兴挥毫作画。

吴之骈画崇尚元人法则,亦曾受董其昌之影响,用笔峭拔,风格秀润。现在尚无史料记其参学新安诸家,但黄宾虹在《新安派论略》中将他列为"新安变派"画家,大概吴之骒对新安画法也有所研究。他后来寓居江苏邢江,又与江南名流多有交流,时人赞曰,"江淮间数十年画家中,惟之骒能得元、明人法也"。

安徽博物院收藏其《浅绛山水》扇面,笔墨峭拔清秀,有山林野逸、天高云淡、一派清旷之风,但与新安画派笔墨有所不同。画上有吴之骒的自题诗:"疏林不动嫩凉风,天入秋溪万里空。此际一杯闲不得,好山都在夕阳中。"款书"吴之骒",有"子野庚辰以后书画"印。此外,该院还收有一幅很精妙的《秋山行旅图》,又没骨《菊石》扇,款书"时在乙亥之春,子野",有"莲道人"三字印。据《黄山画人录》记载,无锡市博物馆藏有他一幅《端午即景图》轴,设色绢本;又歙城叶永康府有子野小幅山水,笔墨极佳。①

(二) 新安画派之影响

清中叶,徽州师从新安画家的画师众多,他们多数师从渐江,或直接地亲聆教诲,或间接地通过摹其作品而"悉究其法",研习其画论而得其画法要义。艺术成就和影响较大的有祝昌、姚宋等。

祝昌,字山嘲、山史、山公。明末清初龙眠(今桐城)人,寓居新安。生年不详,卒年据推当为康熙十八年八月之前。顺治六年(1649)进士。初学渐江,后师元四家(黄公望、倪瓒、吴镇、王蒙),得其逸趣,并有所创新,成为新安画派第二代之中坚。祝昌的画简淡明洁,线条圆润挺健,少皴染,在焦墨的运用上更有独到之处,在空间处理上,以虚代实,画面奇正相生,具有鲜明的个性。其代表作之一《山水画册十二幅》(现藏于安徽博物院),每有五言题句,十分精美。祝昌传世作品有七八件。

①　参见郭因等:《新安画派》,安徽人民出版社 2005 年版。

　　姚宋（1648—?），字羽京、雨金，号野梅，又号木石间人。歙县人，曾寓居芜湖。顺治、康熙年间画家，长于山水、人物、花鸟、竹石等。姚宋山水初师渐江，后法倪瓒，也参学过梅清与石涛的作品。他走的是与渐江相同的游历故乡名山胜水、师法自然之路，并最终得渐江衣钵，达到以假乱真之境地，但也因此未能超越渐江。姚宋还是一位微型画画家，绝技是能在一片瓜子上画十八罗汉。姚宋亦工书法，长于行草，有董其昌潇洒出尘的风韵。现存画迹 9 件，《三星图堂幅》《山水大堂幅》《松竹石轴》《水阁凭栏图轴》《仿倪山水轴》等，分别藏于北京故宫博物院和安徽博物院、南京博物馆，也有作品流散国外。

　　此外，从学新安画派的后起之秀还有黄吕（字次黄，号风六山人，歙县人）、江注（渐江从弟，一说从侄，字允凝，自号黄山长，歙县人）、吴定（字子静，号于一、息庵，休宁人）、戴思望（字怀古，休宁人）、汪朴（字素公、素功，号松溪、石林，休宁人）等。这些后继者虽试图在参学诸家的基础上有所突破，但未能超越新安前辈的传统并形成自己的独特风貌。在这方面的佼佼者当数方士庶等。

　　清康、雍、乾三朝，在扬州卖画的一批画家曾被称为"扬州八怪"。他们与新安画派在艺术上存在某些联系。在"扬州八怪"画家群中，有徽州歙县籍两位画家，汪士慎（1686—1759，清代康熙至乾隆间画家，篆刻家。字近人，号巢林、天都寄客等。歙县人，流寓于扬州）居其首，罗聘（1733—1799，字遁夫，号两峰，又号花之寺僧等。原籍歙县。清雍正、嘉庆间著名画家）殿其后，实为中坚力量。

　　明清两代，安徽地方画家群星璀璨。除徽州画家群外，还有桐城、芜湖、宣城、怀宁等画家群落，然而以徽州画家群人数众多，新安画派也最为成熟，在中国画坛影响也最大。[①]

---

　　① 参见郭因等：《新安画派》，安徽人民出版社 2005 年版。

（三）新安画派之总结与创变

　　严格意义上的新安画派应该是专指明末清初渐江开创的绘画艺术流派，鼎盛期约四十年，17世纪末趋于衰落。但这一画派的影响力依然在持续，直至近代国画大师黄宾虹、汪采白。清末至民国，社会动荡，国画渐入低潮。然而，新安画派余波荡漾，仍有新人出现，他们继往开来，别开生面。在徽州画家中，国画大师黄宾虹、汪采白在中国画坛双峰并峙，使中国绘画呈现出又一个发展高峰。

　　黄宾虹（1865—1955），名质，又名元吉，字朴存，一字予向，中年后更字宾虹，晚年署虹史、黄山山中人等。出生于浙江金华，近现代著名画家和绘画理论家，有"南黄（宾虹）北齐（白石）"之誉。光绪十六年（1890），其父经商不利，举家由金华迁回歙县潭渡村。歙县潭渡黄氏画家对黄宾虹影响极大。明代以来，黄氏画家知名的有十多位，其祖父黄柱（号碧峰）是明代著名画家，家藏名画甚多，邑中旧藏名迹尤丰，这给他提供了饱览旧藏和师古的极好条件。黄宾虹少时遇有卷轴，常临摹再三，到有会心始罢。三十岁左右所画山水，皴法疏简，笔墨秀逸。四十岁左右所受新安画派影响逐渐明显，他崇尚渐江，把渐江视作"新安画派称宗作祖"。五十岁左右是黄宾虹师

黄宾虹《峨嵋道中》

法传统的时期。五十岁到七十岁之间的黄宾虹是师法造化，中得心源。黄宾虹七十岁以后，画风一变，开始自我创造，山水画形成了自己的风格，步入了创作的鼎盛期，后期更是炉火纯青，喜以泼墨、积墨、宿墨、破墨互用，点染自然，使画面山川层峦叠嶂，气势磅礴，一改清代以来新安画派一味枯瘦荒寒的冷静悲凉韵味。这为中国传统山水画技

法的突破和中国山水画的新生开拓了新路。黄宾虹一生创作勤奋,作品无数,传世甚多。

黄宾虹一直以来在其发表或未发表的文稿中从未间断过对新安画派的论述,对新安画派的源流等均作了系统阐述,并对渐江、程邃等作了专章论述,为后人留下了有关新安画派和徽州画坛的重要线索及翔实史料。

汪采白(1887—1940),名孔祁,字采白,一作采伯,号澹庵,又号洗桐居士。歙县人。近代著名画家。采白既出于书香门第,又有过良好的专业教育。采白五岁时即从黄宾虹识字读书,二十四岁毕业于两江师范学堂图画手工科,画业已十分突出。1926 年出版《采白画存》。不久南返,任南京中央大学艺术系教授,与海内名画家张大千、徐悲鸿、吕凤子、张书旂、潘玉良、陈之佛等共事,切磋交流,画名日高。不久,又任中央大学国画系主任、教授。由于对 1937 年卢沟桥事变后国民党采取的不抵抗政策不满,汪采白愤然辞去中央大学国画系主任之职,返回故乡。

汪采白墓

汪采白自幼年即受到新安诸画家的影响,极为推崇渐江、查士标等。他虽师法古人,但又不为古人技法所束缚,主张感受自然,师法自然,也要学生"多选真山真水真人画"。他数次登临黄山,熟悉黄山山石草木。他笔法清新劲秀,以青绿之法摄取黄山性灵,其黄山画别开生面,雄奇之外别有一番俏丽。1936 年,汪采白的一幅青绿山水条幅参加了巴黎画展,并获得一等奖。同年底其《黄海卧游集》完成并由上海华东照相平版印刷公司承印出版,画尽黄山 36 景。黄宾虹曾评说:"采白的画,是新安派的正宗,清新秀逸,最宜近看。"汪采白的黄山画,使新安画派余脉出现又一个高峰。其传世作品较多。

除黄宾虹、汪采白为当时画坛双峰外，近代徽州画家中成就突出的还有程瑶笙、鲍锡麟、张翰飞、张君逸等，他们也都深得新安画派精髓。在一定意义上，近现代徽籍绘画大师黄宾虹、汪采白以及刘海粟等人的作品也可以看作是新安画派的延续，他们都体现着新安画派对近现代绘画的影响。

七　徽州版画的复兴

（一）版画再兴

清代中叶，版画逐渐恢复元气，坊刻、私刻和官刻都非常兴旺。其中较突出的坊刻和私刻有张潮诒清堂，鲍廷博知不足斋，马曰琯小玲珑山馆，汪启淑飞鸿堂，汪梧凤不疏园，项珚玉渊堂、群玉书堂，阮溪水香园，黄晟亦政堂，汪近圣鉴古斋，朱元镇怀德堂，朱文瀚、浙江得谖草堂，汪献圩涵养书舍，汪森裘杍楼、小方壶，汪文柏古香楼、摛藻堂，鲍漱芳安素轩，徐赞侯水竹居等。

一些徽商大贾，既不为求利而设书坊，也并非想使自己成为著述留传世人而刻书的学者。他们家有巨资，属于雅好诗书、老而归儒、以求高名的儒商。所刻书籍不惜重金，版画精美，是为至宝。

鲍廷博家世业盐，寓浙江桐乡邬镇。所刻《知不足斋丛书》搜集刊刻了不少稀有画谱珍品。如元代画家李衎的《竹谱》，因历代既久，旧刊不复可见，摹写之本，亦稀如星凤。嘉庆九年（1804），鲍廷博得到明成化间缮本，极为快慰。可惜纸已糜烂，不宜展阅，于是请高手摹写一帙，置之案头，日供清玩，又将其刊入丛书。成化旧钞中原缺《久竹》一图，鲍廷博又从"阁本"中仿得补全。《知不足斋丛书》中还收集有明末周履清编辑的《夷门广牍丛书》中的《画薮》一本。该书内容丰富,分五类专题:人物画谱,称为"天形道貌";竹谱,名为"淇园尚影";梅谱,则称"罗浮幻质";兰谱,称之"九畹遗容";翎毛草虫谱,名曰"春谷嘤翔"。其中《天形道貌》一卷周履清自著,为名画家文嘉校正。图谱前有《画家物论》一则,对于人物画颇多论述,是中国绘画史上的重要文献。有图 40 幅,除"捣衣""写意"等二三图外,皆描写士人的生活状态,如鼓相、临流、索句、听泉等。无论是观书、呼童、谈玄,或听泉,其体态神情,都生动有致。《知不足斋丛书》翻刻异常精美,纤细工巧,体现了徽派版画刻线纤细、明丽爽朗的特征。歙县人徐赞侯经商侨居扬州,家设"水竹居",乾隆三十七年主持刊刻方成培的《雷峰塔传奇》,插图细腻,清新淡逸,有明末徽派版画秀雅之遗风。清乾隆二十二年歙县阮溪水香园刻本《古歙山川图》,有图 24 幅,均为当地实景。其中《丰南》图,描写歙县西溪南村景象,画家用鸟瞰式的手法,把桥梁房舍、鳞次栉比的屋宇和良田阡陌交织在一起,大道上的两骑奔马,更增添了画面的无穷生机,古徽州的富庶繁华,跃然纸上。又如题名"东山"的特写,"篁南"的驴队,"新安江"的拉纤、"歙浦"的船夫,都使我们从画面嗅到古徽州百姓生产劳动的气息。

值得一提的是,《红楼梦》书成后,仅有抄本流传。乾隆五十六年(1791)和五十七年(1792),徽州程伟元两次用活字印出,即后来的程甲本、程乙本。[①]《聊斋志异》书成之后,蒲松龄无力印行,藏之于家,直到乾隆三十二年才由鲍廷博为之刊行。[②] 其中《新镌全部绣像红楼梦》(程甲本)木刻插图 24 幅,前图后赞。图画采用速写手法,运笔自然,与明末徽派风格略有差异。刻技生涩,有力不从心之感,但刻工亦较精细,反映了徽派版画进入后期的特点。程乙本刊于乾隆五十七年,对原程甲本作了约 2 万多字的增删,插图改为 18 幅。[③]

---

① 参见李则纲:《安徽历史述要》。
② 参见萧新棋:《〈聊斋志异〉版本略谈》,《博览群书》1987 年第 7 期;并见《贩书偶记》,上海古籍出版社 1981 年版,第 296 页。
③ 参见张国标:《徽派版画》,安徽人民出版社 2005 年版,第 214 页。

这一时期的地方志版画也非常有特色,其中嘉庆十五年刻本《绩溪县志》,版画精品 10 幅:《彰山叠翠》《大屏积雪》《石印迥澜》《大会晴峰》《翠眉春色》《飞云天池》《石镜清辉》《文峰雅会》《苍龙飞瀑》《祥云洞天》,即所谓"绩溪十景"。绘图者为方式、黄登、汪植,三人的绘画格调尚能统一,但风格气韵稍有不同。方式的画比较严谨,变化方面稍欠板滞,构图四平八稳。黄登和方式的风格有点儿相似,这很有可能是刻工同为一人所致,或是两人为了作绩溪十景统一而有意接近的。然而仔细观察他俩之间还是有区别的,黄登表现手法虽然也很熟练,但疏密对比方面较为逊色,看起来主次尚不能一目了然,线的运用,对比之下缺乏变化。汪植在这一组画中虽只 1 幅,但是比较成功,线条的运动感和对比上都比较强烈,构图亦较为活泼,整个画面有生气,由于山势处理得过险,其形如云同。刻工无考,但刻得较细腻,形象交代清楚,刀法运用熟练有节奏感,为徽派版画的重要特征。嘉庆十七年刻本《黟县志》,其中精品版画 12 幅:《城外梅溪图》《孟峰芙蓉峰图》《炉峰林沥禅院图》《屏山林沥图》《文峰岱峰石山图》《霭山图》《源洞浔阳钓台图》《埠复岩图》《姑庙吉阳山图》《楼桥文昌阁屏山图》《堆山雪阜图》《兵山石鼓寺图》。原作者为明末黟县南屏人叶有广,此本系翻刻沿袭而来。该志图、刻工未署名,但其旋技精巧细腻。方志中的风景插图,都是实景,也是地方名胜,可以提供给读者地理上的资料,使人们"按图索游"。徽州山水灵秀,风景绝佳,方志版画通过对实景描绘,直观地再现徽州"天然佳境"。

《古歙山川图》是这一时期最重要的代表作,全图 24 幅,作者吴逸是歙县向杲人,原是为康熙《歙县志》作山川图的。原版后来辗转归歙西潜口汪氏水香园所藏,乾隆二十二年以单行本重印,题名为《古歙山川图》,书前有曹吉老、汪士鋐、吴蕬三人序跋。是图均为歙县境内实景,然多幅皆署摹诸家笔法,风格变化多样,或浑厚凝重。刻工黄松如、黄正如皆徽派高手,技艺高超,技法多变,且富创造性,或以黑水映青天,或以皴擦衬山石,刀笔纵横,生动流畅。24 幅图,连嶂叠秀,刀笔生动,可称为清初徽派版画杰出代表。

墨模图谱一直是版画中的重要题材。乾隆年间歙县汪近圣鉴古斋墨店以制集锦墨著称,汪氏将其墨模图辑刻成《鉴古斋墨薮》4 卷行世,绘刻极精,是这一时期徽派版画代表作品之一。其中"御制耕织图诗"墨共 47 锭,分装两只漆盒,墨为长方形,前有《御制耕织图序》,耕织图式从浸种至祭神,连同序墨计 24 锭。织部图式从浴蚕起成衣迄,共 23 锭,反映了劳动人民从粮棉生产到将其加工为成品的全部过程。"九有凝煦"墨 9 锭,均为圆形,大小相同,一面镌刻篆字,分别为"九鼎""九苞""九如""九芝""九畴""九章""九寨""九贡""九道"等,上均漱金,背面镌有相应的图式,表示祥瑞光明之物,聚凝在一起,称作"九有凝煦"。"御制仿古砚"墨 7 锭,系模仿古砚形制作,背面均刻楷书乾隆御铭,铭文下分别刻有"乾隆""比德"等乾隆闲章。汪节庵函璞斋与汪近圣鉴古斋齐名,也以制集锦墨著名,如"西湖十景图诗墨"共 10 锭,形状大小各异,一面为乾隆皇帝题诗,一面是景色,有苏堤春晓、曲院风荷、雷峰夕照、平湖秋月、断桥残雪、双峰插云、三潭印月、柳浪闻莺、南屏晚钟、花港观鱼等十景。图样精美,刻工细腻,令人十分喜爱。另制"仿古币式"墨共 12 锭,均为仿古代的货币制作,其中有刀币、布币、藕心钱、蚁鼻钱等。他制作的"仙露明珠"墨、"此君"墨深受当时文人雅士的喜爱。汪氏还为众多私家造墨。如为梁同书代造的"万杵膏"墨,为金松崖制造的"清肃阁拓碑"墨,为康蓝皋造的"仙露明珠"等墨都是精品,著名的诗人袁枚所制墨多半也出自汪氏之手。清代的文人自制墨,大多数都是出自歙县这些造墨家之手。汪节庵一生造墨不计其数,他辑著的《函璞斋墨品》,收有他数十年来经手制作的名墨精品,并绘刻成版画图谱。他的"墨和图谱",受到清代学者阮元以及曹振镛等人的好评,亦可谓是名震京华,誉满海内。胡开文"苍佩室"墨一直是选送清宫的贡品,其中集锦墨"黄山图"墨,根据黄山炼丹峰、天都峰、莲花峰、浮丘峰、青鸾峰、狮子峰、始信峰、上峰等 36 峰的形象绘刻墨模,制成墨后,合起来成为一幅黄山总图,每锭墨刻有两峰,计 18 锭为

1盒。"铭园"墨,按照铭园64座亭台楼阁设计而成,其中有三希堂、四美居、飞云轩、芝蓝室、长春仙馆、颐和书屋、玉壶冰、韵琴斋等,图案写实,工细纤巧。"仿支神"墨共12锭,分装两盒,每盒6锭。每锭墨根据生肖取材,如苏武牧羊、伯乐相马、嫦娥奔月(兔)、李密挂角(牛)、承宫牧猪、大闹天宫、金鸡啼鸣等。背为题赞,字均漱金,墨的形式不一,有长方形、圆形、腰鼓形、书卷形等,风格古朴、刻工精细。可惜的是,这些墨模都没有汇集成墨谱行世。

(二)民俗木版画

徽州明清时商业、手工业异常发达,雕版印书画水平为全国之冠。另有徽州工艺如徽墨歙砚、造纸、竹编、漆器及建筑砖、木、石、竹四雕等非常活跃,这对徽州民间木版画行业的发展有着直接和间接的促进作用。赖少其于1964年编辑的《套版简帖》,是从徽州民间搜集到的各种套色装饰木刻版画集,简帖起初用作诗笺、请帖,后来作为书写契约用纸,简帖采用套版印制,说明徽派版画走入民间应用亦广泛。至今徽州仍保留大量清代中期民间结婚前定婚约使用的"鸳鸯礼书",大红帖子底面用木刻画技法印很多吉祥喜庆图案,有的还用泥金托印。其他如纸马"张果老献寿桃""麒麟护(送)子""和合二仙""八卦图"等,内容丰富,流传久远,朴素的形式,深受群众喜爱。

麒麟送子

在徽州,木版年画与民间版画的组画、插图、独幅画同属一个范畴。徽派版画名扬海内外,而木版年画亦异常风行,特别在广大农村,是年节时张贴的装饰品。它起始年代大致和徽州其他版画一样,于明代已形成规模。20世纪50年代文物工作者调查和资料记载:

乾隆年间徽邑六县城镇出售这类年画较有名气的大花纸店和作坊就有 20 余家,基本上都是自产自销。到了清咸丰、同治年间,太平天国时,徽州成了征战地,许多花纸店相继停业,但年画生产并未终止,当时歙县岩寺镇还有五六家。20 世纪五六十年代依然可见这些年画作坊的遗迹。如岩寺镇原桂芳斋花纸老店,还保存有明清年画、纸马、信笺和旧木版片 50 余块。休宁环居、首村、岩前、商山等地 20 世纪 80 年代都相继发现木版画的原刻板模。在屯溪东里巷明代古建筑程氏三宅楼上,还贴有署款丁云鹏绘刻的《慈航普度》木版年画等。

徽州木板年画从题材内容上看,以宗教、神话故事、民间传说、人物,儒、释、道家圣贤事迹,以及古代文学戏曲故事、民间习俗等为主。从搜集的资料来看,流传在徽州民间的早期作品大致从宗教故事发展起来,万历时就有《竹林观音》《慈航普度》《诸神佛图》等,其中安徽博物院藏有原版《观音大士三十二相变》,传为丁云鹏画。儒家圣贤事迹题材有《□武威石氏源流世家朝代忠良报功图》《四贤图》和徽人先贤像等。小说戏曲故事题材有《西厢记》《薛仁贵征东》《白蛇传》《新出唐朝薛丁山挂帅征西图》《红楼梦》《西游记》《琵琶记》等。民间故事方面,八仙、福禄寿、麒麟送子、蟠桃会、嫦娥奔月、麻姑献寿、和合二仙以及忠、孝、节、廉和荣宗耀祖等为题材的世俗年画盛行。这些均是植根于民间的艺术。当时徽州民间年画不仅多,且精雅绝伦,它是徽派版画走向民间的重要组成部分。到了清末,西方资本主义入侵,现代印刷术传入,使雕版印刷衰落,年画生产逐渐中断了。此后又未得到扶植和发展,这宗民间艺术就湮没无闻了。

《观世音菩萨三十二相大悲心忏》,又名《观音大士三十二变相》,有图 32 幅,万历年间歙县程幼博后裔助刊本,安徽博物院现存原版,绘图传为丁云鹏,原版 5 块,每块均两面刻,每面 3 幅,今存 28 幅,尚缺末一块 4 幅并题跋部分。天启二年(1622),方绍祚得程幼博施刊本,经方氏补遗,复为流通,题为《观世音菩萨三十二相大悲心忏》,版藏绣佛阁。民国时许承尧《程氏墨苑》考证为丁云鹏所绘,剞劂出自虬川黄氏。该刊本绘刻皆为徽派版画之上乘。图面风格,人物尤其是衣纹运动的线描与丁云鹏所绘《渊明酒图》手法酷似;就其刻技而言,如菩萨骑在狮子背上,以示佛法无边局部,其狮子身上的卷毛,观音头顶上的装饰与毫发之间的雕镂,似非黄氏家族人莫属。

张国标先生收藏的《监功大神》《四尊大神》《阎罗圣众》《本年命》等4件宗教题材的木版画原版,反映了徽州民间民俗、民风与宗教文化的密切关系,从作品另一个侧面也可以了解徽州老百姓的文化素质与信仰。休宁齐云山历史上传为仙佛争夺的"古战场",这里早在中唐就设有道观、佛堂、宣儒讲坛。明末清初时虽称为全国四大道教圣地之一,然而山上依旧还能见到当年儒佛的崇拜者的遗迹。这四件木版画就是在齐云山附近农家发现的,时间大约是乾隆前后,是民间艺人为朝山拜教的虔诚信徒制作的。信徒们带着满腔心愿和这些驱鬼镇邪之物,以求神灵保佑,图个吉祥平安。

"套版简帖"是徽州民间木版画中的一个品种,俗称"契纸"。起初用作诗笺、请帖,后来作为书写契约。这种纸上木刻图式内容包括山水、人物、花卉等图案。风格朴拙,民间味很浓,套色华丽,尤其是山水,构图俊逸缜秀,镌工婉丽精致,至于印手,更是技艺穷工极变,运用"饾版""拱花"独具匠心。所谓饾版,就是分版分色套印术;把过去一版数色的彩印方法,提高到了分版套印,使色彩层次更加丰富、调和;拱花和现在的凸版印刷相近似,印时不上色,利用压模用力压印,使花纹清晰地凸现在纸上。套版简帖中不少画面上的白云和水波,都以拱

"套版简帖":《秋山红叶》

花的方法,表现在峰峦树石之间,云气浓郁,波光荡漾,耐人寻味。这些民间套版简帖从时代上来考查,大约是明末清初与《十竹斋笺谱》同时或稍后一点,这实际上也是对当时轰动文化领域的十竹斋的一个补充,对于研究徽派版画之发展,尤有

价值。套版简帖原在徽州很容易见到，即便是现在，在山乡小镇偶然还能发现到，安徽博物院、档案馆、图书馆均有收藏。

徽州人旧时婚俗由察案、下定、成礼、闹房、上朝等程序组成。"成礼"即举行结婚大典，一般要进行三天以上。第一天称"上头"，男女要举行"批书"仪式，就是在"鸳鸯礼书"上写着新郎新娘生辰八字与婚礼日期时辰。这礼书用红纸，上面印着喜庆热闹场面、人物花鸟等图案作衬底，有时还用泥金色刷印。礼书的式样是木版画的长形折子，

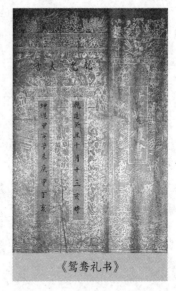

《鸳鸯礼书》

又叫"轴方"，连同礼品送到女方家中，名曰"送日子"。鸳鸯礼书的格式有数十种之多，文款大同小异，版画图样各不相同，有的还有封套，均系出自民间刻工之手，绘刻均精细，很有乡土艺术风味。

八　徽州刻书业的复苏

康熙朝后期，统治者开始转变纯粹文化高压手段，实施高压与收买并用的政策。乾隆即位后，继承了此文化政策。乾隆帝开四库馆，征求天下遗书，同时对全国图书实行大搜查，凡对清统治不利的书籍，均列为禁毁之目。从乾隆三十七年到四十三年（1772—1778），共征集书籍12237种，而从乾隆三十九年至五十八年（1774—1793），共禁毁书籍3100多种、151000多部，销毁书版80000块以上。

在统治者高压、收买并用的文化政策下，汉族士人中逐渐兴起了考据之学。考据之学的兴盛，推动了藏书、刻书事业的复兴。而在徽

州地区,相应地兴起了皖派经学。在皖派经学的推动下,徽州藏书、刻书事业重新兴起,并产生了一批藏书家、刻书家。

(一) 清中期徽州官刻

徽州府署于乾隆四年(1739)刻朱熹《朱子经济文衡类编前集》25卷,《后集》25卷,《续集》22卷。

府学紫阳书院于乾隆二十四年刻歙县吴炜编《唐宋八家精选读本》4卷,乾隆间翻刻内府本《仪礼义疏》48卷《首》1卷、《钦定礼记义疏》82卷《首》1卷、《御选唐宋诗醇》47卷。

歙县县学于道光十九年(1839)刻葛其仁《小尔雅疏证》5卷。婺源紫阳书院于乾隆五十五年以木活字刻印山长周鸿的《婺源山水游记》2卷。

清中期官刻地方志依然十分活跃。府志除了康熙年间三次纂修外,乾隆三十五年,知府戴知城纂修《徽州府志》18卷,道光七年,马步蟾纂修《徽州府志》16卷《首》1卷。

各县所修刻地方志主要有:歙县于乾隆三十年刻张佩芳修、刘大櫆纂《歙县志》20卷《首》1卷;道光八年刻劳逢源修、沈伯堂等纂《歙县志》10卷《首》1卷。休宁县于乾隆五十三年刻徐日簪修《休宁县志》;道光三年,何应松修、方崇鼎纂《休宁县志》24卷《图》1卷。绩溪县于乾隆二十一年刻陈锡修、章瑞钟纂《绩溪县志》10卷;嘉庆十五年刻清恺修、席存泰纂《绩溪县志》12卷。祁门县于道光七年刻王让修、桂万超纂《祁门志》36卷《首》1卷。黟县于乾隆三十一年刻《黟县志》12卷;嘉庆十七年刻吴甸华修,程汝翼、俞正燮纂《黟县志》16卷《首》1卷,此志先后于道光五年、同治十年(1871)两度重印并加以补修。婺源县于乾隆二十二年刻俞云耕修、潘继善纂,五十二年彭家桂修、张图南纂《婺源县志》39卷《首》1卷;嘉庆十二年赵汝为纂修《婺源县志》39卷《首》1卷;道光六年,黄应昀、朱元理纂修《婺源县志》39卷《首》1卷。

（二）清中期徽州家刻

1. 本土徽州家刻

清中期徽州家刻队伍的成分，与明代没有什么区别，主要包括官宦家刻、士人家刻、乡绅家刻、商人家刻以及家族刻书、书院刻书、文会刻书等集体刻书。但与明代徽州家刻以官宦、士人为主的家刻队伍不同的是，清中期徽州家刻队伍中商人和出身于商人家庭的比例增大，成为徽州家刻队伍中的主力军。这种主力军地位表现在三个方面：一是随着徽商队伍的壮大以及其经济实力的不断增长，在徽州朴学治学风气的影响下，越来越多的徽商参与刻书活动，其刻书人数大大超过明代。二是分布的地域广，不仅遍布徽州本土，而且遍及徽商活跃的地区尤其是江浙各个发达城镇。如果说清中期流传的"无徽不成镇"的谚语反映了徽商的活跃的话，那么可以说有徽商的地方就有徽商家刻。这与徽商普遍好儒的特色是分不开的，而且徽商刻书往往不惜巨资，延请学界名流参与校刻，其高超的刻印技术、精美的刻印质量，在外埠产生了广泛的影响，扩大了徽刻的影响力。三是其他类型的家刻更多地依赖徽商的资助，无论是官宦、士人、乡绅，还是家族、书院、文会，不仅其刻书资金绝大多数来源于徽商，而且更依靠徽商丰富的藏书。正是依赖于徽商雄厚的资金以及丰富的藏书，清代徽州家刻才刊印了大量的丛书、类书。

在清代文化高压政策的压制和徽州朴学治学风气的影响下，徽州家刻所刻图书一改明代的活跃局面，而转向解经述典、校勘考订之书的刊刻。如乾隆年间的汪梧凤，出身盐商家庭，家资富厚，有"不疏园"藏书，师事朴学大师江永，与同学戴震、郑牧、汪肇龙、程瑶田等长期在"不疏园"内精研藏书。先后校勘刻印《尔雅》《说文》《三礼》《三传》《史记》《汉书》等，又从刘大櫆学古文，晚年致力于《毛诗》。其毕生精力耗于读书、著书、刻书和课其子汪灼及程敦。其子汪灼继承父志，先后创作并刻印了《毛诗周韵诵法》《渔村诗集》《渔村文集》《诗经言志》等。汪氏父子均以"不疏园"为家刻堂号,乾嘉间刻有汪氏父子自著及学者著述7种,多达100余卷。① 其次,修身养性之类和休闲养生之类的图书刊刻得到进一步发展。如乾嘉年间休宁人汪汲,有漱经斋、古愚山房等室名,编有《事物纪原》40卷,著有多种字书及诗、词、曲、医书,编为《古愚丛书》。乾嘉间古愚山房刻自辑《古愚丛书》(又名《古愚老人消夏录》)17种67卷。再次,医学类图书增多。如清代黟县南屏大盐商李宗煟(字金榜)刻印了《眼科正方》;程应旄在扬州辑有《医学分法类编》;清代驻通州石港任盐场大使的程翼安(字镜宇)于光绪元年(1875)在扬州篆刻《喉痧阐义》;清代迁徙江都的歙县程鼎调(字梅谷)刊刻《习医明镜》6卷等。在扬州的徽人篆刻的医书中,以歙县槐塘名医程林(字云来)于1681年寓居扬州时纂著《圣济总录纂要》影响最大。《圣济总录纂要·吴序》称:"岁辛酉(1681),余游维扬,邂逅云来于二十四桥头。盖方以校订《圣济总录》一书,留此者几一载矣。"② 此外,明代丛书刊刻风气较盛,徽州家刻亦不例外,一些资本雄厚的徽商纷纷投资丛书刊刻。清代徽州家刻延续了明代刊印丛书的风气,而且版本质量得到世人赞许。如著名的鲍廷博"知不足斋丛书",深为乾隆帝所赏识,清末藏书家丁丙也说:"知不足斋者其藏书处也,所刊丛书多人间秘本。"③

表 4-2　清中期徽州地区家刻代表一览表

地区	代表刻家	年代	代表刻书
绩溪	方起泰	乾隆五十五年	《礼笺》3卷
	朱琳	乾隆年间	《尚书考异》《书集传》

---

① 参见《安徽省志·出版志》,方志出版社1998年版,第34页。
② 程林:《圣济总录纂要·序》,《新安医籍丛刊》本,安徽科技出版社1991年版。
③ 丁丙:《善本书室藏书志》卷六《史部一·班马异同》,清光绪刻本。

续表

地区	代表刻家	年代	代表刻书
绩溪	胡氏耘经堂	嘉庆年间	《仪礼释官》6卷、《侯国官制考》2卷、《侯国职官表》1卷、《孔子编年》5卷
	胡思平	嘉庆年间	《四书注说参证》7卷
	邵堂	嘉庆年间	《闻见晚录》2卷、《徽志补遗》1卷
	胡匡衷	嘉庆二十一年	《仪礼释官》10卷
	洪氏绩学堂	道光元年	《名臣言行录》75卷
		道光十四年	《双池文集》10卷
	胡绍勋	道光十四年	《四书拾义》6卷
歙县	江元林	乾隆年间	《地理裘腋集》5卷
	佘华瑞	乾隆年间	《岩镇志草》4卷
	汪师韩	乾隆年间	《汪韩门四种》13卷、《上湖遗书》9种36卷
	项怀述	乾隆年间	《隶法汇纂》10卷
	汪天与	乾隆六年	《沐青楼集》7卷
	程之骏	乾隆六年	《黄山纪游诗》1卷
		乾隆十八年	《练江诗抄》8卷
	吴谦	乾隆七年	《医宗金鉴》14种90卷
	汪嘉谟	乾隆十一年	《妇科胎产经验良方》4卷
	郑奠一	乾隆十七年	《瘟疫明辨》5卷
	吴迈	乾隆二十一年	《方症汇要》4卷
	程瑶田	乾隆二十五年	《琴音记》3卷
		嘉庆八年	《通艺录》21种42卷
	汪梧凤	乾隆二十五年	《屈原赋注》12卷
		乾隆年间	《松溪文集》、《诗学女为》26卷
	郑开基	乾隆二十七年	《影园诗文稿》1卷
	项天瑞	乾隆二十七年	《同寿录》6卷

续表

地区	代表刻家	年代	代表刻书
歙县	吴宏定	乾隆三十二年	《景岳新方汤头》2卷
	江权	乾隆三十五年	《东皋集》1卷、《瞻云集》1卷、《可复集》1卷、《丛兰诗草》1卷
		乾隆三十八年	《凤城集》2卷、《嘉陵集》1卷
		乾隆三十九年	《正颐堂文集》6卷
	张节	乾隆三十八年	《嘤鸣集》6卷
	江氏潜德堂	乾隆三十八年	《群经补义》5卷、《乡党图考》10卷
	江氏集道堂	乾隆三十九年	《四书古人典林》12卷
	江氏蕴真书屋	乾隆三十九年	《河洛真蕴》9卷
	曹振镛	乾隆四十一年	《宋四六选》24卷
		嘉庆四年	《石鼓斋文集》63卷
		嘉庆五年	《话云轩咏史诗》2卷
	方成培	乾隆四十二年	《香研居词麈》5卷
	江春	乾隆四十四年	《古玉图谱》100卷
	吴炳文	乾隆四十八年	《春秋左传汇辑》40卷
	汪龙	乾隆五十三年	《四声切韵表》1卷
	曹文埴	乾隆五十四年	《黄山纪游诗》1卷
	江进	乾隆五十五年	《集古良方》12卷
	项淳	乾隆五十五年	《一幅集》18卷
	江绍莲	嘉庆初年	《紫壶便录》2卷、《橙阳散志》15卷、《披芸漫笔》18卷、《梅宾诗抄》6卷
	汪灼	嘉庆年间	《毛诗周韵诵法》10卷、《诗经言志》26卷、《渔村诗集》23卷
	汪任	嘉庆年间	《溪村诗抄》6卷
	汪莱	嘉庆年间	《衡斋算学》7卷

续表

地区	代表刻家	年代	代表刻书
歙县	汪光绪	嘉庆年间	《道德经注》3 卷
	项应莲	嘉庆年间	《西昭竹枝词》1 卷
	曹恩滢	嘉庆年间	《曹文正公行述》1 卷
	王于圣	嘉庆四年	《慈航集》4 卷
	胡良会	嘉庆四年	《新城伯子文集》8 卷
	许豫和	嘉庆六年	《怡堂散记》3 卷
		同治年间	《许氏幼科七种》
	洪莹	嘉庆七年	《元和姓纂》10 卷
	朱文翰	嘉庆九年	《汉书地理志稽疑》6 卷
	罗廷凤	嘉庆十二年	《黄山游记》1 卷
	程振甲	嘉庆十四年	《伊犁三种》、《西陲总统事略》13 卷、《绥服纪略图诗》1 卷
	黄筏	嘉庆十五年	《虚船集》4 卷
	罗浩养	嘉庆十七年	《医经余论》1 卷
	洪范	嘉庆二十年	《四声调法指掌》1 卷
	洪梧	嘉庆二十二年	《春余赋草》1 卷、《辛壬韩江唱酬集》4 卷
	吴焜	嘉庆二十四年	《鹤舫遗诗》4 卷
	江有诰	嘉道年间	《江氏音学十书》12 卷
	程振圃	嘉道年间	《杏轩医案》3 卷、《医述》10 卷
	程德寿	道光六年	《宝善堂印谱》2 卷
	张淦	道光八年	《宝墨斋印略》2 卷
	江忠侗	道光十年	《新安景物约编》6 卷
	徐宝善	道光十八年	《壶园全集》26 卷
	程恩泽	道光年间	《程侍郎遗集》10 卷、《国策地名考》20 卷
	吴云蒸	道光年间	《说文引经异字》3 卷

续表

地区	代表刻家	年代	代表刻书
休宁	程永芳	乾隆年间	《地理水法宗旨》2 卷
	金氏	乾隆年间	《金元忠遗集》4 卷
	戴胜徵	乾隆十六年	《石桴诗抄》2 卷
	汪兆舒	乾隆二十二年	《谷玉类编》50 卷
	黄士埙	乾隆三十年	《瀛山笔记》2 卷
	程盛修	乾隆三十八年	《夕阳书屋诗初编》4 卷
	陈森年	乾隆四十七年	《四本堂印谱》4 卷
	汪汲	乾嘉年间	《古愚老人消夏录》17 种 67 卷
	汪喆	嘉庆四年	《产科心法》2 卷
	戴延介	嘉庆八年	《玉句草堂词》3 卷、《银藤花馆词》4 卷
	赵继序	嘉庆九年	《汉儒传经记》2 卷、《历朝崇经记》1 卷
	徐卓	嘉庆十六年	《休宁碎事》12 卷
		道光五年	《声韵合表》2 卷
		道光七年	《经义未详说》12 卷
	汪梅鼎	嘉庆二十三年	《浣云诗抄》8 卷
	徐大纶	道光十年	《画工诗抄》1 卷、《帖体诗》1 卷
	汪文绮	道光十二年	《脉学注解汇参证治》2 卷
	戴长根	道光十三年	《律话》3 卷
黟县	胡与高	乾隆十三年	《道德经编注》2 卷
		乾隆二十年	《存悔斋诗草》4 卷
	朱霈	嘉庆六年	《经学质疑》4 卷
	孙学道	嘉庆十七年	《笠人诗稿》1 卷
	胡成俊	嘉庆二十三年	《雪眉抄》4 卷
	胡宗姚	道光十三年	《松舫居士印谱》1 卷

续表

地区	代表刻家	年代	代表刻书
婺源	齐翀	乾隆年间	《杜诗本义》2卷、《雨峰诗抄》8卷、《南澳志》13卷
	汪绂	乾隆三十六年	《读礼志疑》2卷
	詹德祖	乾隆三十六年	《伤寒总注》4卷
	洪腾蛟	乾隆五十六年	《寿山丛录》1卷
	朱恒	嘉庆七年	《毛诗名物略》4卷
	董桂敷	嘉庆十九年	《春江诗稿》2卷
		道光十四年	《自知堂文集》4卷
		道光十六年	《自知堂吟草》10卷
	戴大昌	嘉庆年间	《补余堂集》30卷、《琴音标准》5卷、《四书答问》25卷、《驳四书改错》21卷
	王凤生	道光初年	《荒政备览》2卷、《宋州从政录》、《感逝草》1卷
	董桂山	道光二年	《琅嬛仙庐诗初集》6卷
	齐康	道光十二年	《秋舫诗存》1卷

注：①本表所列刻家不含家族、私家书院、文会等集体刻书；②本表未列入谱牒刻本；③佚名刻本未列入。

资料来源：本表根据明、清、民国时期文献、书目提要、题跋等并参考刘尚恒《徽州刻书与藏书》、徐学林《徽州刻书》、张国标《徽州版画》等书整理、补充而成。

2. 外埠徽州家刻

清中期外埠徽州家刻，一改明代以官宦、士人为主而为以徽商家刻为主，这是清代外埠徽州家刻最大的变化。因而徽商活动频繁的外埠地区，往往就是徽州家刻比较活跃的地区。清代徽商活跃的地区仍以江浙为主，康熙《徽州府志》载："今则徽之富民尽家于仪（征）、扬（扬州）、苏（苏州）、松（松江）、淮安、芜湖、杭（杭州）、湖（湖州）诸郡，以及江西之南昌，湖广之汉口，远如北京，亦复挈其家属而去。甚且舆其祖父骸骨葬于他乡，不少顾惜，而徽之本土仅贫娄而不能出者耳。"①由此

---

① 马步蟾等：康熙《徽州府志》卷二《风俗》，道光七年刊本。

可知这些地区的徽州家刻非常活跃。与明代徽州家刻在外埠分布不同的是,清代的扬州是徽州家刻最为活跃的地区,金陵退居为次席,苏、杭二州也很活跃。而这些地区也恰恰是徽商最为活跃的地区。如扬州是徽州盐商把持的重镇,几为徽商的根据地,扬州徽商几乎家家藏书。苏、杭二地向为徽商青睐的地区,加之该地区的刻书非常发达,经商致富的徽商为风气所向,纷纷投资刻书。

表4-3　清中期外埠徽州家刻代表一览表

地区	代表刻家	刻主身份	原籍	年代	代表刻书
扬州	汪应庚	盐商	歙县	乾隆	《平山揽胜志》10卷
	黄晟	盐商	歙县	乾隆	《隶辨》8卷、《三古图》、《水经注》40卷、《太平广记》(小字本)500卷、《山海经传》18卷、《三才图会》106卷
	黄履暹	盐商	歙县	乾隆	《叶氏指南》10卷、《圣济总录》200卷
	黄承增	盐商	歙县	嘉庆	《今诗所见集选》15卷、《广虞初新志》20卷
	黄承吉	盐商	歙县	道光	《梦陔堂诗集》35卷、《冬潮诗集》4卷、《义府》1卷、《字诂》1卷
	江春 江昉 江兰	盐商	歙县	乾嘉年间	《白石道人四种》16卷、《古玉图谱》100卷、《何水部集》2卷、《集古良方》12卷
	江士相	盐商后人	歙县	乾隆	《六朝二家集》2种11卷
	程晋芳	盐商	歙县	乾隆	《勉行堂诗集》25卷
	江昱	盐商	歙县	乾隆	《尚书私学》4卷、《韵歧》5卷、《松泉诗集》6卷
	江恂	盐商后人	歙县	乾隆	《蔗畦诗稿》2卷
	江振鹤	盐商	歙县	嘉庆	《新安二江先生集》10卷
	汪喜孙	盐商后人	歙县	嘉庆	《汪荣甫所著书》6种21卷
				道光	《甘泉汪氏遗书》5种30卷、《江都汪氏丛书》22种42卷

地区	代表刻家	刻主身份	原籍	年代	代表刻书
扬州	马曰琯 马曰璐	盐商	祁门	雍正	《韩柳二先生年谱》8 卷、《困学纪闻》20 卷、《经义考》300 卷、《宋诗纪事》100 卷、《班马字类》2 卷、《嶰谷词》1 卷、《沙河逸老小稿》8 卷、《南斋集》6 卷、《说文系传》(小字本)40 卷
	鲍淑芳 鲍约亭 鲍冶亭	盐商	歙县	嘉道年间	《安素轩法帖》12 卷、《论语》、《孟子》、《说文》
	鲍桂星	盐商	歙县	嘉庆	《寿藤斋诗集》35 卷、《紫石泉山房集》15 卷、《觉生诗抄》10 卷、《咏物诗抄》4 卷、《咏史诗抄》3 卷、《感旧诗抄》2 卷、《觉生自订年谱》4 卷
	鲍崇城	盐商	歙县	嘉庆	《太平御览》1000 卷
	罗聘		歙县	乾隆	《正信录》2 卷
				嘉庆	《香叶草堂诗存》
	罗挺		歙县	乾隆	《杜诗提要》14 卷
	程梦星	盐商	歙县	乾隆	《山心集》、《平山堂小志》12 卷、《今有堂诗集》6 卷
	巴慰祖	盐商	休宁	乾隆	《四香堂摹印》2 卷
金陵	程廷祚		歙县	乾隆	《春秋识小录》3 种 9 卷、《晚书订疑》3 卷、《大易择言》36 卷
	程嗣章		歙县	道光	《禘祫辨误》2 卷、《论语说》4 卷、《青溪文集》12 卷
苏州	吴诠		休宁	乾隆	《四书日课录》30 卷、《半农先生春秋说》15 卷
				嘉庆	《四书章句集注》26 卷、《四书集注定本辨》1 卷、《家塾读本句读》1 卷、《四书章句附考》1 卷、《真意堂丛书》3 种 13 卷
				道光	《经史论存》4 卷

续表

地区	代表刻家	刻主身份	原籍	年代	代表刻书
苏州	吴志忠		歙县	乾隆	《懒庵偶存稿》4 卷《续稿》2 卷《又续稿》2 卷《三续》2 卷
				嘉庆	《璜川吴氏四书学》3 种 6 卷、《真意堂三种》13 卷
	汪瑺		休宁	乾隆	《黄山导》4 种 14 卷
杭州	汪启淑	盐商	歙县	乾隆	《通志二十略》52 卷、《说文解字系传》41 卷、《新集古文四声韵》5 卷、《兰溪棹歌》1 卷、《讱庵诗存》8 卷、《撷芳集》80 卷、《于役新吟》1 卷、《飞鸿堂印人传》8 卷、《飞鸿堂印谱》40 卷、《永曹清暇录》16 卷、《汉铜印丛》12 卷、《古铜印丛》4 卷、《集古印存》32 卷、《退斋印类》10 卷、《汉铜印原》16 卷
	鲍廷博 鲍士恭 鲍正言	盐商	歙县	乾嘉年间	《知不足斋丛书》30 集 207 种 781 卷、《列女传》16 卷、《水云集》5 卷、《名医类案》12 卷、《历代纪元汇考》5 卷、《聊斋志异》(与赵起杲合刻)16 卷
	吴焯 吴城 吴玉墀	盐商	休宁	乾隆	《药园诗》《陆渚鸿飞集》《宝楚阁著录》《清吟阁书目》《武林耆旧续集》《瓯亭小稿》《云蝶斋诗话》《吹齁录》
嘉兴	汪孟铜	盐商	休宁	乾隆	《枳坡居士集》12 卷、《厚石斋集》12 卷
无锡	汪璲	商	休宁	康熙	《读易质疑》23 卷
海宁	吴骞 吴寿旸 吴之淳 吴昂驹 吴春煦	商	休宁	乾嘉道年间	《咸淳临安志》91 卷,《乾道志》3 卷,《淳佑志》6 卷,《愚谷文存》正续,《拜经楼》诗集、词话,校刊《拜经楼丛书》《海昌丽则》
宜兴	齐彦槐	官	婺源	乾嘉年间	《韫川胡公崇祀乡贤录》1 卷、《梅麓诗钞》6 卷

资料来源：本表根据明、清、民国时期文献、书目提要、题跋等并参考刘尚恒《徽州刻书与藏书》、徐学林《徽州刻书》、张国标《徽州版画》等书整理、补充而成。

（三）清中期徽州坊刻

1. 徽州本土坊刻

康熙中后期文化高压政策稍缓，但徽州坊刻再也没有恢复到明万历、崇祯时期的繁荣。可是从清代整个刻书业的状况来看，徽州刻书仍是积极而活跃的，仍然是全国刻书中心之一。

从坊刻在各县分布情况来看，徽州府各县虽均有坊刻，但从刻书数量看可以分为三个阶梯。第一阶梯为歙县，其坊刻人数和刻书数量占六县首位。第二阶梯为休宁、婺源。休宁坊刻在清代有所下降，婺源坊刻却有较大上升。第三阶梯为黟县、绩溪。黟县、绩溪二县坊刻却在嘉庆、道光以后发展起来，为徽州坊刻的殿军，这与二县的后来居上的商业经济密切相关。

从坊刻主姓氏分布来看，程氏、汪氏、黄氏刻书依然很多。婺源的俞氏在嘉庆、道光以后异军突起，刻书数量骤增。

嘉庆道光以后，徽州本土坊刻开始衰落。

表4-4　清中期徽州地区坊刻代表一览表

地区	代表刻主	刻坊	年代	代表刻书
绩溪	汪近圣	鉴古斋	嘉庆二年	《鉴古斋墨薮》8册
歙县	徐士业		乾隆年间	《徐氏三种》3卷
	程氏	尺木堂	乾隆年间	《尺木堂墨谱》
	佚名	有诚堂	乾隆三十二年	《广舆古今抄》2卷
	方氏	游文斋	乾隆五十九年	《礼笺》3卷
	程伟元	萃文书屋	乾隆五十七年、五十九年	《红楼梦》"程甲本""程乙本"

地区	代表刻主	刻坊	年代	代表刻书
休宁	汪氏	茹古堂	光绪六年	《藕丝词》4 卷
	佚名	蔼照堂	嘉庆七年	《杜诗集评》15 卷
	佚名	聚奎楼	嘉庆年间	《七经小记》6 种 9 卷
婺源	俞氏	镂思堂	嘉庆十五年	《礼书纲目》85 卷
	朱安衡	慎德堂	嘉庆年间	《医学心悟》6 卷
	俞氏	敬业堂	道光十八年	《理学逢源》12 卷

资料来源：本表根据明、清、民国时期文献、书目提要、题跋等并参考刘尚恒《徽州刻书与藏书》、徐学林《徽州刻书》、张国标《徽州版画》等书整理、补充而成。

2. 外埠徽州坊刻

在文化高压政策以及考据学风的影响下，清中期外埠徽州坊刻发展空间有限，由于资料所限，仅见江浙一些地区有徽州书坊。

杭州地区。张潮的子孙在乾隆年间及以后仍以诒清堂为书坊堂号，继续从事坊刻业，绵延百余年。

扬州地区。鲍崇城，原籍歙县，寓居扬州从事盐业，嘉庆十二年至十七年刻印了巾箱本《太平御览》1016 卷，颇受士人欢迎。黄奭，原籍歙县，道光年间举人，家世盐策，家道殷实，富藏图籍，有汉学堂、存悔斋、清颂堂、知足斋等书斋及刻书堂号。所刻书籍有古籍丛书《汉学堂丛书》291 种 250 卷、《汉学堂知足斋丛书》4 集 214 种 219 卷、《知足斋丛书》15 种 32 卷及 66 种 66 卷、《清颂堂丛书》8 种 62 卷、《高密丛书》19 种 19 卷等。所刻图书，图版精工，刀刻严谨细腻，博而不散，丝丝入扣，颇受欢迎。

另有一些徽州刻工在金陵、杭州、苏州、扬州、湖州等地开设书坊，从事坊刻业。

（四）清中期徽州刻工

入清以后，徽州刻工队伍开始走向下坡路，虽然在康熙、雍正、乾隆时代有所回升，但刻工数量、刻书数目已远非明万历、崇祯间的兴隆了。

清中叶徽州刻工常见的主要是黄氏，如歙县人黄启高于乾隆三十五年与堂兄弟黄启模合刻《（乾隆）黄山志》、三十六年与堂兄弟黄启模、黄启岱、堂侄黄国运等合刻《（乾隆）歙县志》。乾隆年间黄国印（1730—1778）、黄国昭（1739—1818）、黄国怡（1746—1787）、黄国传（1749—1813）、黄国敦（1751—1807）均为刻工黄启高之子，他们继承父业，可惜所刻书目不详。乾隆间黄启梓（1739—1824），少游浙西，依姐夫胡某习猗顿业，稍长回里，习镌刻，以为菽水计。乾隆间黄国熙（1779—？）为刻工黄启梓之子，亦继承父业。乾隆间刻工黄瀚如刻《琴音记续编》，黄仲文、黄仲朱合刻《礼笺》。嘉庆间黄惟泰刻《鸿雪斋题画小品》，黄君锡、黄先培、黄廷森等合刻《西陲总统事略》。道光间黄云谷、黄有章与婺源游希大、游际唐等合刻《（道光）婺源县志》等，黄华之刻《黄山纪游》。

其他姓氏刻工，有资料可见的有程氏，如程定之乾隆间刻《金正希先生文集辑略》，程天本、程若平、程鸣岐等道光六年合刻《（道光）婺源县志》。汪氏，如汪启贤道光五年刻《碧杉草堂诗集》，汪润如于道光六年刻《（道光）婺源县志》。李氏、张氏、洪氏，如李月千、张培根、张培本、洪集武、洪林贵等于嘉庆十四年合刻《西陲总统事略》。游氏，如婺源人游希大于乾隆二十年刻《历代纪元部表》，又刻《（乾隆）婺源县志》，婺源人游际唐、游荫千、游瑞三、游青林等合刻《（道光）婺源县志》。方氏，如方怀玉、方尔盛、方得畏、方以玉、方寿、方以庄、方季安等合刻《（乾隆）婺源县志》《（道光）婺源县志》。吴氏，如吴驭添、吴率功等合刻《（道光）婺源县志》。

九 徽州工艺的成熟

徽州工艺是博大精深的徽州文化宝库中一颗璀璨明珠,清代中后期,徽州工艺的生产格局、工艺思想和艺术风格都发生着巨大变化。衰落与新生、模仿与创造、恪守与分化既是近现代中国工艺美术的基本面貌,也呈现着徽州工艺的发展轨迹。

（一）徽墨

继鸦片战争和太平天国革命之后,整个国内制墨业一蹶不振,"五口通商"进口了大量廉价的洋烟,廉价洋烟一时成为许多大墨庄的首选原料,这些都沉重地打击了徽州传统的造墨业。随着东西文化的加速交融,西学东渐,硬笔书写替代了有千年传统的毛笔书写,辉煌的徽州制墨等工艺只得寄生于传统的书画艺术,徽州墨业走向彻底的衰败。但由于中国传统的书画艺术等的需要,徽墨工艺还是在不断地传承、创新、发展。

清代中期的徽州墨业虽不可逆转的衰落了,但千年徽墨工艺的影响却依然深远,藏墨赏墨蔚然成风。许多记述藏墨的掌故、研究所藏墨的款式及经验的文献相继问世。周珏良先生认为:"作为绘画,墨是不可少的东西,而佳墨不易得,所以历来为人宝爱,遇上好的就要多存一些以备用。起初藏是为了用,但随着墨的越做越精,本身就变成了艺术品,变成了收藏对象的文物,于是遂有藏墨这桩事,有记藏墨的著作。"①

---

① 《周珏良文集》,转引自鲍义来:《徽州工艺》,安徽人民出版社2005年版,第119页。

　　藏墨赏墨作为一种风气，历千年不衰，如同其他文物收藏，这也是一种充满文化内涵又富有文化品位的事情，而且有较高的经济回报。南唐以来，尤其明清时期，徽墨风靡天下，我们一般所说的藏墨，基本是指徽墨的收藏，目前国内外收藏家所藏之墨大多是清代的徽墨。记载评说藏墨的文献据说起于明末清初的《墨表》4卷，该书为万寿祺编，戴光曾手写，黄丕烈刊刻印。本书卷一自述编写《墨表》的凡例，计13则；卷二仅列墨家姓氏目录；卷三记录墨品的题识、形状等；卷四集录了古今论墨15则。作者在书中将墨作为玩赏收藏的尤物来对待，将他所见到和所藏的古墨从正、背、左、右、式五个方面作介绍，对墨的各个侧面的铭文、花纹和整体的式样等有十分具体的记载。书中还有一些关于历代徽墨的记载。此书所列的藏品除二锭宋墨外，其余均系明墨，书中对徽墨的方于鲁、程君房、吴去尘三家的作品单独列表介绍。

　　康熙年间，有关藏墨的专著渐多。如张仁熙著于康熙九年的《雪堂墨品》，宋荦所著的《漫堂墨品》和《漫堂续墨品》、孙炯的《砚山斋墨谱》、汪绍昌的《纪墨小言》、邱学敏的《百十二家墨录》、借轩居士的《借轩墨存》以及光绪年间徐康的《前尘梦影录》等。关于徽墨的重要著述还有以下几种：

　　《曹氏墨林》，歙县人曹素功撰。曹素功为清代制墨名家，其墨肆名"艺粟斋"。曹氏好结交高官名士，所以此书多为当时名流品评曹氏墨品的诗文，惜无图谱。虽为曹氏个人的宣传品，但从中颇可探寻曹素功墨业的盛况。

　　《汪氏墨林》《鉴古斋墨品》，歙县人汪近圣刻印。《汪氏墨林》中收当时名流品评汪氏墨品的诗文。汪氏系继曹素功之后兴起的康熙、雍正年间著名的制墨名家，墨肆"鉴古斋"。汪氏之孙汪炳宇将汪氏之墨图辑为《鉴古斋墨薮》4卷，内容主要是汪氏墨品的介绍。

（二）歙砚

砚与墨几乎同时出现于新石器时代的晚期，作为调墨之器，其品类也较多。唐宋以降，歙砚与端砚、洮砚、澄泥砚并称为中国四大名砚。歙砚即产于婺源龙尾山之砚，砚石原料产于婺源龙尾山、仙霞岭一带。从《婺源县志》上看，产石之佳者，其实不尽在龙尾山，他处如驴济、洗泥坑、洞灵岩等，亦产上好的制砚石料，这些石料被统称为歙石，或曰婺源石。

唐代开元年间，歙砚之名始传。后因深得南唐后主李煜的赏爱，而扬名天下。宋代歙砚以石质坚韧、纹理缜密、发墨益毫，贮水不涸、雕刻精湛、造型独特、美观适用等特点而著称，备受历代名家所推崇。

歙砚品种被分为5品25种，有眉纹、罗纹、金星、银星、金晕、金带、乌金等，皆为名贵珍品。歙砚之所以名贵，首先体现在采料艰辛，名贵砚台的坯料大多采自地下水位以下的深坑。其次是纹理奇特，歙砚纹理均自然天成，有金星、银星、眉纹、罗纹、鱼子、水浪、玉带等数十种，尤以金星为上品。第三是歙砚雕刻精良，运用徽雕技法的砚雕深厚朴实，美观大方，线条挺秀，刀法刚健，花式多变。再者即构思巧妙，其形状可谓"沾尽世上万般物，融

歙砚

透人间千番情"，歙砚将自然纹理、砚坯外形、雕刻技法有机组合，琢成各种妙趣横生、巧夺天工的奇状。最后，歙砚的包装也极讲究精美，多配以红木、梨木、红椿木、银杏木胎等制成的名贵砚盒，盒面常题款铭记，使歙砚尤显典雅大方。当然，歙砚主要还是因开采寻找之难而成稀世珍宝。

元代婺源的江光启在《送侄济舟售砚序》中说："予家去产砚所三十里而近，故知砚甚详。""（前）至元十四年辛巳，达官属婺源县汪月山

求砚,发数都之夫力,力尽山颓,压死数人。""今至元五年十月二十八日夜湮声如惊雷,隔溪屋瓦皆震,禽惊兽骇。数年前工人告予,紧足石雕凿已尽,予之不信,至是果然。六十年间两见此事,亦可一慨。"①可知歙砚石坑在元代两次崩塌,歙砚开采也随之趋于衰落。

此后,自元末至清初未见有官方开采歙石的记载。据乾隆年间徐毅所撰的《歙砚辑考》所载,因乾隆雅好文翰,曾令人在徽州四处寻求精品歙砚。乾隆年初,清政府才再次组织开采。此后由于清政府的政治腐朽,国力日趋衰微,至道光二十年,鸦片战争爆发,中华民族自此陷入百余年之久的深重灾难中,歙砚的开采与制作也随之再次没落。②歙石开采虽时断时续,但成品歙砚依然有诸多存世,并且成为明清宫廷和士绅之家收藏赏鉴之珍品。

歙砚制作的最主要工序包括:制坯、出细、砚雕。制坯即雕刻家根据砚石特点构思,在砚石上勾勒出画面,凿出物象的深浅确定前后远近不同层次的景物。制坯者需汇集文学、历史、绘画、书法、金石于一体,要能根据砚石的形状巧妙地利用石皮增加砚的古朴,即返璞归真的意境,它是将砚升华为一种综合性艺术品的重要环节。制坯可将砚石中的瑕疵变成无瑕或亮点,让亮点更亮,增加其艺术价值。出细即将砚石各部位的大体轮廓进行精心雕刻,使图案层次分明。雕刻则是制砚过程中极其重要的工序,要使一块天然砚石成为一件精美的艺术品,主要取决于制坯、出细和雕刻,尤其是雕刻。雕刻要"因石构图、因材施艺",雕刻艺人要根据砚石的石质,去粗存精,认真构思,并考虑题材、立意、构图、形制以及雕刻技法,如刀法、刀路。雕刻要线条清晰,玲珑浮凸,一目了然。雕刻的手法一般就是深雕、浮雕、细雕、线雕、镂雕、透雕、立雕等。几个环节如果处理得当则是锦上添花,处理不当就会画蛇添足,甚至弄巧成拙。

我国砚雕分徽、粤、苏三大流派,歙砚的雕琢素以精细见长,带着

---

① 桑行之:《说砚》,上海科技教育出版社 1994 年版,第 86—87 页。
② 参见鲍义来:《徽州工艺》,安徽人民出版社 2005 年版,第 62 页。

浓厚的徽州地方风格。明清时期徽派版画、版刻、徽墨制模、石雕、砖雕等蔚然兴盛,不同工艺生产的匠人们长期相互切磋大大提高了歙砚的砚雕水平,所以徽派砚雕所雕花鸟人物等图案无不神态入微,栩栩如生。

清代歙砚的成就还体现在关于歙砚的著书立说上,有的是专为歙砚而撰,有的是涉及歙砚的介绍。下面择其要者略作介绍:①

一是康熙年间陈梦雷等人所辑的《古今图书集成·砚部汇考》,书中多有介绍歙砚的内容。

二是康熙年间汪扶晨的《龙尾石辨》。此文收入道光《歙县志》,文不足千字,除综述唐宋以来各家之论外,还敢于独排众议,阐述歙砚之精品。

三是乾隆主持编纂的《西清砚谱》。该书24卷,介绍了清内府所藏历代名砚,乾隆亲自作序,说明了编辑的起因和经过。此书中有关歙砚的介绍占有相当的篇幅。

四是清代乾隆五十七年谢浚立的《谢氏砚考》,书中多有介绍歙砚的内容。

五是休宁人孙森的《砚辨》,他在《自叙》中言及:"仆家藏砚七百余,多宋明龙尾坑佳石。"

六是朱栋的《砚小史》,书中收集了很多歙砚的资料。朱栋字二坨,祖籍徽州婺源,自称"朱熹之后"和"龙尾山在我之长城里"。

七是清初刻书家张潮的《砚林》,书中多有歙砚的介绍。

八是唐秉钧的《文房四考图说》。书分两大部分,前者为自家所藏砚图,后者为考证之文,多有歙砚内容。书前有作者造像,还有钱大昕等人的题端。

除此,清代以来计楠的《墨余赘稿》、金农的《冬心斋砚铭》、醉庵居士的《枕湖楼藏砚名》、汪继香的《醉庵砚名》、王寿迈的《砚缘集录》、吕

---

① 参见鲍义来:《徽州工艺》,安徽人民出版社2005年版,第89—90页。

留良的《天盖楼砚述》、高其佩的《高南阜藏砚》、韩应升的《砚铭》、邹安的《广仓砚录》、徐世昌的《归云楼砚谱》、沈汝瑾的《石友藏砚》和《石友藏砚拓本》、周梦坡的《梦坡室藏砚》,等等,均都有涉及介绍歙砚的内容。民国年间马丕绪广集天下名砚,著《砚林脞录》5卷,亦多有介绍歙砚。[1]

(三) 徽笔

早在唐、宋时期,徽州的制笔工艺就已相当发达。《歙县志》上说:"新安四宝,谓澄心堂纸、汪伯立笔、李廷珪墨与枣心砚也。"[2]

歙县人汪伯立是南宋理宗朝的制笔名家。他继承发展了众多徽笔制作名家的工艺传统,所制之笔在当时堪称一绝,人称"汪伯立笔"。南宋时的徽州太守谢墍将"汪伯立笔"与"澄心堂纸"、"李廷珪墨"、"羊头岭古坑砚"(一说"婺源枣心砚")一起进贡给理宗皇帝,使徽州文房四宝名声大振,世称"新安四宝"。汪伯立笔乃徽州历史上文房四宝中最有影响的产品之一,乃徽笔之精品,甚至成为优质徽笔的代名词。汪伯立笔又称"徽笔""歙笔",历代产量极少,属于贡品。虽曾有多种套笔,但均深藏于宫廷内府,鲜为外人所知。据说其特点是尖、圆、齐、健,笔管工艺亦上乘。

清代,徽笔的制作伴随着徽墨的制作一起成长,但因是徽墨制作的伴生物,所以徽笔终未能名闻于天下。因清代徽墨生产颇盛,制墨名家在制墨的同时也兼营制笔,因此造成徽笔制作依附于徽州制墨业来生存。例如,在清代,徽州岩寺制墨名家曹素功和绩溪制墨高手胡天柱等皆在制墨的同时监制毛笔,然后通过他们遍布各地的笔墨庄来销售。乾隆年间歙县的江登云在其《素壶便录》中也多有谈及制笔业及制笔史。总的来看,明清时期的徽笔生产鲜有出彩之处。

---

① 参见鲍义来:《徽州工艺》,安徽人民出版社 2005 年版,第 90 页。
② 许承尧:《歙县志》卷一六《拾遗》。

（四）清代徽州工艺发展的几个特点

第一，徽州工艺门类齐全，涉及面广。对于徽州工艺的繁盛，早在万历《歙志》中就总括为"当今寰宇所无而宋室官家所未有"的平台楼阁之"奇艺"，徽州文房四宝之"清艺"，徽州刺绣之"绝艺"，金银首饰乃至髹漆装裱之"精艺"，制灯堆佛之"巧艺"，烟火等"幻艺"，医学之"奥艺"，书画之"文艺"，琴棋投壶之类"雅艺"，傀儡口技之类"戏艺"。① 徽州工艺不仅涉及面广，而且很多方面技艺超群，影响久远。譬如徽墨和歙砚，其独特的制作工艺、独有的材质，使之广为称颂；徽州木雕、石雕、砖雕、竹雕工艺为世人瞩目；徽州的螺钿镶嵌漆器、张小泉剪刀、万安罗盘，以及屯溪竹编、屯溪焰火、徽派盆景等也都是声名远扬。诸多徽州工艺中的歙砚制作工艺、徽墨制作工艺、徽州三雕技艺、万安罗盘制作技艺已被列为首批国家非物质文化遗产，谱写了徽州工艺的不朽篇章。

第二，徽州工艺承载着丰富和深厚的文化底蕴。几乎每一种徽州工艺都蕴涵着大量的历史文化信息。譬如徽墨、歙砚，它们既是特殊工艺精雕细琢的书写文具，同时也涵盖着极广泛的历史文化信息，宋明理学思想、历史人物、历史事件、艺术构思等贯穿着其产生和发展的历史进程。此外，工艺品本身也成为文化象征物。遍布徽州城乡的徽派建筑上的徽州砖、木、石雕，中华道德文化、中华传统故事、中华吉祥图案、中华民俗风情等在每一个雕刻中都有着精彩的表现。徽州崇儒重文的文化氛围令许多饱学诗书的儒生直接参与了徽州各类工艺的构思与生产，这就使得徽州工艺的文化特质显得非常突出。方利山先生认为徽州工艺实际上是中华儒学传统文化在徽州普世化、民间化的一个最重要载体。中华儒学文化中的人生价值观念、传统道德理念，

---

① 许承尧：《歙县志》卷一六《拾遗》。

正是通过这些和百姓日常衣、食、住、行、用息息相关的徽州工艺,润物细无声地走进了寻常百姓家,走进了下层平民的心中。[①]

第三,徽州工艺体现了实用性、技术性和艺术性的完美结合。比如徽墨、歙砚,它们的生产有着很高的技术要求,每一件徽墨歙砚成品既是人们进行文化活动的实用文具,又是历代文人雅士、官宦富贾们爱不释手、珍藏把玩的艺术品。再如万安罗盘,它的生产富有科技含量,同时它既是供航海、军事和堪舆之用的器物,又是一件精美的艺术品。如此等等的徽州工艺都表现出了徽州能工巧匠们的聪明智慧和创造精神。

第四,徽州工艺有较强的地域性。像徽墨工艺生产的基础是黄山松烟,歙砚诞生的根基是龙尾山石,石雕、砖雕、木雕、竹雕是建立在徽州山区竹木葱茏、石材遍布的基础上。儒学在徽州民间的普世化、通俗化、平民化使得徽州工匠们雕琢的石狮与北方石狮的威严凶恶多有不同,它们在可亲可爱中透出人性的朴厚良善,带有明显的徽州地域的特色。徽州巧工们身处在新安大好山水之中,就地取材,因地制宜,为徽州百姓衣、食、住、行、用的日常实际需要,精构巧思,精琢细磨,创造了堪称瑰宝的各类徽州工艺。这种地域特色正是其区别于其他地域文化,自立于中华文化的重要意义之所在。

第五,徽州工艺的精品意识与创新精神。各种徽州工艺在历史发展进程中饱经风霜、或荣或衰,有的影响深远,有的不堪回首,还有的鲜为人知。作为古徽州文化的重要组成部分,它是中华文明之瑰宝,属于全人类的重要文化遗产。徽州工艺承载着深厚的文化意蕴,它不是一种肤浅的、表面的、没有文化深度的简单生产。透过每一件徽州工艺品的生产,我们看到的是它所表达的文化内涵,这就是徽州工艺的精品意识与创新精神,它是徽州工艺的灵魂。徽州工艺不论是大制作还是小构件,都讲求精雕细琢,反对急功近利的粗制滥造。在百工

---

① 　参见方利山:《论徽州工艺的发展》,《黄山学院学报》2006 年第 4 期。

技艺"异才间出"的徽州，"巧工"们如果技艺不精，不能"瑰意琦行，每足为世人所表率"就意味着平庸，这在"一技一能具有偏长者，莫不争为第一流人也"的徽州是难以为世人所接受的。[①]

十　徽派建筑的发展

（一）清代徽州建筑遗存

数百年风雨沧桑，很多的徽州古建筑已荡然无存，有的只见于文献、方志中的只言片语。现存的清代徽州建筑只是历史上徽州建筑中很小的一部分，但它与整个徽州建筑一样有着巨大的美学价值、艺术价值和历史价值，且很多至今也未丧失其实用价值。传统徽州建筑的艺术价值和历史价值是不朽的，就徽州历史文化或者中国历史文化研究而言更是弥足珍贵。

清代的徽州建筑在明代基础上又得到了进一步的发展。清代自康熙至嘉庆的一百五十余年间，社会相对稳定，百姓安居乐业，经济生产得到了较大的发展。这段时期既是清王朝的鼎盛时期，也是徽州建筑发展的黄金时期。这一时期所建的古建筑占现存徽州建筑的绝大多数。其中比较重要的有：

黟县西递胡氏宗族的数百幢宅第；

黟县南屏的"叙秩堂""叶奎光堂""宏礼堂""尚素堂"等；

婺源县延村金氏的"企贤堂""崇本堂""敬爱堂"和"节孝""孝女"三坊以及近百座宅第；

---

① 参见方利山：《论徽州工艺的发展》，《黄山学院学报》2006 年第 4 期。

　　歙县雄村曹文埴、曹振镛"父子尚书"的徽州名园竹山书院和"大中丞""四世一品"等石坊。

　　此外,还有南屏水口、西园、半春园、南阳书院、梅园家塾、陪玉山房、雷祖殿等园林建筑以及星罗棋布的宅第民居等,它们共同见证着清代徽州建筑的发展,也代表着清代徽州建筑艺术的辉煌成就。

(二) 影响清代徽州建筑文化面貌的因素

1. 徽商捐助与徽州建筑日趋世俗化

　　众所周知,徽州建筑的兴盛建立在徽商经济高度发达的基础上。清康雍乾嘉年间,徽商对故里建设投入的资金总量及捐资的力度,均明显超过了明代。这可以说是本时期清代徽州建筑之所以兴盛发展的物质基础。

　　徽商以经营盐业为主,清康雍乾嘉时期,徽商更是几乎垄断了两淮盐政。除此之外,徽商传统经营的典当、竹木、茶叶、粮食、陶瓷、丝布以及刻书、纸、墨、砚、漆器、冶矿等行业也相当发达。他们在经营过程中积累了雄厚的资本,出现很多拥有百万、千万两白银的"新安巨贾"。而他们的这些资本,有相当一部分被用于在故里建宅第、构亭园、助祠堂、修书院等。譬如歙县棠樾的鲍志道,乾嘉时期任两淮盐务总商达二十年。"敦本好义,捐银八千两,增置城南紫阳书院膏火。偕曹文敏公倡复古紫阳书院,出三千金以落成之。建鲍氏世孝祠,增置祀田,以奉祭祀。为族中诸节妇请旌。倡设淮南津贴法以利众商。筑东河水射,修造古虹桥。筹男女两惠济堂经费。置义冢、义学。其他诸义行甚多。歙人感其德,附祀紫阳书院卫道斋。嘉庆十年,奉旨崇祀乡贤祠。"[①]又歙县岩镇郑鉴元,字允明。"居扬州。先世业盐,监元总司鹾事十余年。修洪桥、郑氏宗祠,又尝修族谱,举亲族中婚葬之不

---

① 民国《歙县志》卷九《人物志·义行》。

克举者,建亲乐堂于宅后,子姓以时奉祀。"① 又如:"黟邑碧阳书院,嘉庆十六年前令吴君甸华谋于邑中人士,衷费建成,并以余银六万两分发盐典生息,计岁入息金三千六百,以为延请山长修金,生童住院膏火。而邑中之应乡会试者于此中给以资斧。"② 而绩溪的章必泰,"性嗜学,喜吟咏,隐于贾,往来吴越间……东山书院鼎建,自备资斧,襄蒇其事,名邀嘉奖。邑建考棚,捐银二百两以助"③。黟县屏山人舒大信,"经商江右,置义冢四处。乾隆十六年,岁歉,在籍买米平粜。修村口至城路,修东山道院,旁置屋十余楹为族人读书地。邑人议建书院,大信存二千四百金助之。其生平所修造:五云庵、东岳庙第三殿、广安寺正觉堂及他桥亭道路。"④ 这方面的事例比比皆是。

康乾年间,官商合流极盛,不少徽商正是通过捐资以获取官衔,虽多为虚职空衔,但对徽商社会地位的提升却有很大的助益,有的盐商甚至还能上交天子。如乾隆皇帝多次南巡是由徽商筹资承办的。而徽商捐助资金的攀升及其社会地位的提高也同样体现在了徽州建筑的价值、审美的取向上,"官运亨通"与"财源茂盛"成了清代徽州建筑雕饰的两大主题。在清代商宅门厅侧门,普遍采用了"商"字图案装饰门楣,这表达出的就是以商为上的崇商重商思想。徽州建筑雕饰常用"元宝"和"鱼"来表达"年年有余"之意,其中的重商寓意也朗然可见。

据朱永春先生在《徽州建筑》中所述,徽商对康雍乾嘉徽州建筑之影响,更多的还在于商人"逸性文化"的浸淫,其结果则是徽州建筑日趋世俗化。具体表现在:其一,积累大量财富后的徽商为了追求生活的恬静安逸,喜欢修园林,造假山,建水池,养盆景,徽州因此大兴造园之风。清初建私家园林之风极盛,甚或宅第也普遍园林化。清康熙年间徽州已建有娑罗、水香、曲水、檀干、春草、修园六大名园。今天,从

① 民国《歙县志》卷九《人物志·义行》。
② 道光《黟县续志》卷一五《艺文·碧阳书院复旧章记》。
③ 绩溪《西关章氏族谱》卷二四《家传》。
④ 嘉庆《黟县志》卷七《人物志·尚义》。

檀干残园中,我们仍可感受昔日徽州园林艺术之光辉。清代,徽州所修建的宅第也都往往带有庭园、观鱼池、盆景等。如黟县西递的西园、桃李园,宏村承志堂、碧园等保留较完整的园林都体现出这一特征。其二,徽州地区修建了很多的古戏台。祁门县会源堂、述伦堂、聚福堂、余庆堂、敦典堂古戏台等建于清中叶,至今保存。其三,力求建筑装饰上的精细排场,不关心作品本身,木雕工艺上更是精雕细琢、装金显贵。今存的绩溪胡村的门楼巷砖雕,婺源思溪敬序堂、迎宾客馆木雕等在这方面都有突出的体现。清代徽州建筑装饰的这种追求,反映了商人炫耀财富的心态,体现出徽商偏爱小巧精美的审美趣向。

2. 影响清代徽州建筑文化面貌的其他因素

清代徽州建筑的文化面貌及其成因,除上述之外,还有以下几点亦当提及:

首先,清代统治者十分重视伦理道德建设,大力提倡程朱理学。譬如,康熙通过编写《性理精义》,重新刊行《性理大全》等著作,并将之颁行全国来巩固其思想统治。清代统治者的这些强化封建伦理道德的举措多少抑制了徽州建筑中的创造活力,从而使之形成了森严乃至刻板的特征。在清代,徽州很多村落都有完整的"宗祠—支祠—家祠"体系,牌坊也注重组群效果,雕刻较明代有程式化的倾向。

其次,清代统治者对文人施行高压与怀柔并举的政策,禁止文人结社,大兴文字狱。清代统治者以此来钳制人们思想上的叛逆和异端,这也在一定程度上造成了清代徽州建筑雕刻缺少构思的鲜活性和建制的原创性。当然也就缺少明代那种古拙浑厚的韵味,而是在雕刻的细致繁褥上下功夫。

再次,清代刊行了官式建筑通行的标准设计规范,雍正十二年刊行《工程做法则例》,凡74卷。这是继宋代《营造法式》之后官方颁布的又一部较为系统的建筑工程著作。清《工程做法则例》形成了一套与宋《营造法式》大相径庭的木构体系,它也在一定程度上直接影响着清代的徽州木构。宋式做法在清代徽州木构中几乎绝迹。清代的木构装饰趋于精丽琐碎,斗拱成为纯装饰件。清代木构中结构与装饰的分离虽不及宋代成熟和健全,但它对装饰追求精细的做法却迎合了徽商们的审美趣味。[1]

(三)徽州建筑在清末民国初期的发展

徽州建筑在清末民国初期的发展,主要表现出以下三个特征:

其一,遵循着徽州建筑自身发展衍生的逻辑。对此,朱永春先生在《徽州建筑》一书中解释说:"随着徽人主要活动由楼层逐渐移到底层,楼层进一步萎缩,底层厅堂增高。再如,建筑中雕刻,既没有清代中期工艺上的玲珑精巧,更难有明代初期浑厚朴拙的金石韵味,失去了昔日光泽。按美的历程,一种艺术风格,要经历萌芽、草创、成熟、鼎盛、衰退诸阶段。一种风格一旦成熟后,便有程式化、定型化、精细化的倾向。这基本上是徽州传统建筑'本土意义'的延续,没有外域文化的干扰,多见于一些闭塞的边远地区。"

其二,社会经济的发展推动着徽州建筑对传统风格的改变。如传统的徽州民居黑瓦白墙,零星分布于山麓、水边、树林之中,浓绿与黑白相映成趣,构成了徽州民居特有的意境。在交通闭塞的山区,无论是明清的古建筑还是解放前后的新建筑,由于很少受到外来社会因素的影响,都基本一直保持着它的本土传统风格;而在交通便捷的公路两边,由于社会经济发展的推动,这些民居建筑则渐渐改变了传统形式,它们因地制宜、因人制宜、因时制宜地进行建筑。这种情况在清末民国社会转型时体现得较为明显。

其三,"西风"东渐引发了徽州建筑的变异。这大约也发生于清末民国时期。具体变异情况可为两类[2]:

一类是以徽州传统建筑形态为"体",吸收若干西方建筑的因素。

---

[1] 参见朱永春:《徽州建筑》,安徽人民出版社2005年版,第62—64页。
[2] 参见朱永春:《徽州建筑》,安徽人民出版社2005年版,第65—69页。

它是在徽州本土文化和"西风"之间的不断碰撞协调过程中完成的。

对此,朱永春先生认为:民国时期,认为本民族文化落后的忧思意识、文化反省意识和变革意识进一步加重,崇尚民主与科学成为主流价值取向。此观念在徽州建筑发展过程中表现为一种对"西式"的认同。据朱先生调研:"西式宅第、别墅的宅主多为新官僚、商人、律师、教师等,不少有留学背景,可见属知识精英。将清光绪十七年(1891)建的建德文庙大成殿与民国初年建的婺源县豸峰涵庐作一对比,更能见出一种思想观念的变化。"为兴学以倡新风,时任直隶按察使的周馥捐资修建了建德①大成殿。大成殿所取的传统文庙形式正是晚清知识精英忠君爱国观念的体现。大殿在后来重建时,尽管沿袭了传统建筑形式,但却采用了当时先进的钢筋混凝土技术,成为中国近代第一座钢筋混凝土文庙。早年留学海外的婺源涵庐的宅主潘方跃,回国后任景德镇紫最中学校长,民国期间曾任安徽教育厅厅长。其婺源涵庐取西式别墅外观,将西式别墅与徽州民居融为一体,这也正是新官僚的文化价值取向的体现。

此外,建于清末的黟县南屏村的"孝思楼"、婺源县詹励吾母宅、歙县程邦正宅等十余座亦属此类。这类"洋宅"均没有运用西方古典柱式,可见它们对西式建筑要素是有选择的。立面只是用窗、拱门、窗楣山花、水平线脚等控制。在"西化"上有所节制,同时程度不同地吸收了徽州建筑的某些要素,表现了对徽州文脉的尊重。如涵庐立面上仍采用马头墙,局部用徽式门楼。孝思楼顶层建有徽式亭。可见徽州建筑因受到外域文化的影响而产生了变异。尽管如此,因徽州建筑的排异性很强,这些建筑都被冠以了"洋"字的称呼。

另一类是指徽州建筑从形式上刻意模仿西式建筑,但仍采用徽州传统的材料、工艺及与环境的联系方式。在这些建筑中,徽派建筑的某些要素或气质仍然沉积下来。这类建筑数量固然有限,但极具挑战

---

① 今东至县,时属皖南池州府,毗邻徽州,属徽文化圈外围。

性、颠覆性,对徽州建筑的走向,起着某种诱导或催化作用。①

所有这些在"西风"东渐引发下产生变异的"西式"徽州建筑,实际上是传统徽式建筑对西式建筑要素的不同程度的吸收。

清末民国初,徽州建筑尽管受到种种因素的影响而发生一定变异,但并没有对徽州民居形成严重的冲击,也没能改变徽州民居大的走向,徽州传统建筑依然在吸收若干新因素后继续其"本土"意义上的延续。怎样看待这一现象呢?②

一方面缘于其经济形态的滞后性和家国同构的观念。首先,徽州仍然是传统的农耕方式,远离资本主义商品生产。这完全不同于城市。徽商在清末民国初时衰落,转变成新式商人的极少。换言之,徽州文化的封建经济母体并没有从根本上改变。其次,家国同构的观念并没有根本瓦解。封建王朝的衰落虽动摇了基于宗法血缘关系的纲常伦理,但作为一种观念形态,依然根深蒂固地存在于人们的思想意识中。在其完成了价值和秩序的调整重建后,依然是徽文化的价值支撑。再者,传统的材料和施工工艺仍是徽州建筑的基础,这对徽州传统建筑形式是个重要的稳定因素。因此,以传统徽州建筑为"体"的性质并未改变。

另一方面,商人文化的世俗性始终是徽州文化最活跃的因素,但儒家的道德伦理纲常依然是人们思想的基础。这种世俗性在清末民国初非但没有减弱,甚至有所加强。因此,在积极吸纳西式建筑的新因素成为主流的情况下,徽州建筑以传统徽州建筑为"体"的性质并未改变。晚清民国初的徽州戏楼发展迅速就是一例。

清末民国初的徽派建筑发展动向与清代建筑的总体发展趋势相一致,都表现为建筑技艺仍有所创新,譬如在玻璃的引进使用及砖石建筑的进步等方面。又如灵活多样的自由式建筑增多。再者,还出现了部分中西合璧的新建筑形象。这些新形象在徽派建筑上的主要表

---

① 参见朱永春:《徽州建筑》,安徽人民出版社 2005 年版。
② 参见《感悟徽派建筑——学术论文集》,合肥工业大学出版社 2007 年版,第 22 页。

现如下：

（1）由于封建伦理道德秩序的弱化，建筑布局渐趋自由。天井进一步变小，天井周围楼层常常采用走马廊形式。

（2）外观趋于开敞，外墙的封闭程度减弱，或墙面开窗，或将用于内廊的美人靠移至外墙。外廊的流行似受到西式建筑影响，从深层透视，与儒家伦理道德的弱化、建筑的世俗性进一步增强密切关联。[①]

（3）建筑装饰中传统的砖雕、石雕减少。雕饰呈图案化、几何化。作为儒家伦理教化的戏文题材的木雕减少，植物、吉祥物，尤其是图案增多。受到西式建筑风格的影响，隔扇、窗棂呈现了几何化的倾向。

（4）社会变迁割断了文人与工匠的联系。匠人因之缺乏文人的文化滋养。在建筑上的反映就是清末民国初的建筑装饰品位不高，或粗糙，或尽求繁缛，形式刻板而缺乏生气，匠气有余而创意不足。

（5）精确化和简化。如变异后的马头墙的脊头被几何化、简化，墙被曲线化，边缘做得精致细腻，屋檐有时吸收了西方雕筑的线脚，门楼的"楼"被洋式曲线取代，雕饰也被大幅度简化，或简化成几何形态。[②]

（四）徽州建筑的风格

有学者谈及徽州建筑时也称之为徽派建筑。徽派建筑主要指传统的有着"本土风格"的徽州古建筑和仿古的徽州建筑。

王明居先生将徽派建筑的艺术风格概括为八个字："自然古朴，隐僻典雅。"所谓自然，即是说它不矫饰做作，顺乎自然，顺乎形势，与大自然和谐一致，以大自然为依归；它不趋时势，不赶时髦，不务时兴。所谓古朴，就是说它笃守古制，信守传统，推崇儒教，兼蓄道、释，坚持宗族法规，崇奉风水，追求朴素纯真。所谓隐僻，则是说它含隐蓄秀，奥僻深邃，凝重孤峭，寂寥幽丽。所谓典雅，就是言其典正雅致，庄重

---

① 参见朱永春：《徽州建筑》，安徽人民出版社 2005 年版，第 70 页。
② 参见朱永春：《徽州建筑》，安徽人民出版社 2005 年版，第 69—73 页。

高洁,文质彬彬,不染尘俗。

清代顾炎武《天下郡国利病书》卷三二:"徽之为郡,在山岭川谷崎岖之中。"卜山筑室,择水定居,必因地制宜,顺乎自然。尤其难得的是,徽人身处黄山、白岳(齐云山)之间,新安江之畔,山水之胜,得天独厚。故依山傍水、背山面水既是徽派建筑与自然环境协调一致的客观反映,也是徽派建筑之所以获得自然禀赋的基本条件。徽州山高路险,溪水回环,故虽曲径通幽,富柳暗花明之趣,但却寂寥幽僻,闭塞偏远。这又是造成徽派建筑具有隐僻特色的一个重要原因。《新安竹枝词》(清代乾隆年间盐商方西畴撰)云:"山乡僻处少尘嚣,多往山陬与水涯。到死不知城市路,近村随地有烟霞。"徽派建筑错落在这种人皆古质、俗尚真淳的世外桃源里,因而也缭绕着古朴的氛围,散发着古朴的气韵。如清代嘉庆年间的歙县桂溪村(今属小溪乡),可谓"望衡对宇,栉比千家,鸡犬桑麻,村烟殷庶。祈年报本,有社有祠。别墅花轩与梵宫佛刹飞甍于茂林修竹间,一望如锦绣。而文苑奎楼腾辉射斗,弦诵之声更与樵歌机杼声相错"①。在这里,环境的优美寂静与建筑物的隐僻典雅均具有典型意义。数百年来,徽派建筑就点缀在这享有"山水画廊"之誉的徽州大地上,始终保持着独特的艺术风格。②

(五) 徽州建筑的美学趋向

在明清以来的徽派建筑艺术的风格特色中,我们至少可以获得以下几点感受:

一是整体美。这主要是缘于徽州的自然地理环境和社会文化环境。首先,徽州是封建宗法制度的理论基础——程朱理学的发祥地,有着森严完备的宗法制度。为了提高生存能力和强化宗族凝聚力,抵御外来入侵,徽州人需要聚族而居。其次,徽州人重风水,认为村镇的

---

① 《桂溪项氏族谱》。
② 参见王明居、王木林:《徽派建筑艺术》,安徽科学技术出版社 2000 年版,第 9—11 页。

整体布局所勾勒而成的地形轮廓有一定的寓意内涵,直接反映了一个宗族的文化素质,关系着宗族的荣辱兴衰。因此徽州人热衷于将村落或宗族建筑物统一规划。再者,因为徽州山多田少,生存环境恶劣。建筑物统一规划有益于封建家族统筹安排、合理利用土地资源来协调人与自然的关系,此举可在一定程度上保证人丁兴旺、家族繁荣。在此方面堪称典范的是黟县宏村,村落中各色建筑物规划严整,排列井然,给人以新奇悦目之感。

二是自然美。徽州地形复杂多姿,境内层峦叠嶂,溪流环绕,绿草葱茏。生活在此环境中的有着深厚文化修养的徽州人在构思村镇建筑时最善于抓住山水做文章。具体表现在:以山峦为溪水骨架,以溪水做村落血脉,建筑物成了依附于血脉——溪水及其支流(或人工沟渠)的"血细胞",故徽派建筑群体布局时多重视周围环境,参考山形地脉、水域植被,或依山傍水,或枕山跨水,力求人工建筑和自然景观融为一体,居家环境静谧优美,舒适雅致,如诗如画,保持人与自然的天然和谐。如休宁汪村镇石屋坑村,村落依偎在青山翠竹、流岚飞瀑的怀抱里,周围群峰林立,林壑幽美,房屋呈梯式排列,错落有致,恍如人间仙境。

三是朴素美。徽州囿于地势原因,"力耕所出,不足以供",民生维艰。生活在艰苦环境中的徽州人以当地出产丰富的黏土、石灰、(黟县)青石、杉木为主要材料进行建筑。他们倡行节俭,建造宅第时往往因陋就简,就地取材,在确保坚固实用、美观大方的基础上寻求朴素自然、清雅简淡的美感。远远望去,清一色的黑瓦白墙,加上色彩斑驳的青石门(窗)罩和清秀简练的水墨画点缀其间,清淡朴素典雅之风展现无遗。

徽派建筑的美学趋向,是古徽州独特的人文环境与优美的自然风光完美融合的艺术结晶,是一幅形象生动的古徽州社会生态图。徽派古建筑以其巧妙的构思设计,精湛的建筑工艺,丰富的文化内涵与独特的审美意蕴,在世界建筑艺术与建筑文化史上独树一帜,熠熠生辉。

徽州建筑的影响虽伴随着徽商的衰落而萎缩,但是作为一种文化现象,作为古徽州人们生存文化最直观的载体,一直吸引着人们的关注。

十一 徽州科技的新成就

明清时期,虽然我国传统科学技术发展缓慢,但徽州在科学技术方面却人才辈出,学术思想活跃,成果丰富,呈现出一派繁荣的景象。其中名誉海内外的有齐彦槐、郑复光、罗士琳等著名科学家,他们在农学、天文学、物理学等方面都做出了重要的贡献。

(一)齐彦槐及其科学成就

齐彦槐,字梦树,号梅麓,又字荫山,清代安徽婺源(今属江西)人。乾隆甲午年(1774)生于婺源冲田,卒于道光辛丑年(1841),终年六十有八。[①] 他是我国古代一位杰出的天文学家、农业水利专家和诗人。其父齐翀,乾隆进士,官至广东嘉应知州。其子齐学裘,以诗名著江左。齐彦槐自幼聪颖过人,颖悟异常,勤奋好学,知情达理,初入私塾,识字读书,为文援笔立就。他"倜傥不群,年十四以经古入泮,旋食饩学宪",受到长者的赏识。"汪文端公见而奇之,谓皖省人才当让此生独步"[②]。"嘉庆十三年戊辰(1808)北巡招试",齐彦槐"钦取一等,特赐举人"。[③] 次年登榜及第,举进士,选翰林院庶吉士,散馆授江苏金匮知县,勤政为民,尽职尽责。后即侨居阳羡(今江苏宜兴县)。

齐彦槐精通诗文,著书立说,"游迹所经,多留题咏",主要著述有

---

① 参见方濬颐:《金匮县知县齐彦槐先生墓表》,《续碑传集》卷七七。
② 光绪《婺源县志·人物》卷二〇。
③ 光绪《婺源县志·选举一》。

诗文帖赋、天文算学等。据《清史列传》记载：齐彦槐"著有《天球浅说》《中星仪说》各一卷，《北极星纬度分表》四卷，《海运南漕丛议》一卷，《梅麓诗文集》二十六卷"①。又清光绪《无锡金匮县志》载齐彦槐《图赈法》一篇。他在科学技术方面的成就，主要表现在以下三个方面。

1. 习研算学，舍奥求通

齐彦槐重视数学，"研究天官家言，发乡先辈梅氏、江氏未尽之蕴"。在数学方面，他以简驭繁，舍奥求通，注重实用，把数学知识应用于制作日晷等天文仪器和龙尾车等器械，用于地理测量中。其认为"山有直高有斜高，以步弓量之者，斜高也，以矩度测之者，直高也"，曾利用"矩度坠线倒影"法实测"冲山"。指出冲山"三百二十仞"应为斜高。② 这显然有利于数学之普及，俾后辈循途而进。他对中西算学的态度是倾向融会贯通，曾在任金匮知县时，延安徽全椒天文算学家江临泰佐幕，二人演习算学，"叹西儒对数之妙"，反映了当时的学术思想之一斑。

2. 仿制龙尾车，促进农业生产③

齐彦槐重视农田水利建设，在农具改革方面颇有成就，曾制造"龙尾、恒升二车，便民运水"④。其中，自制并试用龙尾车一事尤为科学界所重视。

根据徐光启等人在明万历年间翻译的《泰西水法》，"龙尾之物有六：一曰轴，轴者转之主也，水所以由以下而为上也；二曰墙，墙者以束水也，水所由上也；三曰围，围者外体也，所以为固抱也；四曰枢，枢者所以为利转也；五曰轮，轮者所以受转也；六曰架，架者所以制高而下也，承枢而转轮也。"⑤六物俱全，即可成龙尾车。此车或用人力，或用水力，亦可用风、马、牛力为动力，"巧者运之，不可胜用也"。在明代，

---

①　《清史列传》卷七三，中华书局点校本。

②　方濬颐：《金匮县知县齐彦槐先生墓表》，《续碑传集》卷七七。

③　参见张秉伦、胡化凯：《徽州科技》第六章，安徽人民出版社 2005 年版。

④　《清史稿·列传·文苑三》卷四八六，中华书局点校本。

⑤　徐光启：《农政全书·泰西水法》。

龙尾车仅停留于宣传介绍阶段,这种技术并没有用到生产实际中去。到清代,徽州人黄履庄、戴震、齐彦槐和吴门沈狎鸥等人对此予以重视,开始仿制。

迄今所知,龙尾车仿制成功的最早记载是戴榕的《黄履庄小传》①,但记录极其简略。乾隆壬戌年(1742),戴震作《嬴旋车记》,专门记述了龙尾车的构造、安装方法等,但没有提及试车等情况。约在道光十三年(1833)正月,齐彦槐"始制龙尾车"。他在前人的基础上,大胆尝试,仿制成功,曾在江苏荆溪县(今宜兴境内)举行了一次声势浩大的试车活动,时任江苏巡抚林则徐(1785—1850)亲自到现场观看,影响很大。齐彦槐曾以《龙尾车歌》②记述此事。诗曰:

> 神龙卷水非独神,实有利器藏其身。利器在鬣不在鳞,鬣附于尾旋转匀。九天云垂尾一伸,水随鬣转转入云。泰西儒者生海滨,所居殆与蜿蜒邻。无事静观龙取水,制为水车像龙尾。八绳附枭螺丝旋,缭绕往复成回川。两头空洞桶底脱,半腰束水环中圆。飞流直下三千丈,水不自知其已上。激流奔腾似决渠,神机活泼如翻掌。灌园丈人笑桔槔,讵知翻车亦徒劳。翻车一架五人踏,水漏不得全归槽。老鸦衔尾首蜕骨,自汉至今唯此物。入愁障水出帆风,那得沟塍流汩汩。江南农家鲜盖藏,踏车十日忧无粮。泥沙抛弃吁可惜,源断泽竭终成荒。盍观此龙尾掉水,尺水可以兴洪波。内无退转外无漏,崇朝百亩如滂沱。一车当五人当十,用力甚少成功多。八家同井办一具,旱潦不患田无禾。利熊二士来西海,法入中华三百载。布衣能述不能行,霖雨还须有人在。侯官中丞今大贤,讲求水利筹农田。闻余述作急欲睹,二龙跃上荆溪船。草桥试车日卓午,倾城士女观如堵。云蒸雾涌喷薄来,欢呼动地声如雷。塘宽十亩深二尺,车干七寸才三刻。中丞

---

① 参见张秉伦等:《安徽科学技术史稿》,安徽科学技术出版社 1990 年版,第 216 页。
② 齐彦槐:《梅麓诗钞·补遗集下》。

大笑与我言,此利不止关田园。迩来洪湖拍天际,怀襄往往为民厉。千车倒挽刷黄流,两坝三河可长闭。刘河堙塞久欲疏,车水迟迟恐靡费。伐轮百部置河漘,畚插兴工日可计。我知车有可行机,元日吾曾端测筮。见龙在田德施普,利见大人当用世。

《龙尾车歌》是一首七言长诗,计 462 字,具有很高的科学史价值。它较详细地记述了龙尾车的构造、运转等情况,描绘了试车的壮观场面,表达了对林则徐关心农田水利建设的感激之情。

从《龙尾车歌》中可以看出,齐彦槐的龙尾车基本上按照《泰西水法》而制成的。诗中描述:"八绳附枭螺丝旋,缭绕往复成回川。两头空洞桶底脱,半腰束水环中圆。飞流直下三千丈,水不自知其已上。激流奔腾似决渠,神机活泼如翻掌。"这与《泰西水法》的记载基本相符。[①] 诗中记载了"塘宽十亩深二尺,车干七寸才三刻",这表明齐彦槐的龙尾车效率很高,试车取得了圆满成功。

齐彦槐仿制龙尾车虽然并不是最早的,但他的工作影响最大,主要原因有以下三点:

第一,仿造龙尾车的目的明确。齐彦槐认真分析了在我国沿用千年的翻车存在的缺点,指出:"翻车一架五人踏,水漏不得全归槽。"而龙尾车"用一人之力,常得数人之功","人力可以半省,天灾可以半免,岁入可以倍多,财计可以倍足"。[②] 相形之下,龙尾车明显优越于翻车。齐彦槐造龙尾车的目的就是要改革农具,促进农业生产。

第二,林则徐积极支持齐彦槐制造龙尾车。林则徐得悉齐彦槐造龙尾车,"一见大喜,欲奏而广行之"[③]。试车时,林则徐亲临现场,观后非常高兴,认为:"此利不止关田园。迩来洪湖拍天际,怀襄往往为民厉。千车倒挽刷黄流,两坝三河可长闭。刘河堙塞久欲疏,车水迟迟

---

①　郭怀中:《清代安徽科学家齐彦槐》,《安徽师范大学学报》1993 年第 1 期。

②　徐光启:《农政全书·泰西水法》,《四库全书》。

③　齐彦槐:《龙尾车歌》。

恐靡费。伐轮百部置河滸,畚插兴工日可计。"也就是说,龙尾车不仅可用于农田取水,抗旱排涝,还可以在兴修水利过程中发挥重要作用。这是对齐彦槐自制龙尾车工作的充分肯定。

第三,齐彦槐仿制龙尾车受到了民众的欢迎。试车时,人山人海,场面壮观:"草桥试车日卓午,倾城士女观如堵。云蒸雾涌喷薄来,欢呼动地声如雷。"这种场面实属罕见,表明了民众对新农具产生了极大的兴趣。

遗憾的是,由于种种原因龙尾车技术未能获得推广。在这些原因中,有两点不可忽视,即机器本身的缺陷和小农经济的制约。钱泳(1759—1844)在总结吴门沈狎鸥所制龙尾车时指出,龙尾车优点不少,但是此车造价较高,"一车需费百余金",机件不配套或不易修理,造成"一坏就不能用",此其一。其二,这在"农家贫者居多,分毫计算"①的小农经济条件下,显然绝大部分农民无力购置这种昂贵的大型农具,故无法推而广之。

齐彦槐仿制的龙尾车虽然未能及时推广使用,但是它的出现本身就是一件很有意义的事情。这是中国清代农具技术革新的一次成功尝试,是西学为我所用的一个典型范例。

3. 研制天文仪器,多有创新

在天文学方面,齐彦槐与当时安徽、浙江一带的著名数学家常有来往,共同探究天文算学问题,除著有《天球浅说》《北极经纬度分表》《中星仪说》等天文学著作外,还在天文观测方面,对天文仪器的研制多有创新,其中以斜晷、中星仪和天球仪最为著名。

斜晷面朝东西立于地面,故也叫做"面东西日晷",或"立晷",是一种利用日影测量时间的仪器。

铜垂线

齐彦槐的斜晷示意图

---

① 钱泳:《履园丛话·丛话三·考索》,中华书局本。

它由晷面、表针、铜垂线、底座四部分组成。在齐彦槐之前,《数理精蕴》等重要著作中就已经介绍过斜晷的基本结构和制作方法。但是,如果按照这些已有的设计,一种斜晷只能适用于一种地理位置,换到另一个纬度就无法使用。针对这个问题,齐彦槐在仪器上安装了一种调节装置,使它可以随地理纬度的变化进行调整,以适用于不同纬度的地区。

齐彦槐的中星仪,也是在前人的基础上研制完成的。他在《中星仪说》中指出:"中星仪者,有北极无南极,得大圆之半,……初为俯仪……改作仰仪,然终不若立天于对面平视之为便。故天球者,天外观天也;中星仪者,对面观天也。"①由此可知,齐彦槐的中星仪改变了通常的模拟天体运行的球形仪器,而将中星仪做成一种平面仪器。

齐彦槐的中星仪,看上去只是一架时钟,但实际用途却有很多。齐彦槐创造性地把钟表的动力装置用于中星仪上,使之成为一架集计时和演示功能于一体的自动天文仪器。整座仪器以发条为动力,其中的指针一日旋转一周,用于指示"时刻"(太阳时);刻有较大恒星在赤道上投影的星盘也与指针同时在运转,显示出每个时刻处在中天的恒星(即所谓的"中星"),从中可以读出与太阳时相对应的恒星时。齐彦槐的中星仪备受时人关注,钱泳在《履园丛话》中记曰:"近时婺源齐梅麓员外倩工作中星仪,外盘分天度为二十四节气,每一节气分十五日,内盘为

齐彦槐的天球仪

十二时为三百六十刻,无论日夜,能知某时某刻某星在某度,毫发不爽。令天星旋转,时刻运行,一望而知,是开古以来未有之事,诚精微之极至矣。"②

齐彦槐曾经创制过三台天球仪,据说分别安置在婺源、杭州、徽州

---

①　齐彦槐:《梅麓文钞·中星仪说》。
②　钱泳:《履园丛话·丛话十二·艺能》,中华书局本。

三个地方。齐彦槐的天球仪在当时同类仪器中,是最先进的,至今仍有实物存在。

这种仪器外表与普通天球仪没有什么不同,球面上标有周天星座,但内部却装有动力装置,用发条驱动,既可以显示恒星时、太阳时,又可以演示恒星中天情况,还可以用色纸制成日、月、五星贴在天球上,用以表示它们的运动位置。

齐彦槐的生活年代,西方自然科学知识已经开始传入我国。他的天文仪器研制工作,吸收了外来天文学的精华,保留了我国传统天文仪器的制作方法,体现了中、西天文学的特点。齐彦槐是19世纪初的一位伟大的天文仪器制造家,虽然他没有直接从事钦天监天文研究工作,但他研制的天文仪器都是基于东、西方文化的一种再创造,为清代天文仪器制造添上了绚丽的一笔,在我国天文学史上具有重要意义。

(二)郑复光的物理学成就

郑复光,字浣香,亦作浣芎,又字元甫。安徽歙县人。生于清乾隆四十五年,卒年应在咸丰癸丑年以后。关于郑复光的生平事迹,清代史料中记述甚少。《清史列传》《碑传集》(包括续集、补集)均没有为其立传,《清代七百名人传》也是如此。但是,仅从散见于相关文献中的资料和郑复光的传世著作就可以发现,他是清代一位著名的科学家,在光学方面的成就斐然。

郑复光幼年生活在皖南文化名城,博览群书,受到了中国传统文化的熏陶,成年后又接受了从西方传入我国的近代自然科学知识,毕生致力于自然科学的研究。他足迹几乎遍及黄河上下、大江南北,曾游历鲁、苏、京、晋、陕、广、滇等地,见多识广,与日俱进。他与名宦程恩泽、包世臣等相友善;与汪莱、李锐、罗士琳、张敦仁等著名科学家过从甚密,常与他们探讨天文、物理、数学等问题,著有《镜镜詅痴》《费隐与知录》《笔算说略》《筹算说略》《郑元甫札记》和《郑浣香遗稿》等。其中,《镜镜詅痴》和《费隐与知录》记载了他的物理学成就。

1.《镜镜詅痴》中的光学成就

郑复光少年时跟随父亲到了商业和文化都很发达的扬州城,"见取影灯戏,归而大究光影之理"①。所谓的取影灯戏是一种光学装置。这种装置能够让光线通过透镜组后把预先画好的花、鸟、人物画放大映射到屏幕上,引起了郑复光的极大兴趣。

回家后,郑复光开始钻研"取影灯戏"的奥妙,动手动脑,收集并自制光学仪器,进行科学实验,探究"光影之理"。他经过数十年的认真观察和实验研究,"旁喻曲证,亹亹不竭",1835 年前后总结出了一套独特的几何光学理论,撰成《镜镜詅痴》一书,在 1847 年刊行于世。

《镜镜詅痴》是清代一部重要的光学著作,曾几易其稿。在该书的"自序"中,郑复光说:"再游邗上,见取影灯戏。北华弟好深湛之思,归而相与研寻,颇多弋获,遂援笔记之。时逾十稔,然后成稿。肖山广文黄铁年先生见而嗜之,欲为付梓,仆病未能也。重拂其意,复加点窜,又已数年,稍觉条理粗具。"②在此前的二十余年里,郑复光广为收集各种光学仪器并加以研究。他在《镜镜詅痴》"述作"部的《作测量高远仪器》篇中说:"此器原名'野世丹地',未经译出,俗名'量天尺',曾于粤游时得之,已二十余年……"③为了分析和研究光学仪器,他还到北京观象台进行实地考察。"乙巳(1845)与茗香(罗士琳)同上观星台。见有方房一间,上用席顶,四旁版门各四扇。内有仪一具,仪上由镜约长三尺余。据云亦是象限仪,茗香在监时所未有也。嗣与冯景亭太史(桂芬)往观,乃得见其仪。但未测用,未能一试观星月耳。询春夏官正杜氏昆仲(熙英、熙龄),据云日中黑子未能见,其五纬旁细星可见,盖即窥筒远镜之一也。"④因为这样坚持不懈的努力,郑复光研制成了许多光学仪器。其中自制的一台望远镜,用于观察月球时,能见到"黑

---

① 宣统《歙县志》卷一〇《人物志》。
② 郑复光:《镜镜詅痴·自序》,《丛书集成初编》本。
③ 郑复光:《镜镜詅痴》卷五,《丛书集成初编》本。
④ 郑复光:《镜镜詅痴》卷五,《丛书集成初编》本。

点四散,作浮萍状",观者"欢呼叫绝"①。他还用这台望远镜观察日食、月食。

《镜镜詅痴》从定性讨论到定量研究,全面总结了当时我国已有的光学知识,并在许多方面有所发展,是 19 世纪前期中国光学的集大成之作。全书共分"明原"、"类镜"、"释圆"、"述作"4 个部分,约 7 万多字。其体例仿明末传入我国的《几何原本》,即有正文,有系、论、解,分条论述。书名中的"镜镜",表示照物所用的镜子。"詅痴"一词,原有本无才学,又好夸耀于人之意。北齐颜之推《颜氏家训·文章》曰:"吾见世人,至于无才思,自谓清华,流布丑拙,亦以众矣,江南号为詅痴符。"据《康熙字典》,宋御史李庚撰《詅痴符》20 卷,意取《颜氏家训》以自谦。郑复光以"詅痴"为书名,亦有此意。

在《镜镜詅痴》的前三个部分中,分别对物体的颜色、光的直线传播原理、光的独立传播定律、光的反射定律、光的折射定律、反射镜和透镜成像原理等进行了系统的研究。

"明原"部又细分为"原色""原光""原景""原线""原目""原镜"6篇,逐一论述了几个基本概念。这一部分不仅对光的颜色、光的性质、影与像、光线、光束和反射镜、透明体、眼镜等作了说明,而且对几何光学的基本原理,如光的直进原理、光的独立传播原理、光的反射定律和光的折射定律等,都作了阐述。

"类镜"部共分为"镜资""镜质""镜色""镜形"4 篇,简要介绍几种反射镜的质料与性能,着重阐述了几种方形透明体的特性及其光学现象。

"释圆"部共分为"圆理""圆凸""圆凹""圆叠""圆率"5 篇。这部分讨论了原形透镜的性质,系统地论述了光线通过凸透镜、凹透镜和透镜组的成像原理等。其中"圆理"篇论述了凸透镜、凹透镜成像的一般规律;"圆凸""圆凹"篇分别讨论了凸透镜、凹透镜的成像特点;"圆叠"

---

① 张穆:《镜镜詅痴·叙》。

篇讨论了凸透镜、凹透镜中各种物理量之间的关系，给出了相关的参数。这是全书的重点，郑复光创造性地研究成果大都是在这一部分。如他提出了"顺收限"的概念，画出了光路图，还作了详细的分析论证。郑复光的"顺收限"就是透镜的焦距。[①] 当时，西方几何光学中的焦距概念及光路图等均未传入，因此郑复光这方面的理论具有独创性。

"述作"部著录了 17 种光学器械，依次为：照景镜、眼镜、显微镜、取火镜、地灯镜、诸葛灯镜、取景镜、放字镜、棱镜片、多宝镜、柱镜、万花筒镜、透光镜、视日镜、测日食镜、测量高远仪镜、远镜等，几乎囊括了当时已有的各种光学仪器或器具。该部专门论述了各种光学仪器的制作问题。郑复光对这些光学仪器逐一进行了讨论，详细介绍了它们的制作、使用和保养方法，既有实用价值，也有供进一步研究的科学价值。

2.《费隐与知录》中的物理学成就

《费隐与知录》是郑复光的另一部自然科学著作，自 1816 年开始写作，历时二十余年，1842 年刊行于世。该书采用问答式写法，全书共有 225 条，内容包括天地、日月、星辰、风云、雷雨、霜雪、寒暑、潮汐、医药、饮食、服饰、器皿、鸟兽、虫鱼等诸多方面，用物性、热学、光学、地理学等自然科学知识，对自然界和日常生活中的疑难问题加以解释，其中关于光学问题有 15 条，与《镜镜詅痴》的内容相互补充，互为表里。它是一本百科问答式的科普读物，在一定程度上反映了我国当时科学技术的发展水平。

在机械制造方面，郑复光一方面关心中国古器之修复，与程恩泽"有修古仪器之约"；另一方面注重实用仪器的研修，如曾制成"测天之仪，脉水之车"[②]等。特别在火轮船方面的研究成就突出，堪称为我国早期从事火轮船研究的先驱者之一。19 世纪 30 年代，西方蒸汽机船刚传入我国不久，郑复光只见到了传抄的火轮船图，但其"图说甚略，

---

① 林文照：《十九世纪前期我国一部重要的光学著作》，《科学史文集》第十二辑，第 110 页。
② 《安徽通志稿·列传稿》卷三《郑复光传》。

不能通晓"①,于是他根据"小样船",经过深入研究,完成了"火轮船图说"一文,较详细地介绍了火轮船的构造特点和蒸汽机的工作原理等。该书附于《镜镜詅痴》书末刊行后,备受当时有识之士的重视,著名思想家魏源的《海国图志》将其全文收录。

此外,郑复光从生活经验入手,探讨水的浮力现象,用"凸镜"实验探究"日光"与"火"的区别和联系,并于 1819 年重复了汉代《淮南万毕术》中的"冰镜取火"实验,还用实验方法讨论沈括《梦溪笔谈》中的"磁针偏东"问题等。他这种运用实验手段深入探究事物原委的方法,是十分正确的,值得大力提倡。

(三)罗士琳的数学成就

在安徽数学学派中,除了代表人物梅文鼎和方中通、梅珏成、江永、戴震、汪莱等清代著名数学家之外,还有一位名叫罗士琳,在中国科学史上影响很大。

罗士琳(1789—1853),字次璆,号茗香。安徽歙县人,寓居扬州甘泉。曾受学于汪莱,是我国清代中晚期重要的数学家。其主要数学成就是研究和诠释宋元时期著名数学家朱世杰的《四元玉鉴》,费十二年心血,完成《四元玉鉴细草》24 卷,使失传五百年的中国古算法"四元术"得以重新为世人所知。他还作《续畴人传》,以补清代著名学者阮元(1764—1849)所编撰的《畴人传》之不足。

《四元玉鉴》是宋元时期著名数学家朱世杰的一部数学著作。② 但由于战乱等多种原因,明代及其以后的几百余年间,此书湮没无闻。清初的著名数学家梅文鼎、戴震等都没有见过该书,也不知道"四元术"为何物。直到 19 世纪初,阮元在浙江访得此书,呈入《四库全书》,

---

① 郑复光:《火轮船图说》,《镜镜詅痴》卷五,《丛书集成初编》本。
② 朱世杰,字汉卿,号松庭,中国宋元时期著名数学家。生卒年不详。生活于 13 至 14 世纪,著有《算学启蒙》3 卷、《四元玉鉴》3 卷。

并交给李锐校勘,后又请人按此抄本刻印。李锐 1817 年去世,没有能完成校勘工作。《四元玉鉴》的重新面世,引起当时许多学者的关注。1822 年,罗士琳始见《四元玉鉴》的一个抄本,悉心研究。罗士琳进行艰苦的校订、注疏工作,对原书中的每一个问题都详加研究,先后经历 12 年,于 1834 年完成了《四元玉鉴细草》,将原书 3 卷 24 门扩充为 24 卷。

罗士琳的《四元玉鉴细草》影响广泛,备受时人的重视,当时著名学者阮元等都为该书作序。清代著名数学家华蘅芳(1833—1902)称:"四元大古术究竟,未知如何,因朱氏不详细草也。惟罗补朱书之细草而能一二吻合,则以罗氏之术即为朱氏之术亦无不可。今欲为学者论四元之术,亦惟有即罗氏所补之草以明其各法而已。""甘泉罗氏集各家之大成,竭平生之精力,演成《(四元)玉鉴细草》,洵可为朱氏功臣矣。故今之言四元者,皆以罗氏为宗。"[①]我国著名数学史家钱宝琮先生(1892—1974)指出:"《四元玉鉴》解题术文非常简括,演草程序概从省略,罗士琳《细草》能以平易之语,反复详明,引申取譬导其先路,是有积极意义的。"[②]

罗士琳作《续畴人传》,为中国古代天文学家、数学家撰写传记。阮元《畴人传》46 卷,为我国从上古到清初共 243 位天文历法和数学家立传。罗士琳的《续畴人传》6 卷,增列 44 人。《畴人传》和《续畴人传》记述了我国 19 世纪及其以前科学家的生平事迹等,是研究我国古代天文历法算学史的重要文献之一,对文化传承所起的作用不可低估。钱宝琮先生认为:"罗士琳《续传》叙述当代学者的生平事迹和他们的学术成就比较翔实,列传后的论说发挥他自己的见解,也比《畴人传》更能体现时代精神。"[③]

---

①　华蘅芳:《学算笔谈》卷七。
②　钱宝琮:《中国数学史》,科学出版社 1981 年版,第 298 页。
③　钱宝琮:《中国数学史》,科学出版社 1981 年版,第 300 页。

十二　续写商业神话的徽商

从康熙中叶到嘉庆、道光之际的一百多年间是徽商的再次兴盛阶段。这一时期,随着生产的恢复和发展,社会的稳定,城市的繁荣,徽商也重新活跃起来。他们的实力不但得到了恢复,而且在许多方面还超过了明代。[①]

清代江南的经济地位进一步巩固,徽州地处江南,紧靠杭州、南京,承接着时代潮流的冲击。新都城的建立,使得无论是王室,还是大宦之家、街肆商民等皆大兴土木,广造楼宇亭台,广建房屋等,这些都需要大量的竹木漆,需供大量的墨、笔、纸、砚、瓷等,而这些都是徽州的特产或名产,于是近水楼台先得月,徽商充分利用了这一有利时机大做生意,推动了徽商的迅速发展。

虽然早在明代万历年间就开始实行纲运制,徽州盐商也因此累世享有行盐的专利权,但是行之未久就遭遇了明清之际的社会变革,盐商聚集的财富毁于一旦。当时的徽商并未能因纲运制的实行而真正获得实惠。到了清代康雍乾时期,由于生产的恢复,人口的增加,引盐的销量也随之大增,加上清廷又采取了一些"恤商"政策,于是经营盐业遂有大利可图。许多手握巨资的徽州富商纷纷转而从事盐业,把持盐利。在扬州,声势显赫的盐业世家大部分都是徽州人,享有"两淮八总商,邑(歙)人恒占其四"的殊荣。徽州盐商与封建政治势力关系密切,在官府的支持下,垄断高额的商业利润,财力猛增。乾隆时,他们的资本有多达一千万两者。即使把白银购买力降低的因素计算在内的话,他们的资本也比明代扩大了四五倍之多。由此可见,清代前期

---

① 本节内容借鉴了张海鹏、王廷元《徽商研究》(安徽人民出版社 1995 年版)研究成果,特致谢意。

纲运制盐法的实行,不仅是以盐业为"龙头"的徽商发迹的重要原因,也是促使徽商达到鼎盛的重要因素之一。

清代徽商复兴后,与明代徽商相较而言,无论在活动范围还是在经营行业上,都出现了一些变化。

（一）活动范围的变化

明代的国内贩运贸易主要集中在沿运河一线的南北贸易上。及至清代,在南北贸易继续扩大的同时,沿长江一线的东西贸易也迅速发展起来。明朝在全国设置的 8 个钞关,有 7 个都在运河沿线,而长江一线仅有九江 1 关。万历时,九江关税不过 2.5 万两,仅为运河 7 关税收的 8％。清代长江流域设置的常关则有九江关、芜湖关、赣关、武昌关、荆关、夔关等 6 处。乾隆时每年 6 关税银将近 100 万两,相当于沿运河诸关收入的 85％。长江一线关税的猛增,表明沿江贸易的扩大。而长江流域则是徽商称雄的地方,米、木、盐、茶、布帛、典当等行业大部分都操于徽商之手。长江、赣江、湘江、沅江沿岸的大小城镇大多是徽商辏集之处。清人许承尧说:"沿江区域向有无徽不成镇之谚。"[①]长江流域东西贸易的扩大,自然增强了徽商的实力。

（二）经营行业的变化

据有的研究者考察,明朝徽商以盐、木、典当业为主要行业,入清后,徽商逐渐以盐、木、茶为主要行业。虽然明清两朝徽商从事盐业、木业的数量均居前列,但是两大领域的比重也发生变化,盐业由明朝的 44.6％下降为清朝的 32.4％,木业由明朝的 10.7％到清朝上升至 26.8％。木业的比重随着时代的发展呈现递增的态势。清朝徽州盐

---

① 许承尧等:民国《歙县志》卷九,民国二十六年铅印本。

商人数下降的主要原因是巨额的政治捐献导致资本向非经营领域的耗散。所以,盐业在乾隆时期达到了鼎盛,之后则明显下降。

据相关史料分析,明朝徽商涉足的主要行业有盐、木、典当、米等9个行业,而入清后则上升到13个行业,新增的行业大多是农业经济作物(如茶、油)和手工业产品(如瓷器、墨)。这表明,入清后我国江南地区经济有了较大的发展,商品交换对象的增多,反映清朝交易市场比明朝有了更大的发展。若从徽商职业和籍贯两方面来看,呈现出主要职业由盐、木等单一性行业向盐、木、茶等多层次行业转化,籍贯上由歙县、休宁商人向歙县、婺源、休宁、绩溪等六县商人转化的趋势。[①]

(三)六县从商人数的变化

康熙年间,统治者实行了"滋生人丁永不加赋"的政策,雍正年间又推行"摊丁入亩"的政策,再次刺激了人口增长。徽州地区的人口陡增,田地严重不足,人地矛盾变得空前激烈。为了生计,徽民们不得不拓展自己的生存空间,外出谋生路,于是出现了"天下之民寄命于农,徽民寄命于商"的情况。于是,徽商就在这种客观环境的逼迫下,不得已而一批批地、不断地外出经商,从而也不断地壮大经商队伍,这为徽商走向鼎盛奠定了必要的人力基础。据研究者分析,明朝徽州商人以歙县、休宁为主体,而到清朝时,情况发生了明显的变化,婺源商人发展较快,增幅达27个百分点。此外,休宁、黟县、绩溪、祁门的商人都比明朝有了较大的增长,不过增长的幅度不是很大。这些情况表明,入清后,徽州六县均有大批人员介入到经商活动中,徽商真正发展到鼎盛期。[②]

这一时期的徽州商人也显现出时代的特色:

其一,从商风气愈炽,从商人数更众。

---

① 参见马勇虎:《徽州商人的分层研究》,《黄山学院学报》2005年第1期。
② 参见马勇虎:《徽州商人的分层研究》,《黄山学院学报》2005年第1期。

　　清代的徽州不仅歙、休、祁门、婺源四县从商风气更盛,而且黟县、绩溪二县也遍染从商之风了。黟县在明代还是"民尚朴实,读书力田,不事商贾","一闻挟薄赀,游都会,相戒摇手"。[①] 时人有诗曰:"丈夫志四方,不辞万里游。新安多游子,尽是逐蝇头。风气渐成习,持筹遍九州。黟山古四塞,人情乐古丘。既不事技巧,安能执鞭求?往往出则蹶,桑榆几人收。念寝扬州鹤,任彼笑吾鸠。仍复从所好,闲坐看川流。"[②]入清以后则"生齿日繁,始学远游,权低昂,时取予,为商为贾,所在有之"[③]。黟县宏村的"名望族,为贾于浙之杭、绍间者尤多,履丝曳缟,冠带褒然,因而遂家焉"[④]。乾隆时,黟县西递的胡贯三在波阳、九江、景德镇、休宁等处开设"三十六典",占有"七条半街",号称"江南六富"之一。他们经商的业绩,较之休、歙等县毫不逊色。绩溪人直至乾隆初年还是"惟守农业,罔事商贾"[⑤],因有"惟有绩溪真老实"[⑥]之谚。但自乾隆中叶以后,外出经商者日益增多,特别是他们所经营的饮食业遍及四方,饮誉全国。胡适说,绩溪人迁徙经商构成了绩溪辖区以外的"大绩溪","若无那大绩溪,小绩溪早已不成局面了"。[⑦] 胡适出身于绩溪茶商之家,他对家乡的情况当然是了解的。从商风习遍及徽州六县,自必扩大了徽商的队伍,增强了商帮的实力。

　　其二,盐商势力进一步发展。

　　明朝万历四十五年,袁世振为了疏销积引,不得不给盐商们优惠待遇。即将持有旧引的盐商载入纲册,每年派行新引,必以纲册为据,册上无名者,不得参加,这一制度谓之纲法。[⑧] 从此行盐的权利便成了

　　① 窦士范:康熙《黟县志》卷一《风俗》,《黟县乡土地理·风俗》,转引自张海鹏、王廷元:《明清徽商资料选编》第六十八条,黄山书社 1985 年版。
　　② 程汝翼等:嘉庆《黟县志》卷一六,清同治十年刻本。
　　③ 程汝翼等:嘉庆《黟县志》卷七,清同治十年刻本。
　　④ 吕子钰修,詹锡龄纂:道光《黟县续志》卷一五,上海古籍出版社 1990 年版。
　　⑤ 陈锡等修,章瑞钟等纂:乾隆《绩溪县志》卷一《风俗》,清乾隆二十一年刊本。
　　⑥ 许承尧撰:《歙事闲谭》卷一八,黄山书社 2001 年版。
　　⑦ 《绩溪县志馆第一次报告书·胡适之先生致胡编纂函》。转引自张海鹏、王廷元:《明清徽商资料选编》第六百四十三条,黄山书社 1985 年版。
　　⑧ 参见陈子龙:《明经世文编》卷四七七,中华书局 1962 年版。

垄断特权。盐法的这场变革,虽使大批徽商获得了世袭的行盐专利权,但为时不久就遇上了明清之际的大动乱,使他们惨遭浩劫。清康熙乾隆时期,由于社会生产的恢复发展和人口的增加,盐销量也随之大增。加之清朝又推行了一些"恤商裕课"的措施,于是纲盐法才使徽州盐商大享实惠。许多徽州富商大贾纷纷涌入扬州,占窝行盐,把持两淮盐利。明代徽州的黄氏、汪氏、吴氏已有许多家在两淮盐业中起富;清代则有程氏、江氏、鲍氏继起,成为徽州盐商的生力军。当时"两淮八总商,邑(歙邑)人恒占其四"[①]。湖广等处"引盐畅销口岸"实际上也是保持在他们手里。乾隆时,徽州人汪交加、汪廷璋父子已是"富至千万"的大盐商。[②] 乾隆皇帝巡扬州时不禁惊叹道:"富哉商乎,朕不及也!"

其三,徽州会馆的普遍建立。

徽州会馆是明清时期旅居外地的徽人在各城镇中建立起来的同乡机构。明朝嘉靖、万历时,徽人虽在北京先后建立起歙县会馆和休宁会馆,但二者都是专为接待二县赴京应试的士子而设,商人虽曾参与筹建,但不得使用。始建于明代的常熟县梅园公所等虽主要由徽商所建并为徽商所用,但其房舍无多,仅供厝棺停枢之用,最多只能算是会馆的雏形。即便像这样的徽州会馆,在明代已属罕见的了。入清以后,不但通都大邑都有徽州会馆,而且许多小市镇也往往有之。其中大多数都是由商人所建并为商人所用。会馆的建筑规模日益扩大,功能也日益齐全,它对加强商帮的凝聚力起着重要的作用。

其四,与封建政治势力的结合更为紧密。

借助封建政治势力的庇护,牟求暴利乃是徽商封建性的一个重要表现,也是明清时代徽商能够发展的一个重要因素。明中期以来徽商结交权贵、贿通官府已是司空见惯的现象,以捐资而求得爵衔者大有人在。入清以后,官、商之间的结合更为紧密了。一则清代大兴捐纳

① 许承尧等:民国《歙县志》卷一《风土》,民国二十六年铅印本。
② 李斗:《扬州画舫录》卷一五,中华书局 1960 年铅印本。

之例,为徽商猎取爵衔开了方便之门。当时不但富商巨贾荣膺高位者比比皆是,就连中等之家也往往不惜重金捐个贡生、监生之类的头衔。二则随着徽商财力的增强,他们中通过"急公议叙"的途径获取官爵的人也越来越多。清代两淮盐商中几乎无一不以"捐输报效之功获得爵衔。他们所获得的爵衔虽然多为虚衔,但却表明他们中越来越多的人被完全纳入封建政治势力之中,官商之间已经融为一体。乾隆时,歙县大盐商江春"以布衣上交天子"的事迹,更表明官商结合已达到登峰造极的地步。

十三　宗族发展与明清徽州社会

由明至清,作为官方许可的民间组织,徽州宗族的组织化建设日渐普遍,宗族的影响日益深化。这种影响主要表现在以下几个方面:

(一) 宗法制度根深蒂固

徽州很多聚居宗族,究其源流,近及宋元,远溯晋唐。宗族群体在代代赓续的历史长河中,不断进行着制度创设,这种制度创设,或遵循国家法而制定,或依据群体共同需要而约定,或源于民间习惯而生成,并通过互动和交流,最终演变为具有地方共性的宗族规法。可以说,徽州宗族的发展及其影响是以其成熟而完备的制度为基础的,徽州宗族社会中复杂多变、流动不居的社会关系,在很大程度上有赖于宗族制度的规范而趋向有序。

如继承制度,主要遵循国家法原则而制定。即在中国传统社会中,皇统国祚的因袭、民间宗祧家产的继承是极端排斥异姓的,所谓

"国立异姓曰灭,家立异姓曰亡"①。这一传统观念反映于国家法与习惯法上,其对家庭、宗族继承首先强调诸子均分制,它是中国传统社会家庭、宗族继承的主流方式。诸子均分制遵循以房分为析分单位、平均分析、以私有制为基础等原则。② 无子乏继的情况下,没有继嗣意味着香火的中断,祖产、家产旁落。国家法又规定以家族、宗族亲属关系为基础,依据由亲及疏、昭穆相当之原则,以同宗应继的方式予以补充。从今存徽州谱牒和民间继承文书看,这种依据国家法而形成的宗法继承制度,在徽州社会得到普遍遵循和实施。即依据血缘上的亲疏远近,从同居家庭、服亲之族到聚居之族乃至散居之族,相应出现诸子均分到服亲应继、同宗或同姓择继等不同继承方式。至于抱养异姓、招赘、接脚夫等异姓承继一般被视为乱宗灭祖行为而被宗族规法所极力摒弃。继承制度的影响在于,通过宗族关系规范财产的继承,宗祧的绵延,香火的接续,房派间的联合,不但使得个体家庭系之于宗族,且融个体的短人生、小家庭于族网恢恢、瓜瓞绵长的宗族网络之中。

又如,祭祀制度则很大程度上体现为依据群体共同需要而约定。在明清时期徽州,祖先信仰根深蒂固。祖先信仰的物化形式是徽州宗族普遍重视建祠、修墓和置产,并以此作为宗族赖以存在和发展的重要物质基础。一般地,祠宇的规模大小、祀产的数量多少等,是衡量一个宗族形态和影响的重要方面。甚至族众之间的赈济和互助的实施,宗族规法的制定,族内共同活动的开展,亲属群体的统合,乃至个体家庭家产的分割等,都离不开尊祖敬宗、以妥先灵观念的支配。因此,家庭宗族祭祖信仰构成徽州地方信仰的核心和基础,祀祖扫墓成为宗族成员年复一年、不可或缺的集体行为。在祖先信仰下,宗族亲属群体结成层级有别、规模各异的祭祀关系。为了规范宗族祭祀关系,协调彼此间的利益冲突,各宗族往往依据群体的共同需要而约定成规,对诸如参祭、享胙、神主入祀等均有相应的制度规范,对于祭祀性族产、

---

① 《名公书判清明集》卷八《户婚·叔教其嫂不愿立嗣意在吞并》。

② 参见栾成显:《中国封建社会诸子均分制述论》,《'98 国际徽学学术讨论会论文集》。

祠产、众存墓基等,族人一般亦不得分割、盗卖。个体族众在祭祀关系上既享受一定的权利,又履行相应的义务。在祭祀仪式和礼俗等文化传统的规定和影响下,祭祀活动代代相传。因此,作为从信仰和观念层面上形成的祭祀关系,并藉之产生的相关习俗和制度内在地作用于宗族群体社会记忆、观念意识和行为模式之中,对于加强族人的血亲认同,有效地安排和长久维系宗族的内部关系,促进宗族和房派的统合再统合,均具有重要意义。

再如,徽州普遍存在的"公匣"制度,则是在民间惯俗基础上形成的重要制度。① "匣"本是一种藏物器皿,"公匣"则是由"匣"发展而来。揆诸徽州民间文献可以看出,公匣是一种组织系统,有"祠匣""祀匣""众匣""会匣""匣商"等之称,公匣的用途多样,有"纸笔匣""银匣""谱匣"等。于是,公匣发展成为宗族之下的一种次生形态的管理机构,并具有成熟的管理机制,在明清徽州社会广泛存在,长期实行。各种公匣反映了宗族不同的组织系统,各有不同用途,公匣管理和监督方式亦具多样性。公匣制度成为徽州宗族公众事务管理的重要制度之一。举凡设匣或复匣,往往标志着特定宗族或家族的联合;而废匣,则意味着某一宗族或家族关系的松弛乃至瓦解。"公匣"已从一种存藏物品的器具,发展成为象征宗族关系组织化和管理制度化的代名词,它是徽州宗族在长期的自我运行,以及不断适应社会实际变化中,探索和完善公众事务的管理方式。公匣组织的运作,则有效地行使了宗族对于公众事务的管理和族内利益关系的分配、再分配权力。公匣组织的灵活设置,促使徽州宗族在管理上适应其内部系谱的分化和联合。公匣制度所维系的公有观念,对于整合宗族内部不同层级亲属群体趋向组织化亦具重要意义。公匣制度的形成,是徽州宗族作为典型发展繁荣的宗族制度的标志之一。宗族公匣的兴废亦被视作宗族兴衰的特定表征之一。另外,公匣的管理制度和运作方式,实为徽州宗族组织

---

① 参见刘道胜:《明清徽州宗族的"公匣"制度》,《中国农史》2008 年第 1 期。

化及其适应社会发展的产物。一方面,公匣制度所实施的推举司匣、轮房管匣、匣务公开、公众监督等成熟的管理机制,无疑应作为诠释徽州宗族社会长期稳定与和谐的重要因素之一;另一方面,更值得注意的是,这些新的管理机制,也明显地超出了血缘宗法关系的范畴,具有更为进步的意义。

(二)宗法观念深入人心

明清时期,徽州宗族的影响不只是体现于物质和制度层面,还体现为一种地方文化现象。举凡尊祖敬宗之崇、贵贱门第之分、长幼行辈之别、礼尚往来之礼、婚丧嫁娶之俗、贞妇节烈之风等,都是随着徽州宗族的兴盛发达和持续存在而日渐形成的宗法观念,并广泛而深入地影响着徽州社会。

如因祖先信仰而产生的风水和重葬观念在徽州可谓根深蒂固,表现尤为突出。徽州民间因狃于风水、惑于堪舆、泥于阴阳而产生的社会现象纷繁复杂。在徽州,鳞次栉比的"千年之冢",同错落有致的古老祠宇一道,成为独特的传统人文景观。"唐宋坟头"上因时标挂的香火和纸箔历久不止,"葬在徽州"至今仍被视为一种习俗而广泛流传。人们将现实世界的祸福、贵贱、贫富、贤愚、寿夭等系之于祖先信仰,而不辞劳费地重复着节令时日的祭祀,殚精竭虑地保护和选择风水。如弘治间,祁门善和乡贤程复曾撰《风水说》一文,历数其宗族自洪武以来,因屡次破坏风水而招致人祸连连,并感喟"风水之说……其应验尤可信也",要求族人"爱护四围山水,培植竹木,以为庇荫"。[①] 康熙间,休宁名宦赵吉士,其父母虽早已落葬,仍费尽周折,为双亲另觅风水宝地而重新迁葬。[②] 名宦乡贤尚且如此,更遑论百姓庶民了,一些小户人家甚至为了获取父祖的一块葬身之地而甘为贱仆。因此,在传统徽

---

① 参见《善和乡志》卷二《风水说》。
② 参见《寄园寄所寄》卷一一《泛叶寄·故老杂记》。

州,一般宗族对祖墓龙脉具有浓厚的集体保护意识,禁步之内毋容盗砍,来龙周遭蓄养荫木以护,甚至整个墓山一般不得阄分,并严禁族人、外姓盗卖、侵葬和霸占族内墓产坟地。明清时期,徽州民间因一己之私、一木之盗而发生阋墙之争,甚或牵动一族之讼十分常见,所谓"风水之说,徽人尤重之,其平时构争结讼,强半为此"①。在遗存的徽州文书中,有关护坟保祖的文书比比可征。

与风水观念相关的是徽州的浮枢习俗,这一习俗早在明代已经普遍存在,万历《祁门志》中即有"亲殁不即葬,富为厝室,贫藉茅,岁久或至暴露"的记载。② 清代康熙间"今俗过信堪舆,多停枢于土上,以砖石甃之,至数十年远,犹不瘞埋者,徽郡为甚"③。及至民国,根据当时的调查,"祁俗迷信风水,往往感于形家之言,将棺枢浮厝在山,停滞不葬。如购买葬地,往往卖主索价甚昂,视卜葬者之家资定地价之高下"④。可见,由明迄清迨及民国,徽州民间厝葬日炽。这种因尊祖而形成的风水观念,造就了一批民间所谓谙习堪舆之士。如清代婺源詹廷茂"善于堪舆,兼开店业"以谋生。⑤ 根据《橙阳散志·人物志》的记载,明清时期,歙县江氏宗族中"精于占卜""究于堪舆""习于术数"者不乏其人。有些宗族对于族内"起造屋宇,埋葬龟卜祈祷等事",还专门委之谙悉风水者职任其事,"以保家门"。⑥ 作为民间小传统意义上的风水观念和习俗,有效地安排和制约着民间信仰行为和秩序,并赖之形成地方性知识系统。这些观念和习俗,对于模塑复杂的个体行为、规范和安排流动的民间关系发挥着至关重要的功能,这种功能的影响甚至历久而弥深,成为一种宗族传统绵延于久远。

又如,生活在族权、父权、夫权等宗法桎梏下的传统徽州女性,可

---

① 《寄园寄所寄》卷一一《泛叶寄·故老杂记》。
② 参见万历《祁门志》卷四《风俗》。
③ 《寄园寄所寄》卷一一《泛叶寄·故老杂记》。
④ 《民事习惯调查报告录·祁门县习惯》,中国政法大学出版社 2000 年版,第 233 页。
⑤ 《婺源詹氏文书》,安徽大学徽学研究中心藏,包号 125。
⑥ 《同治重修祁门武溪陈氏宗谱·家法》。

谓命运多舛,生存空间极度受限。在传统徽州宗族社会中,相对于其他地域而言,"新安节烈最多,一邑当他省之半"①。究其原因,主要由于有宋以降迄至明清,"存理灭欲"的人性论,长期以来受到官府和民间的宣扬和教化,已深深作用于社会意识形态之中。正如鲁迅先生所说:"由汉至唐也并没有鼓吹节烈,直至宋朝,那一班'业儒'的才说出'饿死事小,失节事大'的话来,看见历史上'重适'两字便大惊小怪起来。"②尤其在明清,一方面,官方极力表彰贞孝节烈,要求民间按照一定的规制予以上报,以俟为之竖牌立坊。另一方面,是地方精英阶层积极配合官方要求,倡导"阴教是敦"的结果。这在"程朱阙里"的徽州表现得尤为突出。明清徽州方志一般均设立列女要目,对贞孝节烈者加以专门记载,其入选标准按"首列合守节三十年例者,次合守节十五年已故例者,次合守节三十年例而其人现存者,其现存守节年稍未及者另附于后"③。按照这种严格的标准,明清时期,彰彰可书者不计其数。如万历《歙志》列女传占全书约九分之一,而且艺文中宣扬封建礼教的作品也很多。道光《歙县志》记载自唐至道光八年列女达 7890 余人,一门双节比比皆是,多至一门九节。更为重要的是,很多宗族也视贞孝节烈为荣耀,或择录入谱,或禀闻官府,不遗余力地予以旌表。如:

> 督办三江采访总局,今据安徽省祁门县族邻保结举报,汪礼堂妻节孝年例相符,汇入县案,详请巡抚部院、总督部院、督学部院会核汇题,奉旨旌表,准由礼部注册,自行建坊监圖入祠致祭,采列志乘,以光潜德。
>
> 光绪三十四年六月十八日 右给节孝汪张氏裔 收执④

---

① 《寄园寄所寄》卷一一《泛叶寄》。
② 《鲁迅全集》(一),第 109 页。
③ 道光《休宁县志·凡例》。
④ 《徽州千年契约文书·清民国编》卷三,第 434 页。

明清徽州民间出现"相竞以贞"的现象，①离不开官府的倡导，地方士绅的宣扬，尤其与宗族的规范和教化密切相关。因此，很多徽州女性在"存理灭欲"的无形刀俎之下，充当着励俗维风的鱼肉。贞节之妇，其守节之制少限十余年，多达数十年，方可于方志、家谱中换来几行奢侈性的记载。对于孝烈者来说，或割股疗亲，或夫死妇从，才有了其死前"瞑目自若，盥漱栉缞有常"，死后"其光满室，其面如生"的不朽文字。② 另外，受封建礼教洗礼的女性，其"缠足"被视为一种美德，女性"放足"意味着粗俗和有煞门风。因此，有些宗族甚至将女性缠足视为维持宗族声望、攸关门户影响的要务而予以规范。③

可见，徽州女性在"力主于内"的传统观念支配下，承担着相夫教子、侍奉舅姑、勤谨劳作、节俭持家的重任。而在独立处置财产、享受教育、父祖产业继承、宗族礼仪活动的开展、婚姻关系的发生（婚嫁、招赘、接脚夫的选择、改嫁）等方面，女性的行为和权益一般均受到宗法和礼俗的限制乃至排挤。如祁门武溪陈氏规定："妇人之道划一，不游庭，夜行以烛，古之礼也。若有长舌搬唆是非，离间骨肉，初必教之，教之不改则挞，挞之不改则出之。"④从明清徽州文书看，尽管出现女性诸如以主盟的形式处置家庭产业，妇女充当土地买卖关系中的中证等现象，亦不过是"夫商于外"，家计"端资内助"形势下，女性于社会活动中体现出的一线微波而已。

（三）宗族关系成为徽州最主要的社会关系

在传统徽州宗族社会中，宗族关系表现形式复杂多样。从宗族关系发生上看，宗族主体与其他主体之间的联系既有血缘的、姻缘的，亦

---

① 万历《祁门志》卷四《风俗》。
② 参见汪道昆：《太函集》卷三二《季弟侍室烈女方氏传》。
③ 参见《徽州千年契约文书·清民国编》卷一一《嘉庆祁门凌氏合同文约誊契簿》。
④ 《同治重修祁门武溪陈氏宗谱·家谱定规》。

有地缘的和业缘的。从宗族关系的性质上看,有制度层面上的等级关系,有权利和义务相对制衡的契约关系,有依靠民间惯俗和共同心理制约下的习俗关系。从宗族关系的状态上看,主体之间因嫡庶、远近、强弱之别,宗族关系往往更多地呈现出"差序格局"和动态变化,因此,其既有组织化、凝固化的一面,亦有流动不拘、弹性的一面。

如从个体交往与宗族的关系看,在明清时期的徽州,一方面,经商者的足迹几遍宇内,使得该区域与外界的联系日益密切。另一方面,在僻处山陬、民风淳朴的封闭环境中,"终其身未入城郭""生平罕见官府"者大有人在。[1] 根据胡适先生的回忆,近代聚居绩溪上庄的胡氏一族有6000人口,其大半是务农为生。[2] 对于大多数固守兹土、立农务本、兼执技艺以谋生者来说,其活动和交往主要发生于代代相守的特定区域和与生俱来的聚居人群。宗族聚居空间和关系网络成为他们可靠的联系纽带和主要的人生舞台。如康熙年间,婺源庆源村的生员詹元相撰有《畏斋日记》,根据相关学者的统计和研究,《畏斋日记》反映了詹元相在八年中频繁的社交活动,但其社交关系大多数涉及同村亲属,尤其是土地买卖、祭祀、借贷等日常活动几乎全部是在亲属间进行的。[3]

从大量明清徽州宗族文书亦可以看出,具有血缘联系的个体,尤其是男性族众,自呱呱坠地之日起,便与其出自的不同层次的血缘亲属群体结下了不解之缘。个体一旦出生,首先要登入宗族《人丁簿》,并赋予其特定的姓氏、行辈、世系等,以为日后入谱之凭资。并且,对新生丁口征纳象征性的添丁钱(喜丁银)成为一些宗族聚积族产的手段之一。如祁门康氏规定族中"凡有得子者,无论长幼,三朝之日三房房长同年首往得子之家恭贺,或五朝十日为规。祠内取诞子银壹钱归

---

① 参见赵吉士:《寄园寄所寄》卷一一《泛叶寄·故老杂记》,《歙事闲谭》第十六册《歙风俗礼教考》。

② 参见《胡适口述自传》,安徽教育出版社1999年版,第6页。

③ 参见涩谷裕子:《明清徽州农村的"会"组织》,载《'95国际徽学学术讨论会论文集》,安徽大学出版社1997年版;权仁溶:《清初徽州一个生员的乡村生活——以詹元相〈畏斋日记〉为中心》,载《徽学》第二卷。

公匣生息"①。又如休宁孙氏规定："得子公堂礼银一钱为则,厚颇者五钱为止,听自乐愿。"②这些意味着新生个体在支脉绵绵的宗族关系网络上拥有相应的族籍和合法的名分,这种族籍和名分不只限于血缘上的认可,还体现为新生个体与宗族聚居地域影形相应。个体者生于某族某地,寓示着其住居、生存系之特定宗族和特定区域。另外,对于一个生于斯、长于斯、死于斯、葬于斯的个体,自出生登入宗族人丁簿册开始,到死后神主入祀的整个人生,其生存活动、行为方式、思想意识等,几乎都离不开宗族关系网络、制度规范、伦理教化的牵制和濡染。个体及其家庭在宗族组织框架内,享受诸如住居权、亲邻权、教育权、共仆权、参祭权、享胙权、入谱权、获葬权、神主入祀权等,同时亦必须履行诸如遵守礼仪、不联姻小姓、不盗卖盗葬、不沦为仆、不择异姓为嗣等义务。明清徽州的个体及其家庭无论是生产上的合作、生活上的互助均离不开宗族群体,而且其社会价值和地位的评价,在很大程度上亦取决于特定区域的群体,尤其是宗族的认可与否定。族众一旦受到生不得入祠、死不得入祀的惩处,对于个体及其家庭来说,无疑意味着受到生存权利、人生价值和社会地位的巨大否定。在宗族组织框架内,纯粹意义上的个人权益和行为很难存在。

又如契约关系方面,明清时期,契约关系广泛而深入地渗透于徽州民间社会。而维系契约关系的因素是多方面的。如国家法律和官方强制是支撑契约关系的根本;中证参与和证信是契约关系成立的必要前提;罚银、罚戏、神咒以及公众舆论等民间习俗性手段亦有效地制约了违约行为的发生。但是,宗族规法以及藉之维系的伦理秩序是规范契约关系的重要方面。尤其于明代中期以后,随着宗族统治功能的加强,一般宗族对族内纠纷,"除不遵处外,方许经官,明正其罪"③。宗

①　《祁门十三都康氏文书》,安徽大学徽学研究中心藏,包号140。

②　《道光三年休宁孙世德祠簿抄白》,见《徽州千年契约文书·清民国编》;《万历休宁张氏建厅簿》,见《徽州千年契约文书·宋元明编》卷六,第75－76页。

③　《同治重修武溪陈氏宗谱·家谱定规》。

族在地方纠纷、诉讼中所起的作用越来越大,诸如祭祀、田宅、户婚、立嗣、赋役等民事纠纷多经宗族组织根据族规家法进行公处、族论而最终加以解决。

宗族契约关系的维系并不仅仅体现于宗族组织对已然纠纷的处置上,实际上,宗族的伦理秩序的维系更重要的是通过公众活动的开展,祖训、族规、家法的制定,族谱的兴修等仪式和象征行为,将宗法伦理之规范内化于族人观念意识之中。如义成朱氏族谱中之"祖训"内容十分丰富,其中就有"和睦族邻""戒勿争讼"的详细条文。[①]《茗洲吴氏家典》亦有"贫困将产业典鬻,此是万不得已。凡受产之家须估时值如数清缴,不许货物抵算,并不许旧逋准折。此祖宗数百年遗训,违者天必诛之","有余置产,当顺来顺受,不可有意钩取,亦不得恣意自便,强图方员(圆)"的记载。[②] 又如,《歙县潭渡黄氏家谱》中规定:"增置产土,彼则出于不得已,我则欲为子孙长久之计,须斟酌价值,尽数还足,不可与驵侩交谋,潜萌侵人利己之心。"[③]

祖训、族规常常于族内公众活动中加以宣读,以晓谕族众。如刊于万历年间的《程典》为我们生动地描绘了程氏宗族伦理教化之场面:在冬至族祭中,"宗正抗声读祖训","祭毕,举族会于别堂,宗正坐堂上,次长者,率昆弟子姓奉觞称寿毕,皆拜。遂以次饮酒相拜如礼。司谱者执谱北面抗声读曰:'凡我族人,有善恶者悉书于籍,勿隐。'别设二席于两楹,东曰'嘉善之位',众推有善者书之司礼,请就位,宗正命以酒,俾少者揖之。西曰'思过之位',众推有过者书之。有能改过者亦命以酒。于是宗正取谱所载,传绪盛衰绝续之故,明言之,而告以常训曰:'为善如嗜醇酒,去恶如远毒螫,慎思哉,勿坠先祖之祀。'众拱而应曰:'诺。'乃揖而退。"并且程氏宗族将"伦纪者、斗争者、相讼者、虐乡里者、言伪而行违者、过累书而不改者"视为"六悖",不但宗族聚会

---

① 《宣统古歙义成朱氏宗谱·祖训》。
② 《茗洲吴氏家典》卷一《家规》。
③ 雍正九年《歙县潭渡黄氏家谱·家训》。

这些人不能参与,而且"生不齿于族,没不入于祠"。①

可见,契约关系的有效维系,既离不开宗族组织在调处族内纠纷上发挥的功能性作用,亦与宗族规法的制度化规范所构建的民间伦理秩序和道德意识密不可分。

总之,在明清徽州宗族社会中,族人通过订立契约进行关系重组、利益重构现象大量存在。但是,由于个体生存仍牢牢地系之于其血缘网络和地缘场境之中,个体的人生价值和社会地位,与宗族的认定休戚相关。一旦个体受到族处官治,甚至受到生不能入祠、死不得入祀的巨大否定,其后果是可想而知的。因此,纷繁复杂的契约关系自然离不开宗族本体关系的牵制。

(四) 宗族的功能性日益凸显

宗族活动几乎渗透于乡土社会各种生产生活实践之中。尤其明代中期以后,随着社会的发展、人口的增长、商品经济的刺激,徽州宗族社会内部个体家庭之间的贫富分化日益加剧。面临这种贫富分化,宗族组织对于调节族内关系趋向稳定发挥着重要的功能性作用,主要体现为以下几个方面:

第一,宗族的统合日趋频繁。正是在社会激烈竞争和贫富急剧分化的形势下,大量个体家庭需要借助同姓同族的组织化结合,以适应社会的变化,调节族内的分化,加强彼此间的互助和合作。根据徽州某氏所立的《丛桂堂置产簿》记载,该宗族为了避免"介乎强邻而有不虞之患,逼于宵小而有不测之忧",于康熙间倡导组织化,藉以维持其"大家规模""大家气象"。② 即使是庶民小族,也往往以衣冠名族为楷模,而统合于阋墙之内以逆境图存。据《嘉庆祁门凌氏合同文约誊契簿》和《嘉庆祁门凌氏誊契簿》记载,清代祁门三四都凌氏在 18 世纪以

---

① 参见程一枝:《程典》卷一九《宗法志》,万历刊本,安徽省图书馆藏。
② 《丛桂堂置产簿·序》,南京大学历史系资料室藏。

后,面临持续的人口压力、耕地不足的激烈竞争,即是采取联合经营山林的方式提高宗族势力,进而通过获得以家谱、宗祠、佃仆、缠足为代表的文化表征来组织宗族,提高自己的社会地位。①

第二,一些组织化程度高的宗族,几乎承担了家庭赖以生存和发展的各种功能,诸如祭祀、赈济、赋役、诉讼、教育、礼仪互助等。

祭祀方面。在传统徽州,小到家庭之间,大到房派之间,普遍存在各种形式的祭祀性共同产业,其构成明清徽州社会经济的重要组成部分。在徽州,"村落家构祖祠,岁时合族以祭"十分普遍。② 这些祠堂类型多样,除了统宗祠、支祠之外,尚有层属有别而规模相对较小的"众厅"等。此外,一些家族"爨虽析而堂则共之,朝夕聚于斯,出入由于斯,宾客燕于斯,冠婚丧祭之礼行于斯"③,即于居所之中还存在为家族所共有的"堂"。凡此种种,成为族众日常活动之所。一般日常性共同活动多在祠和堂内举行,祠和堂中宽敞的众厅成为族众喜丧聚会、践行礼仪的重要场所。通过这些共同性祭祀活动的重复开展,而起到睦宗谊、修世好的重要作用。

赈济方面。徽州宗族设置"义产"十分普遍。明清时期,随着徽商的兴起,地方文献中反映徽州商人"捐资以光大其门闾"的义行颇为常见。在徽州民间文书中,有关宗族置产互助的记载屡屡可征。如《乾隆四十年收租汇清》即为徽州某氏"义储收租"账簿。该账簿义产规模很大,有田土 151 宗,每年有租额计达 700 余秤(按每秤 20 斤计,合计14000 余斤)。从该义产账簿的支出看,主要用于支付宗族共同性赋役、祭祀活动以及赈济等项,从而实现了"支下均沾其恩,族人莫不称羡"的赈济功能。④ 又,据《歙县虹梁村程氏德卿公匣规条》记载,其族产规模庞大,支出主要涉及办祭散胙、赈荒济贫、缴纳赋役、奖励科考、

---

① 相关文书载《徽州千年契约文书·清民国编》卷一一;又参见中岛乐章:《清代徽州的山林经营、纷争及宗族形成》,《江海学刊》2003 年第 5 期。

② 《歙事闲谈》卷一八。

③ 《王源谢氏孟宗谱》卷九《记》。

④ 南京大学历史系资料室藏,编号 000067。

司理族会、公益活动、公共建设、宗族演剧等各个方面。这些公众活动和公益事业正是在宗族整合并组织化的前提下得以实现。①

教育方面。徽州宗族十分重视教育，一些宗族还设置塾学、书院等，以承担文化教育功能。如万历《程典》规定："择有德而文者一人，以为举族之师。"②《茗洲吴氏家典》规定："子孙自六岁入小学……入大学当聘致明师训饬，必以孝悌忠信为主，期底于道。"③祁门武溪陈氏亦规定："立书堂一所，计二十间，在东岸。每年正月择日起馆，至秋八月解散。童子年七岁令入学堂，至十五岁出学。逐年堂内抽二人归训，一人为长，一人为副，其纸笔墨砚并出宅库收买应付。"④一些资产相对殷实之家于分析之际，亦往往留存灯油田（钱），作为家庭读书应试子孙使费。凡此种种，旨在通过"科甲以振作家声"，藉以谋求或维持其"大家规模""大家气象"。⑤

婚丧嫁娶方面。宗族内部个体家庭之间亦多有合作和互助。休宁孙氏规定："三门凡有吉凶，理应往来庆吊，以敦族谊，勿致失礼。"⑥婚嫁办理，族人之间习惯于在一定的礼俗（婚礼）下以互助的形式进行。对于父母在世的家庭来说，诸子的婚姻是整个家庭的事务，分家析产亦往往发生于诸子婚配之后，即使有些家庭提前别居异产，分析时亦留存相应的娶亲、嫁妆之资以佐年幼未嫁娶者。甚或父母过世后，长兄负有抚育弟妹和管顾其婚嫁之责。如婺源金辑熙"趁外经商，独任劳瘁，置产悉与弟均，抚幼弟尤加厚，定婚教，始析居"⑦。大而言之，族中殷实之家、商贾之贤常常赈济族中无力婚娶者，婚礼的举办往往经由族中尊者主持，仆者从事，族众相贺以礼，婚姻办理上的一家之喜俨然成为一族之庆。

---

① 参见《歙县虹梁村德卿公匣规条》，抄本，安徽大学程自信教授收藏。
② 万历《程典》卷一九《宗法志·第三》。
③ 《茗洲吴氏家典》卷一《家规》。
④ 《同治重修祁门武溪陈氏宗谱·家法》。
⑤ 《丛桂堂置产簿》，南京大学历史系资料室藏，藏号000131。
⑥ 《道光三年休宁孙世德祠簿抄白》，《徽州千年契约文书·清民国编》卷一二。
⑦ 光绪《婺源县志》卷三四《人物·义行》。

总之,在宗族的功能性影响和关系网络牵制下,明清徽州个体家庭之间通过挹此注彼、互通有无、联合互助等形式,使得各种矛盾和冲突在温情脉脉的宗族外衣下趋于和谐和稳定。万历《程典》中的相关记载亦为我们绘制了一幅宗族图景:

> 凡族人见必揖,虽腴贱贫富不敌,皆以其属称。吉必庆,凶必吊,死以其属服而群哭之,群祭之,群葬之。岁行周恤之礼以给族人,凡同族者自十亩百金之家以上,随其财产厚薄,岁出银谷以为积贮,俾所乏而补助之。其赢则为棺椁衣衾以济不能葬者。若嫁娶者、产子者、死丧者、病疾者、患难者,皆以私财相赠。立司礼一人,以有文者为之,俾相族人吉凶之礼。立典事一人,以有才干者为之,俾相族人之凡役。世择子弟一人为医,以治举族之疾。择有德而文者一人,以为举族之师。①

明清徽州宗族内部的广泛协作并非社会分工意义下的行业联系,而是在特殊环境下的宗族整合。这种整合机制和组织化功能,为其内部的个体及其家庭的生存、发展提供了保障,亦使得徽州在漫长的历史时期保持区域相对稳定。正如《新安竹枝词》中所云:"归来不用买山钱,村有官厅户有田。祭祀能供墓能守,布衣蔬食过年年。"

---

① 万历《程典》卷一九《宗法志·第三》。

◀ 参 考 文 献 ▶

[1]汪道昆.太函集[M].合肥:黄山书社,2004.

[2]程敏政.新安文献志[M].合肥:黄山书社,2004.

[3]程曈.新安学系录[M].合肥:黄山书社,2006.

[4]黄宗羲.明儒学案[M].北京:中华书局,1985.

[5]黄宗羲,全祖望.宋元学案[M].北京:中华书局,1986.

[6]戴震.戴震全书[M].合肥:黄山书社,1997.

[7]赵吉士.寄园寄所寄[M].合肥:黄山书社,2008.

[8]永瑢,等.四库全书总目[M].北京:中华书局,1965.

[9]江藩.国朝汉学师承记[M].北京:中华书局,1983.

[10]罗琳,等.续修四库全书总目·经部[M].北京:中华书局,1993.

[11]许承尧.歙事闲谭[M].合肥:黄山书社,2001.

[12]张廷玉.明史[M].北京:中华书局,1974.

[13]赵尔巽.清史稿[M].北京:中华书局,1987.

[14]支伟成.清代朴学大师列传[M].长沙:岳麓书社,1986.

[15]中国地方志集成[M].南京:江苏古籍出版社,1992.

[16]赵所生,薛正兴,等.中国历代书院志[M].南京:江苏教育出版社,1995.

[17]郑振铎.西谛书话[M].北京:三联书店,1983.

[18]周芜.徽州版画史论集[M].合肥:安徽人民出版社,1984.

[19]施孟胥,李梦樵,等.安徽古代科学家小传[M].合肥:安徽科学技术出版社,1984.

[20]张海鹏,王廷元.明清徽商资料选编[M].合肥:黄山书社,1985.

[21]李约瑟.中国科学技术史[M].北京:科学出版社,1985版.

[22]毛礼锐,沈灌群,等.中国教育通史[M].济南:山东教育出版社,1987.

[23]蒋元卿.皖人书录[M].合肥:黄山书社,1989.

[24]张国标.新安画派史论[M].合肥:安徽美术出版社,1990.

[25]张秉伦,等.安徽科学技术史稿[M].合肥:安徽科学技术出版社,1990.

[26]杜石然,等.中国古代科学家传记[M].北京:中国科学出版社,1993.

[27]张海鹏,王廷元,等.徽商研究[M].合肥:安徽人民出版社,1995.

[28]章培恒,骆玉明,等.中国文学史[M].上海:复旦大学出版社,1996.

[29]李迪.中国数学史大系[M].北京:北京师范大学出版社,1996.

[30]安徽省志·出版志[M].北京:方志出版社,1998.

[31]黄宾虹.黄宾虹文集·书画编[M].上海:上海书画出版社,1999.

[32]王明居,王木林.徽派建筑艺术[M].合肥:安徽科学技术出版社,2000.

[33]刘尚恒.徽州刻书与藏书[M].扬州:广陵书社,2003.

[34]徽州文化全书编委会.徽州文化全书[M].合肥:安徽人民出版社,2005.

[35]周晓光.徽州传统学术文化地理研究[M].合肥:安徽人民出版社,2006.

[36]韩结根.明代徽州文学研究[M].上海:复旦大学出版社,2006.

[37]柯灵权.歙县民间艺术[M].合肥:安徽人民出版社,2006.

[38]徐道彬.戴震考据学研究[M].合肥:安徽大学出版社,2007.

[39]刘道胜.徽州方志研究[M].合肥:黄山书社,2010.

后　记

　　2005 年,由安徽省徽学学会等多家单位策划、组织编撰的二十卷本《徽州文化全书》面世。该套书选取徽州文化中最具代表性的二十种文化现象,分门别类全面地介绍了徽州文化的整体风貌,在学术界和社会上产生了较大的影响。2007 年,安徽省徽学学会在充分调研的基础上,开始筹划编撰三卷本的《徽州文化史》,旨在从历史演进的角度,全面揭示徽州文化发生、发展的历程和规律,并与《徽州文化全书》相辅相成,彰显徽州文化的底蕴。三卷本中,明清为一卷,主要由安徽大学和安徽师范大学承担研究与写作任务,同时也邀请省内专家参与部分章节的撰写。接受任务后,我们在省徽学学会和《徽州文化史》编委会的具体指导下,先后召开多次小型研讨会,讨论并拟订写作提纲,然后根据参与者的学术特长,分工协作,撰写书稿。经过近两年的努力,终于完成了近 50 万字的《徽州文化史·明清卷》初稿。嗣后,又经三年多的调整、修改,完成了本书的编撰工作。

　　在本书中,我们首次试图在把握明清徽州文化的整体风貌的基础上,分阶段考察徽州文化的发展演变轨迹,并根据其内在的历史演进,将明清徽州文化历程分为四个时期:一是明前期,二是明中后期,三是清前期,四是清中叶。明代大致以嘉靖、万历为分界;清代前期与中叶,大致以乾隆为界。同时,我们也力图在把握明清徽州文化总体发展进程的基础上,提炼、总结各个时期徽州文化的时代特色,分别概括了求变与创新、传承与深化、顿挫与复苏、博大与精致四个时期的时代风貌。此外,在内容的选择和编排、史料的发掘和整理、观点的提出与论证等方面,我们也尽可能做些新的尝试。不过,因为书成众人之手,兼之时间仓促,其中不足之处在所难免,恳请学者和读者批评指正。

　　参加本书编撰的主要人员有周晓光、詹绪佐、俞晓红、张燕华、徐彬、刘道胜、郭怀中、陈元贵、温志权、梁仁志、秦宗财、翟屯建、徐道彬、周致元、董家魁等,最后由周晓光修改定稿。我们在书中吸纳了近年学术界关于徽州文化研究的相关成果,分别在文中予以注明;部分学者的观点因限于体例文中未详注者,特列参考文献以补充之。特此致谢。

周晓光

2014 年 5 月于合肥磬园

《徽州文化史》

后　记

　　2005 年,我国徽学领域具有里程碑意义的二十卷本《徽州文化全书》出版,在国内外产生重大影响,赢得广泛赞誉,有力推动了徽学研究事业。此后,《徽州文化全书》编撰出版工作委员会把该套丛书后期工作全权移交安徽省徽学学会。《徽州文化全书》的绝大部分作者系徽学学会的领导成员或学术骨干,学术顾问也与徽学学会建立了深厚的情谊和良好的合作关系。如何组织好优秀的学术力量和充分发挥这一优势学术资源继续为我省徽学研究和文化强省建设服务,是徽学学会面临的重要任务和职责。我们认为,《徽州文化全书》已经对诸多领域的徽州文化现象各立专著,详加阐述,全面、系统地展示了徽州文化,从横向上展现了徽州文化的博大精深。但从史学的角度,将徽州文化放在历史长河中进行全面系统的考察,对徽州文化的起始渊源、形成原因、发展阶段等,进行深入的探索和研究,追溯徽州文化的源头,探寻徽州文化的生成机制,阐释徽州文化的发展特征,从纵向上揭示徽州文化的演变历程,国内外学术界尚涉足较少,成果也仅限于一些散见的文章。因此,组织徽学学会的中坚力量编撰出版《徽州文化史》,就徽学,就史学,就文化学而言,均具有填补空白的重大意义。该书也可视为《徽州文化全书》的姊妹篇。

　　基于此,安徽省徽学学会决定组织编撰《徽州文化史》并成立了编委会,由安徽省政协原常务副主席、徽学学会会长杜诚任主任,由安徽省新闻出版局原局长、徽学学会副会长刘苹,安徽省社科联原党组书记、徽学学会副会长马康盛,安徽省社科联副主席、徽学学会副会长洪永平任副主任,由学会副会长金久余担任总策划。聘请国内著名徽学学者安徽师范大学王世华教授、广东省社科院叶显恩研究员、中国社科院栾成显研究员担任学术顾问。聘请黄山市地方志办公室翟屯建研究员、安徽大学周晓光教授、安徽大学卞利教授分别担任分卷主编。从2006年年底开始,本书经过策划、立项,深入调研、探索,几经论证、审定,反复修改、完善,在全体作者、学术顾问和编委会的共同努力下,历时近八年,终于完成。

本书的编撰出版得到中共安徽省委宣传部、省社科联、省社科规划办的大力支持。本书系国家出版基金资助项目、安徽省哲学社会科学规划项目、安徽大学徽学研究中心重点项目。本书出版始终得到安徽人民出版社领导的高度重视,集全社之力确保编辑出版工作顺利进行,各责任编辑付出了艰辛劳动。付梓之际,敬致谢忱!

由于这是首部系统阐述徽州文化史之作,难免有所纰漏,尚乞识者教正。

安徽省徽学学会

2014年8月22日